리더십 팀 코칭

변혁적 팀 리더십 개발을 넘어

4th edition

© Peter Hawkins, 2011, 2014, 2017
This translation of Leadership Team Coaching 4th edition is published by
arrangement with Kogan Page. All rights reserved

Korean Translation Copyright © 2022 by Korea Coaching Supervision Academy
Korean Translation published by arrangement with KOGAN PAGE LTD
through Imprima Korea Agency

이 책의 한국어판 저작권은 Imprima Korea Agency를 통해 KOGAN PAGE LTD사와의
독점 계약으로 한국코칭수퍼비전아카데미에 있습니다.
저작권법에 의해 한국 내에서 보호를 받는 저작물이므로
무단전재와 무단복제를 금합니다.

호모코치쿠스 36

리더십 팀 코칭

변혁적 팀 리더십 개발을 넘어

Leadership Team Coaching
Developing collective transformational leadership

4th edition

피터 호킨스 지음
강하룡, 박정화, 박준혁, 윤선동 옮김

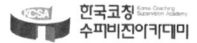

목차

서문 ······ 8
역자 서문 ······ 13

PART 1. 고가치 창출 팀 ······ 23
제1장. 고가치 창출 리더십 팀이 필요한 이유 ······ 25
　팀을 위한 변화 과제 | 리더십 팀은 대응할 준비가 되어 있는가? | 리더십 개발 및 코칭 산업에 대한 도전 | 결론
제2장. 고성과 팀을 넘어 고가치 창출 팀으로 ······ 55
　도입 | 여러분은 팀이 필요한가? | 효과적인 팀 | 고성과 팀 | 고성과 팀을 넘어서 | 고가치를 창출하는 변혁적 리더십 팀 | 결론
제3장. 성공적인 팀 프랙티스 위한 다섯 가지 규율 ······ 79
　도입 | '아웃사이드 인'과 '퓨처 백' | 다섯 가지 규율 | 규율 연결하기 | 각 규율이 다른 규율에 어떻게 나타나는가 | 팀 내에서 각 규율의 효과 또는 비효과가 나타나는 이유 | 결론

PART 2. 팀 코칭 ······ 105
제4장. 팀 코칭이란? ······ 107
　도입 | 팀 코칭의 역사 | 팀 코칭에 대한 제한된 가정 | 팀 코칭 정의 | 확장된 팀 코칭 연속성 | 팀 코칭의 주역 | 결론
제5장. 팀 코칭 프로세스 ······ 133
　도입 | 팀 코치의 역할 | CID-CLEAR 관계 프로세스 | 개별 이벤트를 구성하는 CLEAR 방법 | 팀 코치로서의 팀 리더 | 결론
제6장. 다섯 가지 규율 코칭: 시스템적 팀 코칭 ······ 161
　도입 | 규율 1: 위임하기와 재위임하기 | 규율 2: 명확화하기 | 규율 3: 공동 창조하기 | 규율 4: 연결하기 | 규율 5: 핵심 학습하기 | 규율 간 상호 연결 코칭 | 결론

PART 3. 다양한 유형의 팀 코칭 ······ 205
제7장. 여러 가지 팀 유형 ······ 207
　도입 | 팀 유형 | 관리 팀 | 팀워크의 중심에 있는 혁신 | 프로젝트 팀 | 애자일 팀워크 | 혁신적인 형태의 팀 개발과 코칭 | 고객 또는 고객 계정 팀 | 결론

제8장. 가상 팀 코칭과 가상 코칭 ······ 251
　도입 | 가상 팀과 가상 팀 코칭은 무엇인가? | 효과적인 가상 팀과 팀 만들기 | 가상 팀 코칭 연구 | 팀 코칭을 위한 두 가지 새로운 도전과 기회 | 결론

제9장. 이사회 코칭 ······ 277
　도입 | 이사회 관련 증가하는 도전 | 이사회 코칭하기 | 이사회의 역할을 명확히 하기: 규율 1, 2 | 이사회의 역동: 규율 3 | 이사회 연결 방법에 대한 코칭: 규율 4 | 학습과 개발 방법에 대한 이사회 코칭: 규율 5 | 결론

PART 4. 시스템적 팀 코칭을 위한 차세대 프론티어 ······ 309

제10장. 팀 코칭 방해와 갱신 ······ 313
　도입 | 팀 코칭에 대한 새로운 위협 | 팀 코칭 갱신 | 팀 코칭 운동을 위한 일곱 가지 함정 | 고성과 팀과 '개체적 사고'를 넘어

제11장. 개별 팀을 넘어 시스템적 팀 코칭으로 ······ 333
　도입 | 전략과 전략 수립을 위한 시스템적 팀 코칭 | 팀 기반 문화 만들기 – '팀들의 팀' | '팀들의 팀' 코칭 – 팀 간 코칭 | 팀에서 팀 구성으로: 팀의 유동적인 네트워크 코칭 | 코칭 파트너십: 물물교환에서 파트너십으로 | 성장 기업과 스타트업 코칭하기 | 소상공인의 코칭 네트워크: '조직적 네트워크' | 시스템적 팀 코칭의 생태학적 차원 | 결론

PART 5. 공유 리더십 만들기, 자신의 팀 구성원 선발, 개발 그리고 코칭하기 ······ 387

제12장. 가치 창출 팀의 팀 구성원 선발: 포용성과 다양성 ······ 391
　도입 | 핵심 선발 원칙 | 선발 프로세스 | 다양성의 가치 평가 | 결론

제13장. CEO와 팀 리더가 공유 리더십으로 고가치 창출 팀을 만들기 위한 핵심 단계 ······ 413
　팀 리더를 위한 여정 | 12가지 프랙티스 | 결론

제14장. 우수한 시스템 팀 코치를 찾고, 선택하고, 협력하고, 평가하는 방법 ······ 431
　도입 | 우수한 팀 코치를 찾고, 선택하고, 효과적으로 작업하는 방법 | 결론

PART 6. 시스템적 팀 코치의 개발과 수퍼비전 ······ 445

제15장. 팀 코치 개발하기 ······ 447
  도입 | 과도기 | 역할에 들어가기: 필요한 태도 | 핵심 능력 | 결론

제16장. 팀 코칭 수퍼비전 ······ 477
  도입 | 수퍼비전은 무엇인가? | 팀 코칭을 수퍼비전하기 위한 다양한 상황 | 6단계 팀 코칭 수퍼비전 모델 | 결론

PART 7. 접근 방식, 방법, 도구 및 기술 ······ 503

제17장. 팀 코칭 방법, 도구와 기법, 질문, 발견 및 설계 단계 ······ 507
  팀 평가 설문지와 사용 도구 | 결론

제18장. 팀 코칭 방법, 도구와 기술: 다섯가지 규율 ······ 531
  도입 | 규율 1: 의뢰하기 | 규율 2: 명확화 | 규율 3: 공동 창작: 팀 역동 탐색 그리고 팀 회의의 기능과 품질 향상을 위한 경험적 방법 | 규율 4: 연결 | 규율 5: 핵심 학습 | 정기적인 팀 회의에서 라이브 팀 코칭 | 결론

제19장. 팀 코칭에 대한 기타 주요 접근법과 평행 접근법 ······ 565
  도입 | 결론

제20장. 자주 묻는 질문 FAQ ······ 589
  도입

제21장. 결론 그리고 미래에 대한 기대 ······ 599
  도입 | 팀 코칭은 누가 또는 어떤 서비스를 제공하는가? | 파르시팔 덫 극복하기 | 앞으로 나아가기 위한 의제 | 더 큰 도전

부록1. 팀 코칭 한 줄 2018~2020 ······ 619

용어 사전 ······ 629
권장 도서 목록 ······ 635
팀을 찾기 위한 자원: 코치와 팀 코치 훈련 ······ 637
참고 문헌 ······ 640
추천의 글 ······ 657
감사의 글 ······ 661
4판 소개 ······ 663
색인 ······ 674
저자 및 역자 소개 ······ 683
발간사 ······ 688

우리 시대의 큰 도전에 직면한 팀을 이끌고 코칭하는 모든 분께

서문

효과적인 팀 코칭의 핵심은 팀과 코치의 생성적 관계generative relationship인데, 이 관계에서 모든 구성원은 끊임없이 배워야 한다.

팀 코칭은 비교적 새로운 영역이고, 빠르게 성장하는 영역이다. 만약 당신이 팀 코칭 서비스를 제공하는 기관들의 웹사이트를 살펴봤다면 팀 코칭에 관한 업계의 합의consunsus가 부족하다는 것을 느꼈을 것이다. 팀 코칭이라는 용어는 퍼실리테이션, 컨설팅, 팀 빌딩, 집단 상담 등 다양한 조직개발 도구tool를 설명하는 데 활용되는 것으로 보인다. 또한 팀 코칭은 어떤 경우에는 모든 팀이 동시에 참여하는 과정으로, 어떤 경우에는 개별 구성원들 코칭의 합으로 제시된다. 팀 리더는 팀의 필수적인 내부 구성원으로 여겨지고, 때로는 외부 인플루언서external influencer로도 여겨진다. 이와 같이 팀 코칭에 대해 다양한 주장이나 의견이 존재하는데, 대부분 그 주장이나 의견을 뒷받침하는 신뢰할 수 있는 근거가 부족하다는 점에서 문제가 시작된다.

다행히 이 문제를 해결할 세 가지 프로세스가 발전하고 있다. 첫째, 팀 코칭의 실질적인 역동을 탐구하는 근거 기반 실증 연구empirical research의 점진적 출현이다. 앨리슨 호지Alison Hodge와 나는 최근 팀 코칭에서 수퍼비전의 역할을 탐구할 목적으로 설문조사를 실시한 바 있고, 호주의 폴 로렌스Paul Lawrence는 팀 코치들이 실전에서 무슨 역할을 하는지에 관한 광범위한 연구를 마쳤다. 둘째, 경험이 많은 팀 코치가 자기 역할을 정의하고 팀 코칭 프로세스에 관한 이론적 토대를 제시하여 향후 경험적 실증적 연구의 원동력이 될 많은 책이 소개되고 있다. 셋째, 팀 코칭 존The Team Coaching Zone의 예와 같이 팀 코칭에 대한 좋은 사례를 나눌 수 있는 다양한 포럼이 생겨나고 있다.

피터 호킨스는 2011년 본 책의 1판을 통해 실용적인 지혜를 독자들에게 제시해주었다. 특히 팀 코칭의 범위를 넓혀 변화를 구현하고 근본적으로 성과를 개선할 수 있는 능력이 내부 요인만큼 외부 요인에 의해 영향 받는다는 시스템적 관점을 수용했다. 그는 코칭 전문가뿐 아니라 기업인 모두가 다음과 같은 두 가지 문제를 더 일관성 있게 해결할 수 있도록 하는 강력하면서도 단순한 모델을 제시했다.

- 효과적인 팀 코칭을 위해 무엇을 해야 하나?
- 팀 활동이 팀 니즈에 부합한 것인지 어떻게 알 수 있는가?

2014년 2판에서 피터 호킨스는 대부분 팀 코칭이 팀 리더에 의해 수행된다는 점을 인식하고, CEO와 팀 리더가 자신의 팀을 코칭할 수 있도록 완전히 새로운 내용을 추가했다.

이번 4판 신간에서는 사회생태학, 코칭 조직, 파트너십과 네트워크 분야까지 범위를 확대했다. 리더십과 조직의 본질은 빠르게 발전하고 있으며, 그간 정설로 여겨져 온 많은 가설이 도전받고 있다. 이제 기업 경영진들은 10년 전에는 상상도 못 했던 다음과 같은 문제들을 해결해야 한다.

- 점점 복잡해지는 사회 및 정치 환경에서 이 조직이 수행해야 할 고유한 역할은 무엇인가?
- 조직과 외부 세계의 경계는 어디인가? (이러한 경계가 끊임없이 움직일 때 조직을 효과적으로 운영할 수 있는 방법은 무엇인가?)
- 전통적인 리더십 역할이 점점 더 하위 계층으로 이양되고 분배될 때 최상위 팀은 어떻게 해야 하는가? (계층 구조를 위한 미래 역할은 있는가?)
- 이해관계자들의 기대치가 변화하거나 이해관계가 상충될 수도 있는 상황에서 성과는 무엇을 의미하는가?

팀 코치의 역할은 팀의 상황과 필요에 따라 크게 달라진다. 그렇지만 어떤 경우에도 팀 코치의 가장 중요한 역할은 분명히 존재하고, 그 예는 다음과 같다.

- 팀의 목적과 정체성을 발견하도록 돕는다.
- 팀이 무엇을 필요로 하고 무엇을 달성하고자 하는지, 그 이유를 명확히 알도록 돕는다.
- 팀이 할 수 없거나 해서는 안 되는 일뿐만 아니라, '달성해야 할 목표'

를 이해시키는 데 도움을 준다.
- 팀이 중요한 프로세스를 이해하는 데 도움을 준다. 우리는 때때로 의사결정 프로세스의 중요성과 집단 커뮤니케이션의 중요성을 간과하고, 통찰력이 부족한 최고 경영진을 목격한다. 팀 코치는 이러한 상황 속에서도 팀 공동의 성과를 달성하는 데 도움이 되는 더 많은 기능적 프로세스를 개발할 수 있도록 지원한다.
- 창의성이 발현되기 어려운 환경에서도 창의성에 접근하도록 돕는다.
- 팀이 집단 회복력을 개발할 수 있도록 돕는다. 팀 코치는 팀의 집단적인 정서적 웰빙을 관리하는 방법뿐 아니라, 성공에 대한 반응 조절 방법을 향상시키는 데 도움을 줄 수 있다.
- 팀이 자체 진행 상황을 모니터링할 수 있도록 돕는다. 팀은 다양한 이해관계자의 관점에서 작업 결과물뿐만 아니라 학습 및 프로세스의 품질(팀이 함께 일하는 방식)을 측정함으로써 이익을 얻는다. 팀 코치는 팀이 '우리가 어떻게 지내고 있는지 어떻게 알 수 있는가?'를 해결하는 데 도움을 준다. 또 팀 코치는 팀이 자신의 근시안, 즉 너무 불편한 피드백을 무시하거나 격하시키는 경향을 인식하고 극복할 수 있는 프로세스를 만드는 데 도움을 줄 수 있다.

『리더십 팀 코칭』은 최대의 성과를 창출할 수 있는 최고 팀top team을 기준으로 집필했다. 그러나 이 책에 언급된 많은 안내서와 실전 모델은 어느 수준의 팀에도 적용될 수 있도록 구성했다. 물론 낮은 수준의 팀일수록 그들의 집단 역량과 능력은 상위 리더십 팀에 의해 크게 영향받는다. 리더십 팀에 팀 코치로서 다음과 같은 질문을 해보고자 한다. '어떻게 이

팀을 조직 내 다른 모든 팀의 롤모델로 만들 수 있는가?'

데이비드 클러터벅David Clutterbuck 교수
유럽 멘토링 및 코칭 위원회European Mentoring and Coaching Council(EMCC) 공동 설립자
글로벌 팀 코칭 협회The Global Team Coaching Institution, 피터 호킨스와 공동 협회장

역자 서문

팬데믹 시대, 원격근무와 재택근무가 일상화된 상황에서 기업은 고성과 조직高成果組織high performing organization을 어떻게 달성하고 이를 지속 가능하게 유지하느냐에 주목했다(스타트업투데이, 2020년 12월 7일자 기사). 원격 또는 하이브리드 방식을 계속 유지하면서 작업하게 하는 어도비Adobe의 하이브리드 성과관리 모델이 좋은 사례로 거론되었다. 직무 성격에 따라 다를 수 있으나, 리더들은 사무실에서 일할 때 협업이 가장 효과적으로 이루어지고, 지식과 노하우가 생성된다고 보았다(매일경제, 2022. 2. 8). 이러한 가운데, 고성과 조직을 이루는 효과적인 방법으로 명확한 목표 인식과 리더의 주기적, 정기적 코칭과 피드백을 제공하는 코칭 리더십, 그리고 조직 내에서 명확한 의사소통을 실천하는 방안들이 제시되고 있다. 그리고 일대일 코칭을 넘어 팀 코칭이 점차적으로 주목받고 있다. 특히 2020년 국제코칭연맹ICF에서는 팀 코칭 핵심 역량을 발표한 바 있다.

팀 코칭은 현재 국내에서도 관심이 점차 높아져 가고 있으며, 비즈니스 코칭을 중심으로 진행 중이다. 그렇지만 국내 팀 코칭 관련 저서들과 실천 사례들은 찾아보기 쉽지 않다. 팀 코칭의 효과성과 조직 성과에 미치는 요인을 분석하고 그 영향 관계에 관한 더 많은 연구가 필요하며, 향후 실무 분야에서도 충분히 적용해볼 만하다. 해외에서는 이미 20여 년 동안 팀 코칭에 관한 연구들이 활발히 진행되었음을 살펴볼 수 있다. 팀 코칭은 팀이 성취하려는 열정과 헌신을 불러일으킬 수 있는 설득력 있는 목적을 발견하도록 어떻게 도울 것인가에 관심을 둔다(Hawkins, 2021). 팀 코칭은 오래된 전통적 조직 내에서도 성과를 끌어내는 효과적인 기술로 소개되기도 했다(Carter & Hawkins, 2013). 팀 코칭 프레임워크를 실행한 연구에서는 조직 웰빙과 팀 성과에 미치는 영향의 결과가 유의미하게 나왔는데, 팀 리더-구성원 관계가 개선되었고, 동기 부여가 증가했으며, 건설적인 피드백이 더 빈번하게 이루어졌음을 시사했다(Hugill et al., 2018). 또 고성과 팀 코칭 시스템은 혁신을 추구하거나 시스템적인 조직 변화를 구현하는 팀에 가장 유용하다고 나타났다(Peters, 2019). 고성과 팀 코칭 시스템을 사용하는 일부 팀 사례가 선행연구에서 검토되기도 하였다(Britton, 2013; Car & Peters, 2012; Hawkins, 2014). 팀 코칭은 팀에 대한 개인의 기여와 함께 구성원들이 팀 전체와 협력하여 팀 목적을 추구할 때, 집단 자원을 잘 사용하게 하는 강점이 있다(Hackman & Wageman, 2005). 조직 내 코칭은 팀 코치가 코칭을 확장함에 있어, 조직 역량을 구축하거나 조직력을 축소할 수 있는 기회를 제공하기도 했다(Britton, 2015). 팀 수준에서 고성과 작업 시스템은 팀 구성원에 대한 공유된 인식으로 정의되었으며, 코칭과 대규모 교육 개발을 통해 고성과 작업 시스템에 영향을 미쳤다(Ma et al, 2021).

  역자로서도 관심을 두고 팀 코칭 관련 해외 선행연구들을 살펴보던 시기에, 이번 피터 호킨스의 『리더십 팀 코칭』을 접하게 되었다. 역자들과 함께 이 책을 번역하면서, 국내 팀 코칭에 관한 연구와 실무에 큰 영향을 미치리라는 기대를 하게 되었다. 공역자들과 함께 학습 조직을 구성하여 리더십 팀 코칭에 관한 이론을 학습하는 과정에서 이 책에서 제시하는 팀 코칭의 방법, 도구와 기술, 모델은 실무에서 바로 적용해도 손색이 없겠다는 생각을 하게 되었다. 책을 읽기에 앞서 독자들에게 간략하게 책 내용을 안내하고자 한다.

  파트 1은 고가치 창출 팀에 관해 소개한다. 1장은 고가치 창출 리더십 팀이 되기 위해 필요한 9가지 과제를 설명한다. '다양한 이해관계자의 기대치를 관리하라', '비즈니스를 운영하며 동시에 혁신하라', '시스템적 갈등 관리를 통해 작업 능력을 높여라' 등이 그 예이다. 코칭은 지난 40여 년간 빠르게 발전한 리더십 개발 영역이었으나, 개인 코칭을 통한 개인 성장에만 초점을 맞춰서 한계가 있었다고 언급하면서 새로운 대안으로 팀 코칭을 강조한다. 2장은 팀 효과성과 관련한 지난 50여 년간의 주요 연구결과를 소개한다. 웨이먼 등(2008)이 주장한 리더십 팀의 효과성을 촉진하는 세 가지 필수조건 essentials과 세 가지 가능조건 enablers을 항목별로 자세히 소개한다. 이후 고성과 팀을 넘어 가치 창출 팀과 변혁적 리더십 팀을 어떻게 만드는지 설명한다. 3장은 성공적인 팀 프렉티스를 위한 다섯 가지 규율 disciplines을 소개하는 내용으로 구성되어 있다. 다섯 가지 규율인 위임하기 commissioning, 명확화하기 clarifying, 공동 창조하기 co-creating, 연결하기 connecting, 핵심 학습하기 core-learning 각각이 팀 코칭에서 어떤 의미인지를 소개하고, 이후에는 각 규율이 어떻게 연결되어 영향을 주고받는지 설명한다.

  파트 2는 팀 코칭에 대해 전반적으로 소개하면서 팀 코칭의 정의, 프로세스, 다섯 가지 규율, 시스템적 팀 코칭에 관해 다룬다. 4장에서는 팀 코칭이 무엇인지에 관해 학자들의 다양한 선행연구를 근거로 설명한다. 팀 코칭의 역사, 팀 코칭에 대한 오해, 팀 코칭의 정의, 시스템적 팀 코칭 등을 자세히 설명한다. 팀 코칭, 팀 퍼실리테이션, 팀 빌딩, 팀 컨설팅의 차이를 정리하여, 팀 코칭을 명확하게 이해할 수 있게 돕는다. 5장은 팀 코칭 프로세스를 소개한다. 팀 코칭 프로세스는 CID-CLEAR 모델로 설명하고 있는데, 이는 계약하기1 Contracting1, 조사하기 Inquiry, 발견/진단/설계하기 Discovery, Diagnosis and Design, 계약하기2 Contracting2, 듣기 Listening, 탐색하기 Exploring, 행동하기 Action, 리뷰하기 Review로 구성되어 있다. 이후 팀 코치의 역할과 책임에 관해 설명한다. 관찰과 피드백, 프로세스 개입, 촉진적 개입 등 팀 코치가 해야 할 일을 구체적으로 제시하고 있을 뿐 아니라, 팀 업무수행 방법 지시하기, 구성원들의 정보를 전달하는 중재자 되기, 팀의 일원 되기, 팀 밖의 사람들에게 대변인 역할 하기 등 팀 코치로서 해서는 안 되는 일도 구체적으로 제시한다. 6장은 팀 코칭의 다섯 가지 규율인 위임하기와 재위임하기, 명확화하기, 공동 창조하기와 연결하기, 그리고 이 모든 규율의 중심에 있는 핵심 학습하기로 구성되어 있다. 이는 팀 코칭이 제대로 작동하기 위한 필수 요소로, 특히 이 모든 규율 가운데 '핵심 학습하기'가 있다는 점은 주목할 만하다. 앞으로 세상을 살아가는 데 핵심 학습하기는 팀이 지속해서 기능하기 위한 가장 기초적이고도 중요한 부분이라 하겠다.

파트 3은 다양한 팀 유형을 위한 코칭이다. 7장에서 관리 팀, 프로젝트 팀, 애자일 팀, 고객 계정 팀 등 여러 가지 팀 유형에 관해 설명하고, 혁신적인 팀 개발과 팀 코칭을 위한 방법으로 레드 팀, 블랙옵스 팀, 엣지 팀,

익스트림 팀을 운영하는 방법을 간략하게 안내한다. 이 장을 통해 선진국에서 운영하는 여러 혁신적인 팀 개발 방법에 관한 이해를 높일 수 있을 것이다. 8장은 코로나 펜데믹으로 앞당겨진 가상 팀 코칭과 가상 코칭에 관한 내용이다. 가상 팀 코칭의 정의, 현 수준과 현장에서 바로 적용할 수 있는 실무적인 방법과 발전하고 있는 코치봇과 디지털 혁신 분야까지 포함한다. 9장은 이사회 코칭으로, 대내외 이해관계자와 미래의 자연 및 경영환경까지 고려한 이사회 코칭의 중요성과 방향, 코칭 방법을 설명한다. 특히 6장에서 설명한 팀 코칭의 다섯 가지 규율이 이사회 코칭에 어떻게 적용할 수 있는지 보여줌으로써 임원진을 대상으로 한 팀코치들에게 더욱 유용할 것이다.

파트 4는 시스템적 팀 코칭을 차세대 역할로 제시한다. 팀 코칭을 방해하거나 발전시킬 수 있는 현 실태와 요소, 개별적 팀을 넘어서 시스템적 팀 코칭 전반에 관한 내용이다. 10장은 팀 코칭의 방해와 갱신에 관해 설명한다. 팀 코칭은 팀 코칭과 그룹 코칭의 다른 형태에 대해 명확하지 않음, 팀 코칭을 지속적인 관계가 아닌 일련의 이벤트로 보기, 결과 및 가치 창출보다는 고성과를 위한 팀 특성에 집중하기 등의 이유로 방해받고 있으며 갱신이 필요하다. 갱신은 성과 목표에 초점을 맞추는 것이 아니라 모든 이해관계자와 함께 공동의 가치를 창출하는 방향이어야 한다. 11장에서는 에코시스템 팀 코칭이 더 넓은 세계뿐만 아니라 규모와 종류에 관계없이 모든 조직에서 필요한 혁신에 기여할 새로운 기회를 탐구한다. 에코시스템 팀 코칭은 또한 조직의 집단적 리더십 collective leadership을 개발하여 모든 리더와 집단적 리더십이 주변 세계가 변화하는 것보다 더 빨리 학습할 수 있게 돕는다. 또 다섯 가지 규율 모델, 즉 위임하기, 명확화하기, 공동 창조하기, 연결하기, 핵심 학습하기를 적용하여 코칭 파트너십을 형성, 발전하고, 갈등을 해결하는 방법을 설명한다.

파트 5는 공유 리더십 만들기, 팀 구성원 선발과 개발, 그리고 코칭하기에 관한 내용이다. 12장은 가치 창출팀의 팀 구성원을 선발할 때 포용성과 다양성을 적용하는 방법을 안내한다. 핵심 선발 원칙으로, 단순히 스킬만이 아닌 가치를 위한 선발, 자신의 기능만이 아닌 팀 전체의 목적에 헌신하는 팀 구성원 모집, 팀으로 일을 잘할 사람 선발 등을 강조한다. 다양성의 다섯 가지 프레임워크로 정체성 다양성, 인지적 다양성, 성격과 팀 스타일 다양성, 수직 개발, 시스템적 포지션 다양성을 주장했다. 13장에서는 CEO와 팀 리더가 공유 리더십으로 고가치 창출 팀을 만드는 핵심 단계를 설명한다. 팀 리더는 팀 매니저(팀 구성원 관리에 집중), 팀 리더(집단 목표에 집중), 팀 조정자(내부와 외부 연결에 집중), 팀 코치(팀 역량 개발에 집중)라는 4단계를 거쳐 성장한다. 그리고 팀 헌장 만들기, 변혁적 팀 핵심 성과 영역(TKPA)과 지표(TKPI) 설정, 개인 성과를 팀 목표에 연결하기 등 12개의 프랙티스를 제안한다. 14장에서는 우수한 시스템 팀 코치를 찾고, 선택하고, 협력하고, 평가하는 방법을 설명한다. 이 접근법은 다음과 같이 7단계로 구성되어 있다. 요구 사항과 희망하는 결과를 명시하고 정의하기, 역할에 적합한 후보자 찾기, 사양과 팀 요구 사항에 가장 적합한 팀 코치 선택하기, 선택된 코치와 계약하기, 정기적인 검토를 통한 관계 발전시키기, 평가하기, 스스로 코칭할 수 있는 팀으로 전환하기이다.

파트 6은 시스템적 팀 코치 개발과 수퍼비전에 관한 내용이다. 15장에서는 팀 코치 개발하기에 관해 설명한다. 수용력capacities, 역량competencies,

능력capabilities의 차이를 구별한다. 특히 수용력을 강조하는데, 수용력은 자기 인식, 자기 용이성, 파트너십 영역에 머무르기라는 특징이 있다. 이 장에서는 수용력을 자기 인식과 집단적인 팀 의견 경청, 자기 용이성과 자원에서 작업, 파트너십 영역 안에 머물기 등 10가지로 설명한다. 16장에서는 팀 코칭 수퍼비전을 통해 복잡한 시스템 역동을 감지하고 이해할 수 있는 팀 코치의 역량 개발을 돕는다. 팀 코치의 수퍼비전은 일대일, 2명 이상의 공동 코치, 그룹, 팀 내의 다양한 수퍼비전 상황에 놓이게 된다. 저자는 6단계의 팀 코칭 수퍼비전 모델 CLEAR를 제시하면서 모든 팀 코치에 대한 수퍼비전 관리의 중요성을 피력한다. 팀, 조직 그리고 시스템 역동의 차원에서 팀 코치가 어떻게 전문화될 수 있는가에 중점을 둔다.

파트 7은 접근 방식, 방법, 도구와 기술에 관해 소개한다. 17장, 18장, 19장, 20장은 이를 세부적으로 다룬다. 팀 코칭의 접근법, 모델, 도구, 기법 사이의 차이를 명확히 이해하고 사용하는 데 유용할 것이다. 그러나 모든 도구는 팀이 서로 대화를 시작하는 수단이라는 점을 명심하도록 저자는 강조한다. 17장에서는 다양한 팀 평가 설문과 사용 도구를 소개한다. 오늘날 세계를 복잡성, 전체 시스템, 생태적 수준으로 이해하기 위해서는 팀 코칭이 이루어지는 현장에 대한 탐구, 조사, 발견, 진단 설계 과정에 관한 적절한 분석 방법, 도구와 기술이 필요하다. 18장에서는 이를 실천할 다섯 가지 규율을 소개한다. 시스템 팀 코치는 11개의 넛지가 있다. 팀 워크숍과 이해관계자 사이에서 팀이 요구하는 사항, 현재 상황과 요구에 맞는 조율 등 유용하게 선별된 팀 도구를 활용할 수 있어야 한다. 19장은 팀 코칭의 주요 접근법과 평행 접근법, 그리고 PERILL 모델을 소개한다. 팀의 기능 장애, 고성과 팀으로 성장할 수 있는 집단적 모델링은

유념해볼 만하다. 20장은 팀 코치 훈련 과정에서 자주 접하는 질문들을 담았다. 파괴적 행동을 하는 팀원 다루기, 팀 내 갈등, 다양성 관리, 심리적 안전 조성, 팀 코칭 과정의 모습에 대한 기대 등 궁금해하는 사항들을 자세히 다룬다. 21장은 이 책의 전반적인 결론과 미래에 대한 기대와 함께 도전 의제를 던져준다.

팀 코칭은 팀을 어떻게 바라보는가 하는 관점 수준에 따라서 달라진다. 개인의 합으로 팀을 보는가? 팀을 살아있는 시스템으로 보는가? 시스템적 팀 코칭 차원에서 더 큰 시스템으로 접근하는가? 이를 너머 지구와 인류의 생명체를 존중하는 에코시스템으로 볼 것인가? 에코시스템 팀 코칭은 향후 코치로서 인류의 공동 진화에 어떻게 기여할 수 있는가? 이 책은 이러한 물음에 대한 시사점을 제시한다. 또한 VUCA, ESG, AI, 디지털 트랜스포메이션, 팬데믹 이후 시대에 코칭의 방향과 지표는 앞으로 어디를 향해 가야 하는가에 대해서도 이야기한다. 그래서 역자들은 이 책에 "변혁적 팀 리더십을 넘어"라는 부제를 달았다. 팀의 역동, 진정한 변혁, 지구와 생명의 범 생태계적 차원으로 향하는 에코시스템 팀 코칭의 드넓은 가능성을 거인의 어깨 위에서 볼 수 있었다는 감사함과 뿌듯함을 번역하는 여정 내내 느낄 수 있었다.

공역자들과 매주 화상으로 만나 함께 학습하는 즐거움도 컸다. 리더십 팀 코칭은 우리 안에서도 일어났다. 각자의 현장과 현업에서 접하고 경험하는 요소들이 녹아들 수 있어서 또한 기뻤다. 리더십 팀 코칭과 함께한 몇 개월은 코치로서 성장하는 데 큰 이정표를 세운 시간들이었다고 감히 고백해본다. 팀 코칭 도구와 기법을 마주하면서, 코치이면서 동시에 퍼실리테이터인 역자들 역시, 리더십 팀 코칭이라는 이 매력적인 분야에 가슴 설레고 벅찼다. 미래 발전 가능성이 가득한 금광을 발견한 듯했다. 팀 코칭 역량에는 퍼실리테이션 역량 또한 필요함을 절감했다. 세계적으로 명성 있는 피터 호킨스, 데이비드 클러터벅 등 팀 코칭 전문가들의 20여 년간 쌓아온 이론과 실천 사례들을 토대로, 곧 한국에서도 팀 코칭이 더욱 확산하고 여러 분야로 펼쳐지는 모습을 상상해본다. 'K-코칭'으로 발돋움하는 이 시기에, 한국형 리더십 팀 코칭의 학문적, 실무적 성과는 향후 기대해볼 만한 가치가 크다. 리더십, 인사조직, 조직개발 분야뿐 아니라 고성과 팀, 공유 정신 모델과의 연계성, 창의적인 애자일 조직의 중심에는 분명 팀 리더와 팀 구성원들이 존재한다. 에코시스템 팀 코칭 영역까지 확대해 나갈 때, 대한민국 정부 부처, 공공기관, 공공조직, 기업, 학교, 지역사회, 공동체 그 어디든 적용할 수 있지 않을까? 인류 역사 이래로 팀은 공동체의 기본 단위이기도 했다. 팀 리더를 중심으로 팀 구성원 전체에 영향을 줄 수 있는 팀 코치가 되기 위해 어떤 교육이 필요한가? 어떤 훈련을 할 것인가? 팀 코치 육성과 훈련을 위해 어떻게 수퍼비전을 진행할 것인가? 어떻게 고도의 숙련된 기술과 도구와 기법을 사용할 수 있는 팀 코치로 성장할 수 있는가? 향후 코치들이 함께 성장해 나갈 도전 과제를 던져주는 책이다.

2022년 9월 어느 날
역자 강하룡, 박정화, 박준혁, 윤선동

PART 1
고가치 창출 팀

제1장
고가치 창출 리더십 팀이 필요한 이유

> 매우 복잡한 세계에서 영웅적인 지도자의 모습은 발견하기 힘들고 점점 더 유물이 되어가고 있다.
>
> 맨프레드 케츠 드 브리스Manfred Kets de Vries(2011A: 56)

> 사려 깊고 헌신적인 소수의 시민 집단이 세상을 바꿀 수 있다는 것을 의심하지 마라. 사실, 그것만이 유일한 방법이다.
>
> 마가렛 미드Margaret Mead(source unknown)

나는 일류 금융 회사의 고위 임원진과 함께 일하고 있었다. 회의에서 나는 CEO의 약점에 초점을 맞추고 있다는 사실에 충격을 받았다. 이 회사 내에서 그간 짧은 임기를 가진 많은 회장, 고위 경영진들이 있었고 꽤 심한 내부 경쟁이 있었다는 것도 알게 되었다. 몇 달이 지난 뒤에도 임원들은 여전히 복도에서 CEO의 약점에 관해 이야기하고 있었다. 나는 다음 회의에서 임원들에게 공개적으로 말하였다. '나는 당신들 모두가 CEO의 약점을 들추는 것에 질려버렸다.' 내 옆에 앉아 있던 CEO가 몸을 돌려 충격과 분노의 시선으로 나를 바라보았고, 임원들 모두 고개 숙여 종이만을 내려보고 있었다. 나는 약간 겁이 났지만 계속 이어갔다. '여러분 모두 리더십을 위쪽으로만 위임하고, 마치 완벽한 CEO를 만나길 기다리는 게임을 하고 있는 것처럼 보인다. 유감스럽게도 나는 평생 완벽한 CEO를 만난 적이 없다. 선배로서 여러분에게 묻고 싶다. 팀은 어떻게 CEO의 약점에 대해 책임질 것인가?' 이렇게 팀 코칭이 시작되었다.

완벽한 CEO 또는 완벽한 리더가 존재할 것이라는 신화적 믿음은 많은 기업, 조직, 스포츠 팀 그리고 심지어 정치에까지 널리 퍼져 있다. 우리는 리더들에게 점점 더 많은 것을 기대하고, 상황을 반전시킬 기적적인 힘이 있을 것이라는 희망에 투자한다. 그러다가 우리의 이러한 기대에 부응하지 못할 때 재빨리 비판하고 비난한다. 리더십 연구에 평생을 보낸 워렌 베니스Warren Bennis는 이렇게 쓰고 있다.

> 우리의 신화는 우리를 따라잡는 것을 거부한다. 위대한 일들은 보통 위대한 개인에 의해 이루어진다는 낭만적인 생각을 담고 있는 '론 레인저Lone Ranger'의 신화에 매달리는 경향이 있다. 미켈란젤로가 시스티나 성당 벽화를 그리기 위해 16명의 그룹과 함께 일했다는 사실을 포함해, 증거가 많이 있는데도, 우리는 여전히 위대한 팀 대신 위대한 개인의 업적을 생각하는 경향이 있다.
>
> (Bennis, 1997)

베니스Bennis가 이 글을 쓴 이후에도 복잡성, 상호 연결성, 변화, 직면한 주요 위협이 기하급수적으로 증가해왔다. 그리고 앞으로 이 변화 속도는 더욱 심해질 것이다. 2009년 9월 28일, '헬리건의 잃어버린 정원과 에덴 프로젝트'의 설립자인 팀 스미트Tim Smit는 연례 컨벤션 강연에서 '향후 30년은 인류 역사상 가장 흥미로운 시간이 될 것이다. 그 기간 동안 우리는 진정으로 호모 사피엔스인지 아니면 우리가 멸종된 종種의 화석 기록으로 남을 것인지 확인할 수 있을 것이다'라고 말했다. 생태학자 폴 호켄Paul Hawken은 2009년 포틀랜드 대학 수업에서 다음과 같이 말했다.

> 시작점부터 시작하자. 모든 생물체계가 쇠퇴하고 있고, 쇠퇴의 속도가 빨라지고 있는 지금, 지구상에 인간으로 존재하는 것이 무엇을 의미하는지 알아내야 할 것이다. 기본적으로, 문명에는 새로운 운영체계가 필요하다. 여러분이 프로그래머이고, 우리는 수십 년 안에 새로운 운영체계를 필요로 한다. 아침에 일어나서 거울을 볼 때, 멸종된 동물들처럼 인간도 다시는 볼 수 없다는 생각을 해야 한다. 그 어느 때보다도 위기 의식이 큰 상황이다.
> 만약 우리가 지구 온난화, 인구 폭발, 기술적 상호 연결성, 석유 고갈 또는 종들의 멸종이 현재보다 1,000배에 이른다면 위기 의식은 실로 대단할 것이다. 그렇지만 그렇지는 않기에 위기의 심각성을 모른다. 우리는 이러한 모든 도전과 기하급수적으로 가속되는 상호 연결된 힘의 시스템적이고 복잡한 거미줄에서 일어나고 있는 세상을 직면하고 있다. 어떤 전문가도 이 문제를 해결하는 방법을 말할 수 없고 전체 패턴을 이해할 수도 없다.

팀 스미트와 폴 호켄이 긍정적으로 이끌어낸 도전적 과제는 개별 과학자들, 분야별 과학자 팀, 심지어 세계 최고의 기관에서 뽑힌 다학제 과학자 팀도 만족스럽게 해결할 수 없다. 이는 정치인들, 심지어 지금까지 존재했던 것보다 더 높은 수준의 국경 간 협력에도, 그리고 복잡한 패턴을 해결해온 압력 단체로도 확실히 해결될 수 없다. 현재 우리는 한 종種으로서 함께 일하는 방법을 찾고, 학문과 국경을 넘나들며 협력하는 러쉬코프Rushkoff(2019)가 말하는 '팀 휴먼Team Human'[1]이 되기 위한 도전에 직면해 있다. 함께 일하면서 새로운 사고방식을 만들어 낼 필요가 있다. 아인슈타인이 지적했듯이, 어떤 것을 창조해냈던 것과 동일한 사고로는 문제를 해결할 수 없기 때문이다.

내가 'WeQ'라고 이름 붙인 훨씬 더 큰 협력적 지능much greater collaborative intelligence이 전 세계적으로 긴급하게 필요하다. 최근 몇 년 동안 우리는 전 세계적인 협력적 대응을 모색하던 것에서 민족주의와 포퓰리즘이 뒤섞인 '자국 우선주의' 태도로 되돌아가는 것을 목격했다. 개별 국가들은 기후 위기, 지구촌 불평등, 생물 다양성의 상실, 세계 보건, 정신 건강 등 우리 시대의 큰 도전들은 해결할 수 없다. 2020년 코로나 팬데믹에서 우리 모두가 배운 교훈 가운데 하나는 우리의 건강은 우리 자신의 것이 아니며, 질병이라는 한 부분이 우리 생활 전체에 빠르게 영향을 미친다는 것이다. 우리가 직면한 과제는 지구 크기만큼 크지만, 우리의 협업 노력은 여전히 단기적이고 지역적이며 거래적이다(Krznaric, 2020; Hawkins, 2020b). 민나 살라미Minna Salami(2020)는 다음과 같이 언급했다.

> 우리는 경제적, 과학적, 기술적으로 엄청난 발전을 이루었는지 모르지만 심리적, 사회적 진보를 맞추지 못했다. 그러한 발전은 우리를 오늘날의 상황, 즉 이전에는 상상할 수 없었던 차원의 환경, 정치적, 사회적 재앙으로 향하게 했을 뿐이다.

---

[1] 세계적인 미디어 이론가이자 디지털 경제 전문가인 뉴욕대 러쉬코프 교수가 진행하는 인기 팟캐스트 이름이 〈팀 휴먼Team Human〉이다. 정부기관, 사회정의 등 미국 내 민감한 문제를 다루며, 이를 『Team Human 대전환이 온다』는 제목으로 출간하였다.

팀을 위한 변화 과제

그렇다면 이러한 글로벌 도전은 리더십 팀의 세계에서 어떻게 나타날까? 우리가 함께 일했거나 주요 연구에서 보고된 리더십 팀들이 경험한 주요 주제들이 있다. 리더십 팀의 모든 구성원뿐 아니라 그들을 코칭하고 지원하는 사람들도 이 도전에 동참해야 한다.

1. 다양한 이해관계자의 기대치를 관리하라

성공 가도를 달리는 한 금융회사의 CEO는 이렇게 말한다. "사람들은 내가 CEO로서 엄청난 자유와 권력, 선택권을 가졌다고 생각하지만, 실제는 일선 팀장 시절보다 자유와 권력, 그리고 선택권까지도 적어졌다. 일상이 얼마나 회사 일정에 얽매어 있는지, 얼마나 규제 기관, 이사진, 주주, 주요 고객 및 파트너 조직의 부름에 끊임없이 시달리는지, 그리고 얼마나 많은 부서가 일년에 한 번 이상 내 방문을 기대하고 있는지 모른다."라고 설명했다. 그는 매일 예상보다 더 많은 회의에 참석해야 했고, 모든 회의에서 관점이 다른 이익 단체들에게 로비를 받고 있었다. 그는 내게 회사 안팎의 모든 사안에 상반된 요구가 있는 느낌이라고 말했다. 정부 부처의 장, 지방 정부 및 보건 기관의 CEO들과 이와 비슷한 이야기를 나눈 적이 있다고 했다.

CEO의 평균 재임기간이 점점 짧아지고 있다는 것은 놀라운 일이 아니다. 콘 페리Korn Ferry의 연구에 따르면 CEO 평균 재임기간은 2016년 8.4년에서 2019년 6.9년으로 3년만에 14% 감소한 것으로 나타났다. 리더에 대한 구성원들의 기대와 요구는 그 어느 때보다 크다. 2000년에 후퍼Hooper와 포터Porter는 다음과 같은 글을 썼다.

> 미래의 리더들이 직면한 중요한 문제는 구성원들의 정서적 지지를 얻어냄으로써 거대한 인간의 잠재력을 풀어내는 것이다. 미래 우리의 지도자들은 더 유능하고, 더 명료하고, 더 창의적이고, 더 영감을 주고, 더 신뢰할 수 있어야 할 것이다.

앞으로의 MZ세대에 대한 모든 연구는 미래 세대가 리더의 타이틀(직함)과 역할에 더 큰 기대를 하고, 리더에 대한 무조건적인 존경을 덜 가지게 되며, 그들이 존경할 수 있는 리더를 원하는 것이라고 시사한다.

2. 리더십 팀은 비즈니스를 운영하며 동시에 혁신하라

팀 코칭은 경영진이나 이사회가 비즈니스를 운영하는 데 도움이 되는 방식으로만 초점을 맞출 수 있다. 팀 코칭이 비즈니스 혁신과 시스템 혁신에도 집중해야 한다는 점을 충분히 인식하지 못하는 듯하다. 이 두 가지 활동은 다른 접근 방식을 요구하므로 팀 코칭 형식도 달라져야 한다.

빌 샤프Bill Sharpe(2013)는 모든 리더십과 모든 팀이 세 가지 지평선horizons을 고려해야 한다는 유용한 정보를 제시해주었다.

> (지평선 1) 평상시의 비즈니스 활동
> (지평선 2) 내일을 위한 혁신
> (지평선 3) 근본적인 변화를 위한 미래 전망

중요한 것은 지평선 1(평상시의 비즈니스 활동)에서 지평선 2(내일을 위한 혁신)로 이동하면 어제의 게임이 지속해서 개선된다는 것이다. 오늘날의 리더십은 더 나아가 지평선 1에서 지평선 3(근본적인 변화를 위한 미래 전망)까지로 이동하여 미래 세계가 요구하는 것에 비추어 혁신에 집중할 필요가 있다. 이 내용은 로만 크르즈나릭Roman Krznaric(2020)의 저서인 『좋은 조상: 단기적인 세계에서 장기적인 사고를 하는 방법A Good Ancestor: How to think long term in a short-term world』에 더 자세히 언급되어 있다.

수년 전 나는 브리티시 에어로스페이스British Aerospace의 에어버스 부서와 함께 일했다. 그 부서는 일주일에 네 개의 비행기 날개를 조립하기 위해 고군분투하고 있었고 전체 사업은 크고, 번잡스럽고, 비효율적이었다. CEO는 고위 임원진들이 더 많은 시간을 투자하여 비즈니스 혁신을 주도하고, 개별 업무의 운영시간을 단축하기 원했다. CEO가 '임원들이 적어도 50%의 시간을 변혁 의제에 투자하기를 원한다'고 발표했을 때, 나는 그의 옆에 앉아 있었다. 은유적 표현으로, 임원진들의 턱은 테이블에 부딪혔는데, 이미 일주일에 평균 80~90시간 이상 일하고 있었기 때문이다. "어떻게 우리에게 더 많은 것을 요구할 수 있나?" 그들이 소리쳤다. 팀 코치로서 나는 임원들에게 지난 달의 일정을 검토하고, 최소 10~20% 제거하는 방안을 강구해보자고 제안했다. "그것이 변혁적 리더십을 위해 필요한 공간을 만드는 시작이 될 것이다."라고 말했지만, 그들은 "그렇지만 우리가 하는 일은 모두 필요한 것들이다."라고 반응하였다. 나는 이 저항에 어떻게 대처해야 할지 고민하며 이렇게 대답했다. "좋다, 만약 당신이 스케줄에서 제거되어야 할 10~20%를 찾을 수 없다면, 다음 회의에 당신의 스케줄만 가져와라. 당신의 동료들이 당신을 위해 제거되어야 할 것이 무엇인지 알려줄 것이다." 2주 뒤 열린 회의에서 말할 필요도 없이, 그들은 모두 무엇을 제거할 것인지 발견하였다.

3. 팀은 시스템적 갈등 관리를 통해 작업 능력을 높여라

팀이 이해관계자 갈등을 재연하는 과정은 이사회에서도 성행한다. 많은 조직에서 가장 중요하면서 가장 어려운 관계는 회장과 CEO 사이의 관계이다. 회장이 투자자나 규제기관의 요구를 대변하고, CEO가 직원과 고객의 요구를 수용함으로써 발생하는 둘 간의 갈등은 권력 싸움으로 비춰질 수 있다.

나는 '필수적 갈등의 법칙law of requisite conflict'을 개발했고, 그 내용은 다음과 같다. 팀 내 갈등 수준은 그들이 주도하고 서비스하는 시스템적 갈등보다 크거나 작지 않아야 한다. 따라서 팀(또는 이사회)이 시스템적 갈등을 관리하기 위해 집단적 역량을 확장할 수 있도록 지원할 필요가 있다.

변혁적 리더십은 공유된 목적, 가치 및 비전의 맥락에서 급진적인 변화에 대한 모든 주요 이해관계자를 몰입하도록 이끌고 집단적으로 참여하게 하는 과정이다. 이해관계자에는 기본적으로 직원, 고객, 공급자, 투자자 또는 납세자, 규제 기관, 지역사회가 포함되고, 우리의 공유 생태계 내 '휴먼 그 이상의more than human' 세계까지도 포함된다.

다양한 이해관계자들이 얽힌 문제는 개개인들이 해결할 수 없다. 그렇지만, 때로는 압박을 받아 과부하가 걸린 시니어 팀에서 각 이해관계자에 대한 대응과 책임을 개별 임원진에게 할당하곤 한다. 재무 책임자는 투자자를, 인사 책임자는 직원을, 영업 책임자는 고객을, 규정준수 책임자

compliance director는 규제기관을 대응한다. 이는 리더십 팀 내 리더들 사이의 갈등으로 이어질 수 있다.

4. 인간은 여러 역할과 소속을 통해, 살아가는 법을 배운다

팀 구성원들이 직면한 또 다른 도전은 세계가 점점 더 상호 연결되고 조직이 점점 더 매트릭스화 되고 있다는 것이다. 요즘 고위 경영자가 한 팀에만 속해 있는 경우는 드물다. 이사회의 일원이 될 수도 있고, 고위 경영진을 이끌 수 있으며, 계열사의 이사회 의장이 될 수도 있다. 또 산업 위원회, 조인트 벤처에서 역할을 맡을 수도 있다. 이는 조직 내 고위층이라면 누구라도 해당할 수 있다. 그러나 대부분 임원과 매니저는 그들이 맡은 여러 가지 역할과 멤버십으로 인해 심리적 어려움을 겪는다. 사회학자들과 인류학자들은 인간이 한 종족으로서, 가족 집단이나 부족에 대한 충성심을 형성하는 방법과 다른 집단으로부터 소속 집단을 보호하는 법을 배웠다고 말한다.

나는 젊은 시절, 조직 내 핵심 부서의 리더가 되었는데, 이는 자동으로 국가경영팀의 일원이 되었다는 것을 의미했다. 내가 임명되자마자 팀원들이 나에게 질문했다. '당신은 누구 편인가? 당신은 우리 팀의 일원인가, 아니면 중앙 관리부서의 일원인가?' 나는 신속하게 답변하는 법을 배워야 했다. '나는 100% 양쪽 모두의 헌신적인 구성원이다'라고 대답했다. 그렇지만 이러한 내 생각과 현실은 달랐다. 특히 각 팀이 나에게 상당히 격렬한 방식으로 상대 팀의 잘못된 점을 지적할 때 일어났다. 이러한 압박감 속에서, 여러분은 완전한 팀 구성원으로 행동하기보다는 단지 여러분이 소속된 팀의 견해를 대변하고, 구성원들의 이익이 위협받거나 홍보가 필요할 때만 발언하는 대표자 역할에 빠지기 쉽다. 그런 다음 다른 팀으로 돌아가 고위 경영진의 의견을 대변한다. 배리 오쉬리Barry Oshry(2007)가 묘사한 '갈라진 중간자torn middle', 즉 한 팀과 다른 팀 사이의 우체부, 특사 또는 중재자이며 아무 데도 속하지 않는 사람이 된다.

5. 세계는 점점 더 복잡하고 상호 연결되고 있다

내 동료 코치가 장거리 비행이 유일한 자유라고 한 고위 임원의 이야기를 들려주었다. 장거리 비행을 하면서 그는 자신의 사업이 직면한 더 큰 도전에 대해 더 넓게 생각할 수 있었고, 리더십을 발휘해야 하는 시스템의 역동성에 대해 덜 어수선하게 생각할 수 있었다. 장거리 비행은 몰입하고 있는 일을 반추해볼 수 있게 하는 밀폐된 컨테이너를 제공했다.

그는 몇 년 뒤, 끊임없이 넘쳐나는 모든 이슈에 압도된 상태로 돌아왔다. 내 동료 코치가 그에게 장거리 비행이 어떻게 그가 시야를 확보하는 데 도움이 되는지 물었다. 그는 놀라며 대답했다. '나는 그 행복했던 순간을 모두 잊었다. 나는 지금 세계 어디를 가든 휴대폰과 이메일에 사업 관련 요구와 역동이 계속 일어나고 있고, 그나마 비행기는 내가 읽지 않은 이메일의 밀린 부분을 따라잡을 수 있는 유일한 시간이다.'

2020년 시작된 팬데믹으로 인해 언제 어디서나 일할 수 있는 환경이 빠르게 만들어졌고, 이로 인해 많은 고위 임원진은 일주일에 7일간 장시간 화상 회의를 할 수 있는 상황이 되었다. 우리는 탈출하거나 뒤로 물러서고, 반성하고, 더 큰 그림을 보는 데 필요한 거리를 얻는 것이 점점 더 어려운 세상에 살고 있다. 이는 아마 점점 더 많은 고위 임원진이 보호받는 공간과 외부인의 관점을 제공할 수 있는 외부 코치들에게 눈을 돌리는 주요 요인이 되었을 것이다.

6. 가상 작업은 성장하고 있다

가상 팀을 연구하는 데 오랜 시간을 보낸 제시카 립낙Jessica Lipnack은 2006년 미국에서 68%의 노동력이 원격으로 일했으며 2011년에는 73%까지 증가할 것이라고 보고했다. 또 2006년 아시아에서는 4억 8천만 명의 사람들이 원격으로 일했고 2011년에는 6억 7천 1백만 명으로 증가했음을 보고했다. 2020~2021년 팬데믹으로 인해 원격 근무가 강화되면서 가상 팀워크는 빠르게 발전되며 보편화되었다. 일하는 날은 24시간 365일이 되었고, 업무 일상은 지구의 다른 지역으로 이동한다. 팀워크는 상당수가 대면으로 이뤄지기보다 이메일, 전화, 화상 회의 등으로 이루어졌는데, 이러한 변화는 새로운 커뮤니케이션 기술뿐만 아니라 신뢰를 확립하고 유지하는 새로운 방법을 필요로 한다. 인류 역사를 통틀어 팀은 팀 구성원들과의 신뢰 구축과 유지를 위해 동료, 가족, 관심사를 나누는 집단 등 비공식적인 사회화에 의존해왔다. 가상 팀에서 이 중요한 요소가 어떻게 달라지는지에 관해서는 8장에서 다룬다.

7. 주요 리더십 과제는 개별 과제가 아니라 상호 연결되어 있다

위에서 살펴본 바와 같이, 세계가 직면한 과제는 점점 더 복잡해지고 있으며 더 큰 상호 연결을 수반한다. 조직의 주요 과제는 더는 개별 사람이나 부분이 아니라 사람, 팀, 기능, 다양한 이해관계자 요구 사이의 관계에 있다. 미래 리더십 연구(2017)를 위해 호킨스Hawkins가 인터뷰한 CEO 가운데 한 명이 이렇게 말했다. '나는 많은 코치와 컨설턴트를 보유하고 있지만, 내 모든 도전은 직원 개개인이 아니라 그들 사이의 연결성에 있다.'

그러나 우리는 이보다 구성원, 팀, 기능 및 이해관계자의 이슈를 해결하는 방법에 관해 훨씬 더 많이 안다. 한 코치가 나에게 말했다: '나는 내가 하는 일이 코칭 의뢰인의 귀와 귀 사이에 놓여있는 것을 바꾸는 것을 돕는 것이라고 믿도록 코치로서 훈련받았다. 이제 나는 코와 코 사이에 있는 것을 바꿀 필요가 있다는 것을 깨달았다!'

그렇지만 우리는 인간관계의 변화를 가능하게 하는 방법보다 개인적인 변화를 가능하게 하는 방법에 관해 더 많이 안다. 우리가 아는 관계 코칭은 구성원들 사이의 갈등 해결을 위해 대화를 가능하게 하거나 팀이 대인관계에서 더 나은 관계를 맺도록 돕는 정도일 것이다. 효과적인 팀 코칭을 위해서는 최소 네 가지 레벨의 관계를 동시에 고려해야 한다.

- 코치와 팀 사이의 관계
- 팀 구성원들 사이의 관계
- 이해관계자(직원, 고객, 공급업체 및 파트너, 투자자와 규제 기관, 운영 지역 및 생태계)와 팀이 어떻게 관련되고 참여하는지에 대한 고민
- 리더십 팀이 모든 이해 당사자와 서로 다른 방식으로 협력할 수 있도록 지원하는 방법

더는 회사가 고객 중심적인 것만으로는 충분하지 않다. 가치 있는 기여를 하기 위해서는 고객의 고객customers' customers(리더의 직원들, 투자자의 투자자, 공급자의 공급자)에게 집중해야 한다. 즉 고객이 자신의 고객을 위한 변화를 만들 수 있도록 해야 한다.

전자회사 영업팀의 팀 코치를 한 적이 있다. 판매목표 달성에는 큰 성공을 거뒀지만 생산부서에서 제대로 된 품질의 제품을 적기에 납품받지 못한 것이 가장 큰 문제였다고 했다. 나는 그 말을 들으면서 부서원들이 얼마나 좌절감을 느끼는지 알 수 있었다. 나는 생산부서에 우리의 요구를 명확히 전달할 수 있는 방법을 고민하기 시작했다.

이후 생산부 직원과 이야기를 나누었는데, 가장 큰 문제는 영업부라고 말했다. 나는 우리 팀을 방어할 준비를 단단히 하고 그 이유가 무엇인지 물었다. "영업부는 분기별 판매 목표와 보너스에 동기 부여하고, 매 분기 말에 우리 팀이 제공할 수 없는 것을 고객에게 열심히 판매하기 때문이다. 이는 불만족스러운 고객들을 더 많이 얻게 된다는 것을 의미하며, 영업부가 고객들과 이룰 수 없는 약속을 한다는 것을 의미한다." 이러한 순환 패턴cyclical patterns을 해결할 수 있는 유일한 방법은 각 부서를 이끄는 리더들이 자신만의 이익을 대변하는 것이 아니라, 시스템적으로 사고하는 연합된 리더십 팀으로서 행동하는 것이다.

라인Lines과 스콜스-로드Scholes-Rhodes(2013)는 구성원과 팀 사이의 경쟁적 행동의 결과로 그러한 순환 패턴cyclical patterns이 어떻게 나타날 수 있는지를 도해적으로 보여준다. 책임과 분리의 악순환이 공동의 목적에 바탕을 둔 능동적 협동의 선순환으로 전환될 수 있도록 조직 전반에 걸쳐 신뢰의 풍토를 구축하겠다는 것이 진정한 리더십의 핵심 원칙이라는 주장이다. 그들은 차이를 넘어 일관성과 연결을 만들어내는 것이 '터치 포인트 리더touchpoint leader'의 기본 능력이라는 것을 보여준다. 맥크리스탈 장군 General McChrystal(2015)도 비슷한 결론을 내린 바 있다. 연합군에 훌륭한 팀들이 많이 있었지만, 그 팀들 사이에 동일한 팀워크와 신뢰를 만드는 것이 도전이었다고 한다.

공공 부문에서의 문제는 한 조직의 관할권 내에서 해결할 수 없는 경우가 많다. 공공 부문의 문제는 많은 참여 조직 단체를 통해 해결해야 한다. 정부 부서와 일할 때 나는 국무장관을 인터뷰했다. 그는 연합정부에서 충분한 진전을 이루지 못한 것이 영국 노동당 정부 세 번의 임기동안 가장 큰 실패였다고 말하면서 끝을 맺었다.

호킨스는 모든 조직이 더 많은 일을 해야 하고 더 높은 품질의 기대치를 충족해야 하며 이러한 트렌드는 계속될 것이라는 '성스럽지 못한 삼위일체unholy trinity'에 대해 설명한다(Hawkins & Smith, 2013; Hawkins, 2017). 많은 시니어 팀은 이러한 문제에 대처하기 위해 조직을 근본적으로 혁신하는 대신 더 빨리 페달을 밟고 더 열심히 움직인다. 때로는 최고 리더십 팀은 통합적 리더십을 제공하지 못한 채, 각각의 과제를 다른 직책자에게 위임하여 제도화된 조직적 충돌을 일으키곤 한다.

8. 신뢰를 회복하라

> 비즈니스에서는 신뢰가 전부이다. 고객이 구매하는 제품에 대한 신뢰, 직원들의 리더에 대한 신뢰, 그들에게 투자하는 사람들에 대한 투자자들의 신뢰, 그리고 자본주의에 대한 대중의 신뢰에 비즈니스의 성공이 달려 있기 때문이다.
>
> (Bill George, 2007)

고객과 이해관계자로부터 조직에 대한 신뢰가 떨어지고, 직원으로부터 집단 지도력에 대한 신뢰가 무너지고 있다. 이는 우리 신문, 방송뉴스를 가득 채운 유명 기업의 윤리적 스캔들에 의해 확산되었다. 헨리 비즈니스 스쿨의 존 마데스키 평준화 센터John Madejski Center for Levelation의 이사인 내 동료 케빈 머니Kevin Money는 다음과 같은 글을 썼다. '비즈니스 리더는 신뢰를 살 수 없고, 존경심을 살 수 없으며, 그 명성을 다시 살 수는 없지만 사업이 다시 번창하기 전에 반드시 이를 회복해야 한다.'(in Board et al., 2009)

미국의 PR컨설팅 회사인 에델만Edelman은 매년 국가 정부와 다양한 유형의 기업에 대한 대중의 신뢰 수준을 글로벌 트렌드로 살펴보는 '신뢰 척도Trust Barometer'를 운영한다(Edelman, 2012, 2019). 그 연구 결과는 다음과 같다.

- 2012년 정부에 대한 신뢰는 2007년 조사를 시작한 이래 최저 수준으로 하락했다. 프랑스, 이탈리아, 영국, 미국, 러시아, 독일에서는 정부가 옳은 일을 할 것이라고 믿는 사람들의 수가 50% 미만이었다.
- 2019년 에델만의 가장 큰 연구 결과 가운데 하나는 직원들이 자신이 일하는 회사가 목표 지향적이고 사회 및 지역사회 변화를 제공하는 데에 기대감이 더 많다는 것이다. 전 세계 응답자의 67%는 '내 고용주는 더 큰 목표가 있고, 내 직업은 의미 있는 사회적 영향을 끼친다'는 것이 중요하다고 응답하였다.
- 전 세계 응답자의 73%는 '기업이 운영하는 지역사회에서 이윤을 증가시키고 경제적, 사회적 여건을 개선하는 구체적인 조치를 취할 수

있다'는 데 동의하였다.
- 전 세계 응답자의 74%는 '나는 회사에서 무슨 일이 일어나는지 알고 있고, 나는 중요한 업무 프로세스의 일부이며, 주요 의사결정에서 발언권이 있다. 조직문화는 가치 중심적이고 포괄적이다'라고 답하여 개인의 권한과 포용력을 높이 평가했다.
- 고용주를 신뢰하는 직원들은 조직에 헌신하고, 필요한 일에 잘 참여하며, 충성심을 느끼고, 회사를 옹호할 가능성이 훨씬 더 컸다.

에델만의 연구에서 사람들은 조직을 신뢰할 때 부정적 메시지보다 긍정적 메시지를 믿을 가능성이 두 배 더 크다는 것을 발견하였다. 조직을 신뢰하지 않을 때는, 긍정적 메시지를 믿는 것보다 부정적 메시지를 거의 네 배나 더 많이 믿었다.

호프 헤일리Hope-Hailey 외 연구진(2012)은 런던 금융기관에 관한 연구에서 신뢰 회복이 세계 금융기관의 가장 중요한 요인임을 발견했다. 로니 코헨Ronnie Cohen(2020)은 그의 저서 『임팩트Impact』에서 기업들이 취약한 생태계를 착취하기보다는 어떻게 하면 신뢰할 수 있는 투자자로 남을 수 있는지 보여주는 것이 얼마나 중요한지 알려주었다.

9. 참여의 질을 향상시켜라

세계가 점점 더 불안정해지고, 예측 불가능하고, 복잡하고 모호해짐(Johansen, 2007. 'a VUCA world')에 따라, 성공적인 비즈니스를 위해 신뢰가 점점 더 중요해지고, 고위 경영진이 직원뿐 아니라 모든 이해관계자들을 지속해서 참여시키는 것에 대한 중요성이 커지고 있다. 내가 함께 일했던 한 최고 경영자는 최근 팀원들에게 다음과 같이 말했다고 한다. '우리는 항상 모든 사람과 대화해야 하고 나 혼자서는 아무것도 할 수 없다. 이는 우리가 모두 같은 메시지를 말하고 행동할 필요가 있다는 것을 의미한다.'

영국 정부의 '직원 몰입 태스크 포스Employee Engagement Task Force'는 직원 몰입과 조직 성과와의 관계에 영향을 미치는 모든 변수들을 조사했다(Rayton et al., 2012). 낮은 직원 만족도와 낮은 직원 몰입이 낮은 성과, 낮은 고객 만족도, 낮은 업무 품질, 높은 수준의 건강 및 안전 위협, 낮은 혁신 및 낮은 재무 수익을 야기한다는 것을 발견했다. 이 가운데 낮은 직원 몰입이 낮은 성과를 예측하는 가장 강력한 요인이라는 것을 발견했다. 이는 높은 직원 몰입이 다음 해의 높은 성과를 이끈다는 것으로도 해석된다.

정부의 작업 그룹을 이끈 매클로드Macleod(Macleod & Clarke, 2009)는 효과적으로 직원 몰입을 이끌기 위해 네 가지 핵심 요소가 있다고 결론 내렸다.

- **전략적인 서술**strategic narrative: '나는 우리가 어디에서 왔고, 현재 어디에 있고, 어디로 가고 있는지에 대한 우리의 비전을 명확히 밝히는 가시적이고 강력한 리더십이 필요하다. 내가 속한 조직의 큰 그림은 무엇이며, 내 역할은 조직의 비전을 달성하는 데 어떤 기여를 하는가?'
- **몰입을 돕는 상사**engaging managers: '나는 내 역할이 무엇인지 분명하고 그 역할을 최적으로 수행하기 위해 내 에너지와 창의력을 활용할 수 있도록 도와주는 상사에게 가장 잘 반응한다. 나는 내 성과가 잘 측정

되고 칭찬받기를 원하며, 배우고 발전하고 더 많은 기여를 할 수 있는 기회를 얻기를 원한다.'
- **직원 목소리**employee voice: '나는 내 아이디어와 우려가 상부에 전달되고, 조직 내에 무슨 일이 일어나는지 듣고 싶다. 나는 인적 자원이 아닌 인간으로 대우받고 책임을 동료들과 나누는 여유를 줄 때 발전할 수 있을 것이다.'
- **조직 윤리**organizational integrity: '나는 말하는 것과 행하는 것이 명확하고 일관됨을 선호한다. 만약 조직이 그들의 구성원을 가장 큰 자산이라고 주장한다면, 괴롭힘, 불만과 불신을 초래하는 명령과 통제 전술을 사용하지 말아야 한다. 가치 일관성은 중요하다.'

내 연구와 보건 서비스 분야의 마이클 웨스트 교수(West & Dawson, 2012)의 연구를 바탕으로 다섯 번째 핵심 요소인 '진정한 팀워크real teamwork'를 추가했다.

- **진정한 팀워크**real teamwork: '목표가 명확하고, 그 목표를 달성하기 위해 긴밀하게 협력하고, 정기적으로 모임을 갖고 성과와 개선 방법을 검토할 때 더 몰입감을 느낀다.'

몰입의 중요성이 입증되었는데도, 20%의 리더들만이 몰입 이니셔티브가 더 나은 조직성과에 영향을 준다고 보고하고 있다. 왜냐하면 그들은 여전히 하향식 커뮤니케이션 방식이 효과적이라고 믿으며, 구성원들의 조직몰입과 팀워크를 거의 신뢰하지 않기 때문이다(Corporate

Leadership Council, 2011).

직원 몰입 이니셔티브의 한계로는 몰입 자체가 목적이 된다는 것이다. 즉 자기 잇속만 차린다는 것이다. 직원 몰입은 공동의 '목적 주도purpose-led'인 경우에만 진정으로 효과적일 것이다. 개개인이 파트너와 협력하고 서로를 믿고 헌신할 때, 그들은 모두 혼자서는 할 수 없는 목적을 달성할 수 있게 된다.

직원 참여는 성공적인 목적 지향 비즈니스의 한 측면일 뿐이다. 또한 고객, 공급자, 투자자, 규제 기관, 지역사회와 높은 수준의 신뢰 관계와 파트너십을 유지하는 것이 중요하다. 3장에서 이에 대해 자세히 살펴보겠다.

리더십 팀은 대응할 준비가 되어 있는가?

어떤 리더도 더는 스스로 주어진 요구를 충족할 수 없으며, 효과적인 리더십 팀의 필요성에 대한 인식이 증가하고 있다.

팀은 개인보다 훨씬 더 많은 잠재력이 있다. 팀을 통해 조직, 국가, 그리고 우리가 직면한 현재와 미래의 증가하는 도전에 더 대처할 수 있으며, 점점 더 많은 분야에서 인정받고 있다. 다음은 이전 책에서 인용한 몇 가지 사례이다(Hawkins & Smith, 2013).

- '지자체 실적의 약 3분의 1이 지방 당국의 집단 지도 능력 덕분인 것으로 알지만, 그 능력을 평가할 방법이 없다.', '개별 지도자를 평가하는 방법은 알지만 집단 지도 단체는 평가하지 않는다.'(감사위원)

- '내가 고위 임원으로 있던 3개 회사에서 가장 큰 개발 과제는 사람들이 끊임없이 떠나고 합류하는 상황에서 어떻게 최고의 팀을 발전시키느냐 였다.'(FTSE 100 대표이사)
- '리더 개개인을 키우기 위해 많은 일을 해왔지만, 많은 부서에서는 최고 팀이 그 부분의 합보다 적게 기능한다.'(국무조정실, 선임 공무원)
- '경영진의 질은 성장하는 사업의 성공에서 가장 중요한 세 가지 요소 가운데 하나이다.'(벤처 캐피털리스트)

그렇다면, 리더십 팀은 대응할 준비가 되어 있는가? 피터 센게Peter Senge는 '평균 지능이 120이 넘는 팀들과 얼마나 자주 마주치는지 놀라울 지경이다. 그렇지만, 팀이라는 것은 약 60개의 집단 지능으로 작동한다'고 말했다.

제임스James Surowiecki는 그의 저서 『군중의 지혜The Wisdom of Crowds』(2005)에서 개별 전문가들이 다양한 집단의 평균 점수보다 얼마나 정확하지 않은지에 대한 몇 가지 예를 제시한다. 수많은 연구를 통해 그는 다음과 같이 결론짓는다.

> 백 명에게 질문을 하거나 문제를 풀라고 하면, 평균적인 대답의 수준은 흔히 가장 똑똑한 구성원의 대답만큼 좋을 것이다. 대부분 일에서 평균은 평범하다. 의사결정에서 탁월하게 작동한다. 마치 우리가 집단적으로 똑똑하도록 프로그램된 것 같다고 말할 수 있다. 다양한 지식과 통찰력을 가진 다양한 집단을 모을 수 있다면 똑똑한 한두 사람의 손에 맡기기보다는 집단에 중요한 결정을 믿고 맡기는 것이 좋다.

그러나 그는 또한 집단 사고와 사회적 순응에 관한 연구와 팀이 합의된 사고를 통해 어떻게 바보가 될 수 있는지에 관한 연구를 탐구한다. 그는 팀이 현명해지기 위해 필요한 조건을 발견하고자 했고, 네 가지 기본 조건이 필요하다고 결론지었다.

- **의견의 다양성**diversity of opinion: 알려진 사실에 대한 기이한 해석일지라도 개개인은 정보나 의견이 있어야 한다.
- **독립성**independence: 주변인의 의견에 따라 사람의 의견이 결정되는 것이 아니다.
- **지방 분권**decentralization: 사람들은 로컬 지식을 전문화하여 활용해야 한다.
- **집합**aggregation: 사적 판단을 집단적 결정으로 전환하기 위한 메커니즘이다.

다음은 리더십 팀이 더 큰 '집단 사고'를 하게 만드는 몇 가지 주요 조건이다.

- 조직과 팀은 기존 구성원과 가장 비슷한 사람들을 영입하고 홍보하는 경향이 있어 다양성이 점점 줄어들고 있다.
- '3개월 일하면 그만 두는 것'이라고 정의하는 조직문화는 '사회적 결속력'을 만드는 기능 가운데 하나지만, 그렇게 함으로써 독립성과 다양성은 더욱 줄어든다. 집단적 가정과 신념은 팀의 사고와 창의력을 제약하는 제한된 사고방식을 개발하고 만들어낸다.
- 팀들은 결속력이 강하며, 팀의 단결력을 높이기 위한 팀 빌딩 이벤트

가 많다. 팀 내에서 어떻게 행동해야 하는지 말할 수 있고, 말하지 않을 수 있는 것은 무엇인지 등에 대한 규범과 불문율들이 발전한다.
- 팀에는 보너스와 승진에 영향을 미칠 고위 리더에게 비위를 맞추려고 안달하는 구성원이 존재한다.
- 심리적 안전성의 결여(6장 참조)와 심판, 비난, 고립에 처한 팀원이나 또는 팀에서 제외되는 것에 대한 두려움은 많은 팀원을 주저하게 할 수 있다.
- 팀들은 흔히 집단 토론을 통해 결정을 내린다. 집단 토론은 합의를 도출하는 동안 독립적이고 분산된 사고를 통합하는 메커니즘 없이 '집단 사고'를 개발한다. 예를 들어, 채용에서 면접위원들이 초기에 후보자를 함께 논의하게 되면, 지배적인 반응에 재빨리 응할 것이라는 것을 발견했다. 반면에, 그들이 비공개로 후보자의 점수를 매기고 그 결과를 표로 만든다면, 후보자의 훨씬 더 풍부한 그림이 나타난다.
- 팀들은 내 동료 마가렛 헤퍼넌Margaret Heffernan(2011)이 명명한 '고의적인 맹목성wilful blindness'에 집단적으로 관여할 수 있으며, 그들에게 압도당할 때까지 불쾌한 진실을 무시한다.

이 책에서 나는 고가치 창출 팀이 어떻게 그들 부분의 합이 아니라 더 많은 것을 성취해야 하는 도전에 직면하는지 탐구할 것이다. 그렇게 하기 위해서는 올바른 종류의 개발, 학습 및 지원이 필요하다고 주장할 것이다.

리더십 개발 및 코칭 산업에 대한 도전

만약 세계가 더 효율적이고 협력적인 리더십 팀을 필요로 하고, 그들이 극복해야 하는 도전과 장애물이 훨씬 더 커지면, 우리는 그러한 팀들뿐만 아니라 리더들과 팀 구성원들의 발전을 위해 무엇을 할 수 있는지 더욱 탐구할 것이다.

그러나 내가 여기서 주장하고 싶은 것은, 현재의 흐름이 필요한 방향에 역행하고 있다는 것이다. 왜냐하면 많은 리더십 관련 문헌과 훈련은 여전히 개별 리더들에 초점을 맞추고 있기 때문이다. 전 세계적으로 수십억 달러 규모의 사업인 코칭을 비롯한 리더십 개발 산업은 변화하는 도전과 요구를 해결할 만큼 빠르게 나아가지 못하고 있다(Hawkins, 2017; Hawkins & Turner, 2020). 예를 들어, 1997~2010년 영국 노동당 정부가 공공 부문 리더십 개발에 이전보다 더 많은 돈을 썼지만, 정부 부처는 상급 팀의 집단 리더십 필요성만을 강조했다.

하버드 대학의 바바라 켈러만 Barbara Kellerman (2012)은 그녀의 책 『The End of Leadership』에서 다음과 같이 언급했다.

> 모든 종류의 리더는 평판이 좋지 않다. 리더십에 대한 지칠 줄 모르는 가르침은 리더십 열반에 이전보다 더 가까이 다가가지 못했다. 우리는 어떻게 하면 좋은 리더를 성장시킬 수 있는지, 또는 최소한 나쁜 리더들을 늦출 수 있는지에 대한 더 나은 생각을 가지고 있지 않다. 막대한 논과 시간을 소비했는데도. 구싱원들을 어떻게 이끌어야 하는지 가르치려는 데에만 애써왔다. 대략 40년의 역사 동안 리더십 산업은 의미 있고 측정 가능한 방식으로도 인간의 상태를 개선하지 못했다.

많은 사람은 리더를 개발할 때 '리더십 개발'이라는 용어를 사용한다. 리더십은 개인에게 있지 않다. 리더십은 최소한 리더, 추종자, 공유된 목적을 필요로 하는 관계적인 현상이기 때문이다.

많은 리더들은 내가 'WeQ'라고 부르는 협업 지능보다 몇 배나 더 큰 IQ를 가지고 있다. 그들은 천성적으로 지나치게 개인주의적이고 협업에 능숙하지 않다. 많은 리더십 개발 프로그램은 이러한 리더들을 현재의 상황과 도전에서 벗어나게 하고 그들에게 개인과 인지 기반 학습을 제공한다.

리더십 개발의 모범 사례에 대한 일련의 연구를 통해, 다음과 같은 경우에 가장 적합하다는 것을 알게 되었다.

- **실시간**real time: 리더들이 당면한 실제 도전과 해결하고자 하는 갈망을 바탕으로 한다.
- **행동 변혁**behaviourally transformative: 새로운 통찰력과 선의를 이끌어내는 것뿐만 아니라 워크숍, 코칭 세션 등 행동 변혁에 관련된 것을 포함한다.
- **관계**relational: 동료와 함께 배우는 리더. 개인의 변화뿐 아니라 관계에도 관심을 기울인다.
- **협력**collaborative: 리더가 IQ에서 EQ로 이동할 뿐만 아니라 'WeQ'를 개발할 수 있도록 지원한다.
- **실제 이해관계자 관점 포함**involving real stakeholder perspectives: 직원, 고객, 파트너, 투자자 및 규제 당국의 목소리, 그리고 공유 생태계를 관점에 포함시킨다.
- **언러닝 포함**including unlearning: 과거 역할에서 성공했지만 리더십 개발을 위해 배울 필요가 있는 제한적인 가정, 마인드셋, 습관적인 패턴을 다룬다.

2015년부터 2017년까지 나는 헨리 비즈니스 스쿨의 '미래 리더십과 오늘의 리더십 개발에서 필요한 혁명에 관한 주요 글로벌 연구 프로젝트 Tomorrow's Leadership and the Necessary Revolution in Today's Leadership Development'를 이끌었다(Hawkins, 2017). 이 연구는 국제적인 사고를 가진 리더와 세계적인 설문조사뿐만 아니라 많은 글로벌 CEO, HR 임원, 젊은 밀레니얼 리더들에 대한 인터뷰를 끌어냈다. 리더십 개발이 미래의 과제에 초점이 맞춰지지 않고, 일상 비즈니스를 기반으로 이뤄지고 있음을 보여주었다. '미래에 맞는' 리더십 개발의 여섯 가지를 '녹색 새싹'으로 정리했고 이들 가운데 일부는 11장에 언급하였다.

코칭은 지난 40년 동안 리더십 개발에서 가장 빠르게 성장한 영역이다. 그러나 가장 효과적인 리더십 개발 측면을 기준으로 판단하면, 우리는 많은 리더십 코칭이 여기에 부합하지 않는다는 것을 알게 된다. 대부분 코치는 개인을 대상으로 하며 리더의 개인적 발전에 초점을 맞추고 있기 때문이다(Hawkins & Turner, 2020).

코칭 전략을 교육 및 감독하고 조직에 자문하는 광범위한 경험(Hawkins, 2012, 2014; Hawkins & Turner, 2020)을 통해 많은 개별 코치가 개별 고객에게 지나치게 초점을 맞추고 더 넓은 이해관계자에 대한 서비스를 충분히 제공하지 못한다는 것을 알게 되었다.

일부 진행된 팀 코칭도 팀 이름, 접근 방식, 방법론 및 가정으로 인해 제약을 받았다. 문헌과 실전에서 흔히 팀 빌딩, 팀 퍼실리테이션, 팀 프로세스 컨설팅 등을 언급해왔다. 대부분 시니어 팀들은 멤버십과 포커스가 끊임없이 바뀌는 반면, 팀 빌딩은 팀의 초기 생애에만 초점을 맞춘다. 팀 퍼실리테이션과 프로세스 컨설팅은 팀의 업무와 성과, 그리고 그것이 어떻게 변화하는지를 떠나 프로세스에 초점을 맞춘다. 우리는 4장에서 이러한 다양한 팀워크 정의를 살펴볼 것이다.

팀의 과정뿐만 아니라 과제와 성과에 초점을 맞추는 팀 코칭조차도, 좋은 팀은 효율적인 회의를 하고 모두가 함께 잘 지내는 팀이라는 암묵적인 믿음을 가지고 자신과 관련된 팀에만 초점을 맞추는 경향이 있다.

많은 팀 코치가 다음과 같은 활동에 집중했다.

- 서로의 MBTI 성격 유형을 이해(17장 참조).
- 벨빈 팀 역할 선호도 조사Belbin team role preferences(17장 참조)
- 팀 결속을 위한 연습

이들은 모두 유용한 활동이 될 수 있지만, 개인과 대인 관계에 초점을 맞춘다. 이를 통해 문제가 해결될 수는 있지만, 지속적인 변화를 위한 문제의 근원이 해결되는 것은 아니다. 배리 오쉬리Barry Oshry(1995)는 '조직의 제1법칙은 무엇이 일어나느냐이다'라는 단순하지만 강력한 말을 하였다. 두 번째 법칙은 우리가 개인적으로 경험하는 것의 95%는 개인적인 것이 아니다. 팀 코칭을 통해 개인과 대인 관계에 지나치게 집중하고 팀 내외의 모든 이해관계자에게 유익한 가치를 창출할 수 있는 집단적 능력을 높이는 데 집중하지 않을 수 있다. 여러 해 동안 나는 고위 리더십 팀들이 미래에 대한 사명과 비전을 개발할 수 있도록 지도했다. 나는 그것이 상위 팀들이 해야 하는 일이라고 생각했다. 나는 지금 우리가 잘못된 방향으로 가고 있었다는 것을 깨달았다. 팀을 만드는 것은 목적이지, 팀의 목적을 만드는 것은 아니다. 그 목적과 필요성은 이미 세상에 존재하며, 팀이 응답하기를 기다리고 있다. 훌륭한 팀들은 대단히 설득력 있는 목적을 가지고 있다. 이 과정을 어떻게 지원하느냐가 이 책의 주요 초점이 될 것이다.

결론

피터 센게Peter Senge(2005) 등의 연구를 인용한 유엔의 한 고위 관리는 다음과 같이 말했다.

> 나는 전 세계의 많은 이슈를 다루었는데, 거기에는 단 한 가지 진정한 문제가 있다고 결론지었다. 지난 100년 동안, 기술의 발전으로 우리는 상상할 수 없을 정도로 힘을 얻었지만, 우리의 지혜는 그렇지 않았다. 우리의 힘과 지혜의 괴리가 빨리 해소되지 않는다면 우리의 미래에 큰 희망이 없다.

인류가 살아남기 위해서, 그리고 인류가 진정한 호모 사피엔스가 되기 위해서, 우리는 세상에 우리의 방식을 그 어느 때보다 적응하고 진화시켜야 할 것이다. 기술적 독창성은 다음을 가능하게 했다.

- 1830년 인구 10억 명에서 현재 79억 명으로 증가했으며, 2050년에는 100억 명에 이를 것으로 예상된다.
- 전 세계 약 500억 대의 인터넷 연결 장치와 매년 수백만 대의 인터넷 연결 장치를 통해 우리를 전 세계 모든 지역과 즉각적으로 연결하는

통신 방식을 고안한다.
- 세계에서 가장 큰 도서관에 소장되어 있던 것보다 더 많은 지식을 PC 클릭 한 번으로 이용할 수 있게 되었다.
- 건강, 장수, 풍요, 여행, 생활 방식 선택 및 다이어트에 대한 기대를 크게 높였다. 인터넷을 통해 정보를 찾는 사람들은 현재 최상의 것이 무엇인지 안다.
- 조직의 관리, 재무, 소유권 및 규제에 있어 복잡성 수준을 높인다.

그러나 위의 인용구가 시사하듯이, 우리의 지혜는 보조를 맞추지 못했다. 그리고 리더들이 우리가 집단적으로 만들어낸 복잡성을 관리하는 방법을 보여주기를 기대한다. 우리는 계속해서 위대한 리더가 나오리라는 희망에 투자하고 우리의 실망을 그들에게 탓한다.

글로벌 기업들은 기술혁명의 이점을 개발하고 확산시키는 데 있어 주요 역할을 해왔다. 기업들은 이러한 이점들이 초래한 엄청난 도전뿐 아니라 기술적 독창성과 지혜의 격차를 해결하는 데 동참할 필요가 있다. 2008년 다보스 세계경제포럼에서 펩시의 전 사장 인드라 누이Indra Nooyi는 '세계가 직면하고 있는 몇몇 큰 문제를 다루는 데 있어서 생산적인 참여자로서 기업을 이용하는 것은 매우 중요하다'라고 말했다.

그렇지만 모든 형태, 규모의 기업이 상업적 이익을 위한 것이 아니라, 기여하는 도전에 직면한다면, 그들은 새로운 형태의 집단 리더십을 발견하는 실험실이 될 필요가 있을 것이다. 중국 위기의 상징은 위험과 기회를 결합하며, 나는 조직 학습에 대한 박사학위 논문에서 '위기는 새로운 학습이 만들어지는 열기를 만들어낸다'라고 썼다.

조직의 최고위층에서 공유 리더십을 실천하고, 조직 전반에 걸쳐 회사의 이해관계자들과 공동으로 더 나은 팀워크를 발휘하여, 회사의 성과를 높였다는 증거가 늘어나고 있다. 실제로 와타나베 가쓰아키Watanabe Katsuaki는 2009년 타임지로부터 '왜 도요타는 미국의 빅3 자동차 회사들을 합친 것보다 더 수익성이 높고 더 성공했는가?'라는 질문을 받았을 때, '도요타에서는 모든 사람이 한 팀으로 일한다. 납품업체를 파트너라고 부르기도 하고, 모두가 만들어야 한다고 생각하는 물건을 만든다'(http://www.time.com/time/magazine/article/)라고 대답했다.

다음 두 장에서는 집단 리더십 팀에 대해 지금까지 발견된 것을 보여 주고, 시스템적 팀 코치가 그러한 팀들의 지원과 개발을 통해 어떻게 중요한 차이를 만들 수 있는지를 보여줄 것이다.

제2장
고성과 팀을 넘어 고가치 창출 팀으로

금융도 아니고 전략도 아니고 기술도 아니다. 궁극적인 경쟁 우위로 남아 있는 것은 팀워크이다. 팀워크는 매우 강력하고 매우 희귀하기 때문이다.

패트릭 렌시온Patrick Lencioni(2002)

팀 활동은 개인 활동을 능가한다. 특히 여러 가지 스킬이 요구되고, 복잡한 판단과 다양한 경험이 필요한 경우에 더욱 그러하다.

캐츠바흐Katzenbach와 스미스Smith(1993B)

도입

이전 장에서 나는 세상이 얼마나 효과적인 팀을 필요로 하는지 설명했다. 이번 장에서는 무엇이 매우 효과적인 팀을 만드는지, 그리고 고성과 팀을 넘어서는 가치 창출 팀과 혁신적 리더십 팀을 어떻게 만드는지에 관해 알아보겠다.

먼저, 효과적인 팀을 만드는 것에 관한 연구 결과를 살펴본 다음, 팀이 효과적으로 되는 데 방해가 되는 공통적인 패턴을 탐구할 것이다. 이후, 고성과 팀의 개념을 넘어 가치 창출에 초점을 맞추는 방법을 살펴보겠다. 마지막으로 집단적·변혁적 리더십collective transformational leadership 팀의 본질로 눈을 돌릴 것이다.

여러분은 팀이 필요한가?

효과적인 팀을 더 많이 필요로 한다. 그렇지만 이것은 세계의 모든 문제에 대한 만병통치약이 아니다. 팀을 잘 운영하기 위해서는 시간과 정서적인 투자가 필요한데, 이에 대한 준비가 되어 있는지를 분명히 하는 것으로 시작하는 것이 중요하다.

실제 팀을 다른 종류의 작업 그룹과 구별하고, 각 팀이 언제 필요한지 알며, 모든 구성원이 자신이 속한 그룹의 특성을 명확하게 공유하는 것이 중요하다. 나는 아래와 같은 방법으로 팀을 구분하는 것이 유용하다고 믿는다.

- **자문 그룹**consultative advisory groups: 리더가 자신의 의사결정을 알리고 확인하기 위해 구성한 조직 내부 또는 외부에서 인선된 자문 그룹
- **보고 및 정보 공유 그룹**reporting and information sharing group: 부서장이 조직 내에서 발생한 사항을 알리고 유용한 정보를 공유하는 동료 그룹
- **의사결정 그룹**decision-making body where the work is carried out by others: 이사회나 위원회가 일부 포함될 수 있음

- **업무 중심 작업 그룹**a task-focused work group: 별도의 활동과 낮은 수준의 상호 의존성이 요구되는 특정 작업을 수행하기 위한 그룹

내가 팀 개발 컨설턴트였던 초창기에는 팀인지 아닌지를 토론하면서 많은 시간을 함께 보내고 싶어 하는 이른바 '팀'과 함께 있었다. 이러한 상황이 내 발전(집단적 명확성이나 성과)에 어떠한 발전도 가져다 주지 않는 것을 알았으므로, 어떻게 하면 이러한 상황을 더 잘 촉진할 수 있는지 동료들과 탐구하고, 몇 가지 유용한 질문을 개발했다.

A 당신의 팀은 누구를 위해 일하는가?
B 현재와 미래 고객이 고마워하고, 어려움을 느끼고, 원하는 것은 무엇인가?
C 미래의 세상이 필요로 하며, 우리가 독특하게 할 수 있는 것은 무엇인가?
D 부분의 합보다 더 많은 것을 얻고 협력하기 위해 우리는 무엇을 원하거나 필요로 하는가?
E 우리가 병행해서 할 수 없는 일 가운데, 우리가 함께라면 할 수 있는 것은 무엇인가?

만약 질문 E에 대한 대답이 '우리는 상사에게 조언하기 위해 거기에 있다'였다면, 그들은 확실히 자문 그룹일 것이다. 만약 '정보를 공유하거나 결정을 내리기 위해 거기에 있다'라는 답을 했다면, 나는 그들이 효과적인 정보 공유나 의사결정 그룹이 되는 것을 도울 것이다. 나는 팀이 집단적으

로 달성해야 하는 실질적인 과제를 파악한 경우에만, 그들이 과제에 초점을 맞춘 그룹과 높은 성과를 내는 팀 사이에서 어디에 있어야 할지를 결정하는 데 도움을 주었다. 팀 내에는 집단적 성공을 위해 다양한 활동을 조정해야 하는 그룹이 있지만, 대부분 작업은 독립적으로 수행된다. 또 팀 내에는 높은 수준의 상호 의존성과 상호 책임성이 필요한 팀이 있다.

리처드슨Richardson(2010)은 실제 팀을 다음과 같이 정의했다.

> 팀으로 인정받는 조직 내에서 함께 일하는 사람들, 그들이 동의하는 팀 수준의 목표를 달성하기 위해 헌신하는 사람들, 그러한 목표를 달성하기 위해 긴밀하고 상호 의존적으로 일해야 하는 사람들, 팀 내에서 지정된 역할이 명확하고 결정을 내리는 데 필요한 자율성을 가진 사람들, 팀 작업을 수행하는 방법과 팀 프로세스를 규제하기 위해 팀으로서 정기적으로 커뮤니케이션하는 사람들

웨스트West와 류보브니코바Lyubovnikova(2012)는 유사 팀을 다음과 같이 정의했다.

> 자신을 팀이라고 부르거나 다른 사람들에 의해 팀이라고 불리는 조직에서 일하는 사람들; 팀 목표에 대해 서로 다르게 설명하는 사람들; 서로 다른 목표를 향해 혼자 또는 따로따로 일하는 사람들; 누가 팀원이고 누가 팀원이 아닌지 경계가 불분명한 경우; 그들이 혁신을 향한 노력을 공유하는 것이 아니라 단순 정보만을 교환하는 경우

NHS와 함께 일하면서 웨스트West는 이러한 정의를 사용하여 실제 팀과 유사 팀을 구분하기 위한 세 가지 간단한 질문을 만들었다.

- 귀사의 팀은 명확한 목표를 가졌는가?
- 이러한 목표를 달성하기 위해 긴밀히 협력하는가?
- 정기적으로 만나 성과와 개선 방법을 검토하는가?

[표 2.1] 작업 그룹work group – 실제 팀real team 스펙트럼

작업 그룹	실제 팀
강력하고 명확하게 초점을 맞춘 리더십	공유된 리더십
개인 책임	개인 및 상호 책임
그룹의 목표는 조직의 미션과 동일	팀의 목표는 조직의 미션과 다르며, 개인 목표의 합계와도 다름
개별 업무 산출물	집단적 작업 산출물
효율적인 의제 기반 회의 실행	열린 토론과 적극적인 문제 해결을 통해 생성적 대화
타인에게 미치는 영향을 보고 간접적으로 성과 측정(예, 사업의 재무 실적)	공동 산출물을 평가하는 방법으로 직접적으로 성과 측정
토론, 결정, 위임	토론, 결정, 실제 협업 수행
구성원은 함께 있을 때만 그룹의 일부	구성원은 함께 있지 않을 때도 여전히 팀의 일부
그룹은 작업에 중점을 둠	팀은 작업, 프로세스, 학습에 중점을 둠

팀 분야의 다른 연구원들(Katzenbach & Smith, 1993a; Wageman et al., 2008; West, 2012)의 연구를 바탕으로 스펙트럼의 양 끝을 나타내는 [표 2.1]에서 이 연속체를 구분한다. 팀 구성원은 각 항목 간에 1~5점 척도로 자신의 팀이 효과를 발휘하기 위해 어디에 있어야 하는지에 대한 견해를 밝힐 수 있다. 평균점수가 4점 이상일 때 효과성이 높은 팀으

로 간주되고, 이때만이 투자할 가치가 있다고 생각한다.

효과적인 팀

지난 50년 동안 효과적인 팀들에 관한 많은 연구가 있었다. 초기 연구는 미국의 더글러스 맥그리거Douglas McGregor(1960), 렌시스 리커트Rensis Likert(1967), 빌 다이어Bill Dyer(1977), 영국의 존 아데어John Adair(1986), 메러디스 벨빈Meredith Belbin(2004)과 마이클 웨스트Michael West(2012)와 같은 작가들에 의해 조직 개발 분야에서 이루어졌다.

카첸바흐Katzenbach와 스미스Smith(1993b)는 효과적인 팀에 대한 최초의 연구를 수행하였다. 그들은 팀을 다음과 같이 정의한다.

> '팀은 상호 책임을 지는 공동의 목적, 성과 목표 및 공유 접근 방식에 전념하는 상호 보완적 기술을 가진 소수의 사람들로 구성되어 있다.'

우리는 효과적인 팀에 대한 자체 연구와 시스템적 팀 코칭을 개발하는 과정을 통해 이 작업을 완성했다. 효과적인 팀이 되기 위해 카첸바흐와 스미스 정의에 추가되어야 하는 네 가지 주요 차원이 있음을 자체 연구를 통해 발견하였다. 그 내용은 다음과 같다.

- 효과적인 회의와 내부 커뮤니케이션을 수행하는 팀의 능력
- 팀이 모든 주요 이해관계자들에게 팀을 성공적으로 이끌고 영향을

미치는 방식으로 개별적이고 집단적으로 대표할 수 있는 능력
- 팀원 개개인의 역량을 높이는 동시에 자신의 성과와 집단적 역량을 지속해서 개발할 수 있는 '학습 시스템'으로서의 팀
- 팀의 정서적인 일. 효과적인 팀은 또한 갈등을 해결하고, 모든 구성원의 업무를 조정하며, 팀 전체에 정서적인 지원을 제공하고, 사기와 헌신을 높이는 감정 컨테이너 역할을 함

그래서 우리는 카첸바흐와 스미스의 정의를 다음과 같이 확대했다.

상호 책임을 지는 공동의 목적, 성과 목표 및 공유된 접근 방식에 전념하는 상호 보완적 기술을 가진 소수의 사람들. 공통 접근 방식에는 사기를 높이고 일치성을 높이는 효과적인 회의 및 커뮤니케이션 방법, 모든 팀의 주요 이해관계자 그룹과 효과적으로 연계하는 방법, 개인과 팀이 지속해서 배우고 개발할 수 있는 방법이 포함되어야 한다.

이 간단한 정의에는 효과적인 팀을 구성하는 10가지 측면이 있다.

- **적은 수**small number: 팀을 관리 가능한 크기로 유지한다. 최대 숫자는 없지만, 팀 구성원 간 연관되지 못한 채 하위 그룹화를 시작하고, 일부 팀 구성원들이 방관자가 되는 시점이 있다. 이는 팀 구성원이 10명 이상일 때 발생할 수 있다. 물론 일부 팀에서는 최대 20명의 구성원으로도 효과적으로 운영되는 경우도 있다.
- **보완적 스킬을 갖춘 경우**with complementary skills: 팀 다양성을 고려하여 신규 구성원을 모집한다. 배경이나 성격 유형, 편견이 같은 사람을 더

많이 뽑을수록 자신과 비슷한 사람을 더 뽑게 되고 팀도 덜 다양해지는 경향이 있다. 팀은 다양성 확보를 위해 의식적으로 노력해야 하며, 자주 보완적인 기술을 잘 활용할 수 있도록 도움을 받아야 한다. 보완적 스킬은 다양한 형태로 제공되며 여기에는 다양한 기술과 기능적 전문 지식, 문제 해결 및 의사결정 능력을 포함한 다양한 팀 스킬, 다양한 팀 기여 스타일이 포함된다.

- **헌신하는 사람**who are committed: 헌신과 '동행하는 것'을 혼동하지 마라. 헌신은 집단적 노력에 관심을 갖는 능동적이고 구체화된 참여이다.
- **공동의 목적**to a common purpose: 팀은 개인 집단이 성취할 수 없는 집단적 노력이나 목적을 가지고 있을 때만 존재할 수 있다. 그러나 실제로 공동의 목적과 노력을 명확하고 동기부여적인 방법으로 설명할 수 있는 팀은 거의 없다.
- **성과 목표 설정**set of performance goals: 공동 목적을 구체적이고 측정 가능하며 실행 가능한 성과 목표로 정기적으로 설정한다. 팀이 스스로 측정할 수 있는 성과 목표가 없다면, 그 목적은 오직 선의에 의해서만 뒷받침되는 고귀한 포부로 남을 수 있다. 이러한 목표는 팀 구성원의 개별 성과 목표의 합계 이상이 되어야 하며, 팀이 협력해야만 달성할 수 있는 목표가 되어야 한다.
- **공유 접근 방식**shared approach: 공동의 목적을 달성하고 성과 목표를 달성하기 위해 어떻게 협력할 것인지 합의한다. 여기에는 팀이 공동 작업을 위해 채택할 원칙, 프로세스 및 프로토콜과 이를 모니터링하고 검토하는 방법이 포함된다.
- **상호 책임이 있다고 생각하는 것**for which they hold themselves mutually accountable:

팀에 대한 책임은 팀 리더에게만 맡겨지지 않고 집단으로 책임지며, 모든 팀 구성원은 동료들에 의해서 적극적으로 책임지도록 한다.

- **사기진작과 연계된 효과적인 만남과 소통방법**ways of effectively meeting and communicating that raise morale and alignment: 팀 회의는 정보 공유, 토론, 효과적인 의사결정을 통해 팀 활동을 연계시킬 뿐만 아니라 팀원의 정서적 용기 및 에너지원으로 작용하여 팀원의 사기를 높이고 에너지를 높인다.
- **팀의 주요 이해관계자 그룹과 효과적으로 연계**effectively engaging with all the team's key stakeholder groups: 모든 구성원은 팀의 다양한 이해관계자를 참여시키고, 다른 구성원을 통해 성과를 혁신하는 방식으로 팀을 대표할 수 있다.
- **지속적인 학습 및 개발**continually learn and develop: 고성과 팀에서 얻는 핵심 주요 결과물의 하나는 모든 팀원에게 개별적인 학습과 개발을 제공하고 집단적 수용력 증대를 위해 참여시키는 것이다.

고성과 팀

카첸바흐와 스미스(1993b)는 팀들이 얼마나 효과적으로 고성과를 내는 팀으로 발전할 수 있는지를 살펴보기 위해 독창적인 연구를 수행하였다. [그림 2.1]은 작업 그룹이 팀이 되어가는 방법을 보여준다. 작업 그룹은 팀이 되기 위해 시간과 에너지를 투자해야 하고, 팀으로 전환되며 성과가 저하될 수 있음을 보여준다.

[그림 2.1]은 잠재력 있는 팀에서 실제 팀으로, 그리고 고성과 팀으로

가는 여정을 묘사한다. 실제 팀은 위에서 인용한 초기 정의에 설명된 모든 기준을 충족한다. 그들은 고성과 팀을, '실제 팀의 모든 조건을 충족하고, 구성원들이 서로의 성장과 성공에 깊이 헌신하는 그룹'으로 정의했다. 그들의 연구는 서로의 성장과 성공에 대한 이러한 헌신 외에도, 성과가 뛰어난 팀들은 다음과 같은 여러 가지 뚜렷한 특징이 있다는 것을 계속 증명해나갔다.

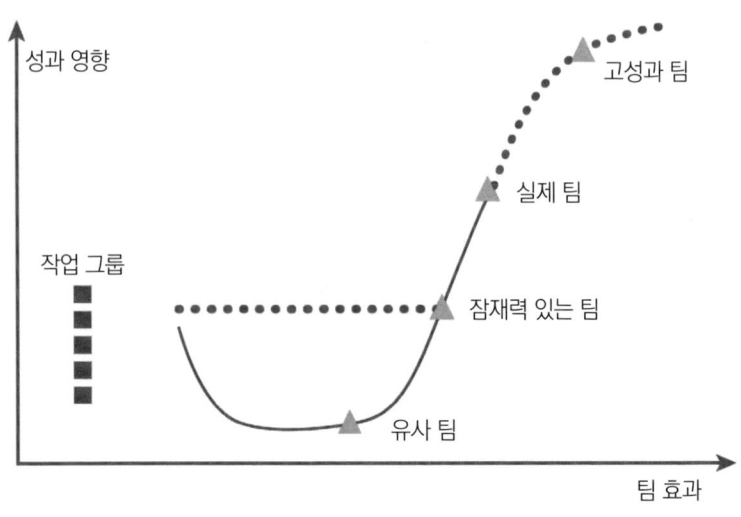

[그림 2.1] 캐첸바흐와 스미스의 팀 개발 모델

- 탁월한 성과 – '팀 구성원 자신을 포함한 그룹의 모든 합리적 기대치를 능가하는 업적'
- 높은 수준의 열정과 에너지
- 더 많은 노력을 기울이려는 개인적인 약속

- '이벤트 활용'에 대한 훌륭한 스토리 – 역경을 극복한 역사의 전환점
- 일반 팀보다 더 재미있고 유머러스함

마지막으로, 그들의 에필로그에서 그들은 단순히 고성과 팀을 '자신보다 더 큰 무언가에 크게 헌신해서 거부당하지 않는 작은 그룹의 사람들'이라고 정의한다. 이 간단하지만 강력한 발언은 고성과 팀을 이끌거나 지도하기를 원하는 모든 사람에게 자극이 될 것이다. 그것은 팀이 목표를 달성하기 위한 열정과 헌신을 불러일으킬 수 있는 설득력 있는 목적을 발견하도록 돕는 방법이다.

고성과 팀을 넘어서

이 시점에서 나는 독자들에게 사과를 하고 싶다. 여러 해 동안 그리고 이 책의 이전 1, 2, 3판에서, 나는 고성과 팀의 중요성에 관해 쓰고, 그들의 모델을 만들고, 그들을 이끌고, 지도하고, 발전시키는 방법에 대해 쓰고 가르쳤다. 최근 나는 내가 얼마나 시대에 뒤떨어진 패러다임에 사로잡혔는지를 깨달았다. 나는 이제 '고성과 팀'이라는 용어가 유통기한을 넘겼을 뿐만 아니라 문제가 있고 팀 발전과 팀 코칭을 잘못된 방향으로 이끌고 있다고 생각한다.

그 용어가 문제를 일으킨다고 보는 네 가지 이유는 다음과 같다.

살아있는 유기체의 은유가 아닌 기계적인 은유

고성과 팀은 20세기 기계론적 선형 사고에서 성장한 개념이다. 고성과는 정지 상태에서 시속 60마일까지 빠르게 가속할 수 있는 자동차를 제조하는 데 사용되는 용어이다. 고정된 시스템에서 더 큰 생산성과 효율성을 달성하여 더 많은 것을 더 빨리 그리고 더 저렴하게 만드는 것이 목적이었다. 성능만 좋다면, 그것이 유익한 가치가 있는지에 상관하지 않는다. 즉 모든 이해관계자에게 이익을 창출하기보다는 제품의 효율성에만 초점을 맞춘다.

하위 최적화

몇 년 동안 나와 함께 일했던 팀들은 회사에서 가장 뛰어난 팀이 되겠다는 동기를 부여받았다. 그들은 조직 전체와 모든 이해관계자를 위한 이익을 창출하는 것이 아니라 조직의 다른 부분을 희생시키면서 최고의 팀이 되는 미션을 달성했다. 이들의 성공은 마케팅, 인사 및 영업 지원과 같은 공동의 자원을 성공적으로 활용하고, 어려움을 겪는 팀이나 지역에 최소한의 지식을 공유하는 것으로 달성했다. 팀원들의 충성심은 조직 전체가 아닌 소속 팀에 있었다.

목적지와 체크박스 연습

고성과 팀이 되는 것이 다음 목표인 팀들이 있다. A 팀은 재작년 분권화와 권한위임을 거쳐 작년에 '린(군더더기 없는) 조직 lean organization'이 되었다. 그들은 나에게 '성과가 좋은 팀이 되기 위해 해야 할 가장 중요한 것은 무엇인지'에 관해 물었었다. 그리고 차근차근 점검할 수 있는 체크리스트를 만드는 데 도움받기를 원했다. 팀 리더들로부터 명확한 시간표와 '간트 차트 Gantt chart(업무의 시작과 종료를 나타내는 그래프)'를 요청받는 경우가 있다. 그러나 팀 개발은 사전 계획된 여행이 아니다. 성공적인 팀이 되는 것은 결코 도착지도 아니다. 빌 게이츠가 썼듯이, '성공은 형편없는 선생님이다. 그것은 똑똑한 사람들이 패배할 수 없다고 생각하도록 유혹한다.' 성과가 좋다고 생각하는 팀은 흔히 자만심과 오만함으로 빠져든다. 그리고 성공적인 팀과 조직은 흔히 세상이 변하고 있다는 것을 가장 늦게 알아차린다.

자신의 성공이라고 주장하는 것

실현 가능성이 있는 상상의 이야기를 들려주겠다.

 온라인 화상회의 서비스를 제공하는 글로벌 기업의 2020년 톱 팀 회의가 열렸다. 그들은 회사의 연간 실적 수치를 받았고 기록적인 실적을 달성하여 축제 분위기이다. 수익, 이익, 평판이 모두 급격히 상승했다. 샴페인 건배와 축하 소리가 실내에 울려 퍼지는 가운데, 한 팀원은 "나는 우리가 잠시 멈춰서 우리의 기록적인 성공에 가장 큰 공헌을 한 팀원에게 감사해야 한다고 생각한다."라고 말했다. CEO는 결국 '누구를 말하는 거야?'라고 물었고, 돌아온 대답은 'COVID-19'였다. 이에 어색한 침묵이 흘렀다.
 나는 지금 모든 진화가 공동 진화이고, 모든 개발은 공동 개발이며, 모든 성공은 공동 창조라는 것을 깨달았다.

성공은 팀과 조직 사이, 조직과 비즈니스 생태계 사이, 그리고 종과 생태적 틈새 사이에서 함께 만들어진다. 모든 진화는 공진화co-evolution이다. 즉 종과 틈새 시장이 서로 적응하고 반응하게 되는데, 팀과 조직 간에도 같은 맥락이 적용된다.

고가치 창출 팀

팀에 대한 구시대적인 기계론적 개념에서 벗어나기 위해, 우리는 세계를 보는 체계적이고 유기적인 방식에 뿌리를 둔 개념과 모델을 찾아야 한다. 시스템의 일부에서 벌어지는 경쟁과 하위 최적화보다는 협업과 공동 적응성에 기반을 둔 접근 방식이다. 우리는 맥크리스탈 장군이 전후 이라크에서 연합군을 이끌고 지속 가능한 평화를 구축하려고 노력하는 동안 발견한 것처럼 더 넓은 '팀들의 팀team of teams'을 만드는 팀 개발이 필요하다 (McChrystal et al., 2015). 그래서 나는 높은 가치를 창출하는 팀의 개념을 발전시켰다. 그 정의는 다음과 같다.

> 고가치 창출 팀(높은 가치를 창출하는 팀)은 모든 이해관계자와 함께, 그리고 그들을 위해 지속해서 유익한 가치를 창출하는 팀이다.

모든 이해관계자에는 최소한 고객, 공급업체 및 파트너 조직, 투자자, 직원 및 계약자, 커뮤니티 및 자연환경의 세계가 포함되어야 한다, 이 이해관계자는 항상 모든 인간의 성공에 가장 큰 기여를 한다.

유익한 가치란 무엇인가? 삶의 질, 다양성, 웰빙, 지속 가능성, 우리의 삶이 살고 숨쉬는 모든 시스템적 수준에서 생각해볼 수 있다.

이러한 질문은 조직 이해관계자 중심의 접근 방식 내에서 팀 개발의 필요성을 확고히 한다. 이해관계자 중심의 접근 방식은 서번트 리더십(Greenleaf, 1977/2002) 및 공유 가치 창출(Porter & Kramer, 2011)과 같은 개념을 기반으로 하지만, 전체 조직과 그 안에 있는 모든 팀이 모든 이해관계자에게 서비스를 제공한다는 점에서 차이가 있다. 또한 코칭의 새로운 패러다임을 기반으로 한다(Hawkins & Turner, 2020; Einzig, 2017; Goldsmith & Silvester, 2018). 이때 코치는 이해관계자인 팀이나 개인을 고객이 아니라 파트너로 간주하게 된다. 이는 이해관계자를 위한 창출된 가치와 결과물에 의해서만 측정될 수 있는 개념이다.

고가치를 창출하는 변혁적 리더십 팀

변혁적 리더에 대해 많은 것을 썼지만, 변혁적 리더십에 대해서는 그렇지 못했다. 티치Tichy와 데반나Devanna(1986)는 변혁적 리더의 일곱 가지 특징을 제시한다.

- 자기 자신을 명확히 변화 에이전트로 본다.
- 용감하다.
- 사람을 믿는다.
- 강력한 가치관으로 무장되어 있다.

- 평생 학습자이다.
- 복잡성, 불확실성 및 모호성에 대처할 수 있다.
- 선각자들visionaries이다.

이러한 특징은 변혁적 리더십 팀의 구성원들에게 요구될 뿐 아니라, 그들의 집단적 참여 방식에서도 필요하다고 생각한다. 루스티그Lustig(2015)는 이 리더십을 다음과 같이 정의한다.

- 옳은 일을 하는 것
- 책임과 솔선수범
- 후계자 육성
- 자기 관리를 위한 자기 인식 능력
- 성과 창출을 위한 협력과 동기부여. 팀 스포츠로서의 리더십

1993년, 센게Senge와 코프만Kofman은 다음과 같은 글을 썼다.

> 리더십은 매우 개인적이고, 본질에서 집단적이다. 그것의 본질은 운명을 형성하고 특히 사람들의 가장 깊은 열망에 맞추어 새로운 현실을 이끌어내는 인간 공동체의 능력에 관한 것이다.

따라서 변혁적 리더십 팀은 효과적인 회의를 개최해야 하는 역할도 있지만, 더 넓은 이해관계자들의 커뮤니티를 변화시키고 그 커뮤니티에 의해 변혁될 때 더욱 중요한 역할을 수행하게 된다.

여기에서는 리더십 팀을 대상으로 실시한 광범위한 연구를 살펴봄으로써 고부가 가치를 창출하는 변혁적 리더십 팀의 특성을 알아보겠다. 다음 장에서는 이러한 리더십 팀이 지속해서 주의해야 하는 다섯 가지 규율 모델을 제시한다. 이 책의 후반부는 팀 코치가 어떻게 다섯 가지 규율을 각각 코칭할 수 있는지, 그리고 이들 사이의 연결고리를 살펴볼 수 있는 토대를 제공한다.

효과적인 리더십 팀에 대한 가장 유용한 연구로 웨이먼Wageman 등(2008)의 연구를 들 수 있다. 그들은 1998년부터 IBM, 쉘, 필립스 전자, 유니레버와 같은 유명 기업부터 소규모 기업에 근무하는 전 세계의 120개 리더 팀을 연구해왔다. 12명의 숙련된 팀 컨설턴트와 코치가 이 대규모 팀 연구 데이터를 세 가지 주요 기준에 따라 평가했다.

- 팀 실적이 조직 내부 및 외부 관련인들의 기준에 부합하거나 초과하였는지 여부
- 팀 구성원들이 얼마나 잘 협력했는지 여부. 공유 약속, 집단 기술 및 스마트 작업 전략을 구축하고 오류를 조기에 감지 및 수정하고 새로운 기회를 발견하고 활용하는 데 능숙해졌는지 여부
- 단체 경험이 팀원 개개인의 학습과 발전에 긍정적으로 기여했는지 여부

연구자들이 도출한 시사점은 다음과 같다.

이 세 가지 측면을 모두 충족한 뛰어난 팀은 드물지만 실제 존재한다. 이 세 가

지 기준 가운데 적어도 한 가지 기준에 미달하는 리더십 팀은 좀 더 흔하다. 가장 흔한 것은 적당히 성공한 팀들이다.

(Wageman et al., 2008)

뛰어난 팀, 평범한 팀, 그리고 형편없는 팀을 확인한 뒤, 무엇이 이러한 결과의 차이를 초래했는지 탐구했다. 이는 CEO와 고위 임원들에 대한 심층 인터뷰를 통해 이루어졌으며, 팀의 목적, 구조, 구성, 리소스 및 코칭 지원의 다양한 측면에 대한 서면 평가도 병행했다. 이 광범위한 작업을 통해 그들은 리더십 팀 효과성을 촉진하는 세 가지 필수 조건과 세 가지 가능 조건을 모델로 개발했다([그림 2.2] 참조).

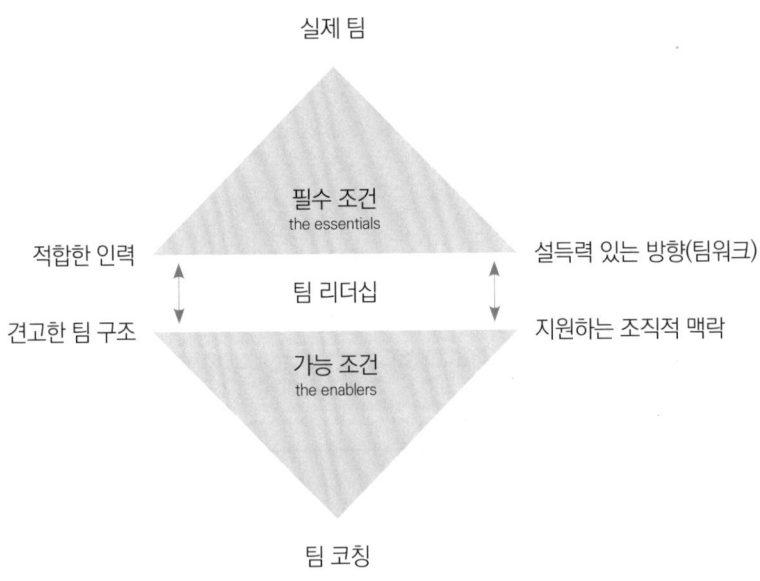

[그림 2.2] 리더십 팀 효과성 활성화 조건

연구를 통해 그들은 '고위 리더십 팀의 필수 조건을 확립할 수 없다면 아예 구성하지 않는 것이 좋다'고 결론 내렸고(Wageman et al., 2008), 고성과 리더십 팀을 만들려면 세 가지 가능 조건에 먼저 투자해야 한다고 주장한다. 아래에 언급한 처음 세 가지는 '필수 조건the essentials'이고 나머지 세 가지는 '가능 조건the enablers'이다.

실제 팀

웨이먼 등은 연구를 통해 실제 리더십 팀에 필요한 사항을 도출하였다.

- **상호 의존성**interdependency: 이는 팀 구성원이 함께 작업해야 하는 집단 작업이 있음을 의미한다. 상호 의존감은 회의가 끝나도 사라지지 않는다. 리더와 팀 구성원들은 계속해서 함께 일하며, 서로의 조언과 지지를 구하고 서로에게 책임을 묻는다.
- **경계성**boundedness: 누가 팀에 있고 누가 그렇지 않은지를 명확히 할 필요가 있다. 놀랍게도 웨이먼과 동료 연구원들은 누가 그들의 팀에 있느냐는 질문에 대해, 단 7%의 팀들만이 그들의 구성원에 대해 동의한다는 것을 발견했다.
- **안정도**degree of stability: 합리적인 기간에 안정적인 멤버십 없이는 팀이 될 수 없다. 그러나 오늘날과 같은 세계에서 리더십 팀과 CEO는 끊임없이 변화하고 있으므로 리더십 팀의 고유한 불안정성을 관리하는 방법이 매우 중요하다.
- **설득력 있는 방향**compelling direction: 팀의 목적은 단지 개별 구성원의 기

여도를 합친 것이 아니며, 조직의 목적과도 동일하지 않다. 웨이먼은 모든 리더십 팀이 자신에게 다음 질문을 던져야 한다고 제안한다. '팀은 무엇을 위한 팀이며, 회사 내 다른 어떤 조직에서는 이룰 수 없는 것인가?'

적합한 인력

효과적인 리더십 팀은 CEO가 자신의 직속 후배 임원을 직접 챙기지 않고, 전사적으로 책임지는 집단 리더십 팀에 기여할 구성원을 선발한다. 구성원들은 다음과 같은 역량을 갖추어야 한다.

- 필요한 기술과 경험
- 경영진으로서의 자기 이미지
- 개념적 사고
- 공감 및 진실성
- 헌신적인 팀 플레이어 되기

이러한 인재를 선발하는 것은 첫 번째 단계일 뿐이며, 기여와 행동 측면에서 무엇이 기대되는지, 그리고 그들의 특정 특성이 팀을 발전시키는 데 어떻게 가장 잘 사용될 수 있는지 명확히 하는 것이 중요하다. 그런 다음 CEO를 포함한 모든 팀 구성원에게 정기적으로 피드백을 제공해야 한다.

견고한 팀 구조

견고한 팀 구조에는 적절한 규모(8명 또는 9명 이하의 구성원을 권장), 전략적이고 위임할 수 없는 몇 가지 명확한 팀 업무의 보유, 팀이 어떻게 행동해야 하는지에 관한 명확한 규범과 프로토콜, 그리고 집단적 책임감이 포함된다.

지원하는 조직적 맥락

팀이 매우 효과적으로 운영되려면 업무를 수행하는 데 필요한 정보, 교육 및 물질적 자원, 그리고 개인 및 부서 성과 이상의 공동 책임과 팀 기여도를 인정하는 성과 관리 및 보상 구조를 갖추어야 한다.

유능한 팀 코칭 및 효과적인 팀워크

최고의 팀들은 계속 코칭을 받는다. 웨이먼 등의 연구에 따르면, 연구 대상 기업의 CEO들은 모두 외부적인 집중력이 강했지만, 가장 성과가 높은 팀의 CEO들은 집단적으로나 개인적으로나 내부적인 집중력도 동시에 강했다. 최고의 팀에서는 코칭이 CEO에 의해서뿐 아니라 점점 더 많은 동료에 의해서 이루어신나. 외부 코치는 팀을 한 단계 도약시키는 역할을 하고 있었다. 이러한 팀들이 코칭 문화를 발전시켰다(Hawkins, 2012).

보건 서비스에서의 효과적인 팀워크는 생명을 구한다

마이클 웨스트Michael West(2012) 교수는 영국에서 상업 회사와 영국 보건 서비스 모두에서 광범위한 연구를 수행했다(West et al., 2006; West & Dawson, 2012; West, 2013). 그는 실제 팀과 그가 유사 팀이라고 부르는 것의 차이를 확인하기 위해 세 가지 간단한 질문을 개발했다.

- 당신은 팀으로서 달성해야 할 몇 가지 명확한 목표가 있는가?
- 당신은 이러한 팀 목표를 달성하기 위해 협력하고 있는가?
- 당신은 정기적으로 회의를 열어 진행 상황과 개선 방법을 검토하는가?

보건 서비스에 관한 그의 연구에서 전체 조사 대상자 가운데 91%가 팀을 이루어 일한다고 말했지만, 40%만이 이 세 가지 질문에 모두 그렇다고 대답한다는 것을 발견했다. 실제 팀에서 일한 40%와 유사 팀에서 일한 50%를 비교했고, 실제 팀에 있는 사람들은 훨씬 더 높은 업무 만족도를 가졌을 뿐만 아니라 임상 성과, 환자 만족도가 높고 건강 및 안전 기록을 잘 되어 있으며, 직원 이직률, 환자 사망률이 낮다는 것을 발견했다. 연구에서 만약 일반 병원의 실제 팀에서 일하는 직원의 수가 단지 5%만 증가한다면, 그것은 병원당 연간 40명의 환자 사망률을 줄일 수 있다는 계산이 나온다. 본 연구는 효과적인 팀워크를 통해 생명을 구할 수 있다고 결론짓는다.

결론

고성과 팀, 고가치 창출 팀, 혁신 리더십 팀으로 전환하는 여정은 어렵고 힘든 과정이다. 엄선되고 잘 지원된 팀이 영웅적인 리더보다 오늘날의 복잡한 조직을 이끄는 데 성공할 가능성이 훨씬 더 크다. 우리는 슈퍼 히어로 리더의 신화를, 모든 것을 스스로 할 수 있는 슈퍼 팀 신화로 대체하는 것을 경계해야 한다. 성공적인 팀은 다음 장에서 살펴볼 가치 창출 팀의 다섯 가지 핵심 규율을 실천해야 한다. 또 팀 리더 또는 외부 팀 코치에게 팀 코칭에 대한 지속적인 학습과 개발에 대한 도움을 받아야 한다. 이 책의 다음 장에서 양질의 팀 코칭에 대해 탐구해볼 것이다.

제3장
성공적인 팀 프랙티스를 위한 다섯 가지 규율

만약 모든 조직 구성원이 같은 방향을 바라보게 할 수만 있다면, 당신은 어떤 시장, 어떤 경쟁에도 맞서서 해당 산업을 지배할 수 있을 것이다.

(A successful Business Founder Quoted in Lencioni, 2002: Ⅶ)

도입

2장에서는 팀을 구성하는 것이 무엇인지에 관해 다양한 유형의 작업 그룹과 대조하여 살펴보고, 효과적인 고가치 창출 팀의 핵심 요소와 변혁적 리더십 팀이 되기 위해 필요한 추가 요소를 탐구했다.

여러분은 팀 리더일 수도 있고, '어떻게 하면 팀이 효율적으로 일할 수 있도록 도울 수 있을까?'라고 질문하는 구성원일 수노 있나. 이번 장에서는 고가치 창출 팀에 필수적인 다섯 가지 주요 규율에 대한 나만의 모델을 발표하겠다. 이 모델은 지난 40년 동안 다양한 리더십 팀들과 함께 작업하면서 개발되었다.

　나는 팀 생활을 시작했는데, 만약 적합한 구성원을 뽑고, 팀원들이 서로 이해하고 잘 어울리고 일에 동기부여 된다면, 그 팀은 좋은 성과를 낼 것이라고 믿었다. 이후 내가 팀 코치가 되면서 나는 이것이 일반적인 가정이라는 것을 알게 되었다. 나는 팀 활동을 촉진하고, 서로의 성격 유형과 팀 역할 선호도에 대한 더 나은 피드백을 하며, 팀 충돌을 해결하고, 프로세스 컨설팅과 기타 많은 팀 촉진 프로세스를 제공하기 위해 여러 조직에서 많은 경험을 했다. 그러나 팀의 목적, 목표, 역할 등 팀이 달성해야 할 기본이 명확하지 않고 팀 프로세스를 촉진하는 것이 아니라 팀 역동성에 초점을 맞추는 경우가 너무 많았다.

'아웃사이드 인 outside-in'과 '퓨처 백 future-back'

팀 성과는 기본적으로 팀이 이해관계자들과 어떻게 협력하느냐에 따라 달라지기 때문에, 팀의 성과는 팀 내부 관계만으로 변형되는 것이 아니라는 것을 점차 깨닫게 되었다. 내부 기능이 필요하긴 하지만 고성과를 발휘하기에는 충분하지 않았고, 대부분 팀들은 이미 내부적으로 너무 집중되어 있었다. 이러한 상황은 내가 '인사이드 아웃 inside-out' 관점에서 '아웃사이드 인 outside-in' 관점으로 초점을 전환하고 이를 실험하게 하였다. 너무 많은 팀이 '인사이드 아웃' 방식으로 일하고 있었다. 즉 자신부터 집중하기 시작해서 이후 외부 이해관계자들을 살펴본다. 반대로, '아웃사이드 인'은 외부부터 집중한다. 그들은 팀이 누구에게 서비스를 제공하는지, 이해관계자가 그들에게 무엇을 필요로 하고 원하는지를 묻는 것으로 시작한다.

우리가 발견한 또 다른 핵심 개념은 대부분 팀이 과거로부터 발생한 현재의 문제를 해결하기 위해 '과거의 현재화past forward'에서 작업했다는 것이다. 더 중요한 것은 팀이 '미래의 현재화future-back'에 집중할 수 있도록 지원하는 것이며, 현재와 미래 고객 그리고 이해관계자가 미래에 필요로 하는 것과 다른 것에 집중할 수 있게 지원하는 것이다. 그래야만 팀이 이러한 목표를 달성하기 위해 어떻게 다르게 기능해야 하는지 살펴볼 수 있다.

1990년대에 나는 동료들과 함께 대형 국제 금융회사의 모든 팀과 함께 일하는 특권을 누렸다. 이 프로그램은 중요한 문화 변화 프로그램의 일부였다. 각 팀은 목표 지향적이었고 '내부 경쟁'이 대단하였다. 조직 혁신은 모든 팀이 내부와 외부 주요 고객, 투자자, 스폰서, 선임 리더 및 파트너, 공급업체, 지원 기능에 집중하고 명확해짐에 따라 해당 부문에서 최고가 됨으로써 외부 경쟁업체를 능가하는 것으로 초점을 전환해야 했다.

모든 팀은 주요 이해관계자의 맵map을 작성하는 것으로 여정을 시작했다. 그런 다음, 팀은 집단적으로 우선순위를 매기고 팀 구성원들이 개인이나 2인 1조로 가장 높은 우선순위를 가진 사람들의 대표자들을 인터뷰하도록 준비했다. 이후 팀원들은 워크숍에서 그 결과를 발표하기로 했다. 그러나 우리는 이해관계자들과 팀원들이 각각 역할극 연기를 하는 방식으로 팀 회의에 참여하기를 원한다고 제안했다. 이 역할극 피드백은 단순한 인터뷰 결과 발표보다 훨씬 더 풍부한 데이터를 제공했다.

피드백 세션이 끝난 뒤 모두는 역할극을 해준 이해관계자에게 감사의 인사를 하며 마칠 것을 예상했다. 그렇지만 이 시점에서 우리는 놀라운 두 번째 부분을 향해 나아갔다. 우리는 이해관계자들에게 방금 참석했던 회의에 대해 아무도 없는 복도에서 무슨 말을 나누었는지에 대해 말해달라고 요청했다. 그리고나서 우리는 팀원들에게도 똑같은 요청을 하였다. 이 방식을 통해 두 당사자 사이의 역동적인 관계에 대한 2차 피드백을 제공받았다. 이해관계자의 역할을 수행하는 이들은 다음과 같은 의견을 제시하였다.

- 그들은 예의 바르게 행동했지만, 우리가 말한 것에 대해 아무것도 하지 않을 거야.
- 그들이 얼마나 방어적인지 눈치챘지?
- 그들이 다른 장소에서 온 것 같은 느낌이었어.
- 시간 낭비였어. 그들은 정말로 듣고 있지 않았어.

팀원 역할극을 통해서는 아지리스Argyris와 쇤Schön(1978)이 언급한 '방어적 루틴'이라는 것의 일부를 포착하였다.

- 뭐, 그런 말을 하겠죠.
- 우리와 이야기 나눈 고객은 분명히 불만 고객이었음이 분명해. 다른 고객은 그렇지 않을 거야.
- 그 사람의 이름을 기록해 놓자. 분명히 트러블 메이커일 거야.

이 프로세스를 통해 팀은 핵심 메시지와 상호작용에서 발견한 핵심 역동을 수집할 수 있었다. 이를 통해 팀은 주요 이해관계자 그룹에 대해 탐색할 수 있는 풍부한 데이터를 얻을 수 있었고, 다양한 이해관계자들에게 차별적으로 수행해야 할 작업에 대한 이해를 높일 수 있었다.

다섯 가지 규율

a) 내부 및 외부 포커스, b) 작업 및 프로세스에 포커스를 맞추는 역동적인 상호관계를 설명하기 위해, 나는 먼저 이 두 차원을 연결하는 4박스 모델을 개발했다. 이는 팀이 외부 작업, 내부 작업, 내부 프로세스 및 외부 프로세스의 네 가지 영역을 탐색하는 데 도움이 된다. 점차적으로 나는 매우 효과적인 팀들이 도메인들 사이의 역동적인 상호 연결에 초점을 맞추고, 네 가지 모두를 연결하는 더 넓은 시스템적 그림을 볼 수 있는 집단적 능력을 개발했다는 것을 깨달았다. 이러한 집단적 능력은 기능과 성과 수준을 지속해서 발전시키는 것이 매우 중요했기 때문에, 모델 중심에는 핵심적인 학습 영역인 다섯 번째 규율을 추가했다([그림 3.1] 참조). 이 모델을 다양한 리더십 팀과 함께 사용하면서, 각 규율마다 독특한 팀 훈련이 필요하다는 것을 깨달았다. 그리고 하나 또는 두 개의 영역에서는 강하지만, 다른 영역에서는 잘 알지 못하거나, 개발되지 않은 팀들을 발견했다.

위임하기

지난 장에서 살펴본 바와 같이, 모든 팀의 주요 요구 사항은 팀이 협력해야 하고 모든 팀원이 비슷하게 이해하는 명확한 목적을 갖는 것이다. 여

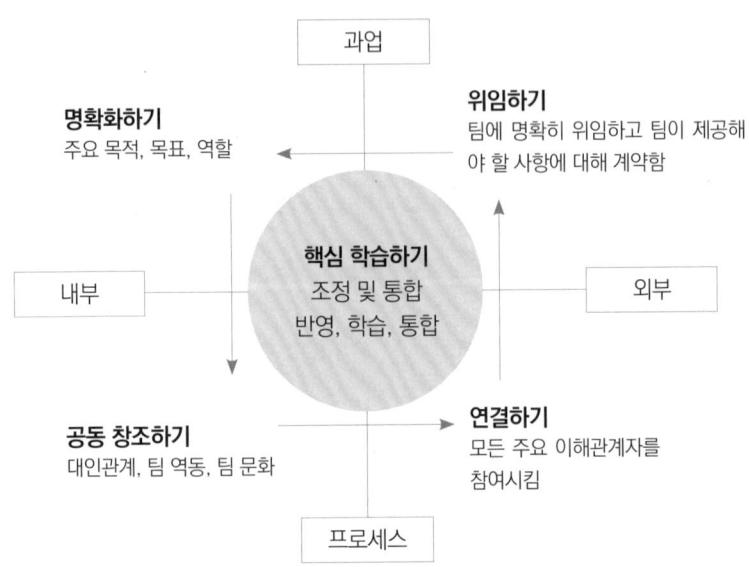

[그림 3.1] 다섯 가지 중점 영역

기에는 팀 목적뿐만 아니라 팀 성과를 평가하는 성공 기준도 포함되어야 한다. 일단 명확한 임무가 생기면, 이사회 또는 리더십 팀의 역할은 이 임무를 수행할 수 있다고 믿는 팀 리더를 임명하는 것이다. 이후 팀 리더는 팀이 각 부분의 합보다 더 많은 성과를 낼 수 있도록 상호 협력에 필요한 화학 작용과 다양성을 가질 수 있는 적절한 팀 구성원을 선택해야 한다. 짐 콜린스Jim Collins(2001)는 이 과정을 '적합한 사람들을 버스에 태우는 것 getting the right people on the bus'으로 묘사하고 있으며, 4부 12장에는 적절한 팀 선수를 선택하는 것에 관한 내용이 있다.

리처드 해크먼Hackman 등(1990)은 위원회가 팀을 지원해야 한다고 강조한다. 포함되어야 하는 내용은 다음과 같다.

- 대상
- 자원 – 인력, 재무, 행정, 기술 등
- 정보
- 교육 – 학습과 개발
- 정기적이고 시기적절한 피드백
- 기술과 프로세스 지원

명확화하기

외부로부터 팀 임무를 확인하고 팀을 구성한 뒤에 팀의 첫 번째 업무 가운데 하나는 집단의 목적을 내부적으로 명확히 하는 것이다. 이 공동의 목적은 팀 전체가 매력적이라고 느끼고 함께 일해야만 달성할 수 있다는 것을 깨닫는 것이어야 한다. 또 팀은 자체 팀 헌장을 개발해야 한다(18장 참조). 나중에 알게 되겠지만, 이 팀 헌장을 함께 작성하는 프로세스는 전체 팀의 소유권과 명확성 수준을 높일 수 있다. 팀 헌장에는 아래와 같은 내용이 포함된다.

- 목적
- 전략적 우선순위
- 전략적 서술
- 팀의 핵심 성과 영역(KPA) 및 지표(KPI)
- 핵심 가치
- 성공에 대한 비전

- 프로토콜 및 합의된 작업 방법
- 역할과 기대

리처드 배럿Richard Barrett(2006, 2010)의 연구는 개인, 팀 및 조직 가치의 정렬을 개선하면 팀 참여도가 크게 향상하고 팀 성과가 개선된다는 것을 보여준다.

공동 창조하기

모두가 서명한 공동 전략, 프로세스, 비전을 가지고 명확한 목적을 갖는 것과 목적 없이 단순히 생활하는 것은 완전히 다르다. 미션이 잘 구성된 단어의 구성에만 머물지 않고, 성과에 유익한 영향을 미치려면, 팀은 그들이 어떻게 창조적이고 생성적으로 함께 일하는지에 대해 지속해서 주의를 기울일 필요가 있다. 예를 들어, 팀이 자신의 파트를 합한 것보다 더 잘 기능하고 있을 때를 감사히 인식하는 것, 부정적 패턴과 자기 제한적 신념과 가정을 알아차리는 것을 포함한다. 또 효과적인 팀은 공식 회의와 외부 회의의 소통과 참여를 위해 명확하고 잘 설계된 프로세스와 합의된 행동이 필요하다. 여기에는 더 큰 시스템을 위해 서비스하는 갈등과 논쟁을 처리하고 다양성을 평가하고 활용할 수 있는 집단적 수용력을 키우는 것이 포함된다(12장 참조).

연결하기

의뢰를 잘 받고 자기가 하는 일이 명확하고 협업을 통해 새로운 것을 만드는 것은 필수 요소이지만, 고가치 창출 팀이 되기에는 충분하지 않다. 팀은 모든 주요 이해관계자와 집단적 또는 개별적으로 연결되어 파트너 관계를 통해 가치를 창출한다. 팀이 어떻게 새로운 방식으로 이해관계자 관계를 혁신하여 조직의 가치 창출을 촉진하는지 알 필요가 있다.

안코나Ancona와 콜드웰Caldwell(1992)의 연구를 바탕으로 팀이 더 넓은 시스템과 연결하는 데 사용하는 세 가지 주요 전략을 확인했다. 내용은 다음과 같다.

- **대외협력인**ambassadorial: 팀이 하는 일에 대해 외부와 소통하고 팀의 인지도와 명성을 높인다.
- **정찰과 탐구**scouting and inquiry: 고객, 경쟁업체, 파트너, 투자자, 규제 기관 및 광범위한 환경에서 일어나고 변화하는 상황과 이러한 변화가 팀에 기회와 위협을 어떻게 조성할 것인지 파악한다.
- **파트너링**partnering: 조직 내에서 다른 팀과의 파트너십을 개발하고 관리하는 것은 더 큰 가치를 이해관계자에게 제공할 수 있다.

효과적인 팀은 포괄적이고 지속해서 업데이트되는 이해관계자 맵map을 갖게 되며, 각 이해관계자에 대해 누가 책임져야 하는지에 대한 명확한 역할도 정해 놓는다. 이 관계 소유자는 전체 팀을 대표하여 세 가지 프로세스가 모두 잘 처리되고 있는지 확인해야 한다. 성공적인 팀 성과를 예측하는 것은 팀이 참여하는 외부 커뮤니케이션의 양이 아니다. 오히려 외부 커뮤니케이션 유형이 성공적인 팀 성과를 예측한다(West, 1996).

핵심 학습하기

다섯 번째 규율은 다른 네 가지 규율의 가운데에, 팀이 뒤로 물러서서 자신의 성과와 여러 프로세스를 반성하고 다음 주기의 참여에 대비하여 학습을 통합하는 곳이다. 이 규율은 또한 모든 팀 구성원의 성과와 학습을 지원하고 개발하는 것과 관련이 있다. 집단적인 팀 학습과 개별 팀원의 학습은 함께 진행되며, 효과적인 팀은 두 프로세스에 대한 몰입도가 높다.

웨스트West(1996)는 '성공적인 팀들은 팀 구성원의 안녕과 장기적인 팀 생존 가능성 모두를 고려한다'라고 주장한다. 핵심 요소는 다음과 같다. a) 사회적 지원, b) 팀 갈등 해결, c) 팀 구성원의 학습과 개발 지원, d) 긍정적인 팀 환경에 대한 지원. 핵심 학습의 주요 내용은 팀이 이러한 핵심 요소를 유지하고 개발하기 위해 집단적으로 참여하는 것이다. 데이비드 클러터벅David Clutterbuck(2020)은 성공적인 팀에서는 구성원들이 서로의 성과, 학습 및 웰빙에 대한 책임을 진다고 주장한다.

다섯 가지 규율의 사이클링

변혁적 리더십 팀은 이 다섯 가지 규율 모두에 효과적일 필요가 있다. 비록 각각의 연구를 통한 묵시적인 진전이 분명히 있지만, 그것들은 연속적인 순환이다. 팀의 작업 환경이 변화함에 따라, 팀과 리더는 운영의 정당성을 제공하는 팀과의 재위임re-commissioning에 참여해야 한다. 정치인들은 유권자들에게서 새로운 권한을 얻어야 하고, 리더십 팀은 다음 혁신적 변화를 위해 이사회와 주주들의 지지를 얻어야 하며, 프로젝트 팀은 변화하는 고객 요구에 맞게 재조정해야 한다. 그런 다음 팀으로서 내부 목적을 재확인하고 새로운 의제를 제공하기 위해 효과적으로 협력하는 새로운 방법을 공동 개발하는 동시에 조정하여 변화를 끌어내야 하는 이해관계자들과 다시 연결해야 한다. 각 단계에서 팀은 학습 내용을 수집하고 마지막 단계를 반성하고 다음 필수 단계를 위해 어떻게 민첩하게 적응할 것인지를 계획해야 한다.

모델은 선형보다는 순환적이며 순차적으로 이동하는 내부 흐름이 필요하다. 이를 설명하기 위해 도메인 간의 연결을 대화형 및 상호작용을 하는 네 가지 이중 루프 흐름으로 살펴볼 수 있다. 이중 루프 흐름 프로세스에 대한 자세한 설명은 아지리스Argyris와 쇤Schön(1974, 1978), 개럿Garratt(1987, 1996, 2003), 호킨스Hawkins(1991, 2004)의 연구를 참조하면 된다.

규율 연결하기

규율 1과 2 연결: 공동 미션 대화

리더십 팀이 이사회나 투자자들에게 명확한 헌장을 받거나, 정부나 지방 정부 기관이 선출된 정치인에게서 명확한 위임을 받는 경우는 드물다.

내가 처음으로 심리치료 커뮤니티의 리더로 임명되었을 때를 회상해본다. 그곳은 규모가 꽤 큰 국제 정신건강 단체이자 교육 훈련소였다. 나는 카리스마 넘치는 그 조직의 수장이 조직과 팀의 니즈를 파악하고자 하는 내 거듭된 질문에 대답할 수 없다는 것을 금방 알게 되었다. 그 여성 CEO는 여타 기업 리더들처럼 발생해야 하는 어떤 일이 그녀의 감각과 일치하지 않을 때 지적하는 데는 매우 능숙했지만, '좋은' 모습이 어떤 모습인지를 묘사하는 데는 서툴렀다. 나중에 나는 '빨간 펜으로 기안을 지적하며 관리하기managing upwards by inviting red ink' 프로세스를 발견했다. 나는 CEO에게 내가 믿고 있는 위임의 내용과 그것을 어떻게 수행하려고 계획했는지에 대한 초안을 보내고, 내가 이해하지 못했거나 잘못 아는 것을 그녀에게 수정해 달라고 부탁하곤 했다. 빨간 펜의 수정을 받은 뒤, 나는 다시 초안을 작성하고 다음 번 빨간 펜의 물결을 기다렸다. 세 번째 사이클 이후에 우리는 우리 둘 다 서명할 수 있는 문서를 갖게 되었을 뿐만 아니라 점점 더 많은 양방향 신뢰와 명확성을 갖게 되었다. 그 이후 45년 동안 나는 공공 부문과 민간 부문의 수많은 고위 리더십 팀이 그들의 이사회에서 위임 내용이 명확해지기를 기다리며 좌절에 찬 서클을 도는 것을 지켜보았다. '왜 그들은 우리에게 말하지 않거나 우리가 결정하도록 내버려두지 않는가?'는 내가 자주 드러내는 고통스러운 호소였다.

 이사회나 고위 경영진들은 최선을 다하는 건강하고 반복적인 대화 프로세스가 필요하다. 이 프로세스를 통해서 다양한 차원에 걸쳐 성공이 어떻게 보일지 명확하게 제공해야 한다.

- 재무실적: 자본투자, 수익, 비용 및 이익
- 산출물: 제품, 서비스 등의 측면

- 평판: 고객 만족도, 브랜드 평판 등
- 혁신: 새로운 제품 및 서비스, 사고 리더십
- 인력: 유치, 유지, 개발, 사기 및 생산성
- 전략: 비즈니스와 해당 분야의 입지 혁신

이를 통해 최고 경영자는 조직을 이끄는 이 과정에서 모든 주요 이해관계자와 협력할 수 있다고 확신하는 팀을 선택할 수 있다.

그런 다음, 리더십 팀은 초안에서 돌아와 자신들만의 미션(목적, 전략, 핵심 가치, 비전)을 만들어야 한다. 카첸바흐Katzenbach와 스미스Smith(1993)는 팀 목적을 달성하기 위해 함께 일하는 과정이 얼마나 중요한지를 강조한다.

> 팀의 목적은 오직 팀의 협력적인 노력 때문에 존재하는 공동 창작이다. 공동 창작인 만큼 자부심과 책임감을 동시에 불러일으킨다. 더 나은 팀들better teams은 흔히 그들의 목적을 지속적인 양육과 보살핌을 필요로 하는 자손처럼 대한다. 물론, 그들은 그들의 목적을 형성하는 데 상대적으로 더 많은 시간을 소비하지만, 팀이 운영된 후에도, 구성원들은 행동에 대한 함의를 명확히 하기 위해 주기적으로 목적을 다시 상기한다. 이러한 '목적 상기하기' 활동을 무기한으로 계속한다.

그런 다음 리더십 팀은 주어진 뼈에 살을 붙이고 여정을 위한 로드맵으로 위임을 선정하는 방식으로 이사회를 참여시킬 필요가 있다.

이 시점에서 그들은 이사회와 함께 모든 것이 달성될 수 있는 것은 아니라는 것을 깨닫고, 목표 내에서 우선순위와 성공을 위해 필요한 자원을 합의하고 전략적 긴장과 잠재적 위험과 기회를 공동으로 다루면서 포부와 현실의 격차를 해소하기 위해 열심히 일해야 할 것이다. 때때로 '우리의 계획이 탈선하거나 실패할 수 있는 다섯 가지 이유는 무엇인가?' 또는 '우리가 이미 알고 있는 것을 1년 안에 발견한 것은 무엇인가?'와 같은 질문을 함으로써 도움을 받을 수 있다.

그런 다음 공동으로 합의한 임무를 실행에 옮기고, 무엇이 효과가 있고 무엇이 효과가 없는지, 빠르게 배우는 행동 사이클이 이어진다. 이것은 우리를 규율 2와 3 사이의 이중 루프로 이끈다. 또한 위임과 사명에 대한 공동 검토, 반영 및 업그레이드가 있는 위임 그룹과의 다음 단계 대화가 필요하다.

규율 2와 3 연결: 실천에 옮긴 정책 대화

위임과 팀 목적을 일치시키면서 리더십 팀은 포부와 일상적 실천, 무엇을 계획하고 어떻게 하고 있는지 등을 조율해 미사여구와 현실 사이의 균열을 끊임없이 좁힐 필요가 있다. 아이젠하워Eisenhower는 계획은 세우는 것은 필수적이지만 그 계획은 무용지물이라는 유명한 말을 했다. 다른 이들은 계획을 '서류에 헌신하는 거짓말lies committed to paper'이라고 표현했다. 나는 리더십 팀을 지도하며 핵심 가치를 포함한 그들의 목적과 사명을 발전시키는 것을 도운 적이 있다. 그들은 핵심 가치를 사무실 벽 액자에 걸어야 하는지, 구성원들의 노트북에 넣어야 하는지, 아니면 커피 매트에 인쇄해야 하는지에 관한 토론으로 워크숍을 마쳤다. 나는 이런 성급한 논의를 중단시켰다. '아직 조직의 핵심 가치가 정해진 것이 아니라, 핵심 가치의 초안일 뿐이다.' 추가 논의를 거친 뒤, 그들은 CEO의 사무실 벽에 초안 형태의 핵심 가치를 걸었다. 나는 각 팀의 회의가 끝날 때마다 그들이 내린 결정이 핵심 가치를 얼마나 반영하는지, 그리고 그들이 어떻게 함께 일하고 함께 만들어 왔는지를 검토하는 것을 돕기로 결정했다. 한 달 후 핵심 가치는 이러한 경험이 반영되어 다시 수정되었다.

정책과 실행 사이의 이중 고리는 리더십 팀의 업무 중심인 지속적인 전략 프로세스의 핵심이다.

규율 3과 4 연결: 이해관계자와 공동 창조

대학 임원 리더십 팀은 그들의 위원회와 상원 공동으로 그들의 임무를 명확히 하고, 12명 팀원들이 내부와 외부 회의에서 리더십을 공동 창조하는 새로운 방식으로 변화시켰다. 그들은 직원 설문 조사를 통해 많은 고위 학자들과 간부들이 전략을 이해하지 못하거나, 전략을 수용하지 않는 것을 알게 되었고, 이에 대해 큰 충격을 받고 실망했다. 그들은 어떻게 하면 더 많은 정보를 전달하고 전략을 홍보할 수 있을지를 모색하기 위해 분주히 움직였다. '지금은, 더 많은 커뮤니케이션이 상황을 더 악화시킬 것이다.' 나는 이의를 제기했다. '직원들이 이에 대한 문제 의식이 없다면, 그들은 어떤 해결책도 찾을 수 없을 것이다. 어떻게 하면 커뮤니케이션을 줄이고 주요 직원의 참여를 높일 수 있을까?' 이를 통해 그들은 더 광범위한 대학 지도부와 월 단위 약속을 완전히 재고하고 주요 전략적 과제를 집단적으로 해결하는 데 적극적으로 참여하게 되었다.

팀이 고립적으로 행동하기보다는 사회적, 환경적 맥락에서 동적 대화로 점점 더 많이 운영되어야 할 필요성을 1장에서 강조하였다. 또 이러한 관계는 단순히 이해관계자 공동체의 변화에 대응하는 관계가 아니라 이해관계자들이 사회적 환경 맥락을 바꾸기 위해 협력하는 관계가 되어야 한다고 강조했다.

라인스Lines와 스콜스 로드Scholes-Rodes(2013)는 그들의 책 『Touchpoint Leadership』에서 다양한 서비스 사업자들이 어떻게 적극적인 대화와 피드백을 기반으로 고객과의 학습 관계를 발전시켰는지에 관한 사례를 제공한다. 이들은 고객 대면 팀이 컨설턴트와 고객이 상호 관계의 품질과 연결되는 바로 그 '접점'에서 회사의 브랜드를 공동 창조하는 방법을 어떻게 배웠는지를 보여준다.

고성과 리더십 팀은 이해관계자와 경계를 넘어 공동 창조를 해야 하기 전에 팀으로서 먼저 공동 창조를 할 수 있다. 성과가 저조한 리더십 팀은 문제를 조사하고, 옵션을 탐색하고, 앞으로의 방법을 결정하는 훌륭한 창조적인 일을 함께 하는 함정에 빠진다. 이후 팀 구성원을 각자의 이해관계자에게 파견하여 솔루션을 제시할 때 저항이 발생할 수밖에 없다. 고가치 창출 팀은 다음 영역에 걸쳐 여러 개의 이중 루프를 구축한다.

1. 첫 번째 사이클에서 그들은 이해관계자의 요구와 포부를 듣고, 이해관계자(스탭, 고객, 투자자 등)에게 요구와 포부를 묻는다.
2. 이러한 내용은 팀과 다시 공유되며, 팀은 이러한 다양한 그룹의 니즈를 자신의 니즈와 포부에 맞추는 방법을 모색한다. 모든 이해관계자가 성공할 수 있도록 지원함으로써 조직과 팀의 성공을 보장하는 방법을 찾는다.
3. 그런 다음, 팀 구성원은 팀, 이해관계자, 이해관계자의 이해관계자

에게 이익이 되는 윈-윈-윈 관계를 어떻게 구축할 수 있는지에 대한 공동 탐구와 함께 이해관계자들을 참여시킨다.
4. 이후, 이 정보를 다시 팀에 전달하고 팀은 다양한 신흥 이해관계자의 계약을 연결하여 향후 공동 창조 방식과 팀 운영 방식을 더욱 자세히 알려준다.

이 이중 루프를 운용할 때 팀과 각 이해관계자 사이의 경계 또는 접점에서 작동하는 역동에 세심한 주의를 기울이는 것이 중요하다. 5장에서는 팀 코치가 이러한 역동성에 주의를 기울일 수 있는 방법을 보여 주고, 11장에서는 이해관계자와 파트너 관계를 맺고 그러한 파트너십을 코칭하는 효과적인 방법을 살펴볼 예정이다.

규율 4와 1 연결: 이해관계자-위원 간 대화

전략적 보건 분야의 리더십 팀이 흥미로운 딜레마에 직면했다. 이들은 매년 해당 지역에 거주하는 사람들에게 서비스를 제공하기 위해 계약한 각 제공업체의 성과를 검토했다. 그들이 칭찬하고 갱신한 계약자들도 있었고, 개선을 요청한 계약자들도 있었고, 새로운 입찰에 내놓은 계약자들도 있었다. 환자 요구, 인구 통계, 의료 혁신 및 우수한 전문적 관행 모두가 끊임없이 변하고 있어서 매년 제공업체를 판단하는 기준을 업그레이드해야 한다는 것을 깨달았다. 문제는 이러한 환경 변화에 근접해 있는 사람들이 개선된 기준에 따라 정기적으로 판단되어야 할 공급자들이라는 것이었다. 팀은 공급자와 함께 전략적 프레임워크를 알리고 업그레이드하기 위해 협력하는 '그린 회의green meetings' 및 구매자 기준에 따라 공급자를 평가하는 거버넌스 역할을 확고히 해야 하는 '퍼플 회의purple meetings'를 공동으로 개발했다.

이 규율은 이해관계자의 이해관계자에 의해 중단되는 단계적 변화 프로세스로 운영되지 않는다. 오히려 광범위한 환경 맥락과 위임에 책임이 있는 사람들 사이에 연결이 이루어져야 한다. 좋은 이사회는 임원이 아닌 실무진이 고객, 투자자 및 파트너를 직접 만나 변경 또는 개선해야 할 사항을 문의하고 학습하도록 한다. 리더십 팀은 시스템의 모든 부분 대표자들이 모여서 서로 배우고 더 큰 시스템 그림을 보고 함께 공동 전략을 수집할 수 있는 대규모 시스템 이벤트를 만든다. 이 활동 형태에는 4-1규율 사이의 연결고리가 포함되어 있지만, 이를 넘어 5 규율로 넘어간다.

다른 모든 규율과 연결되는 핵심 학습 규율

핵심 학습하기 규율은 다른 네 가지 규율을 반영하기 위한 더 높은 수준의 기능이다. 고성과 리더십 팀은 다른 네 가지 규율 중 최소한 어느 하나에서 시간을 내어 향상시키고, 규율 내부와 규율 사이의 패턴을 반영하며, 팀의 경계 내에서 그리고 그 경계를 넘어 활동하는 자신의 팀과 사회적, 환경적 맥락에 관해 더 많이 학습한다. 이 프로세스는 팀이 뒤로 물러서서 헬리콥터를 타고 새로운 모습을 볼 수 있는 명확한 공간을 제공하기 위해 외부에서 주로 수행된다.

이러한 이벤트에서 팀은 팀 문화와 더 넓은 시스템에 대해 다음과 같이 더 깊은 질문에 집중할 수 있다. '한 팀으로서 이해관계자들에게 더 성공적으로 서비스를 제공하고, 따라서 성공을 달성하는 데 도움이 되는 행동 패턴, 정서적 참여, 가정, 신념 및 사고방식은 무엇인가?' 이 장의 앞부분에서 언급한 금융회사의 핵심 학습 이벤트는 내부 논쟁에 휩쓸리지 않도록 해야 하며, 팀이 이해관계자에 의해 어떻게 경험되고 있는지, 운영 환경에서 어떤 일이 일어나고 있는지, 외부 위원들이 어떻게 보고 있는지 등 조직의 다른 부분에서 나오는 목소리에 귀를 기울일 필요가 있다.

핵심 학습은 특별한 날이나 원정 경기만을 위한 것이 아니라 모든 팀 회의에서 필수적인 측면이 되어야 한다. 아래는 팀이 핵심 학습 체계를 구축하는 몇 가지 창의적인 방안들이다.

- 나는 리더십 팀과 이사회를 코칭하여 팀 테이블에 항상 세 개의 여유 자리를 마련하도록 했다. 하나는 고객 목소리, 하나는 직원, 그리고 하나는 투자자를 위한 자리이다. 팀 구성원은 언제든지 자리를 비우고 중요한 이해관계자의 한 사람으로 발언할 수 있다. 다른 때는 CEO나 회장이 팀원들을 초대해 자리에 앉게 했다. 최근에 나는 리더십 팀들이 단기적인 인류 중심주의를 넘어서는 것을 돕기 위해 '우리 집단의 손자our collective grandchildren'나 '휴먼 이상의 세계more-than-human world'를 위한 의자를 하나 더 추가했다.
- 다른 리더십 팀은 CEO와의 회의를 시작하여 다른 규율의 의견을 듣는다.
    - 고객, 공급업체 및 직원의 의견을 듣는다(규율 5 및 4).
    - 마지막으로 각자가 달성한 성과에 대한 보고를 듣는다(규율 5 및 3).
    - 이사회가 만족해하는 것과 우려하는 것을 듣는다(규율 5 및 1).

- 우리의 목적과 스스로 설정한 목표를 다시 연결한다: 우리는 우리의 기대에 어떻게 대처하고 있는가?(규율 5 및 2)
- 팀이 함께 시간을 보내면서 무엇을 배웠는지 묻는 것으로 회의를 끝낸다(규율 5).

프로페셔널 서비스 회사의 대규모 글로벌 계정 팀(7장 참조)은 팀을 이끈 고객 서비스 파트너와의 회의를 종료하고 다음과 같이 질문한다. '이 고객에 대해 어떤 새로운 조직 통찰력과 학습 내용을 만들어 냈으며, 이는 고객에게 어떤 가치가 있는가? 그리고 이 분야의 다른 고객에게 유용할 새로운 비즈니스 선견지명은 무엇인가?' 이것은 팀이 함께하기 전에 어떤 개인에게도 알려지지 않은 학습이어야 했다(규율 5).

여러 리더십 팀에서 회의를 중간에 멈추고 전반부에 도움이 된 점을 공유하는 '하프타임 팀 토크half-time team talk'를 소개했다. 내가 그 회의의 전반부에서 생각한 한 가지는 '회의의 후반부에는 달라졌으면 좋겠다'는 것이었다. 즉 팀은 회의에서 공동 창조적 역동성이 어떻게 일어나는지, 그리고 후반부에 인식과 행동을 어떻게 전환해야 하는지 살펴봐야 한다(규율 3).

각 규율이 다른 규율에 어떻게 나타나는가

다섯 가지 규율을 물샐틈없는 구획으로 보지 말고 각 규율의 요소가 나머지 네 가지 규율 모두에 나타난다는 사실을 깨닫는 것이 중요하다. 여기 간단한 예시가 있다. 그렇지만 여러분 만의 목록을 만드는 실험도 해보길

추천한다.

위임하기

규율 1에서 팀의 임무는 외부와 고위 경영진 및 이해관계자가 요구하는 것에 초점을 맞추고 있다. 동시에 이는 데이터 수집 연습이 아니라, 팀이 필요한 것과 팀의 열망과 목적이 무엇인지에 대한 생성적 대화이다. 이를 위해서는 팀 전체가 일치하고 프로세스에 적극적으로 참여하는 것이 중요하기 때문에, 명확화(규율 1-2)와 공동 창조(규율 1-3)가 필요하다. 또 팀은 이 기회를 활용하여 모든 이해관계자와의 관계를 심화 발전시켜야 하며, 따라서 연결(규율 1-4)에 참가하고 위임commissioning 프로세스가 제공하는 핵심 학습(규율 1-5)을 수행해야 한다.

명확화하기

두 번째 규율에서, 팀은 운영의 합법성을 부여하는 모든 관계와 관련하여 위임 작업을 수행해야 한다(규율 2-1). 높은 수준의 공동 창조가 필요하므로, 이들은 모두가 기여한 팀 헌장을 받는다(규율 2-3). 팀 헌장은 일회성 프로세스가 아니지만, 초기에 만들어진 초안은 이해관계자와 함께 검토되고 피드백을 통해 수정된다(규율 2-4). 그리고 반복적인 핵심 학습 프로세스(규율 2-5)에 참여한다.

공동 창조하기

공동 창조 작업을 할 때, 팀에 나타나는 많은 역동 관계는 명확한 팀 위임의 부족(규율 3-1), 또는 팀 목적, 목표, 역할, 관행에 대한 해결되지 않은 갈등과 명확화 부족(규율 3-2)에 뿌리를 두고 있다는 것을 인식해야 한다. 또 점점 더 많은 팀 혁신과 창의성은 이해관계자 뿐만 아니라 더 넓은 '군중'과의 연결을 수반해야 한다(7장과 11장 참조). 또한 팀은 협력하는 방법에 대해 실험하고 혁신해야 하며, 협력하는 방법에 관한 핵심 학습이 있는지 확인해야 한다(규율 3-5).

연결

이해관계자들과 연결할 때, 모든 팀 구성원은 환경 조사를 통해 팀의 핵심 학습(규율 4-5)을 수행해야 하고, 위임해야 하며(규율 4-1), 이를 명확히 할 수 있도록 해야 한다(규율 4-2). 팀 구성원들이 이해관계자들과 함께 참여할 때는 언제든지 이 인터페이스에서 공동 창작하는 방법을 개발할 기회가 있다(규율 4-3).

핵심 학습하기

위에서 언급한 바와 같이, 핵심 학습은 본질에서 다른 네 가지 규율을 잘 수행할 수 있는 능력을 키우는 것을 포함한다. 최적의 팀 구성(위임하기), 팀 전략화(명확화하기), 정기적인 팀 회의와 협력적인 팀워크(공동 창조하기), 모든 형태의 이해관계자 참여(연결하기)에 내장된 학습 프로세스(핵심 학습하기)를 갖추고 있다.

팀 내에서 각 규율의 효과 또는 비효과가 나타나는 이유

팀의 명확한 목적과 임무가 없다는 것은 명확한 'WHY'와 공유된 나침반이 부족하다는 것을 의미한다. 그 팀은 결속력과 일에 에너지를 줄 수 있는 의미와 목적 의식이 모두 부족할 것이다.

팀 목적을 팀 헌장으로 명확히 밝히지 않은 경우, 팀은 규율, 구조 및 합의된 프로세스가 부족하게 된다. 엄청난 수준의 중복이 있을 것이고, 사람들이 서로 걸려 넘어지고 팀 사이에는 비난과 혼란이 있을 것이다.

팀 목적이 명확하더라도 건전한 공동 창조가 없다면, 팀 회의는 잘 구성된 의제를 통해 기계적으로 작동하지만 에너지, 열정, 창의력이 부족한 상태로 운영될 것이다.

팀이 처음 세 가지 규율에 초점을 맞추고 관련 규율에 충분히 참여하지 못했다면, 팀은 내부에만 집중하게 되며, 모든 이해관계자와 함께 가치를 창출할 수 있다는 사실을 잊게 된다. 팀 구성원은 외부와 이야기할 때 팀의 측면만 대표하게 된다. 어떤 팀이 네 가지 규율에 집중하지만 다섯 번째 핵심 학습을 무시하면, 일상적인 비즈니스 전망과 함께 오늘날의 게임을 점점 더 잘 할 수는 있지만, 팀 구성원과 집단 역량을 성장시켜 지속해서 다가오는 과제를 해결하지는 못하게 된다.

결론

우리 가운데 많은 사람은 업무의 많은 부문을 팀에서 수행하며 대부분 시간을 팀 회의에 쓴다. 나는 아래와 같이 회상해본다.

- 한 팀에서 보낸 시간이 많다는 것은 우리가 너무 내부에 집중했다는 의미이므로 이에 대해 한탄하며, 왜 이런 일이 발생했는지, 이에 대해 우리가 무엇을 해야 하는지에 대해 내부적으로 토론한다.
- 모든 것이 개인화되고 팀의 목적과 목표에 대한 중요한 논의가 자아 싸움이 된 팀이 있다.
- 이사회를 무시하고 이사회가 잘못된 결정을 내렸으며 자신들의 임무가 훨씬 더 적절하다는 것을 증명하기 위해 모든 에너지를 소비한 팀이 있다.
- 고객, 파트너 및 직원을 지속해서 비난한 팀이 있다.
- 높은 수준의 동의를 얻어 매우 효율적인 회의를 했지만 사람들이 회의실을 떠난 뒤에는 약속이나 후속 조치를 취하지 않은 팀이 있다.

나는 이 각 팀들이 어떻게 다섯 가지 규율 가운데 하나의 규율로 가라앉았는지, 또는 규율 사이의 틈새로 미끄러져 내려갔는지, 어떻게 우리가 다섯 가지 규율 맵map을 생명줄로 삼을 수 있었는지, 어떻게 역동성에 빠져서 더 큰 그림을 볼 수 있도록 할 수 있었는지를 알 수 있었다.

또 나는 아래와 같은 팀과 함께 시간을 보낼 수 있는 기쁨도 누렸다.

- 우리는 우리에게 요구되는 것이 무엇인지 정확히 안다.
- 우리는 개별적, 협력적으로 최선을 다해야만 목표를 달성할 수 있다는 것을 알고, 집단 목적에 대한 열정을 가지고 있다.
- 우리는 만나기를 고대했고 서로의 성공, 좌절, 학습에 대한 관심이 뜨겁다.
- 팀원들뿐만 아니라 이사회 및 이해관계자와의 진정한 파트너십이 있다.
- 업무는 모험이자 강의실이었고, 모든 좌절은 새로운 학습을 위한 기회였으며, 모든 도전은 창의성을 자극했다.

이러한 경험들은 우연히 일어난 것이 아니고 우리가 좋아하는 동료들이 있어서 일어난 것도 아니다. 다섯 가지 규율이 제자리를 잡고 있었고, 또한 중요한 것은 그것들이 균형을 이루고 있었기 때문이다.

PART 2
팀 코칭

제4장
팀 코칭이란?

우리가 연구에서 발견한 놀라운 사실은 팀 구성원들이 모두 역량 개발을 위해 개별 코칭을 받더라도 팀은 눈에 띄게 향상되지 않는다는 것이다. 개별 코칭을 통해서 임원이 더 나은 지도자가 될 수는 있지만, 팀이 반드시 개선되는 것은 아니다. 팀 개발은 개인이 더 효과적인 팀 플레이어가 되는 부가적인 기능이 아니라 완전히 다른 능력이다.

(Wageman et al., 2008)

도입

지난 25년 동안 코칭 활용 조직의 비율, 코치의 수, 코칭 교육, 인증, 전문 기관, 연구 및 출판물 등 개인 코칭 분야에서의 성장률이 기하급수적으로 증가했다. 팀 코칭은 이에 비해 약 20년 정도 뒤쳐져 있으며, 개인 코치 초기에 존재했던 것과 같은 많은 어려움이 여전히 존재한다.

- 팀 코칭을 제공할 때, 고객인 구성원들이 느끼는 혼란
- 표준 정의가 없는 수많은 용어
- 연구, 문헌, 모델 또는 접근 방식의 부족
- 확립된 교육 프로그램 또는 인증의 부족

개인 코칭과 마찬가지로 팀 코칭은 다양한 분야에서 발전해왔다. 다른 점은 팀 코칭 세계에서 지금까지 많은 일들이 '팀 개발'이라고 불리며 조직 개발 분야에서 행해졌다는 것이다. 최근에서야 팀 코칭이 세 가지 핵심 부분strands으로 새롭게 통합된 모습으로 등장했다.

- 팀 개발에 대한 전통적인 컨설팅 접근법
- 코칭의 새로운 세계
- 높은 성과를 내는 스포츠 프로 팀과 함께 일하면서 배우는 것

이 장에서는 이 세 가지 선행 흐름을 살펴본 다음, 다양한 현재 정의와 실습 형태, 그리고 초기 개척자들이 어떻게 팀 코칭을 정의하기 시작했는지 살펴보겠다. 이후, 어떻게 시스템적 팀 코칭과 에코시스템 팀 코칭을 개발하여 팀 코칭 범위를 시스템적이고 에코시스템적인 맥락에서 집단 팀에 초점을 맞추게 되었는지 간략히 설명하겠다.

팀 코칭의 역사

조직 개발은 미국의 르윈Lewin과 국립훈련연구소the National Training Laboratories, 영국의 타비스톡Tavistock에서 초기 원천을 얻었다. 초기 작업 대부분은 고위 임원을 'T' 또는 훈련 그룹(NTL), 비온연구그룹Bion Study(Tavistock) 또는 신디케이트 그룹(Henley Business School)에 속한 프로그램에 파견하여 수행되었고, 고위 임원들은 여기서 그룹 기능과 역동의 본질을 경험적으로 학습할 수 있었다. 이 작품은 쉐인Schein(1969, 2003), 버크Burke(2002), 벡하드Beckhard와 해리스Harris(1977), 아지리스Argyris와 숀Schön(1978)과 같은 연구자와 실무자들에 의해 개발되었다. 조직 개발의 일환으로 조직 내 팀 개발 방법을 검토하는 수많은 작업이 수행되었다. 이를 통해 팀 빌딩 등 팀 개발 활동에 대한 접근 방식과 방법이 제시되었다. 미국에는 더글러스 맥그리거Douglas McGregor(1960), 렌시스 리커트Rensis Likert(1967), 빌 다이어Bill Dyer(1977), 영국에는 존 아데어John Adair(1986), 메러디스 벨빈Meredith Belbin(2004) 등의 학자들이 있다.

빌 다이어Bill Dyer(1977)는 'T' 그룹에서 팀 개발로의 이동에 관해 다음과 같이 썼다.

> 실무자들이 작업 단위에 T-그룹 방법을 적용하는 데 더 많은 경험을 쌓으면서 T-그룹 모드는 새로운 설정의 차이를 고려하여 전환되었다. 구성원들이 단지 피드백만을 받을 수 있도록 하는 것이 아니라, 작업 난위가 더 효과직이고 협력적이며, 해결해야 할 목표와 함께 문제 해결 단위로 발전할 수 있도록 도와야 한다는 것이 분명해졌다. 이 방법론은 서서히 비구조적 T-그룹에서 협력적이고 문제 해결 절차에서 상호 의존적인 구성원들을 훈련하는 과정이라는 정의로 이동했다.

전통적으로 팀 내부 성과와 프로세스에 중점을 두던 팀 개발(규율 2와 3)에서 팀의 모든 발달 단계를 통해 다섯 가지 모든 규율에 초점을 맞춘 시스템적 팀 코칭으로 전환하는 과정에 있다고 생각한다.

팀 개발 시작부터 현재까지 더 넓은 조직 개발 분야에서 상당한 발전이 있었고, 이는 팀 코칭 발전에도 영향을 미쳤다. 가장 중요한 것은 조직학습organizational learning이다(Senge, 1990; Hawkins, 1986, 1991, 1994, 2017, 2020a; Pedler et al., 1991) 우리는 조직들이 경영과 리더십 개발에 대해 생각하고 실천하는 방식에 혁명적인 변화를 경험해왔다. 50년 전 대부분 리더십 및 경영관리 교육은 다음과 같다.

- 교실에 기반을 두고, 직장에서 멀리 떨어져 있는 교육
- 개인 참석 교육
- 전문가가 가르치는 교육
- 과거의 성공과 실패에 대한 이론과 사례 연구를 기반으로 한 교육
- 인지 지향의 교육

이제 리더와 관리자는 시행착오를 통해 실제 과제에 직면하고 팀 내 또는 경계를 넘어 다른 사람들과 협력하면서 업무에서 가장 중요한 교훈을 얻는다. 효과적인 리더십과 경영관리 개발은 다음과 같아야 한다.

- 인지와 영향에 관한 것
- 경험적이고 구체적인 것
- 중요한 실제 과제를 해결

- 동료들과 함께 집단적인 학습을 통한 발전
- 행동 학습(행동, 성찰, 새로운 생각, 계획 및 리허설, 새로운 행동)의 사이클 활용

그러나 경험이 항상 효과적인 학습을 제공하는 것은 아니다. 우리는 대부분 똑같이 비효과적인 행동을 반복하고 어떻게든 다른 결과를 얻기를 바랄 수 있다. 경험을 학습으로 바꾸기 위해서는 성찰적 실천자가 되는 기술과 학습을 수확하는 방법이 필요한데, 구성원들이 이를 스스로 할 수 있는 경우는 드물다.

많은 기업이 학습과 개발 접근 방식을 채택하여 다음을 제안하고 있다.

- 70%의 업무를 통한 학습
- 10%의 워크숍, 콘퍼런스 및 강좌를 통한 학습
- 20%의 코칭을 통한 학습. 이는 이론 학습과 실제 학습을 결합하는 필수적인 접착제를 제공

코칭은 팀 개발보다 더 최근에 나타난 현상이다. 1970년대 초반 경영학, 심리학, 스포츠 코칭 분야에서 발전하기 시작하여, 20세기 말과 21세기 초에는 빠르게 성장했다. 지금까지 코칭은 주로 일대일 관계에서 개인의 발전에 초점을 맞췄고, 최근 들어서야 팀 전체를 어떻게 코칭할 것인지에 대한 관심이 높아지고 있고 현재 급속도로 확산하고 있다(Coaching at Work, July 2013, Clutterbuck et al., 2019; Hawkins, 2014a). 조직을 어떻게 이끌고, 개발하고, 팀을 코칭할지에 대해 코칭 의

제가 집중되어 있으며, 팀 코칭 세션을 용이하게 하기 위해 많은 개별 코치들이 고위 경영진의 초대를 받고 있다(Hawkins, 2012).

스포츠 팀 코치는 어떻게 한 팀이 그 부분의 합보다 더 경기를 잘할 수 있는지에 초점을 맞추었다. 또 개개인은 스스로 최선을 다하지만 팀을 위해 경기를 할 수 있으며, 팀은 어떻게 지속해서 사기를 유지하고 때로는 회복하며 집단 성과를 올릴 수 있는지에 초점을 맞추었다. 성공을 시각화하고, 긍정적인 면에 기반을 두며, 선천적인 능력을 해방시키기 위해 '이너 게임inner-game' 접근법을 사용하고, 집단적인 움직임을 연습하는 방법을 보여주며, 성과에 대해 반영하고 피드백을 주는 접근 방식을 제공했다. 개인 코치에 큰 영향을 준 것 중 하나는 티머시 갤웨이Timothy Gallwey가 저술한 '이너 게임inner game'이다(Gallwey, 1974, 1976, 1981, 1985; Galwey & Kriegel, 1977). 그리고 그것들은 존 휘트모어John Whitmore(2002)와 마일스 다우니Myles Downey(2003)와 같은 임원 코치의 지지자들에게 큰 영향을 미쳤다. 내 동료인 조나단 제이너Jonathan Zneimer는 비즈니스 팀과 스포츠 팀을 지도하는 단체인 레인4Lane4의 파트너이다.

지난 30년 동안 스포츠 심리학자와 비즈니스 컨설팅으로 전환한 엘리트 운동선수들의 틈새 컨설팅이 발달했다. 1979년 심리학자인 존 사이어John Syer와 크리스 코널리Chris Connolly는 스포팅바디마인드The Sporting Bodymind를 설립했다. 이 두 명의 심리학자는 프로 스포츠팀인 토트넘 홋스퍼에 고용되었는데, 아마도 프로 스포츠 팀에 고용된 유럽 최초의 사람일 것이다. 최근에는 1995년 올림픽 금메달리스트인 아드리안 무어하우스Adrian Moorhouse는 스포츠 심리학자 그레이엄 존스Adrian Moorhouse와 손잡고 '고성과 환경에서의 학습과 교훈'을 창조하기 시작한 레인4Lane4 단체를 만들었다. 이와 같은 세계적인 운동선수들이 주도하는 단체의 예로는 코카콜라, 네슬레, 오렌지 등이 있다.

와인버그Weinberg와 맥더모트McDermott(2002)는 조직과 스포츠 팀의 높은 성과와 관련된 주요 측면이 무엇인지 조사했다. 두 리더의 말에 따르면, 팀 결속은 공통적으로 공유된 비전을 만들어냄으로써 달성되었다.

조직과 비즈니스 팀의 역동 관계는 적절한 사람이 적절한 시간에 적절한 직장에 있어야 한다는 점에서 스포츠 팀의 역동 관계와 유사하다. 골키퍼가 센터포워드를 시도한다고 상상해보라. 결과가 어떻게 되겠는가? 마찬가지로, CFO가 마케팅 디렉터 역할을 완전히 '수행'할 수 있으리라고는 상상하기 힘들 것이다. 실제로 상호작용을 하는 스포츠 팀considering interacting sports teams과 공동 작용하는 비즈니스 팀co-acting business teams을 고려할 때 그 유사성은 더욱 강화될 수 있다. 럭비, 축구, 농구 팀은 선수들의 역할이 다양하지만 그들의 집단적 성과를 최적화하기 위해 높은 수준의 상호 의존성을 필요로 하기 때문에 상호작용하는 것으로 간주된다.

(Zneimer, 2010, personal communication)

자매 서적인 『실무 리더십 팀 코칭Leadership Team Coaching in Practice』(Hawkins, 2021)에는 영국의 럭비 클럽인 사라센스Saracens에 대한 사례 연구가 있다. 스포츠 코칭과 비즈니스 팀 코칭의 접근 방식을 결합하여 스포츠 팀, 사업 운영 및 커뮤니티에 걸친 팀 기반 문화를 조성함으로써 성과를 전환한 사례이다.

팀 코칭에 관한 관심이 높아진 것은 개인 코칭과 리더십 개발을 통해 달성할 수 있는 것의 한계를 깨달은 데서 비롯되었으며, 이는 강한 개인 리더를 만들 수는 있지만 정렬되지 않고 제대로 작동하지 않는 리더십 팀을 만드는 데는 도움이 되지 않았다. 우리가 수행한 연구(Hawkins & Smith, 2013; Hawkins, 2017)에서 우리는 최고 팀에서 나타나는 집단 리더십 부재와 효과적인 리더십 팀 개발에 대한 욕구가 증가하는데도 거기에는 좌절감이 있음을 발견했다.

이러한 경향으로 인해 팀 코칭을 준비하는 조직들이 눈에 띄게 증가했다. 이들은 대부분 다양한 형태를 취한다:

- 각 팀 구성원의 개별 코칭과 집단 팀을 위한 코칭 세션의 혼합
- 리더십 팀을 위한 일련의 오프사이트 워크숍
- 팀 정기 회의를 위한 프로세스 컨설턴트 역할을 하는 팀 코칭

시스템적 팀 코칭에서 우리가 개발한 것은, 어떻게 하면 이벤트 중심의 팀 코칭에서 팀 전체를 파트너로 하여 위의 모든 요소와 그 이상의 요소를 결합한 심층적이고 지속 가능한 발전 여정을 함께할 수 있는가 하는 것이다.

팀 코칭에 대한 제한된 가정

이러한 혼란은 팀과 팀 코칭에 대한 여러 가지 뿌리 깊은 제한적 가정에도 뿌리를 두고 있다. 호킨스Hawkins와 스미스Smith(2006, 2013) 연구에서 우리는 팀 코칭이 적절한 관심을 받지 못했거나 개별 코칭만큼 강하게 발전하지 않았다고 느낀 이유 가운데 하나가 팀과 함께 일하는 방법에 도움이 되지 않는 가정이 있기 때문이라고 주장했다. [표 4.1]은 팀 구성원과 많은 팀 코치의 제한적 사고방식에 대한 동료들의 도전이다. 우리는 이 분야가 발전하고 성숙하기 위해 효과적인 대응이 필요하다고 생각한다.

[표 4.1] 제한된 사고방식

제한된 사고방식 Limiting mindsets	
팀 빌딩은 팀이 처음 구성될 때만 필요하다.	최고의 팀은 환경이 끊임없이 변화함에 따라 평생 학습과 개발에 참여한다.
팀 개발은 일이 어려워질 때만 이루어져야 한다.	만약 당신이 처음으로 관계 문제를 다룬 것이 이혼 법정에서였다면, 당신은 그것을 너무 늦게 다룬 것이다.
팀의 성과는 팀 구성원 성과의 합이다.	한 팀은 부분의 합보다 많거나 부분의 합보다 적은 성과를 낼 수 있다. 팀의 부가가치 또는 협업 배당에 집중하는 것이 중요하다.
팀 개발은 서로 더 나은 관계를 맺는 것이다.	팀 개발은 팀이 모든 이해관계자와 어떻게 관련이 있고 더 넓은 조직의 목적에 맞게 조정되는지에 관한 것이다.
팀 개발은 팀이 더 나은 회의를 하는 것이다.	팀 가치 창출은 팀 또는 팀의 하위 부분이 팀의 이해관계자와 협력할 때 발생한다. 팀 회의 자체가 훈련장이지 경기가 아니다.
팀 개발은 현장 외 워크숍에서만 이루어진다.	팀 개발은 오프사이트 워크숍을 통해 지원할 수 있지만 핵심 개발은 협력의 열기에 있다.
팀 개발은 팀이 서로를 신뢰하는 것이다.	인간 사이의 절대적인 신뢰는 특히 작업 팀에서 실현 불가능한 목표이다. 더 유용한 목표는 팀이 그들의 불신을 드러내고 솔직한 대화를 나눌 수 있을 만큼 서로를 신뢰하는 것이다.
팀 내 갈등은 나쁜 것이다.	너무 많거나 적은 갈등은 팀에 도움이 되지 않는다. 우수한 팀은 더 넓은 시스템 이해관계자의 생태계에서 충돌하는 요구 사항을 창의적으로 해결할 수 있다.
우리가 같은 일을 함께하지 않는 한 우리는 팀이 아니다.	팀은 병렬로 작업하는 구성원이 달성할 수 없는 공유 목적을 갖는 것으로 정의된다.
팀 개발은 그 자체로 목적이다.	팀 개발은 팀의 비즈니스 성과를 개선하고 모든 이해관계자와 함께 그리고 모든 이해관계자를 위해 더 큰 가치를 창출하는 것과 연결될 때만 가치가 있다.

팀과 그 해독제와 작업할 때 10가지 제한적인 마인드셋

팀 리더를 코칭하고 조직에 팀 코칭을 도입하면서, 우리는 끊임없이 많은 제한적인 마인드셋에 직면하게 된다. 코치로서 우리는 구성원들과 팀에 대한 다른 믿음을 발견할 수 있어야 하고, 고객을 위해 재구성하도록 도움을 줄 수 있어야 한다. 이러한 제한적 가정은 임원 팀 코치의 이론적 발전이 부족한 데서 비롯된 상대적 공백과 2010년 이전에 개별 코치, 조직개발 실무자 또는 스포츠 코치에 대한 것과 구별되는 인정된 교육이 없었기 때문에 번성했다. 팀 코칭을 실습하는 사람들이 하나 이상의 분야에서 훈련을 받았고, 접근 방식을 결합할 수 있는 그들만의 방법을 찾는 경향이 있었다. 이로 인해 구매자와 공급자 모두 팀 코칭이 의미하는 바가 혼란스러워지고 실행 내용이 크게 차이가 나게 되었다.

팀 코칭 정의

팀 코칭이 성장함에 따라 사용되는 용어를 명확히 하고, 고객이 무엇이 필요한지, 무엇을 이용 가능한지 명확히 할 수 있도록 지원하는 것이 중요해졌다. 14장에서는 외부 팀 코치의 고용자와 사용자를 대상으로 외부 코치의 사용 시기와 팀 내에서의 코칭에 관해 논의하고, 팀 코칭의 발굴, 선정 및 작업 방법에 관해 논의한다. 이 장에서는 팀 코칭의 일부로서 역할을 하는 여러 가지 서비스 사이의 차이점을 설명하고자 한다. 그 내용은 다음과 같다.

- 팀 구성원들의 그룹 코칭
- 팀 개발
- 팀 빌딩
- 팀 퍼실리테이션
- 프로세스 컨설팅
- 팀 코칭
- 리더십 팀 코칭
- 변혁적 리더십 팀 코칭
- 시스템적 팀 코칭

팀 구성원 및 액션 러닝의 그룹 코칭

팀 코칭과 그룹 코칭 사이에 학문적으로나 실무적으로 큰 혼란이 있었다. 그룹 코칭은 그룹 내에서 개인에게 코칭하는 것으로, 그룹 구성원은 돌아가면서 고객이 되고, 다른 그룹 구성원은 해당 개인에 대한 코칭 자원의 일부가 된다. 액션 러닝은 한 세트의 구성원이 그룹 코칭(대개 4명에서 7명 사이)을 하는 것과 유사하며, 개개인이 직면한 과제를 차례로 가져온다. 그룹 코칭에서는 흔히 개인에게 더 중점을 두고, 액션 러닝에서는 제시된 과제나 문제에 더 중점을 둔다. 그러나 언제나 그런 것은 아니며, 두 경우 모두 초점은 개인이 그들의 업무 과제를 해결하는 데 최선을 다하도록 지원하는 데 있다. 그룹 코칭에 관한 자세한 내용은 (Hawkins & Turner, 2020; Britton, 2010, 2013; Thornton, 2010, 2016)를 참조하라.

그룹 코칭은 또한 팀 맥락에서 수행될 수 있는데, 여기서 코칭받는 개인은 모두 같은 팀의 구성원이다. 케츠 드 브리스Kets de Vries(2006)는 온전한 리더십 팀과 함께 그룹 코칭의 훌륭한 예를 제공한다. 팀 맥락에서 그룹 코칭은 팀 코칭의 유용한 전주곡이나 구성요소가 될 수 있지만, 팀 구성원 개개인이 아닌 팀 전체가 주안점을 두는 팀 코칭과는 근본적으로 다르다.

팀 개발

팀 개발team development은 팀원들이 공동 작업을 잘할 수 있는 능력을 개발하기 위해 외부 도움을 받거나 받지 않고 팀이 수행하는 모든 프로세스를 의미한다. 팀이 함께 일하는 시간 동안 어떻게 성숙할 수 있는지에 대한 많은 연구와 모델들이 있었지만, 이들 대부분은 작업 팀보다는 심리치료 그룹을 연구하면서 개발되었다. 대부분 이론과 우리 자신의 경험을 통해 팀들이 흔히 식별 가능한 여러 단계를 통해 발전한다는 것을 알게 되었다. 그러나 이것들은 미리 결정되었거나 불가피한 것으로 여겨져서는 안 된다. 대부분의 경우, 그룹은 자신의 경계, 구성원 자격 및 그룹 규칙과 기대 사항을 처리하는 데서 출발한다. 슈츠Schutz(1973)는 이를 '포용inclusion'이라고 부르고, 터크먼Tuckman(1965)은 '형성하고 규범화하는 단계stages of forming and norming'라고 부른다. 이는 흔히 팀 개발의 '계약' 단계에서 다루는데, 여기서 기밀성, 팀 개발 프로세스에 대한 헌신, 프로세스가 어떻게 수행될지, 그리고 무엇에 초점을 맞출지, 그리고 무엇이 제외될지 결정하고 명확히 밝힐 필요가 있다.

팀 공식 프로세스의 기본 구조를 명확히 하는 기간이 끝나면 구성원들은 서로 적응하고 새로운 집단적 작업 방식을 통해 명시적이고 암묵적인 규범과 불문율을 형성하는 단계를 거치게 된다. 이 단계는 '규범화' 단계이며, 팀 내에서 힘과 권한을 테스트하는 기간이 뒤따를 수 있다. 이 때 경쟁적인 라이벌 형태를 띨 수 있다: '누가 가장 일을 잘하는가?', '누가 결과에 가장 신경을 쓰는가?', '누가 가장 많은 어려움을 겪는가?', '누가 가장 통찰력 있는 발언을 하는가?'

또 리더의 접근법에 도전함으로써 리더의 권위를 시험하는 형태를 취할 수 있다. 이를 비온Bion(1961)은 '싸우거나/피하거나fight/flight'의 무대라고 했고, 슈츠Schutz(1973)는 '권한authority'의 무대라고 했으며, 터크먼Tuckman(1965)은 폭풍우치는storming' 무대라고 했다. 이러한 단계가 성공적으로 처리되었을 때 비로소 팀은 각 구성원에 대한 존중 분위기에서 팀 리더와의 관계에서 의존성이나 경쟁 없이 가장 생산적인 작업에 안착할 수 있다. 그러나 새로운 사람들이 합류하거나 팀에 새로운 단계가 나타나게 되면 형성, 규범화, 폭풍화의 초기 단계가 다시 나타날 것이다.

팀 개발은 외부와의 연계, 팀 행동 분석, 작업 프로세스 검토에 이르기까지 다양한 형태를 취할 수 있다. 그러나 연구는 팀 유대감과 팀 활동 이벤트가 팀 성과에 영향을 미친다는 증거를 거의 보여주지 못했다(Katzenbach & Smith, 1993b; Wayman et al., 2008).

팀 빌딩

팀 빌딩은 개발 초기 단계에서 팀을 돕기 위해 사용되는 모든 과정이며, 따라서 터크만Tuckman의 '형성기forming', '격동기storming', '규범기norming', '성과기performing', '해지기adjourning' 단계 중, 형성기와 규범기에 초점을 맞춘 팀 개발의 하위 범주로 볼 수 있다. 대부분 활동은 팀 유대감과 팀 구성원들이 서로 더 잘 이해하고 관계하는 데 초점을 맞춘다. 일부 팀 빌딩 세션은 야외 팀 챌린지, 사회 활동 또는 기타 경험적 참여를 사용할 수 있다. 7장에서, 나는 초기 팀 참여 단계에서 팀이 요구하는 작업에 대한 집단적 목적, 목표 및 이해관계자의 기대에 초점을 맞추고 필요한 심리적 안전을 확립함으로써 가장 잘 달성된다고 주장할 것이다. 이 연구는 웨이만 Wageman 외 연구진(2008), 해크먼Hackman과 웨이만Wageman(2005) 및 게르식 Gersick(1988)의 지원을 받았다.

팀 퍼실리테이션

팀 퍼실리테이션은 특정 개인이 자유롭게 업무에 집중할 수 있도록 프로세스를 관리함으로써 팀을 촉진하도록 요청받는 경우에 수행된다. 팀 퍼실리테이션의 영역은 다양하고, 아래의 내용이 포함된다.

- 특정한 갈등이나 어려움의 해결
- 운영 및 관련 방안에 대한 팀 리뷰 수행
- 전략 또는 계획 수립 프로세스를 가능하게 함
- 외부 워크숍 운영

팀 퍼실리테이션에 대한 다른 요청이 많은 것은 분명하지만, 대개는 퍼실리테이터가 콘텐츠나 팀 성과에 관여하지 않고 특정 프로세스를 활성화 하는 데 초점을 맞춘다.

팀 프로세스 컨설팅

팀 프로세스 컨설팅team process consultancy은 팀 컨설턴트가 회의나 계획 세션에서 팀 옆에 앉아 팀이 과제를 수행하는 방식에 대한 성찰과 검토 의견을 제공하는 팀 퍼실리테이션의 한 형태이다.

팀 코칭의 이러한 방법은 에드 셰인Ed Schein이 프로세스 컨설팅에 관한 고전적인 책(1969, 1988)에서 처음 개발했으며, 피터 블록Peter Block(1981, 2000)이 『결함 없는 컨설팅flawless consulting』에서 더욱 발전시켰다. 두 책은 모든 팀 코치의 필독서이다. 두 책 모두 팀이 '어떻게' 기능하고 관련되어 있는지 성찰하는 방법을 강조한다. 셰인Schein(1988)은 프로세스 컨설팅을 '고객이 고객의 환경에서 발생하는 프로세스 이벤트를 인지, 이해, 행동하도록 돕는 컨설턴트 측의 활동'으로 정의한다. 프로세스 컨설턴트는 파트너십, 퍼실리테이션, 공동 문의의 정신으로 고객과 함께 걷는다.

쉐인Schein(1987)은 프로세스 컨설팅이 다음과 같은 경우에 가장 효과적이라고 주장한다.

- 고객이 고통받고 있지만 고통의 근원이나 그에 대해 무엇을 해야 하는지 알지 못한다.
- 고객은 어떤 종류의 도움을 받을 수 있는지, 어떤 컨설턴트가 필요한 도움을 제공할 수 있는지 알지 못한다.
- 문제의 본질은 고객이 무엇이 잘못되었는지 알아내는 데 도움이 필요할 뿐만 아니라 진단을 내리는 과정에 참여함으로써 이익을 얻을 수 있게 하는 것이다.

- 고객은 '적극적 의도'가 있으며, 컨설턴트가 수용할 수 있는 목표와 가치에 의해 동기부여되며, 도움이 되는 관계를 맺는 능력이 있다.
- 고객은 궁극적으로 어떤 형태의 개입이 이 상황에서 효과가 있을지 아는 유일한 사람이다.
- 고객은 자신의 조직 문제를 진단하고 해결하는 방법을 배울 수 있다.

오늘날 팀 코칭에서는 문제/진단/솔루션 언어를 덜 사용하고, 미래에 적응하기 위해 필요한 개발, 그리고 이미 잘 작동하는 것을 구축하는 데 초점을 맞춘다. 그러나 프로세스 컨설턴트가 고객과 함께 작업하고 점차 고객이 스스로 코칭할 수 있는 역량을 키울 수 있도록 지원하는 접근 방식은 여전히 매우 적절하다.

프로세스 컨설팅은 회의 전, 회의 중, 회의 종료 시 다양한 피드백 및 질문 프로세스뿐 아니라, 팀이 진행 중인 프로세스를 반영할 수 있도록 하기 위한 몇 가지 개입을 포함할 수 있다(18장 참조).

팀 코칭

이 용어는 팀워크의 영역으로 이동하는 코치들, 코칭 산업의 성장과 연결되기를 원하는 컨설턴트들에 의해 많이 사용된다. 또 팀 코칭은 팀 리더 코칭, 팀 빌딩, 팀 퍼실리테이션, 팀 프로세스 컨설팅, 일회성 이벤트 또는 워크숍에 이르기까지 느슨하게 사용되고 있다.

최근 몇 년 동안 주요 학자들은 용어의 명확성을 위해 노력했고 팀 코칭에 대한 몇 가지 정의를 제시했다. 해크먼Hackman과 웨이먼Wageman(2005)은

'구성원들이 팀 작업을 수행할 때 집단 자원을 적절히 사용할 수 있도록 돕는 팀과의 직접적인 상호작용'이라고 팀 코칭을 정의했다. 이는 팀 구성원뿐만 아니라 전체 팀과의 작업이 수반된다는 점을 명확히 나타내며, 업무 중심과 자원 활용에 중점을 두고 있음을 강조했다.

해크먼과 웨이먼(2005)은 또한 성과와 과정을 결합한 방식으로 팀 코치의 기능을 정의했다. 그들은 팀 코칭이 다음을 포함한다고 썼다.

> 프로세스 손실을 억제하고 프로세스 이득을 촉진하는 세 가지 성과 프로세스 각각에 대한 개입: 사람들이 쏟는 노력(동기), 성과 전략(컨설팅), 지식과 스킬 수준(교육).

데이비드 클러터벅(2007)은 팀 코칭을 다음과 같이 정의했다.

> 성찰과 대화를 통해 팀의 성과와 성과를 달성하는 프로세스를 개선할 수 있도록 지원하는 것

그는 팀 코칭이 성과와 프로세스의 초점을 어떻게 결합할 필요가 있는지를 유용하게 보여주며, 그의 책에서 팀의 지속적인 학습 측면에 대해 유용하게 설명한다(2007). 나는 이것이 두 가지 측면에서 충분하지 않다고 주장한다. 첫째, 학습 사이클의 반영 단계만을 강조하는 하는 것이 아니라, 팀 코칭은 팀이 성찰, 새로운 생각, 계획 및 행동의 전체 학습 사이클을 돌아보고 성찰로 돌아가도록 도울 필요가 있다. 팀 코치는 팀이 과거를 되돌아보게 도울 뿐만 아니라, 팀원들이 집단 경험을 이해할 수 있도록 사용하는 기준 틀의 변경과 함께 새로운 사고방식을 만들 수 있도록 해야 한

다. 그런 다음 팀 코치는 팀이 집단적 도전에 참여하고 새로운 존재 방식을 연습하는 새로운 방안을 계획할 수 있도록 도와야 한다. 둘째, 클러터벅의 정의는 팀이 더 넓은 시스템적 맥락과 여러 이해관계자들과의 관계를 포함하지 않는다. 팀 코칭은 내부에서부터 초점을 맞추는 경향이 있다. 팀 코칭은 팀이 '외부'와 '미래'에 집중할 수 있도록 도와야 한다. 이는 내가 이 책에서 다시 언급할 주제이다.

호킨스와 스미스(2006)는 팀 코칭을 다음과 같이 정의했다.

> 팀의 사명을 명확히 하고 외부와 내부 관계를 개선함으로써 팀의 역할 합계를 넘어서는 기능을 수행할 수 있도록 한다. 따라서 팀 리더가 팀을 이끄는 방법을 코칭하거나 그룹 환경에서 개인을 코칭하는 것과는 다르다.

이 정의는 팀의 목적과 과업이 어떻게 기능하는지에 따라 결합하고, 내부와 외부 모두를 바라보는 것의 중요성을 강조하지만, 나는 이것이 충분히 잘 진행되고 있다고 생각하지 않는다. 우리는 또한 스킬에서 성과, 개발, 변혁으로 이어지는 일련의 코칭도 제안했다. 그 이후로 우리는 변혁적 코칭 개념을 더욱 발전시켰다(Hawkins & Smith, 2020). 마찬가지로 팀 코칭의 연속성을 제안한다([그림 4.1] 참조).

1. 팀 코치가 팀 프로세스만 책임지고 성과 개선은 책임지지 않는 팀 퍼실리테이션
2. 팀 코치가 팀 프로세스와 팀 성과 모두에 초점을 맞추는 팀 성과 코칭
3. 팀이 모든 이해관계자와 관련하여 집단 리더십을 제정하는 방법에

초점을 맞추는 리더십 팀 코칭

4. 혁신 리더십 팀 코칭. 현재 비즈니스를 주도할 뿐만 아니라 미래에 맞게 조직을 변혁시키는 데 초점을 맞추는 변혁적 리더십 팀 코칭

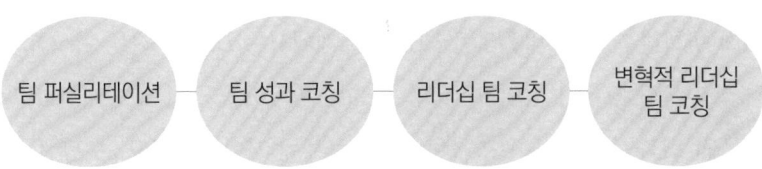

[그림 4.1] 팀 코칭의 연속성

리더십 팀 코칭

리더십 팀 코칭은 최고위층이 아닌 모든 팀에 대한 팀 코칭으로, 팀이 자신에게 보고하는 사람들에게 어떻게 리더십을 부여하는지, 그리고 팀이 주요 이해관계자 그룹에 어떤 영향을 미치는지에 초점을 맞춘다. 케츠 드 브리스(2011a)는 리더십 팀 코칭을 '경영진이 자신의 구체적인 목표를 파악하고 정의한 다음 이를 달성하는 방법을 찾을 수 있도록 스스로 조직하는 것'으로 정의한다.

  2장에서는 주로 조직의 최고위급 리더십 팀에 초점을 맞추었지만, 리더십은 모든 수준에서 존재할 필요가 있다. 팀이 당면한 과제뿐만 아니라 여러 이해관계자들과 협력하여 모든 이해관계자들과 더 큰 이익을 창출할 수 있는 방법에 초점을 맞출 때 리더십 팀이 된다.

변혁적 리더십 팀 코칭

변혁적 리더십 팀 코칭은 리더십을 발휘하는 모든 팀이 비즈니스를 운영하는 방식뿐만 아니라 비즈니스를 혁신하는 방식에도 초점을 맞춘다. 빠르게 변화하고 상호 의존적인 VUCA 세계에서는 모든 조직을 혁신하는 작업에 우리 모두가 참여한다. 한 CEO는 항공기를 공중에서 재건하고, 승무원 팀과 승객들을 관리하며, 지상 관제센터와 대화하고, 수평선 너머로 무엇이 오는지 보는 동시에 4만피트 상공에서 항공기를 비행해야 한다고 설명했다. 따라서 코치는 세 가지에 집중적인 관심을 가져야 한다. 즉 팀이 현재와 같은 비즈니스, 내일의 혁신 방법, 그리고 미래의 목표와 미래에 적합한 조직을 만드는 방법에 대해 코칭할 수 있어야 한다(Sharpe, 2013). 6장에서 이에 대해 언급하겠다.

시스템적 팀 코칭

이 책에서는 팀 코칭에 대한 전통적인 접근 방식이 어떻게 작동하지 않는지 보여줄 것이다. 전통적인 접근 방식은 팀 구성원들이 함께 만나는 것이 아니라 팀의 내부적인 측면에 과도하게 초점을 맞추고 외부 성과에 덜 집중하는 모습을 보여준다. 여기에는 조직의 직원뿐만 아니라 고객, 파트너 조직 또는 공급자, 투자자, 납세자, 규제자, 그리고 지역사회와 생태환경이 포함된다. 팀의 가치 창출을 강화하는 것은 내부와 외부 모두에서 공동 파트너 역할을 하는 팀의 역량이다. 이해관계자들과 효과적으로 협력함으로써, 양 당사자는 직접적인 이해관계자를 넘어 이해관계자의 이해관계자까지 초점을 맞춘다. 그들 직속후배의 부서원, 고객의 고객, 공급업체의 공급업체, 투자자의 투자자 등이 그 예이다. 위대한 리더십 팀은 모든 이해관계자 시스템에서 리더십을 가능하게 하고 전체 시스템에 대한 공유 가치를 창출한다(Porter & Kramer, 2011; Hawkins, 2020b).

점차적으로 다음과 같은 프로세스를 통해 팀 코칭에 대한 광범위한 접근 방식을 개선해왔다.

- 여러 국가 팀 코치들의 모범 사례에 관한 연구
- 나와 동료, 그리고 내가 수퍼비전한 많은 팀 코치를 위해 무엇이 효과가 있었는지에 대해 팀워크 접근 방식을 개선하는 행동 조사
- 동료, 공동 연구자, 연구 학생, 그리고 전 세계 수천 명의 팀 코치 수련생들과 나눈 유용한 대화

이 접근 방식은 세 가지 의미에서 시스템적이기 때문에 나는 '시스템적 팀 코칭'이라고 불렀다. 첫째, 팀 전체의 목적, 성과 및 프로세스와 팀 내 개인 및 대인관계 발전에 중점을 둔다. 둘째, 팀이 모든 이해관계자와 협력하고 관계를 맺을 때, 팀의 시스템적 맥락에 초점을 맞춘다. 셋째, 코칭 시스템의 일부로서 팀 코치에 대한 성찰(흔히 수퍼비전 시)을 수반한다.

시스템적 팀 코칭을 다음과 같이 정의한다.

시스템적 팀 코칭은 팀 코치가 팀 전체가 함께 있을 때와 떨어져 있을 때 모두 함께 일하는 과정으로, 팀 코치가 팀 전체의 효과성과 협력방식을 개선하고 팀원들이 더 효과적으로 참여하기 위해 집단적 리더십을 개발하는 방법을 돕는다. 주요 이해관계자 그룹과 함께 가치를 창출하여 더 광범위한 비즈니스 생태계를

공동으로 혁신하고 더 광범위한 생태계에 이로운 환경을 조성한다.

이제 이 정의의 각 측면을 살펴보면, 이 정의가 개별 요소를 어떻게 결합하는지 알 수 있다.

- **팀 전체**with a whole team: 팀 코칭은 팀원을 코칭하거나 팀 리더에게 팀을 이끄는 방법을 코칭하는 것과는 다르다.
- **그들이 함께 있을 때와 떨어져 있을 때 모두**both when they are together and when they are apart: 어떤 팀은 그들이 함께 있을 때 그들이 하나의 팀인 것처럼 믿고 행동하지만, 떨어져 있을 때는 그렇지 못하다. 팀은 구성원들이 떨어져 있는 회의와 회의 사이에도 기능해야 한다. 나는 가끔 팀 회의가 훈련장에서 연습하는 축구팀과 같다는 비유를 사용한다. 경기는 팀원들이 그들 자신의 사업 부문을 대표하고 이해관계자들과 함께 팀을 대표할 때이다.
- **공동 가치 창출과 공동 작업 방식을 모두 개선할 수 있도록 지원**in order to help them improve both their collective value-creation and how they work together: 클러터벅(2007, 2020), 해크만과 웨이만(2005), 호킨스와 스미스(2006, 2013) 모두가 지적했듯이, 팀 코칭은 프로세스 개선을 도울 뿐만 아니라 팀의 집단적 가치 창출에 영향을 미칠 수 있다.
- **집단적 리더십 개발**develop their collective leadership: 때때로 나는 최고위 팀 회의에 참석할 때 최고 팀의 일원일 뿐이라는 생각을 가진 고위 경영진들과 함께 일한다. 이전 장에서 보듯이, 효과적인 리더십 팀은 팀으로서 시간을 함께 사용하여 운영 통합과 목적, 비전, 전략, 핵심 가치

에 맞춘 변혁적 변화를 제공하는, 일치되고 결합된 방식으로 한 주의 나머지 시간을 이끌 수 있는 집단 역량을 개발한다.

- **모든 이해관계자와 더 효과적으로 협력하고 가치를 공동 창출**to more effectively engage with and co-create value with and for all their key stakeholder groups: 집단적 리더십은 단순히 비즈니스를 내부적으로 운영하고 혁신하는 것뿐만 아니라 리더십 팀이 모든 이해관계자를 일치시키고 조정하며 혁신적으로 참여시키는 방법을 포함한다.

- **더 넓은 비즈니스 생태계를 공동으로 혁신하는 것**to jointly transform the wider business ecosystem: 1장에서 논의한 바와 같이, 변화하는 상황에 대응하거나 팀이 공개적으로 책임을 지는 것만으로 더는 충분하지 않다. 팀은 통제 범위를 넘어 더 넓은 비즈니스 에코시스템과 운영 중인 더 큰 시스템 환경을 개발하기 위해 영향력을 어떻게 배열할 것인지를 책임져야 한다. 이는 부분적으로 다른 사람(직원, 고객, 공급업체, 투자자 등)의 리더십을 어떻게 활성화할 것인가에 초점을 맞추고 있으며, 또한 그들이 자신과 그 이상의 분야에서 리더십을 어떻게 발휘할 것인지 초점을 맞춘다.

- **더 넓은 생태계를 위한 유익한 가치 창출**create beneficial value for the wider ecology: 기후와 생태 비상 시대에서, 모든 조직은 탄소 발자국을 줄이고 자연 환경을 어떻게 착취하고 이용하는지를 넘어서 인간 세계보다 더 많은 것을 얻을 수 있는 방법을 발견해야 한다.

확장된 팀 코칭 연속성

팀 코칭 활동은 팀의 현재 필요에 따라 팀에 유용한 것을 채택할 수 있다. 예를 들어, 팀 코칭은 팀 빌딩과 팀 퍼실리테이션 측면을 포함할 수 있다. 시스템적 팀 코칭은 리더십 팀 코칭과 변혁적 리더십 팀 코칭을 포함한다. 이는 큰 인형들 속에 작은 인형들이 모두 들어있는 러시아 인형들과 유사하다.

그러나 팀과 코치 사이에 기대와 계약을 명확히 할 수 있도록 제공하는 서비스의 성격과 형태를 명확히 하는 것이 중요하다. 또 다음 장에서 설명하듯이, 팀은 자신에게 가장 필요한 것이 무엇인지, 또는 이전에 경험하지 못한 팀 코칭 형태가 무엇인지 명확하게 알 수는 없다. 팀 코칭의 명확성은 여기에 도움이 될 수 있다(5장 참조).

팀 코칭의 주역

대기업에서는 다음과 같은 개별 코칭이 점점 더 많이 제공되고 있다.

- 리더와 현장 관리자가 공식 코칭 교육을 받거나 받지 않고 자체 직원을 코칭
- 디지털 코칭 앱에 의한 지원(8장 참조)
- 코칭 교육과 수퍼비전을 받는 내부 코치가 매주 몇 시간씩 다른 부서의 개인을 대상으로 하는 코칭

- 고위 임원이나 관리자를 대상으로 하는 외부 코치에 의한 코칭

같은 패턴이라도 팀 코칭에서는 더디게 전개된다. 점점 더 많은 CEO와 고위 임원은 리더십 팀을 지도하는 것이 그들의 중요한 역할이라는 것을 인식하고 있다(13장 참조; Wageman, 2001; Wageman et al., 2008). 그리고 때때로 개별 코치를 통해 팀 내부 코칭에 대해 수퍼비전받을 것이다. 팀 빌딩과 팀 코칭은 대부분의 고위 리더십 개발 프로그램의 필수가 되고 있으며, 고위 리더의 액션 러닝의 핵심 주제가 되고 있다.

나는 여러 조직과 협력하여 팀 코칭 교육을 받았으며 필요에 따라 조직 전반에서 팀과 함께 일할 수 있는 숙련된 그룹(Hawkins, 2012, 2018)을 만들었다. 각 조직들은 그들의 가장 상급 팀을 위해 외부 코치와 계약을 맺을 수도 있고, 다양한 유형의 팀 코치를 제공하는 외부 공급자들을 이용할 수도 있다. 점점 더 많은 조직들이 팀 코칭 앱을 사용하여 관리자 교육을 지원하고 있으며, 때때로 그룹 수퍼비전을 제공할 수 있는 훈련된 팀 코치의 도움을 받고 있다(8장 참조).

나는 이 책을 통해 팀, 팀 리더, 내부 및 외부 팀 코치가 조직이 필요로 하고 구매하려는 것이 무엇인지 더 명확하게 알 수 있기를 바란다.

결론

이 장에서 살펴본 것은 다음과 같다.

- 팀 코칭 개발에 기여한 선행 흐름의 역사
- 팀 코칭 및 이를 정의하는 방법을 포함하여 팀 개발 활동의 서로 다른 형태
- 다양한 팀 코칭
- 시스템적 팀 코칭과 이를 정의하는 방법

다음 장에서는 팀 코칭 프로세스의 기본 단계와 팀과 코치 사이의 관계를 살펴본 다음 시스템적 팀 코칭의 성격과 다섯 가지 규율을 코칭하는 방법을 살펴보겠다.

제5장
팀 코칭 프로세스

다른 팀들과 마찬가지로, 고위 리더십 팀들도 협업을 잘하는 방법을 배우는 데 전문가의 도움이 필요하다. 고위 리더십 팀을 코칭하는 것이 현장 팀을 코칭하는 것보다 더 어려운 경우가 많다. 기개가 있고 독립심이 강한 순종純種들은 흔히 그들의 방식이 옳다고 확신하고 심지어 선두 주자에 의한 수정 요구에도 반응하지 않는다.

(Wageman et al., 2008: 159)

우리는 변화가 관계를 통해 가장 잘 지원된다는 것을 인식하기 때문에 코치인 것이다.

(Thornton, 2010: 123)

도입

웨이먼Wageman 외 연구진(2008)은 120개 리더십 팀 대상 연구에서 '매우 적은 수의 팀만이 성공과 실패를 해독하고 리더나 다른 팀 코치의 개입 없이 배울 수 있었다'고 밝혔다. 그리고 가장 뛰어난 리더십 팀은 평범한 팀보다 리더와 동료들에게 훨씬 더 많은 코칭을 받았다. 그러나 위의 인용구가 나타내듯이, 팀의 리더로서 또는 팀의 외부인으로서 팀을 코칭하는 과정은 도전과 위험으로 가득 차 있다.

이 장에서는 팀 코치가 자신의 역할과 코치/팀 사이의 관계 단계를 먼저 명확히 하는 방법을 보여주겠다. 관계 단계는 팀 코칭 프로세스의 CID-CLEAR 모델을 살펴봄으로써 해결된다. 이러한 단계는 팀 코치가 조직 외부에 있거나 내부적으로 교육을 받았거나, 실제로 코치 역할을 맡고 있는 팀 리더이거나 구성원 여부에 관계없이 적용된다. 서술의 용이성을 위해 모델은 먼저 외부 코치를 가정하고 내부 코치와 어떻게 다른지 설명한다. 다음 장에서는 3장에서 제시한 팀 활동의 5개 규율과 함께 작업하는 팀 코치의 다양한 활동을 살펴봄으로써 이 접근 방식을 확장하고 시스템 팀 코치가 어떻게 팀의 학습과 참여를 확장하는지 보여줄 것이다.

팀 코치의 역할

팀 코치의 목표는 팀이 목표를 더 잘 이행하고, 팀이 창출하는 가치를 증대하며, 성과, 기능, 웰빙, 참여 및 개발을 개선할 수 있도록 하는 것이다(4장 참조). 팀 코치는 팀 회의, 외부 워크숍, 팀의 주요 이해관계자들이 참여하는 모임에서 팀과 함께 일함으로써 이를 수행한다. 팀 코치의 역할 가운데 하나는 공식 코칭 세션 사이에 코칭과 개발 과정이 계속되며 팀과의 관계가 종료된 뒤에도 계속 진행되도록 하는 것이다.

팀 코치가 팀과 함께 사용할 수 있는 것들은 다음과 같다.

- 관찰 및 피드백
- 프로세스 개입
- 팀이 특정 영역을 탐색하고 새로운 운영 및 참여 방식으로 전환할 수 있도록 하는 촉진적 개입
- 진단 기기
- 날카로운 질문
- 해결해야 할 과제
- 교육적 입력
- 롤 모델 행동
- 메커니즘 검토

그러나 중요한 것은 아래와 같은 것은 팀 코치의 역할이 아니다.

- 더 잘 알거나 먼저 아는 것
- 팀의 리더십을 인수받는 것
- 팀에 업무 수행 방법을 지시하는 것
- 팀 리더나 구성원들에게 구성원들의 정보를 전달하는 '중개자'가 되는 것
- 팀의 일원이 되는 것
- 팀 밖의 사람들에게 대변인 역할을 하는 것

- 내부 갈등에서 한쪽 편을 드는 것
- 팀 문화나 역동성에 사로잡히는 것

CID-CLEAR 관계 프로세스

1978년 수퍼비전 모델로 CLEAR 모델을 처음 개발했고, 1980년대에는 개인 코칭 모델로 발전했으며, 그 이후에 팀 코칭에 적용했다(Hawkins & Smith, 2006, 2013). 다섯 가지 CLEAR 진행 단계를 코칭 관계 프로세스로 간략하게 설명하겠다.

- 계약하기 Contracting
- 듣기 Listening
- 탐색하기 Exploring
- 행동하기 Action
- 리뷰하기 Review

수년간 동료들과 함께 팀 코칭 방법을 개발하면서 다음과 같은 프롤로그 단계가 필요하다는 것을 알게 되었다.

1. 팀 게이트키퍼, 팀 리더, 그리고 팀 스폰서와 함께 초기 탐색적 논의 실시
2. 팀의 목적, 현재 기능, 포부 및 코칭 니즈에 대한 공동 평가 프로세스

3. 팀의 현재 상태와 개발 목표에 대해 팀과 공동으로 작성한 몇 가지 형태의 발견 및 진단, 가능한 코칭 여정의 공동 설계

이로부터 CID-CLEAR 모델이 개발되었다.

- 계약하기 1 Contracting1
- 조사하기 Inquiry
- 발견/진단/설계하기 Discovery, Diagnosis and Design
- 계약하기 2 Contracting2
- 듣기 Listening
- 탐색하기 Exploring
- 행동하기 Action
- 리뷰하기 Review

개인 코칭에서와 마찬가지로, 프로세스의 흐름은 단순히 선형적이지 않다. 왜냐하면 우리는 듣기 단계 전후에 계약하고, 탐색하기과 행동하기의 반복 사이클을 통해 다시 순환하기 때문이다. 흔히 리뷰하기 단계는 재계약이 발생할 수 있는 시기이기도 하다.

계약하기 1: 초기 탐색적 논의

팀 코치는 흔히 팀 리더, 팀 스폰서, 팀 문지기 또는 팀의 발전 지원 등 구체적인 요지를 가진 다른 개인에 의해 호출된다. 작업은 이러한 초기 논

의에서 바로 시작되지만, 이런 탐색적 대화와 팀 구성원과의 초기 대화를 혼동하지 않는 것이 중요하다. 이 단계에서는 계약과 초기 조사 및 진단/발견 단계에 대한 범위 지정만 하는 것이 가장 좋다.

이 단계에서 유용한 질문은 다음과 같다.

- 그들이 팀이 되어야 하는 목적은 무엇인가?
- 팀의 이해관계자들이 앞으로 나아가 달성해야 하는 목표는 무엇인가?
- 당신은 왜 지금 팀 개발에 도움을 원하는가? 몇 가지 역사를 말해달라.
- 왜 나/우리? 그 밖의 누구와 얘기하는 것인가?
- 누구의 아이디어였는가? 그것에 대해 모두가 동의하는가?
- 이전에 팀 개발에 도움을 받은 적이 있는가? 무엇이 효과가 있었고 무엇이 더 나을 수 있었는가?
- 팀 코칭을 어떻게 이해하는가?
- 이 팀에서 이야기할 수 없는 것은 무엇인가?
- 이 개발 작업이 팀, 구성원 및 이해관계자들에게 성공적이었다는 것을 어떻게 알 수 있는가?
- 성공은 어떻게 보이고 어떻게 평가되는가?

조사하기

조사 단계는 여러 가지 형태를 취할 수 있지만 기본적으로 팀, 팀의 목적, 성과, 기능 및 역동, 팀 구성원 및 관계, 팀과 위원 및 이해관계자 사이의 관계에 대한 관련 데이터와 인상을 수집하는 것이다. 팀 코치는 다음 중

하나 이상의 일을 수행할 수 있다.

- 구성원들과 개별 반구조화 회의를 갖는다.
- 구성원 각자에게 팀에 대한 인식과 필요한 사항을 묻는 질문지를 보낸다.
- 팀의 모든 주요 이해관계자에게 360도 다면평가 도구를 보낸다.
- 가장 중요한 이해관계자들과 추가적인 대화를 나눈다. 고위 리더십 팀과 함께 일할 때, 나는 이사회 의장과 인터뷰하고 이 시니어 팀에 보고하는 경영진에게서 피드백을 수집한다.

반구조화 인터뷰는 다음과 같은 여러 기능이 있으므로 신중하게 균형을 맞출 필요가 있다.

- 팀 구성원들과 관계와 업무 연합을 구축하여, 팀 코치로서 당신이 팀 구성원들의 말을 듣고, 그들의 현실을 이해하며, 그들과 충분히 신뢰를 구축했다고 느끼게 해야 한다.
- 모든 인터뷰에서 동일한 특정 질문을 함으로써 비교 가능한 양질의 데이터를 수집한다.
- 분석적인 답변을 유도하는 좌뇌의 지식뿐만 아니라 우뇌를 사용하는 질문을 한다(예: '당신 팀을 최고의 팀과 최악의 팀으로 설명할 수 있는 은유를 제공할 수 있는가?').
- 예상치 못한 놀라운 긴급 이슈와 데이터에 대해 개방적인 태도를 취한다.

- 인터뷰 대상자가 당신의 팀에 초대된 이유와 팀과 함께 일하는 방법을 더 잘 이해할 수 있도록 한다.
- 인터뷰어와 대상자가 함께 새로운 통찰력을 발견하고 공동 평가 및 코칭 프로세스를 모델링한다.

각각의 인터뷰를 시작할 때, 인터뷰 목적과 경계를 명시하고 그것이 양 당사자에게 어떻게 가치가 있을지 합의해야 한다. 나는 보통 어떤 개인에게 귀속되는 어떠한 데이터도 피드백 하지 않을 것이며, 오직 팀 전체와 공유할 것이라고 분명히 말한다. 이는 하나 이상의 출처에서 나오는 집단적인 주제, 패턴, 이슈 같은 것들이다. 모든 코칭 관계에서처럼, CLEAR 단계는 이러한 초기 인터뷰에 적용된다. 계약한 이상 적극적으로 경청하고, 어떤 결과가 나올지 탐색하고, 인터뷰 뒤 개인과 코치가 모두 어떤 행동을 취할 수 있는지 합의하고, 마지막에 과정을 리뷰할 필요가 있다. 비록 이 것이 전체 팀 코칭의 전초전이지만, 일의 시작이기도 하다는 느낌을 준다.

모든 팀원과의 개별 회의는 팀 코칭 관계가 구축될 수 있는 탄탄한 관계적 토대를 제공하며, 가치 있는 선행 투자이다. 팀 코칭이 시작된 뒤 새로운 구성원이 팀에 합류할 때도, 이러한 인터뷰는 중요하다.

조사를 위한 설문지에는 다음이 포함될 수 있다.

- 어떤 종류의 팀인지를 묻는 설문 문항
- TeamConnect 360(17장 참조)
- 고가치 창출 팀 설문지. 각 구성원은 팀이 현재 수행하는 방식과 성공을 위해 변화해야 하는 방법을 모두 고려하여 다섯 가지 규율과 연계

된 팀 기능의 18가지 측면에 대한 견해를 5점 척도로 평가
- 기능 분석
- 기술자 분석

이 단계에서 코치가 만나지 못한 팀원들을 너무 많은 질문 도구로 과부하 주는 것은 잘못이다. 팀의 개발 요구에 대한 초기 계약 대화에서 어떤 내용이 나왔는지에 대한 질문을 바탕으로 선별적으로 하는 것이 좋다. 다른 진단 도구는 필요에 따라 나중에 팀과 함께 사용할 수 있다.

이 단계에서 얻으려는 것은 팀 코칭 여정의 공동 설계와 단체 계약으로 이어질 수 있는 공동 진단에 대해 팀과 함께 작업할 수 있는 충분한 데이터이다. [표 5.1]에는 설문지 사용에 대한 지침이 나와 있다.

팀 기능에 대한 데이터를 수집하는 동시에 팀의 성과에 대한 데이터를 수집하는 것이 중요하다. 많은 팀의 경우 이 데이터는 이미 존재하며 팀 코치가 사용할 수 있다. 팀 코치가 활용할 수 있는 데이터는 다음과 같다.

- 팀의 목적, 목표 우선순위, 현재 진행 상태
- 팀의 혁신적 KPI(18장 참조) 또는 OKR, 균형잡힌 점수 기록 카드 balanced scorecard(BSC), 각 목표에 대한 성과
- 고객, 공급업체, 파트너 및 투자자 등 팀 이해관계자의 360도 다면평가 결과
- 직원이 이 팀을 어떻게 보고 있는지, 팀이 그들에게 추가하는 가치, 팀이 어떻게 달라지기를 원하는지를 보여주는 직원 태도 조사
- 관련 언론 보도

[표 5.1] 설문지 형식 및 활용

설문지	사용 시기
어떤 종류의 팀인가?	팀이 되는 것에 전념할지 아니면 작업 그룹으로 남을지 결정하기 위해 고군분투 하는 경우
고가치 창출 팀	팀이 실제로 높은 성과를 거두기 위해 탐색하고 코칭받기를 원하는 경우
설명자 분석	자신이 만들고자 하는 문화 변화를 정의해야 하고, 이를 위해 팀을 보는 방식에 어떤 변화가 필요한지를 정의해야 하는 팀에 유용
설명자 분석을 포함한 팀 360도 다면평가	팀이 위원들과 이해관계자에게 어떻게 보이는지에 대한 양질의 데이터가 부족한 경우
벨빈 팀 역할 분석 Belbin team role analysis	팀 기능이 좋지 않거나 내부 자원을 충분히 활용하지 못하는 것이 분명할 때
팀 MBTI 성격 유형	구성원들이 함께 참여하고 소통하고 함께 일하는 것을 힘들어하고 내부적인 오해가 많이 발생할 때

발견, 진단 및 설계하기

세 가지 소스(성과 데이터, 설문지 및 인터뷰) 데이터를 모두 분류하고 분석해야 한다. 이는 팀에 대한 어떠한 결정을 내리기 위한 것이 아니라, 팀 코칭의 초점을 포함하여 새로운 가설을 개발하기 위한 것이다.

효과적인 팀에서 고가치 창출 팀으로 합리적으로 전환 중인 팀에 대해 이 분석을 수행하게 된다, 팀이 잘 작동하고 있고 현재 어려움을 겪고 있는 팀을 구분하여 매핑하기 위해 높은 가치를 창출하는 팀 모델의 다섯 가지 규율five discipline을 사용한다. 이것은 또한 팀 코치가 다섯 가지 규율을 통해 이동할 필요가 있는 순서를 결정하는 데 도움이 될 수 있다. 그렇지만 만약 누군가가 기능 장애나 위기에 처한 팀을 코칭하기 위해 초대되었다면, 우리는 다른 틀을 사용할 수도 있다. 이는 팀이 협력에 필요한 심리적 안전, 그룹 신뢰 및 미완성 비즈니스의 정리 방법을 공동으로 만드는 방법인 규율3을 다룰 필요가 있음을 나타낸다.

초기 발견 및 진단을 마친 팀 코치는 초기 진단을 바탕으로 코칭 여정 coaching journey에 대한 몇 가지 가능한 맵을 스케치할 수도 있다. 코칭 여정은 팀과 공동 설계해야 하므로 스케치 초안일 뿐이다.

공동 발견 및 진단

초기 계약, 조사 및 진단을 수행한 뒤에는 팀 코칭의 목표, 프로세스 및 프로그램을 완전히 계약할 수 있다. 팀 코치와 함께 다음과 같은 초기 회의의 목표를 공유하는 회의를 시작하는 것이 유용하다.

- 팀의 현재 상태에 대한 일치된 견해에 도달하는 것
- 코칭 프로세스의 마지막 단계에 팀이 어느 위치에 있기를 원하는지 합의
- 코칭 작업에서 다루고 초점을 맞춰야 할 사항 결정
- 최대한의 가치를 달성하기 위한 협력 방법
- 코칭 여정 맵이 어떻게 구성되어야 하는지에 관한 논의

어떤 형태의 조사 및 초기 진단 분석을 수행한 다음에는 피드백에 대해 팀 전체가 수용이나 거부가 아니라 팀 전체의 의미에 대한 공동 진단자로

서 참여시키는 방법을 찾는 것이 중요하다. 따라서 결과를 너무 정교하게 다듬어서 아름답게 구성된 형태로 결과를 제공하는 대신, 갈고리hook와 흥미로운 진입점이 가득한 방식으로 결과를 제공하는 것이 좋다. 목적은 '있는 그대로 말하기'뿐만 아니라, 참여와 공동 발견의 진정한 에너지를 창출하는 것이다.

팀 또는 개인에게 360도 다면평가 결과를 피드백하기 전에 먼저 세 가지 질문을 한다.

- 360도 다면평가 결과에서 무엇을 찾으려고 하는가?
- 무엇을 찾는 게 두려운가?
- 당신이 답변하는 데 도움이 되는 질문은 무엇인가?

이러한 질문들은 팀 구성원들이 피드백을 비판이나 판단으로 듣고 방어적으로 변하기보다는 피드백에 대한 적극적인 질문자가 될 수 있도록 도와준다.

피드백을 공유한 뒤에는 요약된 데이터의 각 부분을 소화, 정렬 및 우선순위를 지정하는 작업에 팀을 참여시키는 것이 중요하다. 팀 코치로서 팀이 좋은 성적을 거두기 위한 주요 원동력과 방해 요인 목록을 작성한 경우, 팀에 다음과 같이 요청할 수 있다.

1. 셋으로 나눈다.
2. 각 3인조는 각 목록에 하나의 항목을 추가한다.
3. 목록을 우선순위에 따라 정렬한다.

4. 다른 3인조들과 그들의 목록을 공유한다.
5. 팀 전체가 집단 우선순위 목록에 동의한다.

유사한 프로세스를 TeamConnect 360 피드백을 사용하여 수행할 수도 있다. 다섯 개의 규율 가운데 하나에 초점을 맞추어 2~3명으로 구성된 다섯 개의 미니 팀으로 나눌 수 있다. 각각의 미니 팀은 데이터를 읽고 그 데이터가 팀이 잘한다는 것을 암시하는 세 가지 영역과 개선해야 할 세 가지 영역을 생각해내도록 요구받았다. 이후 각 미니 팀은 동료들을 팀의 강점과 도전을 논의하는 데에 참여시키고 개발 분야에 대해 전체가 합의한다.

이러한 단계는 팀의 현재 상태와 팀이 필요로 하고 원하는 상태 사이의 차이점에 대한 공유된 관점을 설정하게 한다. 그런 다음, 코치는 팀 코칭 여정을 통해 달성해야 할 사항과 특히 성공이 어떻게 나타날지 합의하도록 팀을 참여시켜야 한다. 이는 팀에 다음 문장을 완성하기 위해 협력하도록 요청함으로써 이루어질 수 있다.

- 팀 코칭은 우리 개인에게 성공적일 것이다.
- 팀 코칭은 팀으로서 우리에게 성공적일 것이다.
- 코칭 작업은 우리 조직에 성공적일 것이다.
- 코칭 작업은 다음과 같은 경우에 고객/직원/이해관계자에게 성공적일 것이다.
- 코칭 작업은 다음과 같은 경우에 우리의 생태계와 미래 세대를 위해 성공적일 것이다.

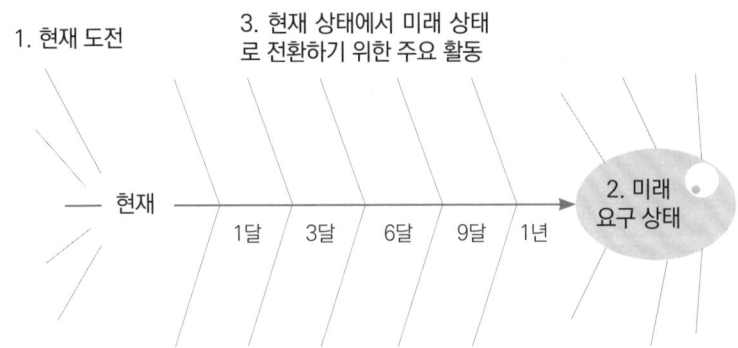

[그림 5.1] 팀 개발 여정 공동 설계: Fishbone 방법

여정 공동 설계

팀이 현재 당면한 과제와 향후 필요한 상태를 모두 파악한 다음에는 개발 과정을 공동으로 설계할 수 있다. 이를 위해서는 [그림 5.1]과 같은 피쉬본 다이어그램fish-bone diagram과 같은 시각적 표현이 필요하다.

1. 팀은 설문 조사를 통해 현재 당면한 주요 과제를 선택한다. 이후 이것들을 물고기의 꼬리 위에 놓는다.
2. 팀은 최고의 포부와 필요한 차이를 선택하고 1년 내에 다르게 일어날 일에 대한 비전을 작성한다. 이것들은 물고기 머리 둘레에 놓는다.
3. 팀은 지금부터 1년 후까지 성공하기 위해 필요한 모든 활동을 브레인스토밍 한다. 이것들은 물고기의 척추에 놓는다.
4. 이후, 팀은 어떤 작업을 즉시 수행해야 하는지, 다음 달에는 어떤 작

업을 수행해야 하는지 결정한다.

5. 시간 계획표에 배치한다.
6. 한 쌍 또는 세 명씩 짝을 지어 물고기 뼈의 하위 단계를 개발할 수 있다.

그런 다음 하위 단계를 팀과 공유하여 합의하고 마스터 설계에 넣는다. 이 과정은 벽이나 화이트 보드에 포스트잇을 붙이거나 뮤랄Mural이나 미로 같은 소프트웨어를 사용하여 라이브 맵을 통해 수행할 수 있다.

계약하기 2: 전체 팀과의 작업 결과 및 작업 방법 계약

코치는 구성원과 함께 성공을 위해 서로 코치에게서 필요한 것이 무엇인지, 그리고 이 개발 과정에 필요한 '수단vehicles'이 무엇인지 살펴본다. 대부분 팀은 팀 코치보다 팀 코칭 여정의 모습에 훨씬 덜 익숙하기 때문에, 코치는 흔히 다음과 같은 요소를 언급하면서 일반적인 팀 코칭 여정에 포함된 그림을 공유해야 한다.

- 팀 워크숍
- 일부 팀의 정기 회의에 참석하는 팀 코치
- 주요 이해관계자와의 업무 회의
- 병렬적으로 진행되는 개별 코칭

이벤트와 활동은 팀 구성원에 의해 피쉬본 시간표를 따라 다양한 전략적 위치에 배치할 수 있다. 이것은 초안 계획이며 정기적으로 재점검하고 업데이트해야 한다고 인식하는 것이 중요하다.

또한, 팀과 코치 사이의 관계와 함께 일하는 과정을 합의하는 계약을 해야 하는데, 여기에는 다음이 포함되어야 한다.

- 실용성
- 경계선
- 윤리
- 작업 동맹
- 더 넓은 조직과의 계약

◆ **실용성**

계약을 체결할 때는 시간, 빈도, 장소, 세션을 중단하거나 연기할 수 있는 사항, 비용 지급과 같은 실질적인 약정을 명확히 할 필요가 있다.

◆ **경계선**

팀 코칭 계약에는 기밀 유지에 관한 명확한 경계가 포함되어야 한다.

코치는 관계의 경계를 넘어 어떤 종류의 정보를 얻을 필요가 있는지, 어떤 상황에서 어떻게 할 것인지, 그리고 정보를 누구에게 가져갈 것인지를 분명히 해야 한다. 모든 가능한 상황을 명확하게 예상할 수는 없지만, 그러한 일반적 탐구는 나중에 배신으로 보일 가능성을 줄일 수 있다.

팀 코치로서 자신의 수퍼비전에 대해 명확히 하는 것도 유용하다. 이 일의 일환으로, 나는 팀과 팀원들이 나와 공유하는 모든 것을 수퍼비전할 때 전문적인 태도로 대하고 그들의 상황에 대해 험담하지 않을 것을 약속한다.

팀 코칭에서 특히 어려운 점 가운데 하나는 팀원 개개인의 코칭과 어느 부분에서 교차하는가 하는 것이다. 팀과 일부 구성원을 동시에 코칭하는 것은 너무 복잡하다는 것을 알게 되었다. 팀장과의 회의에서 구성원들에 대한 판단을 내리거나 개별적으로 주어진 정보를 공유하지 않는다는 명확한 경계선을 설정하는 것이 중요하다.

◆ 윤리

마찬가지로, 양 당사자가 대상이 될 수 있는 전문적이고 윤리적인 행동 강령을 명확히 하는 것이 중요하다. 이것은 15장에서 팀 코치의 핵심 역량 가운데 하나인 윤리를 살펴볼 때 다루어진다.

◆ 작업 동맹

작업 동맹을 형성하는 것은 서로 기대를 공유하는 데에서 출발한다. 가장 필요한 팀에 대해 코칭하는 스타일을 논의하는 것이 중요하다. 팀 코치는 자신이 선호하는 팀 코칭 모드와 팀에 대한 모든 기대를 명확히 진술할 필요가 있다. 팀에 과거에 어떤 종류의 코칭이나 다른 형태의 지원 또는 개발을 해왔는지, 성공적으로 작동한 것과 실패한 것은 무엇인지, 그리고 이러한 관계가 어떻게 달라지고 더 효과적이기를 바라는지를 물어보는 것이 유용할 수 있다.

좋은 작업 동맹은 협정이나 규칙 목록에 있는 것이 아니라, 양측의 신뢰, 존중 및 호의 증대에 기초한다. 계약은 관계가 발전할 수 있는 보유 프레임을 제공하며, 계약을 이행할 때 어떠한 실수도 판단과 방어가 아닌 성찰, 학습 및 관계 구축을 위한 기회로 보아야 한다. 이러한 상황이 발생할 가능성을 더 높이려면 코칭 관계가 잘못되거나 탈선할 수 있는 부분이 무엇인지, 그리고 이를 어떻게 함께 해결하고 재조정할 것인지 팀에 물어보는 것이 유용하다.

희망, 두려움, 기대를 공유하는 것 외에도, 팀 코칭 여정이 어떻게 전개될 수 있는 탐색을 하면서 토의의 근거를 마련하는 것이 유용하다. 여기서 팀 코치는 되도록 팀 코칭 여정 맵의 초기 스케치를 공유할 수 있다. 이 계약, 공동 설계 회의에서 나타난 것을 바탕으로 이 방법을 어떻게 조정하고 구축할 수 있는지 보여준 다음 지도에 무엇을 더 포함할지 논의에 초대하는 것은 현명한 조치이다. 이 과정은 큰 종이에 여정을 스케치하여 팀 코치와 팀 구성원 모두가 여정에 추가할 수 있도록 하고, 이동 가능한 포스트잇을 사용하여 품질을 높일 수 있다.

팀 코치가 이벤트를 진행하거나, 정기적인 팀 회의에 참석하거나, 다른 주요 이해관계자들과의 참여를 가능하게 할 때 발생할 수 있는 일에 대해 팀과 함께 논의하는 것이 유용하다.

- 코치가 개입하는 방법 및 시기
- 회의 사이에 당사자 간 무슨 접촉을 할 것인지
- 팀 코치가 팀 리더 또는 인사 담당자와 회의 실시 여부, 회의할 경우 공유나 논의할 사항과 아닌 것은 무엇인지

◆ 더 넓은 조직과의 계약

마지막이지만 매우 중요한 것은 더 넓은 조직과의 계약이다. 개별 경영진 코칭의 가장 큰 발전은 '다중 이해관계자 계약multi-stakeholder contracting'을 사

용하는 것이다. 이 과정에서 코치는 코칭 및 광범위한 조직 시스템의 대표를 만나 코칭이 개인의 학습과 발전에 기여하고 있는지 확인한다(see Hawkins & Turner, 2020, Chapter 5). 이것은 팀 코칭에서는 덜 발전되었지만, 매우 중요하다. 팀 코치는 팀에 대한 360도 다면평가와 주요 이해관계자와의 인터뷰를 통해 도출된 내용에 대한 요약을 공유하고 코칭 프로세스에서 이해관계자의 정당한 기대를 충족시킬 수 있는 방법을 팀에 물어봄으로써 이를 수행할 수 있다.

또는 팀 구성원들이 직접 주요 이해관계자들을 인터뷰한 다음, 팀이 현재 어떻게 수행하고 있는지, 팀의 변화와 발전이 어떻게 필요한지 이해관계자들의 기대치를 공유할 수도 있다. 특정 과제에서, 우리는 위임 및 연결 규율(다음 장 참조)에 동참하기 위한 일환으로 주요 이해관계자들을 두 번째 계약 회의에 초대했다.

명확한 계약 체결은 팀 코칭의 성공을 위해 중요할 뿐만 아니라 팀원들끼리 그리고 이해관계자들과 함께 계약할 수 있는 방법을 모델링한다.

듣기

팀 개발 및 코칭에 관한 명확한 계약이 성립되면 작업은 CLEAR 모델의 청취 단계로 넘어가 계약 단계에서 나타난 이슈를 관찰하고 청취할 수 있다. 팀 코치는 팀의 정기 회의에 참석하여 '타임아웃time-outs'이나 회의가 끝날 때 알아차린 패턴을 반영할 수 있다. 이것은 코치가 여러 가지 다른 수준에서 팀 작업에 대한 설명을 듣는 것을 포함한다. 코치는 팀 작업의 내용 데이터를 이해하려다 길을 잃기 쉬운데, 이는 다른 레벨에 필요한 청취 공간이 부족하기 때문이다. [그림 5.2]에 나와 있는 네 가지 수준의 참여 모델(Hawkins & Smith, 2013)을 사용하여 팀 코치가 다음 사항을 듣도록 권장하고 교육한다.

- 보고 및 논의된 내용에 대한 데이터 내용과 팀의 합의된 목적과의 관계
- 팀의 행동 패턴
- 정서 표현 및 관련 패턴(은유 및 비언어적 의사소통을 통한), 정서적 환경
- 팀과 팀 구성원의 가정, 마인드셋, 동기, 팀 구성원의 말과 그 말의 기초가 되는 스토리, 팀이 자신과 세계에 대해 말하는 스토리

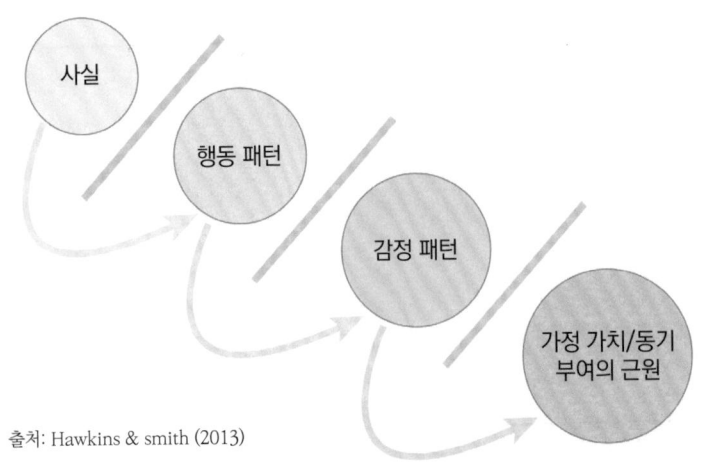

출처: Hawkins & smith (2013)

[그림 5.2] 네 가지 수준의 참여 모델

팀 코치는 언어적 의사소통과 비언어적 의사소통을 통해 들은 주요 내용을 재생하는 등 이 듣기 과정을 활성화해야 한다. 긍정적인 것을 지원하고 증폭시켜 상호작용을 가능하게 하고 팀을 고착화시키고 방해하는 패턴을 인식하도록 돕는 방식이 그것이다.

이 단계의 팀 코치는 또한 외부인이라는 특권을 이용하여 다음과 같이 의도적으로 순진한 질문을 할 수 있다.

- 회의의 목적은 무엇인가?
- 서로에게 무엇을 기대하는가?
- 이 회의가 당신과 이해관계자들에게 진정한 가치를 창출했는지 어떻게 알 수 있는가?
- 당신이 원하는 방향으로 팀이 기능한다면 구체적으로 어떤 변화가 일어나겠는가?

탐색하기

이 단계에서는 조사 및 듣기 단계를 통해 공개되고 계약에서 합의된 문제를 탐색하고 새로운 운영 방법을 실험할 수 있다. 다음 장에서는 팀 개발 모델의 다섯 가지 규율 각각에 대한 탐색적 개입의 예를 제시할 것이다.

진단 및 계약 단계에서 팀의 집단적 목적과 기본적 임무에 명확성이 결여된 것으로 나타난다면, 팀 워크숍을 통해 이를 명확히 한 다음, 팀의 목적을 위임하고 상호 기대치를 명확히 하고 위임된 것을 달성하도록 하는 공동 회의를 제안할 수 있다. 이것은 위임하기와 명확화하기 규율 사이의

'커미셔닝 인터페이스commissioning interface'이다. 팀이 더 넓은 조직에게 명확한 임무를 부여받았지만 목표, 팀 KPI 및 행동 계획에 여전히 명확하지 않을 경우, 탐색 단계는 팀 목표를 가진 팀 전략 계획(규율 명확화)으로 미션을 전환하는 데 초점을 맞출 것이다.

어떤 팀들은 내부 관계와 팀 역동(공동 창조 규율)에 초점을 맞출 필요가 있고, 일부는 핵심 이해관계자와의 관계(연결 규율)에 초점을 맞출 필요가 있으며, 다른 팀은 다섯 번째 규율(핵심 학습)의 관점에서 네 개 규율 모두에 대해 재고하고 반성하고 학습할 시간이 필요할 수 있다.

행동하기

새로운 운영 방식을 탐색하고 실험한 팀 코치는 팀이 인식에서 행동으로 옮길 수 있도록 도와야 한다. 그들이 어떻게 다르게 행동하고 더 나은 성과를 낼 수 있을까?

팀 코칭 워크숍은 많은 통찰력과 에너지를 생산할 수 있지만, 구체적이고 우선순위가 높은 새로운 행동에 초점을 맞추지 않는 한, 곧 사라질 것이다. 따라서 코치의 과제는 그룹을 몰입된 행동으로 신속하고 확실하게 이동시키는 방식으로 생성된 자료를 처리하는 것이다. 이를 위한 한 가지 방법은 3방향 정렬 연습three-way sort exercise을 사용하는 것이다.

◆ 계획 프로세스

일단 팀의 집단 우선순위가 합의되면, 변화를 이루기 위한 구체적인 조치를 결정하는 힘든 작업이 시작된다. 나는 때때로 단순 계획의 6가지 'P'

모델을 사용한다(Hawkins & Smith, 2013).

- **목적**Purpose: 이 문제를 해결함으로써 얻을 수 있는 성공과 성공 여부를 평가하는 데 사용할 측정값
- **원칙**Principles: 팀의 핵심 가치를 살리는 방식으로 변화를 수행해야 하는 방법과 그 매개체가 메시지임
- **매개 변수**Parameters: 변경 활동의 경계. 시간, 인력 및 리소스 제한뿐만 아니라 변경 활동이 다루지 않는 범위
- **프로그램**Programme: 필요한 활동 시간표
- **사람**People: 누가 팀을 위해 이슈를 책임지고 변화를 실현하는 사람이 될 것인가
- **프로세스**Process: 이 사람들이 어떻게 행동할 것인지, 그리고 그들이 팀의 다른 사람들을 어떻게 참여시킬 것인지

◆ 빠른 전진 리허설

지옥으로 가는 길은 좋은 의도로 포장되어 있으므로, 우리는 팀 이벤트에서 새로운 행동에 전념하는 것만으로는 충분하지 않다는 것을 점차 알게 되었다. 따라서 우리는 모든 혁신적 코칭 작업(Hawkins & Smith, 2020)에서 '빠른 전진 리허설fast-forward rehearsal' 개념을 발전시켰다. 팀 코치는 팀이 변화에 전념하고 SMART(구체적이고, 측정 가능하며, 실행 가능하고, 현실적이고, 시의적절하게) 행동 계획을 수립하고 이행한 주요 항목을 취하며, 팀에 다음과 같이 묻는다. '이 팀 이벤트가 진행되는 동안 어떻게 변화를 주도할 수 있나?'

주요 정부 부서의 고위 경영진 팀과 함께 일하는 동안, 팀이 가장 높이 평가한 개입은 실제 문제에 대해 새로운 행동을 시도하는 것이었다. 그들이 서로 다르게 일할 수 있는 다섯 가지 방법을 약속했을 때, 나는 그들에게 즉시 이러한 새로운 방식으로 일을 시작하라고 요청했다. 완벽하게 하는 것이 아니라 빠르고 쓸모있는 실패를 하는 것이 목표라고 건강한 경고를 했다. 실제로, 만약 그들이 다음 40분 동안 그들의 열망을 충족시키는 데 최소한 여섯 번의 실패를 겪지 않았다면, 우리는 아마도 충분히 빨리 배우지 못했을 것이라고 덧붙였다. 그들이 외근에서 다시 까다로운 업무 회의로 옮겨갈 때, 팀 코치로서 나는 다섯 가지 규율을 지켜보는 역할을 맡았다. 40분 동안 우리는 약 네 번의 '타임아웃'을 가졌고, 거기서 나는 과제를 멈추고 팀원들이 그들이 알아차리고 경험하고 느끼는 것을 공유하게 했다. 그리고 나서 나는 그들에게 새로운 행동들이 무엇에 효과가 있는지 그리고 무엇이 더 나아질 수 있는지 물었다. 일부 타임아웃에서는 리허설 수준을 높이기에 충분했고, 다른 타임아웃에서는 팀과 내가 공동으로 회의하는 다음 단계를 위한 추가 실험을 고안했다.

리뷰하기

새로운 행동을 계약, 청취, 진단, 탐색, 계획 및 제정한 뒤에는 검토 프로세스를 구축해야 한다. 모든 학습과 변화 주기와 마찬가지로, 팀은 변화를 시도할 때 팀 문화와 시스템 역동을 더 많이 발견할 것이라는 사실에 대비해야 한다. 팀 워크숍에서 계획한 행동들이 계속 변화하는 업무 시스템의 세계로 돌아가면 그들이 기대했던 대로 되지 않는다는 사실을 발견했을 때 느낄 실망에 대비할 필요가 있다.

일부 팀은 다음과 같은 다양한 방법으로 정기 회의 진행 상황을 추적한다.

- 그들의 목적 진술서가 회의실에 고정되어 있는지 확인하고, 회의 결정과 프로세스가 그들이 동의한 목적과 핵심 가치에 어떻게 부합하는지 확인한다.
- 회의 시 팀 혁신 KPI 또는 점수 카드를 빠르게 업데이트한다.
- 각 팀 세션에서 리뷰를 위해 핵심 우선 행동 영역을 선택한다.
- 계획된 팀 개선 사항을 고려하여 회의를 검토하고, 각 구성원은 회의에서 좋았던 점과 다음 번에는 더 좋을 수 있다고 생각하는 점을 공유한다.
- 팀 코치를 정기적인 내부 회의 또는 주요 이벤트에 참석시키고 라이브 코칭을 제공한다.

개별 이벤트를 구성하는 CLEAR 방법

5단계는 개별 회의나 워크숍을 안내하기 위해 축소 모형에서 사용될 수 있으며, 실제로 팀 리더가 회의를 구성하는 데 사용할 수도 있다.

- **계약**Contracting: 우리가 오늘 성취해야 할 것은 무엇인가? 오늘부터의 성공은 어떤 모습일까? 그것을 달성하기 위해 우리가 어떻게 협력해야 하는가?

- 듣기Listening: 우리가 앞으로 나아갈 길을 모색하기 전에 모든 다양한 관점, 희망, 두려움을 테이블 위에 꺼내 놓고, 그것들이 모두 들리는지 확인해보자.
- 탐색Explore: 앞으로 나아가기 위해 필요한 모든 요소를 브레인스토밍 해보자. 오늘은 무엇을 실험할 수 있는가?
- 작업Action: 우리는 무엇을 하기로 약속할까? 누가 언제까지 무엇을 할 것인가? 어떤 지원이 필요한가? 오늘 회의에서 어떻게 그것을 시작할 수 있을까?
- 리뷰Review: 이 세션에서 잘 된 것은 무엇인가? 다음에 이렇게 일을 하면 더 잘할 수 있는 게 무엇이 있을까?

일부 리더십 팀과 이사회는 정기 회의를 재구성하기 위해 이 모델을 사용했다.

- '체크인check-in'으로 시작해서 회의 결과를 계약한다.
- 업데이트와 새로운 도전을 경청한다.
- 중요한 성과 영역에 대해 창조적인 팀 대화를 보장하는 데 초점을 맞춘 탐구를 위한 한두 가지 이슈가 있다.
- 의사결정해야 할 항목이 있으며 취해야 할 행동에 초점을 맞춘다. 또한 암묵적인 합의를 넘어 그것을 실현하기 위한 구체적이고 열정적인 헌신으로 나아가는 것을 보장한다.
- 팀은 '체크아웃check-out' 또는 리뷰로 끝난다. 여기에는 회의에서 도움이 된 사항에 대한 감사나, 그들이 무엇을 없애고 다르게 행동할 것인

지에 대한 개별적인 약속이 포함될 수 있다.

팀 코치로서의 팀 리더

리더십 팀의 코칭은 대부분 외부 코치가 아니라 팀장 자신이 담당한다. 우리는 다섯 가지 분야 모델과 CID-CLEAR 프로세스 관계 모델이 팀의 코치 역할을 하는 팀 리더에게 똑같이 중요하다는 것을 알았다.

새로운 팀 리더가 임명될 때는 첫 주부터 이 장에 설명된 여러 접근 방식을 사용하여 자신의 초기 계약, 조회 및 진단[CID]을 수행하는 것이 중요하다. 이 작업을 완료한 뒤, 팀은 워크숍 또는 확대 회의를 위해 팀을 모아야 하며, 초기 결과를 공유하고, 위에서 설명한 것과 유사한 접근 방식을 활용하여 팀 기능과 성과를 진단하는 데 참여해야 한다. 이 워크숍은 팀이 향후 몇 개월 동안 어떻게 개발될 것인지, 그리고 계획의 어떤 측면에 대해 누가 책임을 질지에 대한 공동 소유의 여행 계획을 설계하는 방향으로 나아가야 한다. 다음 장에서는 각 다섯 가지 규율을 코칭하는 방법을 설명한다. 팀 리더는 이러한 접근 방식을 사용하여 자신의 팀을 코칭할 수도 있다. 13장에서는 팀 리더가 자신의 팀을 코칭하는 과정을 더 자세히 살펴보겠다.

결론

효과적인 팀 코칭의 핵심은 팀과 코치 사이의 생성적 관계이며, 이 관계에서 모든 구성원은 끊임없이 학습해야 한다. 실제로, 나는 좋은 팀 코칭 과제를 평가하는 핵심 방법 가운데 하나가 팀 코치를 포함한 모든 당사자가 그들이 일하는 방식을 배우고 변화시킨 것이라고 오랫동안 주장해왔다. 따라서 좋은 과제는 나도 배웠다는 것을 의미하며, 내 모델과 방법이 변경되고 추가되었으며, 이 특정 관계에서 생겨난 새로운 개입과 접근 방식을 사용했다.

성공적인 코칭 과제를 평가하는 또 다른 핵심 방법은 코칭 역할이 팀 리더와 팀 구성원에 의해 점진적으로 지속 가능한 방식으로 수행되었다는 점이다. 즉 외부나 내부 팀 코치의 지원 없이도 팀 스스로 코칭할 수 있다. 팀 리더가 코칭을 시작하는 경우, 이 프로세스는 다른 팀 구성원이 팀 코칭의 다양한 측면을 담당할 때 적용되며, 이때의 모든 책임도 팀 구성원 각자에게 있다.

나와 같은 외부 팀 코치의 경우, 코칭 관계에서 가장 보람있는 단계는 코칭 과제를 완료한 뒤 6개월에서 12개월 동안 내가 지도한 팀으로 돌아가 팀원들이 팀으로서, 그리고 팀원들이 함께 작업함으로써 지속해서 창출된 부가가치가 무엇인지, 그들이 코칭 작업을 어떻게 진전시켰는지 검토하게 돕는 것이다. 대체로 우리가 이전에 함께 성취했던 어떤 것보다도 능가하는 성취를 이룬 경우가 많다.

제6장
다섯 가지 규율 코칭: 시스템적 팀 코칭

재능은 게임을 이기지만 팀워크와 지성은 우승을 차지한다.

(Michael Jordan, Kets de Vries 인용)

나는 13만 명의 직원과 네 개의 사업부를 가진 영국에서 가장 큰 정부부서 가운데 한 곳의 리더십 팀으로부터 코칭을 해달라는 요청을 받았다. 요청 이유는 리더십 팀의 집단 리더십 역량 평가 결과가 낮게 나왔기 때문이다. 이미 팀은 내부 지원으로 리더십 팀의 행동과 주간 회의의 효율성을 개선하기 위한 양질의 작업을 마친 상태였다. 팀원들과 개별적으로 계약하면서 무엇을 바꿔야 하고 팀 코칭이 어떻게 도움이 될 수 있는지에 관해 다양한 의견을 확인했다. 나는 필요한 의견을 좁히기 위해 그들을 모두 만났고, 팀 코치로서 내가 자신들의 회의에 참석해서 프로세스 성찰을 해줬으면 한다는 데 의견을 함께했다. 내 초기 경험에 따르면 이러한 성찰은 약간의 방어적인 반응으로, 정중한 경청이 필요하고 그 영향은 크지 않을 것 같았다. 나는 새로운 형태의 계약을 찾아야 한다고 깨달았다.

도입

이전 장에서 팀 코치와 팀 사이 관계의 단계를 살펴보았다. 이 장에서는 팀 코치가 3장에 설명된 다섯 가지 규율을 코칭할 수 있는 방법과 해당 규율 간의 연결 대화와 흐름을 코칭하는 방법에 중점을 둘 것이다. 이를 위해 코치는 팀의 다양한 관계, 즉 팀 구성원 사이의 내부 관계와 팀 전체와 그들의 위원들, 이해관계자들 그리고 미래의 외부적 관계 모두에 중점을 두어야 한다.

이 장의 핵심은 팀 코칭, 팀 개발에 대한 가장 전통적인 접근 방식과 나만의 접근 방식인 '시스템적 팀 코칭systemic team coaching' 사이의 차이점에 초점을 맞추는 것이다. 1장에서는 팀 코칭에 대한 새로운 접근 방식을 요구하는 고위 리더십 팀이 직면하고 있는 주요 성장 과제를 살펴보았고, 4장에서는 시스템적 팀 코칭을 다음과 같이 정의했다.

> 시스템적 팀 코칭은 팀 코치가 함께 있을 때와 떨어져 있을 때 모두 팀 전체와 협력하여 효과성과 협업하는 방법, 집단 개발 방법을 향상시키는 과정이다. 모든 주요 이해관계자 그룹을 위해 더 효과적으로 참여하고 가치를 공동으로 창출하여 함께 더 넓은 비즈니스 생태계를 변화시키고 더 넓은 생태계에 유익한 것을 창조한다.

다섯 가지 규율 모두는 팀이 지속 가능한 효과와 가치를 창출하는 데 필수적이다. 규율 가운데 하나가 빠졌을 때 어떻게 되는지를 설명하겠다.

- **위임하기**commissioning**를 무시하는 경우**: 진공 상태에서 팀을 개발하려 하고, 명확한 방향이 없고, 노력이 분산되며 이해관계자가 가치를 두지 않는 일만 점점 더 잘하게 된다.
- **명확화하기**clarifying**를 무시하는 경우**: 팀은 방향성이나 초점에 대한 집단적 주인의식ownership이 없으며, 경쟁적인 우선순위와 역할이 불분명한 외부에서 설정한 목표를 따라다닌다.
- **공동 창조하기**co-creating**를 무시하는 경우**: 팀은 해야 하는 작업이 무엇인지 알지만, 이를 수행하기 위해 서로 연결하는 방법은 모른다. 과업 중심의 활동이 많고, 합의되지 않은 장시간 회의, 비난과 갈등이 많고, 재미나 즐거움, 집단 에너지는 거의 없다.
- **연결하기**connecting**를 무시하는 경우**: 팀은 내부 명확성과 연결, 에너지를 가졌지만, 내부에만 집중할 것이다. 각 팀 구성원은 고객-공급자 관점에서 각자 이해관계자의 요구 사항을 충족시키려고 노력하므로 팀을 넘나드는 파트너십을 맺지 못할 것이다. 팀은 이해관계자의 변화하는 요구 사항에 맞춰 연결하거나 최신 상태를 유지할 수 없다.
- **핵심 학습하기**core learning**를 무시하는 경우**: 팀은 실패한 고정 패턴을 반복하며 실패에서 배우지 못한다. 팀 프로세스나 회의는 거의 혁신이 없고, 팀 리더나 팀 코치에 대한 의존도가 높다. 현재 팀의 효율적 관리는 개선될 수 있지만, 미래 성공에 필요한 역량을 구축하는 데에는 실패할 수 있다.

고위 공무원 팀과 계약할 때 나는 난관에 봉착했다. 새로운 고객에게 잘못된 것을 요구하고 있다고 말하는 것은 코칭 관계를 시작하는 좋은 방법이 아니었고, 팀이 합의한 제한된 요구 사항에 순응하는 것은 팀원들 개개인에게 큰 실망을 초래할 것이기 때문이었다. 수퍼비전을 통해 나는 내가 이미 '평행 과정parallel process'을 경험하고 있음을 깨달았다. 개별 인터뷰를 통해 대다수 팀원 또한 합의를 위해 타협하려는 강한 압박을 경험했고, 이는 갈등은 피했지만 진전은 느렸음을 의미하는 깨달음이었다. 이는 지시하기와 지시하지 않기 모두 도움이 되지 않는 전형적인 코치 딜레마로, 이 딜레마를 초월한 세 번째 방법을 찾아야 했다.

나는 팀이 팀 코칭과 리더십 팀 역할을 모두 볼 수 있도록 렌즈를 재구성할 수 있는 질문 접근 방식inquiry approach을 선택했다. 시스템적 팀 코칭의 다섯 가지 규율 모델([그림 6.1] 참조)의 수정된 버전을 사용하여 4사분면 각각에서 집단 성과를 기록하도록 요청했다. 나는 그들의 점수를 모아 각 영역의 평균을 내고 종합적인 그림으로 피드백했다([그림 6.2] 참조).

	함께 일할 때	개별적으로 일할 때
혁신적 변화	2	4
운영 효과성	1	3

[그림 6.1] 4사분면

	함께 일할 때	개별적으로 일할 때
혁신적 변화	2 5.3	4 3.8
운영 효과성	1 6.9	3 5.2

[그림 6.2] 4사분면 팀 점수

    나는 팀 전체에 내가 가장 도움이 될 수 있는 영역이 어디인지 질문했다. 내가 차년도에 규율 1 점수를 6.9에서 7.9로 올리도록 돕는 데 보낼 수 있음은 분명했지만, 이는 국민의 시간과 세금을 잘 사용하는 것은 아니었다. CEO였던 장관은 자리에서 벌떡 일어나 플립 차트로 가서 특히 그들이 부재 중일 때도 부서가 혁신하는 것이 가장 절실한 도움이 필요한 분야인데, '내가 어떻게 할 수 있겠습니까?'라고 물었다. 이에 나는 '잘 모르겠지만, 우리가 함께 해결해야 할 문제인 것 같습니다'라고 대답했다. 각각의 4사분면 모두에서 내가 그들을 어떻게 도울 수 있는지에 대한 협의가 더 복잡하게 진행되었다. 그들의 요구는 내가 경영진 회의에 참석해서 성찰적 피드백reflective feedback을 제공하라는 것이었다. 그대신, 우리는 코칭 프로세스와 프로그램을 공동 설계하고, 각각의 주요 집단 활동을 생동감 있게 코칭하기로 했다.

시스템적 팀 코칭의 다섯 가지 규율

3장에서 나는 가치 창출 리더십 팀이 실행해야 하는 다섯 가지 핵심 규율로 이 모델을 소개했다([그림 3.1] 참조). 이번 장에서는 다양한 리더십 팀 코칭 관계를 예시하여 시스템적 팀 코치가 각 규율에서 팀을 어떻게 지원하고 개발할 수 있는지를 설명한다.

규율 1: 위임하기commissioning와 재위임하기re-commissioning

내가 공무원의 리더십 문제를 연구했을 때, 인터뷰에 응한 많은 사람이 '리더십의 진정한 문제는 정치인과 고위 공직자 사이의 접점interface에 있다'라고 말했다.

정부 부서의 리더십 팀을 코칭할 때 정치-공무원 관계에 집중하는 것은 필수적이다. 리더십 팀 코칭의 일환으로 나는 다음 사항을 확인하기 위해 국무장관과 하위 장관들을 만나 다음 사항을 확인하기로 했다.

- 리더십 팀에 대해 그들이 감사하는 점은 무엇이고 리더십 팀이 부서를 어떻게 변화시켰는가?
- 그들이 변화 과정에서 얻고자 하는 것은 무엇인가?
- 혁신을 실행하는 방법에서 그들은 무엇이 달라지기를 원하는가?
- 어떻게 리더십 팀이 더 효과적일 수 있다고 생각하는가?
- 자신과 리더십 팀 사이의 관계를 어떻게 개선할 수 있다고 생각하는가?

이러한 질문은 몇 가지 유용한 피드백을 만들었다. 나는 코치로서 피드백 제공만으로도 저항과 방어를 모두 야기할 수 있다는 것을 경험으로 알고 있었으므로 어떻게 피드백해야 할지 결정해야 했고, 먼저 그들의 적극적인 관심과 호기심을 불러일으켜야 한다고 판단했다. 장관들이 무슨 말을 했는지 상상해보게 하고 피드백을 들으며 대답하고 싶은 질문을 적어 달라고 했다. 나는 팀 코치로서 그들이 이미 아는 것을 반복하지 않고, 그들이 이해하고 싶어 하는 문제를 다루기 위해 맞춤형 피드백을 제공하는 데 자신들의 답변을 사용했다. 이는 경계를 넘어선 대화 분위기를 조성했고, 공무원들에게 흔히 볼 수 있는 일방향적인 표현을 피하게 했다. 이는 차례대로 팀이 위원과의 관계를 어떻게 바꾸기를 원하는지 탐색할 수 있는 기반을 제공했다.

위임하기 규율co-missioning discipline을 코칭하는 또 다른 방법은 이사회와 리더십 팀이 합동 회의를 하는 것이다. 남아프리카 공화국에서 아웃스팬Outspan과 유니프루코Unifruco(Cape Fruit)를 합병해서 케이프스팬Capespan 구성에 관해 컨설팅했을 때, 우리는 새로 합병된 회사의 이사회와 고위 경영진을 대상으로 합동 팀 워크숍을 개최하여 새로운 목적, 전략, 가치와 비전을 만들었다. 이를 통해 기존 2개 기업의 경영진과 비상임 경영진의 다양한 관점을 보장했는데, 여기에는 과일 재배자이자 공급업체인 이사진, 남아프리카의 핵심 사업을 운영하는 경영진, 국제 마케팅 기관의 경영진이 포함되었다. 이렇게 더 많은 참석자에게 결과물에 대한 완전한 소유권을 보장했다. 그러나 이런 행사의 도전은 30명이 넘는 사람들이 같은 공간에 있고, 다양한 정치와 불신이 있었다.

목적, 미션, 비전의 차이

나는 20세기 후반에 리더십 팀과 조직이 미션과 비전 선언문을 개발하도록 돕는 데 많은 시간을 보냈다. 이것은 대개 '우리가 세계에서 달성하고자 하는 것', '우리의 성공', '우리 부문에서 1위가 될 수 있는 방법'에 초점을 맞추었다. '미션'이라는 용어가 원래 군대 용어, 즉 적을 물리치고 전략적 위치를 점령하고 전투 계획을 세우는 것이라고 이해하는 데는 시간이 걸렸다. 콜럼버스Columbus, 프랜시스 드레이크Francis Drake, 쿡 선장Captain Cook과 같은 탐험가들도 새로운 영토를 찾고, 점령하는 임무를 가졌다. 이것은 또한 문화적 식민지화의 형태인 '토착민 개종을 위한 외출going out to convert the natives'이라는 종교적 전도주의의 의미도 담고 있다. 기업들도 새로운 시장 부문으로 식민지 개척에 집중할 수 있다.

사람들이 미션, 비전, 전략이라는 용어를 거의 같은 의미로 사용하기 때문에 혼란이 많다.

21세기에 접어들면서 미션 선언문에서 벗어나 회사의 목적에 대한 관심이 점점 강화되고 있다. 이는 단기적인 주주 수익 극대화에 초점을 맞추는 것을 넘어서, 회사가 서비스를 제공하는 모든 주요 이해관계자를 위한 '공유 가치' 창출이라는 방향과 유사하다(Porter & Kramer, 2011). 초점은 자아 중심적인 인사이드 아웃ego-centric inside-out 접근 방식에서 더 많은 생태계와 아웃사이드 인outside-in 접근 방식으로 이동하고 있다.

2018년에 나는 '미션은 회사의 야망을 포착하고, 비전은 성공을 이루었을 때의 모습을 보여주지만, 목적purpose은 회사가 누구에게 봉사하고 회사가 그들을 위해 창출하는 가치가 무엇인지를 정의한다'라고 말했다.

목적은 일련의 최종 희망 목표goals나 달성하고자 하는 목표물targets이 아니다. 이는 여정의 이정표이지 여행의 이유나 목적지가 아니다. 목적은 우리의 공동 작업이 누구와 무엇을 제공하는지, 그리고 다양한 이해관계자를 위해 우리가 창출하는 가치에 기반을 두고 있으며, 그것이 우리의 존재 이유다. 우리의 큰 WHY(Sinek, 2009)이며 우리의 머리와 마음에 새겨야 한다. 머리에 의미를 새기고 가슴에 열정과 흥분을 제공하며 팀에 동기를 부여하고 정렬시킨다. 팀이 목적을 만드는 것이 아니라 목적이 팀을 만든다.

팀이 만들어진 이유, 그것이 팀을 탄생시킨다. 팀은 자신의 목적을 만들 수 없고 발견해야 한다. 2003~2004년에 왕립 예술, 제조, 상업 협회Royal Society of Arts, Manufacture and Commerce가 창립 250주년을 맞이하고 핵심 목적purpose에 대해 혼란스러워했을 때 우리의 유용한 질문은 '협회가 1754년에 시작된 이유는 무엇인가?'였다.

영감을 주는 사회 변화 선언문과 함께 수녀원Convent Garden의 커피 하우스에서 시작되었다는 답을 발견했을 때 우리는 그들에게 '21세기에 유일하게 집중할 수 있는 사회 변화 선언문은 무엇인가?'라고 질문했다. 스타벅스가 후원하는 커피 하우스 챌린지Coffee House Challenge에서 RSARoyal Society of Arts 동료들과 학생, 지역 정치인, 비즈니스 리더, 예술가와 혁신가들이 함께 모여 다섯 가지 핵심 주제를 중심으로 21세기 선언문을 개발했다. 우리는 그들 목적의 새로운 버전을 만들기 위해 자신들의 뿌리로 돌아가도록 도왔다. 이는 그들의 이해관계자가 가져올 아웃사이드 인outside-in과 그들이 집중해야 하는 독특한 위치에 있는 급박한 도전들과 미래의 현재화future-back까지 반영한 것이다. 이는 다양한 학문 분야와 섹터,

정치적으로 중립적인 세대 사이의 대화와 공동 창작으로 다양한 직업, 학문, 정치인들을 한 곳에 모을 수 있어서 가능한 것이었다. 위임하기에서 팀은 목적을 발견하고, 이는 팀을 명료하게 하고, 개선, 정렬하고, 목적에 대한 집단적 주인의식을 갖게 한다.

 목적은 위임하기와 규율을 명확히 하는 데 있다. 위임하기에서 팀은 목적을 더 완전하게 발견하기 위해 조사 과정에 참여하고 내부 명료화를 통해 구체화하고 개선한다. 대체로 그들은 동의와 승인을 얻기 위해 팀 후원자와 일부 이해관계자에게 이를 다시 가져와야 하며, 이것이 위임을 명확히 하는 흐름이다.

규율 2: 명확화하기 clarifying

이 규율은 팀이 목적purpose, 미션, 전략, 집단 목표, 목표goals와 역할을 명확히 하는 데 도움이 된다. 팀이 이미 마련한 사항에 따라 팀 코치는 팀 헌장을 개발하거나 재명확화 하는 데 도움을 줄 수 있다. 여기에는 아래 내용이 포함된다.

- 핵심 목적 또는 집단적 노력
- 전략과 전략적 서술
- 변혁적 계획과 변화 설계
- 팀이 운영 회의와 혁신 회의를 어떻게 다르게 해야하는지에 대한 방법
- 변혁적 과정의 다양한 측면에 대한 주요 역할과 책임

조직, 부서 또는 팀의 목적은 전략 수립이 이루어지는 가장 중요한 프레임워크이다. [그림 6.3]에 표시된 조직 헌장 모델은 해당 분야의 주요 연구자들의 작업을 기초로 하였다(Binney et al., 2005; Senge et al., 2005; Peters & Carr, 2013b).

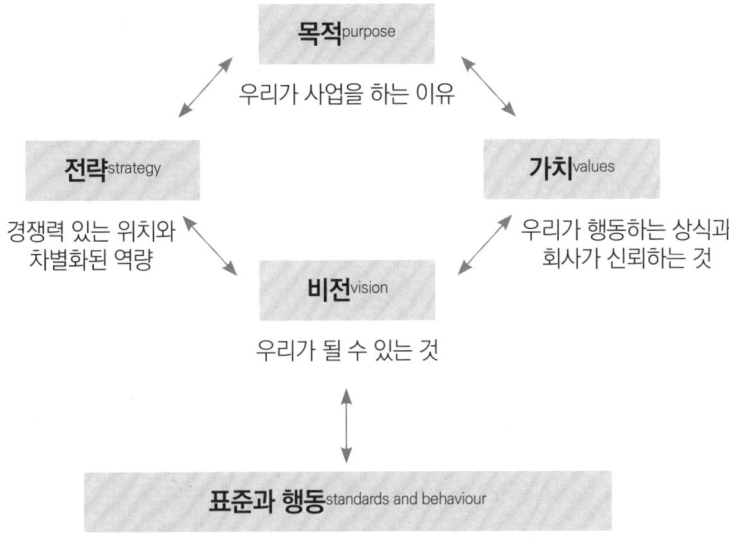

[그림 6.3] 조직 헌장 모델

- **목적**purpose은 우리가 팀으로서 사업을 하는 이유, 우리의 존재 이유, 즉 우리가 세상에서 만들고자 하는 차별점이 무엇이냐 하는 것이다. 이스마일Ismail(2014)은 성공적인 기업이 이제는 단순한 사명 선언문을 넘어 세상에 유익한 영향을 미치는 '대규모 변혁적 목적'을 갖는

방법을 보여준다.
- **전략**strategy은 우리가 핵심 시장, 역량과 지역에 초점을 맞추는 것이고, 고유한 가치 제안이기도 하며 우리 팀의 제품을 조직의 나머지 부분과 외부 경쟁자들과 차별화하는 방법이다.
- **핵심 가치**core values는 우리가 비즈니스를 수행하는 방식, 팀 안에서 고객, 공급업체, 투자자와 기타 이해관계자뿐만 아니라 더 넓은 비즈니스와 관계를 맺는 방식을 구분하는 원칙과 행동을 뒷받침한다.
- **비전**vision은, 우리가 목표를 성공적으로 달성하고 전략에 집중하고 핵심 가치에 따라 행동한다면 팀으로서 이룰 수 있는 것이다.

피터 센게Peter Senge 등(1994)의 비전 정의:

당신이 만들고자 하는 미래의 그림으로, 마치 지금 일어나는 것처럼 현재 시제로 기술된다. '우리의 비전'이라는 문구는 우리가 가고자 하는 곳과 그곳에 도착했을 때의 모습을 보여주며, 이미지가 풍부하고 시각적일수록 더 매력적이다. 가시적이고 즉각적인 특징때문에 비전은 조직의 미래 형태와 방향을 제시하고, 사람들이 목표를 설정하여 조직을 더 가깝게 느끼게 하는 데 도움이 된다.

팀원들이 함께 팀 헌장을 만들고 명확히 하는 것이 중요하다. 이 프로세스를 코칭하는 한 가지 방법은 팀원들에게 최소 세 개에서 최대 다섯 개의 핵심 항목bullet points으로 다음 진술을 스스로 완성하도록 요청하는 것이다. 모든 사람이 간결성과 특수성의 균형을 맞추도록 권장한다.

우리 조직의 주요 목적은 다음과 같다.

- **전략**: 우리의 목적을 달성하기 위해 우리 팀은 우리가 할 수 있는 일과 조직의 다른 부분의 기여를 구별하는 고유한 역량에 집중해야 한다.
- **핵심 가치**: 함께 일하고 행동하는 방식과 타인과의 관계에서 역할 모델을 만드는 방법으로 이끈다.
- **비전**: 만약 우리 팀이 목적을 달성하고, 전략을 실행하고, 핵심 가치를 실천하는 데 크게 성공한다면 2년 뒤 우리가 보고 듣고 느낄 수 있는 것이다.

'집단 구축'으로 팀 헌장 만들기

팀 구성원의 답변에서 중요한 점은 각 관점이 다른 관점을 기반으로 하고 공동으로 작성된 문서로 종결되도록 관점의 다양성을 최대화하는 것이다. '집단의 지혜'를 최대화하고 '집단 사고'의 위험을 최소화하려면(1장 참조) 개인 생각으로 시작해서 혼자서 자기 답을 집중해서 읽지 않고, '집단 구축collective build'을 실천하는 것이 중요하다. 한 명의 팀 구성원이 자신의 주요 핵심 항목을 제시하고, 다음 구성원이 최초 진술을 기초로 즉시 진술을 작성하는 프로세스이다. 이 작업이 완료되면 다른 사람이 다른 출발점을 제시하고, 팀은 이 프로세스를 반복한다. 대체로 조용하고 영향력이 약한 구성원으로 시작하는 것이 가장 좋다.

일부 이사회는 경영진이 자체 헌장 선언문을 작성한 다음 비상임 임원이 작성된 내용을 비판하고, 도전하고 확대하도록 허용한다. 다른 환경에서는 경영진과 이사회가 팀 헌장과 기대를 별도로 작성하고 다른 그룹에 피드백을 제공한다. 이러한 병렬 탐색을 통해 두 그룹 사이의 대화가 촉진되어 두 부분을 합한 것보다 더 많은 세 번째 헌장 선언문을 만들어낼 수 있고, 이 과정에서 두 그룹 모두에게 많은 학습이 일어날 수 있다.

어떤 방법을 선택하든 팀과 더 광범위한 시스템 후원자의 경계를 넘어 어떤 형태의 집단적 대화를 통해 그 방향에 도달하는 진정한 '위임하기co-missioning'가 중요하다. 너무 빈번하게 팀은 주어진 임무에 화를 내면서 일하고, 임무에 대해 완전한 주인의식을 갖지 않거나 후원자와 그들이 책임져야 하는 사람들의 기대에 부합하지 않는 자체 임무를 개발한다.

명확하고 합의된 임무와 목적에 도달한 케이프스팬Capespan의 경영진은 이를 명확한 전략, 목표와 실행 계획으로 전환했다. 이 프로세스의 주요 질문은 다음과 같다.

- 핵심 가치에 충실하고 비전을 향해 나아가는 방식으로, 전략적 초점의 다양한 영역에서 어떻게 목적을 달성할 것인가?
- 목표를 향한 진행 상황을 차트로 나타낼 수 있는 이정표와 성과 기록표는 무엇인가?
- 당신이 필요로 하는 주요 전략 활동은 무엇인가?
  - 팀 전체로 소유할 수 있는가?
  - 팀 또는 프로젝트 팀의 소규모 하위 그룹에 할당하기 위해서는?
  - 개별 팀 구성원에게 할당하기 위해서는?
- 팀은 어떻게 평상시처럼 비즈니스에 집중하고, 조직과 다양한 부서와 부문을 혁신적인 핵심 활동에 집중하게 할 수 있을까?

팀은 더 광범위한 팀 헌장 개발을 위해 1) 협력 방법 합의, 2) 팀의 변혁적 KPI 또는 목표와 주요 결과, 3) 성공을 위해 필요하거나 피해야 할 행동을 포함하는 것이 유용할 수 있다. 더 넓은 범위의 팀 헌장은 목적, 전략, 가치와 비전에서 팀 목표, 목적과 KPI, 작업 합의와 요구되는 행동에 이르기까지 다양한 요소를 담고 있는 문서이다.

규율 3: 공동 창조하기 co-creation

명확한 목적과 함께 그 목적을 달성하기 위해 팀이 무엇을 해야 하는지가 명확하다면 토대를 구축할 수 있지만, 신속하게 팀 회의로 전환하고 다른 방법으로 협력하지 않는다면 공허한 미사여구가 된다. 무사Moussa 등(2016)은 성공적인 팀을 위한 세 가지 핵심 단계인 1) 헌신 2) 확인 3) 종료를 강조한다. 모든 팀 구성원의 헌신은 처음 두 규율에서 달성되어야 하며, 팀은 팀 헌장을 명확하게 하고 팀 목표와 업무 방식에 동의해야 한다. 세 번째 규율인 공동 창조하기에서 팀은 명확한 약속에 대한 경과를 지속해서 '확인'한 다음, 약속과 새로운 것 사이의 격차를 '줄이기' 위한 조치에 동의해야 한다. 이는 팀이 팀으로서 어떻게 협력해야 핵심 팀 목표를 달성할 수 있는지, 가능하다면 핵심 팀 목표를 능가할 수 있는지에 대한 팀과의 탐색 토대를 만들 수 있다. 이 단계에서 팀 코치는 팀이 성과 목표를 잘 수행하도록 지원하거나 방해하는 팀 역동과 문화의 측면을 식별하도록 도울 수 있다. 팀이 이런 문제를 탐구하거나 처음 두 가지 규율의 작업을 수행할 심리적 안전감이 부족하다면, 팀 코칭은 팀의 이런 핵심 측면에 주목하는 것부터 시작해야 할지도 모른다(아래 심리적 안전감 섹션 참조).

팀과 함께 격차를 좁히는 작업부터 팀이 스스로 할 수 있는 개발과 팀 코치의 지원을 받을 영역을 포함하는 개발 계획을 작성할 수 있다. 흔히 핵심 영역 가운데 하나는 팀 회의를 어떻게 개선하는가이다.

회의 유혈회의 meetings bloody meetings

회의 유혈회의는 내가 비디오 아츠Video Arts에서 제작하고 존 클리스John Cleese가 출연한 훌륭한 비디오의 제목으로, 존 클리스는 지루하고, 비생산적이며, 에너지를 파괴하는 회의를 운영하여 자신이 법정에 서게 되는 꿈을 꾸는 팀 리더 역할을 했다. 그 뒤 여러 해 동안, 나는 리더로서 우리 대부분이 유사한 범죄로 피고석에 서야 한다는 것을 깨달았다.

얼마나 훌륭하고 즐겁고 재미있는 회의를 주관하는지 나에게 말해주는 모든 고위 간부에게, 나는 자신들의 하루를 너무 많이 잡아먹는 지루하고, 비생산적인 회의에 대해 불평하는 100명의 사람들을 만난다는 것을 말해주고 싶다. 왜 그렇게 많은 똑똑한 관리자와 리더가 이것을 참는가? 데이비드 펄David Pearl(2012)은 매력적인 자신의 책 『Will There Be Donuts?』에서 비생산적이고 고루한 회의를 날려버리고, 사람들이 깨어나서 조치를 취하고 오래되고 지루한 패턴을 깨기 위해 연극적인 방해물을 사용하는 회의 혁명을 옹호한다.

효과적인 회의는 고가치 창출 팀이 되기 위한 필수 기초이며 코칭 프로세스의 핵심은 회의 구조와 프로세스를 변경하는 것이다. 내가 했던 유용한 개입에는 다음과 같은 것들이 있다.

- **참석하는 회의 수 줄이기**: 나와 함께 일했던 한 고위 임원은, 회의 결과가 미리 명시되고, 회의를 소집한 사람이 자신에게 어떤 가치를 추가해줄 수 있는지 알려주는 회의에만 참석하겠다고 의사를 밝혔다. 당연히 일주일 동안 회의에 쓴 시간의 비율은 70%에서 30% 아래로 감소했다.
- **회의 결과에 초점 맞추기**: 많은 회의는 안건의 길이에 따라 결정된다. 나는 함께 일한 한 CEO에게 회의에서 팀이 꼭 함께 성취해야 할 필요가 있는 상위 세 가지 결과가 있다는 데에 동의할 때 회의를 시작할 것을 제안하고, 회의 시간의 80%는 진정한 집단 가치 창출이 가능한 항목에 사용할 것을 제안했다.
- **정보 공유, 생성적 대화, 의사결정의 세 가지 다른 활동 유형 구별하기**: 팀이 팀 지능team quotient을 활용하여 개인이 스스로 도달할 수 있는 것보다 더 나은 집단 지성collective thinking을 만드는 생성적 대화에 사용하는 시간을 최대화해야 한다.
- **근본적으로 의제를 제거하기**: 실제로 팀 내 몇 명의 구성원들만 관련 있거나, 자체 소회의로 할 수 있는 것은 모두 없앤다. 서면 교환이나 다른 형태의 대화를 통해 할 수 있는 정보 공유용 회의도 없앤다. 팀 전체의 적극적인 관여가 필요할 때만 회의한다.
- **사람들이 도전할 수 있는 분위기 조성하기**: 그렉 다이크Greg Dyke가 BBC의 사무총장이었을 때, 그는 그들이 집단적으로 무엇을 성취하려고 하는지 아무도 모르는 것처럼 보이는 회의에 참석한 횟수에 충격을 받았다. 그는 만 명의 직원 모두에게 자기 경험을 공유했고, 앞으로 이런 일이 발생하면 축구 심판처럼 주머니에서 옐로우 카드를

꺼내겠다고 공언했다. 이 시점에서 그는 '헛소리를 줄이고 실행하십시오'라는 문구가 적힌 옐로우 카드를 만들었다. 나는 그가 이 개입을 설계하는 것을 도우면서 만약 모든 직원이 옐로우 카드를 사용하기로 약속한다면 그들에게 편지를 쓰도록 요청하라고 권유했다. 수백 명의 사람이 응답했고, 일단 허락을 받고 언어가 공유되자 사람들은 자신이 참석한 회의에 이의를 제기하기 시작했다.

- **제한시간time-outs 사용하기**: 팀 구성원은 회의 내용에 너무 집중해서 참여하면 회의실에서 일어나는 일과 팀의 역동성을 알아차리지 못하게 된다(타임아웃 섹션 참조).
- **체크인과 체크아웃 사용하기**: 회의 시작 시 모든 사람이 개인 수준에서 참여하도록 하고, 회의가 끝날 때 모든 사람이 자신이 가져가야 할 것take-away과 약속에 관해 말하도록 한다.
- **가져온 의제를 명확히 하기**: 모든 의제의 첫 페이지에 다음과 같은 내용이 나와 있다.
  - 의제를 가져온 이유는 무엇인가?
  - 팀에 필요한 결과와 부가가치는 무엇인가?
  - 어떤 것과 연결되는가?
  - 그 과정의 다음 단계는 무엇인가?
- **다양한 이해관계자의 관점 갖고 오기**: 고객, 투자자, 구성원, 미래 세대와 생태계를 위한 자리chairs를 마련하고 이 자리를 유념하도록 요청하고, 해당 시스템적 관점에서 말한다.
- **회의를 끝내기 전에 합의된 내용과 의사소통 방법을 명확히 하기**: 필요하다면, 작고 빠른 전진 리허설mini-fast-forward rehearsals을 사용하여 의

사소통을 연습한다.
- **팀의 통찰력 강화하기**: 회의에서 무엇이 가치를 창출하고 무엇이 그렇지 않은지, 팀이 공동으로 창출하는 가치를 어떻게 높일 수 있는지 정기적으로 검토한다. 이는 팀이 여유 시간이 있을 때까지 기다릴 필요가 없고, 회의 중이나 개별 회의 후에 잠깐 수행할 수 있다. 그러나 이 또한 새롭고 지루한 습관으로 만들지는 말아야 한다.

8장에서 어떻게 가상 회의를 이런 방법으로 개발할 수 있는지 탐구할 것이다.

팀 회의에서 라이브로 팀 코칭하기

회의 횟수와 구조, 프로세스를 재설계하는 것은 첫 단계일 뿐이다. 그런 다음 팀 회의에서 새로운 프로세스를 실행하고 새롭게 생기는 역동dynamics을 실시간으로 처리하도록 팀을 코칭한다(18장 참조).

프로세스 컨설턴트로서 코치는 회의를 촉진하기 위해서가 아니라 주의 깊게 듣고 관찰하고 때때로 '타임아웃 개입'을 제안하기 위해 존재한다(18장의 Schein(2013), Nevis et al.,(2008), 19장의 Cape Cod 접근법에 대한 섹션).

팀 기능을 탐구하기 위한 워크숍

팀의 성숙도와 팀 역동에 따라 다음과 같은 다양한 차원에 초점을 맞출 수 있다.

- **팀 문화**: 모든 팀에는 성과 목표를 잘 수행하도록 하는 문화적 측면과 이를 막고 저해하는 요소가 있다.
- **다양성 탐구**: 인종, 성별, 연령, 성적 선호도와 같은 주어진 정체성의 일부에서부터 인지적 다양성, 심리적 및 역할 스타일 다양성에 이르기까지 여러 가지 다양성 차원이 있고, 이것은 12장에서 간략히 설명한다. 이러한 것들은 팀에 도움이 되는 여러 가지 창의적인 방법으로 탐색할 수 있다.
  - 다양성 인식하기(또는 다양성 부족)
  - 그들의 다양성과 다양성이 팀에 가져올 수 있는 것에 가치 두기
  - 다양성을 더 충분히 활용하기

이는 대화식 탐구와 경험을 통해 탐색할 수 있다(Hawkins & Presswell, 2018 참조).

- **팀 성과 기능**: '고가치 창출 팀 설문지high-value-creating team question-naire'(17장 참조)는 모든 팀 구성원이 작성할 수 있고, 평균 점수와 전체 점수가 팀에 피드백된다. 이를 통해 팀은 가장 탐색하고 개선해야 하는 영역과 팀의 효과성을 높이기 위해 개인과 집단 팀 모두가 진정으로 차

별화되도록 전념해야 하는 영역을 결정할 수 있다.
- **더 깊은 팀 역동 탐색하기**: 팀 코치는 팀이 더 숨기고 있고, 더 심층에 있는 팀 역동을 탐색하는 데 도움이 되는 몇 가지 접근법을 사용할 수 있다. 여기에는 떠다니는 팀 조각floating team sculpt(18장 참조), 1년(또는 그 이상) 전과 현재의 모습, 1년(또는 그 이상) 뒤에 어떤 모습이 되고 싶은지에 대한 팀 만화를 그리는 소그룹, 팀 문화와 불문율, 규범과 과정에 대한 탐색이 포함될 수 있다.

팀이나 그룹이 어떤 방식으로 자신의 역동성에 집중하기로 결정하든, 그룹이나 팀이 위기에 처할 때까지 기다려서는 안 된다는 점을 기억하는 것이 중요하다. 갈등, 상처, 두려움의 수준이 높아지면 무슨 일이 일어나는지 파악하고 변화를 만드는 위험을 감수하기가 훨씬 더 어려워진다. 일부 팀의 경우 위기에 직면했을 때만 상황에 직면할 동기를 만들기도 한다.

베스 컨설팅 그룹Bath Consultancy Group과 리뉴얼 협회Renewal Associates의 동료들과 나는 팀이 각 부분의 합 이상으로 일하는 것을 방해하는 요소에 대해 연구했으며, 주요 '팀 방해' 요소는 아래와 같다.

- **집단적 초점의 명확성 부족**: 팀이 집단적 초점을 명확히 하지 않으면 모든 기능 측면에서 갈등이 발생한다.
- **심리적 안전감 부족**: 다음 절 참조.
- **'양자택일**either-or**' 해결책 토론**: 우리는 다음과 같은 반복적인 '양자택일' 토론이 없는 팀을 아직 발견하지 못했다.
  - 유기적인 성장 또는 인수를 통한 성장?

- 중앙 집권화 또는 분권화?
- 이해관계자와 대립 또는 좋은 관계의 유지?
- 구조조정을 해야 하나 말아야 하나?
- 나는 '호킨스의 양자택일 법칙'을 개발했는데, 당신이 세 번째로 같은 양자택일 논쟁을 한다면 잘못된 질문을 하고 있다는 것이다 (Hawkins, 2005).
- **팀 전체가 아닌 하향식으로만 발생하는 책임지우기**: 일부 팀에서는 구성원이 자신의 전문 분야 또는 기능 영역에 대해 논의할 때만 말하고 그렇지 않은 경우 '땅만 보고' 있다. 팀 회의는 '상사'를 위한 보고서의 연장이 되고 팀은 진정한 팀워크가 없는 허브와 스포크hub-and-spokes[2] 작업 그룹이 된다(13장 참조).
- **다른 사람들이 우리에게 하는 것처럼 서로에게 하기**: 다른 곳에서는 (Hawkins & Smith, 2013) 이것을 '평행 과정parallel process'이라고 부른다. 다른 사람들이 우리에게 했던 일을 무의식적으로 재연하는 것이다. 우리와 함께 일한 한 대형 컨설팅 회사는 참가자들이 서로 늦게 오는 경우가 자주 있어서 마지막 순간에 시간을 변경하는 등 내부 회의를 엉망으로 만들곤 했다. 이런 상황이 그들이 고객들에게 어떤 대우를 받았는지 무의식적으로 재현한 것임을 우리가 깨닫기까지는 시간이 좀 걸렸다.
- **약속보다는 합의를 목표로 하기**: 우리는 분명히 모든 팀이 실행하기로 결정했지만, 한 달 뒤에는 아무 일도 일어나지 않았음을 확인하는

---

[2] 물류 또는 항공노선을 구성하는 한 형태로, 각각의 출발지(spoke)에서 발생하는 물량을 중심 거점(hub)으로 모으고, 중심 거점에서 물류를 분류하여 다시 각각의 도착지(spoke)로 배송하는 형태로, hub는 바퀴의 중심축, spoke는 바퀴살을 의미한다.

여러 팀들을 봐왔다. 우리는 팀 회의에서 비언어적 의사소통에 주목하면 언제 이런 일이 발생할지 예측할 수 있다는 것을 알아냈다. 팀 구성원들은 찬성이라고 손으로는 투표했지만, 그들의 몸과 목소리 톤은 분명히 그렇지 않다고 말하고 있었다. 변혁적 코칭transformational coaching(Hawkins & Smith, 2020)과 마찬가지로 약속의 변화가 회의실 안에서 일어나지 않는다면 외부에서도 일어나지 않을 것이다.

- **결과 중심 회의가 아닌 의제 중심 회의하기**: 흔히 일부 팀은 회의 목표가 가치 창출이 아니라 의제 완성인 것처럼 보인다.
- **효과적인 팀 회의 = 효과적인 팀이라고 믿기**: 팀 회의는 나머지 시간 동안 효과적인 팀워크가 가능해야 하며 그 자체가 목적이 되어서는 안 된다. 팀은 혼자 또는 2인 1조로 작업하거나 소규모 그룹으로 작업하는 등 함께 작업할 때 효과적이다.
- **'죽은 고라니 냄새'를 무시하기**: 많은 팀이 모두에게 영향을 미치는 문제를 가지고 있으면서도 누구도 그것을 언급해서는 안 된다는 암묵적인 동의가 있다. 모두가 냄새를 맡을 수 있지만 아무도 다루고 싶어하지 않는 탁자 아래의 죽은 동물과 같다.

조사를 마친 뒤 나는 패트릭 렌시오니Patrick Lencioni(2002)의 책을 우연히 보게 되었는데, 그는 '팀의 다섯 가지 기능 장애'라는 단순한 모델을 사용하여 새로운 여성 CEO에 의해 전환되는 상상의 리더십 팀에 대한 유쾌한 우화를 만들었다. 렌시오니의 모델([그림 19.1] 참조)은 나의 '팀 방해'와 그의 다섯 가지 기능 장애의 계층구조 사이에 상당한 공통점이 있으며, 각각은 그 아래에 있는 기능을 기반으로 둔다(19장 참조).

팀 코치의 주요 역할 다운데 하나는 이러한 방해를 중단시키는 것이지만, 먼저 코치는 팀이 더 효과적이기 위해 집중해야 하는 중요한 영역에 대한 상호 진단의 형태로 팀을 참여시키는 것부터 시작해야 한다. 이는 호킨스의 '팀 방해' 목록 또는 렌시오니의 '팀 기능 장애'를 제시하여 예를 들고, 그들이 무엇에 갇히게 되었는지를 식별하게 하는 소규모 그룹 활동을 요청함으로써 이뤄질 수 있다.

심리적 안전감 psychological safety

4장부터 언급한 것처럼, 팀이 위임하기 commissioning와 명확화 작업을 수행하는데 필요한 심리적 안전감과 신뢰가 부족한 경우 팀 코칭은 이 핵심 요소에 주의를 기울이면서 규율 3에서 시작해야 할 수 있다.

심리적 안전감은 1960년대와 1970년대에 심리학자들에 의해 처음 개발된 개념이다. 이후 에이미 에드먼슨 Amy Edmondson(1999, 2014)의 선구적인 연구에서 그룹과 팀에 적용되었으며 추가적으로 에드먼슨과 구글 Google의 아리스토텔레스 프로젝트에서 최신화 되었다. 칸 Kahn(1990, 708)은 '심리적 안전감은 자아상, 지위 또는 경력의 부정적인 결과에 대한 두려움 없이 자신을 드러내고 사용할 수 있는 것'이라고 기술했다.

팀 코칭에 참여하려면 팀원들이 다른 사람들에게 어떻게 보이고, 대우받으며, 평가받는지에 대해 과도한 개인적 댓가가 따르는 것을 두려워하지 않고 자유롭게 기여할 수 있는 심리적 안전감이 필수적이다. 이전 장에서 설명한 대로 분명하고 조심스럽게 계약하면 심리적 안전감이 향상하지만 경우에 따라서는 다른 예비 작업이 필요할 수 있다. 다음은 유용한 네 가지 전략이다.

1. **심리적 안전감 설문지**: 데이비드 클러터벅David Clutterbuck과 나는 팀이 심리적 안전감 수준을 발견하고 높이는 방법을 탐색하는 데 도움이 되는 설문지를 만들었다(17장 참조).
2. **비밀 연습**: 팀원들에게 말해야 한다고 생각하지만 말하지 않은 것을 종이에 쓰거나 입력하도록 요청한다. 그다음 이것들을 뒤섞어 재할당하고, 각자가 받은 것을 공유하며 마치 자신의 것인 양 이야기하고 문제를 토론한다. 이렇게 하면 문제가 집단화되고 사람들은 메신저로 처벌받지 않는다.
3. **추가 계약 동의**: 나는 경우에 따라 추가 계약을 도입했다. 회사 설립자들이 서로 사이가 틀어지면서 저마다 자신의 사람을 이사회에 영입한 한 이사회에서는 불신 수준이 너무 높았다. 나는 그들이 위대한 회사와 비기능적 이사회 둘 다를 만들었고, 여기에 책임이 있다고 동의할 때만 그들과 함께 일하겠다고 말했다. 또 그들이 서로 비난을 시작하는 순간 그들을 중단시킬 수 있음을 계약에 반영했다.
4. **렌시오니 방법**: 렌시오니 피라미드로 단계를 거치며 작업할 수 있다 (19장 참조).

긍정 탐구appreciative inquiry

더 성숙한 팀에서는 문제 기반 초점을 빼고 더 개방적인 초점에서 팀 역동을 탐색하는 것도 가능하다. 대형 금융회사의 한 경영진 팀과 함께 일할 때 구성원들에게 개별적으로 다음 질문을 작성한 다음 답을 공유하도록 요청했다.

- 우리 그룹의 불문율은 …
- 내가 팀에서 가장 좋아하는 것은 …
- 나는 팀이 아주 자랑스럽다. 왜냐하면 …
- 내가 이 팀에서 하는 일에 대해 인정하기 어려운 점은 …
- 우리가 여기서 이야기하지 않는 것은 …
- 내가 참는 말은 …
- 그룹이 가진 숨은 일정은 …
- 우리가 최선을 다할 때는 …
- 우리가 최선을 다하는 데 방해가 되는 것은 …
- 우리가 최악일 경우는 …

그런 다음 그들 각자는 다른 팀원들에게서 그가 팀에 기여한 감사했던 점과 힘들게 했던 점에 대한 피드백을 받았다. 이후 각자는 팀 전체에서 가장 감사하고, 가장 어려웠고, 바라는 것이 무엇인지 말할 기회를 가졌다. 이것은 팀이 중단하고, 시작하고, 계속해야 할 일을 계획하기 위한 기초를 제공할 수 있다. 이를 수행하는 또 다른 방법은 기여도 표contribution grid를 사용하는 것이다(17장 참조).

역동적인 팀 개발 설계하기

팀 역동에 대한 통찰력과 선한 의도 그 자체로는 변화를 만들지 못하며, 팀이 통찰력에서 헌신적인 개발 계획으로 이동하도록 돕는 것이 중요하다. 이를 활성화할 수 있는 한 가지 방법은 팀이 위의 전체 또는 일부 결과물을 검토하고 세 방향 정렬을 수행하여 계속하고, 중단하고, 다르게 시작해야 할 사항을 결정하는 것이다.

◆ **세 방향 정렬** THREE-WAY SORT

팀 코치는 각각 다른 제목을 가진 세 개의 플립차트를 만든다.

- 우리가 중심 잡고 세워야 할 것은 …
- 우리가 중단해야 할 일은 …
- 우리가 시작해야 할 일은 …

팀은 세 개의 작은 그룹으로 나뉘고, 각 그룹은 서로 다른 큰 종이나 화이트 보드에서 시작한다. 프로세스의 첫 번째 단계는 하위 팀이 앞에 있는 질문에 대한 답을 브레인스토밍하는 것이다. 그들은 자신의 아이디어를 쏟아내고, 약간의 공간을 남겨 둔다. 5분 뒤에 각 팀은 오른쪽에 있는 다음 보드로 이동한다.

프로세스의 두 번째 단계는 이전 팀이 남긴 아이디어를 바탕으로 더 구체적으로 만드는 것이다. 두 번째 보드의 규칙은 아무것도 지울 수 없지만, 이미 있는 것을 더 구체적으로 만들고 더 많은 항목을 추가할 수는 있다는 것이다. 예를 들면, 이전 그룹이 플립 차트에 '의사소통'을 표시했다면 두 번째 그룹은 '누구와 무엇에 대한 의사소통'이라는 질문에 대한 답을 추가한다.

프로세스의 세 번째 단계는 그룹이 마지막 보드로 이동하는 것이다. 다시 한번 팀 구성원들은 지금까지 포함되지 않은 항목을 추가할 수 있고, 이미 있는 항목을 더 구체적으로 만들어야 한다.

마지막으로 각 그룹은 원래 보드로 돌아가서 거기에 있는 내용을 읽은 다음 문제의 우선순위를 정한다. 다른 방법은 모든 팀 구성원에게 투표권 다섯 개를 부여하고, 세 개의 보드 가운데 팀의 조치가 필요한 우선순위 문제 옆에 마음대로 다섯 개의 투표권을 행사하게 하는 것이다. 이 시각적 투표 방법은 팀이 전진하기 위한 우선순위와 방향을 보게 하는 신속한 방법이다.

규율 4: 연결하기 connecting

이 규율의 초점은 리더십 팀이 전체로, 개인적으로, 쌍으로 어떻게 더 넓은 이해관계자 시스템에 참여하는가에 있다. 모든 팀을 위한 이 프로세스의 첫 번째 단계는 핵심 이해관계자가 누구인지, 즉 함께 가치를 창출하는 그룹과 시스템을 찾는 것이다. 고가치 창출 팀은 조직과 주주뿐만 아니라 모든 이해관계자에게 유익한 가치를 창출해야 한다. 코치는 기본 이해관계자 부문을 먼저 살펴본 다음, 가치 창출에 중요한 각 부문 내 핵심 그룹을 파악한다. 이후 서로 다른 그룹 사이의 연결고리 역할을 하는 핵심 인물을 찾아내는 프로세스를 통해 팀을 코칭하면서 도울 수 있다.

기본 이해관계자 부문

약 20년 전, 나는 '내일의 회사'에 대한 왕립 예술, 제조와 상업 협회 Royal Society of Arts, Manufacture and Commerce 프로젝트 작업과 아리 드 제우스Arie de Geus(1997)와 마이클 포터Michael Porter(2011)의 저술을 기반으로, 광범위한 이해관계자를 위해 '공유 가치'를 창출할 수 있는 지속 가능한 사업의 필요성을 강조하면서 기본적인 이해관계자들을 위한 자료를 개발했다. 이러한 이해관계자 부문은 [그림 6. 1]에 나와 있다.

나는 이를 여러 이사회와 경영진들과 함께 시험해보았고, 또한 내가 비상임 위원장을 맡았던 두 회사에서도 연례 보고서에 위원장 소개를 위해 사용했다. 이 보고서는 각 이해관계자의 기여도와 회사가 그들에게 돌려준 부가가치를 보여주었다.

일반적인 용의자suspects를 넘어서

그 뒤로 [그림 6.2]와 같이 '열세 번째 요정fairy'과 '일곱 번째 세대'라는 두 가지를 추가 개발했다. 모든 팀과 조직에는 심각한 상황에서 그들이 '의도적으로 모른 체하고' 무시하고 싶어 하는 이해당사자들이 있다는 것을 깨달았다. 내가 자주 드는 예는 걸프 석유참사 이전에 영국 국영 석유회사 BP가 미국 동부 해안의 물고기와 어부들이 중요한 이해관계자라는 사실을 깨닫지 못했다는 것이다. 어류 자원과 서식지가 파괴되자 미국 어부들이 법적 조치를 취하고 강도 높은 로비 활동을 벌였는데, 이는 영국에 상장된 가장 큰 회사 가운데 하나를 거의 무릎 꿇게 만들었다.

또 대부분 이사회와 경영진이 단기적인 시각으로 전략을 세운다는 사실도 점차 알게 되었다. 이는 흔히 미래 지역사회, 더 넓은 생태계와 미래 세대를 희생시키면서 당해 연도의 다음 분기에만 이익이 되는 의사결정으로 이어진다. 2012년에 나는 미국 원주민 장로인 레인보우 호크Rainbow Hawk와 플랫폼을 공유했다. 그는 자신의 전통에 따라 리더십이 우리보다 앞선 7세대, 우리 이후의 7세대와 모든 생명체에 대한 인식을 바탕으로 결정해야 한다고 이야기했다. 우리는 하나의 지구를 공유한다. 나는 대부분 영미 전통이 얼마나 근시안적이고 단기적인지 깨달았다. 우리 모두의 손자손녀와 그 너머 세대(있을 경우!)에 대한 비용은 엄청나다. 따라서 모든 팀이 참여해야 할 또 다른 차원의 질문은 우리를 뒤따를 7세대의 요구 사항과 팀이 그들에게 선물할 자랑스러운 유산이다. 로만 크르즈나릭Roman Krznaric의 책『Good Ancestor』(2020)에서 이러한 형태의 탐구를 수행할 수 있는 여러 가지 방법을 제공하고 있다.

팀 리더 또는 팀 코치는 각 부문에 중요한 그룹을 게시하여 이런 부문들을 채우도록 팀을 초대할 수 있다.

각 이해관계자 그룹에 대해 팀은 이 그룹과 연결을 담당하는 핵심 대표자가 누구인지 생각해야 한다.

그런 다음 관계를 보여주는 세 가지 수준을 녹색, 노란색, 빨간색으로 구분하여 나타낼 수 있다.

- 녹색 – 긍정적: 팀의 대표자가 될 수 있는 동맹

- 노란색 – 중립적
- 빨간색 – 문제가 있고 개선 필요

우리는 Team Connect 360이라는 360도 팀 피드백 프로세스를 만들었다. 이는 팀 구성원에 대한 피드백이 아니라 팀 구성원을 포함한 모든 중요한 이해관계자가 팀을 어떻게 집합적으로 보는가에 대한 피드백이다 (17장 참조). 또한 가능한 경우 우리는 팀이 주요 이해관계자와의 질문 대화에 직접 참여하도록 코칭할 것이다(3장 참조). 다양한 이해관계자를 위해 이 작업을 수행하면 팀에 다양한 영역의 데이터를 제공하여 다르게 해야 할 작업을 탐색할 수 있다.

1장에서 살펴본 것처럼, 특히 변화와 변혁의 시기에 CEO가 번창하는 조직에 필요한 모든 이해관계자의 참여를 끌어내는 것은 불가능하다. 리더십 팀 구성원은 모두 변혁적 개입 과정에서 수행할 역할이 있으며, 효과적인 변혁을 위해서는 모든 팀 구성원이 이 영역에서 기술과 영향력을 발휘하고 정렬하고, 일치하는 방식으로 팀을 대표할 수 있어야 한다.

이 규율로 팀 코치는 다양한 방법으로 팀을 도울 수 있다.

- 차이점 탐색하기
  - **정보 제공**: 일방향, 사실적이고 원격으로 할 수 있고 지식을 늘리는 데 유용하다.
  - **의사소통**: 양방향이며 어떤 형태의 토론을 포함한다. 상담과 이해도를 높이는 데 유용하다.
  - **참여**: 공동 도전, 문제 또는 질문에 대한 협력적 기여를 포함하며,

더 큰 공동의 주인의식과 결과에 대한 동의를 높이는 데 유용하다.
- **파트너링**: 서로 다른 개인 또는 그룹으로 함께 모여서 평등하게 협력하여 혼자서 달성할 수 없는 것을 달성한 다음, 혁신 전략의 핵심 측면에서 참여 전략을 수립하는 것을 포함한다.

- 각 팀 구성원이 자신의 현재 권한, 존재, 영향력(16장 참조)과 리더십 개입 능력(Hawkins & Smith, 2013)을 평가하고, 팀의 다른 구성원과 이해관계자에게 360도 또는 기타 피드백을 받는 것이다.
- 팀과 협력하여 참여 이벤트를 준비, 설계, 예행연습을 한 다음, 팀의 다른 구성원과 코치에게 피드백을 받을 수 있다.
- 팀 구성원이 이해관계자와 소통할 때 코칭이 이뤄지며, 여기에는 다양한 코칭 접근법이 포함될 수 있다.
  - 개입 전후 리더에게 브리핑과 디브리핑하기
  - '피치사이드pitch-side' 또는 '하프타임' 피드백과 코칭
  - 참여 워크숍 또는 회의 촉진 돕기

코치는 이해관계자들과의 집단적 참여에 대해 팀을 코칭하는 것 외에도 팀이 어떻게 그들의 집단적 리더십 팀 역할을 자신들의 개별 부서나 기능의 운영 리더십과 통합할 수 있는지에 초점을 맞춰야 한다. 나는 이미 1장에서 여러 팀과 부족tribal 구성원의 도전에 대해 언급했으며, 팀 코치는 집단적 리더십 팀과 한 명의 리더가 이끄는 부서 또는 기능별 팀 모두의 100% 구성원이 되는 것이다. 대표적인 중개자go-between나 '이도저도 아닌 중간관리자torn middle'로 되돌아가기 쉽다(Oshry, 1995). 이 역할에서 부서 또는 기능 리더는 고위 팀을 대상으로 자기 팀의 요구와 열망, 성공

을 전달하는 동시에 비판과 예산, 자원 할당에서 팀을 보호해야 한다. 그 다음 불행한 중개자는 자신의 팀을 이끌기 위해 돌아와서 고위 팀의 보고서를 다시 전달하고 고위 팀이 내린 결정을 실행해야 한다.

대학 이사회에 있던 한 학장은 교수 리더십 팀에서 대학 집행 위원회로, 그리고 역으로 나쁜 소식을 끊임없이 전달해야 하는 자기 역할을 나에게 설명했다. 압력을 받으면서 고위 리더십 팀의 구성원임을 부인하고 마치 '그들'의 일부가 아닌 것처럼 말하는 등 최선을 다했지만, 그 결과는 자신(팀)에게 불리했다.

조직 통합과 정렬에 더욱 파괴적인 것은 리더십 팀 안에서 집단적으로 나아갈 길을 약속하면서도 자기 부서나 기능이 너무 어려워지면 이를 무시하는 리더이다. 이로 인해 갈등이 해결되어야 할 고위 리더십 팀을 벗어나, 하위 부서나 기능적 2차 지도부가 저마다 개별적이고 상충되고 의제를 위해 일하게 된다. 이것은 사일로 사고방식, '영토 전쟁', 그리고 조직이 외부보다 내부에서 더 경쟁하는 것으로 귀결될 수 있다(Lencioni, 2006; Oshry, 2007 참조).

이는 대부분 조직에서 흔히 볼 수 있는 모든 형태의 조직 분열이다. 서로 다른 팀에 대한 개별적이고, 통합되지 않은 팀 코칭은 문제가 팀 내부가 아니라 팀 사이에 있을 수 있으므로 상황을 악화시킬 수 있다. 팀 코치는 다음을 통해 이러한 문제를 해결할 수 있다.

- 고위 팀과 협력하여 합의가 이루어지면 팀이 자기 영역에서 이런 결정을 어떻게 구현할지 탐색하고 약속하는 데 시간을 할애한다.
- 고위 팀이 각자의 기능과 부서를 시범 운영하고, 이 테스트에 대해 재

보고하며, 그에 따라 결정을 수정하기로 약속한다.
- 리더십 팀 구성원이 자기 역할의 두 가지 측면, 즉 최고 팀 구성원과 자신의 부서 또는 직능의 리더십을 연결하는 방법에 대한 개별 코칭을 받는다.
- 이 팀과 보고하는 팀 사이에 대화가 원활히 촉진되도록 팀 사이 또는 '팀의 팀'을 코칭한다(11장과 Hawkins & Boyle, 2018 참조).
- 팀의 더 광범위한 네트워크와 협력한다.

크로스Cross와 카젠바흐Katzenbach(2012)는 비공식 네트워크의 허브 역할을 하는 리더십 팀을 개발하기 위해 다음의 세 가지 팁을 제공한다.

- 필요에 따라 회사 주변의 다른 사람들을 끌어들여 더 작고 집중적인 하위 그룹을 설계한다.
- 최고 팀 구성원과 회사의 나머지 부분들과 양질의 연결에 투자한다.
- 최고 경영진 사이의 갈등은 때때로 네트워크의 광범위한 긴장 때문에 발생하거나 악화한다는 것을 인식하고 먼저 구성원 수준에서 처리한다.

나는 고위 리더십 팀과 함께 일할 때 점점 더 그들 네트워크에서 중요한 역할을 하는 팀과 하위 그룹 네트워크와 공동 작업을 했고, 고위 리더십 팀이 상호 교류가 가능한 경계가 있는 개방형 시스템이라는 것을 알게 되었다.

규율 5: 핵심 학습하기 core learning

시스템적 팀 코칭의 다섯 번째 규율은 다른 네 개 규율이 모두 교차하는 중심에 있으며, 팀의 현재 운영과 변혁적 의제를 함께 또는 개별로 처리하는 것뿐만 아니라, 함께 학습함으로써 개인과 집단의 역량을 개발하는 분야이다. 많은 연구자가 학습 속도(ROL Rate Of Learning)가 현재 투자 자본수익률(ROI Return On Investment)보다 미래 성장을 더 잘 예측할 수 있고, 빠르게 변화하는 세상에서 학습이 가장 지속 가능한 경쟁 우위라고 제시한다(Ismail, 2014; Hamel, 2012 ; Tebbits, 2014; Edmondson & Harvey, 2017). 피터 센게(1994, 355)는 팀 학습을 학습 조직을 만드는 데 핵심이라고 설명하고, 에이미 에드먼슨 Amy Edmondson(2002)은 팀을 '조직 학습의 단위'로 설명한다.

데이비드 클러터벅(2007, 125)은 학습팀을 '자신과 상호 발전을 위해 적극적으로 책임지는 공동의 목적을 가진 사람들의 그룹'으로 정의한다. 이는 유용한 정의이지만, 약간 확장하면 '액션 러닝과 탈학습 unlearning으로 자신, 상호 간, 팀, 그들이 운영하는 더 넓은 조직을 발전시키는 데 적극적인 책임을 지는 공동의 목적을 가진 사람들의 그룹'이라 할 수 있다.

좋은 팀 학습은 팀 내 개인 학습을 넘어 팀 자체 학습뿐만 아니라 더 넓은 시스템 학습에 참여한다. 에드먼스 Edmondson, 보머 Bohmer와 피사노 Pisano(2001)는 병원의 외과 팀이 새로운 프로세스를 효과적으로 학습하는 것을 연구했는데, '가장 성공적인 팀에는 팀의 학습 노력을 적극적으로 관리하는 리더가 있음'을 보여주었다. 이는 단순히 기존 프로세스를 실행하는 것뿐만 아니라 새로운 상황에 빠르게 적응하고 새로운 운영 방식을 구현해야 하는 모든 리더십 팀에 적용된다.

팀은 제2차 세계 대전 이후 몇 년 동안 레그 레반스Reg Revans가 처음으로 지지한 이후로 경영 개발에 사용된 것처럼 액션 러닝을 위한 이상적인 단위이다. 저술가이자 실천가인 마이크 패들러Mike Pedler는 액션 러닝을 다음과 같이 정의한다.

> 액션 러닝은 조직 구성원의 개발과 어려운 문제에 행동을 연결한다… [그것은] 작업을 학습 수단으로 만들고 세 가지 구성요소를 가지고 있다. 특정 과제나 문제에 대한 책임을 받아들이는 사람, 문제 또는 행동에 대한 작업을 수행하는 사람들, 그리고 서로 지원하고 도전하기 위해 정기적으로 만나는 6명 정도의 동료들이다.
>
> (Pedler, 1997)

학습 팀이 되기로 약속한 팀은 [그림 6.4]와 같이 고전적인 행동 학습 주기의 각 단계에 시간을 투자하여 구성원 개인과 집단의 기본 역량을 개발한다.

우리는 또한 개인과 팀마다 그들이 어디에서 학습을 시작하고자 하는지에 영향을 미치는 다른 학습 스타일이 있다는 점을 명심할 필요가 있다. 어떤 사람들은 실용적인 활동으로 시작한 다음 효과가 있는 것과 그렇지 않은 것을 생각하려고 한다. 다른 사람들은 모델을 실제로 적용할 계획을 세우기 전에 이론과 설명을 얻고 싶어 한다. 허니Honey와 멈포드Mumford(1992)는 개인의 학습 스타일을 식별할 수 있는 여러 방법론을 개발했다. 그들은 개인들이 자신의 지배적 선호도를 활용하는 방법과 학습 가능성의 레퍼토리를 어떻게 확장하는지 탐색하는 방법을 보여주었다.

이것은 팀 코치가 팀의 지배적인 학습 스타일을 확인하기 위해 적용할 수 있다.

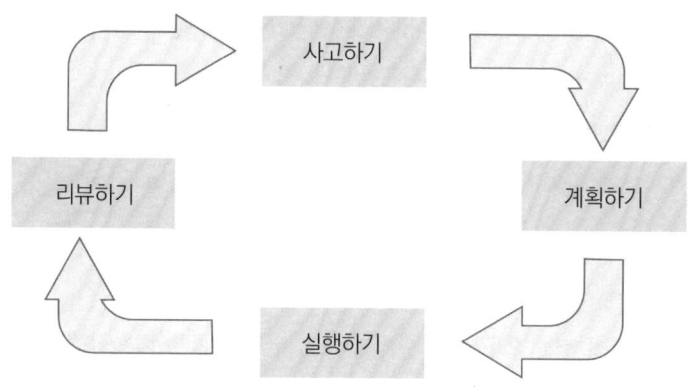

[그림 6.4] 액션 러닝 사이클

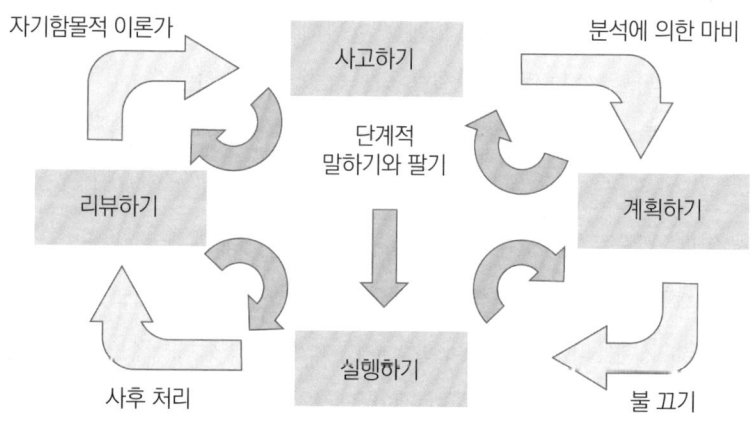

[그림 6.5] 단기 순환과 제한된 학습 패턴

나는 허니와 멈포드(1992)의 연구를 이용하여 팀이 제한된 학습 패턴을 더 잘 인식하도록 돕기 위해 단락 학습short circuits 모델을 개발했다([그림 6.5] 참조). 이것은 새로운 학습이 일어나기 전에 인식할 필요가 있다.

우리가 식별한 주요한 다섯 가지 제한된 학습 스타일이 있다.

- **불 끄기 또는 강박적 실용주의자 팀**: '계획한 것이 효과가 없으면 다른 일을 계획하자'는 모토가 있는 '계획-실행-계획-실행'의 함정이다. 학습은 시행착오 수준에서 유지된다. 이런 종류의 팀은 단기적인 전술tactical과 문제 해결 편향을 갖는 경향이 있다.
- **사후 처리 팀**: '잘못된 점을 성찰하고 수정'하는 '성찰-실행-성찰-실행'의 함정이다. 여기서 학습은 오류 수정으로 제한된다. 팀은 최근과 과거의 잘못에 지나치게 집중한다.
- **자기 함몰적 이론가**navel-gazing theorists[3]: '어떻게 하면 더 나아질 수 있는지 철학적으로 설명하되, 이론을 실험해보는 위험을 감수하지 말자'가 모토로, '성찰-이론화-성찰-이론화'의 함정이다.
- **분석 팀에 의한 마비**: '뛰기 전에 생각하고, 어떻게 할 것인지 계획하고, 조금 더 생각하라'가 모토로, '분석-계획-좀 더 분석하기'의 함정이다. 학습은 잘못되거나 위험을 감수하는 것에 대한 두려움으로 제한된다. 이런 학습 편향이 있는 팀은 규율 2에 많은 시간을 할애하여 무엇이 잘못되었는지 분석하고, 어떻게 다르게 할 수 있는지에 대한 자문을 얻는다. 변화에 대한 제안을 경청하지만 접근 방식을 시도하

---

[3] 자신의 배꼽만 바라본다는 의미로 주변 환경이나 여건, 다른 분야에 대한 관심이나 이해 없이 자신의 영역, 주제, 문제에만 한정해서 생각한다는 것이다. 여기서는 자기 함몰적이라고 의역하였다.

는 것을 두려워하거나, 완벽한 답을 얻었다고 확신이 들 때가지 다른 사람들과 협력한다.
- **전체주의 팀**: '이론으로 해결하고 우리가 결정한 것을 그들에게 말하라'라는 모토가 있는 '이론화-실행'의 함정이다. 이 지름길은 또한 더 넓은 시스템에 대한 리더십 참여를 거의 유도하지 않는다. 팀이 결정한 것을 부과할 뿐이다. 이는 저항을 불러일으키고 혁신적이거나 운영적인 방법으로 마음을 얻는 데 많이 실패하는 방법이다.

또 다른 학습 주기 차원은 팀이 선형적인 '과거-미래past-forward' 스타일로 순환하면서 항상 과거에 효과가 있었거나 실패한 것을 성찰하고 이를 통해 학습할 수 있다는 점이다. 이는 '지속적인 개선' 학습에 유용하지만, 팀이 앞으로 닥칠 파괴적인 변화에 필요한 학습의 양자 전환quantum shifts을 만들기에는 한계가 있다(11장 참조). 나는 팀이 미래 시나리오, 새로운 고객 요구 사항과 가능한 방해 요소들을 미리 반영하는 것부터 시작하여 '미래로 돌아가는' 작동을 하는 '반영preflection' 접근 방식과 '성찰reflection' 주도 학습의 균형을 맞추도록 돕는다. 이런 반영에서 팀은 새로운 사고를 만들고 혁신, 시제품 제작과 실험으로 이동할 수 있다([그림 6.6] 참조).

'세 가지 수평적 사고'(Sharpe, 2013), 다층 요인 분석Casual Layered Analysis(Lustig, 2015)과 같은 접근 방식은 이 주기에 매우 유용할 수 있다(둘 모두에 대한 자세한 내용은 11장, 17장 참조). '성찰'과 '반영' 학습 주기를 함께 사용하면 발달 나선이 만들어진다. 과거에 대한 '성찰'과 미래에서 배우는 '반영'을 결합하면 현재 팀의 '성찰' 역량과 미래의 민첩성과 탄력성이 향상된다.

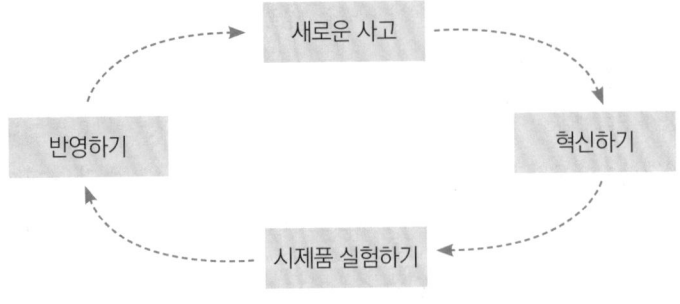

[그림 6.6] 미래 기반 액션 러닝 사이클

팀은 학습뿐만 아니라 탈학습도 필요하다. 여기에는 행동 패턴, 관계 방식, 신념과 가정이 포함될 수 있다. '탈학습Unlearning'은 조직이 문화의 진화를 여는 과정이다(Hawkins, 1999). 헤드버그Hedberg(1981)는 '조직적 탈학습이 개인의 탈학습과 어떻게 다른지는 알려진 바가 거의 없다.'고 말했다. 그러나 그의 연구는 학습이 어떻게 차단될 수 있는지, 특히 너무 많은 성공의 위험 때문에 어떻게 학습이 차단될 수 있는지를 탐구한다. '자신의 성공에 중독된 조직은 강하게 불확신하는데도 쓸모 없는 지식을 제거할 수 없다'라고 했는데, 이것은 '성공은 형편없는 선생이다!'라고 말한 빌 게이츠Bill Gates의 언급에서도 반복된다.

팀이 학습 스타일의 강점과 한계를 인식하게 돕는 것은 첫 번째 단계에 불과하다. 그런 다음 팀 코치는 팀이 오래된 습관을 깨고 새롭고 더 성공적인 학습 습관을 만드는 데 도움이 되는 새로운 팀 실행을 개발하도록 도와야 한다. 그러나 흡연, 식사 또는 음주 습관을 없애려고 노력한 사람들이 너무 잘 알고 있듯이 새로운 좋은 의도보다 오래된 습관이 더 강력하다. 좋은 의도는 헌신적인 새로운 실천 영역으로 전환되어야 하며, 이를 유지하려면 촉매 메커니즘이 필요하다(Collins, 1999).

이런 촉매 메커니즘의 예로, 파트너가 다른 파트너에 대한 견해를 서로 가십으로 공유하는 것이 강한 문화적 패턴이라는 것을 알았으나, 직접적인 피드백을 제공하는 경우는 거의 없었던 대형 전문 서비스 회사가 있었다. 그들은 이것이 리더십 학습에 부정적인 영향을 미친다는 것을 인식했다. 한 선임 파트너는 '나는 피드백이 없는 영역에서 25년을 보냈다. 그러나 다른 파트너는 분명히 나에 대해 많은 피드백을 들었다!'라고 말했다. 서로에 대한 험담을 하지 않고 직접적인 피드백을 주기로 합의하는 것은 지속적인 변화를 가져오지 못할 것이다. 따라서 촉매 메커니즘의 특성에 대한 코칭 후, 워크숍에 참여한 30명의 수석 파트너들은 다음에 다른 파트너가 세 번째 부재 파트너(파트너 X)에 대해 이야기할 때 다음과 같이 대답하기로 약속했다. '당신이 그들에게 말할 때 파트너 X는 뭐라고 말했습니까?' 험담을 하는 파트너가 당황스럽게 자신은 파트너 X와 이야기하지 않았다고 대답했을 때, 그들은 '당신이 그 대화를 할 수 있도록 어떻게 도와드릴까요?'라고 말할 것이다. 때때로 가장 강력한 문화 전환 방법은 먼저 '방관자 bystanders'의 행동을 바꾸는 것이며 이는 팀 내에서도 마찬가지이다.

팀 코치의 역할은 외부 팀 코치가 그들과 함께 작업을 마친 뒤에도 자신들의 풍부한 경험을 통해 계속 배우고 발전할 자급자족 학습 팀이 되도록 리더십 팀을 돕는 것이다.

규율 간 상호 연결 코칭

지금까지 이 장에서는 다섯 가지 개별 규율로 코칭하는 방법에 중점을 두었지만 팀 코칭의 상당 부분이 규율 사이의 흐름을 연결하는 데 초점을 맞추고 있음을 인식하는 것이 중요하다. 3장에서 나는 위임하기와 명확화하기 규율이 어떻게 팀 후원자와 팀 모두에게 임무와 관련된 충분한 주인의식 갖기로 이어지도록 협력해야 하는지 보여주었다.

또 규율 2와 규율 3 사이에 일정한 주기가 있으므로, 팀이 초점을 맞추는 것과 어떻게 그들이 함께 일하는지가 명확해야 한다. 즉 작업과 프로세스는 함께 진행되어야 한다. 마찬가지로 팀은 팀 안에서 참여하는 방법(3)과 팀의 다양한 이해관계자를 집합적으로 참여시키는 방법(4) 사이가 일치하는지 확인하도록 코칭받아야 한다. 또 리더십 팀이 이해관계자를 참여시키는 방법(4)과 이사회와 이해관계자가 참여하고 미래 정보를 제공하는 방법(1) 사이를 정렬해야 한다.

다섯 번째 규율인 핵심 학습을 개발하는 가장 좋은 방법은 때때로 다른 규율의 학습을 개발하고, 반영하고, 이중 루프 학습(Argyris & Schön, 1978; Hawkins, 1995, 2004)을 개발하면서 팀이 그들의 행동 패턴을 알아차릴 수 있는 다른 분야에서 연구를 진행하는 것이다. 팀은 그들의 행동패턴, 집단적 정서 패턴, 세상을 보는 방식을 구성하는 사고방식과 가정을 알아차리고 이를 변화시키는 방법을 배울 수 있다.

결론

이 장에서 나는 팀 코치나 팀 리더가 다섯 가지 핵심 규율과 그 사이의 흐름을 어떻게 코칭할 수 있는지 보여주었다.

다음 장에서는 다양한 유형의 팀(관리 팀, 프로젝트팀, 고객 계정 팀 등)에 대해 이 작업을 어떻게 다양화할 수 있는지 살펴보고, 8장에서는 가상으로 작업을 수행하는 방법을 살펴보겠다. 9장에서 우리는 영리 기업의 공식 또는 감독 이사회, 공공과 제3 부문의 비상임 이사회, 또는 지방 정부의 내각 이사회 등에 대해 알아볼 것이다. 11장에서는 다섯 가지 규율 모델을 사용하여 전략 이벤트, 혁신 팀, 팀 간 코칭, 코칭 파트너십과 네트워크 코칭, 팀 기반 문화를 조성하는 시스템적 팀 코칭을 살펴볼 것이다.

PART 3
다양한 유형의 팀 코칭

제7장
여러 가지 팀 유형
코칭 프로젝트와 혁신, 계정 팀

함께하는 것이 시작입니다. 함께 유지하는 것이 진보입니다. 함께 일하는 것이 성공입니다.

(헨리 포드 Henry Ford)

도입

지금까지 이 책에서 우리는 리더십 팀 코칭에 초점을 맞춰 체계적으로 살펴보았다. 이 장에서는 시스템적 팀 코칭이 다른 유형의 팀에도 어떻게 유용한지를 살펴보고 9장에서는 매우 구체적인 팀인 이사회에 관해 알아보겠다.

팀 유형

팀을 분류하는 방법에는 여러 가지가 있다.

- **기간**: 임시, 프로젝트, 안정적 등
- **기능**: 재무, 법률, HR, 마케팅, 영업, 생산, 규정 준수compliance, 혁신 등
- **고객 그룹 초점**: X 계정 팀, Y 계정 팀
- **지리적 구분**spread: 분산, 지역, 국가, 국제, 가상
- **계층 구조에서의 위치**: 이사회, 리더십, 기능 또는 부서 리더십, 최접점frontline 등
- **운영 방식**: 집행(의사결정), 컨설팅, 자문, 조정, 보고 등
- **리더십 스타일**: 관리자 주도, 자기 관리, 자기 설계, 자기 통제 등

데이비드 클러터벅David Clutterbuck(2007: 148-84; 2010: 275)은 팀 학습에 대한 자신의 연구를 기초로 여러 차원을 혼합한 흥미로운 목록을 제시한다.

- **안정된 팀**: 구성원과 업무가 장기간 일정한 팀
- **승무원 팀**: 임무는 동일하지만 구성원은 지속해서 바뀐다. 예를 들면, 영화 제작진과 일부 경찰 업무
- **상설 프로젝트 팀**: 일반적으로 단기 프로젝트에서 작업하는 여러 팀에서 뽑은 비교적 안정적인 신규 팀
- **진화적인 팀**: 시간이 지남에 따라 작업과 구성원이 변경되는 장기 프

로젝트로, 프로젝트가 새로운 국면을 맞을 때 새로운 사람들이 유입
- **개발 동맹(제휴)**: 학습을 위해 특별히 구성된 팀(예: 행동 학습 세트)
- **가상 팀**: 지리적으로 분산된 팀

이 장에서 우리는 이런 유형의 팀 가운데 일부와 그들을 체계적으로 팀 코칭할 수 있는 구체적인 방법을 살펴볼 것이다. 나는 관리 팀, 프로젝트 팀, 계정 팀과 같은 유형의 팀에 집중하기로 했는데, 이 팀들은 모두 팀 코칭을 활용하고, 특별한 접근 방법이 필요한 특정 팀 코칭 요구 사항이 있기 때문이다. 11장에서는 코칭 전략 이벤트, 혁신 팀, 창업 기업, 팀별 코칭 및 코칭 네트워크를 통한 팀 기반 문화 구축 방법에 관해 살펴볼 것이다. 우리는 또한 오늘날 상호 연결된 세계의 복잡성 안에서 팀과 조직의 경계를 넘어 해결해야 할 핵심 변화 과제들이 점점 더 증가하므로 에드몬슨Edmondson과 하비Harvey(2017)가 말하는 '익스트림 팀 구성extreme teaming'에 관해서도 알아볼 것이다.

관리 팀

지금까지 나는 가장 큰 도전에 직면하고 가장 복잡한 문제에 참여해야 한다는 이유로 고위 리더십 팀 코칭에 집중했다. 그러나 팀 코칭은 기능, 부서, 생산 단위 또는 지원 부서를 관리하는 모든 수준의 관리 팀에 큰 가치를 제공할 수 있다. 팀 코칭의 다섯 가지 규율 모델은 리더십 팀 못지않게 관리 팀에도 적용되는데, 모든 관리 팀은 이행해야 할 위원회, 명확히

해야 할 성과, 공동 창출을 위한 상호 의존적 활동, 중요한 이해관계자와 연계, 핵심 학습을 통해 지속해서 개선해야 하기 때문이다.

간단하게, 우리는 관리와 리더십 연속체의 양 극단 사이에서 그 차이점을 설명할 수 있고, 대부분의 팀은 이 두가지가 혼합되어 있음을 인식하고 있다.

관리management는 계획, 위임, 프로젝트 관리, 검토 등과 같은 프로세스를 통해 계획을 달성하는 것과 관련이 있으며, 통제와 문제 해결에 초점을 맞춘다. 리더십은 사람들을 공통의 방향으로 정렬시키는 것으로, 비전 실현을 위한 헌신을 높이고, 동기를 부여하고 영감을 주는 데 중점을 둔다.

모든 관리 팀은 자신이 관리하는 사람들과 고객, 공급업체와 기타 이해관계자에게 영감을 줄 필요가 있어서 리더십 기능이 있다. 한편 더 광범위하게 시스템을 혁신하는 리더십 측면에서 보면 관리 팀은 낮은 층위에 위치하고 있어 두드러짐이 덜하고, 조직 중심에 있어서 발생하는 추가적인 문제를 안고 있다. 그러나 모든 관리 그룹이 팀으로 분류될 수 있는 것은 아니다. 일부는 단순히 고위 관리자에게 직접 보고하는 그룹으로 구성되어, 공동 작업이 필요한 집합적 목적이 없는 '허브 앤 스포크hub-and-spoke' 작업 그룹의 기능을 하기 때문이다. 여기서는 이들 팀이 아니라, 공동 작업이 필요한 공동 목표를 가진 관리 팀에 초점을 맞춘다.

나는 6장에서 조직 중간에 있는 팀이 그들이 관리하는 팀과 그들이 보고하는 리더십 팀 사이의 갈등에서 중개자 역할을 하는 '찢어진 중간torn middle'으로 고립될 위험에 관해 기술했다. 그리고 최악의 경우는 값비싼 우편 서비스가 되어 문제와 원치 않는 해결책을 다시 전달하는 역할만 한다. 나는 45년 동안 팀과 조직을 컨설팅해왔는데, 기업들이 중간층을 제거하여 중관 관리자 수를 대폭 줄였고, 팀에 권한을 위임해서 좀더 유연하게 만들었고, 진정한 가치를 제공해야 하는 책임감과 의무는 높아졌다. 그러나 이런 역동의 위험은 여전히 있다.

팀 코치는 내외부 고객들이 필요로 하는 특정 가치를 정의하여 위계보다는 수평적 역할에 더 집중할 수 있도록 지원함으로써 조직 중간에 있는 팀을 구체적으로 도울 수 있다. 이러한 모든 팀 코칭은 '아웃사이드 인 outside-in'에서 시작해야 하며, 팀은 내외부 고객이 무엇을 감사하고 무엇을 어려워하는지 찾고, 고객들이 팀에서 받는 것과 받는 방식 모두에서 원하는 차별점을 발견해야 한다. 그래야만 적절한 제품과 서비스를 적절한 품질로 적절한 시간에 적절한 방식으로 제공하여 고객을 만족시키는 집단 성과를 높이는 방법을 유용하게 탐색할 수 있다.

팀 코치는 더 효과적이고 정렬된 전달을 제공하기 위해 조직의 다른 부분과 연결하여 팀을 코칭할 수 있다. 많은 조직에서 업무를 조정하는 중간 관리 팀이 부족하여 불필요한 중복과 좌절을 겪는다. 여러 일선 직원들은 여러 개의 중앙 지원부서에서 재무, 인사, 내부 감사, 정보 기술 등 동일한 자료를 개별적으로 요청받는다. 이로인해 내부 부서들끼리 팀워크를 발휘했더라면 피할 수 있었던 시간 낭비와 좌절을 겪고 불만을 제기한다. 나는 관리 팀의 모든 시스템적 팀 코칭이 '팀 기반 문화'와 '팀의 팀' 코칭을 만드는 더 광범위한 통합 조직 개발 프로세스와 연결할 것을 권장하며, 이 두 가지는 11장에서 다룬다(Hawkins, 2018, 사례 연구 10장과 11장 참조).

팀워크의 중심에 있는 혁신

혁신이 이렇게 시급하게 필요했던 적은 없었다. 전 세계 인구는 1940년대 20억 명에서 오늘날 71억 9천만 명으로 기하급수적으로 증가하였다. 비록 출생률이 낮아지고 있지만, 금세기 중반까지 100억 명을 예상하고 있다. 우리는 기대치가 높아지고, 점점 더 연결되고, 더 도시화되고, 더 오래 살게 된 것이다.

동시에 새로운 혁신의 반감기는 조직의 평균 기대 수명과 마찬가지로 점점 더 짧아지고 있다. 스탠다드 앤 푸어Standard & Poor's사의 상장 기업 평균 수명은 100년 전 67년에서 오늘날 15년으로 단축되었으며, 오늘날 포춘Fortune 500대 기업의 40%가 10년 후에는 존재하지 않을 것으로 예측된다(Ismail 2014: 203). 동시에 성공적인 스타트업은 급격히 증가하고 있다. 유튜브YouTube는 2005년 임시 차고 사무실에서 엔젤투자로 시작한 기업으로, 불과 18개월 만에 구글Google에 16억 5천만 달러에 인수되었다. 2009년까지 하루에 1억 2,900만 조회수를 기록했고(Diamandis, 2014: 35, 84), 2013년 3월에는 매월 방문하는 순 이용자 수가 10억 명에 이르렀다. 그루폰Groupon의 자본 성장은 훨씬 더 빨랐으며, 창업하고 2년만에 60억 달러 가치로 평가되었다(Diamandis, 2014: 35).

수년 동안 혁신은 주로 신제품을 만들거나 제품을 개선하는 데 중점을 두었다. 대부분 사람은 혁신이라고 하면 아이폰iPhone을 사용하는 애플Apple이나 에어 블레이드 핸드 드라이어air-blade hand-dryer를 사용하는 다이슨Dyson과 같은 회사를 떠올린다. 경쟁 우위는 평판이 좋은 브랜드와 함께 적절한 가격에 훌륭하고 혁신적인 제품을 보유하는 데 중점을 두었다. 오늘날

제품 혁신은 수명이 짧고, 경쟁업체는 대개 신제품을 더 저렴하게 복제 생산할 수 있다(McGrath, 2013). 동시에 많은 성공적인 비즈니스 출시는, 차량을 소유하지 않은 우버Uber 또는 블라블라 카BlaBla Cars, 호텔을 소유하지 않은 에어비앤비Airbnb, 자체적으로 콘텐츠를 생산하지 않는 유튜브 등 제품은 없지만 특정 부문의 가치 사슬을 조직하는 완전히 새로운 방법으로 혁신하기 시작했다.

이제 혁신은 다양한 형태로 이루어지는 데, 35년 동안 혁신을 연구해온 미국 컨설팅 회사인 도블린Doblin 그룹은 10가지 혁신 유형에 대한 도블린 모델을 개발했다.

1. **이익 모델**: 돈을 버는 방법
2. **네트워크**: 가치를 창출하기 위해 다른 사람들과 연결하는 방법
3. **구조**: 재능과 자산을 조직하고 정렬하는 방법
4. **프로세스**: 작업을 수행하는 고유한 방법
5. **제품 성능**: 차별화된 기능을 개발하는 방법
6. **제품 시스템**: 보완 제품과 서비스를 만드는 방법
7. **서비스**: 제공하는 것의 가치를 지원하고 증폭하는 방법
8. **채널**: 고객과 사용자에게 제품을 전달하는 방법
9. **브랜드**: 제품과 비즈니스를 표현하는 방법
10. **고객 참여**: 매력적인 상호작용을 촉진하는 방법

오늘날 빠르게 변화하는 세상의 모든 팀은 민첩하고 혁신적이어야 한다. 세계 최고의 제품을 보유한 고객들은 당신이 무엇을 하든 비교하고

벤치마킹할 수 있다. 제품과 리더십 사고방식을 모방하고 복제하는 것이 쉬우며, 복잡하고 기하급수적인 변화의 세계에서 조직의 유일한 경쟁 우위는 더 빨리 학습하고 적응할 수 있는 집단적 능력이다.

이를 위해서는 지속적인 개선뿐만 아니라 간결하고 민첩한 혁신문화 agile innovation를 조성해야 한다(Chesbrough, 2003, 2006; Edmondson, 2012, 2013).

오늘날 모든 팀은 혁신 팀이 되어야 한다. 이즈마일Ismail(2014)은 '당신은 스스로 방해하고 있거나 방해받기를 기다리고 있다'라고 기술했다. 모든 팀은 제품과 서비스, 조직 구조, 디자인과 프로세스, 전략을 지속해서 혁신해야 한다. 에드몬슨Edmondson과 하비Harvey는 '팀은 혁신을 위한 탁월한 성과 단위이다'(Edmondson & Harvey, 2017: 23)라고 말했다. 이러한 현실은 혁신 팀 코칭(Edmondson, 2012; Edmondson & Harvey, 2017), 팀 창의성(Nussbaum, 2013; Moussa et al., 2016) 뿐만 아니라 린lean 프로세스 설계의 급속한 발전(Ries, 2011; Gothelf & Seidon, 2013), 팀 구성에 대한 애자일 접근 방식(Adkins, 2010; Rubin, 2012)을 가져왔다.

이 장에서는 프로젝트 팀을 코칭하는 구체적인 방법과 린, 애자일 팀워크의 특정 방법이 어떻게 이 프로세스를 지원할 수 있는지 살펴볼 것이다. 먼저 모든 리더십과 관리 팀이 혁신 능력과 역량을 높이기 위해 채택할 수 있는 다양한 방법을 살펴볼 것이다. 나는 당신이 혼자 또는 팀과 함께, 또는 당신이 코칭하는 팀과 함께 읽고 혁신 능력과 역량을 극적으로 향상할 수 있는 두세 가지 방법을 결정하기를 기대한다.

리더십 팀과 관리 팀이 함께 작업할 때 아홉 가지 핵심 프로세스가 있다.

단기적 교착 상태 깨기

인간인 우리는 시공간적으로 가까운 도전에 주의를 기울이게 되어 있다. 많은 서방 국가는 수년 동안 전 세계적 팬데믹이 '만일'의 문제가 아니라 단지 '언제' 일어날지의 문제라는 경고를 받아왔는데도 이웃 국가나 자국민에게 영향을 미칠 때까지 Covid-19 팬데믹에 대비하거나 대응하지 않았다. 이사회, 고위 경영진, 고객 계정 팀과 프로젝트 팀에 이르기까지 내가 함께 일하는 거의 모든 팀은 최근 과거 발생했던 일을 반성하는 데 너무 많은 시간을 쓰는 반면, 미래 전망을 살펴보는 데는 시간을 거의 할애하지 않는다. 로만 크르즈나릭Roman Krznaric(2020)은 자신의 저서 『단기 세계에서 장기적으로 생각하는 방법The Good Ancestor: How to think long-term in long-term in a short-term world』에서 다양한 정부, 위원회와 조직이 직접적인 제약을 없애는 방법과 관련된 좋은 예를 제시한다. 마가렛 헤퍼넌Margaret Heffernan(2019)은 그녀의 최신 저서 『Uncharted』에서도 이 영역을 중요하게 다룬다.

나는 흔히 팀원들에게 세 가지 수평적 사고에 기반을 둔 간단하고 신속한 실습을 하도록 요청한다(Sharpe, 2013).

a) 귀하(또는 귀하의 팀)가 일주일 가운데 몇 퍼센트를 보내는지 기록하십시오.
   ⅰ. 평소처럼 업무 처리하기
   ⅱ. 내일을 위한 혁신하기
   ⅲ. 2~3년 동안 어떤 새로운 도전이 닥칠지에 대한 미래 예측하기
b) 이제 팀이 좀 더 '미래에 적합'해지기 위해 내년에 이 세 가지 영역은

각각 몇 퍼센트가 되어야 한다고 생각하는지 적으십시오.

c) 이제 팀이 a)의 비율에서 b)의 비율을 달성하기 위해 취해야 하는 상위 세 단계는 무엇입니까?

그린룸 만들기

그린 룸은 슬랙Slack, 마이크로소프트 팀Microsoft teams, 캔버스canvas와 같은 물리적 위치나 가상 팀 룸의 영역 또는 다양한 혁신 프로세스와 역동을 만드는 팀 회의 내의 보존된 공간이 될 수 있다.

어떤 종류의 방이든 화이트 보드, 충분한 색깔의 펜, 다양한 크기의 포스트잇Post-its, 모두가 함께할 수 있는 충분한 벽면 공간과 같은 도구가 있는 창의적이고 역동적인 에너지가 필요하다.

내가 실리콘 밸리의 혁신적인 디자인 스튜디오인 이디아IDEA 사무실을 방문했을 때, 그곳은 사람들이 놀고 상상을 실험할 수 있는 모든 크기와 질감의 재료 도서관이 있었다. 다른 팀에서는 벤치마킹할 수 있는 독창적인 방법의 도구 상자를 자체적으로 만들었다(본 책에는 많은 것을 수록). 일부 팀에서는 일상 업무회의를 주재하는 사람과는 다른 '그린 룸 퍼실리테이터'를 구성원으로 영입하여 색다른 에너지를 만들어냈다.

혁신적이고 생성적인 대화

'혁신은 사람의 머리가 아니라 사람 사이에서 발생한다'(Moussa et al., 2016: 137). 비틀즈The Beatles, 롤링 스톤즈Rolling Stones, 비욘드 프린지Beyond the Fringe나 몬티 파이튼Monty Python의 스케치 등 내가 성장하는 데 함께한 훌륭한 음악과 코미디는 상호 경쟁하고, 비평하고, 공동 창작하는 팀들이었다. 최고의 현대 건축가와 르네상스 화가들은 모두 디자인 스튜디오에서 작업했고, 동일한 활기찬 분위기를 조성했다.

팀은 혁신적이고 창의적이며 생성적인 대화 기술과 분야를 배워야 하며(Issacs, 1999), 이는 저절로 일어나지 않는다. 브레인스토밍이든, 집단 만들기든, 창의적 비평이든, 각각에는 구조와 원칙이 있다.

진출forays

많은 팀이 점점 더 내부 집중적이고, 편협해지고 있는데, 자유롭게 혁신하는 방법은 팀 구성원을 2인 1조로 밖으로 내보내 특색 있고 이국적인 아이디어를 발굴하여 팀 내부로 다시 가져와서 팀원들이 함께 탐구하게 하는 것이다. 이케아Ikea는 기업의 인류학자를 파견해 고객 가족과 함께 이사를 하고 그들이 어떻게 생활하고 가구를 사용하는지 알아내는 것으로 유명하다. 생체 모방은 이 행성에 새로 도착한 인류가 자연에서 배우는 방식으로, 자연의 다른 측면이 어떻게 혁신되는지 '인간보다 더 넓은' 세계에서 배우기 위해 팀원들을 현장 학습에 보내는 것이다(Hutchins, 2012, 2016).

틀을 깨는 도전 과제 설정

핀케Finke 등(1996)은 창의적 인지 연구에서 제한된 틀과 초점을 제공하는 것이 창의성을 자극한다는 것을 보여준다. 팀 리더와 팀 코치는 새로운 창의성을 불러일으키는 제한된 도전을 설정하는 데 능숙해질 수 있다. 때로는 양면적이고 역설적으로 보이는 도전을 결합하면 협곡 양쪽에 있는 바위를 이용해 파도의 힘에 도전하는 것과 같이 창의성을 더욱 높일 수 있다.

영국의 딜로이트Deloitte에서 나는 '시간이 부족하다'라고 끊임없이 토로하는 과중한 책임을 진 고위 관리자들과 함께 일했다. 내가 '부족한 시간'을 '기회가 풍부한' 것으로 재구성하자고 제안하자 갑자기 관점과 감정적 에너지가 바뀌었다. 그들 시간의 대부분은 많은 내부 회의가 차지했는데, 나는 그들에게 회의 시간을 반으로 줄이면서 동시에 회의가 창출하는 가치를 두 배로 늘리도록 했다. 이를 위해서 현재의 사고방식 안에서 점진적인 개선을 넘어 급진적인 창의성으로 나아가자고 팀에 도움을 요청해야 했다!

드래곤즈 덴

일부 회사는 전사적으로 혁신 경쟁을 구축하면 창의적 혁신이 촉진된다는 것을 알게 된다. 일부는 유명한 영국 TV 프로그램인 드래곤즈 덴Dragon's Den과 유사한 접근 방식을 사용하는데, 여기서 팀은 투자 자본과 멘토링 지원을 얻기 위해 숙련된 기업가들로 구성된 패널에게 혁신안을 제시하며 경쟁한다.

연합 구축하기

에이미 에드몬슨Amy Edmondson(2013, 4)은 '다양한 분야와 배경을 가진 사람들이 함께 모여 그들 가운데 누구도 혼자서는 상상할 수 없었던 새로운 가능성을 개발할 때 혁신이 번성한다'라고 기술하였다. 팀들은 정기적으로 팀 혁신 회의에서 우리가 한 단계 더 도약할 수 있도록 도와줄 사람이 누구인지 확인해야 한다. 즉 새로운 관점을 제공할 수 있는 조직의 다른 부분에 우리가 필요한 어떤 기술, 지식, 인식이 있는지 확인해야 한다.

나는 대개 팀이 직면한 혁신 과제에 관한 명확한 설명을 화이트보드 상단에 적고, 그 하단에 중요한 도전을 실천하고 달성할 다섯 명이 누구인지를 찾기 위해 다음 질문을 했다.

- 누가 신경 쓰고 있는가?: 누가 이 도전의 성공에 투자하고, 성공에 대해 열정을 가졌는가?
- 누가 아는가?: 누가 필요한 지식이나 경험이 있는가?
- 누가 할 수 있는가?: 누가 이 프로젝트를 진행할 수 있는 실용적인 노하우와 기술을 가졌는가?
- 누구의 의지인가?: 누가 필요한 결정을 내리고 필요한 자원을 요구할 수 있는 정치적 힘이나 연줄을 가졌는가?
- 누가 연결하는가?: 누가 다양한 재료를 연결하여 부분의 합 그 이상의 무언가로 만들어낼 수 있는가?

파트너십 구축하기

최근 에드몬슨Edmondson과 하비Harvey(2017)는 '기업이 조직 경계 밖에서 생성된 아이디어를 활용하고 새로운 제품과 서비스를 개발하기 위해 협력해야 하는 경우가 점점 늘어나고 있다'라고 말했다. 다양한 기능, 기술 전문성뿐만 아니라 조직, 이해관계자 역할과 산업을 포괄할 수 있는 혁신 팀을 만들려면 더 장기적으로 단일 팀에 요구되는 것 이상의 작업 프로세스와 코칭이 필요하다.

프록터앤갬블Procter & Gamble 사는 대학 교수, 연구 과학자, 기업가와 다른 회사의 성공적인 혁신 경영진에게 연락하여 자신들의 신상품과 프로세스 혁신을 창출하는 데 도움을 받을 수 있는 연결과 개발Connect and Develop이라는 전체 프로세스를 채택했다(Nussbaum, 2013).

세상에 물어보기

내일의 리더십 연구Tomorrow's Leadership(Hawkins, 2017b)에서 연구개발 부서가 차기 제품 개발 과제를 해결하기 위해 열심히 글로벌 경쟁을 준비하는 중국의 전자제품 회사를 우연히 만났다. 그들은 '우리 스스로 새로운 문제를 해결하려 하기보다 세계 여분의 인지 능력을 활용하는 것'에 관해 이야기했다. 21세기를 위한 세 가지 중요한 회복력은 팀워크, 지속 학습, 파트너십이다.

프로젝트 팀

전통적으로 프로젝트 팀은 특별하고, 정의되고, 시간이 제한된 업무를 위해 흔히 서로 다른 팀에서 모아온 팀이다. MIT에서 안코나Ancona 등 (2002)이 수행한 연구는 가장 효과적인 프로젝트 팀은 다음 공통된 특징이 있다고 했다.

- 높은 수준의 외부 초점화와 활동
- 조직과 더 넓은 맥락에서의 광범위한 연대
- 내부 조직의 확장 가능한 계층
- 팀과 계층 사이에서 모두 유연한 멤버십
- 계층 내부와 계층 사이의 조정

그들은 프로젝트 팀의 수명에서 탐색, 활용과 제공exportation의 3단계 모델을 개발했다(Ancona et al., 2002). 호킨스Hawkins(2011)는 이 모델을 6개의 E로 확장했다. 내 경험상 이것은 프로젝트 팀이 완전히 성공하기 위해 필수적으로 선명한 단계이기 때문에 시작 부분에 개입, 중간에 출현과 재개입, 끝 부분에 종료를 추가했다. 여섯 개의 E는 [그림 7.1]에 나와 있다.

- **개입**engaging: 팀은 선택과 위임이 필요하고, '형성과 규범'을 위해 함께 모인다(Tuckman, 1965). 여기에는 목표와 목표 설정, 가장 잘 협력할 수 있는 방법, 외부 세계에 참여하는 방법에 대한 합의가 포함된다.
- **탐색**exploration: 이 단계에서 팀은 그룹 형성 활동을 자신의 영역을 벗

주요 국면 모델

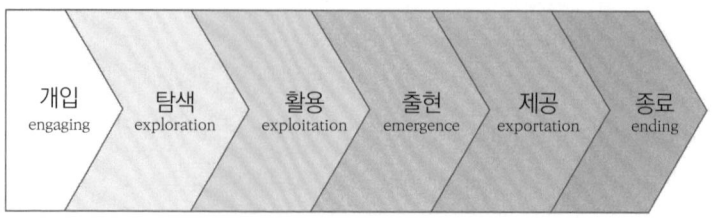

코치는 단계별로 코칭 개입을 변경하고 팀과 구성원들의 기술과 역량을 개발한다.

[그림 7.1] 프로젝트 팀 코칭의 여섯 개의 주요 국면

어나 자신의 목적에 맞는 아이디어, 자원과 정보를 찾는 구성원들의 강력한 활동과 결합한다. 효과적인 후원과 지원을 보장하기 위해서는 주요 이해관계자들과 밀접한 친교 관계가 형성되어야 한다.

- **활용**exploitation: 프로젝트 팀의 창의적 활동 작업이 포함되는 이 단계는 높은 수준의 위임된 작업, 유연한 구성원과 협력이 성공을 이끈다. 해크먼Hackman과 웨이먼Wageman(2005)은 팀 수명의 시간적 중간 지점에 또 다른 중요한 코칭 창window이 있다고 강력하게 주장한다. 그들은 팀의 공동 작업에 참여하고, 마감 시한이 눈에 보이며, 팀의 작업과 프로세스 성과에서 효과적인 것과 비효과적인 것을 보게 되면 팀이 전략 중심 코칭에 참여할 준비가 아주 잘 되어 있다고 주장한다.
- **출현과 재개입**emergence-re-engaging: 팀의 진행 상황에 따라 팀이 '활용exploitation'에 들어가기 전후에 올 수 있다.
- **제공**exportation: 이 단계는 팀의 작업이 행동으로 전환되어야 하는 단계이며, 대표자의 역할은 아이디어를 판매하고, 앞으로 나아가기로 합의하고, 다른 사람들의 공동 행동에 대한 헌신을 자극하는 것이다.

조직 변화 작업을 하는 프로젝트 팀이나 새로운 제품이나 서비스 출시 작업을 하는 디자인/혁신 팀은 팀 코치가 함께 일하면 큰 이점을 얻을 수 있다. 코치는 프로젝트의 각 단계에 다양한 경험, 기술과 개입 유형을 가져와야 한다. 해크먼과 웨이먼(2005)은 코칭 개입 시기에 대한 거식 Gersick(1988)의 연구를 기초로, 이러한 개입이 팀 수명 주기의 각 단계에서 어떻게 달라야 하는지 설명했고 다음과 같이 결론지었다.

> 코칭 개입은 팀이 문제를 해결할 때 팀이 준비되어 있으면 좀 더 효과적이다. … 대조적으로, 적절하게 관리된 개입조차도 팀이 준비되지 않은 수명주기의 시기에 제공된다면 그다지 도움이 되지 않을 것이다. 실제로 시기 적절하지 않은 개입은 득보다 실이 더 많을 수 있다.

개입하기 engaging

이 단계에서 프로젝트 팀 코치는 팀을 효과적으로 '형성화, 규범화'하고 고성과 팀이 될 수 있도록 도와야 한다. 여기에는 외부 후원과 위임을 명확히 하고 자신의 목표, 열망과 결과를 분명히 하도록 돕는 것을 포함한다(6장에서와 같이 규율 1, 2). 이 단계의 유용한 질문은 다음과 같다.

- 우리의 외부 후원자는 누구인가?
- 그들은 우리에게 어떤 사명을 주었는가?
- 그들은 어떻게 우리가 성공했음을 평가할 것인가?
- 우리의 주된 목적은 무엇인가?

- 우리의 성공을 측정할 구체적인 목표는 무엇인가?
- 그 목표를 달성하기 위해 우리가 바로잡아야 할 핵심은 무엇인가?
- 그 목표를 달성하는 데 방해물은 무엇이며 장애물이나 함정을 어떻게 해결할 수 있는가?
- 우리는 성공하면 무엇을 자랑스러워할 것인가?

그런 다음 팀은 함께 운영하고 공동 창작법의 프로세스 측면을 살펴봐야 한다(규율 3). 유용한 질문은 다음과 같다.

- 성공을 이루기 위해 우리는 서로에게 무엇을 필요로 하는가?
- 우리는 어떻게 팀으로 운영하는가?
- 우리가 팀으로서 어려움을 겪을 가능성이 가장 큰 방법은 무엇인가? 그러한 함정을 피하기 위해 어떻게 조직을 구성할 수 있는가?
- 우리는 어떻게 결정을 내려야 하는가? 누가 결정에 참여하고, 누가 상담하며, 누가 정보를 제공하는가?

탐색하기 | exploration

이 단계에서는 팀 코치가 팀을 도울 수 있어야 한다.

- 창의력을 자극하고, 브레인스토밍을 하며, 틀에서 벗어나 생각하기
- 시나리오 계획하기
- 행동 연구 주기를 조사하고 수행하기

프로젝트 팀이 더 광범위한 조직 측면을 개선하기 위해 노력하고 있다면 팀 코치는 팀 작업수행에 도움을 줄 수 있는 다음 방법들이 있다.

- 조직 설계
- 문화와 분석
- 팀 생태계 분석
- 린 방법론
- 애자일 팀 작업

활용하기 exploitation

이 단계에서 프로젝트 팀 코치가 팀을 도와야 할 부분은 다음과 같다.

- 가능한 방법으로 신속하게 시제품을 만들고 창의적으로 실험하기
- 프로젝트 산출물을 결정하고 구현, 활용하는 데 참여할 사람들, 즉 프로젝트 팀 고객에게 유용하고 신속하게 피드백을 얻는 방법 모색하기
- 피드백과 신속한 시제품, 실험에서 효과가 있던 것과 실패한 것을 고려하여 재설계하기

이 단계에서 코치가 사용할 수 있는 유용한 질문은 다음과 같다.

- 지금까지 발견한 것에 대한 신속하고 간단한 모델을 어떻게 만들 수 있는가?

- 몇 가지 가능한 해결책을 어떻게 신속하게 시도할 수 있을까?
- 함께 시도할 사람은 누구이며, 그들에게서 어떤 형태의 피드백이 필요한가?
- 앞으로 이런 식으로 어디에서 안전하게 실험할 수 있는가?

프로젝트 팀은 '디자인 스튜디오' 접근 방식을 유용하게 사용할 수 있다(Gothelf & Seidon, 2013; Evans, 2016). 이 접근 방식은 이해관계자를 프로젝트 비평에 참여시키고 가능한 것에 대한 새로운 밑그림을 만드는 훌륭한 프로세스이다.

출현: 중간 지점에서 재개입하기 emergence: re-engaging at the midpoint review

이 단계에서 유용한 질문은 다음과 같다.

- 우리는 우리의 사명을 얼마나 성공적으로 수행하고 있는가?
- 우리는 성공 기준을 향한 여정의 어디에 있는가?
- 우리 경험에 비추어 우리의 전략을 어떻게 개혁해야 하는가?
- 우리가 스스로 설정한 가치, 규범과 프로토콜에 따라 얼마나 생활하고 있는가? 어떤 것이 유용하고 어떻게 변경하거나 추가해야 하는가?
- 우리가 팀으로서 최선을 다한 지점은 어디인가? 무엇이 그것을 가능하게 했는가? 어떻게 하면 그 영역에 더 자주 머무를 수 있는가?
- 팀으로서 우리에게 최악의 상황은 무엇이었는가? 어떤 패턴이 이것을 만들었나? 어떻게 우리가 이러한 기능 장애 패턴을 중단할 수 있는가?

제공하기 exportation

여기에서 프로젝트 팀은 모든 중요한 이해관계자와 연계하여 프로젝트 결과에 대한 '승인'을 얻을 수 있도록 코칭받을 수 있다. 여기에는 프로젝트 팀의 해결책이 아닌 이해관계자의 요구에서 시작하여 이해관계자가 이익을 경험하는 방식으로 결과물의 프리젠테이션과 시연 연습이 포함될 수 있다. 또한 코치는 프레젠테이션과 시연에 참석하여 개입을 향상하기 위해 사전, 사후, 이벤트 중 코칭을 제공할 수 있다.

종료하기 ending

이 단계는 프로젝트 팀이 개인과 집단으로 미래 프로젝트에 효과적으로 임할 수 있는 능력을 키우기 위해 한발 뒤로 물러서서 함께 일하면서 얻은 교훈을 배우는 단계이다. 핵심 학습은 프로세스의 모든 단계에서 이뤄져야 하며 이것이 가장 중요한 부분이다.

데이비드 클러터벅(2007, 166)은 팀 코치가 프로젝트 팀의 마지막 단계에서 사용할 수 있는 몇 가지 훌륭한 질문을 제시하였다.

- 개인과 집단 지식, 자의식, 현실 인식에서 무엇이 바뀌었는가?
- 팀 구성에 대해 무엇을 배웠는가?
- 우리는 이 학습을 어떻게 사용했는가?
- 이 학습을 포착하고 공유하는 과정은 무엇인가?
- 다른 사람들이 사용할 수 있는지 어떻게 확인할 수 있는가?

- 어떻게 하면 이런 학습을 할 수 있을까?
- 프로젝트 팀이 해체된 후에도 계속해서 서로에게 배울 수 있는 방법은 무엇인가?

프로젝트 팀워크를 향상시키는 현대적인 방법

수년간의 코칭 팀과 시스템 팀 코치들을 교육하면서 전사적 품질관리total quality management, 고속 적응 모델rapid application design(RAD), 사용자 참여 공동 설계joint application design(JAD), 린 디자인, 식스시그마six sigma와 애자일 팀워크에 대한 교육을 받은 많은 프로젝트 전문가와 일해왔다. 나는 그들 모두에게서 많은 것을 배웠지만 이런 각각의 기법은 정교한 과정을 통해 모든 문제를 해결할 것이라는 최신 '은색 총알'[4]이 될 위험이 있다. 초기 접근 방식은 제조 혁신에서 비롯되었고, 후기 접근 방식은 주로 소프트웨어와 디지털 제품 개발에서 성장했다.

린 디자인

린 접근 방식은 팀이 조직 내 상위 계층에 수직적으로 접근하는 것이 아니라, 내외부 고객에게 제공해야 하는 것과 공급업체들에게 필요한 것이 무엇인지에 대한 수평적 가치 사슬에 초점을 둔다. 린 프로세스 설계는 낭비를 최소화하면서 고객 가치를 최대화하는 것을 기반으로 둔다(Ries,

---

4) 전설 속에 나오는 뱀파이어나 늑대인간 또는 초자연적인 존재를 죽일 수 있는 유일한 무기를 뜻한다. 어떤 복잡하고 풀기 어려운 상황을 단번에 해결해 줄 수 있는 묘책이나 획기적인 타개책을 의미하는 관용어로 널리 쓰이며, 완벽한 해결책을 의미한다.

2011; Gothelf & Seidon, 2013; Womack & Jones, 2003).

린 프로세스의 핵심은 체계적으로 생각하고 린lean하고 효과적인 종단 간end-to-end 프로세스를 만드는 방법을 찾게 하는 것이다. 여기에는 프로젝트와 현실 분석에서 시작해서 새로운 제안을 설계하고 시제품 제작, 시장 테스트, 재설계, 구축, 마케팅 등을 구현하는 선형 프로세스를 초월하여 프로젝트를 가속화하는 방법이 포함된다. 코치는 프로젝트 팀이 긴장감 높은 릴레이 경주가 아니라 상호 연결된 병렬 활동의 네트워크로 설계하도록 탐색하는 것을 도울 수 있다. '린 사고'(Womack & Jones, 2003)의 핵심에는 도요타Toyota가 세계에서 가장 성공적인 자동차 제조업체가 되는 데 기둥을 제공한 두 가지 기본 원칙인 '지속적인 개선'과 '사람에 대한 존중'이 있고 이들 각각은 원칙을 정의하는 것으로 더 세분화할 수 있다.

◆ **지속적인 개선**
- **도전**: 자신의 야망과 모든 것에 도전하는 문화를 실현하기 위해 직면해야 할 도전에 대한 장기적 비전을 가진 것
- **카이젠**Kaizen: 절대 충분히 훌륭하지 않다! 혁신과 개선을 위한 끊임없는 노력
- **겐치 겐부츠**Genchi Genbutsu: 사실을 직접 확인하고 올바른 결정을 내리고 합의를 도출하고 신속한 결과를 얻기 위해 출처를 찾아가는 것

◆ **사람에 대한 존중**
- **존중**: 모든 이해관계자의 문제를 진지하게 받아들이고 상호 신뢰를 구축하며, 다른 사람들이 목표를 달성하는 데 책임을 진다.

- **팀워크**: 팀 성과에 대한 기여와 팀 문제 해결을 통해 구성원들을 개발하고 참여시킨다.

'린 씽킹'은 서비스와 공공 부문에도 성공적으로 적용되었으며, 영국의 국립 보건 서비스 연구소National Health Service Institute는 다음과 같이 기술한다.

린Lean은 흐름을 개선하고 낭비를 제거하기 위해 도요타Toyota에서 개발한 개선 접근 방식이다. 린은 기본적으로 낭비를 최소화하고 유연하고 변화에 개방적인 동시에 적절한 장소, 적절한 시간, 적절한 양으로 올바른 것을 가져오는 것을 의미한다.

(NHSI, 2005)

애자일 팀워크

애자일 프로젝트 관리는 고객에게 빠른 결과를 제공하는 짧은 정기적 주기를 사용하는 데 중점을 둔 교차 기능의 자체 관리 팀을 활용한다. 팀은 지속적인 고객 피드백 루프를 통해 부가가치 업무의 우선순위를 정할 수 있다. 이 해결책은 반복적이고 실험적인 접근 방식을 사용하며, 정기적인 평가를 통해 복잡하고 빠르게 변화하는 환경에서 잘 작동하므로 구현 위험을 줄일 수 있다.

주로 최종 결과물에 중점을 둔 기존 프로젝트 관리의 대안 프레임워크로 개발되었다. 때때로 프로젝트가 목표에 도달했을 때 세상은 이미 바뀌어서 구식이 된다. 그 대신 애자일Agile은 목표를 몇 가지 독립된 제품으로

세분화하여 신속하게 개발, 출시하고 이를 반복할 수 있다.

스크럼 팀

스크럼 팀은 애자일 프레임워크의 한 예로, 스크럼 팀에는 세 가지 역할이 있다.

- **제품/프로젝트 소유자**: 많은 경우 경영진이나 주요 이해관계자인 제품/프로젝트 소유자는 개발 중인 해결책이 명확한 '고객 가치' 중심의 비전과 회사 전략에 어떻게 부합할 것인지에 대한 감각을 가지고 작업을 위임한다. 더 광범위한 맥락이 계속해서 변화함에 따라 제품/프로젝트 소유자는 팀과 지속해서 협력하여 재위임recommissioning에 참여해야 한다. 또한 주요 조직과 이해관계자 개발에 대해 팀에 경고하고, 필요한 경우 과정을 수정하고 수준을 높이기 위해 개입해야 한다. 그들은 제품/프로젝트의 가치와 팀 작업을 극대화할 책임이 있다.
- **스크럼 마스터**: 애자일 프로젝트 관리에는 프로젝트 관리자가 없다. 그 대신 스크럼 프레임워크 내에는 제품/프로젝트 소유자와 팀을 위한 퍼실리테이터 역할을 하는 스크럼 마스터가 있다. 그들은 하나 이상의 팀과 함께 일할 수 있고, 프로세스의 수호자이고, 피드백을 제공하고, 팀 구성원을 코칭한다. 그들의 역할은 팀의 장애물을 제거하고 효과성을 극대화하도록 팀을 지원하는 것이다.
- **팀**: 팀은 제품/프로젝트 소유자가 부여한 목표를 달성할 자율성과 책임이 있다. 팀 구성원은 결과를 내는 데 필요한 모든 기술을 갖추고

있다. 여기에는 디자이너, 엔지니어, 카피라이터, 비디오그래퍼, 연구원 또는 필요에 따라 고객과 공급업체가 포함될 수 있다. 팀 구성원은 합의된 표준 품질과 시간에 작업을 완료하고 합의된 팀 프로토콜을 준수할 책임이 있다.

조직 변화를 위해 일하는 프로젝트 팀이나 새로운 제품이나 서비스를 출시하는 작업을 하는 디자인 또는 혁신 팀은 팀 코치가 함께 작업하면 큰 이점을 얻을 수 있다. 외부 시스템 팀 코치 또는 내부 애자일 스크럼 마스터가 될 수 있다. 이런 코치는 프로젝트의 각 단계에 대해 다양한 경험과 기술, 개입 유형을 가져올 필요가 있다.

스크럼 방법론 교육을 통해 팀 문해력team literacy을 향상할 수 있다. 일반적인 스크럼 팀에는 제품 소유자, 팀 구성원과 스크럼 마스터의 세 가지 역할이 있다. 기존 프로젝트 관리자 역할의 책임은 이 세 가지 스크럼 역할로 분할되어 프로젝트의 공동 소유권을 보장한다.

스크럼 팀에는 다섯 가지 종류의 팀 회의가 있다.

- **백로그 개선**: 팀 프로젝트, 필요한 배경 데이터와 정보, 전체 계획에 대한 명확한 위임이 있는지 확인한다.
- **스프린트Sprint 계획**: 스프린트를 계획하고 활동을 측정 가능한 단계로 나누고 기준을 명확히 한다.
- **일일 스크럼**: 대체로 하루를 시작할 때 15분짜리 구조화된 스탠드업 회의를 하고, 칸반Kanban[5] 공동 게시판을 본다.
- **스프린트 검토 회의**: 이 회의에서 스크럼 팀은 스프린트 동안 달성한

것을 보여준다. 대체로 이것은 시제품 데모 형태를 취하고 피드백을 받는다. 이 회의에는 대개 제품 후원자와 고객이 참여한다.
- **스프린트 회고 회의**: 성공과 실패 모두에서 학습하고, 팀 프로세스에 대한 성찰이 있다.

이러한 다양한 종류의 팀 회의와 팀 도구는 모든 형태의 팀에 도움이 되도록 조정할 수 있다.

칸반

칸반은 팀과 조직이 작업을 시각화하고 병목 현상을 처리하며 낭비를 제거하고 효율성을 높일 수 있게 하는 애자일 방법과 프레임워크이다. 칸반은 가능한 최고 팀의 작업흐름을 정의하여 지속적인 협업을 촉진하고 능동적이고 지속적인 학습과 개선을 장려한다.

칸반은 세 가지 기본 원칙이 있다.

- **당일 작업 시각화(작업흐름 활용)**: 완료된 항목과 아직 실행되지 않은 항목(백로그)은 물론 서로의 맥락에서 모든 항목을 본다.
- **진행 중인 작업의 양을 제한(WIP**work in progress**)**: 팀이 한 번에 너무 많

---

5) 칸반Kanban이란 생산 과정에서 효율성과 민첩성을 높이기 위한 간소화된 직입 흐름을 관리하는 시스템이다. 일반적으로 소프트웨어 개발에 사용되지만 IT뿐만 아니라 모든 업무 영역에서 점진적인 개선을 지향한다. 1940년대 초반 일본 토요타에 의해 개발됐으며, 본래 프로젝트 관리를 대체하거나 개발 방법론 역할을 하려고 만들어진 것이 아니다. 그 대신, 더 좋은 작업 흐름 구조를 만들어 이미 확립된 공정을 개선하는 데 중점을 둔다(출처 CIO).

은 작업을 시작하고 저지르지 않도록 흐름 기반 접근 방식의 균형을 유지하는 데 도움이 된다.
- **흐름 개선**: 하나가 완료되면, 백로그에서 다음으로 우선순위가 높은 것이 시작된다.

칸반 보드에는 여러 버전이 있다(예: https://leankit.com/learn/kanban/kanban-board-examples-for-development-and-operations 참조). 작업흐름을 프로젝트 팀 코칭 단계(위 참조)와 연결하는 데 유용하다고 생각한 것이 [표 7.1]에 나와 있다. 여기에서 새 작업이 백로그에 도착하고 각 단계를 완료함에 따라 칸반 게시판을 통해 점진적으로 이동한다. 모든 팀 구성원이 사용할 수 있는 이 시각적 시스템은 활동에 집중하고 중요한 단계를 놓치지 않도록 도와준다. 많은 혁신 팀이 여러 프로젝트를 병렬단계와 다른 단계에서 진행하고 있으며 노력의 집단적 우선순위가 중요하다.

[표 7.1] 칸반 보드의 예

백로그	위임과 명료화	개발 탐색	출현 리뷰	테스트 활용	실행과 수출	완료

애자일 팀 코칭을 다섯 가지 규율 모델에 연결하기

애자일 팀 구성의 대부분 원칙은 매우 효과적인 팀의 다섯 가지 규율 모델을 보완한 것이거나 비슷하다(3장 참조). JP 모건Morgan에서 애자일 팀 코칭을 가르치는 동료 가브 아벨라Gabe Abella의 도움으로 [그림 7.2]에 표시된 두 가지 접근 방식의 통합 모델을 개발했다.

[그림 7.2] 애자일과 연계된 효과적인 팀의 호킨스 다섯 가지 규율 모델

애자일 기업을 만들기 위한 리더십 팀 코칭

다수의 프로젝트 팀에 적용된 애자일 프레임워크는 애자일 조직이나 기업을 만들지 못하기 때문에 재무(연간 예산 주기)와 인적 자원과 같은 기능의 리듬과 애자일 프로젝트 팀의 요구 사이에 때때로 불일치가 발생한

다. 애자일 기업을 만드는 것은 리더십 팀에서 시작되며, 그들의 역할은 다음과 같다.

- 조직의 목적, 비전과 전략을 수립하고 조직을 참여시킨다.
- 애자일 접근 방식이 전략을 실행하기에 적절한 해결책인지 평가한다.
- 조직이 운영되는 환경 변화에 지속해서 관심을 기울이면서 민첩성을 높이고 조직의 변화를 주도할 수 있는 구조와 문화를 만든다.

혁신적인 형태의 팀 개발과 코칭

대기업의 도전 과제는 내부로부터의 혁신이 어렵다는 것이다. 거대 조직의 문화 대부분은 위험과 실패 또는 너무 많은 변화에서 조직을 안전하게 유지할 목적으로 강력한 면역 시스템을 개발하고 안정을 추구하기 때문이다. 조직 혁신 프로젝트의 역사는 냉철하게 보이는데, 헤이글Hagel과 존 실리 브라운John Seeley Brown(2005, 2010, 2012), 게리 하멜Gary Hamel(2014)과 엘킹턴Elkington(2012, 2014)과 같은 연구자들은 내부 혁신의 장애물을 문서화했다.

조직의 젊은 관리자들이 '변화는 맨 위에서 시작해야 한다'라는 말을 들었을 때, 나는 '어제의 게임을 성공적으로 수행한 사람들이 내일의 게임을 창조할 사람들이라고 생각하는 이유는 무엇인가? 내일의 게임은 내일의 지도자에 의해 만들어질 필요가 있다'라고 대답한다. 그러나 좀 더 창의적으로 혁신해야 할 필요성을 시급하게 인식하고 혁신 문화를 조성하며 혁신 아키텍쳐를 만들 수 있는 방법에 관해 고위 팀과 협력하는 것이 중요하다. 오셜리반O'Sullivan과 필드Field(2018)는 이 과정에서 호주 제약 회사를 체계적으로 팀 코칭한 사례 연구를 제시한다.

여러분 자신의 과거 성공과 사고방식을 스스로 흔들지 않으면, 무엇보다 빠른 미래의 기하급수적인 외부 세계의 창업 때문에 큰 고통을 겪게 될 것이다. 이를 위해서는 새롭고 급진적이고 혁신적인 형태의 내부 팀이 필요하다. 여기에서는 이런 새로운 유형의 팀 가운데 네 가지를 살펴보고, 시스템적 팀 코칭이 선택, 구성, 개발과 가치 창출에 중요한 역할을 할 수 있는 방법을 살펴본다.

레드 팀

'레드 팀이란 당시의 정통 시스템을 대표하는 블루 팀의 사고와 계획을 테스트하기 위해 일상적인 프로세스나 연습에 반대 사고 그룹을 포함시키는 것이다.'(Gowing & Langdon, 2015)

영국에서는 2004년 버틀러 보고서Butler Report에 의해 정부에 레드 팀 사용 원칙을 권장했는데, 그 이유는 정부가 이른바 이라크의 '대량 살상 무기'에 대한 집단 사고와 인지적 편견에 사로잡혀 미국과 함께 이라크 전쟁에 잘못 뛰어들었기 때문이다. 레드 팀은 아주 위험한 정치적 결정을 독자적으로 검증하거나 무효화함으로써 집단사고에 대항하는 방법으로 간주되었다.

영국 내각과 국방부가 의뢰한 블래킷 리뷰Blackett Review에서도 레드 팀을 권장했지만 널리 채택되었다는 증거는 거의 없다. 고윙Gowing과 랭던Langdon(2015)은 군부의 한 리더가 '그들은 레드 팀에 참여하도록 권유받지 못했고… 내부적 살벌함 때문에 그들이 희망하거나 기대했던 것을 달성하지 못했다는 증거가 있다'라고 말했다고 했다.

비즈니스에서 레드 팀은 때때로 '그림자 위원회shadow board' 또는 '그림자 경영진shadow executive team'으로 사용되며, 이들은 공식 리더십 그룹이 처리하는 것과 동일한 의제 안건을 부여받고 독자적인 집단 결론을 도출하도록 요청받는다. 이 그림자 레드 팀은 대체로 사고와 관점의 다양성을 극대화하기 위해 다양한 기능과 지역에서 모집한 잠재적 리더십을 가진 젊은 관리자로 구성된다.

그림자 레드 팀은 어떤 취약점, 예상치 못한 결과, 알려지지 않은 선택 사항 또는 외부 혁신, 그리고 '생각할 수 없는 것을 생각'하고, 강력하게 테스트하고 비판하기 위해 공식 리더십 그룹의 결과를 확인할 수도 있다. 이는 도전에 열려 있을 뿐만 아니라 강력한 도전이 필수적임을 인식하고 적극적으로 위임하는 리더십 그룹이 있는 경우에만 작동하며, 레드 팀은 동의가 아닌 도전적 품질과 가치로 보상한다.

블랙 옵스 팀

이스마일Ismail(2014, 220)은 블랙 옵스 팀을 '조직에 드러나지 않는 기여를 하는 은밀하고 파괴적인 작업'으로 정의한다. 그는 조직이 젊고 디지털 태생digitally native이며 스스로 시작하는 밀레니얼로 구성된 팀을 고용하고, 조직의 핵심 비즈니스를 혼란에 빠뜨릴 방법을 강구하도록 특별히 비용을 지불하되, 이들을 분리하고 정상적인 비즈니스의 바깥에 두도록 권장한다.

이 접근 방식은 여러 기업에서 윤리적 해커 팀을 만들어 사람들이 시스템을 쉽게 해킹할 수 있는지, 회사가 구축한 다양한 사이버 보안 장벽을 우회할 수 있는지 등 기업 전체의 완전한 실행을 보장하는 프로세스 중 하나에서 약점을 발견하기 위한 테스트에 사용했다.

엣지 팀

'엣지 팀edge teams'이라는 개념은 기술과 혁신 분야에서 뛰어난 실적을 보유한 두 명의 비즈니스 사상가인 존 헤이글John Hagel과 존 실리 브라운John Seeley-Brown이 개발하였다(Hagel & Seeley Brown, 2005, 2010, 2012). '엣지 센터Center for the Edge'(Hagel, 2017)는 현재 딜로이트Deloitte의 일부로 운영되고 있으며, 엣지 팀은 업무의 중심적인 역할을 한다. 기업이 '가장자리를 확장하는 방법'에 대한 조언으로 다음 7단계를 권장한다.

1. 빠르게 확장하고 새로운 핵심 비즈니스가 될 가능성이 있는 신규 비즈니스 기회가 될 엣지edge를 찾는다.
2. 이런 변화의 기회를 이해하고 수용하는 변화 주도 팀을 만든다.
3. 변화 주도 팀을 핵심 조직 외부에 배치한다.
4. 팀이 권장하는 조직의 현재 제품과 서비스를 잠식하지 않고, 신규 시장이나 제품, 프로세스를 찾아서 집중하도록 격려한다.
5. 린lean과 기타 혁신적인 팀 가속화 접근 방식을 사용하고 학습을 높이기 위해 혁신한다.
6. 지원, 예산, 기타 자원을 한정적으로 제공하여 팀을 굶주리게 한다.

7. 팀이 다른 기업과 연계하여 성장을 가속화하는 데 도움이 될 수 있는 생태계에 참여하여 지렛대를 찾도록 권장한다.

유럽 엣지 센터Center for the Edge Europe의 관리책임자인 바실리 벌톤Wassili Bertoen은 또한 '대부분 회사는 엄청난 잠재력이 있으므로' 후원 회사가 가질 수 있는 막대한 미개척 데이터를 이런 팀이 활용하라고 권장한다 (Ismail, 2014: 219 인용).

엣지 팀은 후원 조직에 막대한 영향을 미칠 수 있는데, 그들은 '기업 슈퍼 탱커의 예인선 역할을 하여 새롭고 수익성 높은 바다로 인도할 수 있기 때문이다.'(Ismail, 2014: 217)

익스트림 팀 구성

에드몬슨Edmondson과 하비Harvey(2017b)는 『익스트림 티밍: 오픈 이노베이션을 이끄는 힘Extreme Teaming: Lessons in Complex, Cross-Sector Leadership』에서 다양한 기술과 지식, 경험을 결합해야만 달성할 수 있는 복잡한 대응이 점점 더 요구됨을 보여주고 있다. 그들은 2010년 8월 칠레의 산호세 구리-금광 붕괴사고로 33명이 갱도 입구에서 3마일 이상 떨어진 지하 2,000피트에 갇힌 것과 같은 몇 가지 유용한 사례를 제시하였다. 그들은 효과적인 '익스트림 팀'으로 69일 만에 구조됐고, 국경과 다양성을 초월한 팀에는 다음과 같은 다양한 리더십이 필요하다는 것을 보여주었다.

1. 명확한 목적을 제시한다.

2. 매우 다른 기술들과 기능 사이의 연결을 조정하고 육성하여 협력 작업을 한다.
3. 다채로운 다양성을 가진 사람들과 작업한다.
4. '수백 개의 상호 연결된 문제'를 해결한다.
5. 익스트림 팀 구성은 사람들이 직면하는 긴급 상황만을 위한 것이 아니다.

'GE는 오늘날의 문제가 너무 커서 혼자 해결할 수 없으며, 이전에 결코 볼 수 없었던 협력을 해야 한다고 주장한다.'(Edmondson & Harvey, 2017: 12)

GE는 혼자가 아니다. 소셜 미디어 회사가 온라인상 성적 그루밍, 급진화, 가짜 뉴스와 정부 입법에 대처하는 것이든, 국제적인 에너지 기업이 투자 철회, 불매 운동, 정부가 규제하기 전에 기후 비상 사태에 대응하고 탄소 배출 후의 세상으로 전환하는 것이든, 팬데믹 봉쇄와 여행 제한에 대응하는 여행업 부문이든 모든 기업은 긴급한 상황과 글로벌 도전에 직면해 있다.

고객 또는 고객 계정 팀

나는 세계 최대의 전문 서비스 회사 가운데 하나인 글로벌 계정 팀^{account team}을 돕게 되었다. 이 반나절의 계정 회의를 위해 다양한 서비스 계정(감사, 세무, 기업 재무와 컨설팅)과 다른 지역에서 온 다양한 고위 파트너들이 참석했다. 처음 1시간 동안 대부분 사람은 공동의 고객 관련 업무에 대해 동료들의 최신 정보를 청취하면서 자신의 스마트폰이나 아이패드를 번갈아 사용했다. 이들은 공동 노력이나 공동 가치 창출에 대한 의식이 거의 없었다. 한 시간 뒤 나는 중간 휴식을 제안하고 '여러분이 이 비싼 회의에 참석하기 전에는 몰랐던 새로운 학습이나 지식은 무엇이었습니까?'라고 물었다. 멍하니 쳐다보더니 한두 명이 동료에게서 발견한 정보를 언급하기 시작했다. 나는 그들 가운데 대다수가 개인 안에 존재하지 않는 새로운 사고와 지식을 팀이 어떻게 만들어낼 수 있는지에 대해 전혀 알지 못한다는 것을 깨닫고 도전을 반복했다.

어떻게 이런 일이 일어날 수 있는지에 관해 몇 가지를 조사한 다음, 전체 회의 형식을 변경하고 회의 시간 중 정보 교환에 소요된 비율, 함께 생각함으로써 새로운 지식을 생성하는 데 사용한 비율로 앞으로의 모든 회의를 평가했다. 그들은 계속해서 각 회의에서 새로운 비즈니스 예측과 고객사에 가치 있는 기업의 통찰력을 생성할 수 있는 방법, 고객사와의 집단적 관계의 깊이와 폭을 증가시키는 방법을 탐색했다. 이들은 모두 앞으로 고객 서비스 파트너가 고객사의 부가가치를 높일 수 있는 유용한 조직 통찰력과 비즈니스 선견지명을 집단적으로 개발하지 않고는 고객 CEO를 방문하지 못하도록 하겠다고 입을 모았다.

고객 또는 고객 계정 팀account teams을 코칭하는 것은 팀 코치의 업무 영역이 넓어지는 것이다. 계정 팀은 하나의 주요 고객 또는 클라이언트 조직과의 관계에 초점을 맞추기 위해 회사 전체에서 모인 다학문 또는 다지역 팀이다. 나와 동료들은 다양한 계정 팀과 일해왔다. 전문 서비스에는 조직 컨설턴트, 변호사, 회계사, 감사관, 세무 고문, 재정 고문과 때로는 여러 자문 회사에서 온 다양한 전문가가 혼합되어 있다. 우리는 또한 소매 제품, 제조와 금융 서비스 계정 팀과 협력했다. 이 작업에서 우리의 초점은 고객 계정 팀이 공유 고객에게 팀이 제공하는 총합 이상의 서비스를 제공할 수 있도록 돕고, 팀이 고객 조직보다 더 통합된 조직에 서비스를 제공하도록 돕는 것이다. 필연적으로 계정 팀은 고객 조직의 역동성 일부를 받아들이기 시작할 수 있다. 이 팀 코칭의 많은 부분은 팀 수퍼비전과 유사하며 계정 팀과 고객의 요구 사항과 역동성 모두에 집중해야 한다(계정 팀의 역동성과 고객의 역동성을 어떻게 병행했는지에 대한 사례 연구는 Hawkins & Smith, 2013을 참조).

계정 팀 개발

팀 코치는 계정 팀과 지속적인 관계를 발전시킬 수 있으며, 팀의 기능(규율 2, 3)뿐만 아니라 고객 시스템(규율 1, 4)과의 관계도 발전시킬 수 있다. 나는 주요 전문 서비스 회사의 여러 글로벌 계정 팀과 계정 팀 코치, 시스템 그림자 컨설턴트의 역할을 결합했던 경험으로 동료와 주요 고객의 도움을 받아 '계정 변환account transformation' 모델을 개발했다. 이 모델은 글로벌 고객과 협력하는 다양한 회계, 컨설팅, 법률과 금융 회사뿐만 아니라 주요 고객과의 장기적인 파트너십을 발전시키려는 제품 회사에서도 사용되고 있다.

[그림 7.3]의 계정 혁신 모델은 고객과의 관계 역할의 네 가지 잠재적 유형을 구분한다.

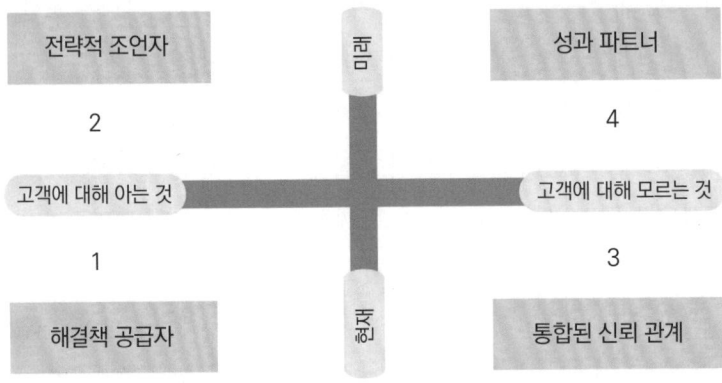

[그림 7.3] 계정 혁신

- **해결책 공급자**는 고객의 현재 요구 사항을 계정 팀이 공급자처럼 전달하는 영역이다. 여기서 작업은 때때로 경쟁 입찰을 통해 수주되고 구매 부서에서 엄격하게 지정한다.
- **전략적 조언자**는 고객이 아는 미래 요구 사항을 예상하고 팀이 해당 부문 동향에 대한 전문 지식을 추가하여 고객의 미래 전략에 가치를 추가하는 부문이다.
- **통합적 신뢰**는 고객의 시각(사각지대)에 가려진 현재의 패턴, 프로세스, 문화, 요구를 계정 팀이 포괄적이고 친절하게 드러내는 영역으로, 고객은 애초에 예측할 수 없었던 분야에서 부가가치를 창출하게 된다.
- **성과 파트너**는 고객과 컨설턴트 팀이 함께 투자와 위험을 공유하는 부문으로, 확실하게 예측할 수 없는 미래의 요구 사항을 해결하는 데 중점을 둔다.

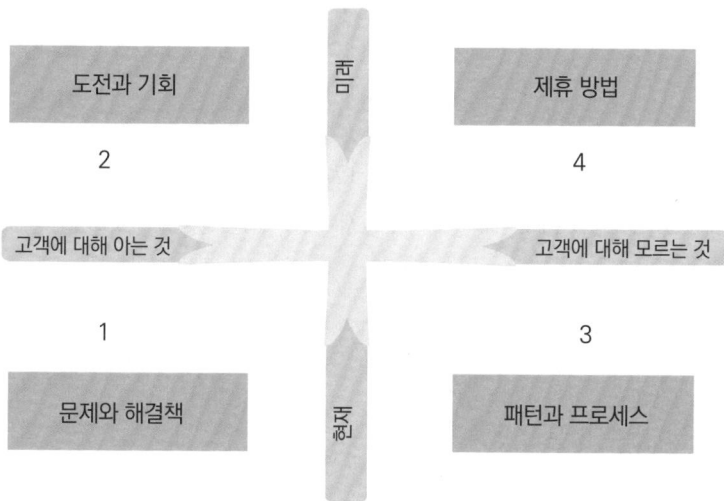

[그림 7.4] 계정 혁신 모델: 다양한 언어

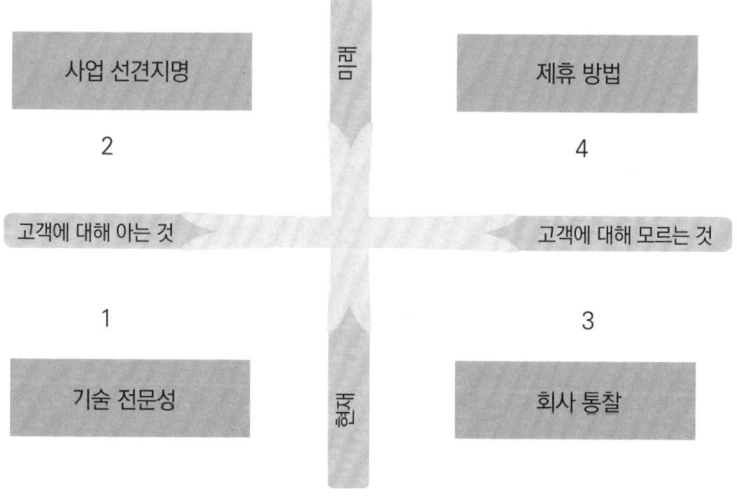

[그림 7.5] 계정 혁신 모델: 관점

각 관계 역할은 컨설턴트의 차별화된 언어와 참여 방식이 필요하다([그림 7.4] 참조).

- **해결책 제공자**로서의 언어는 대개 고객이 가져온 문제 단어로 코칭하고, 컨설턴트가 제공하는 해결책이다. 이런 언어는 기술적 전문성 가운데 하나이다.
- **전략 조언자**로서의 언어는 도전과 기회에 더 초점을 맞추고 미래 지향적이다.
- **신뢰할 수 있는 조언자**로서의 언어는 패턴, 프로세스와 문화에 더 집중한다. 즉각적인 문제에 집중하는 대신 문제를 하나의 증상으로 보고 시스템 패턴과 역동에 주의를 기울인다.
- **성과 파트너**로서는 위의 모든 언어를 통합할 수 있으며, 함께 노력하고 상생하는 관계의 언어가 필수적이다.

또한 각 관계 역할에는 계정 팀이 서로 다른 가치와 전문성이 있어야 한다([그림 7.5] 참조). 해결책 제공자로서 계정 팀은 구조 조정, 비용 절감, 인수 관리, 법적 대리인 제공 또는 복사기photocopiers 제공과 같은 기술적 전문 지식이나 제품을 제공한다. 전략 고문으로서 그들은 현재 존재하는 것뿐만 아니라 미래에 발전할 사업과 사업 맥락에 대한 '사업 전망'을 제공한다.

신뢰할 수 있는 조언자로서 다른 수준과 방식으로 조직과 협력하여 '조직적 통찰력'을 가져올 수 있다. 나는 조직문화를 어딘가에서 3개월 이상 일하게 되면 알아차리지 못하는 것으로 정의했으며, '바다에 대해 가장 늦게 아는 것은 물고기다'라는 중국 속담을 인용하여 설명했다. 신뢰할 수 있는 조언자는 조직의 모든 것을 바꾸려고 할 때 나타나는 문화에 대한 통찰력을 가져올 수 있다. 따라서 계정 팀은 단순히 성공적인 인수나 주요 변경 프로젝트를 수행하는 데 도움이 되는 것이 아니라 고객의 조직 문화에서 어떤 부문과 무엇이 성공하는지 더 잘 이해함으로써 향후 이러한 활동을 위한 조직 인수 또는 변화 역량을 높일 수 있다.

성과 파트너로서 계정 팀이 제공하는 가치에는 클라이언트/고객/파트너 조직과의 공동 노력에 대한 공동 약속이 포함된다. 이 역할은 앞의 세 가지 역할에서 가져온 가치뿐만 아니라 파트너 관계의 기술과 역량, 윈-윈 관계를 만드는 방법을 포함해야 한다.

대개 계정 팀은 다른 제품이나 서비스 제공업체와 차별화할 수 있는 비즈니스 전망과 조직적 통찰력의 부가가치를 제공하기 위한 집단적 지식을 생성하는 규율과 기술이 부족한 경우가 있다. 때때로 우리는 계정 팀 회의가 정보 교환과 각 과제의 진행 상황을 확인하는 수준에 머무름을 알게 되었다. 팀 코치의 역할은 더 광범위한 분야의 동향과 자신이 근무하는 회사의 문화적 패턴과 프로세스를 탐색할 수 있는 프로세스와 편의성을 모두 제공하는 것이다. 그런 다음 계정 팀 코치는 고객이 이용하는 여러 공급업체 중 하나에서, 전략적이고 신뢰할 수 있는 조언자가 되는 단계를 거쳐, 고객사가 전진하는 데 핵심이 되는 장기적인 성과 파트너가 되는 여정을 함께한다. 팀 코치는 다음을 통해 이를 할 수 있다.

- 고객과 소비자의 명시적, 암시적 '위임'과 그들의 근본적인 요구를 발견하도록 팀을 코칭한다(규율 1). 계정 팀에 도움이 되는 팀 코치의

핵심 질문은 '고객/소비자가 모든 이해관계자를 위해 더 큰 가치 창출을 가능하게 하는 고유한 일은 무엇인가?'이다.

- 팀이 독특한 고객/소비자 경험을 만드는 방법을 포함하여 고객/소비자와 함께 미션과 전략을 '명확화'하도록 돕는다. 그런 다음 거기에 도달하기 위한 단계를 수행한다(규율 2).
- 계정 팀 회의에 참석하여 최신화와 정보 교환에 중점을 두는 회의에서 벗어나 고객 조직에 가치를 더하는 고객 통찰력과 사업 전망을 만드는 새로운 집합적 사고를 생성하게 돕는다. 6장의 효과적인 회의를 만드는 여러 가지 접근 방식은 여기에도 매우 유용할 수 있다(규율 3).
- 고객 계정 팀과 고객사 사이의 실시간 회의를 촉진하고, 계정 팀이 고객과 이해관계자에게 어떻게 추가적인 가치를 가져올 수 있는지를 지원한다(규율 4).
- 고객 계정 팀과 고객 사이의 관계 검토를 촉진하고, 무엇이 효과가 있었는지, 무엇이 어려웠는지, 무엇이 좋을지를 조사한다(규율 5).

오늘날 시장에서 양질의 제품이나 서비스를 적절한 가격에 적시에 효과적으로 제공하는 것은 비즈니스 경쟁을 위한 필수적인 전제 조건이다. 눈에 띄기 위해서 계정 팀은 고객뿐만 아니라 고객의 고객에게도 집중해야 한다. 계정 팀은 고객과 제휴하고, 그들이 제공하는 제품이나 서비스를 통해서 조직의 통찰력과 사업 전망이 있는 가치를 고객에게 제공할 수 있도록 지원할 필요가 있다.

결론

이 장에서 우리는 모든 팀과 조직에서 혁신과 엔드 투 엔드end-to-end 가치 사슬 사고를 모두 증가시켜야 하는 시급성을 탐구했다. 또 관리, 프로젝트, 린, 애자일, 계정 팀에 시스템적 팀 코칭을 적용할 수 있는 여러 가지 방법을 제시했다. 이들은 다양한 유형의 팀 가운데 일부일 뿐이다. 팀 코칭 분야가 성장함에 따라 이사회, 팀 간 개발, 스타트업, 코칭 파트너십과 네트워크, 익스트림 팀 구성과 같은 더 광범위한 팀 상황에 시스템적 팀 코칭을 적용할 필요성이 증가하고 있고, 이에 대해서는 10장과 11장에서 다룰 것이다. 다음 장에서는 효과적인 가상 팀과 가상 팀 코칭을 관리하는 데 있어 기하급수적으로 증가하는 문제를 살펴볼 것이다.

제8장
가상 팀 코칭과 가상 코칭

도입

지난 20년 동안 우리는 기업의 국제화와 기술 효과성의 급격한 증가, 비용 감소에 따른 가상 팀 구성이 꾸준히 증가하는 것을 보았다. 이전 판에서 VIM 팀, 즉 가상, 국제, 다문화 팀과 작업하는 방법에 대해 기술했다(Hawkins, 2011, 2014, 2017, www.youtube.com/watch?time_continue=15&v=X0pCPjOqdq8). 그러나 2020년 초 갑작스러운 COVID-19 팬데믹이 전 세계를 휩쓸면서 조직과 팀의 세계가 하룻밤 사이에 바뀌었다. 전 세계적으로 국가 봉쇄가 잇따랐고, 수만 명의 직원이 사무실에서 집으로 갔고 곧 이어 재택 근무를 시작했다. 가상 팀워크 개발계획이 정체되었거나 느리게 진행되었던 조직들은 갑자기 가상 팀워크를 위한 글로벌 정책을 도입하고, Microsoft Teams, Slack, Zoom 등 다양한 플랫폼을 사용하여 관련 기술 지원을 서둘러야 했다.

많은 조직의 IT 기능, 속도, 민첩성과 대규모 사업enterprise은 인상적이었으나, 현명하고 효과적으로 기술을 사용하는 데 필요한 사람, 사회와 팀 구성teaming 기술에 대한 관심은 때때로 누락되었다. 2019년 12월 중국에서 시작된 바이러스의 여파로 빠르게 확산된 효과적인 팀 회의 방법과 가상 팀 코칭 방법에 대한 도움과 조언을 원하는 조직과 팀 코치들이 넘쳐났다. 이제는 많은 조직이 폐쇄가 완화되고 직원의 사무실 근무가 가능한 경우에도 가상 팀 만들기를 지속하고 재택 근무를 늘리고 있음이 분명해지고 있다. 재택 근무, 출퇴근 시간 감소와 효과적으로 가상 팀을 구성하는 방법을 개발하는 이점을 발견하고 있기 때문이다. 이와 더불어 미래에도 팬데믹이 전 세계를 다시 휩쓸 수 있다는 인식이 커지고 있다.

우리가 발견한 몇 가지 제안과 모범 사례를 공유하기 전에 가상 팀워크에 대한 정의와 역사를 정리한다.

가상 팀과 가상 팀 코칭은 무엇인가?

가상 팀은 지리적으로 분산되어 있는 상황에서 전자와 디지털 매체라는 두 가지 측면을 결합하여, 연결하고 커뮤니케이션을 한다. 같은 도시에 흩어져 사는 팀원들부터, 사무실이 아닌 재택근무하는 팀원들, 전 세계에 흩어져 있는 팀원들까지 다양하다. 연결방식은 이메일, 문자, 전화에서 화상 회의, 마이크로소프트 팀즈Microsoft Teams, 슬랙Slack, 뮤랄Mural, 미로Miro, 트렐로Trello 보드 등과 같은 디지털 팀 도구의 사용, 공유되고 연속적인 디지털 룸과 팀 코칭 앱에 이르기까지 광범위하다. 이는 [그림 8.1]과 같이 디지털 방식의 깊은 참여 연속체continuum로 볼 수 있다.

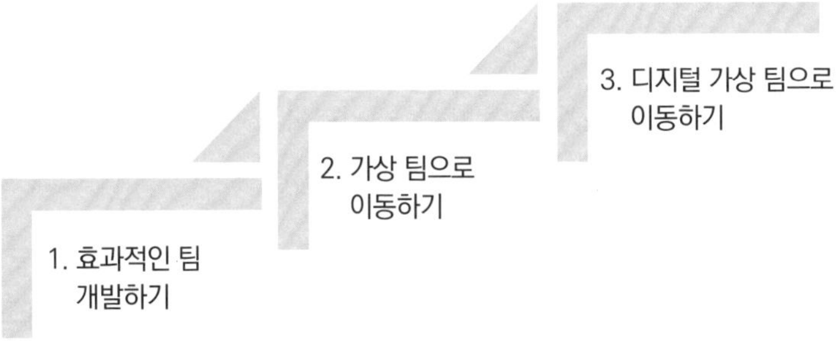

3. 디지털 가상 팀으로
    이동하기

2. 가상 팀으로
    이동하기

1. 효과적인 팀
    개발하기

[그림 8.1] 가상 팀 개발

팀	코칭
3단계: 디지털 방식의 팀	디지털 방식의 팀 코칭
2단계: 가상 팀으로 이동	가상 팀 코칭으로 이동
1단계: 팀으로 이동	코칭에서 팀 코칭으로 이동

[그림 8.2] 팀 구성 및 팀 코칭 추세

브레이크Brake(2006, 116)는 가상 팀을 '기술을 통해 공동의 목적을 달성하기 위해 서로 협력하는 분산된 사람들의 그룹'으로 정의했다. 그리고 립낵Lipnack과 스탬스Stamps(1996)는 '가상 팀은 모든 팀과 마찬가지로 공동 목적에 따라 상호 의존적인 작업을 통해 상호작용하는 사람들의 그룹'이라고 하며 가상 팀이 모든 팀과 얼마나 많은 공통점을 가졌는지 강조했다.

기존 팀과 달리 가상 팀은 위에서 언급한 것처럼 커뮤니케이션 기술이 웹으로 강화된 링크를 통해 공간, 시간, 문화와 조직 경계를 넘나들며 항상 새로운 상호작용 소프트웨어를 개발하고 있다.

립낵과 스탬스가 이 분야에서 획기적인 연구를 수행한 후 지난 25년 동안 우리는 팀 구축과 팀 코칭이 두 가지 병렬추세 현상으로 일어남을 목격했다([그림 8.2] 참조).

가상 팀을 개발한 초기 몇 년 동안, 대면팀이 가상 팀보다 훨씬 더 성공적이라는 증거가 있었다. 2001년 비자이 고빈다라잔Vijay Govindarajan과 아닐 굽타Anil Gupta는 70개의 가상 팀을 연구한 결과 18%만이 그 성과를 '매우 성공적'이라고 생각했고, 나머지 82%는 목표에 도달하지 못했다고 했으며, 33%는 자신이 크게 실패했다고 평가했다. 딜로이트Deloitte는 2005년 아웃소싱 IT 가상 팀에 관한 연구 결과, 66%가 고객의 요구 사항을 충족하지 못하는 것으로 나타났다. 우리 연구에서 대부분 사람이 가상 커뮤니케이션이 대면 상호작용보다 생산적이지 않다고 생각하고 거의 절반이 협업 기술에 대해 혼란과 압도감을 느꼈다.

21세기 첫 10년 동안 나를 포함한 대부분 연구자는 가상 팀이 제대로 잘 운영되려면 관계를 발전시키는 능력과 집단 목적 의식을 구축하기 위한 대면 시간이 필요하다고 주장했다. 맨프레드 케츠 드 브리스Manfred Kets de Vries(2006, 299)는 이 문제를 다음과 같이 설명한다.

> 오늘날 사이버 사회(글로벌 시장에서 점점 더 일반화되고 있는 가상 팀)에서 신뢰 구축은 훨씬 더 중요하고 더 힘든 싸움이다. 가상 팀을 효과적으로 만들려면 관계 구축에 막대한 투자가 선행되어야 한다. 미소나 악수를 이메일로 보내는 것은 불가능하기 때문에, 전자 커뮤니케이션이 아닌 개인적 관계와 커뮤니케이션으로 신뢰를 쌓는다. 그러나 다양한 당사자 사이에 상당한 수준의 신뢰가 있어야만 세계의 다른 지역에 있는 개인과 그룹 사이의 효과적인 상호작용을 기대할 수 있다. 신뢰라는 접착제가 없으면 팀은 제대로 작동하지 못하며 가상 팀은 전혀 작동하지 않는다.

디즈니의 전 CEO인 마이클 아이즈너Michael Eisner는 더 나아가 '내가 내린 최악의 결정은 전화 회의였다. 당신의 팀을 하나로 모으고 눈을 보며 토론하는 것이 성공적인 한 방향 정렬alignment을 위해 중요하다.'(Wetlaufer, 2000) 그러나 이후 가상 팀은 계속해서 성장하고 개선되었다. 보스턴 컨설팅 그룹Boston Consulting Group(2009)과 에이온 컨설팅Aon Consulting의 보고서에 따르면 관리가 잘 된다면 가상 팀이 비슷한 위치에 있는 팀을 능가하고 직원 생산성을 향상할 수 있다고 제안했다(Ferrazzi, 2014).

2014년 이후로 가상 팀 구축에 관한 기술 지원과 가상 팀을 관리하는 인적 기술이 더욱 발전했다. COVID-19 팬데믹 기간 동안 프로세스는 더 크게 도약했다.

오울 연구소Owl Labs는 몇 년 동안 원격 근무의 성장에 관한 정기적인 보고서를 작성해왔다. 오울 연구소(2020)의 보고서는 이미 증가하는 있는 원격 근무 추세와 관련하여 미국 내 팬데믹의 막대한 영향을 보고했다.

- COVID-19 기간에 정규직 근로자의 70%는 재택으로 근무했다.
- 2명 중 1명은 COVID-19 이후 원격 근무를 못 하면 직장으로 돌아가지 않을 것이다.
- 77%는 COVID-19 이후 재택 근무working from home(WFH)가 가능하면 더 행복할 것이라는데 동의했다.
- 75%의 사람들이 COVID-19 동안 재택 근무가 생산성이 동일하거나 더 높다고 했다.
- 2020년에는 사람들이 COVID-19 이전보다 50% 더 많이 화상 회의를 사용한다.

- 2명 가운데 1명은 전부 또는 대부분이 재택 근무를 할 수 있다면 이직하려 한다.
- 원격 근무는 통근 시간을 매일 40분 절약한다.
- 2020년에는 80%가 COVID-19 이후 최소 주 3회 재택근무를 할 것으로 예상한 반면, 5명 가운데 1명은 팬데믹 기간 동안 더 많이 일한다고 보고한다.
- 기업의 20~25%만이 가구와 케이블과 같은 홈 오피스 장비 비용을 지불하거나 분담한다.
- 80%는 일주일에 하루는 회의가 없어야 한다는 데 동의한다.
- 81%는 COVID-19 이후 고용주가 원격 근무를 지원할 것으로 생각한다.
- 정규직 직원의 23%는 최소한 일정 시간 동안 재택 근무를 하기 위해 10% 이상의 급여를 삭감할 용의가 있다.
- 44%는 팬데믹 기간에 화상 회의를 위해 옷, 머리, 화장 등에 시간을 쓸 필요가 없다고 생각했다.
- 평균적으로 사람들은 월 $479.2를 절약한다.

최근 맥킨지McKinsey 설문조사에서 리더들이 팬데믹과 관련하여 언급한 가장 일반적인 변화는 다음과 같다.

- 회의 구조와 주기 변경(80%)
- 리더가 일상을 이끄는 방법(78%)
- 기술과 시스템 사용(76%)

또한 가트너Gartner[6]는 팬데믹이 코칭과 멘토링 분야에 어떻게 빠르게 영향을 미치는지 보여주었다. '코칭과 멘토링 플랫폼의 필요성은 사무실의 대면 선택사항이 부족할수록 더욱 높아졌다. 멘토링 플랫폼과 애플리케이션에 대한 문의 비율은 한 달에 한 명에서 수백 명으로 늘어났다.'(가트너 업데이트 2020년 10월)

모든 코치, 특히 팀 코치는 디지털에 능숙하고 다재다능한 역량을 갖는 것이 점점 더 필수적으로 되고 있다. EMCC 의장인 리자 카딜라Riza Kadilar 박사는 2020년에 다음과 같이 말했다. "당신은 아직 로봇이나 AI 때문에 직장을 잃지는 않을 것이다. 그렇지만 디지털 도구를 업무에 통합해 나가는 다른 사람 때문에 일자리를 잃게 될 것이다."

효과적인 가상 팀과 팀 만들기

가상 팀을 가상으로 코칭하기

팀 코치는 아래 사항을 필수적으로 갖추어야 한다.

- 가상 혁명에 뒤쳐지지 않는다.
- 가상 팀 코칭 기술을 개발한다.
- 가상으로 팀 코칭을 제공하는 방법을 개발한다.

---

[6] 1979년 기디언 가트너Gideon Gartener에 의해 미국 코네티컷주 스탬퍼드에서 가트너 그룹으로 시작되었으며, 2001년 이후 가트너라고 불리고 있다. 미국을 포함한 다양한 나라의 IT 분야 연구 및 자문 역할을 담당하는 회사이다.

- 다양한 디지털 플랫폼(Zoom, Microsoft Teams, Slack 등) 사용법을 학습한다.
- 가상 팀 구축을 가능하게 하는 뮤랄, 트렐로 보드, 워드 클라우드와 같은 소프트웨어 사용법을 배운다.
- 팀 코칭 앱에 관해 잘 알아야 하며, 앱을 통해 팀 코칭을 지원할 뿐만 아니라 지원하는 팀 리더가 자신의 팀을 코칭하도록 한다.

팀 코치들이 가상 팀과 잘 협력할 수 있도록 다음과 같은 다섯 가지 핵심 개발 영역이 교육과정에 필수적이다.

- 가상 현실과 연결
- 커뮤니케이션
- 기술 능력
- 가상 퍼실리테이션
- 가상 팀 코칭

◆ **가상 현실**

가상 현실 개발은 대면 현실 개발과 다르다. 당신이 화면에 어떻게 보이는가에 관해 생각하는 것은 중요하다. 우리는 훈련하는 모든 사람과 우리가 코칭하는 팀의 모든 사람이 카메라 각도를 조정하고 화면에서 뒤로 물러나서 머리와 천장이 아니라, 얼굴과 몸의 모든 부분이 보이는 것을 권장한다. 손과 팔의 비언어적인 동작은 참여율을 높인다. 또 당신의 배경과 그 배경이 전달하는 내용에 대해 생각해보자. 어떤 수퍼바이저 코치는 바로 뒤에 알코올 선반이 보였는데, 이는 코칭에 유용한 메시지 전달에 도움이 되지 않는다. 코로나 봉쇄 시기, 나는 항상 신선한 꽃과 식물을 내 뒤에 보이게 했다. 이는 더 넓은 생태계를 코칭 과정에 가져왔고, 나와 함께 일하는 구성원들이 좀 더 좋은 것을 보게하기 위함이었다.

가상 회의는 비인간적으로 보일 수 있으므로, 대규모 팀이나 모임인 경우 팀 코치는 온라인에 일찍 접속하여 참여자들에게 따뜻하고 매력적인 방식으로 환영하면 좋다. 대규모 그룹의 경우 채팅창에 접속 위치, 현재의 상황 등과 같은 개인적인 정보를 입력하도록 요청한다.

◆ 커뮤니케이션

가상으로 업무할 때, 특히 다른 문화와 자신의 모국어를 사용하는 국제 팀과 함께 업무할 때의 커뮤니케이션은 대면으로 업무할 때보다 훨씬 더 간결하고 명확하며 일관성이 있어야 한다. 가상 상태에서 사람들의 주의를 오래 유지하기란 더 어렵다. 따라서 지침은 짧고 정확해야 하며 프레젠테이션은 더 짧고 시각적이며 더 효과적이어야 한다. 다국어를 구사하는 청중과 함께할 때는 복잡한 단어와 구어체를 피하고 단어를 명확하게 발음하고 더 천천히 말하고, 국제 영어를 사용하도록 권한다. 회의의 구조가 명확하고 사람들이 참여하는 방식에 대한 합의된 프로토콜이 있으면 일관성은 유지된다. 사람들이 손을 드는 기능을 사용하여 기여하고 싶다는 표시를 하고 참여를 기다리고 있는가? 채팅 기능을 사용하는가? 이는 산만하고 2차적이고, 동시 진행형 대화가 될 수도 있지만 데이터를 공유하는데 유용할 수 있다.

◆ **기술적 능력**
- 안정된 인터넷 회의 플랫폼이 있는지 확인한다.
- 연결이 불안정한 경우 이더넷ethernet을 통해 컴퓨터를 라우터에 직접 연결하면 도움이 될 수 있다.
- 음질이 좋지 않은 경우에는 좋은 품질의 헤드폰을 사용하는 것이 좋다.
- 통화 중인 누군가에게 기술적인 문제가 있는 경우가 많으므로 당신(다른 사람)이 당황하지 않도록 준비하자. 통화량이 많은 경우 문제가 발생할 수 있다.
- 공유 화면과 소회의실, 화이트 보드와 같은 기타 기능 사용법을 배운다. Zoom을 사용하면 발표자와 참여자 보기, 비공개와 공개 채팅, 음소거/음소거 해제, 채팅창 저장법을 사람들에게 상기시킨다.
- 조명이 제대로 되어 있는지 확인하고, 불필요한 빛으로 인해 그림자가 생기는지 확인한다.

◆ **팀 참여 촉진하기**
가상 팀은 더 적극적인 촉진이 필요하다. 위에서 언급한 것처럼 처음부터 회의에 대한 기본 규칙과 프로토콜을 설정하는 것이 중요하고, 다음을 포함한다.

- 타이밍: 회의 시작 전에 모든 사람이 참여하는지 예상
- 비디오와 오디오: 비디오를 켜고 있는 사람들, 다른 사람들이 말할 때 음소거 여부에 대한 기대
- 프리젠테이션: 화면 공유, 파워포인트PowerPoint 슬라이드 사용과 수 제한

- 참여 도구: 화이트 보드, 미로, 뮤랄 또는 기타 참여 방법 사용
- 녹화: 회의 녹화 여부, 저장 방법, 기간, 볼 수 있는 사람(팀 구성원, 회의에 참석하지 못한 사람 등)에 대한 동의
- 회의 간 커뮤니케이션: 전체 팀과 공유할 내용, 공유 팀 룸, 슬랙 또는 앱에 있는지 여부, 개별적으로 공유할 내용
- 회의록: 작성을 동기화하고, 팀이 동의하는 경우 사람들이 동의, 추가 또는 변경할 수 있도록 화면에서 공유
- 휴식 시간

가상 팀워크를 촉진하기 위한 몇 가지 유용한 힌트와 팁은 다음과 같다.

- 개인적, 사회적 유대감을 갖고 회의를 시작한다: 우리는 같은 방에 있지 않을 수도 있지만, 마치 우리가 함께 있는 것처럼 행동하고, 사람들이 개인적으로 대화를 나누는 것은 중요하다. 또 편안한 휴식과 음료를 마실 시간을 보장해야 한다. 사람들은 더 긴 세션을 성공적으로 수행할 수 있지만, 경험상으로 최대 2시간에 한 번의 휴식을 추천하고, 사람들이 유대감을 가질 수 있도록 최소 15분 일찍 시작한다.
- 정서적 친밀감을 형성한다: 우리는 다른 사람들이 말한 것과 다른 사람들이 한 일은 잊어버리겠지만, 다른 사람들이 우리를 어떻게 느꼈는지는 결코 잊지 않을 것이다. 한 팀장은 생일을 맞은 팀원에게 케이크를 보냈고, 가상 팀 회의에 가져오라며 모든 팀원에게도 우편으로 케이크를 한 조각씩 보냈다.
- 결과 기반 체크인을 사용하여 사람들의 목표를 설정하여 모든 사람

의 목소리가 초반에 나올 수 있도록 한다. 사람들이 다음에 무엇을 할 지 합의하고 끝낸다.
- 팀 리더/퍼실리테이터로서 팀을 살펴보고 모든 사람이 동등하게 기여할 기회를 갖도록 한다.
- 고립되어 작업하는 여러 팀과는 짧은 일과 시작 회의가 연결, 정렬과 집중을 유지하는 데 도움이 된다.

◆ 가상 코칭

나는 여러 조직과 팀 코치가 가상 팀을 만드는 데 도움을 주었고, 동료인 이브 터너 Eve Turner와 함께 다음과 같이 조언했다.

이 도전적이고 전례가 없는 시기에 우리 가운데 많은 사람이 가상 작업으로 전환하고 있다. 이들이 코치, 컨설턴트, 수퍼바이저, 팀 리더 또는 CEO인지에 상관없이 우리는 가상 작업을 하면서 다른 경험을 할 수 있다. 우리 가운데 일부는 경험이 많고 편안하다고 느낄 수 있고, 다른 사람들에게는 새로운 영역일 수 있다. 그러나 우리는 사람들을 하나로 모으고 연결에 대한 열망을 공유하고, 가장 효과적인 방법으로 그렇게 할 것이다.

우리는 통합된 접근 방식으로 몇 가지 간단한 아이디어를 생각했다. 당신이 회의를 최대한으로 활용하고 주관하는 동안 편안하고 용이하게 되기를 바란다. 확신이 서지 않으면 대면 회의라고 상상해보고 진행/주관하는 방법을 안내해보자.

기술적 연결 관리

- 사람들이 당신의 배경으로 무엇을 보게 될지 고려한다. 적절한가? 이는 당신이 말하고 싶은 것인가? 많은 사람이 라운지나 식당에서 일해야 하는데, 만약 뒤에 있는 벽난로에 알코올을 보관하는 경우 재배치가 필요할 수 있다. 코로나 봉쇄 기간 동안 나는 항상 높은 테이블 위에 신선한 꽃을 놓아두었다.
- 비언어적 커뮤니케이션을 최대화할 수 있는 방법을 고민한다. 되도록 잘 보이도록 화면을 최상의 각도로 배치하자. 프레임에서 높게 배치하여 사용자와 천장 사이에 큰 간격이 없도록 해야 한다. 사람들이 당신 손의 움직임을 볼 수 있으면 이상적이다. 우리는 또한 너무 밝거나 너무 어둡지 않도록 자연광이 하루 중 시간대별로 어떻게 달라지는지 고려해야 한다.
- 녹음 세션에 대한 계약: 소그룹 회의실은 녹음하지 않고 기본 회의실만 녹음된다는 점에 유의하여 통화 시작 시 참여자들에게 동의를 구해야 한다.

인간관계 관리

- 가능하면 디지털과 가상 모드로 전환하기 전에 대면으로 팀 코칭 관계를 시작한다. 대면이 불가능한 경우 첫 번째 세션 전에 각각의 팀 구성원을 가상으로 일대일로 만날 수 있다.
- 전체 참석을 포함하여 가상 팀 프로토콜을 설정한다. 한 가지 예는 연결

을 유지하고 팀 감각을 향상하기 위해 매일 짧은 팀 회의로 시작한다.

가상 회의에서 라이브 코칭

전통적으로 팀이 가상으로 운영되는 경우에도 팀 워크숍이나 전략 세션을 위해 1년에 몇 번 모여서 팀 코칭을 계속했다. 그러나 모든 형태의 조직이 세계화되고 돈, 시간과 세계 자원 측면에서 여행 비용이 증가하면서 팀 코치는 이전보다 더 짧은 대면 시간으로 신뢰를 구축하는 방법을 발전시켜야 했다. 팀 코치로서 우리는 비디오와 오디오를 활용한 팀 회의를 코칭할 수 있는 새로운 기술과 방법을 개발하여 관계를 구축하고 오해가 생기지 않도록 해야 한다. 또 대면 회의보다 회의 전후에 커뮤니케이션을 위한 비공식적 공간이 부족하다는 점을 기억해야 한다.

팀 코치가 첫 번째로 개발할 것은 가상 회의에서 라이브 코칭으로 팀 워크숍을 지원하고, 팀의 약속을 이행하고 평소와 같이 사업을 수행하도록 새로운 방식을 보장하는 것이다. 이를 잘 수행하려면 팀 코치가 사전에 팀 리더 또는 회의를 주관하거나 이끄는 사람과 계약을 체결해야 한다. 즉 회의가 끝날 때까지 팀의 공동 목표, 달성하기 위해 필요한 프로세스, 팀 코치가 이런 목표를 가장 잘 지원할 수 있는 방법 탐색하기가 중요하다. 이후 팀 리더는 회의 시작 시 팀 코치의 합류와 그 목적, 팀 코치가 수행할 역할을 명확하게 공지해야 한다. 팀 코치의 역할은 팀의 일원으로서 경기장에 있거나, 관중석에 있으면서 마지막에 피드백을 제공하는 관찰자가 아니라, 회의의 중요한 순간에 '타임 아웃' 선언에 합의하는데 있다. 나는 일반적으로 회의 중에 2~5회의 타임아웃을 부르는 것에 동의하는 팀과 일한다. 팀 코치의 개입은 짧고 정확해야 하며, 회의 이후에 즉각적인 영향을 미치도록 조정한다. 팀 코치가 팀의 역동성에서 무엇을 코칭할지 장시간 고민하며, 통화와 토론으로 시간이 과도하게 소요되지 않도록 해야 한다.

유용한 개입 사례는 다음과 같다.

- 팀은 워크숍에서 조용한 구성원의 의견을 더 듣고 싶다는 데 동의했다. 세 명이 잠시 손을 들어 기여하고 싶어 했다.
- 회의 절반이 진행되었다. 각 참가자가 토론 없이 상반기에 가장 가치를 창출한 것은 무엇이며, 하반기를 더 가치 있게 만들 수 있는 것은 무엇인지 간단하게 공유할 수 있다. 그렇다면 그 알아차림을 갖고 바로 복귀하기를 제안한다.
- 이 논의에 어느 이해관계자의 관점을 반영해야 하는가?
- 양자택일 또는 해결책에 대한 논쟁에 갇힌 것 같다. 생산과 마케팅 요구 사항을 모두 충족할 수 있는 대안을 브레인스토밍하는 데 최대 5분을 할애할 수 있을까?
- 이사회와 경영진의 행동을 파악하는 것이 얼마나 어려운지 알 수 있다. 팀으로서 고객과의 관계를 바꾸기 위해 무엇을 할 수 있을까?

가상 팀 워크숍

가상으로 분산된 팀의 성장, 팬데믹과 여행 제한의 영향으로 점점 더 많은 팀 코칭 워크숍이 가상으로 진행되어야 했다. 가상 팀 워크숍은 대면 팀

워크숍보다 프로세스 전반에 걸쳐 팀 구성원 전체의 참여를 극대화하기 위한 기술을 사용하는 방법을 사전에 계획하고 설계하는 것이 필요하다. 모든 사람의 관심과 집중을 유지하는 방법은 사실상 아주 큰 도전이다.

대면 워크숍과 같이, 시작 몇 분 안에 당신이나 팀 리더가 특정 워크숍의 목적을 설명하고 모든 참여자의 의견을 경청하는 것은 중요한 일이다. 여기에는 모든 팀원이 기술을 사용하여 적극적으로 참여하는 몇 가지 탐색 활동이 뒤따라야 한다. 화이트 보드로 브레인스토밍하거나, 뮤랄의 가상 포스트잇을 사용하여 모든 사람이 탐색 중인 영역에 대한 자신의 관점을 표현하게 할 수 있다. 이후 단체로 또는 소규모 회의실에서 수행할 수 있는 분류와 유목화clustering 단계로 넘어간다.

가상 팀 코칭 연구

가상 팀 코칭에 관한 연구는 거의 없지만, 팸 반 다이크Pam Van Dyke(2016)가 가상 그룹 코칭에 관한 유용한 연구를 해왔는데, 이 역시 문헌에서 상대적으로 다루어지지 않는다. 여기에는 가상 그룹 코칭을 위한 도구, 기술과 설계에 대한 7장에 흥미로운 브리튼Britton(2013)의 연구를 포함한 몇 가지 주목할 만한 연구가 있다. 굿맨Goodman과 스튜어트Stewart(2011)는 함께 그룹 코칭의 변형인 가상 액션 러닝 그룹을 촉진하는 유용한 접근 방식을 만들었다. 반 다이크(2019)와 브리튼(2019) 두 명은 현재 가상 코칭 훈련을 제공하는 코치 훈련이 거의 없으며, 가상 그룹과 팀 코칭 기술과 이론은 더욱 부족하다고 지적하였다. 디지털 시대가 점점 더 가속화됨에 따라 코치들은 가상 환경과 그룹 환경 모두에서 효과적으로 일하는 방법을 배워야 할 것이다.

가상 팀에서부터 가상, 국제적 그리고 다문화적(VIM) 팀까지

항상은 아니지만 많은 경우 가상 팀은 국제 팀이고, 국제 팀은 대부분 가상 팀으로 운영된다.

캐니 데이비슨Canney Davison과 워드Ward(1999, 11)는 국제 팀을 '공동의 목표를 위해 다른 국적에서 온 사람들과 독립적으로 일하는 사람들의 그룹'으로 정의한다. 데이비슨과 워드(1999, 12)는 다국적 상황이 아래와 같은 여러 가지 추가적인 복잡성과 도전을 가져올 수 있다고 하였다.

- 복잡한 작업 수행
- 둘 이상의 국가에 미치는 영향
- 매우 다양한 고객에게 서비스 제공
- 동시에 많은 영역의 문제 해결
- 상당한 영향을 미칠 것으로 예상
- 다른 문화와 배경

국제 팀 구성하고 유지하는 비용은 그만큼 국제 팀에 대한 기대가 높음을 의미하며, 이는 상당히 증가하는 도전이다.

그레거슨Gregersen 등(1998)은 미국의 포춘Fortune 500대 기업을 대상으로 실시한 설문조사 결과, 85%는 적절한 수의 글로벌 리더가 없다고 생각하고, 67%는 기존 리더는 글로벌 업무에 추가적인 기술과 지식이 필요하다고 생각한다는 사실을 발견했다. 다양한 연구에서 효과적인 글로벌 리더에게 필요한 자질을 확인하였다. 이는 호킨스Hawkins와 스미스Smith(2006, 2013)에 의해 [표 8.1]로 요약되었다.

팀 코치는 이러한 국제 팀의 팀 리더와 팀원이 글로벌 작업을 위해 더 많은 능력을 개발하도록 돕는다. 이는 글로벌 조직의 고위 간부뿐만 아니라 코치 자신도 이러한 기술을 개발하고 초문화적으로 일해야 함을 의미한다.

[표 8.1] 효과적인 글로벌 리더의 자질

정체성	개념적 능력	대인관계
긍정적 자기-개념	글로벌한 사회-경제적 관점	주의 깊게 행동을 해석하기
진정성	맥락적 사고 (헬리콥터/왕복우주선)	상황에 적합한 스타일 맞추기
타인에 대한 적응		자신을 이해하기
맥락안에서의 자신과 문화를 보기		사람들을 동등하게 존중하기
원칙에 따른 안내		영향력에 열려 있기
다양성에 열려 있기		다문화 문해력

줄피 후세인Zulfi Hussein은 멘토링과 관련하여 '다른 문화에서 온 사람을 멘토링하려면 멘토는 자신의 문화와 멘티의 문화가 커뮤니케이션에 어떤 영향을 미칠 수 있는지 알아야 한다'라고 기술하고 있다(Zulfi Hussein, Megginson & Clutterbuck, 2005: 98). 이어서 그는 '문화적 문해력

cultural literacy'의 중요성을 강조하는데, 이를 지배적인 문화, 자신의 문화, 멘티의 문화와 멘티가 일하는 조직의 문화와 가치, 신념과 상징을 이해하는 것으로 정의한다.

이는 국제 팀 코치로서 여러분이 팀에 존재할 수 있는 많은 다른 문화들과 관계를 잘 맺을 필요가 있을 때 훨씬 더 큰 도전이다. 이는 팀 코치로서 조직이 기반을 두고 있는 국가의 문화 출신이고, 지배적인 그룹과 동일시되는 것으로 보는 경우에 더욱 도드라질 수 있다. 호킨스와 스미스(2013)는 우리 자신의 문화적 규범과 패턴을 반영하는 대화의 필요성에 관해 썼는데, 그 가운데 많은 부분을 우리가 알지 못할 수도 있다(Ryde, 2009 참조).

다른 문화를 이해하기 위한 노력이 중요하며, 평소 개방적인 탐구 자세가 도움이 됨을 발견했다. 이는 우리가 부분적으로 학습에 대해 열린 태도로 업무할 때 형식적이 되기보다는 우리 자신이 생생하고 창의적이 된다고 일반적으로 믿기 때문이기도 하지만, 우리가 문화적 다양성을 부정하기보다 진정으로 존중하려면 다름을 넘어 대화하는 방법을 찾아야 하기 때문이다. 따라서 대화는 우리가 하는 일의 핵심이다. 우리 임무를 단순히 상대방 관점을 이해하는 것으로 본다면 진정한 만남은 이루어지지 않는다. 코칭 관계에서 이는 관계의 차이를 기꺼이 장려하고 탐구하려는 의지를 의미할 뿐만 아니라 우리 자신과 고객과의 관계에 대한 열린 질문의 태도를 갖는 것을 의미하기도 한다.

엘레프테리아두Eleftheriadou(1994)의 연구는 다문화적cross-cultural 작업과 초문화적transcultural 작업을 구분하는 데 유용한 도움이 된다. 다문화 작업에서 우리는 '우리 자신의 세계관을 넘어서기보다는 다른 사람을 이해하기 위해 우리 자신의 참조 시스템을 사용'하는 경향이 있다. 초문화적 작업은 우리의 문화적 차이를 넘어서서 일하고 다른 개인과 집단에 대해 '자연스러운' 참조 틀 안에서 작동할 필요성을 의미한다.

이런 방식의 작업 능력은 중요하다. 다른 사람의 영역에 들어가는 일은 그들의 다양성을 존중하는 핵심 부분이므로, 적응하는 방법을 학습하는 것은 중요한 기술이다. 그러나 더 깊은 수준에 더 생성적인 차원이 있다. 여기에서 양측은 각각이 가져오는 차이점을 존중하는 것 이상으로 움직이고, 탐구하기 위해 추가적으로 공유하는 언어와 프레임워크 세트를 만들어낸다. 열린 탐구 태도는 초문화적으로 작업하는 능력을 향상시키며, 이러한 탐구는 양쪽 당사자가 학습에 참여하는 대화 안에서 최적으로 이루어진다.

여러 국제 팀을 지도하면서 우리는 다양한 짝을 이루어 수행할 수 있는 문화 인식 운동을 개발했다.

A는 '내 문화적 배경에 대해 알려주고 싶은 것…'이라고 말한다.

B는 '내가 들은 것은…'

A가 잘못 이해한 모든 것을 명확히 한다.

그런 다음 B는 '당신이 나에게 말한 것에 반응하기 위해 다르게 행동할 것은…'이라고 대답한다.

그런 다음 A는 B에게 어떤 반응이 도움이 된다고 생각하는지 알려준다.

팀 코칭을 위한 두 가지 새로운 도전과 기회

팀 코치봇과 일하기

개인의 셀프 코칭을 가능하게 하거나 코치의 업무를 지원하고 활성화하는amplify 개별 코치봇Coachbot은 꽤 오랜 기간에 걸쳐 개발되었다. 팀 코치봇은 더 최근의 일이다. 지난 3년 동안 나는 세이버Saberr(www.saberr.com)와 협력하여 고가치 창출 팀 프레임워크의 다섯 가지 규율과 시스템적 팀 코칭의 여러 도구와 접근 방식을 활용하는 코치봇 개발을 지원해왔다. 일부 코치와 팀 코치는 이러한 디지털 코칭 앱을 업무를 방해하는 위협으로 간주하지만, 나는 팀 코치봇이 팀 코치들에게 새롭고 흥미로운 가능성을 제공하리라 믿는다.

코치봇은 다음과 같은 기능을 제공하는 공유 앱과 팀 캔버스를 제공한다.

- 팀 회의와 개별 검토 모두에 대해 안건을 구성하고 조정한다.
- 발생하는 많은 일반적인 어려움과 문제에 대한 학습 정보, 지침을 포함하여 팀 회의와 개별 검토를 수행하기 위한 지침을 제공한다.
- 팀 리더나 다른 팀원이 상호작용적, 공동 창조 연습을 통해 팀을 이끌 수 있는 팀 코칭 모듈을 제공한다.
- 팀 구성원이 팀 워크숍 또는 회의에서 약속한 사항에 대한 후속 조치를 공유하는 자리인 팀 회의록을 수집한다.
- 팀 검토와 팀 학습 세션을 만드는 것을 돕는다.
- 팀 대화방을 제공한다.

세이버는 팀 코치를 통해 팀 관리자에게 팀 코치봇을 사용하여 팀 개발 방법을 교육하는 등 많은 성공을 거두었다. 코치봇과 여러 도구로 교육한 결과, 사내 교육이든 비즈니스 스쿨이나 교육업체를 통해 제공되든 일선 또는 중간 관리자용 프로그램에서 일반적인 것보다 훨씬 더 많은 학습 적용과 후속 조치가 이루어졌음이 입증되었다. 이러한 후속 조치는 팀 코치/트레이너가 2~3개월마다 5~8명의 팀 리더 그룹을 위해 행동 학습 세트를 제공할 때 더욱 강력해진다. 이 세트에서는 각 그룹이 코치봇을 통해 팀과 함께한 일과 어떤 과제와 문제가 나타났는지 공유할 수 있다. 팀 코치/행동 학습 세트 퍼실리테이터(또는 팀 코치 수퍼바이저)는 동료 탐색, 다른 사람에게 효과가 있었던 내용을 공유하고 동료 학습을 가능하게 한다.

코치봇은 또한 특정 문제나 자료에 대한 팀 기밀성을 유지하면서 조직 내 소속된 팀 전체에서 어떤 활동이 이루어졌는지를 나타내는 대시보드를 제공한다.

디지털 혁신

디지털 혁신digital transformation은 다음과 같다.

- 기존 비즈니스 관행을 새로운 디지털 방식에 적용하여 효율성을 높이는 프로세스이다.
- 디지털 참여와 경험을 통해 고객 경험을 개선한다.
- 고객 자료 확보와 분석으로 시장 정보를 향상한다.
- 빅 데이터를 사용하여 변화하는 상황과 추세를 예측하고 더 빨리 적

응하고 빠르게 변화하는 시장 요구에 부응한다.

디지털 혁신에 대한 지출은 천문학적이다. IDC는 디지털 혁신 지출이 2019년에 1조 1,800억 달러에 이를 것으로 보고했고, 2022년에는 거의 2조 달러에 이를 것으로 추정했지만 결과는 실망스러웠다. 맥킨지McKinsey의 연구(2018년 10월, www.mckinsey.com/business-functions/organization/our-insights/unlocking-success-in-digital-transformations#)에 따르면 응답자의 16%만이 조직의 디지털 혁신이 성공적으로 개선되었고 장기적으로 변화를 지속할 수 있다고 응답했다. 또 다른 7%는 성능 향상을 보고했지만 지속되지 않는다고 말했다. 그런데도 디지털 혁신은 팬데믹 기간에 훨씬 더 빠르게 성장했다. 사티아 나델라Satya Nadella 마이크로소프트 사장은 2020년 4월 분기별 실적 발표에서 "COVID-19가 우리의 일과 삶 모든 측면에 영향을 미치면서 우리는 2년 동안 디지털 혁신을 지켜보았다. 팀워크는 현대 직장의 중요한 측면이며 마이크로소프트에서 디지털 혁신을 가능하게 하는 핵심 요소다."라고 말했다. 그리고 그는 하루에 2억 명이 넘는 마이크로소프트 팀즈 회의 참가자가 있다고 말했다.

조직이 조직 문화와 사람들의 상호작용 방식을 동시에 바꾸지 않는다면 디지털 혁신이 가치를 제공할 가능성이 희박하다는 증거가 있다. 디지털 혁신 프로젝트에 사용하는 기술 가운데 일부는 사물 인터넷, 블록체인, 3D 프린팅, 빅 데이터, 클라우드 컴퓨팅, 인공 지능과 기계 학습이다. 디지털 혁신은 단순한 기술 추가 이상으로, 혁신의 일부는 직원들의 사고 방식 변화가 포함된다. 기업 문화가 변화를 지지하지 않는다면 기업은 새로운 비즈니스 프로세스를 도입하고 '디지털 계몽digital enlightenment'에 도달하기 어려울 것이다. 디지털 방식으로 바뀐 비즈니스로의 전환은 흔히 사일로를 허물고 고객과 다른 방식으로 관계맺음을 의미한다.

IFS North America의 CTO인 릭 베이그Rick Veague는 "디지털 혁신은 매우 간단하다. IoT, 모바일, 고객 참여, 인공 지능, 데이터와 분석과 같은 현재 주류 디지털 기술을 채택하고 있다. 제품 가치를 높이기 위해 이러한 기술을 어떻게 사용할까?"라고 말했다(TechRepublic에서 인용, www.techrepublic.com/article/digital-transformation-a-cheat-sheet/).

딜로이트Deloitte는 단순히 신기술 적용을 넘어 디지털 시대에 맞게 전체 비즈니스 모델과 프로세스를 재숙고하는 포괄적인 전략으로, 성숙한 디지털 기업이 미성숙한 경쟁자보다 훨씬 더 재정적으로 성공적임을 보여주었다.

> 디지털로 성숙한 기업은 수익을 포함하지만, 고수익 창출을 넘어 디지털 혁신에서 발생하는 광범위한 특수 이점을 누린다. 개선된 제품 품질, 고객 만족도와 같은 이점들이 재무 성과를 개선하는 데 기여한다. 기타, 환경 영향 줄이기와 인력 다양성 증가와 같은 사항들은 점점 더 기업의 광범위한 사회적 책임의 일부로 간주된다.
>
> (www2.deloitte.com/us/en/insights/topics/digital-transformation/digital-transform-survey.html)

팀 코치는 조직이 투자의 진정한 가치를 뽑아내기 위해 필요한 문화적 변화와 디지털 혁신의 기술적 측면을 결합하도록 돕는 데 중추적인 역할을 할 수 있으며 문화적 디지털 혁신에는 세 가지 주요 측면이 있다.

- 더 효과적인 가상 팀 구성
- 애자일 혁신 팀 개발(이전 장 참조)
- 고객, 공급업체와 효과적인 파트너 관계

결론

가상 팀 구성과 가상 팀 코칭은 COVID-19 팬데믹으로 엄청난 가속도가 붙었으며, 대부분 비즈니스 리더와 논평가들은 팬데믹 이후에도 이 추세가 지속할 것으로 예측한다.

이러한 변화의 여파로 팀 리더는 가상 팀을 효과적으로 참여시키고 이끌고 개발하는 방법에 관한 더 많은 교육과 코칭이 필요하다. 동시에 팀 코치는 가상 팀 코칭에서 유능하고 자신감 있고 경험이 풍부한 디지털 네이티브가 되어야 한다.

제9장
이사회 코칭

모든 회사는 회사의 장기적인 성공을 총괄 책임지는 효과적인 이사회가 있어야 한다.　　　　　(영국 기업 지배구조법 the UK corporate Governance code, 2012)

어려운 과제는 인류가 위험에 직면할 수 있는 현재의 치열한 경쟁적, 지정학적 환경 속에서 기업 이사회의 사고방식을 정중하게 바꾸는 데 있다.

(2012년 세계경제포럼)

이사회 리더십은 CEO와의 개방성과 신뢰를 구축하고 사람들을 팀워크에 참여시킨다. 개인 혼자서는 절대 이룰 수 없는 일이기 때문에 무엇보다 강한 팀을 만드는 것이 효과적이다. 이는 팀워크에 관해 누가 무엇을 하는지에 대한 명확한 이해이다.

(FTSE 100[7] 의장, HOGAN에서 인용, 2012)

---

7) Financial Times Stock Exchange 100: 영국의 대표적인 주가지수로 런던증권거래소에 상장되어 있는 주식 중 상위 100개 기업의 주가를 지수화한 것이다.

도입

이 장은 민간, 공공 또는 비영리 부문의 이사진들과 이사회를 코치하기 위해 추가적인 이해를 높이고 기술을 더 배워야 하는 팀 코치를 위해 작성했다. 여러 이사회 의장을 맡았던 나는 이사회 의장의 핵심 역할 가운데 하나가 높아지는 이사회의 책임을 다할 집단 역량을 코칭하고 개발하는 것이라고 생각한다.

이 장 첫 부분의 인용처럼, 이사회는 회사의 성패를 좌우하는 중추적 역할을 하며 이사회 팀워크는 이러한 과정에서 매우 중요하다. 콜슨-토마스Coulson-Thomas가 1990년대 영국의 이사 218명을 대상으로 한 설문 조사에서 75%가 회사의 회장이나 CEO였고, 팀 개발 활동이나 팀 코칭에 관여한 이사는 거의 없다고 나타났다(Coulson-Thomas, 1993).

이후 이사회에 대한 도전과 요구가 기하급수적으로 증가했으며, 지배구조governance와 이사회 기능에 대한 많은 국내외 검토와 법적 책임의 변화가 있었다. 이 프로세스는 최근 몇 년 동안 세간의 이목을 끈 스캔들과 소송으로 가속화했다. 초판이 발간된 이후 몇 년 동안 우리는 멕시코만 석유 굴착 사고와 관련된 영국 국영 석유회사 BP, 리보Libor 은행 간 대출 금리를 조작하려고 다른 은행과 협력한 직원들이 있는 바클레이스Barclays 은행, 중국과 미국의 제약 사기와 관련된 글락소스미스클라인GlaxoSmithKline 등 가장 존경받는 영국 회사 세 곳이 법정에 출두하여 수십억 파운드의 벌금을 부과받는 것을 보았다.

2008~2009년 경제 위기 이후 대기업과 이사회에 대한 대중의 신뢰가 그 어느 때보다 추락했고, 일부 국가에서는 조금 회복되었지만 서유럽과 북미

에서는 응답자의 절반 이하만이 비즈니스 리더가 진실을 말한다고 답변했다(예: 영국 42%, 미국 38%(Edelman, 2012)). 자신의 정부가 진실을 말한다고 믿지 않는 사람들의 비율은 놀랍게도 훨씬 더 높다(Edelman, 2012).

에델만 신뢰도 조사 설문Edelman Trust Barometer Survey(2012)에 따르면 대부분 이해관계자가 정부에 소비자 보호(31%)와 책임 있는 기업 행동을 보장하는 규제(25%)를 원하며, 이 두 가지 모두는 기업이 스스로 취할 수 있는 조치이다.

보고서는 계속해서 기업이 다음을 통해 대중의 신뢰를 회복할 수 있다고 권고한다.

- 규칙rules 기반 전략 대신 원칙principles 기반 리더십 행사하기. 기업은 법적으로 허용되는 범위를 벗어나지 않고 주주와 사회 모두의 이익에 집중하기
- 직원을 잘 대우하고, 고객을 이익과 투명성보다 우선시하는 등 본질에서 더 사회 참여 지향적인 행동하기
- 되도록 최단 시간에 탄소 중립 또는 탄소에 긍정적이 되도록 계획하는 선량한 생태관리인 되기
- 급진적인 투명성 실천하기. 신뢰가 극적으로 높아진 직원들에게 먼저 말을 걸어 동료들과의 지속적인 대화를 유도하기. 운영 목표와 사회적 목표를 설정하고 정기적으로 보고하기
- 프랙킹[8]과 금융 서비스에 대한 수수료 부과와 같은 문제에 대해 대중

---

[8] 프랙킹fracking은 수압균열법의 영어표현인 hydraulic fracturing의 줄임말로 물, 화학제품, 모래 등을 혼합한 물질을 고압으로 분사해서 바위를 파쇄해 석유와 가스를 분리해내는 공법으로 프랙킹 기술에 사용되는 화학물질이 지하수와 토양을 오염시킬 수 있다는 우려가 있다.

담론을 형성하고, 고객 이점 설명하기. 기업은 일자리 창출자, 책임 있는 공급망 관리자, 인프라 구축을 돕는 지역사회 파트너로서 역할하기

이사회를 코칭하는 사람들은 리더십 팀 코칭과 동일한 기술을 많이 사용하며, 여러가지 유사한 방법과 기술이 있다. 그러나 이사회의 맥락과 역할은 이사회 코칭에 대한 뚜렷한 접근 방식을 필요로 한다. 이 장에서 먼저 변화하는 이사회의 과제와 고가치를 창출하는 이사회를 만드는 요인을 살펴보고 이에 대해 간략히 설명한다. 이 장 상당 부분은 민간 부문 이사회에 초점을 맞추고 있지만 대부분 접근 방식은 공공 부문과 자발적 부문 이사회와 관련이 있다(Hawkins & Hogan, 2018 참조).

이사회 관련 증가하는 도전

지난 35년 동안 기업 지배구조는 핵심 비즈니스 문제이자 개발과 변화 영역이 되었다. 조사와 실천 기준의 변화를 촉발한 사건과 경향이 있었다.

- 미디어에서 무능과 부패가 강조되었으며, 일부 법적 사례는 판례법에 기반한 국가에 새로운 판례를 남겼다. 시장의 힘이 자동적으로 가장 큰 사회적 이익을 위해 기능할 것이라는 일부 우파정부의 믿음과는 달리, 더 많은 규제가 필요하다는 점이 분명해졌다.
- 이는 2008~2009년 금융과 은행 위기로 인해 더욱 심화되었으며 주요 은행 기관에서 전례 없는 붕괴가 발생했다(Swords, 2010; Hope

Hailey et al, 2012).

- 기관 투자자와 펀드 매니저를 통한 주주 권력의 집중과 조정으로 이사회의 결정과 업무에 대한 더 높은 수준의 보고와 투명성에 대한 요구가 발생했다.
- 환경 문제와 임원 급여 수준에 대한 주주 투자 기금의 활동이 확대되었다(Cohen, 2020 참조).
- 기업의 세계화로 국제 표준에 대한 압박이 커진 반면, 무역 금지, 세계적 팬데믹, 브렉시트와 불안정한 국제 관계로 인해 국제 무역의 예측 불가능성이 증가했다.
- 변화 속도와 복잡성의 증가로 이사회는 회사가 배우고 적응할 수 있도록 돕고, 새로운 리더십 모델을 만들기 위해 스스로도 더 많이 배우고 적응할 수 있어야 했다.
- 회사 활동에 대한 모든 이해관계자의 인식과 적극적인 관심이 증가했으며, 이는 부분적으로 인터넷과 통신 기술로 촉진되었다.
- 이사회가 전략적 예측에 훨씬 더 많은 시간을 할애해야 할 정도로 변화의 속도가 빨라졌다.
- 이사회가 봉사하는 이해관계자 세계의 다양성을 더 잘 반영하기 위해 이사회 구성원을 다양하게 임명할 필요가 있다.

이사회와 다양성

이사회 개발에 관한 주요 논쟁 영역 가운데 하나는 이사회의 다양성을 높이는 방법이었다. 유럽에서는 이사회의 비상임 이사로 여성을 더 많이 확보해야 한다는 이야기가 많이 나왔지만(Thomson & Lloyd, 2011), 진전은 더뎠고, 아래는 일부 유럽 사례와 관련된 내용이다.

- 독일 기업 지배구조법(2009): '감독이사회는 경영이사회 구성원을 임명하고 해임한다. 관리이사회와 감독이사회 모두 임명할 때 다양성을 고려해야 한다.'(5.1.2)
- 네덜란드 기업 지배구조법(2008): '감독이사회는 성별, 연령 같은 여러 요소로 다양한 구성을 목표로 해야 한다.'(111.3)
- 노르웨이는 2008년부터 여성 이사에 대한 법적 할당량을 40%로 설정했으며 직원 수 250명 이상 기업에 양성평등 계획을 요구한다.
- 영국의 여성 이사회 구성원: 2007년 12%, 2012년 17%, 2020년까지 33%(그러나 2012년에는 여전히 이사회의 10%, 2020년에 23%로 증가)

성별은 이사회 다양성의 한 측면일 뿐이다. 다른 측면에는 국제적 대표성, 민족성, 다양한 직업적 배경을 가진 사람들, 연령, 성격 유형, 팀 스타일, 인지적 사고와 시스템적 위치가 포함된다. 12장에서 네 가지 수준의 다양성 모델을 제시하며, 모두 이사회와 관련이 있다.

이사회의 다양성 증가와 조직 성과 향상이 상관관계가 있다는 증거는 늘어나고 있다. 좋은 연구 사례는 맥킨지McKinsey의 연구이다(Barta et al., 2012). 회사의 다양성을 평가하기 위해 경영진 내 여성과 외국인 두 그룹을 조사했다. 그런 다음 2008년부터 2010년까지 프랑스, 독일, 영국과 미국에 있는 180개 상장 기업의 자기자본수익률ROE과 수익성을 조사했는

데, 결과는 놀라울 정도로 일관성이 있었다. 이사회의 다양성 상위 4분위 기업의 수익률이 하위 4분위 기업보다 평균 53% 더 높았다. 동시에 가장 다양성이 높은 기업의 이익은 가장 다양성이 낮은 기업의 이익보다 평균 14% 더 높았다.

다양성은 집단 사고의 위험을 줄이고 더 넓은 이해관계자 시스템의 목소리를 이사회에 더 정확하게 전달한다. 그러나 다양한 팀은 다양성이 활용될 때만 더 효과적이며, 이를 위해서는 이사회가 이사회 안팎의 다양한 관점을 포함하고 이를 넘나들며 업무하는 명확한 프로세스가 필요하다.

이사회와 함께 일하면서 나는 '이사회는 스스로 책임지고 이해관계자를 책임져야 하는 시스템만큼 다양해야 한다'는 필수 다양성의 법칙을 개발했다.

이사회와 다섯 가지 규율

고가치 창출 팀의 다섯 가지 규율(3장과 6장 참조)은 모두 고성과 이사회에 적용된다. 2012년 앨리스 호건Alison Hogan은 영국 이사회에서 FTSE 100에 상장된 대형 글로벌 기업의 현직, 전직 의장들을 인터뷰했다. 여기에는 유니레버Unilever, 글락소스미스클라인GlaxoSmithKline, 홍콩상하이은행HSBC, 스코틀랜드왕립은행RBS과 앵글로-아메리칸Anglo-American과 같은 기업이 포함된다. 호건은 또한 기업 지배구조, 이사회 기능과 이사회 행동 강령에 대한 중요한 문헌을 검토했다. 호건은 이사회 의장의 논평과 행동 강령이 모두 이사회의 원활한 기능을 위해 필수적인 다섯 가지 규율 전부를 다루고 있음을 발견했다.

호건은 계속해서 다섯 가지 규율을 기업 지배구조에 대한 영국 강령 (2012)의 성명서와 일치함을 확인했고 그 내용은 다음과 같다.

- **위임하기** commissioning: 기업 지배구조의 목적은 장기적으로 제공할 수 있는 효과적이고 기업가적이며 신중한 관리를 촉진하고, 주주와 다른 사람들에 대한 의무를 이해하고 이를 이행하도록 하는 데 있다.
- **명확화 하기** clarifying: 이사회는 회사의 전략적 목표를 설정하고 회사가 목표를 달성하고 경영 성과를 검토하는 데 필요한 재정과 인적 자원을 확보해야 한다. 이사회는 전반적인 업무와 이런 업무가 개별 구성원의 역할에 미치는 영향에 대해 깊고 철저하게 지속해서 검토해야 한다.
- **공동 창조하기** co-creating: 효과적인 이사회가 반드시 편안한 장소여야 하는 것은 아니고, 도전과 팀워크는 필수 요소이다.
- **연결하기** connecting: 우리는 감사를 받은 재무정보를 포함한 연례 보고서가 투자자들에게 더 큰 가치를 제공하고 공익에 더 잘 봉사할 수 있게 시장 전반에 걸쳐 채택된 최고의 기업 보고 사례가 나오기를 바란다.
- **핵심 학습하기** core learning: 모든 이사회는 자신의 성과를 정기적으로 검토할 것이라 기대된다.

이사회 코칭하기

이사회가 점점 더 자신의 역할, 성과와 기능에 대해 검토나 감사를 수행하고 발표할 것이라는 기대가 커지고 있다. 일부 이사회는 이를 검토하고, 감사하기 위해 외부 코치의 도움을 받고, 식별된 개선 영역 가운데 일부는 이사회와 협력하는 이사회 코치로 넘어갈 가능성이 크다. 공공 부문은 점점 더 이사회가 정기적으로 검토하고 개발에 착수하도록 요구받는다.

팀 코칭이 이사회에 참여하는 또 다른 일반적인 방법은 팀 코치가 경영진과 협력해왔고, 그 과정의 일부로 이사회를 참여시켰을 때이며, 이사회가 조직의 일부로서 자신의 역할과 성과를 살펴볼 필요가 있음을 인식했을 때이다.

이사회를 코칭할 때 CID-CLEAR 모델(5장 참조)에 설명된 대로 코칭 관계의 단계가 계속 적용되며 코치는 다음을 수행해야 한다.

- 초기 계약은 때때로 이사회 의장과 이사회 게이트키퍼와 함께한다.
- 다양한 이사회 구성원과의 인터뷰, 이사회 검토 도구를 사용하는 절차를 연구한다.
- 새로운 문제를 이해하기 위한 일종의 진단 프로세스와 코치의 발견을 이사회에 반영하고, 결과에 따라 이사회를 어떻게 개발할 것인지에 대한 실행 계획 수립 방법을 강구한다. 이 책의 초판을 쓴 이후로 나는 HVCTQ(17장)와 이사회 연구를 기반으로 하는 특정 고가치 창출 이사회 진단 설문지를 개발했다.

일부 이사회에서는 코칭 프로세스가 여기서 끝날 수 있지만 다른 이사회에서는 개발 프로세스를 돕기 위해 코치를 참여시킬 수 있다.

다섯 가지 규율을 관통하는 여정은 이사회의 맥락과 책임으로 대체로

상이하게 나타난다. 흔히 이사회 감사 또는 검토는 코칭이 규율 5 '핵심 학습하기'에서 시작하여 이사회의 역할과 기능을 '명확하게' 하는 규율 2로 이동함을 의미한다.

이 과정의 일부로 코치는 이사회가 규율 1 '위임하기'로 넘어가도록 돕는 것이 중요하다. 이사회는 주주(또는 구성원)뿐만 아니라 이사회가 운영되는 관할권의 법적, 수탁적 fiduciary, 지배구조 표준도 위임받는다. 이를 위해서는 이사회가 이사회의 역할, 기능과 목적을 어떻게 보고 있는지, 그리고 해당 운영과 부문, 조직 유형과 관련된 다양한 국가 관할권에서 요구되는 법적, 수탁적, 지배구조 표준 사이의 관계에 주의를 기울여야 한다. 대부분 국가에는 상장 기업, 주주가 있는 비상장 유한 회사, 파트너십, 공공 부문 조직과 자선 단체에 대한 특정 규정이 있다.

조사 단계에서 주주 또는 자선단체의 경우 구성원, 파트너십의 경우 파트너, 재단 복지 신탁의 경우 총재들의 이사회에 대한 기대치를 알아내는 일도 중요하다. 일부 이사회에서는 이 피드백을 수집하기 위한 일반적인 메커니즘이 있으며, 다른 이사회에서는 코치에게 그러한 과정을 시작하도록 요청한다. 최소한 공식적, 비공식적 피드백(칭찬과 불만 모두)과 최근 연간 회원 또는 주주 총회에서 제기된 문제를 조사해야 한다.

이사회 코치가 이사회의 역할과 임무를 명확히 하는 데 도움을 준 경우만이 이사회가 다양한 기능으로 어떻게 기업에 가치를 추가했는지, 가치 창출을 어떻게 높일 수 있었는지가 선명해지도록 현명하게 도운 것이다(규율 2).

이 토대에서 이사회는 이사회 팀으로서 어떻게 규율 3 '공동 창조'를 하는지 살펴볼 수 있으며, 협력방법에 대한 역동 관계, 업무방식과 이사 프로토콜, 도움이 되는 행동과 도움이 되지 않는 행동에 대한 합의를 포함한 이사회 헌장을 개발할 수 있다. 마지막으로, 이사회 코치는 이사회가 연결하기(규율 4), 즉 모든 중요한 이해관계자와 소통하고, 배우고, 참여하는 방법에 관심을 갖도록 돕는다. 이사회의 경우 이러한 이해관계자는 다음과 같다.

- 투자자, 주주, 자금 제공자, 파트너, 일반 대중(이사회 유형에 따라 다름)
- 규제 기관: 감사, 세무서, 정부 부서와 부문, 전문 규제 기관 등
- 고객, 의뢰인 또는 서비스 사용자
- 직원(특히 경영진)
- 공급업체와 협력 조직
- 사업이 운영되는 지역사회
- 모든 조직에서 점점 더 중요한 이해관계자가 되고 있는 자연 환경(인간 너머의 세계)

모든 이사회에서 가장 중요한 관계 가운데 하나는 이사회와 이사회에 보고하는 경영진 사이의 관계이다. 우리는 이사회 코칭 섹션에서 이 관계를 어떻게 연결하는지 살펴본다.

이사회의 역할을 명확히 하기: 규율 1, 2

초기 조사의 일부로 코치는 각 구성원이 이사회의 역할과 기능을 어떻게

보고 있는지 확인한 다음, 이러한 요구 사항과 그들이 사업을 하는 국가에서 적용되는 법적, 수탁fiduciary 요구 사항과 현재 그들의 조직 유형과 관련되어 운영되는 모범적인 지배구조 표준을 모두 연결해야 한다.

영국 캐드버리Cadbury 보고서는 기업 지배구조를 명확히 한 최초의 보고서 가운데 하나이다.

> 기업 지배구조는 기업이 지시하고 통제하는 시스템으로, 이사회는 회사의 지배구조를 책임진다. 이사회의 책임에는 회사의 전략적 목표 설정, 실행을 위한 리더십 발휘, 사업 관리 감독, 주주에게 보고하는 업무가 포함된다.
>
> (캐드버리 위원회, 1992)

때때로 주주 가치가 다른 사람들을 배제하고 강조될 수 있지만, 비즈니스의 기본 가치는 주주 이익 이상이며, 모든 이해관계자를 위해 창출하는 '공유 가치'(Porter & Kramer, 2011)이다.

모든 유형의 자산, 자원, 자본의 가치에는 물리적, 재정적, 사회적, 인적 자본이 해당된다. 사회적 자본은 고객, 투자자, 공급업체, 비즈니스 파트너와 현재 또는 잠재적 직원의 관점에서 볼 때 회사의 관계와 평판이 모두 포함된다. 인적 자본에는 직원의 지식, 학습 능력과 충성도가 있다. 사회적, 법적 책임 준수에는 비즈니스 활동이 지역사회나 자연환경에 허용할 수 없는 비용이나 손실을 초래하지 않도록 보장하고, 모든 수준에서 위험을 모니터링하기도 있다.

이 목적 선언문에는 다양한 요구 사항, 이해관계자와 기간으로 대표되는 몇 가지 딜레마가 있다. 이사들이 직면한 네 가지 주요 딜레마는 이사회 표준에 대한 영국 이사회 보고서(1995)에서 확인된다.

- 기업가가 되어 비즈니스를 발전시키기 위해 위험을 감수하는 동시에 신중한 통제력을 발휘한다.
- 회사의 활동과 업무에 관해 잘 알고 있어야 하고, 일상에서 벗어나 객관적이고 장기적 관점을 유지한다.
- 단기적인 지역 문제의 압력에 민감하게 반응하는 동시에 사회, 경쟁, 국제적 동향에 관한 정보를 확보한다.
- 상업적 현실에 초점을 맞추고 직원, 사회와 자연 환경에 대해 책임감 있게 행동한다.

이러한 여러 딜레마를 효과적으로 처리하기 위해 이사회는 다음과 같은 역할을 개념화해야 한다.

- 정상권top이 아닌 내부 조직과 일부 주요 이해관계자 사이의 경계에 위치하기
- 감독: 전문적인 기능을 관리하거나 수행하는 것이 아니라 이사회 구성원들이 감독을 적절한 업무로 이해하고, 시간을 할애할 수 있도록 한다.
- 단순히 기능이나 단일 이해관계자 또는 당사자의 이익을 대변하는 것이 아니라 전체 회사 또는 기업의 이익을 위해 일한다.
- 현재의 가정에 머물고 주변의 변화에 늑장 대응하기보다는 전략을 공식화하고, 실행, 검토하는 과정에서 학습하고 또한 학습을 주도한다.

이사회의 역할 가운데 이 마지막 부분은 이사회의 학습과 개발에 관한 밥 개럿Bob Garratt의 저서 『Fish Rot from the Head』(1996)와 『Thin on Top』(2003)에 아주 상세하게 강조되어 있다. 이사회 구성원들은 관련 동향과 외부 환경 변화에 민감할 뿐만 아니라, 직원들을 고객에 대한 정보원으로 교육하고 평가하여 고객에게 배우고, 조직 안팎의 사람들과 대화하고 질문을 통해 자극을 얻는다. 이사회는 성공만큼이나 실수에서도 배우고 불확실성을 용인할 수 있는 정서적, 사회적 분위기를 조성한다. 이사회는 조직 운영 기조를 조성하는 자신들의 역할을 과소평가해서는 안 되며, 코치는 '보고 싶은 변화를 위해' 이사회에 끊임없이 도전해야 한다.

이사회 기능

판 덴 베르헤Van den Berghe와 레브라우Levrau(2013: 163-64)는 이사회의 네 가지 주요 역할을 다음과 같이 말했다.

- 조직에 올바른 리더십이 있는지 확인한다.
- 회사의 전략적 방향과 이를 실현하는 방법을 결정한다.
- 실행과 결과 모니터링(지배구조 살펴보기와 이사회 평가 포함)
- 자문/지원 기능

이러한 학문적 관점은 닐 피츠제럴드Niall Fitzgerald(2002)의 견해를 반영한다. 닐 피츠제럴드는 유니레버Unilever의 CEO이자 회장에서 로이터Reuters의 회장이 된 직후 다음과 같이 이사회 역할을 정의했다.

- 필요한 기술을 이사회에서 결정한다.
- 전략에 동의하고 계속 검토한다.
- 위험을 감수하면서 수익성 있는 성장에 초점을 맞춘다.
- 브랜드와 기업 평판을 보호한다.
- 이사들에게 상세 정보에 대한 접근 권한을 부여한다.
- 회사의 젊은 인재들에게 이사회를 공개한다.
- 토론은 개방적이고 솔직하며 신뢰할 수 있어야 한다.

이사회가 자신들의 성과를 검토하도록 팀 코치는 팀이 다양하고 때로는 상충되는 기능을 살펴보도록 돕는다. 이사회는 외부 환경과 내부 환경에 대한 관심 사이에서 균형을 유지해야 한다. 또 한편으로는 장기 정책과 전략적 문제에 관심을 기울이고, 다른 한편으로는 단기적으로 현재 성과와 주주 또는 규제 기관에 대한 책임을 모니터링하는 등 균형을 만들어야 하며, 이런 다양한 기능은 역동적 긴장감으로 유지되어야 한다. 밥 트리커Bob Tricker(1980)는 이를 최초로 모델로 만들었다. [그림 9.1]에 나와 있는 밥 개럿Bob Garratt(1996) 버전은 학습을 중앙에 배치하여 약간 변경한 것으로, 이 모델은 이사회 초점의 다양한 영역을 구성하는 데 사용할 수 있다.

화살표는 사이클 내의 네 가지 주요 기능 영역을 나타내며, 각 기능은 고유의 리듬 또는 사이클이 있다. 내가 코칭한 이사회에서 이 모델을 사용하여 다양한 이사회 기능과 관련된 검토 주기를 개발하였다.

- 정책 검토: 매년
- 전략 검토: 6개월마다

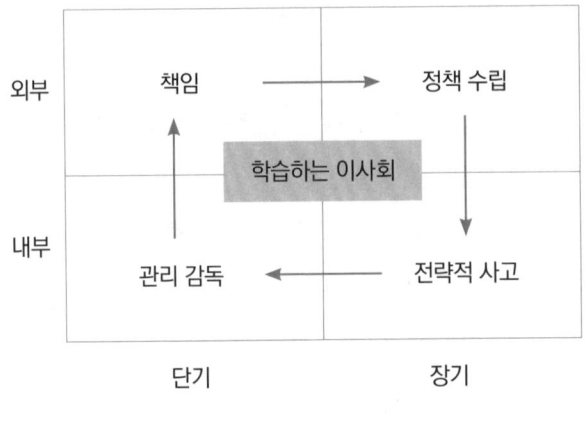

[그림 9.1] 이사회 기능

- 운영 검토: 월간
- 지배구조와 이사회 검토: 매년, 정책 검토 3개월 전

이사회는 전략적 사고와 기업의 책임을 위한 시간을 따로 마련해야 한다. 때때로 이사회는 그 자체로 목적이 되는 구조와 의제를 가진 법률 지향적이거나 행정 지향적이 될 수 있으며, 이는 이사회가 함께 생각하고 학습하는 창조적인 방식의 소통을 방해한다.

효과적인 이사회 리더는 일상적인 행동과 의사소통에서 단기와 장기, 특수와 일반적인 것을 관련시킨다. 특정 의사결정, 계획과 평가, 전반적인 방향과 비전 사이의 연관성을 명시적으로 보여주거나 진술한다. 리더십 팀의 다섯 가지 규율과 마찬가지로 이러한 기능 사이의 흐름과 연결은 내부 활동만큼 중요하다.

정책, 전략, 운영 감독과 외부 책무(Bob Garratt & Bob Tricker가 설

명)의 네 개 영역 기능은 다음과 같다.

- 정책 수립
    - 외부 환경 모니터링
    - 목적 명시
    - 비전과 가치 창출
    - 기업 문화와 풍토의 개발 형성
- 전략적 사고
    - 변화하는 시장이나 사회적 맥락에서 위치 잡기
    - 기업 방향 설정
    - 전략 수립
    - 주요 자원을 검토, 결정, 할당하기
    - 실행 프로세스 결정하기
- 관리 감독
    - 관리 성과 전반에 대한 이해
    - 주요 비즈니스 결과 검토
    - 예산 통제와 시정 조치 모니터링
- 책임
    - 주주 또는 소유주에 대한 보고
    - 규제 준수 보장
    - 다른 이해관계자에 대한 대응
    - 이사회와 이사들의 검토 보장

이러한 각 영역에서 이사회는 토론과 이사회 정보의 흐름을 조직화하는 방법, 조직과 함께 정책, 비전, 전략과 문화를 개발하는 방법과 스캔, 모니터링, 감사와 통제 절차를 개발해야 한다. 이사회는 함께 협력하고, 이사회 자체 집단과 개별 이사들의 성과를 검토한다(다음 참조).

◆ 정책 수립
이사회의 역할
- 환경(정치적, 물리적, 경제적, 사회적, 기술적, 교역, 입법적, 생태학적)에 대한 사고의 틀과 기업과 관련된 변화를 감지하고 조사하기
- 변화하는 환경 맥락에서 목적을 검토하고, 목적, 핵심 역량, 가치와 관련하여 비전을 새롭게 하는 프로세스
- 리더십 문화가 어떻게 형성, 유지, 변화되는지에 대한 이해를 기초로 리더십 실행을 살펴보는 검토 과정

◆ 전략적 사고
이사회는 산업과 시장 분석에서 기업 또는 비즈니스 평가, 전체 전략 개발, 그다음 기능적 전략 개발(마케팅, 생산, 재무, 인적 자원, 기타), 자원 할당과 사업 계획까지 일련의 과정을 따라 사고, 정보, 대화를 조직하기 위한 방법과 모델이 필요하다.

◆ 관리 감독
이사회는 모든 수준의 경영진을 위해 핵심 성과 지표와 이를 지원하는 정보 시스템을 설계해야 한다. 이는 비즈니스 추진 요인을 다루고 전략적

프로젝트의 다양한 자산, 시스템 또는 기능과 경영을 반영한다. 첫 페이지는 이사회의 '대시보드'가 될 것이다. 이런 지표에는 비즈니스 비율, 재무, 위험 관리, 고객 인식, 인적 자원과 물리적, 사회적 자원, 공급망과 같은 주요 자산이 포함된다.

◆ **외부적 책임성**

주주와 기타 이해관계자에게 다시 보고하기는 필수적이다. 재무 감사와 규정 준수를 위한 이사회와 프로세스, 그리고 이사회 구성원의 선택, 성과와 보수에 대한 감사를 위한 일이다. 고객 또는 직원 설문조사는 대개 경영진 감사의 일부이며, 점점 더 많은 기업이 환경 보호 감사를 위한 소위원회를 두고 있다.

이사회 코치가 이사회가 이런 기능을 검토하도록 돕는 한 가지 방법은 모델을 제시하고 이사들에게 각 주요 기능에서 잘한 점과 개선할 점을 탐색하도록 요청하는 것이다. 이 정보는 이사진과의 개별 인터뷰나 설문지로 수집할 수 있으며, 행동 계획을 위한 대화를 시작하는 데 사용할 수 있다. 또 다른 플립 차트에 주요 영역을 표시하고 이사회에 각 플립 차트의 긍정적인 영역과 개선 영역을 나타내는 다양한 색상의 포스트잇에 의견을 게시하도록 요청하여 이사회와 함께 실시간으로 수행할 수 있다. 이후 이사회 구성원은 하위 그룹으로 나누며, 각 하위 그룹은 차트 중 하나에 대한 의견을 분류하고 개선 권장 사항을 작성한다. 이 방법은 문제에 대한 참여 확대와 주인의식을 높이고, 코치와 지배적 이사진 사이의 토론보다는 다른 이사회 구성원 사이의 대화를 장려한다.

이사회 구조

이사회가 위에서 언급한 다양한 기능을 수행하는 방법은 어떤 형태의 이사회 구조가 채택되었느냐에 따라 다르다. 때때로 구조는 이사회 성과를 제한한다. 모든 요구를 충족하거나 모든 상황에 적합한 올바른 구조는 없으며 어떤 구조를 선택하든 다른 경계와 잠재적인 단점이 생긴다. 이사회 의장, 비상임 이사와 이사회 코치가 이사회가 목적을 수행하기에 적합한 구조를 가졌는지에 대한 정보에 기초한 토론을 촉진하기 위해 이사회 구조의 기본 범위를 이해해야 한다.

이사회 구조는 네 가지 주요 형태가 있으며, 이들은 어떤 면에서는 전 세계에 걸쳐 진화하고 수렴되고 있으며, 국가의 문화/역사/전통, 기업의 규모와 소유(공공 또는 사기업)에 따라 차이가 있다. 특히 유럽과 미국에서는 공공 부문 지배구조가 민간 부문의 일부 특성을 갖고 있다.

이사회 구성의 네 가지 주요 유형은 주로 비상임 이사의 수와 독립성, 경영진과 비상임 이사의 분리, 권력과 책임의 균형, 건설적인 비판, 갈등, 다양성의 정당성과 활용 등에서 차이가 난다. 첫 번째 두 개의 이사회, 즉 집행과 비상임 이사회는 경영진 또는 비상임 이사에게 더 많은 권한을 부여한다. 다른 두 개의 이사회, 즉 2단계 또는 단일 이사회는 더 많은 힘의 균형을 가질 수 있지만 구성과 기능에 따라 달라지므로 항상 그런 것은 아니다. 각각은 고유한 장점과 단점이 있으며 다양한 규모의 사업 또는 국가에서 찾을 수 있다.

◆ 이사회

여기에는 비상임 이사가 없으며, 이사회는 일반적으로 CEO가 의장이 되며, CEO와의 관계를 최우선으로 여길 수 있는 기타 상임 이사는 의장의 권한을 높여준다. 최고 경영자가 지배적이기 때문에 이사회는 조직 외부에서 일어나는 일을 모니터링하는 데 취약할 수 있고, 다양성과 토론의 부족, 판박이clone 회원, 스타일, 가정으로 곤란에 처할 수 있다.

이 유형은 소유자 이사, 가족 기업과 다국적 기업의 자회사가 있는 소규모 회사에서 볼 수 있다. 그러나 점점 더 소규모, 가족 소유 기업에서도 비상임 이사와 독립 이사의 운용을 늘리고 있다.

이런 유형의 이사회에서는 팀 코치가 비상임 이사의 부재로 인해 조언을 하고 주요 기여자가 될 위험이 있다. 이런 일이 발생하면 코치는 이 패턴에 이름을 붙이고 계약과 경계를 재협상하고, 이사회에 비상임 이사의 필요성 여부를 고려해보라고 요청해야 한다. 가족 회사에서 이사회 코치는 또한 가족 치료사 또는 중재자의 역할로 끌려들어갈 수 있으며, 이 패턴은 이름을 지정하고, 계약을 취소하거나 재협상해야 한다.

◆ 비상임 이사회

일반적으로 독립할 수도 있고 그렇지 않을 수도 있는 비상임 이사들로만 구성된다. 이사들은 정책, 방향, 전략을 결정하고 CEO에게 실행을 위임하고, 또한 책임을 유지한다. CEO가 이사회의 구성원이 아닌 경우 이사회는 사업에서 일어나는 일과 거리를 둔다. CEO가 구성원이자 유일한 임원이라면 양방향 정보 흐름의 문지기로서 막강한 영향력을 행사할 수 있다. 논쟁과 비판을 억제할 수 있으며, 조직은 너무 CEO 중심이 되어 고객과 다른 이해관계자들을 무시할 수 있다. 이 구조는 미국과 뉴질랜드, 그리고 이사회가 있는 공공 서비스 단체, 자선 단체에서도 흔히 볼 수 있다.

이 구조를 사용하면 이사회 코치는 이 관계의 한쪽에만 접근하여 이사회와 경영진 사이의 갈등을 해결할 수 있다. 또는 CEO에 의해 이 상호작용을 관리하는 동맹자가 될 수 있다.

◆ **2단계 또는 '상원senate' 이사회**

감독이사회supervisory board와 운영이사회operational board로 구성된다. 감독이사회는 전략적 문제를 다루고 운영이사회에 전략적 의도를 알리고 운영이사회로부터 성과 수치를 받아 검토한다. 감독이사회는 사외이사로 구성되어 있다. 운영이사회는 회사의 다양한 이해관계를 대표하며 노동조합 대표를 포함할 수 있다.

이는 이해관계자들 사이에 힘의 균형을 이룰 수 있지만, 단점은 감독이사회의 독립적인 구성원이 충분하지 않을 수 있고 이사회의 많은 구성원이 은행가나 주주 또는 지역과 국가의 정치적 이해관계가 서로 맞물려 있을 가능성이 있다는 점이다. 두 이사회가 국가, 지역 또는 조직 정치에 너무 얽매이면 서로 분리되어 정책, 전략, 운영 기능이 더는 통합되지 않는다. 이 구조는 독일, 네덜란드와 프랑스에서 볼 수 있다.

팀 코치의 과제는 두 이사회와 이사들 사이의 관계를 코치할 수 있는 계약을 만드는 일이다. 나는 합동 워크숍으로 이사회들을 모으기 전에 두 이사회와 별도의 세션을 통해 이런 역할을 했다.

◆ **단일 이사회**

이름에서 알 수 있듯이 상임과 비상임 이사가 모두 포함되며 일반적으로 의장과 CEO가 모두 포함된다. 모든 이사는 기업의 성과에 대해 동등하게 책임이 있다. 상임 이사는 전략에 대한 동의와 실행, 경영진 감독을 담당하며, 비상임 이사로부터 견제와 지원, 비판을 받는다. 비상임 이사는 정책 수립에서 핵심적인 역할을 하고 특히 외부 주주와 기타 이해관계자에 대한 책무성을 보장하여 그 이익을 보호하는 데 핵심적인 역할을 한다.

이 유형은 다양한 관점과 이해관계가 더 많이 통합될 수 있다는 장점이 있다. 위험한 점은 비상임 이사와 상임 이사가 독립성이 충분하지 않을 수 있다는 점이다. 따라서 이사들의 임명, 훈련과 마찬가지로 그들의 선정, 평가, 보수에 대한 감사가 매우 중요하다. 이는 영국과 영연방 국가, 특히 보건 서비스 이사회에서 가장 자주 발견된다.

◆ **자문 위원회**

이들은 소규모 젊은 기업이나 다른 국가에 처음 진출하는 기업들이 다른 지식이나 네트워크에 접근하도록 하거나, 다른 국적을 대표할 필요성이 있을 때 사용한다. 자문 위원회는 법률적 또는 재정적 책임이나 책무성이 없으며, 자문 위원회는 자문을 제공하는 경영진과 함께한다.

이사회 위원회

특정 비즈니스 요구 사항이나 외부 책무 또는 필요한 이사회 실무의 필수적인 표준 준수를 보장하기 위해 사용되며, 가장 일반적인 방법은 다음과 같다.

- 감사 위원회: 재정 준수
- 추천 위원회: 이사 선출, 평가, 계약(재임 기간 등)
- 보수 위원회: 이사와 고위 임원의 급여, 연금과 성과 상여금

일부 조직에서 사용되는 기타 일반적이지 않은 이사회 위원회

- 환경 감사 위원회
- 보건과 안전 위원회
- 지적 재산권 위원회

승계 계획 또는 인적 자원, 신제품 또는 시장 개발, 비즈니스와 관련된 모든 문제를 다루기 위해 다른 이사회 위원회를 구성할 수 있다.

이사회의 역동: 규율 3

이사회 구성원이 자신의 역할과 기능을 명확히 하고 이를 법률과 이해관계자의 기대치와 일치시키는 동안, 이사회 코치는 이사회가 협력하고 공동 창조하는 방식에 영향을 미치는 이사회의 역동과 갈등이 표출되는 것을 빈번하게 발견할 것이다. 코치는 이를 대인관계 갈등으로만 보는 함정에 빠지지 말아야 한다. 이사회는 리더십 팀보다 훨씬 더 다양한 이해관계자의 이익을 대변하며, 이러한 이해관계자들의 주장을 관철하고 새로운 갈등을 해결할 방법을 찾아야 한다. 가장 흔한 이사회 갈등은 의장과

CEO 사이의 갈등으로, 의장은 주주의 이익을 가장 많이 다루고, CEO는 고객과 공급업체, 직원의 요구와 이익에 더 초점을 맞춘다. 이사회 코치는 이사회가 현재 우려하고 있거나 자신을 대표한다고 생각하는 이해관계자 그룹을 언급하도록 부드럽게 요청하여 이사회를 돕는다. 이렇게 하면 토론이 더 명확해지고 개인화되지 않으며, 시스템적 논쟁에 대해 집단적인 인식을 갖게 한다. 모든 이사회의 주요 임무 가운데 하나는 지속해서 모든 이해관계자의 이익을 가장 잘 통합하고 조정하는 데 있다.

추가적으로, 이사회 구성원은 다음과 같이 이사회 업무와 중복되는 다양한 개인적 이해 관계를 갖는 경우가 많다.

- 소비자, 고객 또는 잠재적 경쟁 조직과의 관계
- 회사 내 차등 지분
- 회사에 고용되어 있는 경우
- 회사가 협력하고 있는 공급업체 또는 파트너 조직과의 관계
- 회사와 상호작용하는 전문 기관 또는 무역협회와의 관계
- 정부 또는 정치적 개입

이사회는 모든 이사회 구성원에 대한 모든 잠재적인 '이해 충돌'을 기록해 두는 것이 좋다. 또한 건전한 이사회는 그러한 이해 관계가 이사회의 지속적인 사업과 관련이 있을 때 이를 기록하고 처리하는 문화를 가져야 한다.

6장에서 언급한 케이프스팬Capespan의 새로 구성된 이사회와 일할 때 나는 이사회의 비상임 이사 대부분이 회사의 공급업체 소속이라는 점을 감

안해서 '이해 충돌' 정책을 입안하는 데 도움을 주었는데, 이는 복잡한 과정이었다. 당시 CEO는 휴식 시간 동안 나를 따로 불러 우리가 이해 충돌의 형식적인 면은 다루었지만, 회의실의 역동관계에 대해서는 다루지 않았다고 이의를 제기했다. 나는 그에게 우리가 다음에 할 일을 제안했다. 우리가 막 다시 모이려고 할 때 '그게 우리가 당신에게 돈을 지불하는 이유야'라는 그의 무뚝뚝한 대답이 들려왔다. 다시 시작하면서 나는 CEO의 이의 제기 내용을 전체 그룹에 반복했고, 30명의 참석자들에게 그들이 휴식 시간 전에 공동으로 만들고 동의했던 잠재적인 이해 충돌 목록을 살펴보고, 열거된 목록 가운데 하나 이상의 이해 충돌이 있다면 기립해달라고 요청했다. 처음에는 아무도 움직이지 않았지만, 한두 명이 천천히 일어서기 시작했다. 그제서야 역동이 일어나기 시작했고, 열띤 교류가 시작되었으며 이사회 구성원들은 다른 사람들에게 'X가 서 있으면 너도 서 있어야 한다'라고 말했다. 차츰 방 안에 있던 이사진의 절반 정도가 서 있었다. 이후 서 있지 않은 사람들에게 서 있는 사람과 짝을 지어달라고 요청했다.

- 잠재적인 이해 충돌을 모두 나열하도록 요청한다.
- 이후 이러한 이해 충돌을 효과적으로 관리하기 위해 이사회 회의나 외부에서 이러한 충돌에 대해 무엇을 하고자 하는지 말한다.
- 행동 계획에 대한 동의를 얻는다.
- 이 행동 계획을 수행하는 데 어떻게 이사회를 지원할지 말한다.
- 프로세스는 이제 형식을 채우는 관료주의에서 공동 창작 활동 프로세스로 이동했다.

이사회 연결 방법에 대한 코칭: 규율 4

1995년 영국 왕립 예술, 제조, 상업 협회Royal Society of Arts, Manufacture and Commerce는 '내일의 회사' 본질을 살펴보는 주요 프로젝트를 시작했다. 여기에는 다양한 기업, 전문 기관과 학계의 광범위한 대표들이 참여했다. 그 작업에서 가장 중요한 결과 가운데 하나는 이사회가 자주 주주나 회원의 이익에 과도하게 집중하고 다른 이해관계자의 이익에는 제대로 집중하지 않는다는 인식이었다. 이 프로젝트에서 도출된 결과 가운데 하나는 이사회/회사가 다음 각 이해관계자를 위해 창출한 가치를 보고하는 회사 연례 보고서의 새로운 형식이었다.

- 투자자
- 소비자, 고객 또는 서비스 사용자
- 공급업체와 파트너
- 직원과 고용인
- 조직이 운영되는 지역사회
- '인간 이상 세계'의 자연 환경(저자가 기존 목록에 추가함)

이를 위해서는 회사가 각 이해관계자 그룹에게서 무엇을 받고 전달했는지, 그리고 창출된 부가가치가 무엇인지 명확히 해야 한다.

이사회 모든 이해관계자와 연결성을 개선하는 방법에 관해 이사회를 코칭할 때 이사회 코치는 규율 1 또는 이사회 코칭의 조사 단계에서 나타난 일부 데이터로 돌아가야 한다. 이사회와 다양한 이해관계자들 사이의 연결 효과는 근본적으로 이사회가 모든 다른 이해관계자 집단의 피드백을 경청하는 능력에 좌우된다. 이사회 코칭에서 우리는 다양한 360도 조직 피드백 방법을 사용하여 이사회가 이해관계자들의 인식과 전체 요구범위를 볼 수 있도록 했다. 여기에는 '설명자 분석'(17장 참조)이 포함되는데, 이는 조직과 조직의 현재 리더십이 어떻게 인식되고, 이해관계자가 보고 싶어 하는 차이에 대해 단순하면서도 미묘한 피드백을 제공하는 이점이 있다. 이는 시간이 지남에 따라 변화하는 이해관계자의 인식을 추적할 수 있는 기반을 제공한다. 궁극적으로 비즈니스 가치는 이해관계자가 회사에 대해 가진 광범위한 인식에 뿌리를 두고 있으므로 이사회가 모니터링해야 하는 핵심 영역이다. 그러나 우리가 코칭한 많은 이사회는 고객 만족도, 규제 기관 보고서, 주주 불만 사항, 주요 시장에서의 경쟁적 위치, 직원 설문 조사 등을 별도로 살펴보면서도 회사에 대한 집단적 인식이 어떻게 변화하는지 파악할 방법이 부족했다. 끊임없이 서로에게 영향을 미치는 이해관계자 사이에 반향실echo chamber[9])이 있음을 인식하지 못한다.

내가 수퍼비전을 해준 한 그룹의 이사회 코치는 여러 이사진의 은행에 대한 비전과 열망에 대한 인터뷰 비디오를 찍은 다음, 이 영상에 다양한 고객과 이해관계자가 자신들이 현재 은행을 어떻게 경험하고 인식하는지를 보여주는 영상을 삽입함으로써 주요 은행의 이사회에 상당한 영향을 미쳤다. 이는 극적 대조를 만들었고, 이사회는 일상적인 이해관계자 접점에서 그들의 언사와 현실 사이의 균열을 어떻게 봉합할지 긴급히 다루게 되었다.

---

9) 흡음성이 적은 재료로 벽을 만들어 소리가 잘 울리도록 한 방으로 이해관계자들 사이에서 주고 받는 회사에 대한 긍정적, 부정적 의견이 오가는 상태를 의미하는 것으로 해석하였다.

이사회가 여러 이해관계자의 목소리를 들을 수 있도록 도운 이사회 코치는 이사회 구성원들이 각각의 이해관계자 그룹이 앞으로 어떻게, 무엇을 생각하고, 느끼고, 행동하고, 말하기를 원하는지 결정하고, 경영진들과 협력하여 인식 전환을 위한 참여 프로세스를 설계하도록 도움을 주었다. 리더십 팀의 참여에 대해 코칭하는 것과 마찬가지로(6장, 규율 4) 이사회는 또한 중요한 참여 프로세스(연차총회annual general meeting(AGM), 언론 브리핑, 규제 기관과의 회의, 주요 투자자와의 로드쇼 회의 등)에 대해서도 코칭할 수 있다. 이는 리허설, 사전, 사후, 중간 코칭과 같은 중요한 개입에서 생생하게 지원하거나, 중요한 대화를 촉진하는 형태로 이뤄질 수도 있다.

학습과 개발 방법에 대한 이사회 코칭: 규율 5

위의 언급처럼, 이사회 코칭은 대부분 규율 5에서 시작되며, 이사회를 위해 그리고 이사회 성과와 기능을 검토하는 데 도움을 주기 위해 이사회 코치가 참여한다. 이런 검토는 팀과 이사회 작업의 다섯 가지 규율과 다양한 이사회 기능을 살펴보는 것이 포함된다. 이사회 구성원이 이 프로세스에 참여하는지는, 스스로 피드백과 학습에 얼마나 개방적인지, 그리고 얼마나 효과적으로 지속적인 개선이 이뤄지는지에 따라 알 수 있다. 검토의 일환으로 이사회 코치가 촉진할 수 있는 분야는 개별 이사들의 기여와 성과이다.

개별 이사 개발

좋은 이사회는 다음이 포함된다.

- 새로운 이사를 위한 추천 절차
- 이사회의 요구 사항과 기대 사항에 관한 설명
- 이사에게 기대되는 능력과 역량 목록
- 실행 가능한 이사회 연수에 대한 제안. 여기에는 특히 이 역할에 관해 새로운 이사회 이사에게 제공되는 개별 코칭이 포함될 수 있다.

여러 가지 이사회 기능을 효과적으로 발휘하기 위해서 이사회 의장과 이사들에게 필요한 일반적인 역량은 다음과 같다.

- **개념적 역량** - 상상력을 사용하고 개념적으로 생각하는 능력: 세 가지 시간 범위 모두에 집중할 수 있는 능력으로 평소와 같은 비즈니스, 내일을 위한 혁신, 미래 예측(Sharpe, 2013), 하드 및 소프트 데이터의 사용, 비판적 사고와 분별력 있는 질문하기, 다른 사람과 문화별 다양한 사고방식을 인식하고 활용하기. 체계적으로 사고할 수 있고, 데이터, 사건, 이벤트, 스토리 전반에 걸친 패턴을 보고 이런 패턴과 정책을 연결하고, 조직뿐만 아니라 조직이 속한 시스템과 조직의 하위 시스템에 집중할 수 있다. 세부 사항과 더 넓은 그림 사이를 넘나드는 핵심 능력의 일부이다.
- **정치적 역량**: 이사회의 역동성과 정치에 대한 이해와 대응, 특히 독립

적인 비상임 이사로 영향력을 효과적으로 구축하고 행사한다.
- **개인적**: 독립심을 개발하고, 권위 있는 사람과 타인에게 도전하거나 무지해보일 수 있는 질문을 하고 이런 대가로 도전, 갈등, 비판에 열려 있어 개인적인 위험을 감수할 수 있는 자신감과 성숙함

코치는 각 이사회 구성원에 대한 자체, 동료 평가를 수행하여 이사회가 각 이사의 성과를 검토하도록 도울 수 있다. 여기서 각 이사회 구성원은 자신의 성과와 기여도를 평가하고 다른 모든 이사회 구성원에게도 피드백을 제공한다(17장의 360도 피드백 프로세스 참조). 이는 이사회 코치, 이사회 의장, 지명된 다른 이사 또는 세 사람의 조합에 의해 각 개별 이사를 대상으로 피드백할 수 있다. 이를 통해 이사진들의 기여도를 향상하는 방법에 대한 합의를 끌어낼 수 있다. 내가 의장을 맡은 두 개 이사회에서 나는 다른 모든 이사들에게 피드백을 전달하는 역할을 했으며, 임명과 보상 위원회 위원장인 고위 비상임 이사가 수집하여 전달한 정기적인 피드백을 직접 받기도 했다.

이사회 코치는 또한 개별 이사회 구성원이 자신이 받은 피드백과 후속 개발 계획을 전체 이사회 팀과 공유하고 추가 피드백을 받는 과정에서 이사회를 촉진할 수 있다.

결론

여러 국가에서 기업 지배구조를 보고한 이사회와 과실 사건으로 기업과

이사가 법정에 서는 상황에서 기업 지배구조의 실행 강령을 개혁하는 것이 점점 더 중요한 문제가 되었다.

대기업을 더 책임감 있게 만드는 일은 다국적 기업의 규모와 힘의 성장에 따른 자연스러운 현상이나, 국제법과 실행 규범은 이러한 발전에 뒤쳐져 있다. 2016년 나는 남아프리카 요하네스버그에서 기업 지배구조에 대한 최신 King 1V 보고서를 발표했다. 기업 지배구조 수립은 기초이며, 박스에 체크하듯이 쉬울 수 있음을 강조했다. 이사회가 진정한 목적을 달성하기 위해서는 '회사, 경영진, 주주와 모든 관련 이해관계자를 위한 부가가치 창출'을 촉진하도록(Van den Berghe & Levrau, 2013, 179) 모든 기능 영역과 효과적인 팀/이사회의 다섯 가지 규율 역량(Hawkins & Hogan, 2018 참조)을 지속해서 개발해야 한다.

비상임 이사의 독립성 제고, 이사의 선임과 평가 감사, 일반적인 윤리 강령에 대한 합의 준수 요구는 이사들 사이의 편안한 유착을 타파하고 효과적인 사고, 의사결정 대화를 촉진하는 데 도움이 될 것이다. 이렇게 하면 비상임 이사들이 실질적인 세력이 되지만, 스스로 더 많은 경찰 역할을 하고 잠재적으로 경영진과 적대적인 관계에 있게 될 위험이 커진다.

더 적극적인 주주 참여, 모든 이해관계자와 그들의 요구에 대한 더 큰 인식과 법적 책임의 확대로 이사회는 상업적 현실에 대처하고 전체 시스템의 요구를 고려하는 것이 더 어렵다는 것을 안다. 이는 숙련된 이사회 코칭의 필요성 증가로 이어지며, 이사회 코치의 수와 역량은 대부분 국가에서 증가하는 수요를 충족하지 못하고 있다.

PART 4
시스템적 팀 코칭을 위한 차세대 프론티어

이 섹션은 특히 팀 코칭과 시스템적 팀 코칭의 기본을 이미 익히고, 다음 단계로 한 단계 연습을 더 끌어올리고자 하는 사람들을 위한 것이다. 또 급격한 변화의 VUCA 세계에서 도전이 어떻게 다음 세대의 시스템적 팀 코칭과 조직 개발을 위한 도전(10장)과 기회(11장)를 제공하는지에 관심이 있는 사람들을 위한 것이다.

지금까지 팀 코칭 개발에는 세 단계가 있었다.

레벨 I: 팀 코칭. 팀을 팀 내부의 개인들이 만든 것으로 보고 개인 사이의 상호 관계와 개인이 팀에서 원하는 것에 중점을 둔다. 합의와 조화가 매우 중요하며, 개인과 대인 관계가 초점의 중심이다.

레벨 II: 시스템적 팀 코칭 system team coaching. 하나의 시스템으로 팀을 코칭하는 것은 팀을 부분의 합 이상으로 살아있는 시스템으로 간주하는 것이다. 효과적인 회의, 생성적인 대화와 협업이 매우 중요하며, 팀의 역동이 중심이다.

레벨 III: 시스템적 팀 코칭 systemic team coaching은 팀을 모든 이해관계자와 함께, 이들을 위한 가치를 창출하기 위해 존재하는 것으로 좀 더 복잡하게 본다. 팀이 누구에게 봉사할 것인지에 초점을 맞추고 이해관계자가 미래의 팀에 무엇을 요구할지를 고려한다. '미래의 현재화 future-back'와 '아웃사이드 인 outside-in' 참여가 매우 중요하다. 팀과 더 넓은 시스템적 맥락 사이의 역동적인 관계에 초점을 둔다.

2017년 3판에서 나는 네 번째 레벨을 정의했다.

레벨 IV: 에코시스템 팀 코칭 ecosystemic team coaching은 팀이 끊임없이 변화하는 생태계와 역동적인 관계 속에서 함께 진화한다고 보고 있으며, 이를 통해 공유 가치를 창출한다. 에코시스템 팀 코칭은 팀과 연결된 다른 팀 사이의 상호작용에 중점을 둔다(팀 간 코칭). 전략적 대화는 더 넓은 이해관계자('코칭 전략 프로세스'), 조직 내부와 기업 네트워크('코칭 네트워크') 또는 공동 목표를 추구하기 위해 사람과 조직을 하나로 모으는 파트너십 전반에 걸쳐 팀 기반 문화 개발을 포함한다('코칭 파트너십').

이제 나는 2017 버전의 '에코시스템 팀 코칭'이 팀에서 팀 간, 조직 팀의 하부 팀, 네트워크와 파트너십에 이르기까지 상향식을 바라보며 구상했다는 것을 깨달았다. 지금 내가 보는 것은 팀을 그들 내부의 개인에 의해 생성된 것으로 보고, 전체를 구성 부분에 의해 생성된 것으로 보는 것과 동일한 인식론적 오류이다. 우리가 진정으로 '미래의 현재화'와 '아웃사이드 인'을 시작하려면 인간 너머의 세계인 지구 생태계의 요구에서 시작해야 한다. 왜냐하면 우리의 대기와 생물권이 번성하지 않고서는 어떠한 파트너십이나 조직도 있을 수 없기 때문이다. 우리는 더 넓은 생태계가 우리 인간종human species에게 요구하는 독특하게 우리가 할 수 있는 긴급한 문제들을 해결해야 한다. 우리는 하나의 종species으로서 지구 자원의 파괴적인 추출자, 착취자, 약탈자나 오염자가 아닌 이로운 기여자가 되는 방법을 모색해야 한다.

이 섹션에서는 네 번째 수준의 에코시스템 팀 코칭으로의 이동을 살펴본다. 섹션의 첫 번째 장은 팀 코칭 분야에 영향을 미치기 시작한 잠재적인 위협과 혼란을 탐구한다. 또 내가 훈련시키고 수퍼바이징하는 수백 명의 시스템 팀 코치의 실행에서 나타나는 잠재적인 함정과 위험에 관해서도 설명할 것이다.

두 번째 장에서는 에코시스템 팀 코칭 접근 방식을 필요로 하는 새로운 기회와 도전의 폭증을 살펴보고, 팀 코치가 개별 팀 코칭을 넘어 팀, 파트너십, 성장 비즈니스 등으로 구성된 코칭 팀을 살펴본다. 지금처럼 수많은 기회와 도전이 있었던 때는 없었다. 현재는 가만히 서 있거나, 월계관에 안주하거나, 겁에 질리거나 안일하게 있을 때가 아니다. 우리 시대는 두려움과 흥미로움이 함께 있고, 무엇보다 중요한 시기다. 앞으로 25년 동안 우리는 조안나 메이시Joanna Macy와 크리스 존스톤Chris Johnstone(2012)이 '위대한 전환기'로 묘사한 것의 한가운데에 있기 때문이다. 존 엘킹턴John Elkington과 요헨 자이츠Jochen Zeitz(2014)는 인간 시스템이 붕괴하거나 돌파할 시기로 묘사하고, 피터 디아만디스Peter Diamandis는 풍부한 낙관론으로 '세상을 다시 만들 수 있는' 시기로 묘사한다(2014: 27).

우리는 인류가 그 어느 때보다 빠르게 진화해야 할 뿐만 아니라 인류세 시대the Anthropocene Age(St Fleur, 2016 참조)에 우리가 생태계에서 더 많은 다른 종과 생태계의 진화와 멸종에 미치는 영향에 대해 책임져야 하는 시대에 살고 있다. 우리 주변에서 일어나고 있는 일에 깊이 귀를 기울이고, 오랫동안 간직해 온 가정과 신념을 재검토하고, 우리가 일하는 모든 분야를 끊임없이 재창조하고 혁신해야 할 때이다. 이것이 그 대의에 대한 내 최근의 공헌이다.

제10장
팀 코칭 방해와 갱신

20세기에 성공하기 위해 설계된 모든 회사는 21세기에 실패하게 마련이다.

(데이빗 로즈david rose, 2015)

성공은 형편없는 스승이다. 똑똑한 사람들이 절대 지지 않는다고 생각하게 유혹한다.

(빌게이츠, 마이크로소프트 창업자, 이스마일Ismail에서 인용, 2014: 95)

도입

이 책의 서론에서 나는 세계에서 일어나는 기하급수적인 변화와 다중 시스템 붕괴를 피하고 기후 변화, 종 멸종, 에너지 생산과 소비, 인간 평등, 교육, 물, 식량 문제에서 필요한 돌파구를 만들기 위해 향후 10년이 얼마나 중요한지에 관해 썼다.

협력적 리더십과 효과적인 팀워크는 그 어느 때보다 중요하다. 즉 리더십 팀과 이사회를 코칭하여 '평소와 다름 없음business as usual'을 넘어서 혁신에 관한 잠재적 기여와 모든 이해관계자와 함께 탁월한 가치를 창출할 수 있는 능력을 실현해야 한다. 또 이러한 묘목들이 결실을 맺고 비즈니스 생태계에 성공적으로 기여할 수 있도록 매일 생겨나는 많은 창업가들을 위한 시스템적 팀 코칭도 요구된다.

시스템적 팀 코칭이 되도록 최대의 기여를 하기 위해 한 단계 더 나아가려면 끊임없이 쇄신해야 한다. 싱귤래리티 대학교Singularity University의 공동 설립자이자 『어번던스Abundance』(권오열 역. 와이즈베리. 2012)의 저자인 피터 디아만디스Peter Diamandis는 이렇게 말했다. "당신이 자신을 방해하고 있거나, 아니면 다른 누군가가 당신을 방해하고 있다. 가만히 앉아 있는 것은 죽은 것과 같다."(Ismail, 2014: 303)

이는 시스템적 팀 코칭 분야에도 적용된다. 이 분야가 우리 주변 세계의 변화 속도보다 더 빨리 배우지 않는다면, 우리 또한 어제의 최신 유행이 되고 우리의 노력도 화석화한 기록으로 남겨질 것이다. 스스로 개선하는 방법에는 다음이 포함된다.

- 우리 분야에 관한 파괴적 위협에 명확히 대처한다.
- 현장이 성장하고 발전함에 따라 나타나는 함정과 위험을 인지하고 이를 해결한다.
- 신속하고 지속적인 피드백, 학습과 진화를 구축하면서 발전하는 현장으로 들어간다.

이 장에서 나는 이 세 가지 주제를 모두 다룬다. 그리고 우리는 팀 코칭의 네 번째 단계로 넘어가고 있다고 주장한다. 여기서 1단계는 팀을 개인의 총합으로 보고, 2단계는 팀을 성과가 좋은 팀을 만드는 것을 목표로 하는 그 자체로 살아있는 시스템으로 보았다. 3단계는 시스템적 팀 코칭으로 이해관계자 네트워크와 관련하여 팀을 개발하는 것이었다.

이제 4단계는 성공이 항상 팀의 공진화co-evolution(역자주: 두 종류 이상의 종들이 서로 상호작용하면서 서로의 생리적 변화에 영향을 미치는 현상)와 더 넓은 생태계에 있다는 이해에 기초한다.

팀 코칭에 대한 새로운 위협

2015년과 2017년 사이에 나는 '리더십 개발에서 내일의 리더십과 필요한 혁명Tomorrow's leadership and the necessary revolution in leadership development'(Hawkins, 2017)에 관한 연구 프로젝트를 2년간 이끌었다. 이 프로젝트는 조직, 리더십 그리고 리더십 개발 세계에서 다양하고 강력한 신흥 트렌드를 강조했다. 이 가운데 많은 부분이 팀과 팀 코칭에 큰 영향을 미친다. 더 중요한 것들 일부는 아래에 요약되어 있다.

'중간층 공동화'는 코칭할 내부 리더 팀 수가 적음을 의미한다

이 연구에서 나타난 가장 급진적인 전환점은 미래 세계에 대처하기 위해 리더십 자체에 관한 생각의 패러다임을 바꿀 필요가 있다는 것이다. 인터뷰에 응한 많은 CEO들 가운데 한 명은 '조직 공동화'를 계속되는 과정이라고 묘사했다.

그들은 디지털화, 로봇 공학 그리고 외부에서 더 효과적으로 공급할 수 있는 아웃소싱의 강력한 혼합이 정규직 직원이 줄어들게 만든다고 했다. 싱귤래리티 대학교의 이스마일(2014: 139)은 다음과 같이 표현했다. "예측 가능한 모든 것은 AI와 로봇에 의해 자동화되었고, 인간 노동자가 예외적인 상황을 처리한다."

동시에 많은 리더는 회사의 성공을 위해 협력해야 하는 그룹과 조직의 수, 다양성 그리고 복잡성이 증가한다고 설명했다. 이러한 이해관계자 파트너는 공급망이나 '아웃소싱 지원 기능 outsourced support functions'에 있을 뿐만 아니라 고객, 유통업체, 지역 커뮤니티 그룹, 압력 단체 그리고 상당 수의 경쟁 업체들도 포함하고 있었다.

베스트셀러 작가이자 연쇄 창업가이며 CEO인 마가렛 헤퍼넌Margaret Heffernan은 우리와의 인터뷰에서 다음과 같이 말했다. "내일의 리더는 훌륭한 협력자와 훌륭한 기획자가 될 필요가 있다. 그것은 다른 기관과의 파트너십과 교차해칭cross-hatching(역자주: 밀접하게 배치되거나, 교차하는 평행선)의 가능성을 포착하고 창조하는 것이다. 오늘날의 파트너십은 느리고 편집증적이다."

이는 리더십 팀에도 적용된다. 따라서 시스템적 팀 코칭의 요구는 여러 시스템 상호 관계를 매핑mapping하는 데 더욱 효과적이며, 리더십 팀은 가치를 공동 창출해야 하는 다양한 이해관계자와 어떻게 협력할 것인가에 초점을 맞춘다. 이를 위해 다음 장에서 코칭 파트너십과 네트워크에 관한 부분을 포함시켰다.

내부 팀 코칭 커뮤니티의 성장

외부 개인 코치를 고용하는 것에서 내부 코치 커뮤니티를 개발하는 방식으로(Hawkins, 2012), 내부 팀 코치 커뮤니티가 개발되기 시작했다. 지난 6년 동안 나는 7대 전문 서비스 회사 가운데 하나인 딜로이트Deloitte가 인사, 리더십 개발 부서, 파트너로부터 선발한 내부 팀 코치 그룹을 개발하는 것을 도왔다. 이 코치들은 교육을 통해 내부 리더십, 관리 팀, 계정 팀account team과 협력하고, 고객을 위한 혁신 연구소도 운영한다. 지난 6년 동안 이들 가운데 상당수는 고위 팀 리더가 자신의 팀을 코칭하도록 훈련하는 프로그램을 지원해왔다(Hawkins, 2018: Chapter 16 참조). 이는 다음 도전과 통합된다.

자기 팀 코치로서의 팀 리더

많은 리더가 현재 자신이 이끄는 사람들을 코칭하기 위해 코칭 기술을 배우는 것과 마찬가지로, 팀 리더가 자신의 팀을 코칭하는 데 더 나은 스킬을 개발하기 시작했다. 이 책의 두 번째 판에서는 팀 리더가 이 작업을 수행하는 데 도움이 되도록 완전히 새로운 부분을 만들었다(12~14장 참조).

그 뒤로 나는 '다섯 가지 규율five disciplines'에 근거하여 고위 리더들을 양성하기 위해 여러 차례 교육을 진행하고 있다. 이 프로세스를 설명하기 위해 위에서 언급한 전문 서비스 회사를 활용한다. 이 회사는 고위 관리 파트너가 5단계 프로세스에 참여한다. 이 프로세스는 팀의 모든 구성원이 팀에 관한 설문지를 작성하고 팀 목표와 성과를 탐구하는 구조화된 인터뷰를 포함하여 현재 팀 분석에서 출발한다.

그런 다음 동료와 함께 이틀간의 워크숍에서 팀과 팀 리더십의 개발 요구 사항을 검토한다. 그들은 효과적인 팀의 다섯 가지 규율five disciplines을 배우고 이를 기반으로 팀을 위한 개발 여정을 고안한다.

이후 두 달 동안 그들은 팀을 소규모 그룹으로 재구성하여 팀을 발전시키는 새로운 방법을 실험하고 무엇이 효과가 있고 무엇이 실패했는지에 관한 결과를 수집한다. 그리고 진행 상황을 검토한다. 또 동료의 경험을 통해 학습하고 두 번째 액션 러닝 사이클을 계획한다.

그런 다음 실험과 개발의 두 번째 액션 러닝 사이클에 대해 몇 개월 더 시간을 갖는다.

최종 학습 단계에서 그들은 팀과 자신의 개발 여정을 공유하고, 동료가 수행한 작업을 듣고, 팀 학습과 개발 여정의 다음 단계를 개발하며, 조직이 팀 문화를 더욱 발전시킬 수 있는 방법에 기여한다.

영국 딜로이트Deloitte의 파트너 개발 책임자인 클레어 다비Claire Davey는 다음과 같이 썼다. "프로그램을 완료한 지 몇 달 만에 리더들이 지역 직책에서 글로벌 직책으로 이동하고, 경영진의 책임을 맡으며, 리더십 스타일에 적응하고, 미래의 과제에 대해 총체적으로 질문하는 등 그들의 능력이 훨씬 더 민첩해지는 것을 보았다."

디지털로 가능한 팀 코칭

우리는 이미 당신의 기분을 읽고, 당신의 기분에 맞춰주고, 공감할 수 있는 컴퓨터를 가지고 있다. 우리는 또 세계 최고의 코칭 질문과 프로세스를 제공하는 코칭 앱도 있다. 우리는 지금 팀 코칭 앱과 코치봇coachbot을 보고 있다. 모든 팀 코치는 스스로에게 다음과 같이 자문해야 한다. '팀이 스스로 할 수 없고 팀 코칭 앱으로도 잘할 수 없는 팀을 위해 무엇을 할 수 있는가?' 그리고 '팀 코칭 앱과 가장 잘 협력하려면 어떻게 해야 할까?' 나는 새로운 8장에서 이것을 탐구했다.

카우프만 재단Kauffman Foundation은 2010년 연구에서 지난 40년 동안 대기업이 창출한 순 일자리가 0개라는 사실을 발견했다. 대신 100%의 일자리 창출은 신생 기업, 기업가, 소규모 기업, 비영리 또는 영리 부문을 통해 이루어졌다. 미국 그로밋Grommet의 유사한 연구에 따르면 1990년 이후 소규모 기업은 800만 개의 새로운 일자리를 창출했지만 대기업은 400만 개의 일자리를 없앴다(Ismail, 2014: 299).

그러나 미국과 대부분 북유럽 국가에서는 이전보다 더 많은 사람이 고용되었다. 이러한 고용 성장은 스타트업, 프리랜서, 중소기업, 사회적 기업, 제4 부문(비영리 또는 영리로 더 잘 설명됨) 조직에서 발생한다. 어떤 사람들은 세기 중반까지 사람들의 50% 이상이 자영업자가 될 것이며 아마도 다양한 직업을 가질 것으로 예측했다. 미래에 성장하는 팀 코칭 시장은 스타트업, 사회적 기업, 글로벌 또는 지역 자선 단체 등과 같이 확장된 부문에서 나타날 것이다.

규모 효율성scaling efficiency을 대체하는 혁신

인류는 생존 경제survival economy로 출발했고 산업 혁명으로 생산자 경제producer economy가 탄생했다. 생산자 경제는 20세기에 소비자 경제consumer economy로 변모했고, 지금은 아이디어와 이상ideals에서 성공이 나오는 창조자 경제creator economy로 나아가고 있다.

팀 코칭은 이러한 흐름과 함께 움직여야 한다. 과거에는 팀이 조직을 구성하는 방법, 회의를 운영하는 방법, 직원과 의사소통하는 방법, 고객에게 전달하는 방법이 효율적이었다. 오늘날 시스템적 팀 코칭은 팀이 미래 고객에 집중하고 시장을 혁신하며 현재는 존재하지 않는 서비스를 만들거나 현재 비즈니스 프로세스를 근본적으로 전환하여 비부가가치 비용을 0으로 줄이는 방법을 찾도록 도와야 한다.

아이디이오IDEO의 데이브 블레이클리Dave Blakely는 다음과 같이 말한다. "새로운 조직은 부족한 것을 가져다가 풍부하게 만들었기 때문에 기하급수적으로 증가한다."(Ismail, 2014: 300에서 인용) 따라서 다음 장에서는 스타트업과 사내 최첨단 팀edge team을 포함하여 기업가와 기업 내 조직을 위한 코칭에 관한 부분을 포함시켰다.

팀 코칭 갱신

팀 코칭이 고성과 팀 육성에 주력함으로써 스스로 막다른 골목에 몰릴 위험이 크다. 팀 코칭은 자존심 강한 모든 팀이 반드시 완료해야 한다고 느끼는 활동이 되었다.

많은 팀에서 '고성과 팀이 되는 것'은 도착 지점으로 간주되어 기준과 체크 박스와 같이 일련의 식별 가능한 속성으로 이루어진 표로 작성되었다. 그 뒤 팀은 성공적인 팀이 되기 위한 기초가 되는 투입물과 활동을 평가하지만, 모든 이해관계자와 함께 그리고 모든 이해관계자를 위한 성과물과 가치 창출에 초점을 맞추지 못한다.

그런 다음 팀은 OKR objectives and key results, 변혁적 팀 핵심 성과 지표 transformational team key performance indicators(TTKPI)를 추가하여 더 나은 투입물에 관한 평가를 결과 달성에 연결할 수 있다.

그러나 지속 가능한 성공을 만들기 위해서는 결과뿐만 아니라 가치 창출에 중점을 두어야 하기 때문에 결과를 측정하는 것만으로는 충분하지 않다. 팀 개발 주도의 '퓨처 백 future-back'과 '아웃사이드 인 outside-in'으로 이끌기 위해서는 끊임없이 다음을 질문해야 한다.

- 팀은 고객, 파트너, 공급업체, 직원, 지역사회, 투자자, 공유 생태계 속의 인간 너머의 세계 more-than-human world와 같은 모든 이해관계자와 함께 더 큰 가치를 창출하고 있는가?
- 어떻게 하면 팀이 주변 세계가 변화하는 것보다 더 빨리 배울 수 있을까?

팀 코칭 운동을 위한 일곱 가지 함정

팀 코칭의 모든 분야가 빠르게 확대됨에 따라, 나는 이 분야의 잠재적 영향력을 제한할 수 있는 함정과 막다른 골목을 발견하기 시작했다. 이러한 함정은 이사회와 리더십 팀과의 작업, 세계 여러 지역에서 훈련하고 수퍼비전하는 많은 팀 코치의 작업, 그리고 증가하고 있는 문헌에 나타나 있다.

팀 코칭과 그룹 코칭의 차이가 명확하지 않음

팀 코칭 분야는 개인 코칭이 30여 년 전에 있었던 위치에 있으며 팀 코칭을 요구하는 사람과 제공하는 사람 모두 용어 정의가 명확하지 않다. 많은 코치와 컨설팅 회사는 전문 교육이나 현장에 관한 적절한 이해 없이 팀 코칭 대열에 뛰어들어 비즈니스를 확장하려고 한다.

팀을 코칭하는 것(팀 코칭)과 그룹 또는 팀 맥락에서 개인 코칭(그룹 코칭)을 구별하는 것이 필수적이다. 전자는 개인이 아니라 집단 시스템으로서 팀에 초점을 맞추었다.

또 팀의 퍼실리테이터에게 팀 프로세스를 촉진하도록 요구하는 팀 퍼실리테이션과 코치가 팀 프로세스뿐만 아니라 팀의 성과, 결과 그리고 가치 창출에 초점을 맞추는 팀 코칭을 구분하는 것도 중요하다.

팀 코칭을 지속적인 관계가 아닌 일련의 이벤트로 보기

많은 팀 코치가 워크숍 등 출장 이벤트를 운영하기 위해 팀에 고용되는 데 힘을 쏟는다. 팀 코칭이 효과적이려면 팀과 코치가 팀의 강점과 약점, 집단 개발 목표와 이러한 목표를 달성하는 데 도움이 되는 개발 여정을 파악하고 계약을 체결하는 것과 같이 지속적인 파트너십이 필요하다.

팀 또는 팀 리더를 고객으로, 코치를 공급자로 대하는 것

많은 팀 코치는 여전히 팀 코치가 팀 코칭을 수행하고 팀 코치가 있을 때만 코칭이 진행된다는 가정 하에 작업한다. 수년 동안 나는 팀장과 팀 구성원들에게 팀 코칭에서 무엇을 원하는지 물어보곤 했다. 그러고 나서 팀 구성원들에게 집합적으로 필요한 것이 무엇인지 물어보았다. 오늘 나는 먼저 팀에 다음과 같이 묻고 싶다. "팀이 서비스하는 대상은 누구인가?", "당신의 이해관계자들이 현재 당신에게서 받는 것 중에서 무엇을 중요하게 여기고 있으며, 이해관계자가 미래에 필요로 하는 것은 무엇인가?", 지금까지 완료된 코칭을 검토하면서 나는 이렇게 묻는다. "당신의 이해관계자가 우리 작업에 함께 참여했다면, 그들은 우리가 한 일에 대해 어떤 가치를 부여하고 우리에게 어떤 도전을 할 것인가?"

이러한 질문을 통해 팀과 팀 코치는 팀의 모든 이해관계자를 위한 가치 창출에 집중할 수 있다. 또 팀 코치는 항상 자신의 작업을 팀 리더와 전체 팀으로 전환하기 위해 노력해야 한다. 따라서 팀 코치가 떠난 뒤에도 팀 코칭은 계속된다.

팀 코칭, 하나의 시스템으로서의 팀을 코칭하기, 그리고 시스템적 팀 코칭의 차이가 명확하지 않음

내 책을 한 번 이상 읽은 훈련생 시스템 팀 코치들에게서 정기적으로 팀 코칭, 하나의 시스템으로서의 팀을 코칭하기, 시스템적 팀 코칭의 차이점을 명확히 해달라는 요청을 받았다.

레벨 I: 팀 코칭team coaching은 팀을 그 팀 내의 개인이 만든 것으로 보고 개인 사이의 상호 관계와 개인이 팀에서 원하는 것에 중점을 둔다. 합의와 조화가 매우 중요하다. 개인과 대인관계에 초점을 맞춘다.

레벨 II: 시스템 팀 코칭system team coaching: 팀을 하나의 시스템으로 코칭하는 것으로 팀을 살아있는 시스템으로 간주한다. 팀이 부분의 합보다 더 큰 존재라는 것에 초점을 맞춘다. 효과적인 회의, 생성적인 대화와 협업이 매우 중요하다. 팀 역동성이 관심의 중심이다.

레벨 III: 시스템적 팀 코칭systemic team coaching은 팀을 모든 이해관계자와 함께, 그리고 그들을 위해 가치를 창출하기 위해 존재하는 것으로 본다. 그것은 팀이 누구에게 봉사할 것인지와 이해관계자가 팀에 대해 갖는 미래의 요구에 초점을 맞춘다. 퓨처 백과 아웃사이드 인 방식의 참여가 매우 중요하다. 팀과 더 넓은 시스템 맥락 사이의 역동성이 핵심 관심사이다. 이제 네 번째 레벨을 추가해야 한다.

레벨 IV: 에코시스템 팀 코칭eosystemic team coaching은 팀이 끊임없이 변화하는 생태계와 역동적인 관계 속에서 함께 진화한다고 보고 있으며, 이를 통해 공유 가치를 창출한다. 에코시스템 코칭은 다음에 중점을 둔다.

- 생태학적 틈새를 구성하는 일련의 시스템적 수준 내에 내포된 팀
- 팀과 연결된 다른 팀 사이의 상호작용(팀 간 코칭)
- 팀과 더 넓은 이해관계자 사이의 전략적 대화(전략 프로세스 코칭)
- 기업과 조직을 하나로 묶어 공동 목표를 추구할 수 있는 기업 네트워크(네트워크 연결) 또는 파트너십을 통해 팀 기반 문화를 개발하기(파트너십)

모든 수준의 팀 코치로서 우리는 다양한 형태의 팀 코칭과 각 팀 코치들이 가져오는 이점과 약속을 명확하게 설명할 수 있어야 한다. 팀과 팀장이

개발 요구 사항을 탐색하기 위해 정보에 입각한 선택을 극대화할 수 있도록 어떤 형태의 팀 코칭이 다른 상황과 조건에 적합한지 명확히 해야 한다.

결과와 가치 창출보다는 고성과를 위한 팀 특성에 집중하기

나는 100개가 훨씬 넘는 리더십 팀과 함께 고가치 창출 팀 설문지를 직접 사용해왔다. 또 간접적으로 수퍼비전 작업을 통해 위험 요소 가운데 하나를 깨달았다. 팀은 이를 채우고, 분석과 피드백을 연구한 다음, 다수의 팀에서 점수를 올리기 시작했다. 점수를 다시 측정하기 전에 주요 특성을 확인해야 한다.

이는 성공적인 팀이 이러한 모든 자질에서 높은 점수를 받는 팀이라는 암묵적 가정을 드러낸다. 나는 여전히 이것들이 성공을 위한 중요하고 필수적인 재료라고 생각하지만, 그것들 자체가 훌륭한 식사를 만드는 것은 아니다. 훌륭한 식사는 재료의 조리와 변형이 필요하며, 그런 다음 손님을 참여시키고 만족시킨다.

위험은 우리가 팀 산출물, 결과 그리고 가치 창출에서 관찰 가능한 변화보다 성공에 필요한 투입물에 집중한다는 것이다.

수평적horizontal이 아니라 계층적hierarchical으로 리더십 보기

'내일의 리더십과 오늘의 리더십 개발에 필요한 혁명Tomorrow's leadership and the necessary revolution in today's leadership development'(Hawkins, 2017)에 관한 글로벌 연구에서, 핵심 주제 가운데 하나는 리더십에 대해 생각하는 방식이

변화하는 세상에서 목적에 맞게 근본적으로 바뀌어야 한다는 것이었다. 리더십에 관한 지배적인 사고방식은 현재 계층적이고 역할 기반이다. "나는 내 팀, 내 기능, 내 조직, 내 사람들, 계층 구조에서 내 아래에 있는 사람들을 이끌고 있다."

많은 CEO가 조직 내 채용 인원을 줄이더라도 성공을 위해서는 훨씬 더 많은 이해관계자와 효과적인 파트너십을 구축해야 한다고 언급했다. 그들은 디지털화, 로봇공학, 아웃소싱의 영향이 어떻게 조직 구조를 변화시킬 것인지에 관해 이야기했다. 동시에 점점 더 많은 공급업체, 유통업체, 고객, 투자자, 시민 사회와 협력해야 할 필요성 때문에 리더십은 수직적이지 않고 수평적이 되었다.

리더들은 리더십의 주요 과제가 조직 내에서뿐만 아니라 성공을 위해 잘 협력해야 하는 다양한 이해관계자와 파트너십과 시너지 창출에 있다고 말했다.

팀 코칭은 리더십의 본질에서 일어나는 이러한 급격한 변화에 주의를 기울여야 하며, 리더와 리더십 팀이 다른 팀과 더 효과적으로 연결하고 조직의 경계를 넘어 성공하는 데 필요한 파트너와 이해관계자와 연결하도록 지원해야 한다.

성공적인 팀이 되는 것을 도착지로 본다

개인이든, 팀이든, 조직이든, 종species이든 공진화는 끝이 없다. 레그 레반스Reg Revans는 다윈의 생각을 모든 조직에 적용할 수 있는 간단한 공식 L≥E.C.로 적용했다. "학습learning은 환경 변화environmental change의 속도와 같거나 그 이상이어야 한다."

많은 작가가 투자수익률ROI보다 학습률rate of learning(ROL)에 더 초점을 맞출 필요가 있다고 쓰고 있다. 혁신적인 회사인 자포스Zappos의 CEO인 토니 셰이Tony Hsieh는 "훌륭한 브랜드나 회사는 끊임없이 펼쳐지는 이야기이다."라고 말했다.

나는 이것을 다음과 같이 말하고 싶다. "위대한 팀은 생태학적 틈새와 함께 끊임없이 펼쳐지는 이야기다." 내가 의미하는 바를 이해하기 위해서는 우리가 피해야 할 일곱 가지 함정과 막다른 골목에 위치한 근본적이고 제한적인 믿음에 관해 살펴보아야 한다.

고성과 팀과 '개체적 사고entity thinking'를 넘어

고성과 팀을 넘어

이 책의 초판에서 나는 높은 성과를 내는 팀과 그들을 발전시키는 방법에 관해 글을 많이 썼다. '고성과 팀high-performing team'이라는 개념이 부적절하고 실제로 위험하다는 것을 깨닫는 데 몇 년이 걸렸다. 나는 다음과 같이 자주 사용되는 개념의 그림자 측면을 많이 보기 시작했다.

1. **'고성과 팀'은 마치 팀 단독으로 이 성공을 만든 것처럼 성과의 소유권을 팀 안에 가둔다.** 모든 성공과 번영은 관계적이다. 팀의 성공은 수직적 또는 수평적으로 이끄는 직원, 투자자, 고객, 공급업체와 파트

너 조직, 조직 내 기타 기능과 팀, 앞서 갔던 사람들, 커뮤니티를 포함하여 모든 이해관계자와 공동으로 만들어진다. 직원들이 안전하고 품위 있게 생활할 수 있는 기반 시설을 제공하고 출근길을 제공하며 건강, 교육, 위생, 에너지, 수도 분야에서 필요한 서비스를 제공한다.

이 모든 것 너머에는 인간보다 더 넓은 생태계가 있다. 그것은 우리가 숨쉬는 공기, 영양을 공급하는 물, 음식을 생산하는 지구, 따뜻함과 에너지를 제공하는 태양과 같이 우리 삶에 중요한 필수 요소를 제공한다. 우리 혼자서는 아무것도 이룰 수 없고, 팀도 마찬가지이다.

2. **'고성과 팀'은 팀이 목적에 집중하거나 모든 이해관계자와 함께 공동의 가치를 창출하기보다는 성과 목표에 초점을 맞추도록 장려한다.** KPI와 OKR을 포함한 팀 성과 목표는 여정의 이정표를 측정하는 방법이지 목적지가 아니다. 훌륭한 팀은 훌륭하고 의미 있는 목적과 팀 외부의 다른 사람들과 공동으로 창출할 수 있는 가치에 의해 동기부여되고 정렬된다.

3. **'고성과 팀'은 '고성과 팀' 자체를 목적지로 만든다.** 당신이 나와 다른 사람들이 말한 고성과 팀의 모든 특성에 해당하는 팀이라고 생각하는 것은 당신이 월계관을 쓰고 현실에 안주하거나, 심지어 거만해지며, 그들 주변의 세계가 어떻게 변화하는지 맥락에 관한 조사를 늦추는 결과를 초래할 수 있다. 성공한 사람은 맥락의 변화에 관한 피드백을 가장 마지막에 받을 수 있다.

4. **'고성과 팀'은 시스템 전반에 걸친 건강보다는 시스템 일부의 하위 최적화로 이어질 수 있다.** 나는 블록이나 조직에서 가장 성공적인 팀이 될 수 있다는 사실에 흥분한 몇몇 팀과 함께 일한 적이 있다. 여기

에는 다른 팀보다 더 많은 자원을 확보하거나, 다른 팀보다 더 나은 관점에서 자신의 성공을 발표하거나, 조직의 다른 부분을 공략할 수 있는 방법이 포함되어 있다. 이는 단기적이고 국지적 이익을 가져올 수 있지만, 더 넓은 시스템 수준에서 전반적인 성공을 잠식한다. 궁극적으로 더 넓은 시스템 수준에 소요되는 비용으로 시스템의 일부를 하위 최적화하는 것은 자기 패배적이다. 그레고리 베이트슨Gregory Bateson은 "환경적 틈새를 파괴하는 모든 종은 스스로를 파괴한다."라고 말했다.

이러한 깨달음으로 인해 나는 단기적인 이정표가 아니라 이해관계자를 위해 창출되는 가치와 그 안에 내포되어 있는 광범위한 시스템 수준에 따라 측정되는 목표 주도형 팀과 진행 상황에 초점을 맞추게 되었다.

나는 또한 팀 내의 하위 시스템 상태와 성공, 그리고 맥락을 구성하는 더 광범위한 시스템 수준을 보지 않고는 결코 팀의 상태와 성공에만 집중할 수 없다는 것을 점점 더 깨달았다. 시스템적 팀 코칭systemic team coaching은 개인 코칭에서 개발된 것 가운데 최고와 조직 개발에서 발견되고 생성된 것 가운데 최고를 결합해야 한다. 시스템적 팀 코치는 개인, 팀, 조직, 더 넓은 생태계 사이의 접촉점에서 지속해서 작업해야 한다. 코치, 팀 코치, 조직 컨설턴트, 전략가 등 다양한 수준의 시스템에서 일하는 사람들이 많지만 이 네 가지 수준 모두에서 깊은 변화를 연결할 수 있는 사람들이 전 세계적으로 매우 부족하다. 지난 10년 동안 내 일은 세계 여러 곳에서 이 여정을 하는 사람들을 개발하고 지원하는 데 전념해왔다.

이로 인해 나와 다른 작가들(Hawkins, 2017, 2018, 2020;

Edmondson, 2012, 2017; McChrystal et al., 2015)은 경계선에 있는 팀에서 팀 구성하기, 팀 간 코칭으로 초점을 이동하도록 이끌었다. 단일 팀에서 팀들로 이루어진 팀을 구성하고, 코칭, 학습, 팀 문화인 조직 문화를 개발해야 할 필요성을 느꼈다.

'개체적 사고'는 생존 단위와 번영 또는 성공의 단위가 개인, 가족, 팀, 조직, 국가, 종species과 같은 제한된 개체에 위치한다는 지배적이고 암묵적인 믿음에 부여한 이름이다. 이 함정은 위에 나열된 다른 많은 함정의 기초가 되며 서구적 사고방식에서는 너무 흔해서 우리는 보통 그것을 알아차리지 못한다. 우리는 '위대한 리더', '고성과 팀', '우수한 조직', '우리나라를 다시 위대하게 만들기' 또는 '종족 살리기' 등을 이야기한다.

지난 200년 동안 서구적 사고방식은 제한적이고 위험한 가정에 사로잡혀 있었다. 그것은 개인, 팀, 조직, 부족, 국가 또는 종족에 존재하는 것처럼 생존뿐만 아니라 성공과 번영을 추구해왔다. 그것은 적자생존에 관한 다윈의 개념을 받아들여 가장 적합하고, 가장 성공적이며, 이기적인 경쟁을 통해서만 살아남는다는 경쟁 패러다임을 만들어냈다.

베이트슨(1972)은 잘못된 생존 단위를 선택함으로써 발생하는 문제에 대해 다음과 같이 매우 명확하게 기록하고 있다.

> 19세기 중반 영국의 일반적인 사고 분위기에 따라 다윈은 자연 선택과 진화론을 제안했는데, 여기서 생존 단위는 가족이나 종, 하위 종sub-species 또는 이와 유사한 것이었다. 그러나 오늘날에는 이것이 실제 생물학적 세계에서 생존의 단위가 아니라는 것이 매우 분명하다. 생존 단위는 유기체와 환경이다. 우리는 쓰라린 경험을 통해 환경을 파괴하는 유기체가 스스로를 파괴한다는 사실을 배우고 있다.

개인주의적이고 자기 중심적 생각을 개인에서 팀 또는 부족 수준으로 옮기고, 해당 블록에서 가장 높은 성과를 내는 팀이 되기 위해 경쟁하더라도 개인 코칭에서 팀 코칭으로 이동하는 것만으로는 충분하지 않다. 우리는 생존 단위와 성공과 번영 단위는 팀이 아니라 공통의 시스템적 맥락을 구성하는 환경 또는 생태적 틈새와의 관계와 역동적인 공진화라는 것을 인식할 필요가 있다.

이 때문에 나는 최근 콘퍼런스의 기조연설에서 "고성과 팀이란 것은 없다."라고 말했다. 모든 이해관계자와 공동으로 가치를 창출하는 단 하나의 팀만 있을 뿐이다. 같은 방식으로, 그들에 관해 쓴 모든 구식 책이 있지만, '위대한 리더'나 '뛰어난 조직' 같은 것은 없다. 성공은 항상 상황에 따라, 그리고 항상 함께 만들어지며, 여러분이 운영하는 커뮤니티와 생태계와 함께 가치를 창출하는 것이다. 그리고 그들도 여러분과 마찬가지로 항상 변화한다. 우리는 공진화에 사고 기반을 둘 필요가 있다.

많은 사람이 위대한 리더와 조직에 관해 썼다. 그리고 모범적인 조직들 가운데 상당수는 향후 5~10년 이내에 무너지고 불타버렸다. 예일 대학의 리처드 포스터Richard Foster는 S&P 500 기업의 수명이 1920년대 67년에서 오늘날 15년으로 감소했으며 그 수명은 더욱 단축되고 있다고 추정한다.

성공한 기업이나 고성과 팀이라는 꼬리표가 붙는 것은 독이 든 성배이며, 그것은 너무 쉽게 안주하고 오만함으로 이어진다. 그러니, 당신이 고성과 팀이라고 생각하는 것을 주의하라!

이것이 내가 이 책에서 팀 코칭이 팀 구성원들 사이의 내부 관계를 넘어 전체 팀의 외부 관계 네트워크에 집중되어야 한다고 주장한 이유이다. 팀이 자신에 대해 좋게 느끼는 것이 아니라 더 넓은 시스템 내에서 가치 창출을 위한 팀의 공헌에 집중해야 한다. 미래의 리더십에 관한 연구를 위해 인터뷰한 어느 CEO(Hawkins, 2017b)는 "도전은 부품이나 사람이 아니라 연결성에 있다."라고 말했다. 이는 과제뿐만 아니라 팀의 번영, 성공, 가치 창출은 항상 개체가 아닌 관계에 있다는 것도 사실이다.

따라서 다음 장에서는 팀 코칭을 사용하여 네트워크, 파트너십, 성장, 창업 비즈니스에 관한 코칭과 더 넓은 생태계에 참여하는 것뿐만 아니라 더 넓은 조직 개발을 돕는 방법에 관해 간략하게 설명한다.

제11장
개별 팀을 넘어 시스템적 팀 코칭으로

'세계 경제는 영원히 변했다. 공룡 회사들에 의한 전통적인 계층적 시장 지배의 시대가 끝나가고 있다.' '파괴는 새로운 표준이다.'

(Ismail, 2014: 126, 135)

도입

이 장에서는 에코시스템 팀 코칭이 더 넓은 세계뿐만 아니라 규모와 종류에 관계없이 모든 조직에서 필요한 혁신에 막대한 기여를 할 수 있는 중요하고 새로운 기회와 과제를 탐구하겠다.

시스템적 팀 코칭systemic team coaching은 팀이 더 효과적이도록 돕는 것뿐만 아니라 조직이 협력적이고 민첩하며 빠르게 학습하는 적응형 팀 기반 문화를 만들게 하는 데 중점을 두어야 한다. 이는 조직 전체에 걸쳐 팀 내뿐만 아니라 팀 간에도 수직적, 수평적 협업이 이루어지는 문화이다. 또 조직이 소유하고 참여하는 전략, 조직의 모든 부분에 의해 신속하게 실행되는 효과적인 전략을 지속해서 공동 생성하고 개발할 수 있는 문화여야 한다([그림 11.1] 참조). 또 조직과 더 넓은 비즈니스 생태계 사이에 생산적인 공동 작업과 협업을 만들어냄으로써 조직의 더 넓은 이해관계자들을 자극하고 끌어당기는 역할을 하는 전략이다.

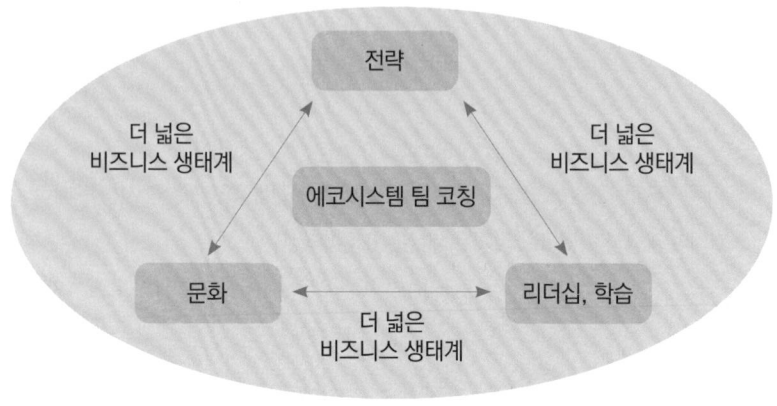

[그림 11.1] 전략, 문화, 리더십

에코시스템 팀 코칭ecosystemic team coaching은 또한 조직의 집단적 리더십을 개발하여 모든 리더와 집단적 리더십이 주변 세계가 변화하는 것보다 더 빨리 학습하도록 해야 한다.

따라서 이 장에서는 팀 코칭이 어떻게 더 나은 효과를 낼 수 있는지 탐구할 것이다.

- 전략 수립과 실행 프로세스

- 조직 전체, 팀 내 그리고 팀 간 문화 발전
- 리더십 학습과 개발
- 비즈니스 생태계 전반에 걸친 네트워크와 파트너십 구축
- 더 넓은 생태계와 협력하기

또 스타트업 시작부터 번창하는 기업이 되기까지 효과적으로 팀을 코칭하는 방법에 초점을 맞출 것이다. 고용의 성장은 이제 새로운 중소기업에서 시작되고 대기업은 고용하는 사람의 수를 줄이기 때문에 이는 점점 더 중요해지고 있다.

팀 코치와 컨설턴트는 다음 25년 동안 인간의 '고의적인 맹목성wilful blindness'과 생태학적 파괴를 지속하는 것이 아니라 적절한 인간 행동의 돌파구가 될 수 있도록 돕기 위해 거대한 혁신적 목적에 함께 참여해야 한다.

- 조직 내 전략화 프로세스의 창의성 향상
- 조직이 별도의 비즈니스 네트워크를 형성하는 팀 기반 문화 개발과 조직을 만드는 데 도움이 되는 새로운 형태의 팀 구성 개발
- '팀 간 코칭'을 통한 더 효과적인 조직 개발
- 새로운 형태의 팀들과 팀 구성을 통해 조직 혁신, 변화의 창의성과 속도 향상
- 실시간 시스템적 팀 학습에 집단적 리더십 개발을 포함시키기
- 파트너십의 효율성을 크게 높이기 위한 접근 방식 개발
- 번창하고 유익한 영향을 미치는 스타트업의 수를 크게 증가시켜 초기 단계에서 실패하는 기업의 수를 감소시키기

이 장에서는 이러한 모든 과제에 대한 본인의 기여를 간략하게 밝히고, 흥미로운 통찰력과 적용 사례를 포함한 일련의 사례 연구를 설명하겠다.

전략과 전략 수립을 위한 시스템적 팀 코칭

조직들은 더는 예전 방식으로 전략화할 여력이 없다.

나는 1980년대의 많은 시간을 마이크 페들러Mike Pedler, 존 버고인John Burgoyne, 톰 보이델Tom Boydell과 같은 동료들과 함께 조직 학습 분야에 관해 연구하고, 쓰고, 말하고, 컨설팅하는 데 보냈다(Pedler et al., 1991). 이 지역은 피터 센게Peter Senge의 다양한 책들(1990, 1993, 1994, 2005, 2008)과 조직 학습 협회의 보급으로 더 큰 명성을 얻었다. 그러나 그 때 이후로 이 분야에 대한 대부분 관심은 개인이 그들의 일을 통해 지속해서 배울 수 있도록 지원하는 방법을 찾는 조직으로 축소되었다. 이러한 노력이 중요하지만 팀, 전체 조직, 파트너십 그리고 네트워크가 집단적으로 학습하도록 돕는 더 큰 과제가 있다. 조직 학습이 실제로 영향을 미치려면 교육, 학습, 개발 기능에서 벗어나 전체 시스템의 중앙 전략과 조직 개발 프로세스에 연결되어야 한다(Hawkins, 2019b 참조).

모든 조직은 생태계가 변화하는 것보다 더 빨리 학습해야 하며, 초고속을 필요로 하는 대부분 조직에서는 더 빨리 학습해야 한다. 전통적으로 조직에는 자체 계획을 생성하는 각 기능을 포함하는 전략 프로세스가 있으며, 전략 기능을 통해 이러한 프로세스를 수집하고 결합하면 고객, 경쟁업체 그리고 맥락에 대한 환경적인 조사 결과를 얻을 수 있다. 그런 다음 경영진과 이사회는 계획이 시스템에 다시 적용되기 전에 원격 회의off-site meeting에서 이 문제에 관해 토론했다. 많은 조직과 함께 일하는 과정에서 나는 그들의 계획이 지금 그들에게 쏟아지는 전략 계획과 어떻게 원격으로remotely 연결되어 있는지에 대해 당혹스러워하는 기능 부서와 국가 부서를 발견했다. 또 어떤 전략들은 생산과 소통에 너무 오랜 시간이 걸렸고, 그것들은 실행되었을 때 이미 시대에 뒤떨어졌다.

조직과 조직의 리더십 팀이 기하급수적인 변화와 끊임없는 혼란의 시대를 선도하도록 지원하기 위해서는 혁신적이고 적응력 있는 전략 수립이 필요하다. 리더십 팀은 더는 서로 다른 팀과 기능functions의 내부 팀 목표를 통합하는 데 기반을 둔 5개년 계획을 수립하는 것으로 충분하지 않다. 이사회와 리더십 팀이 하루나 이틀 동안 자리를 비우고 부문 분석가들에 의한 프레젠테이션, 최고 전략 책임자에 의한 프레젠테이션, 그리고 공식화된 토론을 하는 것만으로는 충분하지 않다.

오늘날 조직에는 다음과 같은 전략적 프로세스가 필요하다.

a 전체 시스템에 의해 공유되는 집단 지능과 의식을 공동으로 창조한다.
b 수직 사일로를 오르내리는 작업뿐만 아니라 조직과 더 넓은 생태계 전반에 걸쳐 수평적인 대화를 만든다.
c 조직이 '생각할 수 없는 것을 생각'(Gowing & Langdon, 2015)하고, 핵심 가정에 의문을 제기함으로써 '고의적인 맹목성'(Heffernan, 2011)을 극복하도록 유도한다(Hawkins & Smith, 2013).
d 단순히 어제의 성공을 계속 성장시키기보다는 '퓨처 백'과 '아웃사이드 인' 사고에 관여한다.

e '세 가지 지평선 사고three horizons thinking'(Sharpe, 2013)를 통해 현재의 개선과 미래의 혁신 그리고 미래 트렌드를 연계한다.
f 사람들의 머리와 마음을 사로잡고, 이해관계자의 목적과 유익한 영향을 연계하며, 모든 사람의 열정을 활용한다.
g 모든 사람을 참여시켜 소유권을 늘리고, 논의한 것을 신속하게 실행하는 방법으로 전략화에 기여한다.

전체 시스템에서 집단 지능과 공유된 의식을 공동 생성하라

전략 수립은 인상적인 전략 문서를 생성하기 위한 단순한 생산 프로세스가 아니다. 더 중요한 것은 전체 조직뿐만 아니라 이해관계자, 파트너 그리고 광범위한 후원자 네트워크의 집단 지성과 공유 의식을 만들기 위한 핵심 학습 프로세스이다. 그것은 전체 시스템이 무엇이 효과가 있고 무엇이 그렇지 않은지(성찰reflection), 미래의 도전과 기회가 무엇인지(선반영preflection), 이 두 집단적 이해(과거와 미래past and future)사이에 조직이 어떻게 적응하고 혁신해야 하는지(반성flection)에 대해 서로 대화할 수 있는 풍부한 기회이다.

좋은 전략화 프로세스를 테스트한 결과, 모든 직원과 주요 이해관계자가 프로세스에서 이탈하는 것으로 나타났다.

- 생태계에서 무엇이 나타나고 있는지, 적응과 대응 방법에 대한 상황별 인식을 강화한다.
- 조직의 새로운 핵심 목적을 더 잘 이해한다.

- 고객과 팀이 어떻게 이러한 목적과 시스템의 다른 부분에 더 나은 가치를 더할 수 있는지, 그리고 팀 KPI, 목표 그리고 주요 결과를 어떻게 전환해야 하는지 이해한다.
- 조직을 발전시키고 신속하게 실행하는 방법에 대해 더 큰 집단적 소유권을 느낀다.
- 미래에 대한 자신감을 높이고, 시스템의 다른 부분과 연결하며, 행동하고 혁신할 수 있는 권한을 강화한다.

일부 조직의 경우, 직원과 이해관계자에게 다음과 같이 질문하는 질의 프로세스inquiry process를 통해 전략을 평가했다.

- 올해 귀사의 전략적 우선 과제 세 가지는 무엇인가?
- 팀의 목표와 주요 결과를 이와 어떻게 일치시켰는가?
- 조직의 다른 부분과 이해관계자와의 연결성을 어떻게 변화시켰는가?
- 어떻게 귀사의 모든 이해관계자와 함께 창출하는 가치를 높였는가?
- 당신이 집중하여 하는 일이 어떻게 바뀌었는가? 그것이 여러분의 업무에 어떤 영향을 미쳤고, 그 일에 대한 당신의 느낌은 어떤가?

계층적 리더십 구조의 수직적 사일로를 오르내리는 작업뿐만 아니라 조직과 광범위한 생태계 전반에 걸쳐 수평적으로 대화를 생성하라

이전 섹션에서 설명한 결과를 달성하기 위해 전략화 프로세스는 팀과 기능뿐만 아니라 내부와 외부 경계를 넘나드는 전략적인 대화와 대화를 잘 조정하고 코칭해야 한다(팀 간 코칭, 파트너링에 대한 섹션 참조).

에르텔Ertel과 솔로몬Solomon(2014)은 그들의 책 『임팩트의 순간: 변화를 가속화하는 전략적 대화를 설계하는 방법Moments of Impact: How to design strategic conversations that accelerate change』은 하이페츠Heifetz가 말하는 '적응형 이슈adaptive issues'를 다루는 전략적 대화를 설계하고 촉진하는 능력이 가장 중요한 기술임을 시사한다. 하이페츠(2009)는 변화를 생성하는 데 있어 적응형adaptive과 기술형technical 두 가지 유형의 과제를 식별한다. 기술형 과제는 전문가 지식으로 해결할 수 있는 문제로 정의되는 반면, 적응형 과제는 시스템 상황에 관련된 다양한 사람들에 의해 새로운 학습을 생성해야 한다.

에르텔과 솔로몬(2014)은 효과적인 팀 전략 대화 세션을 위한 다섯 가지 단계를 개괄적으로 설명한다. 이사회, 경영진, 스타트업 또는 지역사회 조직 중 어느 쪽도 상관 없다.

a 목적을 정의한다.
b 여러 관점을 결합한다.
c 이슈의 틀을 잡는다.
d 장면을 설정한다.
e 경험으로 만든다.

또 시스템 코치가 이를 가능하게 하는 데 도움이 되는 도구와 방법뿐만 아니라 많은 사례를 제공한다.

생각할 수 없는 것을 생각하기

앨리스는 웃었다. "노력해 봐야 소용없어." 그녀가 말했다. "불가능한 일을 할 수 있다고는 아무도 믿지 않아." "당신도 연습을 별로 안 해봤을 거야." 여왕이 말했다. "내가 네 나이였을 때, 나는 항상 하루에 30분 동안 그것을 했어. 왜냐하면 때때로 나는 아침 식사 전에 여섯 가지나 되는 불가능한 것들을 할 수 있다고 믿었기 때문이야."

고윙Gowing과 랭던Langdon(2015)은 '생각할 수 없는 것 생각하기'가 '디지털 시대의 리더십을 위한 새로운 필수 조건'이라는 것을 잘 보여준다. VUCA와 상호 의존적인 세계화 세계에서는 모든 조직이 끊임없이 학습하고 지속해서 스스로를 쇄신해야 한다. 일부 저자는 지속적인 경쟁 우위는 학습 속도뿐이며 현재 투자수익률ROI보다 학습 속도rate of learning(ROL)가 미래의 성공을 더 잘 예측할 수 있다는 점을 인식해야 한다고 주장했다(예: Tebbits, 2014).

너무 많은 전략 이벤트가 매년 동일한 스타일로 수행되고 현재 습관화된 마인드셋과 핵심 가정core assumptions 밖에서 새로운 학습을 생성하지 못한다. '문화란 당신이 3년 동안 어딘가에서 일했을 때 눈치채지 못하게 되는 것이다.'(Hawkins, 2012) 그리고 문화는 과거에 효과가 있던 것에 초점을 맞춰 고의적인 맹목성으로 쉽게 발전할 수 있다(Heffernan, 2011). 회의를 전략화하는 것은 사람들이 습관화된 사고와 관계, 그리고 그들의 습관화된 상자 밖에서 생각하고 참여하도록 도울 필요가 있기 때문이다.

내가 전에 인용했듯이 '당신은 자신을 방해하고 있거나, 다른 누군가가 당신을 방해하고 있다.' 즉 전략 세션은 모든 참가자가 '평소와 다름없음business as usual'에서 벗어나 일상적 사고방식을 중단하고, 주요 미래 시나리오를 탐색하고, 비즈니스가 경쟁에서 앞서 나갈 수 있는 혁신적 방법을 찾을 수 있도록 설계되어야 한다.

◆ 다른 사람의 입장 되어보기

글로벌 조직의 고위 이사회 한 명과 함께 나는 특히 파괴적인 디자인으로 작업했다. 나는 그들에게 임원-비임원의 구분없이 2인 1조로 나누거나 작은 그룹으로 나누라고 했다. 각 그룹에는 조직을 방해할 수 있는 현재 또는 미래의 경쟁자가 주어졌다. 여기에는 대규모 국제적 경쟁자, 공격적으로 인수하려는 기업, 소매업체와 협력하고 직접 거래하는 공급업체, 자체 제조 공급업체로 설립된 소매업체, 전체 가치 사슬을 혁신하기 위한 새로운 스타트업이 포함되어 있었다.

그들은 경쟁자로서 그들이 어떻게 경쟁하고 그들이 평소에 이끌던 회사의 시장 점유율을 어떻게 빼앗을지 생각하는 임무를 부여받았다. 전략부서는 각 그룹에 대한 배경 프로필과 수치를 제공했다. 그 일은 흥미롭고 활력이 넘쳤고, 진행되면서 그룹들 사이의 경쟁이 심해지는 것을 느낄 수 있었다. 이후 진행된 프레젠테이션도 창의적이었다.

그룹은 시각적이고 기타 창의적인 프레젠테이션 스타일을 사용하도록 지시받았으며 그룹의 모든 구성원은 프레젠테이션에서 발언권을 가져야 한다. 아침이 되자 이사회와 리더십 팀은 안전지대comfort zone를 떠나 서로의 정상적인 사고방식과 소통 방식을 혼란에 빠뜨렸다. 이들은 다양한 잠재적 시나리오를 탐색하고 주요 경쟁업체 리스크의 우선순위를 정했으며, 모두 자신의 비즈니스를 신속하게 혁신할 수 있는 더 급진적인 방법이 필요하다는 데 동의했다.

단순히 어제의 성공을 성장시키는 것이 아니라 '퓨처 백'과 '아웃사이드 인' 사고에 참여하라

나는 이 책을 통해 '아웃사이드 인과 퓨처 백을 생각하라'라는 구호를 반복했고, 이는 시스템적 팀 코칭뿐만 아니라 좋은 전략 수립의 핵심이다. 우리는 우리의 핵심 목적에서 출발하여 기업이 누구를 위해 서비스하고, 그들이 필요로 하거나 미래에 어떤 가치 창출을 원하는지 명확히 해야 한다.

내가 코칭한 임원진 팀 전략 이벤트에서 나는 팀원들에게 현재 경쟁업체에서 서비스를 받는 다섯 명의 잠재 고객에게 익명으로 2인 1조로 대화를 나누며 준비하도록 요청했다. 이들은 모두 다음과 같은 동일한 질문 세트를 사용했다.

- 현재 서비스에서 가장 중요하게 생각하는 것은 무엇인가?
- 현재 서비스와 제공 방법에서 무엇이 당신을 짜증나게 하는가?
- 현재 서비스에서 개선할 점은 무엇인가?
- 현재 서비스에서 해결하지 못하는 요구 사항은 무엇인가?
- 이 서비스가 당신을 위해 무엇을 더 할 수 있는가?
- 귀하와 귀하의 조직에 도움이 필요한 향후 요구 사항은 무엇인가?

그들이 세션에 왔을 때, 차례로 각 쌍은 그들이 만났던 사람들의 입장이 되어 그들의 현실과 그들이 필요로 하고 미래에서 찾는 새로운 가치에 관해 이야기해야 했다. 이러한 반응은 방안의 '플립차트 갤러리flip chart gallery'에서 포착되었고 나는 "좋아. 이제 우리는 우리가 혁신하고 더 큰 가치를 창출해야 하는 세상에 둘러싸여 있어."라고 말하면서 다음 세션을 시작했다. 우리는 '혁신 랩innovation lab' 또는 '디자인 스튜디오design studio'를 준비했다.

서로 다른 시간대timeframes 연결하기 - 세 가지 지평선 프레임워크

2014년 AT 커니AT Kearny는 기업의 주주 수익과 전략 수립 방식 사이의 관계를 조사하는 연구를 수행했다. 그들은 5년 이상 내다보는 전략을 가진 기업의 85%가 유익한 결과를 얻은 반면, 더 짧은 기간을 내다본 기업의 47%와 대조되는 것으로 나타났다. 연구에 참여한 대부분 참가자는 전략 수립의 두 가지 측면이 중요하다고 생각했다. a) 지평선 탐색, 미래 동향 이해, b) 전략 수립 프로세스에 되도록 많은 직원을 참여시켜 관점의 다양성을 높이고, 더 많은 사람이 전략 수립에 참여할수록 더 빠르고 더 적극적으로 전략을 실행했다.

빌 샤프Bill Sharpe(2013)는 각각 고유한 관점과 다른 사고방식을 가진 세 가지 시간 지평선을 통합하기 위한 명확한 '세 가지 지평선 프레임워크three horizons framework'를 제공한다.

- 지평선 1은 '평소와 다름없음business as usual'에 초점을 맞추고 있으며, 현재를 관리하고 효율성efficiency과 효과성effectiveness을 점진적으로 향상

시킨다. 그는 이것을 경영 마인드라고 표현한다.
- 지평선 2는 단기적 미래에서 중기적인 미래short-to medium-term future를 내다보고 새로운 기회와 혁신 영역을 아우르며 미래를 위한 혁신을 추진한다.
- 지평선 3은 미래 전망이며, 미래 지평선 너머에서 나타나고 있으며, 가까운 미래에서 중기적 미래near to medium-term future에는 흔한 장소가 될 수 있다.

샤프의 가장 강력한 통찰력은 다년간의 전략 수립을 바탕으로 현재 어떤 것이 잘 작동하지 않는지 검토하는 것에서 시작하여 지평선 3의 전략적 선견지명 도구와 사고를 사용하여 '퓨처 백'에서 생각하고, 그 뒤에 내일 혁신을 시도해야 한다는 것이다. 그렇지 않으면 어제의 사고방식과 가정이라는 틀에서 벗어나 내일을 혁신하려고 할 것이다.

시스템 팀 코치는 세 가지 시간 범위를 모두 연결된 방식으로 코칭할 수 있어야 하며 다양한 선견지명 도구를 사용하는 방법을 알아야 한다. 크리시아 루스티그Tricia Lustig(2015)는 팀이 전략적 대화에 사용할 수 있는 많은 훌륭한 도구를 제공한다. 그녀는 세 가지 지평선으로 시작한 다음, 미래를 살펴볼 것future scanning을 제안한다. 여기에는 왼쪽 필드에서 발생하거나 계획과 가정을 방해할 수 있는 '와일드 카드 이벤트wild card events' 또는 '블랙 스완'(Taleb, 2010)이 포함된다. 그런 다음 다양한 시나리오를 작성하고 각 시나리오에 대해 어떻게 성공할 수 있는지 알아본다. 다음으로, 팀 또는 조직이 이러한 새로운 시나리오에서 목적에 맞게 개발해야 하는 방법을 깊이 이해시키기 위해 '인과 계층 분석causal layered analysis'을 권장한다.

사람들의 머리와 마음을 사로잡고, 목표를 목적과 연결시켜 이해관계자에게 유익한 효과를 만들고, 모든 사람의 열정을 활용한다

나는 내가 수퍼비전하는 많은 리더십 팀은 전략 목표의 총점 목록과 '전략적 내러티브strategic narrative'의 차이를 이해하지 못한다. 후자는 사람들의 감정을 끌어들이고 그들의 공유된 목적과 가치에 맞추어 그들을 정렬시키는 이야기이다. 딜로이트 밀레니얼 설문조사Deloitte Millennial Survey(2016)는 밀레니얼 세대의 3분의 2가 현재 자신의 고용주를 선택한 이유로 조직의 '목적'을 언급한다는 것을 보여준다. 이들은 고객과 기타 이해관계자를 위해 창출한 가치를 보여주는 기업에 관여하고 있으며, 조직의 유익한 영향을 강조한다. 효과적인 전략 수립은 품질 IQ 분석, EQ 참여, WeQ 협업 그리고 공유 의식shared consciousness을 결합한다.

소유권을 늘리고 새로운 것을 신속하게 실행할 수 있는 방식으로 전략 수립에 모든 사람을 참여시킨다

많은 연구 결과, 효율적이고 신속한 실행의 열쇠는 참여라는 것이 밝혀졌다. 전략이 왜 개발되었는지, 그 배후에 있는 이유가 무엇인지 이해하지 못한다면, 전략을 실행하기 위해 사람들을 참여하게 하는 것은 어렵다(Lustig, 2015:18). 그러나 사후 전략 참여만으로는 충분하지 않다. 참여는 전략의 공동 작성부터 시작해야 한다. 사람들이 전략 수립에 기여했을 때, 그들은 그것을 실현하기 위한 어떤 형태의 소유권ownership과 헌신을 느낄 가능성이 더 크다.

조직의 '부분'과 '전체' 사이의 관계와 더 넓은 생태계의 이해에 중점을 두고, 시스템의 여러 부분을 협력적으로 사고하고 혁신하는 시스템적인 방법들이 많다. 이러한 이벤트를 설계하면서 나는 미래 탐색(Weisbord & Janoff, 2000), 실시간 전략 변화(Jacobs, 1997), 오픈 스페이스 기술 open space technology, OST(Owen, 2008) 그리고 월드 카페(Brown, 2005)의 선구적 작업에 의지했다.

많은 리더가 나에게 묻는다. "어떻게 하면 충돌하는 아이디어의 쓰나미를 일으키지 않고 나를 위해 일하는 수천 명의 사람을 참여시킬 수 있을까?" 디지털 세계는 부서, 국가 그리고 이해관계자에 걸쳐 협력하고 전략을 공동 수립하는 데 도움이 되는 새로운 도구를 제공한다. 내가 사용한 가장 유용한 두 가지는 다음과 같다.

- **해커톤**Hackathons: 해커톤(hack day, hackfest 또는 codefest라고도 함)은 원래 컴퓨터 프로그래머와 소프트웨어 개발에 관련된 다른 사람들이 소프트웨어 프로젝트에 집중적으로 협력하는 디자인 스프린트와 유사한 이벤트였다. 이제는 핵심 회의실과 디지털 연결에서 복잡한 전략적 도전에 직면한 적임자들이 웹을 통해 상담, 아이디어 테스트 또는 프로토타입 혁신을 내놓게 하고 아이디어, 전문 지식 그리고 응답을 허브로 다시 유입시키는 과정으로 변모했다.

  좋은 예가 캘리포니아 '산 마테오 San Mateo'에서 개최된 HackingEDU의 해커톤으로 첫 해에 6,000건이 넘는 등록이 이루어졌다. 세계 최대의 교육 해커톤이다. 이 행사는 '다음 세대의 학생들이 우리 교육 시스템을 괴롭히는 문제를 해결하도록 영감을 주는 것'(HackingEDU 웹

사이트)을 사명으로 하는 비영리 단체에서 운영한다.
- **JAM**: 2006년 7월 IBM은 지금까지 개최된 온라인 브레인스토밍 세션 중 가장 규모가 큰 협업 혁신의 결정적인 순간을 시작했다. 이 행사는 IBM Innovation Jam®이었고 104개국 67개 기업에서 150,000명 이상의 참가자가 72시간 동안 두 번의 세션을 진행했다 (IBM, 2017). 이후 많은 조직에서 자체 JAM을 개발했다. JAM은 명확한 맥락과 전략적 질문이 포함된 세간의 이목을 끄는 온라인 이벤트를 통한 변혁적 개입transformational intervention에 초점을 맞추었다.

전략 수립은 팀 스포츠일 뿐만 아니라 팀이나 네트워크 스포츠의 한 팀으로서, 전체 시스템이 함께 혁신하기 위해 자신을 인식하는 데 관여하는 것을 포함한다. 그렇지만 문화는 아침식사로 당신의 전략을 먹을 뿐만 아니라 최고의 전략 과정도 먹을 것이다. 맥크리스탈 장군(McChrystal et al., 2015)이 전후 이라크에서 연합군을 이끄는 것을 발견한 것처럼, 먼저 올바른 팀 기반 문화를 구축한 경우에만 사단과 경계를 넘어 실시간으로 함께 전략화할 수 있다.

팀 기반 문화 만들기 – '팀들의 팀team of teams'

'세계가 더 빠르고 상호 의존적으로 성장함에 따라, 우리는 조직 전체에 걸쳐 팀의 유동성fluidity을 확장하는 방법을 찾아야 한다. 즉 전 대륙에 걸쳐 있는 수천 명의 구성원으로 구성된 그룹이다. 그러나 이것을 말하기는

쉽지만 실행하기는 어렵다.'(McChrystal et al, 2015: 125)

2011년 이 책의 초판과 1장에서, 나는 이라크와의 참담한 전쟁을 초래한 정부의 팀워크 실패에 대해 썼다. 이 전쟁은 한 나라와 경제를 파괴하고, 급진적인 극단주의 테러단체의 수를 증가시키는 발판을 마련했다. 사담 후세인의 통치하에서보다 연합군의 침공 이후 이라크에서 매년 훨씬 더 많은 사람이 살해되었다. 맥크리스탈 장군은 수니파 또는 시아파 극단주의 테러 조직의 발흥rise과 싸우기 위한 방법을 찾는 것이 임무인 특수작전 기동부대special operations task force의 리더였다.

맥크리스탈은 세계 최고의 장비를 갖추고 훈련받은 군대인데도 그들이 요르단의 전 마약 중독자인 아부 무사브 알-자르카위Abu Musab al-Zarqawi가 이끄는 훈련되지 않은 저자원 네트워크에 의해 생각 밖으로 밀려나고 있다는 것을 발견했다. 이를 통해 장군과 그의 고위 장교들은 그들의 핵심 가정과 운영 모델에 대한 근본적인 문제들을 다루게 되었다. '우리는 전쟁과 세계가 어떻게 작동하는지에 대해 우리가 안다고 생각하는 많은 것을 배워야 했다.'(McChrystal et al., 2015: 20)

그들은 '더는 존재하지 않는 세계를 상대하기 위해 엄청난 능력을 개발'했고 '이기기 위해서는 우리가 변화해야 한다'는 것을 깨달았다. 놀랍게도 이러한 변화는 전술이나 신기술에 관한 것이라기보다는 내부 아키텍처와 조직 문화에 관한 것이었다. 즉 관리에 대한 접근 방식이다.

알 카에다 이란은 더 큰 유연성, 적응력, 복원력, 그리고 전자 통신망을 갖추면서 연합군의 효율적이고 잘 훈련된 지휘 체계보다 앞섰다. 맥크리스탈은 19세기와 20세기의 도전에 대응하여 계층적 명령 구조hierarchical command structures가 군에서든, 병원에서든, 또는 대규모 현대 조직에서든 효율성 우선으로 설계되었기에 더는 21세기 환경에서 작동하지 않는다는 것을 깨달았다. 오늘날의 세계에서, 기업 조직은 혁신적이고 빠르게 움직이는 차고 스타트업fast-moving garage start-ups로 인해 혼란을 겪을 수 있다.

맥크리스탈 장군이 깨달은 바와 같이, 대기업은 소규모 혁신 조직만큼 혁신적이고 적응력이 뛰어나야 한다. 이를 위해 맥크리스탈은 조직 문화, 핵심 가정 그리고 조직 설계의 기본 원칙을 바꿀 필요가 있다고 이해했다. 조직은 유연성이 높고, 권한이 있으며, 동기부여가 높은 팀을 기반으로 구축되어야 했다. 그러나 더 큰 과제가 있었다.

> 세계가 점점 더 빠르고 상호 의존적으로 성장함에 따라, 우리는 전체 조직, 즉 대륙에 걸쳐 있는 수천 명의 구성원으로 구성된 그룹을 통해 팀의 유동성을 확장하는 방법을 찾아야 한다.
>
> (McChrystal et al., 2015: 125)

그의 해결책은 '팀들의 팀'이었다. 즉 구성 팀들 사이의 관계가 단일 팀 개인들 사이의 관계와 유사하다. 전통적으로 별도의 사일로에 존재했던 팀들은 이제 신뢰와 목적을 통해 서로 융합되어야 한다(McChrystal et al., 2015: 132).

맥크리스탈과 병행해서, 비록 좀 더 차분한 분위기이긴 하지만, 나는 어떻게 우리가 효과적인 팀을 만드는 것을 넘어 조직에 팀 기반의 문화를 만들고 팀 사이의 팀워크를 발전시키기 위해 팀 간 코칭을 발전시키는 문제와 싸워왔다. 테일러Taylor와 과학적 경영에서 비롯되었으며 지난 100년 동안 경영 사고를 지배해 온 기업은 더는 효과적이지 않으며 현재 우리가 만들어낸 초변화, 디지털 네트워크, 상호 의존적이고 복잡한 세계에 충분히 빠르게 적응할 수 없다.

이스마일Ismail(2014: 290)이 지난 몇 년 동안 조직 설계에서 '캄브리아기 폭발Cambrian explosion'로 묘사한 바 있었다. 우리는 새로운 형태의 거버넌스를 도입하는 '홀로크라시holocracy'(역자주: 경영자가 독점하던 권한과 책임을 마치 국가의 헌법처럼 명문화된 규약인 '홀라크라시 헌장'에 이양하고, 모든 구성원이 이 규약이 명시한 규칙과 시스템에 의해 권한과 책임을 분배받아 조직을 운영하는 제도)(Robertson, 2015), 청록색 조직teal organizations(Laloux, 2014), 생체 모방 기반 조직(Hutchins, 2012), '공유 가치' 기업(Porter & Kramer, 2011), '순환 경제'에 기반을 둔 기업(Hutchins, 2016), 디자인 혁신, 접근 방식 그리고 이론에 기반을 둔 더 많은 것의 출현을 보았다. 조시 버신Josh Bersin은 2017년 HR 부서에서 '조직 설계'가 최대 글로벌 과제가 될 것으로 전망했다. 그는 다음과 같이 말했다.

> 솔루션은 이해하기 쉽지만 구현하기 어려운 경우가 많다. 우리는 기능 그룹을 제품 출시, 고객, 시장 또는 지역에 중점을 둔 팀으로 나누어야 한다. 이러한 팀에 더 작고, 더 평평하고, 더 많은 권한을 부여해야 한다.
>
> (Bersin, 2016: 6)

이러한 다양한 발전을 연구하고 생성된 많은 사례 연구를 살펴봄으로써, 나는 이러한 모든 접근 방식이 공통적으로 일곱 가지 핵심 패턴을 가지고 있다는 것을 알아냈다.

a 고정된 사일로 구조보다 긴급하고 유동적인 조직 원칙으로의 전환
b 계층적이지 않고, 책무가 여러 방향으로 흘러감

c 명확한 대규모 변환 목적massive transformational purpose(MTP)에 의해 추진되고 조정됨
d 가치와 원칙을 지도함
e 조직 투자, 혁신, 생산, 채용, 마케팅, 영업에 고객, 공급업체, 파트너 조직, 투자자, '군중crowd'이 더 많이 참여하면서 경계가 없는 조직
f 혁신, 이해관계자 참여, 평판 관리 그리고 조직을 위해 인터넷 사용
g 팀 기반 문화를 가진 '팀들의 팀'이 되는 것을 기반으로 둔다. 지역 팀의 권한을 부여하여 고유한 목적, 목표objectives, 표적targets을 만들고 훨씬 더 자주 관리할 수 있음

다음은 이러한 패턴을 설명하는 세 가지 매우 다른 사례 연구이지만 이 가운데 마지막 '팀 기반 문화 만들기'에 중점을 둔다.

하이얼Haier

중국의 '백색가전' 회사인 하이얼은 조직에 대한 새로운 접근 방식으로 혁명을 만들어낸 훌륭한 예를 제공한다. 2005년까지 하이얼의 CEO인 잔 루민Zhan Rhumin은 이미 냉장고 제조업체를 인수하고 다른 가전 제품으로 사업을 다각화하여 끊임없이 품질에 집중했다. 그러나 그는 그들의 문화와 오래된 조직을 운영하는 방식이 진보를 가로막고 있다고 생각했다. 그래서 그는 조직의 전체 중간 경영진을 제거하고 회사의 직원 8만 명을 2천 명의 'ZZJYT'(각각 팀의 집단적 성과에 따라 자체 손익 회계와 보상이 있는 독립적인 자체 관리 단위)로 재구성했다.

그런 다음 그는 공급업체, 직원 그리고 고객이 참여하는 개방형 혁신 플랫폼인 'HOPE'(Haier Open Partnership Ecosystem, 하이얼 개방형 파트너십 생태계)를 만들어 회사의 경계를 열었다.

하이얼은 10년 넘게 보스턴 컨설팅 그룹Boston Consulting Group에 의해 중국에서 가장 가치 있는 브랜드로 선정되었다. 패스트 컴퍼니Fast Company는 이 회사를 세계에서 가장 혁신적인 회사 가운데 하나로 선정했다. 매출은 2013년 295억 달러로 성장했으며 하이얼은 5,500만 개의 가전 제품을 판매했으며 시가 총액은 2011년 200억 달러에서 2014년 600억 달러로 증가했다(Fischer et al., 2013).

GEGeneral Electric – '위대한 실험'

가전 제품을 만드는 또 다른 전자 제품 회사는 하이얼과는 역사와 문화가 매우 다른데, CEO인 잭 웰치가 세계 1위나 2위로 생산할 수 있는 것에만 집중하는 전략으로 유명한 GE이다. 이런 전략은 20세기에는 잘 작동했지만 21세기에는 훨씬 더 빠른 혁신이 필요하다.

이전에 강조했던 집중력, 제품 리더십 그리고 성공은 이제는 빠르게 변화하는 기술 세계에서 적응하고 혁신하는 능력에 오히려 장애가 될 수 있다. 그래서 GE 'FastWorks' 프로그램을 시작했다. 이 프로그램을 통해 조직은 80명의 린 스타트업 팀 코치를 교육하기 위해 '린' 전문가이자 저자인 에릭 라이스Eric Ries에게 의뢰했다. 이 코치들은 '린 디자인lean design' 방법론을 사용하여 혁신 팀을 코칭하는 훈련을 받았다(Ries, 2011 참조). 거의 4만 명의 GE 직원이 이 80명의 코치에게 영향을 받았으며 그 결과 300개의 프로젝트가 시작되었다. 한 가지 사례로 개발 시간이 절반으로 단축되고 프로토타입 비용이 크게 절감된 PETCT 스캐너가 있다(Power, 2014).

사라센스 럭비 클럽Saracens Rugby Club

글로벌 기업과 군대의 복잡한 환경 속에서만 팀 기반 문화가 중요한 것은 아니다. 병원(Edmondson, 2013; Hawkins & Boyle, 2018), 정부, 공공 서비스(Chapman, 2002; Attwood et al., 2003), 지역사회 조직, 전문 스포츠 조직, 아마추어 스포츠 조직에서 필수적이다.

   스포츠 클럽은 때로는 성공을 거두지 못하면 감독을 정기적으로 해고하는 성급한 구단주, 경기 중간에 선수들을 맹비난하는 독재적인 헤드 코치, 그리고 선수들의 '잘난 체하는 태도prima donna attitudes'와 관련이 있다. 그렇다면 프로 럭비 클럽인 사라센스는 어떻게 장기적인 신뢰와 공감, 가족 중심, 그리고 선수 직원, 상업 조직, 재단의 팀으로서 지역사회와 남아프리카의 마을 둘 다에 걸친 활동을 통해 성공을 이룰 수 있었을까? 나는 2016년 말에 이 팀들을 보러 갔고, 더 긴 사례 연구를 썼는데, 이 사례는 『리더십 팀 코칭 프랙티스Leadership Team Coaching in Practice』 3판(2022)에 등장할 것이다.

   리더십 팀을 코칭하는 것뿐만 아니라 다양한 조직에서 팀 기반 문화를 가능하게 하는 사례 연구가 있는 '리더십 팀 코칭 프랙티스'(Hawkins, 2018) 사례 연구에서 우리는 무엇을 배울 수 있을까?

   점점 더 시스템 팀 코치가 단순히 부분적으로 코칭하는 것이 아니라 연결을 가능하게 하는 에코시스템 팀 코치 또는 진정한 '팀 코치의 팀'이 되어야 할 것이다. 담당자는 다음 사항에 대해 잘 알고 있어야 한다.

- 조직 설계에 대한 새로운 접근 방식
- 문화의 변화
- 팀 간 코칭
- 코칭 네트워크
- 새로운 형태의 혁신 팀을 코칭하기

이제 이 가운데 세 번째, 즉 '팀들의 팀'인 조직에서 연결을 코칭해야 하는 과제를 살펴본 다음 이 팀을 유동적인 네트워크로 유지하는 방법을 알아보겠다. 이 과정 다음에는 외부 환경보다 더 빠르게 조직 자체를 중단시키기 위해 필요한 새로운 형태의 팀을 코칭하는 방법에 관한 섹션이 있다.

'팀들의 팀' 코칭 – 팀 간 코칭

모든 팀 코칭과 팀 개발로 인해 강한 유대감과 응집력이 있는 '내부 그룹'을 구축할 때 소외된 '외부 그룹'을 만들고 시스템 내 다른 곳에서 긴장을 고조시킬 위험이 있다. 피틴스키Pittinsky(2009: xiii)는 다음과 같이 썼다.

집단의 결속력은 대가를 요구할 수 있다. 사회학자들과 심리학자들에 의한 고전적인 연구는 내부 결속 사이의 일반적인 긴장을 확인했다. 그리고 외부 갈등 …

나는 이것을 '내부와 외부 균형trade-off'이라고 부르는데, 이것들은 호재이거나 함정이 될 수 있다.

효과적인 팀에 대한 연구의 창시자 가운데 한 명인 존 카첸바흐Jon Katzenbach(2012)는 고위 리더십 팀을 코칭하는 것뿐만 아니라 하위 그룹과 보고하는 팀을 포함한 더 넓은 네트워크와 함께 일하는 것의 중요성을 더욱 강조한다. 내 업무에서는 상위 팀뿐만 아니라 그룹 간 인터페이스, 감독위원회 그리고 경영진에게 보고하는 모든 팀과도 점점 더 많이 협력한다.

로자베스 모스 칸터Rosabeth Moss Kanter(2011: 74)는 효과적인 그룹 간 리더십을 다음과 같이 정의했다. "한 특정 그룹에 뿌리를 둔 정체성을 가진 사람들을 동원하고 동기를 부여하여 처음에는 다르게 보이는 사람들과 조화롭게 그리고 생산적으로 일하며 살도록 하는 것…. 생산성은 그들이 혼자 할 수 있는 것보다 더 많은 것을 함께 하는 것을 포함한다."

팀 간 역동에 참여하는 것은 팀 내 역동에 대한 작업과는 상당히 다르며, 특정 그룹 간 코칭 접근 방식이 필요하다. 호킨스Hawkins(2018: Chapter 10)에서는 고위 팀과 다양한 임상 부서와 기업 지원 팀이 하나의 큰 방에서 자체 팀 헌장 개발을 위해 병렬적으로 작업한 지역 종합 병원에서 그러한 접근 방식으로 작업하는 상세한 사례 연구가 있다. 각 팀은 각자의 목적, 목표, 전략을 공유한 뒤, 고위 경영진에게 다음과 같은 피드백을 제공했다.

- 이것이 우리가 당신이 하는 일에 대해 감사하고 가치 있게 여기는 것이다.

- 이것은 여러분이 앞으로 다르게 하도록 권장하는 것이다.

이후 팀 간의 대화가 촉진되어 받은 피드백에 어떻게 대응할 것인지 먼저 공유했다. 그런 다음 각 팀은 자신의 목표를 달성하고 병원의 성공에 최선의 기여를 하기 위해 다른 팀으로부터 특별히 필요한 것을 포함하여 제안과 요청을 모두 했다. 이 초기 이벤트는 팀 간 대화를 촉진하고, 팀 내, 팀 간의 문제를 탐색하고, 어떻게 팀이 자신의 파트를 합친 것보다 더 많은 부분을 차지하여 성공적인 '팀들의 팀'이 될 수 있는지를 설명하는 후속 이벤트가 뒤따랐다.

팀에서 팀 구성으로: 팀의 유동적인 네트워크 코칭

팀 간 코칭은 고립된 팀을 코칭하는 것보다 큰 진전이지만, 여전히 대부분 고정된 팀의 믿음에 기반을 둔다. 조직 적응력과 유연성이 빠르게 변화하는 세계에서 팀은 목적과 구성원 자격 모두에서 유연성과 형태를 구성하고, 해체하고, 개혁하고, 끊임없이 유연하게 변형해야 한다.

아소카(사회적 기업가들을 위한 글로벌 네트워크 조직)의 설립자이자 CEO인 빌 드레이튼Bill Drayton은 '다른 모든 사람에게 효율적으로 함께 반복하는 방법을 알려줌으로써' 낡은 제도를 버릴 필요가 있다고 강조한다. '이 세상은 제한적이고 수직적인 신경계와 벽으로 특징지어진다.' 그 대신 '네트워크, 즉 개방적이고 유연한 팀 구성과 지속적인 변화'로 전환해야 한다(Elkington & Braun, 2013: 38).

이는 존 카첸바흐Jon Katzenbach(2012)에 의해 다음과 같이 반영되었다.

오늘날 조직과 지리적 경계를 넘나들며 작업해야 하는 필요성이 날로 높아지고 일상 업무가 복잡해지면서 모든 수준의 리더가 팀을 구성하는 것이 항상 실용적인 것만은 아니라는 사실을 깨닫고 있다. 다행히도, 우리에게는 이제 더 많은 선택권이 있다. 특히 초점을 맞춘 네트워크와 '실제 팀'보다 다른 모드에서 더 효과적으로 일할 수 있는 하위 그룹의 잠재력을 고려하라.

차이점이 뭐야? 팀은 리더가 있는 소규모 그룹이다(리더십은 실제 팀의 구성원 간에 이동할 수 있고 실제로 이동한다). 일반적으로 시작과 끝이 있다.

대조적으로, 네트워크는 다양한 유형의 전문 지식을 가진 더 크고 비공식적이며 느슨하게 정의된 사람들의 집단이며, 그들은 다른 유형의 문제를 해결하기 위해 가중치를 부여할 수 있다. 어떤 상황에서는 집중된 네트워크가 소규모 팀보다 유연하고 포괄적이다.

에코시스템 팀 코치는 개발 과정에서 조직의 파트너와 함께 새로운 당면 과제에 대한 경각심을 가져야 하며, 이 과제를 이사회 또는 경영진에서 해결하거나 프로젝트 팀 또는 기존 관리 팀에 위임해야 한다는 가정을 중단해야 한다. 그 대신 다음과 같은 질문을 한다.

- 도전, 즉 답해야 하는 시험 문제를 어떻게 정의하고 올바른 위임을 생성해야 하는가?
- 성공을 판단하는 기준을 어떻게 정의하며, 이 도전에 대한 성공적인 대응은 어떤 모습인가?
- 이 문제를 해결하기 위해 전문 지식, 올바른 연결성과 영향력, 필요한

리더십 그리고 팀워크 기술을 갖춘 사람들을 포함하여 어떤 다양한 사람들이 함께 모여야 하는가?
- 더 광범위한 이해관계자 그룹(고객, 파트너, 공급업체)에서 누가 네트워크로 연결되어야 하며 어떻게 해야 하는가?
- 더 많은 '대중'을 어떻게 참여시킬 수 있는가?
- 위의 상황에서 누가 핵심 팀과 더 넓은 네트워크에 있어야 하는가?
- 누가 이 팀을 이끌고 지도해야 하는가?
- 이 팀이 빠르게 성공하는 데 도움이 되는 외부 팀/네트워킹 코칭 자원은 무엇인가?

팀 리더/네트워크 소집자 또는 외부 시스템 팀 코치가 코칭하는 것은 핵심 팀을 신속하게 구성하고 개발하는 것뿐만 아니라 더 넓은 네트워크에 참여하는 것을 코칭하는 데 중점을 두어야 한다.

코칭 파트너십: 물물교환에서 파트너십으로

결혼 40주년 직전에 '파트너십은 파트너에 의해 만들어지는 것이 아니다'(Hawkins, 2017b)라는 제목의 기사를 썼는데, 이 글은 파트너십을 만드는 데 협업이 어떻게 필요한지를 보여준다. 이 문구는 결혼에서부터 사업 합병, 전문 파트너십 조직에서부터 공공 서비스 조직 전반에 걸친 집단 파트너십에 이르기까지 모든 형태의 파트너십에 적합하다.

모든 경우에 창립 파트너들은 그들이 파트너십을 시작한 사람이라고 생각할 수 있지만, 파트너십이 생겨나고 성공하기 위해서는 세 번째 요소가 이번 탄생에 필수적이다. 이 세 번째 요소는 집단적인 목적이다. 경제의 모든 부문에서 파트너십은 성장했지만 잠재적인 시너지를 실현하는 효과적인 파트너십을 만드는 방법에 관한 연구는 제한적이었고, 효과적인 파트너십을 코칭하는 방법은 거의 개발되지 않았다. 많은 동료와 나는 코칭 파트너십을 형성하고 발전시키는 방법뿐만 아니라 갈등을 해결하는 방법에도 점차 '다섯 가지 규율five disciplines' 모델을 적용하고 있다.

위임하기

많은 파트너십이, 파트너십이 제공해야 하는 핵심 임무를 적절하게 정의하는 데 실패했으며, 이스마일(2014)이 '대규모 변혁 목적massive transformational purpose'이라고 부르는 동력을 생성하고 파트너십에 추진력을 부여하는 집단적 동의를 생성하는 데 실패했다. 파트너십과 역동 관계가 어려워지고 목장에서 긴급한 문제의 눈사태가 그들을 유혹할 때도 파트너가 계속 참여하고 헌신하도록 동기를 부여할 만큼 충분히 강력해야 한다. 파트너십에 대한 위임이나 집단 목적은 일반적으로 더 높은 계층에서 오는 것이 아니라 다조직적 협업을 필요로 하는 더 넓은 생태계의 도전에서 비롯된다.

이 도전에 대한 응답으로 파트너십에 의해 형성된 집단 목적은 다음 중 하나여야 한다.

- 파트너십을 통해서만 달성할 수 있으며 개별적으로 또는 병렬로 협

력하는 파트너로는 달성할 수 없다.
- 모든 파트너가 일치된 방식으로 인식하고 정의한다.
- 모든 파트너는 자신의 조직 내에서 '평소와 다름없음' 항목에 전념하고 우선순위를 정할 것이다.

명확화하기

너무 자주 파트너십(결혼 포함)은 계약적인 방식으로 시작되는데, 각 파트너들은 파트너십에서 원하는 것을 말한다. 이렇게 하면 당사자 사이에 협상된 거래가 생성된다. 파트너십이 혁신적이 되려면 파트너는 '퓨처 백future-back'과 '아웃사이드 인outside-in'이라는 전략을 수립하여 다음과 같은 문제를 해결해야 한다.

- 우리의 파트너십은 누구와 무엇을 제공하는가?
- 떨어져서는 이룰 수 없는 무엇을 함께 이룰 수 있는가?
- 우리가 함께 추구할 수 있는 거대한 변화의 목적은 무엇인가?
- 파트너십이 성공적인지 어떻게 알 수 있으며 어떤 기준으로 우리의 집단적 성공을 평가할 것인가?

너무 많은 파트너십이 '가치 창출'에서 결과까지 연속체를 따라 역행하여 파트너십이 전달해야 할 필요한 산출물과 이를 위해 필요한 투입물 또는 자원을 합의하기보다는 입력에서 출력으로 사고를 시작한다(Hawkins & Turner, 2020: 12장 참조). 그런 다음 파트너십은 실행 계획, 측정 가능한 목표(변혁적 팀 KPI와 OKR에 대한 부분 참조)와 명확한 역할과 책임으로 팀 헌장과 유사한 파트너십 헌장을 작성하면서 이 전략을 합의된 전략적 목표로 어떻게 변환할 수 있는지 명확히 해야 한다.

공동 창조하기

그룹 간 역동 관계는 (팀 간 코칭에 관한 섹션에서 살펴본 바와 같이) 조직 내에서뿐만 아니라 파트너십을 구성하는 여러 조직 사이에 매우 중요하다. 점점 더 많은 조직이 다른 조직과 다양하고 복잡한 파트너십을 맺는다. 우리가 함께 일했던 한 대형 음료 회사는 세계의 한 지역에서 경쟁자들을 탄산음료 제조업자로, 또 다른 지역에서 유통업자로, 그리고 제3지역에서는 공동 벤처 파트너로 활용하고 있었다. 다른 곳에서는 그 회사들과 시장 점유율을 놓고 치열한 경쟁을 벌였다. 이를 위해서는 정교하고 성숙한 파트너십 관리 방법이 필요하다.

  공공 부문에서는 개별 서비스가 더 적은 리소스로 더 많은 것을 더 높은 품질로 제공해야 하기 때문에(1장의 '성스럽지 않은 삼위일체unholy trinity'에 대한 논의 참조), 서비스 제공의 중복을 제거하고 시너지를 창출하기 위해 다른 기관과 긴밀하게 협력할 필요가 있음을 깨닫고 있다.

  공공 부문 기관들은 '현장 리더십leadership of place'을 발휘하기 위해 협력하는 것의 중요성을 인식하고 있다. 영국 지방 정부 리더십 센터는 다음과 같이 쓰고 있다.

    공공 재정의 제약이 지속한다는 것은 문제를 해결하기 위해 단일 조직의 자원을

넘어서야 함을 의미한다. 그리고 우리가 직면하고 있는 주요 도전의 본질은 그
것들이 한 기관만으로 충족될 수 없다는 것을 뜻한다. 우리의 초점은 조직 구조
에서 사람과 장소로 옮겨졌다. 그래서 공공 부문 전반에 걸쳐 우리는 서로 다른
방식으로 협력하는 법을 배워야 한다. 그리고 우리는 그것을 빠르고 넓게 할 필
요가 있다.

(www.localleadership.gov.uk/place/, April 2013)

그런 다음 파트너십은 회의가 관료적 거버넌스에 의해 주도되지 않고
파트너 조직만으로는 도달할 수 없는 새로운 형태의 대응을 창출하는 효
과적인 공동 창조 방법을 개발해야 한다(9장 이사회 코칭 참조).

연결하기

성공적인 파트너십은 항상 서로가 아닌 그들이 누구에게 봉사할지에 초
점을 맞추며 코치는 파트너십이 여기에 계속 초점을 맞추도록 도와야 한
다. 그런 다음 파트너십은 자신의 조직뿐만 아니라 완전한 파트너십을 나
타내는 방식으로 모든 파트너십 이해관계자와 연결해야 한다. 우리가 코
칭한 효과적인 파트너십은 '대표' 구성원을 넘어 '구성원'으로 돌아가서
'사람들'에 대한 브리핑을 하고 자문을 제공한다. 그들은 모든 파트너십
구성원의 공동 성명서와 다양한 조직과 더 광범위한 이해관계자를 위한
소식 산 공동 프레젠테이션, 커뮤니게이션 그리고 참여 이벤트를 수반하
는 새로운 형태의 참여를 개발했다.

핵심 학습하기

마지막으로, 파트너십은 자체 핵심 학습과 성과 개선에 주의하면서 정기적인 검토를 받아야 한다. 9장에서 설명한 이사회 검토를 수행하기 위한 많은 접근 방식을 파트너십의 핵심 학습을 코칭하는 데 적용할 수 있다. '타임아웃', 프로세스 확인 그리고 프로세스 컨설팅과 같은 다른 내장형 embedded 핵심 학습 방법도 사용할 수 있다.

그러나 중요한 것은 핵심 학습이 파트너십의 내부 대표 구성원만을 위한 것이 아니라 파트너십이 가치를 창출하기 위해 존재하는 모든 고객, 의뢰인 그리고 기타 이해관계자뿐만 아니라 모든 회원 조직 사이의 역동적인 공동 창조에 의해 생성되어야 한다는 것이다.

리더십 개발에서 시스템적 팀 코칭의 역할

도전 팀은 급진적 혁신 팀과 패스트 트랙 리더십 개발을 결합하는 방법이다(Hawkins, 2017). 고위 리더십은 연례 전략 행사에서 이사회와 경영진에게 새로운 전략적 방향이 혁신될 것이라고 기대하기보다는, 회사 내부의 젊은 밀레니얼 미래 리더들로 구성된 여러 분야의 팀에 미래에 다가올 몇 가지 과제를 해결하고 새로운 목표를 제시하도록 위임한다. 이러한 문제를 해결하는 데 급진적인 혁신이 있다.

MIT의 기업가 정신을 위한 마틴 트러스트 센터 Martin Trust Centre for MIT Entrepreneurship 마이클 슈레이지 Michael Schrage는 5x5x5x5를 개발하였다.

그 생각은 꽤 단순하고 간단하다. 특정 분야에서 돌파구를 마련하고자 하는 한 회사는 5명으로 구성된 팀 5개를 구성하고 각 팀에 5일 동안 5주 이상 소요되지 않고 각 팀당 5,000달러 이하의 비용이 드는 5개 비즈니스 실험 포트폴리오를 제공한다. 이 팀들은 상사에게 제시할 최고의 포트폴리오를 마련하기 위해 동료들과 경쟁하고 있으며, 아마도 최고의 성과를 낼 수 있는 개념을 구현할 수 있는 기회를 얻는다는 것을 충분히 인식하고 있다.

(quoted in Diamandis and Kotter, 2014: 235)

이 접근 방식은 회사 내에서 혁신적인 기업가 정신을 가속화하도록 설계되었지만 팀원들은 다양한 다학문 팀에서 협업하는 방법도 배운다. 그리고 이 방식은 획기적인 린 혁신을 수행하고, 복잡한 시스템적 사고를 사용하고, 문제를 정의하고 솔루션의 프로토타입을 만들고, 변화를 관리하고, 조직의 상위에 영향을 미치고, 리소스 그리고 지원에 접근하는 데 이해관계자와 참여한다.

조직에서 '내일의 리더'를 개발하는 데 도움을 요청했다. 나는 최고위 팀에 향후 5년 동안 상급 팀이 완전히 해결할 수 있는 여유 공간이나 시간이 부족한 가장 큰 조직 과제의 후보 목록을 작성하도록 요청하는 것으로 시작했다. 그런 다음 그들은 '미래 리더'로 구성된 다섯 개의 교차 기능 챌린지 팀의 핵심 과제로 후보 목록 가운데 다섯 개의 우선순위를 정했다. 각 팀은 경영진의 다른 구성원이 멘토링하고 시스템적 변화 팀 코치의 시원을 받았다.

코치의 주요 역할은 팀이 틀에서 벗어나(또는 여러 다른 대조적인 상자 안에서) 문제를 탐색할 수 있는 환경을 조성하는 것이었다. 코치는 다양한 시스템적 관점, 방법, 도구를 도입하는 데 도움을 줄 것이다. 그런 다음 팀 내에서 생성적 대화를 촉진하여 현재의 사고 틀 내에서 간단한 해결책을 만드는 것을 피하고, 상황의 도전과 복잡성이 새로운 집단적 사고와 새로운 학습을 만드는 데 필요한 열정을 일으키도록 유도한다. 이 코치는 린 디자인, 커뮤니티 대화, 광범위한 이해관계자 참여 그리고 시제품 만들기prototyping 등 프로세스의 다양한 단계에서 유용한 프레임워크와 도구를 소개한다.

에코시스템 팀 코치가 이러한 급진적인 형태의 혁신적이고 파괴적인 팀을 코칭하려면 정장에서 벗어나 청바지와 티셔츠를 입고 유연하게 일해야 할 뿐만 아니라 창의적이고 매력적이며 빠르게 움직이는 작업 방식을 개발해야 한다. 이러한 팀은 스타트업처럼 생각하고 행동해야 한다. 도전적인 위임을 완전히 소유하고 성공하는 데 필요한 학습과 리소스를 '부탁하고, 빌리고, 훔칠beg, borrow and steal' 권한을 부여해야 한다. 따라서 다음 섹션에서 나는 스타트업을 생태계적으로 코칭하는 방법을 탐구할 것이며, 이러한 접근 방식 가운데 다수는 내부의 파괴적 혁신 팀을 코칭하는 데 똑같이 유용하다.

성장 기업과 스타트업 코칭하기

세계의 경제와 고용 환경이 변하고 있다. 대기업은 지난 20년 동안 고용 성장이 전혀 없었다. 그러나 그 어느 때보다 많은 사람이 고용되고 있다. 고용 성장은 스타트업, 중소기업 그리고 '영리'(비영리) 부문에서 비롯되었다. 이러한 추세는 대기업이 로봇 공학, 디지털화, 아웃소싱으로 인해 직원을 줄이고 가장 똑똑한 밀레니얼 세대가 회사에 계속 근무하는 것보다 자신의 사업을 운영하는 데 더 관심이 있기 때문에 향후 10년 동안 심화되고 더욱 두드러질 것이다(Hawkins, 2017 참조).

모든 부문에서 조직적 스타트업과 중소기업이 미래 경제 성장의 핵심이므로 우리는 모두 큰 도전에 직면해 있다. 많은 출처에서 스타트업의 50% 이상이 첫 2년 이내에 어떻게 실패하는지에 관해 이야기한다(tech.co, 2016). 포브스 매거진Forbes Magazine(2015)은 그 수치가 90%까지 높을 수 있다고 제안했다. 에코시스템 팀 코치에게 이는 큰 도전과 많은 기회를 제공한다. 과제는 불필요하게 실패하는 스타트업 수를 크게 줄이고 실제로 도약하여 모든 이해관계자에게 유익한 영향과 가치 창출을 제공하는 스타트업 수를 늘리는 것이다.

이전에 팀 코치를 위한 주요 단계는 다음과 같았다.

- 개인 그룹으로 팀을 코칭하는 방식에서 생활 시스템으로 팀을 코칭하는 방식(레벨 1에서 레벨 2로)으로 전환하기
- 일련의 프로그램 이벤트를 통해 이루어지는 팀 코칭에서 지속적인 파트너십 여정에 이르기까지
- 팀 내부 역동과 기능만을 코칭하는 것에서부터 모든 이해 관계 그룹(레벨 2에서 레벨 3)에 참여하는 방법을 코칭하는 것까지

이제 이 문제를 해결하기 위해 더 큰 조치를 취해야 한다. 여기에는 스타트업 또는 중소기업 성장 기업의 지속적인 비즈니스 파트너가 되는 것이 포함된다. 이 단계를 밟으면서 나는 코치, 팀 코치, 멘토, 친구, 예비 임

원(조직이 공식적으로 고용할 준비가 되기 전)이 혼합된 도전에 직면해야 했다. 새넌 아비주$^{Shannon\ Arvizu}$(in Hawkins, 2018)는 캘리포니아에서 빠르게 성장하는 기술 회사를 코칭하는 매우 유익한 사례 연구를 작성했다.

관계가 시작될 때 나는 스타트업 또는 성장하는 조직이 함께 진화하는 생태계를 이해하기 위해 인터넷에서 많은 숙제를 해야 한다. 내일의 세상이 필요로 하는 그들이 유일하게 할 수 있는 일이 있는지 탐구하고, 그들의 혁신에 대한 열정에 휩쓸리지 않도록 경계해야 한다. 나는 정보에 입각한 현실주의로 그들의 낙관주의를 누그러뜨리고 피할 수 없는 좌절에 부딪쳤을 때 그들의 낙관주의를 되살려야 한다.

나는 많은 스타트업과 성장하는 기업을 코칭할 뿐만 아니라 여러 초기 단계 기업의 비상임 이사로 수년간 활동할 수 있는 큰 특권을 누려왔다. 나와 함께 일했던 사람들은 내가 효과적인 팀의 다섯 가지 분야 모델을 실험하고 초기 단계의 조직들에게 그것의 가치를 탐구하도록 허락하는 데 매우 관대했다. 점점 더 세계 많은 곳에서 내가 훈련하고 수퍼비전하는 시스템 팀 코치들 가운데 많은 수가 '위험한 상태인' 초기 단계의 조직뿐만 아니라 비영리/영리 단체와 함께 자신의 안전지대$^{comfort\ zone}$를 넘어서 일해야 하는 도전을 받는다는 사실을 알게 되었다.

나는 이러한 다양한 경험을 반영하는 데 시간을 보냈고 지원이 필요하고 때로는 절망적인 이 현장에 다섯 가지 분야를 적용하기 위한 교훈을 도출했다. 이 분야는 스타트업처럼 생각하고 행동하고 대응해야 하므로 대규모 조직의 가장자리에 설치된 팀을 혁신하고 파괴하는 데 똑같이 사용될 수 있다.

위임하기

창업 조직이든, 레드, 블랙, 엣지, 챌린지 팀이든 목적을 명확히 하는 것이 출발점이다. 더는 이사회나 고위 경영진, 심지어 고객으로부터도 위임을 기대할 수 없다. '아직은 아닌 고객'에 초점을 맞추고 있기 때문이다. 해결해야 할 가장 중요한 질문은 '미래 세계가 필요로 하며 우리가 유일하게 할 수 있는 것은 무엇인가?'이다. 이는 팀이 MTP를 선택하는 데 도움을 주기 위해 이스마일(2014)이 사용한 질문과 유사하다. 이스마일은 '우리가 해결했으면 하는 가장 큰 문제는 무엇인가?', '무엇이 당신을 살아나게 하고 그것을 하도록 만드는가?', '우리가 정말로 관심을 갖는 것은 무엇인가?'와 같은 질문을 제안한다.

당신은 또한 다양한 팀을 적절히 구성할 필요가 있다. 에일린 리[Aileen Lee](2013)는 자신이 '유니콘'이라고 이름 붙인 매우 성공적인 창업 사업에 대한 연구에서 어느 정도 공통의 역사를 가진 고학력의 30대 공동 창업자들에 의해 창업되는 경향이 있음을 발견했다. 그녀는 성공적인 유니콘 스타트업의 공동 창업자 수가 평균 세 명이고, 대부분 유니콘이 원래 비전을 고수한다는 것을 발견했다. 이스마일(2014: 159)은 '다양성이 패키지의 중요한 부분'이라는 것을 보여주며 비전 있는 몽상가, 사용자 경험 설계, 프로그램 엔지니어링, 재무, 비즈니스, 발견 기술, 제공 그리고 실행 기술을 적절하게 조합해야 하는 필요성을 설명한다.

명확화하기

혁신적이고 독특한 대응 방안을 찾기 위해 팀으로서 헌신하는 세계의 과제인 거대한 혁신적 목적을 공동 창조한 스타트업이나 내부 혁신 팀은 '획기적인 아이디어'를 '명확히' 해야 한다. 이를 위해서는 다음과 같은 질문에 답하기 위해 많은 환경 검색이 필요하다.

- 누가 이 난제를 해결하려고 하는가?
- 그들이 해결하지 못한 것은 무엇인가?
- 이 문제를 해결하면 누가 이익을 얻을 수 있는가?
- 이미 제공되는 제품과 다른 것에 관심을 두고 필요로 하는 것은 무엇인가?

그런 다음, 리더십 팀이나 기업은 필요한 것과 이미 사용 가능한 것 사이의 격차에서 어느 부분에서 성공적으로 혁신할 것인지를 명확히 해야 한다. 이러한 혁신은 여러 가지 형태를 취할 수 있다(도블린 프레임워크Doblin framework).

혁신 영역을 선택한 코치는 팀이 공동 창조적co-creative이고, 생성적인generative 디자인 모드에서 혁신하도록 도울 수 있다. 이것이 바로 많은 '린 스타트업' 코칭 방법이 가치 있게 되는 지점이다(Ries, 2011; Gotshelf & Seidon, 2013). 팀 코치는 조직이 혁신을 능가할 수 있다고 믿는 두세 가지 우선 영역에 초점을 맞추어 신생 팀을 위한 '혁신 랩innovation lab'이나 '디자인 스튜디오'를 운영하는 방법을 알아야 한다.

혁신을 설계한 스타트업의 리더십은 '가치 제안value proposition'을 명확히 하고 비즈니스 모델을 설계해야 한다. 오스왈더Osterwalder와 피게뉴레Pigenure(2010)는 '비즈니스 모델 캔버스'를 구축하기 위한 훌륭한 방법론을 제공한다. 켈리Kelly(2016)는 또한 비즈니스 모델을 구축하는 혁신적인 방법을 보여준다.

명확히 하는 것은 사업을 시작할 때 일회성 이벤트가 아니라 정기적이고 반복적인 프로세스라는 점을 명심해야 한다. 새로운 사업에서의 삶이 바빠지고, 급한 일이 중요한 일을 따라잡기 때문에, 코치는 팀이 전쟁터에서 나와 발코니로 올라가는 것을 도와야 하며, 거기서 그들의 집중력과 전략을 다시 명확히 하도록 도와야 한다.

이스마일(2014)은 정기적으로 다시 질문해야 하는 일련의 질문을 제공한다.

a 당신의 고객은 누구인가?
b 고객의 어떤 문제를 해결하고 있는가?
c 당신의 솔루션은 무엇이며, 현재 상태를 최소 10배 이상 개선할 수 있는가?
d 제품과 서비스를 어떻게 마케팅할 것인가?
e 제품과 서비스를 어떻게 판매하고 있는가?
f 어떻게 바이럴 효과viral effects와 '순추천고객 지수net promoter scores'를 사용하여 한계 수요 비용을 낮추면서 고객을 옹호자로 만들 수 있는가?
g 고객 세그먼트를 어떻게 확장할 수 있는가?
h 당신은 어떻게 한계 공급 비용marginal cost of supply을 제로로 유도할 것인가?

공동 창조하기

이스마일은 또한 '문화는 회사의 가장 큰 무형 자산'(2014: 172-73)이기 때문에 'ExO Exponential Organization를 구축하는 데 가장 중요한 단계는 문화를 구축하는 것이다'라고 썼다. 에코시스템 코치는 스타트업 창업자들이 시작부터 올바른 문화적 북소리를 내도록 도와야 한다. 회사가 오래될수록 문화를 바꾸기가 점점 더 어려워지기 때문이다. 에어비앤비의 리더 가운데 한 명이 되기 전에 호텔 체인 조이 드 비브레Joie de Vivre에서 일했던 칩 콘리는 '문화는 사장이 떠나면 일어나는 것이다'라고 말했다. 그래서 창업자들은 그들이 없을 때 어떻게 행동했으면 좋겠느냐고 생각하는 것이 도전이다. 그러고 나서 그들은 첫날부터 그러한 행동과 태도를 본보기로 삼고 역할모델을 시작해야 한다.

코치는 또한 팀이 유연성, 적응성, 투명성, 책임성, 실행 그리고 높은 성과를 보장하기 위해 비즈니스에서 습관화해야 하는 프로세스가 무엇인지 탐색하도록 도울 수 있다. 나와 다른 사람들은 팀 헌장 작성, 레드 카드 행동, 그린 카드 행동 그리고 피드백 개발, TESSA 분석, 변혁적 팀 KPI와 같은 리더십 팀을 위한 방법을 개발했다. 이는 또한 스타트업이 효과적인 문화를 개발하는 데 도움이 된다.

연결하기

성공적인 스타트업의 두드러진 특징 가운데 하나는 네트워크를 넘어 더 넓은 커뮤니티와 '군중'을 참여시키는 방식이다. 젊은 기업을 코칭할 때 이해관계자를 매핑하고 그들과 가장 잘 소통하는 방법을 탐색하는 구식 방식에서 벗어나 잠재적인 외부 자원 커뮤니티를 자성으로magnetically 끌어들이고 참여하고 파트너 관계를 맺는 방법을 탐구하도록 돕는 것이 중요하다.

돈 탭스콧Don Tapscott과 앤서니 D. 윌리엄스Anthony D. Williams(2007)는 저서 '위키노믹스: 대량 협업이 모든 것을 바꾸는 방법Wikinomics: How mass collaboration changes everything'에서 다음과 같이 말했다.

> 당신의 비즈니스가 보잉Boeing이나 피엔지P&G에 더 가깝든지, 유튜브YouTube나 플리커flickr에 더 가깝든지 올바른 접근 방식으로 활용할 수 있는 방대한 외부 인재 풀이 있다. 이러한 모델을 채택하는 회사는 해당 산업의 중요한 변화를 주도하고 경쟁 규칙을 다시 만들 수 있다.

많은 스타트업은 친구, 비즈니스 엔젤, 사모 펀드 그리고 '크라우드 펀딩'의 혼합을 통해 자금을 조달할 것이다. 이는 복잡하고 다양한 투자자 커뮤니티를 생성하며, 이는 전통적인 원격 주주가 아니라 파트너로 간주되어야 한다. 팀은 이 그룹을 비즈니스의 다중 주기 자금 제공자와 대사로 참여시킬 수 있는 창의적인 방법을 찾아야 한다.

많은 대기업은 인터넷 기반 공개 경쟁을 통해 또는 외부 연구와 개발 전문 지식 커뮤니티를 개발하여 혁신의 일부를 수행할 것이다. 프록터 앤 갬블Procter and Gamble(P&G)은 내부 R&D 팀과 가상으로 협력하는 150만 외부 전문가와 애호가로 구성된 혁신 네트워크를 구축했다. 2007년까지 협업 혁신은 P&G 신제품 출시의 약 50%를 차지했다(Tapscott & Williams, 2007). 스타트업은 혁신 네트워크를 구축하는 방법과 고객 참여를 통해 신제품을 프로토타입화하고 테스트하는 방법을 모색해야 한다.

충성도가 높은 고객은 점점 더 새로운 제품을 마케팅하는 주요 수단이 될 것으로 기대된다. 샤오미는 2010년 설립 이후 세계 최대 휴대폰 사업으로 성장했다. 중국에서 쌀가루를 뜻하는 'Mi Fen'이라는 충성도 높은 팬 커뮤니티를 구축하는 데 중점을 두었다. 그들은 특별 콘테스트, 게임, 신제품 업그레이드에 대한 사전 접근과 연례 축제를 통해 이 커뮤니티를 참여시킨다. 2014년 Mi Fen 축제 기간 동안 팬들은 12시간 동안 4,200만 달러 상당의 제품을 구매했으며 이는 새로운 세계 기록이다.

핵심 학습하기

모든 혁신의 핵심은 팀 학습이며, 중소기업의 가장 큰 장점은 역사와 절차에 짓눌린 대기업보다 더 빨리 배우고, 적응하고, 움직일 수 있는 능력이다. 많은 성공적인 창업자가 '빨리 실패, 자주 실패fail fast, fail often'라는 취지를 채택했지만, 각 실패에서 얻은 학습의 가치가 실패의 비용보다 더 크다는 점도 필수 요소다. 스타트업을 위한 학습은 제품과 서비스뿐만 아니라 거버넌스, 비즈니스 디자인, 고객과 네트워크를 참여시키는 방법, 더 나은 유형의 회의 등 실험과 프로토타이핑을 포함하여 끊임없이 새롭고 반복적이다.

시스템적 팀 코치는 성공과 실패에 대한 '성찰reflection'과 새로운 도전과 기회에 대한 '선반영preflection'과 이러한 다중 학습 주기를 가능하게 해야 한다. 코치는 리더십과 협력하여 전체 비즈니스가 환경적 틈새 시장과 함께 가장 잘 공진화co-evolve하는 방법을 발견하기 위한 끊임없는 연구와 혁신 연구소가 되는 문화를 조성한다.

소상공인의 코칭 네트워크: '조직적 네트워크'

모든 스타트업과 기타 소규모 성장 기업은 대규모 조직의 팀만큼 많은 지원과 학습 그리고 개발이 필요하지만 리소스가 거의 없다. 에코시스템 팀 코치는 서로 배우고 지원하고 개발할 수 있는 소규모 비즈니스 네트워크를 지원하는 데 중요한 역할을 한다.

이 문제를 해결한 흥미로운 실험 가운데 하나는 뉴질랜드의 엔스파이럴Enspiral이다. 엔스파이럴은 2010년 '의미있는 일을 통해 세상을 더 나은 곳으로 만든다', '더 많은 사람이 중요한 일을 할 수 있다'라는 비전과 '마음이 맞는 사람들이 연결될 때 강력한 일이 일어난다'라는 신념으로 시작되었다. 그들은 서로를 지원하고 세상을 변화시킬 수 있는 사회적 기업과 사회적 기업가의 커뮤니티를 구축한다. 그들은 전체 네트워크를 위한 정기 수련회, 새로운 프로젝트, 비즈니스에서 개발 그리고 학습을 가속화하기 위한 '프로젝트 키친', 일종의 동료 코칭과 멘토링 관리와 같은 전체 범위의 팀과 네트워크 코칭 접근 방식을 개발했다.

시스템적 팀 코칭의 생태학적 차원

21세기에 팀 코치나 팀 리더가 되기 위해서는 팀 업무의 생태학적 측면과 코칭이 인간보다 더 넓은 세상을 어떻게 이롭게 하거나 비용을 발생시키는지에 주의를 기울일 수 있는 역량을 개발하는 것이 필수적이다. 많은 코치들이 내게 왜 내가 모든 코칭과 팀 코칭 관계에서 생태학에 대한 관심을 점점 더 강조하는지 물었다. 그들은 그것은 자신들의 책임이 아니며 코칭 룸에 자신의 안건을 가지고 들어와서는 안 된다는 가르침을 받았다고 말했다.

그러나 생태학적 문제는 본질에서 모든 사람의 의제이며 생태학은 이미 모든 코칭 룸에 있다. 그것은 우리가 숨쉬는 공기, 우리가 먹는 음식, 우리가 앉아 있는 가구, 우리가 쓰는 종이, 방을 따뜻하게 하거나 식히는 연료, 그리고 회의에 참석하기 위한 생태학적 비용이다. 생태적 불안과 종의 외로움은 또한 대부분 사람의 정서적 행복에 영향을 끼친다. 우리의 꿈, 우리의 자녀와 손자들의 미래에 대한 걱정, 많은 종이 사라지고 사라지는 것을 보는 우리의 슬픔, 뉴스를 보는 우리의 공포에 영향을 미친다.

위대한 철학자 버나드 라투르Bernard Latour 교수는 다음과 같이 썼다. "의심 없이, 생태학은 사람들을 미치게 한다. 이것은 우리의 출발점이 되어야 한다. 치료법을 찾는 목표가 아니라, 우리가 부정, 오만, 우울증, 또는 합리적인 해결책에 대한 희망 없이 살아남는 법을 배울 수 있도록 하기 위해서이다."(Latour, 2017: 13) 그리고 선도적인 신경 과학자인 수잔 그린필드Susan Greenfield 교수는 다음과 같이 썼다. "지구 온난화의 끔찍한 결과는 이제 모든 사람의 사고방식에 스며들고 있다."(Greenfield, 2009: 1)

생태학적, 기후적 위기는 우리가 다른 많은 종과 생명체와 함께 사는 이 행성의 모든 것에 영향을 미친다. 그것은 정치적인 문제가 아니라 인간의 근본적인 의식 변화를 통해서만 완전히 다뤄질 수 있는 인간의 생존 문제이다(Bateson, 1972; Klein, 2014; Hutchins, 2016; Hawkins & Ryde, 2020). 1995년 원형 심리학Arcetypal Psychology의 창시자인 제임스 힐먼James Hillman은 다음과 같이 썼다.

다가오는 환경 혁명의 중심에는 가치관의 변화가 있는데, 그것은 자연에 대한 우리의 의존성에 대한 증가하는 인식에서 비롯된다. 그것 없이는 희망이 없다. 간단히 말해서, 우리는 지구의 건강을 회복하지 않는 한 우리의 건강, 우리의 행복감을 회복할 수 없다.

(Hillman, 1995: xvi)

코칭, 팀 코칭, 멘토링, 리더십 개발, 컨설팅, 전략은 모두 인류의 의식을 전환하여 우리 종이 이 행성에 살면서 식민지 개척자와 오염자가 아니라 더 넓은 생태계에 유익한 기여자가 되도록 돕는 중요한 목적을 공유하고 있다.

다른 사람들의 인간 의식을 변화시키는 효과적인 원동력이 되기 위해서 우리는 먼저 우리 자신의 일을 하고 우리 자신의 여행을 떠맡아야 한다. 이 여행은 우리 자신의 부정과 고의적인 맹목성에서 깨어나서 친환경적이 되는 것으로 시작할지도 모른다. [그림 11.2]의 모델을 개발하여 일부 단계를 매핑했다.

단계는 원형으로 표시된다. 우리 모두에게 선형 진행은 거의 없으며 생태적 맥락과 우리가 어떻게 영향을 미치는지에 대한 우리의 지식은 끊임없이 변화하고 있다. 코치로서 우리가 할 수 있는 방법에 대해 개인적으로 능력을 갖추고 지식을 늘리기 위해 우리가 해야 하는 심리적인 일에 대한 우리의 인식도 증가하고 있다. 5단계는 다음과 같이 설명할 수 있다.

- **생태-호기심이 있는**eco-curious: 기후와 생태적 위기에 대해 더 많이 발견할 수 있는 개방성, 그리고 그 안에서 자신의 부분을 발견한다.
- **생태-지식이 있는**eco-informed: 그레타 툰베리가 우리에게 '과학을 보라'

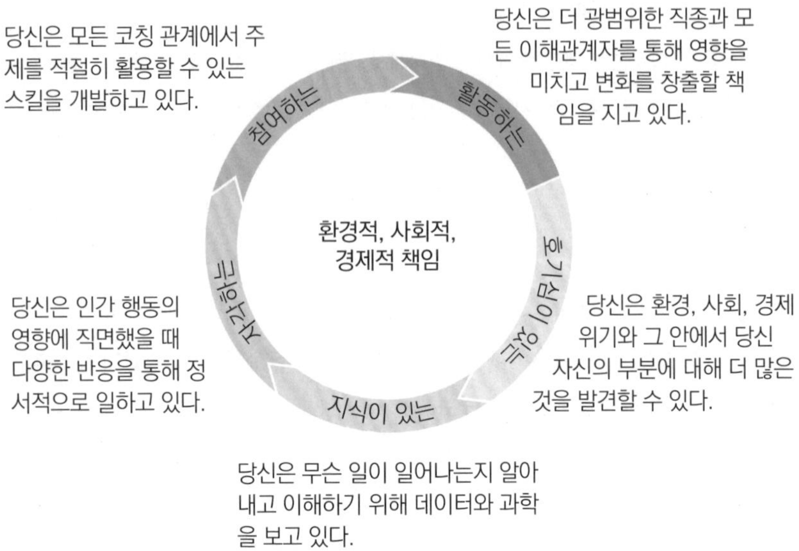

당신은 모든 코칭 관계에서 주제를 적절히 활용할 수 있는 스킬을 개발하고 있다.

당신은 더 광범위한 직종과 모든 이해관계자를 통해 영향을 미치고 변화를 창출할 책임을 지고 있다.

환경적, 사회적, 경제적 책임

참여하는 / 활동하는 / 호기심이 있는 / 지식이 있는 / 자각하는

당신은 인간 행동의 영향에 직면했을 때 다양한 반응을 통해 정서적으로 일하고 있다.

당신은 환경, 사회, 경제 위기와 그 안에서 당신 자신의 부분에 대해 더 많은 것을 발견할 수 있다.

당신은 무슨 일이 일어나는지 알아내고 이해하기 위해 데이터와 과학을 보고 있다.

[그림 11.2] 생태 의식 사이클(Hawkins, 2019)

고 도전하듯이, 무슨 일이 일어나고 있는지 안다.

- **생태-자각하는**eco-aware: 우리 인간이 해왔던 것과 도전의 크기에 직면했을 때 정서적으로 다양한 자연 반응을 통해 일하고 있다.
- **생태-참여하는**eco-engaged: 모든 코칭 관계에 생태계를 적절히 접목할 수 있는 기술을 개발한다.
- **생태-활동하는**eco-active: 더 넓은 직업과 모든 이해관계자를 통해 영향을 미치고 변화를 창출할 책임을 진다.

이제 각각에 관해 더 자세히 살펴보겠다.

◆ 생태-호기심이 있는

여행은 우리 자신의 부정과 고의적인 맹목에서 깨어나 환경에 대한 호기심을 갖는 것으로 시작될 수 있다. 위기의 본질이 무엇인지, 우리가 어떻게 기여하는지, 우리가 무엇을 할 수 있는지 알고자 하는 것은 변화를 가져올 것이다. 텔레비전과 신문의 헤드라인과 선전 너머에 무엇이 있는지 발견한다.

◆ 생태-지식이 있는

생태-호기심은 우리를 자기 교육 프로그램으로 이끈다. 소셜 미디어에 있는 내용을 읽는 것뿐만 아니라 그레타 툰베리Greta Thunberg가 과학을 바라보면서 우리에게 도전한다. 무슨 일이 일어나고 있고 그 뒤에 숨겨진 과학을 알아내기 위해 시작할 수 있는 믿을 수 있는 좋은 장소가 많이 있다. 여기에는 BBC의 '기후 변화Climate change – 사실the facts'이 포함된다.

◆ 생태-자각하는

우리는 감정에 쉽게 사로잡힐 수 있으므로 과학과 사실을 이해하는 것만으로는 충분하지 않다. 조지 마샬George Marshall은 자신의 책 『생각조차 하지 마라: 왜 우리의 두뇌는 기후 변화를 무시하도록 되어 있는가Don't Even Think About It: Why our brains are registered to ignore Climate change』(2015)에서 우리의 두뇌가 즉각적으로 필요하지 않은 것을 무시하고 우리 자신의 죽음을 부정하도록 어떻게 연결되어 있는지 보여준다. 우리 내면의 과정에 대한 훈련된 작업 없이 우리는 압도당하고 다시 반대에 빠지게 될 것이다. 우리는 이 일을 혼자 할 수 없다. 우리에게 도전하고 지원해 줄 다른 사람들이 필요하다.

아내이자 심리치료사인 주디 라이드$^{Judy\ Ryde}$ 박사(Hawkins & Tyde, 2020)와 함께 쓴 책에서 우리는 우리 인간이 해온 일과 도전의 크기를 마주할 때 다양한 자연적 반응을 통해 진보에 필요한 정서적 작업을 보여주었다. 우리는 다양한 형태의 부정과 의도적인 실명을 극복하는 방법을 개략적으로 설명했다. 그리고 나서 우리가 우리의 행성 거주지에 무엇을 했는지 알게 되었을 때 고통, 슬픔, 트라우마를 어떻게 해결할 것인지 설명했다.

우리가 슬픔과 고통과 함께 지낼 수 있는 능력이 한계에 다다랐을 때, 우리는 때때로 어떤 형태의 부정으로 후퇴하거나, 점점 커지는 재앙에 대해 우리 자신보다 더 책임이 있다고 보는 것에 분노하고 비난하는 다음 단계로 돌진할 것이다. 어떤 사람들에게는 이것은 지역이나 국제 정치인이 될 것이고, 다른 사람들에게는 탄소 연료 산업, 그리고 어떤 사람들에게는 전체 자본주의-소비자 문화일 것이다.

분노는 사려 깊은 행동으로 이어지는 건전한 반응이 될 수 있다. 분노는 또한 자신의 책임이 멀리 있는 다른 사람에게 투영되는 회피적 정서 기제일 수 있다. 우리가 우리의 계획을 다시 소유할 수 있을 때, 우리는 때때로 우리의 죄책감과 수치심에 직면하게 된다. 수치심은 인간이 우리의 지역과 행성 생태계에 적용하는 생태학적 파괴의 일부인 방식에 대해 책임을 지기 시작할 때 느끼는 감정이다.

우리는 소비자 선택, 여행, 탄소 기반 에너지 사용, 무슨 일이 일어나고 있는지 '눈을 감는' 결탁의 영향에 대해 수치심을 느끼기 시작한다. 죄책감은 우리가 생태계 파괴에 대한 우리 자신의 기여도를 정직하게 평가할 때이다. 그래야만 계속 나아갈 수 있다.

우리가 집단 파괴에서 우리의 부분을 눈을 크게 뜨고 바라볼 때만 우리는 반응할 수 있고, 그러고 나서 우리의 반응 능력을 개발할 수 있다고 느낄 수 있다. 그래야 책임감에 따른 적절한 행동 방침을 세울 수 있다.

◆ **생태-참여하는**

통찰력과 책임 수용은 둘 다 중요하지만 그 자체로는 충분하지 않다. '알지만 그 지식에 따라 행동하지 않는 것은 모르는 것이다'(Latour, 2017: 140). 베이트슨Bateson(1972)이 가르친 것처럼 진정한 학습은 사실을 흡수하는 것이 아니라 우리가 내리는 선택의 차이에서 시작되기 때문이다. 팀 코치로서 우리는 '끔찍하지 않나요?'와 '만약에'라는 악순환을 피하고 다음과 같이 질문해야 한다.

'그래서 긍정적인 변화를 만들기 위해 내가 무엇을 할 수 있을까?' 우리가 할 수 있는 대부분 조치는 중요하지만, 서구의 특권층에게는 충분하지 않다. 우리가 할 수 있는 일이 거의 없다는 우리의 인식은 우리를 죄책감과 수치심, 슬픔과 고통으로 몰아넣을 수 있다. 우리는 이러한 조치들이 여행의 첫걸음일 뿐이라는 것을 받아들일 필요가 있고, 우리는 업계가 그들의 제품을 '그린워싱greenwashing'하는 것과 같은 개인적 가치가 없다는 것을 주의해야 한다. 이는 우리를 다시 우쭐거리고 부정하게 만드는 잘못된 안일함을 제공하기 위해서이다.

이 단계에서 우리는 생태학을 우리 작업의 모든 측면과 모든 코칭 관계에 적절하고 우아하게 도입하는 기술을 개발하고 연습해야 한다. 이러한 기술에는 다음이 포함된다.

a. 생태계를 초기 계약 과정의 일부로 갖는 방법. '우리가 함께 일하면

서 생태학을 어떻게 돌볼 수 있을까?', '이러한 코칭 관계에서 인간 너머의 세계가 우리가 해야 할 일은 무엇인가?'라고 묻는다.

b. 탐구 과정에 생태를 포함하기. '인간 너머의 세계를 포함해 당신의 일에 누가 무엇을 기여하는가?', '넓은 생태계가 당신의 일을 어떻게 지원하고 더 넓은 생태계를 위한 가치를 어떻게 공동 창출하는가?', '어떻게 당신이 받는 것보다 더 많은 것을 돌려줄 수 있는가?', '넓은 생태와의 관계를 어떻게 경험하는가?'

c. 생태계는 공동 발견, 설계 그리고 2차 계약 과정에서 한 자리를 차지한다. 이 팀 코치가 더 넓은 생태계와 미래 세대를 위해 어떻게 성공할 수 있을지 함께 발견한다.

d. 주요 이해관계자 가운데 한 명으로 생태계를 포함한 연결 분야를 코칭할 때, 각 이해관계자 그룹과의 파트너십을 개선하는 방법을 모색한다.

e. 코칭 룸에 있는 생태적 요소(예: 창문에서 보는 풍경, 방 안의 그림, 가지고 갈 수 있는 자연물, 꽃, 카드, 도면 재료, 표현)를 활용한다.

f. 팀 코칭은 주변 환경을 거닐면서 동료 코칭 연습을 포함하여 야외에서 팀 코칭하며, 생태학적 존재감을 활용하여 탐사를 지원하고 알려준다.

g. 검토와 재계약 과정의 일부로 더 넓은 생태계를 포함한다. 우리의 연구가 어떻게 더 유익한 생태적 참여에 기여했는가? 앞으로 어떻게 개선해 나갈 수 있을까?

◆ **생태-활동하는**

우리는 우리의 개인적인 행동에 책임을 질 수 없다. 그 위기는 한 번에 한 사람씩 변화를 만드는 것만으로는 충분하지 않을 것이다. 우리는 불가항력적으로 얽혀 있고 상호 의존적이며, WeQ 또는 협업 인텔리전스를 확장하면서 공동으로 책임지는 법을 배워야 한다. '어떻게 배운 것을 다른 사람을 돕기 위해 사용할 수 있는가?'라는 간단한 질문은 이 단계에서 정말 도움이 될 수 있다.

최근까지 영국은행 총재이자 현재 재정과 기후 위기에 대한 UN 공식 대변인인 마크 카니Mark Carney는 "기후 도전의 규모와 우리 시민들의 증가하는 기대를 고려할 때, 2020년은 전 세계 주요 금융 센터를 포함한 기후 행동의 한 해가 되어야 한다. 가장 큰 기회를 식별하고 관련 위험을 관리하기 위해서는 기후 위험의 공개가 포괄적이어야 하고, 기후 위험 관리가 변혁되어야 하며, 순 제로 세계net zero world에 대한 투자가 주류가 되어야 한다."라고 말했다(www.bbc.co.uk/news/science-environment-51657829, 2020년 2월 28일). 사모펀드 글로벌 리더인 로널드 코언Ronald Cohen 경(2020)이 반향을 일으킨 것이다.

우리는 모두 행동하기 위해 할 수 있는 모든 것을 해야 하며, 우리의 네트워크와 모든 조직과 전문 기관을 통해 우리가 영향력의 일부가 되거나 변화를 만들어내야 한다. 여기에는 더 많은 직업과 모든 이해관계자, 즉 건물을 운영하고 우리가 일하는 곳과 교육을 운영하는 곳, 연금을 관리하고 전 세계 금융 투자의 대부분을 통제하는 사람들, 우리를 고용하는 조직, 회계사와 전문 조언자 등이 포함된다.

결론

지난 10년이 VUCA의 초고속 변화기였다고 생각한다면, 안전벨트를 매고 용기를 내어 심호흡을 하라. 앞으로 10년은 훨씬 더 빠르고 도전적일 것이다.

팀 코치들은 지난 50년 동안 팀이 부분의 합 이상으로 기능하도록 하는 방법에 대해 배웠고, 시스템적 팀 코치는 팀과 시스템적 맥락 사이의 접점에서 작업하는 법을 발견했으며, 이제 에코시스템 팀 코치는 이를 기반으로 다음 단계로 이동해야 한다. 여기에는 스타트업부터 혁신이 필요한 대규모 기관, 파트너십 그리고 네트워크에 이르기까지 크고 작은 코칭 조직이 포함된다.

- 새로운 인식, 새로운 사고방식 그리고 빠른 혁신으로 집단 지성과 공유 의식을 생성하는 완전히 새로운 방식으로 전략을 수립한다.
- 내부적으로 고도로 네트워크화되어 있을 뿐만 아니라 전체 조직 생태계에 걸쳐 효과적으로 네트워크화된 '팀들의 팀'인 팀 기반 문화를 만든다.
- 지속해서 빠르게 배우고 제품뿐만 아니라 프로세스, 비즈니스 모델, 거버넌스, 디지털 지원, 고객 경험, 이해관계자 참여와 더 넓은 가치 사슬을 혁신한다.
- 이 과정에 리더십 개발을 포함시켜 미래의 리더가 챌린지 팀, 혁신 그리고 전략 프로세스에 조기에 참여하도록 한다.
- 팀 코칭이 기후 비상 사태를 포함하여 더 광범위한 생태 문제에 완전

히 참여하도록 한다.

　내가 '내일의 리더십'에 관한 연구 보고서(Hawkins, 2017)에서 썼듯이, '내일의 세상을 이끄는 법을 배우기 시작하기에 너무 이르거나 시작하기에 너무 늦지 않다.' 그러나 항상 기억해야 한다. 리더십은 팀 스포츠이다. 그리고 협업 기술과 다양한 혁신 팀을 이끌고 코칭하는 능력은 모든 팀 리더에게 필수적이다. 이제 다음 장에서 리더가 자신의 팀을 코칭하도록 지원하는 것을 설명할 것이다.

PART 5
공유 리더십 만들기, 자신의 팀 구성원 선발, 개발 그리고 코칭하기

최고 경영자와 기타 팀 리더에 관한 조언

이 부분은 이 책의 두 번째 판에 추가된 새로운 섹션이었다. 대부분 리더십 팀 코칭은 효과적인 팀을 선택, 개발, 구축할 책임이 있는 팀 리더가 수행한다. 이는 항상 도전적이면서도 리더십 역할의 중요한 측면이다. 나는 이 책의 초판에서 내가 최고 경영자와 다른 팀 리더들의 특별한 요구 사항을 다루지 않았다는 것을 깨달았다.

많은 팀 리더가 초판을 읽고 나에게 연락하여 적절한 팀 구성원을 선택하고 팀을 구성하고 개별적, 집단적으로 코칭하는 방법에 관한 조언을 구했다. 일부는 기능적으로 주도하고 통합을 책임지는 리더에게 의존하는 팀에서 훨씬 더 큰 공유 리더십과 상호 책임이 있는 팀으로 발전시킬 수 있는 구체적인 코칭을 요청했다. 이 코칭은 또한 팀 리더로서 그들이 팀 문화를 변화시키기 위한 전제 조건으로 리더십 스타일을 어떻게 변화해야 하는지에 초점을 맞추었다. 두 번째 판을 쓴 이후로 나는 팀 개발과 시스템적 팀 코칭systemic team coaching 분야를 더욱 발전시켰다. 팀 리더가 전략, 혁신, 팀 기반 문화를 개발하기 위해 팀 접근 방식을 사용하는 것에 관해서는 11장을 읽는 것이 도움이 될 수 있다.

이 파트의 모든 제안은 여러 리더와의 대화를 통해 개발되었으며 팀의 역동성과 성과를 개발하는 데 성공적으로 사용되었다. 따라서 이러한 시도로 테스트된 접근 방식은 행동 연구의 한 형태를 사용하여 그들과 함께 일할 수 있도록 나를 신뢰한 많은 리더에게 감사해야 한다. 어떤 면에서 우리가 함께 수행한 작업은 일부는 개발에 대해 코칭하고, 일부는 자신의 팀 코칭을 감독하고, 일부는 고가치 팀high-value-creating teams을 효과적으로 개발하는 방법에 관한 공동 연구였다.

나 또는 다른 사람이 외부 팀 코치로 초대되더라도 팀 리더와 긴밀하게 협력하는 것이 중요하다. 외부 팀 코치가 '방문'하는 시간 사이에 팀을 발전시키는 일과 외부 코치가 계약을 마친 뒤 팀 코치의 전적인 역할을 맡을 주체가 바로 팀장이기 때문이다. 외부 코치가 팀 리더의 팀 코칭 기술 개발을 그들이 수행해야 하는 핵심적이고 지속적인 역할로 보는 것이 중요하다.

나는 많은 글로벌 대기업에서 팀 코칭 전략을 개발하는 데 도움을 주었다. 이는 때때로 내부의 시스템적 팀 코치 커뮤니티community of internal systemic team coaches를 구축하는 것과 관련이 있으며, 또한 관리하는 고위 리더들이 어떻게 자신의 팀을 이끌고, 개발하고, 코칭할 수 있는지에 관한 교육을 포함한다. 이는 네 번째 판을 위해 이 섹션을 더 발전시키는 데 도움이 되었다(이러한 조직의 사례는 Hawkins, 2018: 314-16을 참조하라).

12장에서는 필요한 다양성을 모집하고 가치를 부여하고 활용하는 방법에 관한 새로운 섹션과 함께 팀에 적합한 사람을 모집하는 방법을 탐구한다. 13장에서는 팀 리더가 팀 관리자에서 팀 리더로, 그다음에는 팀 조정자로, 최종적으로는 팀 코치가 되기까지의 여정과 이를 통해 팀이 어떻게 팀 리더에게 의존하는 '허브 앤 스포크 팀'에서 벗어나 리더십을 공유하고 공동 책임감을 갖는 팀으로 변화하는 방법을 설명한다. 14장에서 초점은 팀과 팀 리더가 그들을 도울 올바른 외부 팀 코치를 찾고, 선택하고, 위임할 수 있는 방법이다.

제12장
가치 창출 팀의 팀 구성원 선발: 포용성과 다양성

> 회사 사람들은 이제 우리를 팀으로 본다. 우리는 서로 마음이 통한다는 피드백을 받는다. 우리는 서로를 존중한다. 우리는 목표를 정렬할 수 있는 능력을 구축하였다.
>
> (Quoted in Keller & Price, 2011: 214)

도입

웨이먼Wageman 외 연구진(2008)과 해크먼Hackman(2011a)은 효과적인 팀워크를 위한 여섯 가지 조건 가운데 하나가 '적절한 사람들을 팀에 배치하라'라고 주장한다. 이는 짐 콜린스의 유명한 구절인 '적합한 사람들을 버스에 태우라'(Collins, 2001)와 동일하다. 모든 팀 리더가 처음부터 팀을 구성할 수 있는 특권을 가지는 것은 아니다. 대다수는 이미 자리를 잡은 팀을 물려받는 것으로 시작한다. 이 팀에는 리더 역할을 신청했다가 거절당해 실망한 구성원이 포함될 수 있다. 켈러Keller와 프라이스Price(2011: 212)는 새로운 CEO들에게 일찍부터 팀에 누가 있는지 철저히 분석하고 필요한 경우 신속하게 제거하고 교체할 수 있도록 준비하라고 조언한다. 때로는 온전한 팀과 함께 작업하는 것이 더 낫다. 먼저 자신에게 주어진 임무를 전달한 다음, 팀의 목적, 목표, 헌장 등을 총체적으로 명확히 하고, 이 과정을 통해 누가 팀 생활에서 다음 단계로 헌신하는지를 알아낸다.

핵심 선발 원칙

나는 매우 똑똑하지만 조직에 해를 끼치는 사람보다 훨씬 덜 똑똑하더라도 팀 플레이어이며 솔직한 사람을 원합니다.

(Arianna Huffington, 2014: 161)

팀 구성원을 선발하거나 평가할 때 몇 가지 핵심 원칙principles이 있다.

- 단순히 스킬만이 아닌 가치를 추구하는 사람을 선발하라.
- 자신의 기능만이 아닌 팀 전체의 목적에 헌신하는 팀 구성원을 모집하라.
- 정체성(성별, 나이, 민족성, 국적 등), 인지적 사고, 성격 유형과 팀 스타일, 시스템적 포지션 등에서 필요한 다양성을 위해 모집하라.
- 팀으로 일을 잘할 수 있는 사람을 선발하라.
- '탈선자derailers'나 '나르시시스트narcissist'를 피하라.

나는 이제 이 각각의 중요성을 차례로 보여줄 것이다.

단순히 스킬만이 아닌 가치를 위하여 선발하라

나는 2000년 텍사스 달라스에 있는 사우스웨스트 항공을 방문했을 때 이 말을 처음 들었다. 그들은 사람들이 팀과 조직의 가치에 맞는 올바른 헌신과 올바른 가치관을 가지고 있다면 기술은 훈련할 수 있다고 말했다. 리더십 팀 전반에 걸친 가치관 정렬은 직원 참여도와 헌신도가 높은 가치 중심 조직을 만드는 데 중요하다(Barrett, 2006, 2010). 나는 리더십 팀을 위해 '설명자 분석descriptor analysis' 방법을 개발했다. 이 방법은 다음과 같은 질문을 받는 개인과 비교될 수 있다. a) 동료들이 당신을 묘사하기 위해 사용할 세 단어는 무엇인가? b) 당신의 가치를 설명하기 위해 어떤 세 단어를 사용할 것인가? 그런 다음 조직과 팀의 원하는 문화 가치와의 정렬 또는 불일치를 찾기 위해 비교할 수 있다.

자신의 기능만이 아닌 팀 전체의 목적에 헌신하는 팀 구성원을 모집하라

우리가 함께 일했던 한 CEO는 그의 첫 달 말에 그의 팀에 다음 세 가지를 제시했다. a) 다음 해와 3년 동안 팀이 직면하게 될 주요 과제, b) 그가 도착한 이후 깨달은 강점, 그리고 c) 과제의 규모와 현재 팀의 성과 수준 사이의 차이. 그러고나서 그는 모든 팀 구성원에게 다음 팀 회의에서 팀이 어떻게 도전에 가장 잘 대처할 수 있는지, 그리고 그들이 개발에 어떤 헌신과 기여를 할 수 있는지에 대해 10분 동안 프레젠테이션할 것을 요청했다. "이 방법을 통하여 나는 앞으로 도전을 이끄는 기술과 의지를 가진 팀 플레이어가 누구인지 알게 되었다."

팀으로 일을 잘할 사람을 선발하라

> 모든 사람이 한 팀에서 일을 잘할 수 있는 것은 아니다. 어떤 사람이 뛰어난 업무 기술을 가지고 있다고 해서 그 또는 그녀가 집단적인 업무에 그 기술을 적용하기 위해 다른 사람들과 협력할 수 있다는 것을 의미하지는 않는다.
>
> (Hackman, 2011a: 87)

어떤 사람들은 아주 뛰어난 나 홀로 작업자, 훌륭한 문제 해결사이지만 더 큰 시스템을 보는 데는 서툴고, 어떤 사람들은 '자기 영역 방어' 또는 '모서리 싸움'에 아주 능숙하다. 공유 리더십을 발전시켜 고기능이 요구되는 리더십 팀 협업에 능한 인재, 지역의 필요보다 더 큰 그림을 보는 인재, 개인의 성취가 아닌 집단적 성공을 위해 헌신하는 사람들이 필요하다.

'탈선자'나 '나르시시스트'를 피하라

팀 플레이어 영입을 시도할 때, 팀플레이어처럼 보이지만 사실은 팀 결속력, 신뢰, 성공에 파괴적인 사람들을 피하는 것이 특히 중요하다. 팀 활동을 위한 가장 파괴적인 성격 유형은 탈선자와 나르시시스트이다.

웨이먼 외 연구진(2008: 97, 99)은 최고 리더십 팀을 대상으로 한 연구에서, 고성과 팀의 발전을 저해할 수 있는 가장 큰 요인 가운데 하나가 그들이 말하는 '위험한 탈선자'의 존재라는 것을 발견했다. 그들은 다음과 같다.

> 일을 거부한다… 팀 규범을 준수하지 않을 수 있다… 최고 경영자의 리더십을 거부할 수 있다… 기업의 전략, 운영 모델에 동의하지 않을 수 있다… 팀의 주요 목적에 동의하지 않을 수 있다… 탈선자의 문제는 그들이 모든 사람을 끌어내리는 경향이 있다는 점이다. 더욱 나쁜 것은 수정 피드백에 대해 폐쇄적이고 코칭에 상대적으로 영향을 받지 않는 경향이 있다.

다음과 같은 행동을 하는 팀 구성원을 조심해야 한다.

- 공개적으로 다른 사람에 대해 자주 불평하고 비판한다.
- 다른 구성원들의 가장 나쁜 점을 드러낸다.
- 문제를 비판하는 대신 사람들을 공격한다.
- 홀hall에서는 말을 하지만 방에서는 말을 하지 않는다.
- 항상 모든 사람과 모든 것에 동의하지 않는다.
- 공식적인 말과 사적인 행동 사이에 만성적인 불일치를 보여준다.
- 자신의 행동을 이해한다고 주장하지만 바꿀 수는 없는 것 같다(웨이먼 외, 2008: 101).

그렉 나이크Greg Dyke(2004)는 BBC에서 문회 변화 과정을 이끄는 리더십에서 '냉소주의자cynics'와 '회의론자sceptics'를 구분하였다. 냉소주의자는 웨이먼의 '탈선자'와 유사하고 원칙적으로 변화 과정을 훼손하고 다른 사람들의 모든 리더십을 반대한다. 회의론자는 변화 제안에 건설적으로 도전하지만 확신하지 않는다. 다이크는 '냉소주의자 제거'라는 변화 프로세스를 가지고 있었다. 여기에는 BBC에 관한 부정적 기사를 내부적으로 해결하는 대신 외부 미디어에 BBC에 관한 부정적 기사를 제공한 고위 직원을 제거하는 것이 포함되었다. 이는 모든 직원이 진행을 방해하거나 창의성을 방해한다고 생각되는 모든 것에 대해 상사에게 적극적으로 도전하도록 대대적으로 격려하는 것으로 균형을 이루었다.

탈선자들을 해고하는 것은 시간과 보상 그리고 소송 가능성에 많은 비용이 들 수 있다. 가장 좋은 방법은 고용을 피하는 것이다. 선발 과정에서 잠재적 탈선자를 발견하는 가장 효과적인 방법은 모든 인터뷰 대상자에게 자신이 맡았던 마지막 역할에서 가장 큰 실패와 그 원인을 설명하도록 요청하는 것이다. 잠재적 탈선자는 다른 사람들을 비난하는 능력과 그들이 상황의 희생자가 된 방식을 즉시 보여줄 것이다. 비탈선자는 자신이 어떻게 문제에 참여했는지, 무엇을 잘못했는지, 그리고 그로부터 무엇을 배웠는지 말해 줄 것이다.

효과적인 팀 기능을 방해할 수 있고 코칭과 개발이 어려운 다른 관리자는 강한 자기애적 성격 구조를 가진 관리자이다(Kets de Vries, 2006 참조). 자기 도취적 성격은 과대 중요감, 무한한 성공에 관한 집착, 자신이 특별하고 독특하다는 믿음, 타인에 관한 착취, 공감 없음, 교만, 그리고 타인에 관한 질투로 특징지어진다.

어떤 사람들은 모든 성공적인 리더가 이러한 특성 일부를 가지고 있다고 주장하지만 리트머스 시험은 더 넓은 집단적 노력에 봉사하기 위해 이러한 특성을 조절하는 능력이다. 팀워크에 방해가 될 수 있는 다른 개인은 중독적인 행동이나 거부 패턴을 가진 사람이나 직원을 괴롭히는 경향이 있는 사람이다. 팀 리더는 팀 구성원의 이러한 모든 행동을 신속하고 직접적으로 적절하게 해결하기 위해 용기와 자신감을 가져야 하며 그렇게 하려면 외부 팀 코치의 도움이 필요할 수 있다.

선발 프로세스

팀을 구성할 때, 선발 과정의 일부로 계속 함께하기를 원하는 현재 팀 구성원들을 참여시키는 것이 중요하다. 그러면 팀 구성원들은 결정을 공동으로 소유하고 동료로서 성공적인 지원자를 환영할 가능성이 더 크기 때문이다. 그렇지만 외부 도움이 없는 팀은 항상 자신과 같은 사람들을 영입하므로 팀의 균형을 재조정하기보다는 기존의 편견을 강화하므로, 외부인을 참여시키는 것도 중요하다.

많은 선발 과정은 기껏해야 패널에게 발표하고 질문을 통해 지원자의 능력을 확인하는 패널 기반 인터뷰를 사용한다. 팀 상황에서 그 사람이 어떻게 반응하는지 알아내는 것도 중요하다. 이는 지원자들이 집단적으로 참여할 수 있는 그룹 상황을 만들거나, 각 지원자에게 프레젠테이션을 하게 한 뒤 면접관들과 회사를 어떻게 발전시켜 나갈 것인지에 대해 대화를 나누는 방식으로 할 수 있다. 후자는 모집된 기능을 이끌 뿐만 아니라 더 넓은 조직을 위해 공유 리더십을 발휘할 능력 평가를 포함한다는 이점이 있다.

선발 과정에서 팀 환경에서 일을 잘하는 사람인지 또는 위험한 탈선자인지 조사할 수 있는 한 가지 방법은 다음과 같은 몇 가지 영리한 질문을 던지는 것이다.

- 팀 동료들은 세 개의 형용사나 문구를 사용하여 현재 또는 과거 역할에서 당신의 팀 기여 스타일을 어떻게 설명하는가?
- 팀에서 가장 큰 가치를 창출한 방법은 무엇이라고 생각하는가?
- 당신의 팀 공헌 스타일의 약점은 무엇인가?

해크먼(2011a: 89)은 미래 행동에 관한 최고의 예측 변수는 과거의 행동이며, 위의 질문을 하는 것 외에도 과거 동료들에게 지원자가 과거 팀에서 어떻게 수행했는지에 관한 피드백을 직접 물어보는 것이 매우 도움이 된다고 지적한다.

팀과 조직 문화에 맞는 사람을 선택하는 것이 중요하다. 이것의 좋은 예는 사라센스Saracens 사례 연구에서 볼 수 있는데, 그들은 항상 그들의 아내, 파트너 또는 그들의 가족 구성원들과 함께 예비 팀 구성원들을 인터뷰한다. 그들은 가족 전체가 그들의 가족 기반 문화에 적응할 수 있기를 원하기 때문이다.

『코칭 문화 만들기Creating a Coaching Culture』(Hawkins, 2012)에서 나는 선발 과정에서 예비 팀 구성원의 코칭 능력을 확인할 수 있는 방법에 관해 썼다. 리더십 팀에서는 팀을 코칭하고 개발할 구성원과 그들에게 보고할 팀 구성원이 필요하다.

여기서는 두 가지 선발 프로세스가 유용하다.

- 지원자가 관리하고 지도해야 하는 수준의 현재 관리자와 실시간 코칭 세션을 준비한다.
- 지원자에게 구두나 서면 형식으로 일련의 대인 갈등 시나리오와 직원 딜레마를 제시하고 지원자에게 어떻게 해결할지 묻는다.

면접관은 어떤 사람들이 지원자가 지도, 관리, 개발을 책임질 누군가를 연기할 것이라고 지원자에게 설명하는 경우 이 두 가지를 조합하여 활용할 수 있다. 역할극에서 면접관은 몇 가지 전형적인 문제, 딜레마, 요청을 소개한다. 일부 조직은 이러한 전형적인 시나리오를 구현하기 위해 배우를 활용했다.

다양성과 포용성

이 장에서는 먼저 조직의 모든 레벨에서 팀 성공에 다양성과 포용성이 얼마나 중요한지 보여준다. 그러나 다양성을 증가시키기 위한 노력 대부분은 이사회와 리더십 팀에 여성 수 증가 또는 백인이 지배하는 조직의 고위직으로 BAME black and minority ethnic(흑인과 소수 민족)의 수를 늘리는 것과 같은 다양한 그룹의 더 넓은 대표자를 모집하는 데 초점을 맞추었다. 그러나 구성원들의 다양성이 증가한다고 해서 그 문화 자체가 바뀌는 것은 아니다. 채용의 다양성에서 진정한 가치를 얻기 위해서는 다양성을 적극적으로 평가하고 그 다양성을 활용하는 강력한 프로세스가 필요하다. 따라서 이 장에서는 다양성이 높은 가치 창출 팀을 만드는 데 중요한 이유를 살펴본 뒤 이 세 가지 단계를 살펴보겠다.

◆ **다양성이 중요한 이유**

> 다양한 인력과 팀 기반 작업의 동시 출현은 대부분 조직에서 다양성 활용을 중심 관심사로 만든다.
>
> (Page, 2007: 7)

우리의 세계는 점점 더 세계화되고 있고 노동력은 점점 더 다양해지고 있다. 동시에 다양성을 갖춘 팀이 동질적인 팀보다 더 큰 생성 능력을 가졌다는 증거가 늘어나고 있다.

2012년에 맥킨지^{McKinsey}는 2008년부터 2010년까지 프랑스, 독일, 영국, 미국의 180개 상장기업의 자기자본이익률^{ROE}과 이자와 세전이익^{EBIT}을 조사한 뒤 그 결과를 경영진 팀의 다양성과 비교했다. 기업의 다양성을 평가하기 위해 그들은 회사 데이터에서 쉽게 측정할 수 있는 두 가지 그룹, 즉 시니어 팀의 여성과 외국인(후자는 문화적 다양성을 대신하는 역할)에 초점을 맞췄다.

8장에서 논의된 바와 같이, 연구 결과는 놀라울 정도로 일관성이 있었다. 임원진 다양성 상위 4분위 안에 드는 기업의 경우, ROE가 하위 4분위보다 평균 53% 더 높았다. 동시에 가장 다양한 기업의 EBIT 마진은 가장 다양하지 않은 기업의 EBIT 마진보다 평균 14% 높았다. 그들은 다음과 같이 결론 내렸다.

> 더 다양한 경영진 팀을 보유한 기업이 동종 기업보다 우수한 성과를 내는 이유는 다음과 같다. 예를 들어, 다양한 문화적 배경과 인생 경험을 가진 최고 경영

자들로 팀을 구성하면 회사의 전략적 관점을 넓힐 수 있다. 그리고 최고의 인재를 위한 끊임없는 경쟁은 리더십을 위해 전통적인 인재 풀을 넘어선 조직에 보상을 제공한다.

페이지Page(2007: 11)는 '다양성이 능력보다 우선한다'는 다음과 같은 정리를 만들었다.

조건 1~4가 주어지면, 무작위 문제 해결사 모음은 거의 항상 최고의 개별 문제 해결사 모음보다 성능이 뛰어나다. 1) 문제가 어려워야 한다. 2) 사람들은 똑똑해야 하고, 그 문제를 해결할 수 있는 기본적인 능력이 있어야 한다. 3) 다양성은 충분하다. 4) 팀은 상당히 크고 다양한 풀에서 끌어와야 한다.

리더십 팀의 중요한 과제 하나는 다양한 이해관계자 그룹의 다양하고 상충되는 요구 사항을 통합하는 것이다. 나는 '팀은 그들이 참여해야 하는 이해관계자 세계의 다양성과 같거나 더 큰 수준의 다양성을 가지고 있다'라는 필수 다양성의 원칙principle of requisite diversity을 제안했다.

◆ **필수 다양성을 위한 선발**

연구는 다양한 팀들이 단일 문화 팀들보다 더 성공적이라는 것을 보여준다. 그렇지만 이는 서로의 편견을 강화하고 최악의 경우 '집단 사고'에 빠질 수 있다는 위험성이 있다. 나는 힘께 일하는 리더십 팀에 그들이 다양한 이해관계자들과 함께 참여하고 충분히 창의적이고 혁신적일 수 있도록 필수 다양성을 확보해야 한다고 권고한다.

정체성, 인지적 사고, 성격, 시스템 포지션 안에서의 다양성은 리더십 팀에 다양한 문화적, 시스템적 관점을 제공하고 다양한 이해관계자의 입장과 관점에 발을 들일 수 있는 다양한 능력을 제공한다. 나는 한때 직원의 70%와 서비스 사용자의 95%가 여성 또는 어린이이고 인종적으로 매우 다양한 사회 복지 조직의 리더십 팀과 함께 일했다. 그렇지만 리더십 팀의 구성은 모두 백인, 남성, 그리고 50세 이상이었다.

이제 나는 효과적인 팀을 만드는 데 주의를 기울여야 하는 다섯 가지 수준의 다양성을 제안한다. 정체성, 인지, 성격, 팀 스타일, 수직 개발, 리더십 연구에서 나온 시스템적 포지션이다(Hawkins, 2017a).

다섯 가지 유형의 다양성: 새로운 프레임워크

◆ **정체성 다양성** identity diversity

이것은 대부분 선천적이거나 우리의 문화적 배경에서 오는 차이들로 구성되어 있다. 성별, 성적 선호도, 연령, 장애, 인종 그리고 문화적 배경의 다양성이 포함된다.

우리는 회사 이사회에서 더 나은 성별 균형을 유지하는 것이 회사의 실적 증가와 관련이 있다는 것을 보여주기 위해 다른 증거를 인용했다. 그러나 일부 여성들은 인지적 다양성과 시스템 포지션의 다양성을 가져올 수도 있다. 이러한 수준의 다양성은 대부분 기업의 다양성과 포용 어젠다의 주요 초점이었다. 이러한 포용 형태를 중심으로 기회의 공정성과 평등 문화를 제공하고 최고의 인재를 유치하고 홍보한다.

◆ **인지적 다양성** cognitive diversity

인지적 다양성은 우리가 어떻게 다른 관점, 발견법 heuristics, 그리고 다른 인지적 편견만이 아니라 문제를 구성하는 방법에 기초를 둔다. 더 큰 정체성 다양성은 인지 다양성의 증가를 가져올 수 있지만 반드시 그렇지는 않다. 백인 남성 리더와 같은 유사한 정체성을 가진 집단일지라도, 때때로 광범위한 인지적 사고방식을 가질 수 있고, 다양한 연령대의 사람들로 구성된 국제적인 혼성 팀과 같은 광범위한 정체성 다양성을 가지고, 여러분은 유사한 인지적 다양성을 가질 수 있다.

그룹마다 다른 몇 가지 주요 인지 패턴이 있다.

- **관점** perspectives – 개인이 사물을 연결하고 구성하는 방법, 생각에서 정신적으로 '무엇 옆에 두는' 것
- **발견법** heuristics – 사람들이 문제를 해결하기 위해 사용하는 방법이나 도구 또는 사고방식
- **해석** – 사건을 이해하는 방법
- **예측 모델** – 미래에 일어날 일과 다른 사람들이 할 일에 관한 해석이나 감각에서 도출한 결론

많은 심리학자가 서로 다른 인지적 선호도를 고려하는 틀과 유형을 만들어냈다. 서로 다른 사고방식을 가진 사람들이 세상을 어떻게 다르게 보는지를 보여주는 융 유형론 Jungian typology에 기초한 마이어스-브릭스 목록 Myers-Briggs Inventory(MBTI)을 생각해보라. 그것은 16개의 주요 성격 유형 각각에 관한 다른 지배적인 관점과 세계관을 보기 위해 널리 사용된다. 모

든 팀이 16가지 유형을 모두 필요로 하는 것은 아니지만, 현재 팀에 퍼진 성격 유형을 매핑하는 것은 수정이 필요한 팀 편향을 보여줄 수 있다 (Hawkins & Presswell, 2018 참조).

내가 CEO였을 때 내 팀이 통찰력과 직관을 가지고 있으나 감각이나 판단력은 거의 없는 사람들로 가득 차 있다는 것을 발견했다. 그 팀은 항상 사물을 보는 새로운 방법을 탐구하고 새로운 모델을 개발하는 데는 훌륭했지만 결정을 내리는 데는 절망적이었다. 그들에게 맡겨두면 항상 현재의 패턴에 맞는 사람들을 더 많이 채용하고 싶어 할 것이다. 그러나 그 팀이 필요로 하는 것은 판단력과 감각에 관한 능력을 가진 직원이었다.

'신경다양성neuro-diversity'이라고 불리는 것에 관한 문헌이 증가하고 있는데, 이는 인간 집단의 정상적인 변화의 일부로 간주되는 개인의 뇌 기능과 행동 특성의 차이를 나타내는 범위를 말한다. 그것은 특히 자폐 스펙트럼과 '양극성bi-polar'이라고 불리는 사람들의 상황에서 사용되지만, 우리 모두가 세상에 참여하기 위한 다른 전략을 가지고 태어나고 개발한다는 인식을 키우는데 도움이 된다.

◆ **성격personality과 팀 스타일의 다양성**

사람들은 배경 정체성과 인지적 사고방식이 다르므로 다르게 행동하지 않는다. 우리 각자는 생각과 존재 방식이 다르며 다른 방식으로 다른 사람들과 관계를 맺는 데 끌린다.

새로운 구성원을 모집하기 전에 현재 팀의 팀 참여 스타일을 살펴보는 것이 유용하다. 벨빈Belbin 팀 역할을 사용하여 팀이 부족한 부분이 무엇인지 확인할 수 있다. 위에서 언급한 팀에는 새로운 아이디어를 만들어내는 데 뛰어난 '공장plants'과 새로운 사고를 연결하고 공장의 아이디어를 기반으로 '모양을 만드는 사람shapers'이 몇 명 있었다. 이 과정에서 새로운 사고를 받아들여 개발을 지원할 외부 자원을 발굴한 다음 새로운 사고가 고객에게 제공 가능한 제품으로 완성되도록 하는 '자원 조사관resource investigators'과 '마무리 작업자completer finishers'가 부족하였다.

◆ 수직 개발vertical development

인간의 발달은 어린 시절을 훨씬 넘어서도 계속되고, 개인 삶을 통해 올바르게 지속하는 것에 점점 더 많은 관심이 모아지고 있다. 성인 발달 단계에는 리더십 성숙도 수준에 맞게 더 발전되고 적용되는 많은 모델이 있다(Hawkins & Smith, 2013: 62-70 참조). 나와 동료들은 빌 토버트Bill Torbert(2004)의 '행동 논리action logics'와 리더십 팀들이 서로 다른 수준의 리더십 성숙도를 가지면서 어떻게 이익을 얻는지 광범위하게 연구했다. 수직적 개발 접근법에 관한 좋은 요약을 위해 이 주제에 관한 닉 페트리에Nick Petrie의 두 가지 백서를 읽도록 추천한다(Petrie, 2014a, b).

◆ 시스템적 포지션 다양성

네 번째 차원의 다양성은 가장 덜 주목받지만 점점 더 중요해지고 있다. 우리는 각자 자신의 배경 정체성, 인지적 접근, 성격 스타일만이 아니라 어떤 상황과 관련하여 우리가 차지하는 시스템적인 포지션 때문에 어떤 주제에 대해서도 고유한 관점을 가지고 있다. 신제품을 설계할 때, 제품 디자이너, 제조업체, 마케팅 담당자, 고객, 공급업체, 투자자는 모두 가치사슬value chain에서 그들의 포지션에 따라 다양한 관점을 제시한다. 조직은 신제품의 설계, 시제품 제작prototyping, 테스트, 마케팅에 회사 내외의 광범위한 이해관계자 통합의 중요성을 점점 더 깨닫고 있다(7장 참조).

때때로 리더십 팀과 회사 이사회는 비즈니스 시스템의 좁은 측면에서 온 사람들로 구성된다. 이사회는 때때로 전직 CEO로 가득 차 있고 리더십 팀은 회사의 한 가지 지배적인 기능에서 구성원을 과도하게 뽑는다. 이 문제를 해결하기 위해 내가 찾은 가장 쉬운 방법 하나는 더 넓은 이해관계자 관점을 회의실로 가져오는 간단한 기술을 사용하는 것이다. 나는 다음 세 가지 수준을 구별한다.

a **이해관계자 데이터 가져오기** – 팀이 직원, 고객, 투자자 등의 피드백 데이터를 가져와 더 나은 의사결정을 내릴 수 있게 정보를 제공한다.
b **이해관계자의 목소리 끌어내기** – 이는 상당한 이해관계자를 초대하여 팀의 관점에서 연설하거나, 역할극을 통해 팀 구성원이 특정 이해관계자 그룹 관점에서만 발언하도록 해서 수행할 수 있다.
c **이해관계자 관계 도입** – 이는 b의 발전이 될 수 있다. 이해관계자 그룹이 팀과 생성적인 대화generative dialogue에 참여하여 상호 관심 문제를 해결하고, 갈등을 해결하고, 함께 배우거나 제품과 서비스를 설계하고 혁신하도록 초대한다.

전략을 세우고, 문제를 해결하고, 혁신하는 것은 점점 더 조직의 경계 내에서만 수행될 수 없으며 더 넓은 이해관계자 그룹의 투입과 직접 참여가 필요하다.

다양성의 가치 평가

네 가지 다양성 스펙트럼에 따라 팀을 구성한다면, 창의적이고 혁신적인 팀을 위해 필요한 재료들을 모았더라도 요리를 해야 한다. 팀이 서로 다른 정체성, 인지적 사고방식, 성격 유형을 담고 있고, 생태계에서 서로 다른 포지션에서 도출되었다 하더라도 창의적이고 창조적이라는 것을 보장하지는 않는다. 실제로 다양한 팀에서 그들의 세계관과 운영 방식이 더 자주 도전받고 있으므로 사람들은 덜 행복하고 덜 편안하다는 증거가 있다.

나는 많은 팀과 함께 일해왔는데, 그들은 선택의 다양성이라는 더 큰 목표를 달성하기 위해 열심히 노력했지만, 그들이 가져오는 차이를 환영하고, 도입하고, 가치를 부여하고, 포함시키지 못했다. 그들의 차이가 첫날부터 적극적으로 평가되지 않는 한 개인은 자연스럽게 팀의 지배적 인 내부 그룹에 적응하고 닮아가야 할 필요성을 느낄 것이다. 그들이 가져오는 차이의 가치는 그들이 문화에 적응하고 문화에 따라 들어감에 따라 빠르게 침식될 것이다.

다양한 팀을 구성했으므로 이제 짜증나고 방해가 되기보다는 다양성이 효과적으로 작동하도록 해야 한다. 우리는 팀 다양성을 활용하고, 집단사고를 중단하고, 협업을 구축하고, 군중의 지혜를 활용하는 방법을 실험했다. 우리는 다음과 같은 다양한 프로세스를 통해 다양성을 적극적으로 평가하기 위해 많은 팀과 협력했다.

- 각 팀에 자신이 팀에 가져다 준다고 생각하는 차이를 신입 직원에게 설명하고, 신입 팀에 자신이 가져올 수 있다고 생각하는 차이를 설명

하도록 요청한다. 그런 다음 각 팀 구성원이 신입이 가져오는 차이에 대해 무엇을 중시하고 이를 통해 얼마나 실질적으로 이익을 얻을 수 있다고 생각하는지를 신입에게 피드백하는 두 번째 라운드가 이어질 수 있다.

- 신입 직원에게 처음 3개월 동안 다이어리를 쓰라고 한다. 팀과 조직의 문화가 어떤 인상을 주는지, 그리고 변화하고 개선할 수 있다고 생각하는 점을 기록한다. 그런 다음 몇 주마다 팀에 이를 피드백한다. 나는 때때로 팀들에게 조직 문화를 어딘가에서 3개월 동안 일한 뒤에는 알아차릴 수 없는 것으로 정의할 수 있다고 말하면서, 신입 직원, 특히 다양성이 풍부한 신입 직원의 신선한 관점을 낭비할 여유가 없다고 말한다.

- 팀 리더가 모든 회의에서 신입 직원의 의견을 한두 번 정도 초대하고 적절한 경우 '셀리나, 어떻게 다르게 보나요?' 또는 '어떻게 다르게 보았나요?'와 같은 문구를 사용한다.

- 토크니즘tokenism(역자주: 사회적 소수 집단의 일부만을 대표로 뽑아 구색을 갖추는 정책적 조치 또는 관행)을 피하고 가능한 경우 대표성이 낮은 그룹에서 최소 2명이 있어야 한다. 그러나 신입 직원이 백인 남성 중장년 이상의 팀에서 유일한 여성이거나 BAMEblack, Asian and minority ethnic 사람 또는 밀레니얼 세대인 경우, 다른 팀의 같은 소수자에게 멘토링받을 수 있게 준비한다. 그래서 그들은 그들의 관점을 듣고 포함시킬 수 있는 방법을 찾을 수 있다.

팀의 다양성 활용

부분의 합보다 더 큰 팀을 만드는 능력을 차단할 수 있는 많은 요소가 있다(스캇 페이지가 말하는 '초가산성superadditivity'). 이러한 요소에는 리더에 의한 지배와 그에 상응하는 추종자들의 리더에 대한 존경, 그룹 내의 다른 강력한 인물들에 의한 지배, 누가 정답을 가졌는지에 관한 경쟁적 논쟁, 명확성의 결여 또는 다루어지는 문제에 관한 이해의 결여가 포함된다.

나는 '다양성을 최대한 활용'하기 위해 다음과 같이 간단하지만 강력한 지침을 몇 가지 개발했다.

- 시간을 내어 해결하려는 과제, 문제, 시험 문제를 명확히 파악한다. 팀의 모든 사람이 이슈, 도전, 문제에 대해 같은 의견이 아니라면, 그들은 집단적인 대응, 해결책, 답변을 도출하기 위해 효과적으로 협력하지 못할 것이다.
- 팀에 토론, 대화, 생성적 대화generative dialogue 사이의 간단한 차이점을 설명한다.
- 회의 구성은 다음과 같다.
  - 회의의 목적과 필요한 결과를 구성하고 장면을 설정한다.
  - 모든 사람이 편안하게 말하고 기여할 수 있도록 체크인 절차를 사용한다.
  - 구체적으로 상반된 관점을 초대한다.
  - 사람들이 자신의 의견을 바탕으로 다른 사람의 의견과 연관시키도록 권장한다.

- 양자택일 논쟁을 피한다.
    - 참여 방법에 관한 팀 기본 규칙을 설정한다.
- 다음과 같은 다양한 생성적 대화 구조화 방법을 사용한다.
    - 브레인스토밍
    - 팀 우선순위 지정
    - 집단 구축collective build
    - 지혜 위원회/토킹 스틱talking stick
    - 열린 공간(Owen, 2008)
    - 디자인 스튜디오

결론

매우 효과적인 팀을 구성하기 위해서는 먼저 적절한 재료 혼합을 확인하는 것부터 시작해야 한다. 팀에는 본질에서 팀 플레이어이면서 말, 행동 그리고 가치 정렬에 있어 집단적 노력에 적극적으로 전념하고 팀의 이해관계자 환경에 맞는 필수 다양성을 함께 제공하는 구성원이 있어야 한다. 구성원에는 성격 유형과 팀 스타일이 적절하게 혼합되어 있어야 한다.

급변하는 오늘날, 공유된 리더십을 갖춘 가치 창출 팀을 꾸리는 것이 그 어느 때보다 중요하다. 리차드 해크먼(Hackman, 2011a: 92)은 다음과 같이 말한다.

누가 팀에 있냐에 따라 구성원들이 얼마나 잘 협력하고, 궁극적으로 팀이 얼마나 잘 수행하느냐에 큰 차이가 있다. 특히 팀이 급변하는 환경에 대처해야 할 때는 더욱 그렇다.

팀에 적합한 인재를 적절히 혼합하는 것은 필요하지만 가치 창출 팀을 구성하기에는 충분하지 않다. 켈러와 프라이스(2011: 213)가 말했듯이, "올바른 팀이 있다 하더라도, 똑똑하고, 야망 있고, 독립적인 생각을 가진 사람들로 구성된 그룹이 방향을 맞추기 위해서는 시간이 걸린다."

따라서 그들은 다양성과 '팀 시간에 투자'를 중시하고 활용해야 한다고 주장한다. 이 단계는 다음 장에서 살펴보겠다.

제13장
CEO와 팀 리더가 공유 리더십으로 고가치 창출 팀을 만들기 위한 핵심 단계

한 개인이 10년 이상의 롤러코스터 시장, 글로벌 확장, 경제 변화를 통해 기업을 이끄는 데 필요한 다양한 강점과 기술을 모두 갖기를 기대하는 것은 현실적이지 않다. 미래의 글로벌 리더는 (1) 비즈니스에 대한 주인의식을 느끼고 (2) 회사가 직면하게 될 다양한 도전에 맞설 수 있도록 서로의 강점에 의존할 수 있는 리더들로 구성된 팀을 구축하는 데 집중해야 한다.

(Goldsmith et al., 2003: 99)

나는 다른 사람들의 실정mismanagement을 관리하는 데 너무 많은 시간을 소비하고, 전쟁 중인 사일로siloe 사이에서 심판하고 중재하려고 노력하며, 우리가 하는 일의 전반적인 통합에 대해 걱정하는 유일한 사람으로 보인다.

(여정의 시작에서 격분한 어느 최고 경영자)

점점 더 많은 최고 경영자와 고위 임원들이 그룹 전반에 걸쳐 훨씬 더 큰 공유 리더십을 갖춘 고성과 팀 구성의 중요성을 깨닫는다. 이는 각 팀 구성원이 자기 기능에 대해 보고하고 팀 리더가 구성원 통합을 책임지는 팀 리더십 스타일('허브 앤 스포크' 스타일'hub and spoke' style)에서 모든 팀 구성원이 책임을 지는 팀 리더십 스타일로 이동하는 것을 수반한다. 모든 팀 구성원은 팀의 집단적이고 통합된 작업에 관한 상호 책임에 참여한다(공유 리더십과 상호 책임).

많은 고위 리더는 이러한 고위 팀 문화의 변화와 변혁을 가져올 필요성을 인식하지만, 그것을 어떻게 끌어내는지 알지 못한다. 다양한 국가와 부문에서 온 100명이 넘는 CEO와 임원을 코칭한 경험을 바탕으로 나는 최고 경영자가 이 여정을 가능하게 하는 데 유용하다고 생각한 12가지 프랙티스를 수집했다. 그렇지만 이는 단지 유용한 도구와 팁을 갖는 것만의 문제는 아니다. 팀 리더는 또한 자신만의 팀을 이끄는 스타일을 개발하고 발전시킬 필요가 있기 때문이다.

많은 고위 팀장은 방향을 정한 다음, 그것을 자기 팀에 알려야 하고, 팀 회의에서 모든 논의가 자신들을 통해 지시되는 패턴에 갇혀 있다는 것을 알게 된다. 일부 리더는 팀 구성원이 정기적으로 자기 문제를 가져오면 그들이 솔루션을 제공하여 종속성을 강화하는 패턴에 빠지게 된다. 그들은 때때로 구성원들이 더 많이 책임지기를 원하지만, 먼저 그들 자신의 리더십 스타일에 큰 변화가 필요하다는 사실을 완전히 깨닫지 못한다. 이 여정에서 많은 사람과 함께하면서 나는 또한 팀 리더가 수행해야 하는 전형적인 단계를 자신만의 리더십 스타일에 매핑하여 고성과 팀을 개발할 수 있는 모델을 개발했다.

이 장은 CEO와 다른 팀 리더를 대상으로 공동 리더십으로 나아가고 자신의 팀을 코칭할 수 있는 방법을 설명한다. 또 팀 리더를 통해 팀을 코칭하여 개인과 팀 전체에 이익을 주고, 모든 이해관계자를 위해 창출하는 가치를 높일 수 있다.

팀 리더를 위한 여정

단계 1: 팀 매니저 team manager

많은 임원이 여러 부서에서 뽑힌 고위 관리자와 함께 기업 팀을 이끌도록 처음 임명되었을 때 중요한 역할 전환에 직면하게 된다. 이전에 팀원들이 자신의 업무 영역 출신이고, 자신의 기술 전문지식으로 직접 보고서를 관리하고, 팀에 기술 전문성에 기반을 둔 리더십을 제공하는 방식으로 팀을 이끌어왔다. 그러한 많은 리더는 새로운 기업 역할에서 동일한 접근 방식을 계속하여 '슈퍼 매니저'가 되려고 노력하며, 심지어 그들이 이전에 경험이 없었던 기능에도 기술적 조언과 지원을 제공하려고 시도한다. 그들은 곧 한 문제에서 다른 문제로 서둘러 가는 자신의 모습을 발견하게 된다. 그들의 다이어리에는 회의와 시급한 현안 해결로 꽉 차 있고, 뒤로 물러서서 성찰할 시간이 없다는 보고를 자주 한다. 이 단계를 '팀 매니저 team manager'라고 부른다.

단계 2: 팀 리더 team leader

도움과 코칭을 통해 이들 임원은 조직 전체를 개발해야 하며 조직의 모든 부분을 부차적으로 관리하는 데 집착하지 말아야한다는 것을 깨닫기 시작한다. 그들은 조직의 공동 목표와 특히 고위 리더십 팀의 목표에 초점을 맞추기 시작한다. 그들은 또한 다양한 팀 활동을 통합하는 전략적 내러티브를 만드는 데 초점을 맞춤으로써 모든 팀 구성원이 자신의 특정 목표와 노력이 어떻게 연결되고 더 큰 그림을 지원하는지 이해하도록 도울 수 있음을 인식한다. 이 단계를 나는 '팀 리더team leader'라고 부른다([그림 13.1] 참조).

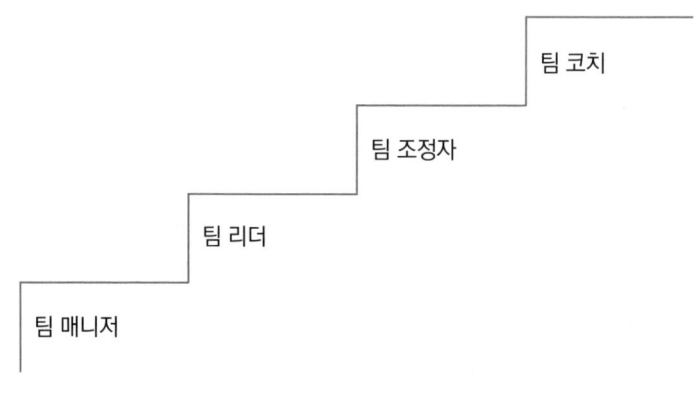

[그림 13.1] 팀 매니저에서 팀 코치로의 여정

팀 구성원은 이제 자신의 목표가 집단 목표를 어떻게 지원하는지 이해하지만, 여전히 자신의 기능, 성과, 수직적 목표, 필요한 자원에 초점을 맞추는 경향이 있다. 그들의 의견은 대부분 팀장을 통해 전달되며, 팀 전체에 대화가 거의 흐르지 않는다.

회의 밖에서 팀 리더는 여전히 상호작용과 대인 갈등에 빠져 있음을 발견할 수 있다. 팀 구성원들은 다른 구성원의 결점을 말하러 오는 반면, 팀 리더는 자신이 심판, 중재자 역할을 요구받고 있다는 사실을 발견할 수 있다. 그들은 개인에게 업무를 위임하는 방법을 배웠지만, 공동 책임을 상호 관계에 위임하는 방법은 배우지 못했다.

이 두 번째 단계에서 팀 리더는 주요 외부 이해관계자를 향해 팀 전체를 대표하며 모든 책임을 맡고, 팀 구성원은 주로 내부에 집중하도록 내버려둘 수 있다.

단계 3: 팀 조정자team orchestrator

팀 리더가 더 나아가 3단계로 이동하는 방법을 배우는 데 도움이 필요하다. 이를 '팀 조정자team orchestrator'라고 한다.

- 팀이 올바로 내외부 연결을 개발하도록 지원한다.
- 팀 구성원이 서로 비난하는 것을 멈추고 대인관계, 상호작용을 서로 직접 해결하도록 권장한다.
- 팀과 함께 '이해관계자 관계 전략'(아래 참조)을 개발하고, 누군가 각 핵심 관계에 대해 주도적인 책임을 지고 각자 자신의 기능뿐만 아니라 전체 팀을 대표할 수 있는 방법을 명확히 한다.

팀 목표와 통합 내러티브를 개발하고 대내외 연결을 조율하며 지원하는 팀 리더는 이제 자신이 고성과 팀을 가졌다고 믿는 함정에 빠질 수 있다. 그러나 여전히 팀 리더에게 상당히 의존하고 있으며 팀이 운영되는 상황과 직면한 과제는 끊임없이 변화할 것이다. 이 두 가지 모두를 위해서는 팀이 다양하고 중요 역량을 개발해야 한다.

- 새로운 환경에 관한 탄력성과 지속적이고 민첩한 적응력
- 서로에게서 배우고 무엇이 효과가 있었는지, 무엇이 효과가 없었는지를 검토하여 팀의 성과 개발은 가장 느린 사람이 아니라 가장 빠른 개인의 속도에 근접하게 한다.
- 팀 리더가 부재할 때도 계속 배우고 발전할 수 있도록 자기를 개발한다.

단계 4: 팀 코치team coach

이러한 핵심 팀 역량을 개발하려면 팀 리더가 '팀 코치team coach'라는 네 번째 단계로 이동해야 한다. 여기서 지속해서 집단 팀collective team의 역량을 구축하고 집단 팀과 모든 팀 구성원이 학습의 핵심 추진력과 지원자가 될 수 있도록 돕는 데 초점을 맞춘다. 팀 리더는 팀 구성원이 서로를 통해 문제를 해결하고, 새로운 방법을 공동 개발하며, 비공식적 또는 공식적 팀 회의에서 서로 다른 접근 방식을 학습하도록 코칭한다. 팀 구성원들이 그들의 문제를 팀 리더에게 가져오면, 리더는 즉시 뛰어들기보다는 "누가 그 도전을 가장 잘 돕고 지원할 수 있는가?"라고 묻는다.

이 여정의 각 단계는 [그림 13.2]에 표시된 것처럼 서로 다른 초점을 가지고 있다. 팀 구성원들은 가만히 있지 않으며, 오늘날 세계에서는 팀 구성원들이 끊임없이 변화한다. 따라서 4단계는 단순히 순차적인 것이 아니며, 팀 리더는 4단계 모두의 기술을 습득한 뒤에는 해당 단계를 따라

오르락내리락하는 방법을 익혀야 하며, 적절한 스타일을 사용해야 한다 ([그림 13.3] 참조).

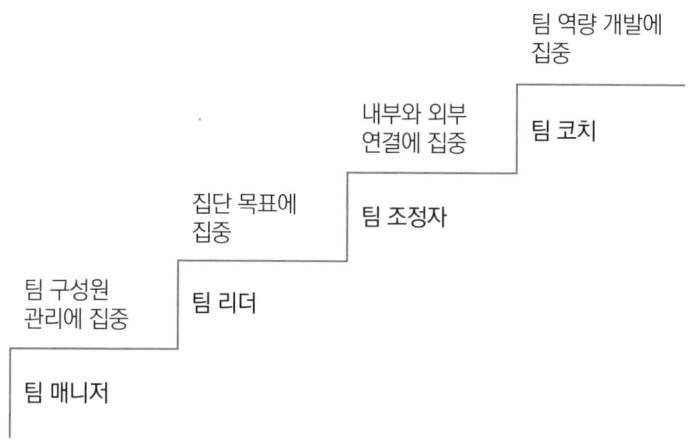

[그림 13.2] 팀 매니저에서 팀 코치로 이동하는 과정: 팀 리더의 집중력

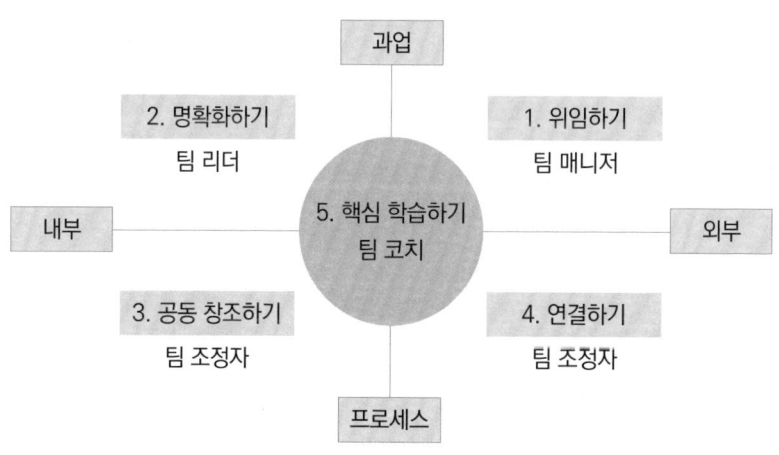

[그림 13.3] 팀 코칭의 다섯 가지 C 모델: 팀 리더 역할

4단계는 고가치 창출 팀의 다섯 가지 규율disciplines과 연계된다(3장 참조). 팀 매니저로서, 팀과 조직이 이사회나 '위원회'를 구성하는 다른 이해관계자들이 정한 목표를 충족하도록 하는 데 초점을 맞추는 경향이 있다. 팀 리더로서, 최고 경영자는 팀과 협력하여 팀의 목적, 헌장, 목표, 혁신적 팀 성과 지표, 역할 등을 명확하게 처리한다. 팀 조정자로서, 최고 경영자는 비즈니스를 발전시키기 위한 현재의 도전과 집단 전략에 효과적으로 공동 대응하도록 돕고, 팀이 모든 중요한 이해관계자 그룹과 '연결'하는 방법을 '조정'하도록 촉진한다. 팀 코치로서, 최고 경영자는 팀이 서로에게서 끊임없이 배우고 미래를 창조하고 적응하며 모든 이해관계자들과 함께 더 큰 가치를 창출할 수 있도록 집단 학습과 역량을 키우도록 팀을 코칭한다.

12가지 프랙티스

이 장을 쓰면서 나는 이전에 내가 지도하면서 함께 일했던 다른 국가 또는 분야의 CEO 네 명에게 내 초안에 대해 논평하고 작성하도록 요청했다. 나는 그들이 리더십, 팀 효율성에 변화를 가져오고 이해관계자를 위해 더 큰 가치를 창출했다고 말한 사례만 포함했다.

팀과 이해관계자의 기대에 관한 과제 구성

수퍼 매니저super-manager에서 팀 리더로 전환하려면 '우리가 도달해야 하는 곳은 어디이며, 모든 이해관계자의 기대는 무엇인가?'와 같은 질문을 함으로써 현재와 과거의 문제에서 '퓨처 백future-back'과 '아웃사이드 인outside-in'으로 초점을 옮겨야 한다. 여기에는 이사회와 주요 이해관계자의 기대뿐만 아니라 규제 기관, 고객, 직원, 공급업체, 파트너 조직, 비즈니스 운영과 인간 너머의 생태계와 같은 공동체의 기대도 포함하여 팀 생태계의 더 큰 맥락을 팀에 설명해야 한다.

팀 헌장 만들기

'팀을 위한 위임', 즉 성공에 대한 기대와 비전을 전달하는 것은 좋은 시작이지만 충분하지 않다. 가장 효과적인 팀 리더들의 두 번째 움직임은 다음과 같다. "이는 우리의 집단적인 도전이며 나 혼자서는 그것들을 해결할 수 없다. 우리가 어떻게 가장 잘 대응할 수 있는지 알아내기 위해 개별적으로 그리고 집단적으로 여러분의 모든 도움이 필요하다."

[그림 13.4] 팀 매니저에서 팀 코치로의 여정: 성과 중심

변혁적 팀 핵심 성과 영역(TKPA)과 지표(TKPI) 설정

팀 헌장이 있다고 해서 저절로 변화가 생기는 것은 아니다. 이는 팀이 상호 책임을 지는 핵심 성과 지표와 함께 SMART(구체적이고specific, 측정 가능하며measurable, 달성 가능하고achievable, 현실적이며realistic, 시기적절한timely)한 팀 목표로 전환해야 한다.

혁신 팀 KPI는 팀이 새로운 방식으로 협력해야만 달성할 수 있다. 팀이 집단적인 핵심 성과 목표를 달성한 경우 팀 전체가 성공한다. 이를 달성하지 못한 경우 팀은 전적으로 집단 책임을 지며, 실패로부터 개인과 팀 학습을 얻도록 해야 한다.

개인 성과를 팀 목표에 연결하기

개인 목표(KPA, KPI)를 설정할 때, 각 개인이 동료에게 제공해야 할 사항에 관한 명확한 수평적 목표를 가지고 있으며, 팀이 고성과를 내도록 공헌할 수 있는 방법에 대해 개인의 팀 공헌 목표를 명확히 하여 팀 목표와 연결하는 것이 중요하다.

이러한 개별 목표를 팀 회의에서 다른 팀 구성원들과 공유하고 정기적으로 검토하게 하는 것이 중요하다. 개별적으로 설정된 경우에는 다른 팀 구성원의 피드백을 포함해야 한다. 이는 긍정적이면서 동시에 발전적이어야 한다. 즉 지금까지 수행한 일을 인정하고 개선해야 할 사항을 명확히 해야 한다.

명확한 전략적 내러티브를 개발하고 모든 사람이 이를 커뮤니케이션할 수 있도록 개발하라

많은 팀이 핵심적인 팀 목표 목록을 개발하고, 이를 더 광범위한 조직과 이해관계자를 포함한 다음 단계의 팀에 의미 있고 매력적인 방식으로 전달하기 위해 고군분투한다. 좋은 전략은 단순한 목록이 아니라 다른 항목들 사이의 연관성을 보여주고, 성공했을 때의 보상과 실패했을 때의 위험을 머리와 심장에 말하고 행동을 자극하는 방식으로 묘사하는 설득력 있는 이야기이다.

고위 리더십 팀은 이러한 설득력 있는 전략적 내러티브를 집단적으로 작성한 다음 다양한 이해관계자 그룹에 어떻게 제시할지 연습함으로써 유익을 얻을 수 있다. 팀 구성원의 답변은 참여와 확신을 달성하거나 다른 중요한 이해관계자 그룹에 혼란과 냉소를 남길 수 있으므로 프레젠테이션 뒤에 발생할 수 있는 어렵고 도전적인 질문에 어떻게 응답할지 리허설하는 것이 매우 중요하다.

공동 이해관계자 전략을 수립하라

팀이 전략적 목표를 성공적으로 달성하는 데 필요한 모든 중요한 이해관계자를 매핑하는 것이 도움이 된다. 이해관계자는 고립된 거품 속에만 존재하는 것이 아니며 이해관계자 그룹 사이의 중요한 상호 연결을 매핑하는 것이 중요하다. 고위 팀은 고객 관계에 대한 책임을 영업/마케팅에 위임하고, 직원을 인사 부서에 위임하고, 공급업체를 구매/공급망 기능에 맡기고, 주주를 FD/기업 업무 기능에 맡기는 경우가 너무 많다. 그들은 때때로 다양한 이해관계자 그룹 사이에 상주하는 조직과 그것의 지도력에 관한 집단적 인식을 발전시키는 데 있어서 집단으로 책임지지 않는다.

또 팀이 어떤 이해관계자에게 주목하지 않거나 주의를 기울이지 않는지 질문하도록 도전하는 것도 중요하다. 모든 팀에는 고유한 '고의적인 맹목성wilful blindness'이 있다(Heffernan, 2011). 나는 눈에 띄지 않는 이해관계자를 13번째 요정이라고 부르는데, 동화 '잠자는 숲속의 미녀'의 13번째 요정처럼, 파티에 초대하는 것을 잊어버린 사람이 다시 '엉덩이를 물어 뜯으러' 돌아오기 때문이다. BP는 미국 동부 연안의 어촌, 어류, 습지 생태계가 사업 성공에 있어서 너무 늦었고 걸프 석유 참사가 이들 이해관계자들에게 심각한 영향을 미쳤으며 BP의 사업과 평판에 손상을 입혔다는 것을 깨닫지 못했다.

일단 당신이 전체 이해관계자 맵을 작성하고 공급업체의 공급업체에서 고객의 고객까지 전체 가치 사슬을 이해하게 되면, 팀은 각 이해관계자 그룹이 현재 조직과 조직의 리더십을 어떻게 보는지, 무엇을 인정하며, 무엇이 달라지기를 원하는지 살펴볼 수 있다. 이는 팀 구성원이 설명자 분석descriptor analysis과 같은 360도 피드백 프로세스를 사용하여 주요 이해관계자를 인터뷰하거나 팀 구성원 역할 수행 이해관계자가 자신의 피드백을 팀에 전달함으로써 달성될 수 있다.

그런 다음, 팀은 자신과 회사가 인식되는 방식을 개선하기 위해 어떻게 서로 다른 방식으로 참여해야 하는지, 그리고 누가 해당 업무를 주도할 수 있는 최적의 위치에 있는지를 결정할 수 있다. 나는 때때로 팀 구성원들이 팀워크와 팀 학습을 구축하고 팀 대표성을 높일 수 있도록 팀 구성원들이 주요 이해관계자 프레젠테이션에 함께 참여하도록 격려했다.

공동 리더십에 위임할 기회 찾기

문제가 발생하면 이를 개별 팀 구성원에게 위임하여 리더십을 주어야 하는지 아니면 두 명 이상의 팀 구성원이 공동 대응해야 하는지 신중하게 생각하는 것이 중요하다. 팀 리더는 팀 구성원 2~3명의 공동 리더십에 위임할 수 있는 기회를 찾아 팀 구성원들에게 무엇을 해야 하는지 명확히 하는 것이 유용하다. 이렇게 하면 공식 팀 회의 외부에서 팀 구성원 사이의 협업 작업을 구축할 수 있다.

한 리더십 팀에서 최고 경영자는 누가 새로운 도전에 앞장서야 하는지 정기적으로 고민하곤 했다. 그는 작은 하위 그룹에 위임할 생각을 해본 적이 없다. 코칭을 마친 뒤 그는 다음 팀 회의에 참석하여 서로 잘 협력하지 않는 재무 이사와 HR 이사에게 공식적으로 제안하여 두 사람이 100% 합의한 공동 제안으로 다음 임원 회의에 참석하도록 지시했다. 비즈니스에서 중요한데도 성과가 저조한 부분에서 비용 절감과 더 적은 수이지만 생산성은 더 높은 인력을 제공했다. 이전이라면 그는 그들 중 한 명에게 물었을 것이고, 다른 한 명은 다른 사람이 제안한 것을 비판하기 위해 회의 때까지 기다렸을 것이다.

중재자mediator, 심판referee, 중개자go-between가 되는 것을 피하라

팀 구성원들이 동료들에 대해 개별적으로 불만을 토로할 때, 그들에게 이 문제를 직접 해결하기 위해 무엇을 했는지 물어보는 것이 가장 생산적이다. 그렇게 하지 않았다면 가능한 한 빨리 적절한 대화를 나누는 데 무엇이 도움이 되는지 물어볼 수 있다. 팀장은 비난에 귀를 기울이는 데 관심이 없지만 모든 팀 구성원이 서로 직접 문제를 해결할 수 있다는 기대가 있음을 분명히 할 수 있다.

상위 팀과 다음 레벨의 핵심 팀 간 연결을 강화하라

조직 내 다른 부분에서 일어나는 일에 관한 팀 구성원들의 이해가 서로 다른 기능을 이끄는 동료들의 보고서를 통해 나온다면, 팀은 더 효과적으로 경계를 초월한 업무와 조직 통합에 집단적으로 책임지기 어렵다. 많은 팀이 다음 레벨 리더 팀과 역동적으로 상호작용하는 롤링 프로그램rolling programme을 갖기로 했다([그림 13.5] 참조). 이는 때때로 고위 팀이 서로 다른 위치에서 회의를 개최하게 되므로 1년에 한 번 다음 레벨 팀의 현장을 방문하여 실시간으로 작업을 보고, 그 기능이 어떻게 다음 기간에 조직을 발전시키는 데 더 성공적으로 기여할 수 있는지 전사적으로 프레젠테이션을 한다.

모든 팀 구성원이 할 수 있는 일에 대한 기대치를 설정하라

고성과 팀을 키우는 일원으로서 팀장뿐만 아니라 팀 구성원 모두가 여정에 전념하고 중요한 역할을 할 수 있도록 역량을 키우는 것이 중요하다.
때때로 최고 경영자는 팀 구성원이 효과적인 팀 플레이어가 아니며 개별 기능 사일로sile에만 관심이 있다고 불평할 것이다. 자신이 모든 팀 구성원에게 원하는 것이 무엇인지에 대한 기대치를 명확하게 제시하지 않았을 때이다.

각 단계에서 최고 경영자가 기대할 수 있는 팀 구성원의 행동을 살펴보면, [그림 13.5]에 나와 있는 단계 모델을 만들 수 있다.

케이프 코드Cape Cod의 에드 네비스Ed Nevis와 그의 동료들(2008: 6-7)은 효과적인 팀 구성원 자격을 위한 몇 가지 좋은 지침을 개발했으며 이는 19장에 포함되어 있다.

팀 리더는 이러한 지침과 기타 지침을 사용하여 팀과 함께 명확한 팀 규범과 구성원 기대치를 작성할 수 있다. 팀과 협력하여 이 작업을 수행하면 행동을 더 완전하게 소유하고 신속하게 채택할 수 있다. 팀 리더가 이러한 행동을 본보기로 삼아 다른 팀 구성원들에게 이를 격려하고 코칭하는 것은 확실히 중요하다.

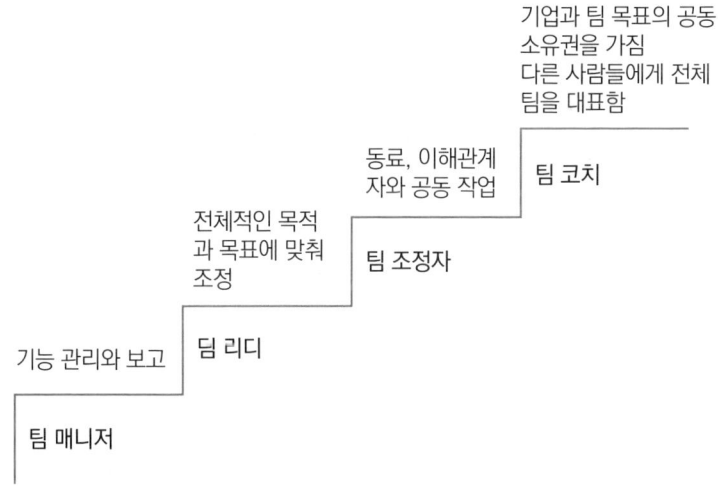

[그림 13.5] 팀 구성원 행동

자신의 강점과 약점에 대해 정직하고 투명하라. 피드백을 요청하고 팀이 약점을 관리하기 위해 협력하도록 요청하라.

코치나 멘토뿐만 아니라 팀 구성원들에게도 팀 구성원으로서나 팀장으로서 자신의 장단점을 솔직하고 투명하게 밝히는 것이 중요하다. 완벽한 최고 경영자나 팀 리더 같은 사람은 없다는 것을 기억하라. 그리고 여러분의 팀은 여러분의 약점을 돕고 여러분의 능력을 발전시킬 때만 더 효과적일 것이다.

하이 파이델리티High Fidelity의 CEO인 필립 로즈데일Philip Rosedale은 직원들에게 분기마다 그가 남아야 하는지 여부를 투표하도록 요청하기까지 한다(Ismail 2014: 231 참조). CEO에게 가장 중요한 커뮤니케이션 가운데 하나는 조직을 이끌기 위해 팀 구성원들에게 진심으로 도움을 요청할 수 있다는 것이다.

팀 관리자에서 팀 코치로 전환하기 위한 코칭과 지원을 받으라

시스템적 개인 코칭과 개발, 시스템적 팀 코칭systemic team coaching과 개발을 모두 이해할 수 있는 좋은 코치를 찾거나, 이미 이 여정에 참여한 멘토를 정기적으로 만나 팀 발전 방법, 현재 나타나는 과제와 문제, 다음 단계로 발전할 수 있는 방법을 알아보라.

이 탐색을 수행하는 데 유용한 모델은 코칭 수퍼비전 장에 포함되어 있다.

결론

나는 이제 다양한 이해관계자 그룹과 외부적으로 교류하고 미래 개발을 계획하는 데 예전보다 훨씬 더 많은 시간을 할애할 수 있다. 나는 우리 팀이 비즈니스를 관리하고 그들 사이의 현재 문제를 해결할 것이라고 더욱 확신한다.

(1년간 개인 코칭과 시스템적 팀 코칭을 받은 최고 경영진으로부터 인용)

근면하고 영웅적인 최고 경영자가 조직의 유일한 통합 포인트가 될 수 있었던 시절, 외부적으로는 기업의 얼굴, 내부적으로는 카리스마 넘치는 리더가 될 수 있었던 시대는 이미 많이 지났다. 대부분 최고 경영자들은 전체 사업을 위한 공동의 리더십을 가진 고가치 창조 경영진을 구축할 필요성을 인식하고 있고, 많은 이가 문화적 전환을 실현하기 위해 애쓰고 있다. 나는 이 짧은 장이 이 여정을 위한 간단한 지도와 당신이 변화를 만드는 데 도움이 되는 몇 가지 핵심 프랙티스를 제공하기를 바란다. 각각의 프랙티스는 몇몇 최고 경영자들에 의해 성공적으로 사용되었지만, 그것들은 맹목적으로 따라야 하는 고정된 레시피가 아니라 맥락과 시간의 필요에 따라 선택할 수 있는 메뉴를 형성한다.

제14장
우수한 시스템 팀 코치를 찾고, 선택하고, 협력하고, 평가하는 방법

나스루딘Nasrudin은 한 회사가 새로운 CEO를 찾는 것을 돕고 있었다. 그 회사의 고위 관리자들은 국내 최고의 채용 회사들과 헤드헌팅 회사들을 통해 찾았지만 실패하고, 결국 나스루딘에게로 눈을 돌렸다. 저녁 식사를 하면서 그들은 그에게 자신에 대해 몇 가지 질문을 하기 시작했다. 그가 결혼하지 않았다는 것을 알게 된 그들은 그에게 결혼할 뻔한 적이 있었는지 물었다.

나스루딘은 "사실 그랬습니다."라고 대답했다. "어렸을 때 저는 완벽한 아내와 결혼하는 것을 매우 열망했습니다. 나는 그녀를 찾기 위해 많은 나라를 여행했습니다. 프랑스에서 나는 기쁨 가득하고 근심 없는 아름다운 댄서를 만났지만, 그녀는 영적인 감각이 없었습니다. 이집트에서 나는 아름답고 지혜로운 공주를 만났지만 슬프게도 우리는 의사소통을 할 수 없었습니다. 그리고 마침내 인도에서 많은 탐색 끝에 그녀를 찾았습니다. 그녀는 아름답고 현명했으며 그녀의 매력은 그녀가 만나는 모든 사람의 마음을 사로잡았습니다. 완벽한 아내를 찾은 기분이었습니다."

나스루딘은 긴 한숨과 함께 멈췄다. 그러자 고위 관리자들 가운데 한 명이 간절히 물었다. "그럼 나스루딘, 그녀와 왜 결혼하지 않았습니까?"

나스루딘은 한숨을 쉬며 말했다. "아아! 그녀는 완벽한 남편을 기다리고 있었습니다."(Hawkins, 2005)

도입

팀 코칭은 팀 코치 개인이 하는 것이 아니라, 팀 코치나 팀 리더와 팀 구성원 사이의 파트너십과 지속적이고 집단적인 도전에 의해 이루어진다. 이 책에서 나는 지금까지, 세계는 훨씬 더 많은 가치를 창출하는 리더십 팀을 필요로 한다고 주장했다. 웨이먼Wageman 등(2008)이 그들의 연구에서 매우 효과적인 리더십 팀을 가능하게 하는 조건 가운데 하나가 '유능한 시스템적 팀 코칭competent systemic team coaching'이라는 것을 어떻게 발견했는지 보여주었다. 3장부터 9장까지는 외부 팀 코치가 수행하든 내부 팀 코치가 수행하든, 12장과 13장에서는 팀의 리더가 수행하든 유능한 코칭이 어떤 모습인지 설명했다.

팀 코치를 위한 교육, 개발, 수퍼비전, 방법론을 설명하기 전에, 이 짧은 장에서는 팀이 내적 또는 외적 자원에 관계없이 우수한 팀 코치와의 관계를 찾고, 선택하고, 관리하는 방법에 관해 설명한다. 이 과정에서 팀이 코칭 역할에 팀 구성원을 활용하고 팀 리더의 팀 코칭 스킬을 개발하여 코칭 수준을 높이기 위해 스스로 할 수 있는 일을 탐구하는 것도 중요하다. 리뉴얼 어소시에이츠Renewal Associates는 여러 글로벌 대기업의 팀 리더들의 시스템적 팀 코칭systemic team coaching 스킬을 향상시키기 위한 프로그램을 성공적으로 개발하고 주도해왔다. 팀이 자원 밖에서 팀 코치를 영입하기로 결정할 때 가장 중요한 성공 열쇠 가운데 하나는 현 단계에서 팀에 맞는 코치를 찾는 것인데, 이는 결코 쉬운 일이 아니다.

이 책의 앞부분에서 나는 어떻게 시스템적 팀 코칭이 20년 전 개별 코칭과 유사한 초기 단계에 있는지 썼다. 이 단계의 특징은 다음과 같다.

- 다양한 유형의 팀 코칭과 이론적 프레임워크에 대한 명확한 정의의 결여
- 점점 더 많은 수의 프랙티셔너가 공급되지만 전문적인 교육 경로가 명확하지 않고 특히 팀 코칭에 대한 구체적인 인증 과정이 부족함
- 팀 코칭의 시스템적 특성에 특별히 초점을 맞춘 수퍼비전이 부족함
- 구매자는 도움이 필요하다는 것을 알고 있지만, 어떤 종류의 도움이 필요한지 파악하거나 공유 언어를 통해 공급업체와 계약할 수 있는 프레임워크가 없음
- 구매자는 이용 가능한 팀 코치와 팀의 특정 요구 사항 사이의 품질과 적합성을 평가하는 방법을 모름

이러한 시장 혼란의 일부를 해결하기 위해 나는 우수한 팀 코치를 찾고, 선택하고, 성공적으로 작업하고자 하는 팀과 조직을 위해 다음과 같은 7단계 접근 방식을 개발했다.

우수한 팀 코치를 찾고, 선택하고, 효과적으로 작업하는 방법

이 접근법은 7단계로 구성되어 있다. 팀 코칭이 완전히 시작되기 전에 처음 세 단계를 시작하고 팀 코칭이 종료된 뒤에도 마지막 단계는 계속된다.

A 요구 사항과 희망하는 결과를 명시하고 정의하기
B 역할에 적합한 후보자 찾기
C 사양과 팀의 요구 사항에 가장 적합한 팀 코치를 선택하기
D 선택된 코치와 계약하기
E 정기적인 검토를 통해 관계를 발전시키기
F 평가하기
G 스스로 코칭할 수 있는 팀으로 전환하기

이제 각 단계를 차례로 살펴본다.

요구 사항과 희망하는 결과를 명시하고 정의하기

팀에 적합한 팀 코칭을 찾기 위한 여정의 첫 번째 단계는 사양을 작성하는 것이다. 여기에는 세 가지 필수 측면이 있다.

- 팀 현황은 어떠한가?
- 팀이 도달해야 하는 목적지는 어디인가?
- 현재 상태에서 미래 상태로 전환하는 데 가장 도움이 될 것으로 생각

하는 것은 무엇인가?

팀의 현재 상태 범위 지정과 정의하기

팀의 현재 개발 수준을 정의하는 것은 다섯 개 분야 모델(3장)과 팀 개발 모델(4장)의 단계를 사용하여 더 쉽게 할 수 있다. 이들은 팀이 개발 과정에서 어떤 위치에 있는지 탐색하고 팀 코치에게 어떤 도움을 받는지 구상할 수 있는 언어를 제공한다. 흔히 팀 리더, 팀 스폰서 또는 조직 문지기는 그들의 문제 있는 행동이나 현재의 갈등으로 팀을 정의하는 함정에 빠질 수 있다. 이는 우발적으로 팀 코칭이 갈등을 해결하거나 대인관계 문제를 해결하는 프레임이 되게 할 수 있다.

◆ 팀의 성공 기준 정의하기

만약 당신이 성공이 어떻게 보일지 그리고 그것이 어떻게 측정될지를 모른다면, 당신은 그것을 성취할 가능성이 훨씬 작다. 여행 계획에는 항상 목적지가 선행되어야 한다. 외부 코칭에 초대하기 전에 팀이 자신과 주요 이해관계자에게 어떤 성공을 가져다줄지 정의하는 작업을 수행하는 것이 중요하다. 이 가운데 일부는 외부 위임과 조직의 성공을 측정하는 데 사용되는 현재 측정 기준뿐만 아니라 360도 피드백 메커니즘을 기반으로 둔다. 그러나 팀은 외부 성과만 아니라 그들이 어떻게 기능하고 팀 구성원의 요구에 어떻게 부응하는지에 대해서도 그들 자신의 성공 기준을 살펴보는 것이 중요하다. 팀은 다섯 가지 규율 모델을 사용하여 각 다섯 개 부문(6장)에서 자체 성공 기준을 만들 수 있다.

◆ 팀 코치의 사양 정의

팀의 현재 상태와 여행journey해야 할 곳을 정의한 다음, 여행 과정에서 팀 코치의 도움을 받는 것이 중요하다. 팀에서 고려해야 할 유용한 질문은 다음과 같다.

- **범위**: 다섯 가지 규율five disciplines을 도와줄 수 있는 시스템적 팀 코치가 필요한가? 아니면 그 중 일부만 필요한가?
- **역할의 초점**: 다음 중 어떤 것이 필요한지 결정하기
  - 팀 퍼실리테이터, 특정 프로세스를 촉진하는 사람
  - 프로세스 컨설턴트, 팀 회의 프로세스를 코칭하는 사람
  - 팀 코치, 팀의 성과와 과제, 그리고 팀의 프로세스에 대해 팀을 코칭하는 사람
  - 시스템적 팀 코치, 내부 성과와 과제를 코칭하고 팀이 위원과 이해관계자와 어떻게 협력하는지 코칭하는 사람
  - 에코시스템ecosystemic 코치, 조직 내부, 조직 경계를 넘어 시스템 팀 기반 문화를 조성할 수 있도록 지원하는 사람
- **스타일**: 팀 코치에게 어떤 스타일의 개입이 필요한가? 코치가 얼마나 도전적인 사람이 되어야 하는가? 코치가 교육적, 발달적 역할을 얼마나 하기를 원하는가? 회의, 팀 워크숍, 이벤트 사이에 얼마나 적극적으로 참여하기를 원하는가?
- **경험**: 우리 팀 코치에게 어떤 범위의 경험이 필요한가? 코치는 우리 분야의 경험을 가진 것이 중요한가? 코치는 국제팀 또는 가상 팀의 경험이 있어야 하는가?

- **차이점**: 코치에게 필요한 우리와의 차이점과 유사점은 무엇인가?
- **개별 코칭 참여**: 팀 코치가 팀 리더나 팀 구성원들에게 개별 코칭도 하기를 기대하는가? 이러한 개별 코칭의 특성은 무엇인가?
- **외부 또는 내부**: 팀 코치가 조직 외부에서 와야 하는가? 아니면 조직의 다른 부분에 적합하게 숙련된 내부 팀 코치가 있는가? 내부 팀 코치는 팀의 발전을 도울 충분한 권한과 영향력을 가졌는가?
- **한 명의 코치 또는 한 쌍의 코치와 함께 작업해야 하는지 여부**: 외부 코치 두 명 또는 외부 코치 한 명과 내부 코치 한 명이 함께 코칭할 수 있다.

적합한 후보 찾기

팀 코치의 목록을 되도록 길게 작성하는 가장 좋은 방법은 다음과 같다.

- 회사 안팎의 동료들에게 그들이 누구를 고용해보았고 추천할지 물어보라.
- 인사HR, 리더십, 개발 부서에 당신의 초기 사양을 기반으로 되도록 사람들의 목록을 작성하도록 요청하라.
- 주요 코칭 조직에 접근하여 수퍼비전이 있는 상태에서 시스템적 팀 코치systemic team coach로서 경험과 훈련을 받은 공인 코치 목록을 요청하라. 전문 코칭 기관은 이제 막 팀 코치를 인정하기 시작했다. GTCI, Renewal Associates와 AoEC에서 시스템적 팀 코칭systemic team coaching 학위를 취득하고 졸업한 사람들의 목록이 있다.

- 팀 개발을 전문으로 하고 필요한 경우 시스템적 팀 코칭systemic team coaching, 리더십 팀, 이사회 개발, 조직 변경과 변환 등을 전문으로 하는 평판이 좋은 조직개발 컨설팅 회사에 요청하라.

코치 선택하기

10개 이상의 긴 목록을 작성한 뒤, 찾고 있는 도움 유형에 대한 사양과 함께 발송되는 간단한 질문지에는 다음이 포함될 수 있다.

A 당신이 제공하는 팀 코칭의 유형을 정의하라.
B 고가치 창출 팀high-value-creating teams을 위한 당신의 모델은 무엇이며 팀이 이를 달성하도록 어떻게 도울 수 있는가?
C 당신이 함께 일한 팀의 유형과 가치 창출, 팀 성과와 기능면에서 어떤 차이를 만드는지 설명하라.
D 귀하의 일반적인 팀 코칭 프로세스를 기간, 프로세스 단계, 팀과의 접촉 유형, 평가 측면에서 설명하라.
E 팀 코칭에서 어떤 훈련을 받았는가?
F 팀 코칭에 대해 구체적으로 어떤 수퍼비전을 받는가? 누구에게서, 얼마나 자주 받는가?
G 팀 코칭을 수퍼비전에 맡긴 시기와 이로 인해 팀에 어떤 도움이 되었는지 설명하라.
H 팀 코칭에서 겪었던 윤리적 딜레마와 교육, 수퍼비전, 윤리적 프레임워크가 이를 해결하는 데 어떻게 도움이 되었는지 설명하라.

이러한 질문에 대한 답변은 적합도를 확인할 수 있는 충분한 자료를 제공해야 하며, E~H에 대한 답변은 팀 코치의 자질을 평가하는 데 도움이 된다. 이 질문들은 당신이 만나고자 하는 두세 명의 팀 코치로 긴 목록을 줄이는 데 도움이 될 것이다.

최종 후보자 명단을 선정하는 과정에서, 잠재적 팀 코치들이 되도록 많은 팀을 만나는 것이 중요하다. 최소한 팀 리더와 팀 내에서 서로 다른 측면이나 주제를 대표하는 두 명 이상의 팀 구성원을 만나야 한다. 또한 팀의 성공에 관심이 있는 더 넓은 시스템에서 조직적인 문지기gatekeeper(인사부서의 구성원일 수도 있음)와 팀 코칭 후원자를 만나는 것도 중요하다. 이들은 팀장이 보고하는 사람이 될 수 있으며, 임원 리더십 팀의 경우 이 사회의 의장이 될 수도 있다.

이 소규모 그룹은 더 많은 팀과 팀 코치의 가장 중요한 요구 사항과 각 최종 후보자가 대답하기를 원하는 구체적인 질문에 대해 논의하는 것이 도움이 된다. 이것은 전체 팀과 함께 그들의 생각과 감정을 확인하고 적합성과 품질에 대한 위 목록의 질문과 답변에 후속 질문을 추구하기 위한 기반을 마련한다.

선발 그룹은 또한 15장에 설명된 팀 코치 역량과 역량의 더 넓은 목록을 사용하고 이들 중 어떤 것이 목적에 필수적인지, 그리고 후보자 명단에서 이를 어떻게 평가할지 결정하는 것이 도움이 될 수 있다. 개별 코칭에서 대기업은 승인된 외부 임원 코치 목록을 선택하기 위해 평가 센터를 더 자주 사용하고, 평가 프로세스에 조직 경영진의 자원 봉사자와 함께하는 라이브 코칭 세션을 포함한다(Hawkins, 2012 참조). 분명히 팀 코칭은 수행하기가 더 어렵다. 때때로 팀은 팀 코치를 자신의 회의 가운데 하나에 참석하도록 초대하고 선택 과정의 일부로 피드백을 제공한다. 또 다른 대안은 예비 팀 코치에게 팀 리더, 문지기, 한 명 또는 두 명의 주요 구성원으로 이루어진 소규모 그룹으로 팀의 니즈를 쉽게 탐색할 수 있도록 요청하는 것이다. 이를 통해 팀 코치의 실제 활동 경험, 운영 방법, 팀 코치가 가져올 수 있는 통찰력을 확인할 수 있다.

계약하기

적절한 코치를 찾은 뒤에는 쌍방향 계약으로 작업을 시작하는 것이 중요하다. 계약 프로세스에 포함되어야 하는 대부분 내용은 5장에서 다루며, 이 내용은 팀 코치에게 전달되지만 팀은 최소한 다음을 포함하는 계약을 체결해야 한다.

- 성공을 평가하는 방법을 포함한 쌍방향 기대치
- 계약의 기간과 빈도
- 인터뷰, 워크숍, 회의 참석, 주요 업무 코칭, 개별 세션 포함되는 활동
- 재무 약정
- 기밀성, 공유 사항, 이해관계자 접근, 기밀 정보 등과 같은 문제에 대한 작업 프로토콜
- 프로세스와 관계에 대한 검토 수행 방법(아래 참조)
- 팀의 새로운 구성원을 참여시키는 방법
- 팀 코칭이 탈선할 수 있는 상황, 이러한 각 작업에 도움이 될 수 있는 복구 전략

정기적인 검토를 통해 관계를 개발하기

인생에서와 마찬가지로, 올바른 파트너를 찾고 선택하는 것은 성공적인 파트너십의 첫 번째 단계일 뿐이다(장 첫머리에 있는 나스루딘의 이야기 참조). 처음부터 팀과 코치가 팀 코칭 프로세스에서 정기적으로 검토하는 것이 중요하다. 이러한 검토 중 일부는 전체 팀과 함께 수행해야 하고, 일부는 팀 리더, 문지기gatekeeper, 후원자 등으로 구성된 소규모 그룹과 함께 수행해야 한다. 이러한 검토는 시작 계약을 되돌아보고 진행 상황을 측정하고 가장 도움이 된 것과 가장 덜 도움이 된 것과 진행을 가능하게 하거나 방해한 것을 반영해야 한다. 그들은 팀 코칭의 다음 단계를 재계약하기 위한 기초로 사용할 수 있다. 또 검토에서는 팀 코칭과 함께 새로운 팀 구성원을 참여시키는 방법을 모색해야 한다.

팀 코칭 관계가 자체적으로 어려움 없이 원활하게 진행되기를 기대하는 것은 비현실적이다. 때때로 팀 내에서 어려운 역동과 패턴 일부는 팀 코치와의 관계에서 재연되는 경우가 많아, 이 관계를 의식적으로 반영하는 능력은 코칭 여정의 핵심 부분이다.

관계에 어려움이 있다는 첫 징후가 보여 팀 코치를 바꾸기로 결정한 팀은 이러한 어려움을 극복하고 관계를 변화시키는 방법을 탐구하는 과정에서 발생할 수 있는 학습을 놓치게 된다. 그러나 검토 프로세스는 시간이 지남에 따라 팀 코치의 역할과 기여가 어떻게 팀 구성원에게 이전될 수 있는지 또는 다른 형태의 외부 도움이 필요한지도 고려해야 한다.

평가하기

팀의 현재 상태와 코칭 프로그램의 성공 기준을 정의한 뒤, 이 여정을 따라 진행 상황을 측정하는 평가 프로세스를 갖는 것이 중요하다. 평가는 투입물과 산출물을 평가하는 것뿐만 아니라 팀 코칭을 통해 얻은 결과와 가치 창출에도 중점을 둘 때 가장 유용하다(Hawkins & Turner, 2020, 12장 참조). 고가치 창출 팀의 다섯 가지 규율(3장과 6장 참조) 각각에 대한 정성적, 정량적 측정(표 [14.1] 참조)을 포함하는 것도 도움이 된다.

[표 14.1] 평가

규율	정량적 평가	정성적 평가
1. 위임하기 commissioning	합의된 핵심 성과 지표(KPI)에 대해 보고한 팀의 성과 평가	팀 구성원과 그들이 보고하는 사람들 사이의 인식 정렬
2. 명확화하기 clarifying	재무적 조치(수익, 주가), 시장점유율, 간접비 절감 등을 포함하여 팀이 정한 목적, 전략적 목표에 대한 성과 조치	팀, 기타 주요 이해관계자에게 보고하는 사람들의 목적, 비전, 전략, 핵심 가치의 명확성. 설명자 분석(반복)
3. 공동 창조하기 co-creating	회의와 결과물의 길이. 직원과 이해관계자가 정렬을 인식함	고가치 창출 팀 설문지(반복)
4. 연결하기 connecting	직원 만족도 조사, 고객, 파트너, 기타 이해관계자 조사	설명자 분석. TeamConnect 360 피드백(반복)
5. 핵심 학습하기 core learning	합의된 새로운 운영 방식이 시행되고 있는 비율과 속도	셀프 피드백, 동료 피드백 메커니즘. 팀 기여 격자판grid

스스로 코칭할 수 있는 팀으로 전환하기

팀 코칭은 끝나는 것이 아니라 코칭 자체에 대한 더 큰 팀 책임으로 전환될 뿐이다. 이 여정에는 여러 과도기가 포함될 수 있다.

외부 코치에 대한 의존에서 내부 코치, 팀 리더, 팀 코칭과 팀 개발 활동, 역할을 담당하는 모든 팀 구성원으로 그 책임이 이동해야 한다. 팀 코칭 관계는 이벤트가 아니라 과정이어야 한다. 다음과 같은 기회가 포함되어야 한다.

- 뒤로 물러서서 함께 걸어온 여정에 대해 성찰한다.
- 잘 된 것, 어려웠던 점, 돌이켜보면 더 나을 수 있었던 점에 대해 양방향 피드백을 제공한다.
- 팀이 습득한 지식을 수집하고 팀 코치가 떠난 뒤에도 이를 어떻게 유지할지 계획한다.
- 코칭, 학습 프로세스에 대한 책임을 팀 구성원이 어떻게 맡을 수 있는지 탐색하고 계획한다.

팀 코치로서 나는 자주 팀 리더와 최종 세션을 갖는 것이 유용하다고 생각한다. 팀 리더는 자기 역할의 일부로 어떻게 더 효과적인 팀 코칭을 맡을 수 있는지를 직접 설명한다.

결론

이 장에서는 성공적인 팀 코칭이 팀 코치가 도착하기 전부터 시작된다는 것을 설명했다. 팀은 현재 상태와 개발 포부를 명확히 하는 철저한 프로세스를 수행한다. 이는 팀 내부와 외부 모두에서 필요한 팀 코칭 자원을 결정하는 맥락을 제공한다. 팀의 다섯 가지 규율 모델과 3, 5, 6장에 제시된 코칭 관계의 CID-CLEAR 모델을 활용하여 팀 코치를 특정, 찾기, 선택, 계약, 평가하기 위한 일련의 지침을 제시하였다. 이 책 뒷부분에 있는 리소스 섹션에는 올바른 외부 도움을 찾는 데 도움이 필요한 추가 제안이 있다.

다음 장에서 우리는 유능한 팀 코치를 만드는 요인과 팀 코치가 이러한 능력을 개발하도록 돕는 방법을 고려할 것이다. 마지막에서 두 번째 장에서는 코치를 도울 팀 코칭 리소스(진단 도구와 팀 코칭 방법)를 살펴본다. 팀 코칭 수퍼비전에 관한 장은 지속적인 개인 개발과 전문성 개발의 핵심이라고 생각한다. 그것은 책과 강의를 통해 배우는 학습과 팀 코칭의 뜨거운 열기 속에서 발생하는 역량, 개인 계발 사이의 연결망을 제공하며, 좋은 시스템적 팀 코치로서 효율성의 핵심이다.

PART 6
시스템적 팀 코치의 개발과 수퍼비전

제15장
팀 코치 개발하기

당신을 위대하게 만드는 것은 당신이 경험한 것이 아니라 당신이 직면한 것, 초월한 것, 배우지 못한 것이다.

(Ben Okri, 1997: 61)

팀을 코칭하는 법을 배우는 것은 미묘한 과정이다. 이는 하나의 훈련 경험이나, 심지어 장기간의 훈련 경험으로 축소될 수 없으며, 확실히 역량 기반 인증 프로세스의 요소로도 축소될 수 없다.

(Christine Thornton, 2019: 321)

그룹이나 팀 코칭을 개입의 방법으로 선택한 변화 에이전트change agents는 이 선택이 마음이 약한 사람들을 위한 것이 아님을 알아야 한다. 그들은 많은 것의 주인이 되어야 한다.

(Manfred Kets de Vries, 2011A: 181)

도입

경험이 풍부하고 효과적인 팀 코치에 대한 수요가 증가하고 있으나, 내가 이 책을 처음 썼을 때는 이를 위한 훈련 프로그램이 거의 없었다. 제3판 (Hawkins, 2017)을 저술한 이후, 다양한 훈련의 급증과 동시에 전문 코칭 기관들이 팀 코치(EMCC, ICF, APECS, AC)를 위한 전문적인 기준과 역량을 만드는 데 관심을 기울였다(현재 글로벌 훈련의 일부 목록은 리소스 섹션에서 확인할 수 있다). 2019년에 동료인 데이빗 클러터벅David Clutterbuck과 WBECS와 협력하여 글로벌 팀 코칭 연구소Global Team Coaching Institute를 설립했으며, 첫 번째 전문 교육에 100개 이상의 국가에서 1,300명 이상의 참가자를 유치했다.

2017년에도 팀 코치를 위한 개발 여정에 대해 쓰여진 것은 거의 없었다. 이후 크리스틴 손턴Christine Thornton(2019), 빌 제이콕스Bill Jacox(2019), 폴 로렌스Paul Lawrence(2019)가 유용한 기여를 하였으며, 특히 후자 두 명은 개별적으로 수행한 팀 코치에 대한 설문조사를 기반으로 기여했다. 내가 수행한 자체 설문 조사와 마찬가지로 팀 코칭을 제안하는 많은 이가 개별 코칭, 조직 컨설팅, 인사, 학습 그리고 개발 전문가로서 자신의 핵심 서비스에서 점차 해당 영역으로 이동했음을 발견했다.

앞 장에서 설명하였듯이, 이전 교육은 팀 코칭에 통합될 수 있는 유용한 기술을 제공하지만, 효과적인 팀 코치가 되기 위한 충분한 근거가 되지 못한다. 일부는 다양한 팀들을 직접 이끌던 데에서 팀 코치로 옮겨갔을 수도 있다.

이 장은 부분적으로 팀 코칭으로의 전환을 시작하고 개발 경로를 탐색하는 데 도움이 필요한 사람들을 위해 작성되었다. 부분적으로는 뒤로 물러서서 자신의 프랙티스를 검토하고 자신의 개인적, 직업적 발전에 필요한 요소를 지속해서 숙고하고자 하는 경험 많은 시스템적 팀 코치를 위해 작성되었다.

이 장에서는 먼저 개인 코칭, 조직 컨설팅, 스포츠 코칭에서 팀 코칭으로의 전환을 다룰 것이다. 그리고 먼저 팀 코치로서 필요한 태도demeanour를 설명하고, 이후 시스템적 팀 코치에게 필요한 핵심 역량core competencies, 능력capabilities, 수용력capacities을 설명하겠다.

과도기

개인 코칭으로부터

나는 다른 저서(Hawkins & Smith, 2013; Hawkins & Turner, 2020)에서 훌륭한 임원 개인 코칭에는 항상 최소 세 개의 고객이 있다고 주장했다. 이는 임원 개인과 그를 포함한 더 넓은 조직 그리고 그들 둘 사이의 관계이다. 대부분 개인 코칭은 코치이의 요구에 지나치게 초점을 맞추고 조직 고객의 요구를 충분히 충족시키지 못한다. 조직적이고 시스템적인 변화에 대한 관심이나 이해가 부족하여 효과적인 코칭보다는 직장에서의 상담 형태를 제공하는 코치가 너무 많다. 이러한 경향은 코치가 개별 팀 구성원의 요구와 그들 사이의 개인적인 관계에 주로 초점을 맞추고, 핵심 고객이 하나의 실체로서 팀이라는 것을 잊고 팀 코칭으로 이어질 수 있다.

훌륭한 스포츠 코치처럼 리더십 팀 코치는 팀 내의 어떤 개인보다 팀에 대해 더 많은 관심을 가져야 한다. 이를 위해서는 보고 듣고 공감하는 관점에서 근본적인 관점의 전환이 필요하다. 1980년대 유행했던 '매직 아이magic eye' 사진을 기억할 것이다. 처음에는 다양한 색상의 모양이 무작위로 혼합된 것처럼 보였다. 정상적인 시선에서 눈의 초점을 흐리게 할 수 있어야만 처음 본 형태의 배후와 내부에 흥미로운 3차원 그림이 있음을 알 수 있다. 어떤 사람들은 아주 오랜 시간을 바라보더라도 평소의 시선을 버리지 못하고 '숨겨진 이미지'를 보지 못해 더욱 답답해했다. 끈기 있게 노력한 대부분 사람은 점차 다르게 보는 법을 배웠고 새로운 그림을 빠르게 해독하고 새로운 방식으로 보는 것이 더 좋다는 것을 알게 되었다.

팀 코치는 전체 팀 그림의 배후에 있는 집합적인 패턴을 보기 위해 개인, 대인관계의 언어, 비언어적 자료의 방대한 양에 초점을 맞추는 기술이 필요하다. 그런 다음 더 넓은 조직과 많은 이해관계자의 시스템적인 맥락에서 내포된 팀에 초점을 맞추기 위해 팀 동태를 보고 듣는 것에서부터 다시 초점을 맞춰야 한다. 수년간 팀 코치와 컨설턴트를 교육하고 수퍼비전을 하면서 나는 이러한 재초점화가 특히 개인주의를 지향하는 서구 백인 문화에서 자연스럽게 이루어지지 않음을 발견했다(Ryde, 2009, 2019).

팀 코칭으로 전환하는 과정에서 팀 구성원들에게 팀 코칭에서 원하는 바가 무엇인지 물어보는 데 오랜 시간을 허비했는데, 이는 팀의 필요를 찾는 데 도움이 되리라는 잘못된 믿음이 있었기 때문이다. 이제 나는 팀 전체가 누구를 섬기고 있으며 이해관계자 세계가 앞으로 더 효과적이기 위해 어떤 조치를 취해야 하는지 묻는 것으로 시작한다. 그들은 무엇을 위해 고군분투하고 있는가? 나는 '아웃사이드 인outside-in'과 '퓨처 백future-back' 시작의 중요성을 배웠다.

팀 코치의 재초점화를 돕기 위해 팀 코치 감독으로서 물어볼 수 있는 질문 일부는 개인 지향적인 많은 코치에게 매우 생소하게 들릴 수 있지만, 다음과 같은 명확한 질문을 제시한다.

- 팀 구성원 사이의 공간은 어떤 색인가?
- 만약 집단 팀이 목소리를 낸다면, 여러분은 그 목소리가 무엇을 말하는지 또는 무엇을 요구하는지 들을 수 있는가?
- 팀은 어떤 리듬을 가졌는가? 이 개별적인 멜로디 아래에서 어떤 하모니를 들을 수 있는가?
- 만약 그 팀이 나라, 식사, 예술 작품, 자동차, 음악 작품이라면 어떻겠는가?
- 팀과 이해관계자 사이의 공간에서는 어떤 일이 일어나고 있는가?
- 팀과 위원회 사이의 춤은 무엇인가?
- 구성원의 합이 아니라 팀 전체에 어떻게 공감을 표시하는가?

다르게 보고 듣는 능력은 단지 첫 단계일 뿐이다. 또 개인 코치는 다섯 가지 규율 모델 가운데 세 개 규율에만 집중할 수 있으며, 팀 구성원들이 서로 잘 어울리고 회의에서 효과적으로 공동 창조를 하면 더 나은 성과를 낼 수 있다는 제한적인 가정에 갇힐 수 있다(4장 참조). 팀에 대한 연구(Katzenbach & Smith, 1993a, 1993b; Waimeman et al., 2008; Hackman, 2002, 2011a, 2011b)는 코칭이 팀 관계와 역동성뿐만 아니라 모든 규율에 초점을 맞출 경우에만 팀 성과가 개선됨을 시사한다.

조직 컨설턴트organizational consultant로부터

조직 컨설턴트로부터의 전환은 때로 매우 다르다. 여기에서 컨설턴트는 자신의 교육에 따라 팀의 성과에 집중할 수 있으며 단순히 구조, 선택 또는 작업 프로세스에 집중함으로써 개선될 수 있다고 확신할 수 있다. 방향에 따라 그들은 1번 또는 2번 규율에 지나치게 집중하고 3번 규율에 있는 더 깊은 역동성과 진보를 방해하는 요소를 다루지 못할 수 있다. 팀 내부와 외부에서 관계 재정비를 하지 않는 한, 조직 재정비만으로는 충분치 않다는 사실을 인식하지 못하는 함정에 빠질 수 있다(규율 3과 4).

또 조직 컨설턴트는 코칭 스킬이 일부 부족할 수 있으며, 팀이 스스로 해결책을 만들어 나아가게 하기보다는 조언자가 되는 함정에 빠질 수 있다. 샤인Schein(1969, 1987, 2013)은 전문가 중심의 컨설턴트가 이러한 문제의 소유권을 팀에 맡기는 기술을 배울 수 있도록 돕는 데 많은 관심을 기울였다. 소유권이 없는 경우, 팀이 업무에서 발생하는 행동에 대한 헌신을 개발할 가능성은 낮다.

최근 대화에서 코치가 어떻게 질문하고 컨설턴트에게 말할 수 있는지에 관해 언급했다. 반면 팀 코치는 묻지도 않고, 말하지도 않고 어느 쪽도 답이 없는 배움의 자리로 팀과 함께 가는 세 번째 형태의 참여를 찾아야 한다. 그렇지만 그 답을 찾는 도전을 해야 한다는 것은 부인할 수 없기에 공동 연구를 하게 된다.

역할에 들어가기: 필요한 태도

이슬람과 수피즘에는 사랑스러운 아랍어 아답adab이 있는데, 이는 맡은 역할에 맞는 방식으로 행동한다는 의미이다. 주인에게 적절한 아답과 게스트, 교사, 학생에게 적절한 아답이 있다. 시스템적 팀 코치로 성장하고 발전하는 과정의 일부는 시스템적 팀 코치의 적절한 아답을 배우고 심화하는 것이다. 이는 일련의 글머리 기호로 정의할 수 없지만, 제안할 수는 있다. 이는 다른 사람을 관찰하고 직접 경험을 통해 학습할 수 있으며, 자신의 감지와 고객의 피드백을 통해 자신이 올바른 영역에 있는지, 자신이 정렬에서 벗어났는지를 알아차릴 수 있다.

위에서 언급한 바와 같이, 그 역할에 발을 들여놓기 위해서는 초점의 전환과 개인의 관심사가 개인에서 인간관계, 집단 팀, 조직적 맥락에서 팀, 더 넓은 생태계와 생태계로 다시 돌아갈 수 있는 능력이 필요하다. 이는 연습이 필요하며 훈련 초기 단계에서 거의 모든 팀 코치는 이를 쉽게 수행하는 데 필요한 정서적이고 인지적 근육을 개발하기 전까지는 피로감을 느낀다.

아답은 또한 자신에게 편안하고 진실되고 투명해야 하며 동시에 모든 수준에서 완전한 관심을 유지하면서 배경으로 사라지는 것을 기쁘게 생각해야 한다. 팀 내 갈등, 불안, 팀 코치로서 당신에 대한 공격 또는 그 과정에 끼어드는 등 어떤 일이 일어나더라도 안심해야 한다.

호킨스Hawkins(2018)에서 나는 '시스템적 구조systemic beatitudes'라고 명명한 시스템적 존재 방식 개발에 관해 전체 장을 썼다. 시스템적 사고방식에 관해 많은 글이 작성되었지만, 시스템 팀 코치로서 효과적이려면 시스템적 존재 방식을 개발해야 한다. 여기에는 뇌의 모든 부분(신피질의 양쪽, 뇌의 변연계와 편도체 부분)뿐만 아니라 심장, 내장 그리고 더 넓은 신체의 감지와 인식도 포함된다.

아래에 설명된 수용력에서 이 영역에 머물러야 할 필요성을 살펴본다. 이는 존경하거나 오만해지는 것을 피하기 위함이다.

조용하지만 강력하고 '보유holding'하고 있는 존재감을 유지하는 것 (Thornton, 2019: 326; Scharma, 2007; Senge et al., 2005), 모든 팀 구성원과 주요 이해관계자와 연결되지만 어느 개인이나 하위 그룹도 선호하지 않는 것이 본질이다. 코치는 두려움 없는 동정심으로 행동하면서 필요에 따라 기꺼이 지원하고 도전해야 한다(Hawkins & Smith, 2013, 17장).

또 아답은 기꺼이 자신과 다른 사람들의 '실수'에 대해 부드럽게 호기심을 가질 것을 요구한다. 내 초기 그룹 작업 교사 가운데 한 명인 마르시아 카프Marcia Karp는 '어머니의 자리는 잘못되었습니다!'와 '모성은 차가운 차 한 잔입니다'라는 말을 좋아했다. 이제 이 두 구절이 팀 코치에게도 적용된다는 것을 안다. 시스템적 팀 코치의 아답은 팀 구성원들이 당신과 대화를 계속하고 싶어 할 때 팀 워크숍 식사와 다과를 통해 유지되어야 한다.

우리는 아답을 완전히 습득하지 못하지만 아마도 몇 년이 지나면서 그 역할에 더 익숙해지고 더 친숙해지게 될 것이다. 또 우리는 발달 여정의 끝에 도달하지도 않는다. 이 책을 쓰면서 나는 팀 코치가 된다는 것은 이를 올바르게 하는 것이 아니라 창의적으로 팀을 위해 봉사하고, 그들이 할 수 있는 최선을 다하고, 그들의 환경이 제기하는 도전에 맞서는 것임을 자신에게 정기적으로 상기시켰다.

아래에서는 팀 코치의 역할에서 핵심이 되는 몇 가지 수용력을 자세히 살펴보지만, 먼저 수용력capacities, 역량competencies과 능력capabilities의 차이를 이해하고 그 역할을 수행할 수 있도록 지원하는 몇 가지 주요 기술과 행동에 관해 설명하겠다.

핵심 능력

그렇다면 수용력capacities, 역량competencies과 능력capabilities의 차이점은 무엇일까? 호킨스와 스미스(2013)에서 우리는 마이크 브루신(1998)의 초기 연구에 기초하여 다음과 같은 차이점을 정의했다.

'능력capabilities'은 '역량competencies'과 마찬가지로 학습하고 개발할 수 있으며, 노하우에 관한 것이다. 그러나 둘 사이의 차이는 학습이 생성되는 방식에서 나타난다. 역량competencies은 교실에서 배울 수 있지만, 능력capabilities은 오직 현장이나 직장에서 배울 수 있다. 위험은 각 스킬을 언제 어떤 방식으로 사용해야 하는지 알지 못해도 매우 큰 도구상의 스킬을 습득할 수 있다는 것이다. 수퍼비전은 수퍼바이지가 자신의 역량competencies을 능력capabilities으로 전환하도록 돕고, 그 능력은 두려움 없는 동정심을 가지고 다른 사람들과 함께 일할 수 있는 점점 증가하는 수용력 안에서 유지된다.

'수용력capacities'은 한 사람이 하는 일보다 한 사람의 존재와 관련이 있다. 그것들은 길러지고 다듬어질 수 있는 인간의 자질이다. 수용력 또한 복잡성이 포함된 공간에 대한 근본적인 의미에서도 생각할 수 있다. 우리는 모두 당신과 관계를 맺을 수 있는 내부 공간이 거의 없어 보이는 사람들, 그리고 당신이 공유하거나 해야 한다고 느끼는 모든 것을 완벽하게 갖추고 있다는 것을 말해주는 사람들을, 겉보기에는 무한한 내부 공간을 가진 사람들을 만났다.

수용력은 획득해야 할 물건이나 도달해야 할 장소가 아니다. 각각의 수용력은 우리의 모든 삶을 발전시키는 데 소요되며 개발은 단방향적인 과정이 아니다.

우리의 연습과 감독에 주의를 기울이지 않으면, 이러한 각각의 능력은 우리 안에서 위축될 수 있고, 우리의 효율성은 떨어질 수 있다. 발전과 학습은 단지 학교를 위한 것이 아니라 삶을 위한 것이다. 항상 배울 것이 많다는 사실이 기쁘다.

제이콕스(2019:355)는 자신의 연구 결과를 내가 '수용력capacities'을 사용하는 것과 유사한 '자질qualities'과 '역량competencies'과 '능력capabilities'과 유사한 '기술skills'로 나눈다. 폴 로렌스(2019:147)도 '대화 이론, 팀 역동, 팀 개발 그리고 시스템/복잡성'을 포함한 핵심 지식 영역의 습득 필요성을 지적한다.

이 책을 쓰면서 나는 팀 코치의 경험이 풍부한 다양한 학생들과 동료들에게 다음과 같은 질문을 던졌다. '만약 여러분이 단 3개월 안에 새로운 팀 코치의 핵심 그룹을 가르칠 책임이 있고 그들에게 단지 다섯 가지만을 가르칠 수 있다면, 그 다섯 가지는 무엇인가?' 모든 답변을 종합하면 현재 팀 코치들이 받은 다양한 개발 경로와 평생 교육 과정을 반영하는 50개 이상의 주요 기술 목록을 얻을 수 있었다. 추가 분석을 통해 핵심 패턴이 나타나기 시작했다.

이 책의 이전 판부터 EMCC, ICF, APECS, AC 등 많은 전문 코칭 협회가 자체적으로 팀 코칭 역량을 키우기 시작했는데, 여기에 내가 기여한 부분이 있다. 이를 웹사이트에서 찾을 수 있다. 이 4판에서 나는 내 목록을 전문 기관의 새로운 작업과 빌 제이콕스(2019)와 폴 로렌스(2019)가 수행한 설문 조사와 비교했다. 그러나 이를 읽기 전에 잠시 시간을 내어 질문에 어떻게 대답할지 생각해보라.

역량competencies과 능력capabilities

이 연구에서 나온 첫 번째 기본 역량과 능력은 CID-CLEAR 프로세스 모델의 단계와 잘 일치한다.

- 수행할 작업의 목표, 성공 기준 그리고 프로세스에 대해 문지기, 팀 리더, 모든 팀 구성원, 팀 전체 그리고 더 넓은 조직 권한을 대표하는 사람들과 효과적으로 계약과 검토(그리고 재계약)할 수 있다(계약).
- 명목상의 권위자(보통 팀 리더)와 현상유지에 가장 큰 도전을 주는 팀 구성원 등 다양한 팀 구성원들과 빠른 관계를 형성할 수 있다(문의).
- 모든 팀 구성원의 이슈와 집단적인 팀 이슈와 패턴을 깊이 있게 경청하고 관찰할 수 있다(문의).
- 집단적 팀 문화와 역동성, 시스템적 패턴을 진단하고 팀에 새로운 통찰력과 사고방식 전환을 만드는 방식으로 피드백할 수 있다. 이는 초기 계획 단계와 프로세스 컨설턴트로서의 작업을 통해 이루어진다 (진단).
- 진단 결과를 피드백하고 이를 기반으로 작업 동맹을 개발하고 성공 기준, 함께 작업하는 프로세스 그리고 상호 기대를 포함하는 전체 팀과의 계약을 사용할 수 있다(계약 2).
- 팀이 다음을 탐색하도록 다양하고 예리한 질문, 퍼실리테이션 방법

그리고 팀 코칭 도구를 사용할 수 있다.
- 팀의 공동 노력, 전략적 초점과 내러티브, 목표, 팀 핵심 성과 지표, 역할, 규범, 가치(규율 2)
- 회의, 최고의 팀과 최악의 팀을 포함하여 함께 일하는 방법(규율 3)
- 모든 주요 이해관계자와 함께 참여하기와 이해관계자가 그들의 다른 이해관계자와 함께 참여하는 방법(규율 4)
- 모든 분야에 걸친 통합, 성찰, 학습 그리고 이중 루프 학습에 참여하고, 팀 리더와 팀 구성원이 서로 팀 코치로 일할 수 있도록 한다 (규율 5)(탐색).

- 팀이 새로운 처신behaviours, 감정, 신념, 목적 그리고 행동action으로 이동할 수 있도록 하고 동의와 선의를 넘어서 헌신하게 할 수 있다(행동).
- 작업을 더 높은 수준으로 끌어올리거나 적절하게 종료하는 데 도움이 되는 팀 리더, 전체 팀 그리고 기타 주요 이해관계자와 함께 작업을 정기적으로 검토할 수 있다(검토).
- 팀 코칭 자체로 성공적으로 전환하고 정상적으로 종료할 수 있다(종료).

시스템적 능력capabilities

경험 많은 프랙티셔너 그룹에서 나온 두 번째 기능 세트는 거의 모두 더 넓은 시스템 역동의 맥락에서 팀과의 작업을 뒷받침하는 다양한 이해를 언급했다. 나는 응답을 다섯 개 영역으로 분류했으며 각각은 서로 다른 시스템 차원으로 구성되어 있다.
- 시스템 수준들 사이를 연결하는 사회적 생태social ecology를 인식한다.

하나의 시스템으로서 팀에 초점을 맞출 수 있으며, 조직, 이해관계자 세계와 생태계의 더 광범위한 시스템 수준에서 어떻게 중첩될 수 있는지, 내부 하위 시스템으로 구성되는지에 초점을 맞출 수 있다(Hawkins, 2018: 271-85; Hawkins & Turner, 2020 참조).

- 그룹과 팀 역동 관계가 개인 또는 대인관계 역동과 어떻게 다른지 이해한다.
- 시간 경과에 따른 개발. 팀 개발 단계와 그에 따라 자신의 역할을 조정하는 방법을 이해한다.
- 권력, 정치, 그리고 차이. 은밀하고 정치적이거나 권력에 기반을 둔 역동을 이해하고 적절하게 작업할 수 있다.
- 팀 코칭을 조직 변화와 개발로 연결한다. 코칭 프로젝트가 더 넓은 조직의 더 넓은 전략, 문화 변화 그리고 개발 프로세스에 어떻게 부합하고 지원하는지 이해한다.
- 팀 코칭을 광범위한 리더십 프로세스의 일부로 본다(Hawkins, 2017 참조).
- '자신이 운영하는 비즈니스 환경에 대한 확실한 이해'(Kets de Vries, 2011a: 181).

수용력 capacities

응답자 그룹은 다양한 수용력에 대해서도 언급했다.

- '자기 인식 self-awareness - 자신이 도구라는 것을 인식', '팀 내에서 권장

하는 변화를 할 것', '그룹과 팀 맥락에서 나타나는 방식'
- '자기 용이성self-ease' – '상황이 전개될 때 편안하고 덜 개입하기'
- '파트너십 영역에 머무르기' – 존중받는 데에 빠지지 않고(Hawkins & Smith, 2006: Appendix 1 참조), 팀보다 더 잘 알고 있다는 오만함에도 빠지지 않고, 도전과 지원을 결합하여 상호 탐구 영역에 머무른다.

3판 이후 나는 이러한 역량을 더욱 발전시켰고, 시스템 팀 코치에게 필수적인 1세 가지 '시스템적 구조systemic beatitudes' 또는 '존재의 태도attitudes of being'를 개발했다. 이는 『리더십 팀 코칭 프랙티스Leadership Team Coaching in Practice』(Hawkins, 2018: 272-84)에서 자세히 설명한다.

여기에 수퍼바이저를 위한 목록에 포함시켰지만 팀 코치에게도 마찬가지로 필요한 일반적인 수용력도 추가했다.

- 적절한 권위, 존재감, 영향력을 가지고 리더십을 발휘함
- 관계 참여 수용력
- 적절한 낙관주의를 장려하고 동기를 부여하며 수행함
- 차이를 초월하여 일하고, 개인과 팀의 차이에 문화적으로 민감함
- 생태학적 인식과 참여를 위해 일함
- 윤리적 성숙도
- 유머 감각과 겸손함

◆ **수용력 1: 자기 인식과 집단적인 팀의 의견 경청**

팀 코치의 핵심 수용력은 개인을 분리하는 것이 아니라 집단적인 팀의 말을 경청하는 능력이다. 이를 위해서는 개인의 초점에서 벗어나 집단적 초점으로 조정할 수 있어야 한다. 이 능력을 개발하는 한 가지 방법은 개인의 입장을 표명하는 것이 아니라 집단의 다른 측면을 대표할 때 구두, 비언어적으로 각 사람의 말을 경청하는 것이다. 팀 코치는 귀와 두뇌뿐만 아니라 온 몸으로 들어야 한다. 내 동료인 말콤 팔레트Malcolm Parlett(2015)는 이것을 '체화된 경청embodied listening'이라고 표현한다. 여기서 우리의 존재 전체는 신체 언어, 대인관계 접촉과 음성의 리듬으로 비언어적 의사소통을 수신하기 위한 공명실이 된다. 이를 통해 코치는 호킨스와 스미스(2013)와 [그림 15.1]에 설명된 네 가지 수준에 참여한다.

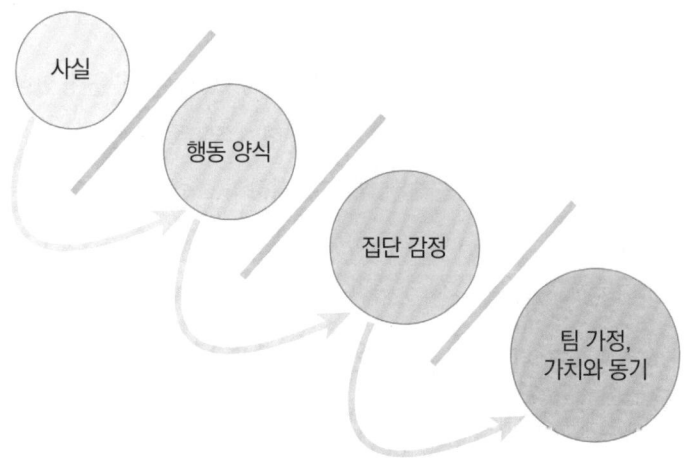

[그림 15.1] 인식의 네 가지 수준

팀 코치가 받고 있는 공명을 이해하려면 자신의 자연스러운 신체와 감정 리듬, 자신의 감정과 반응하는 경향을 잘 알고 있어야 한다. 이를 위해서는 높은 수준의 자기 인식과 팀에 대한 예민한 감각이 필요하다.

◆ 수용력 2: 자기 용이성과 자원으로부터 작업

팀 코치가 되는 초기 단계에서, 대부분 프랙티셔너는 팀의 승인과 '자신의 가치를 증명'할 필요성에 의해 움직인다. 이는 지나치게 개입하려는 경향이나 효과적이고, 정교하게 설계된 통찰력과 개입으로 팀에 깊은 인상을 줄 수 있을 때까지 기다리는 패턴으로 이어질 수 있다. 첫 번째 경향의 위험은 팀 구성원들이 팀 내에서 리더십이나 코치 역할을 할 수 있는 공간을 제한하고 발언의 영향력을 감소시킬 수 있다는 점이다. 후자의 패턴에서는, 흔히 통찰력, 피드백 또는 개입을 신중하게 생각하는 동안, 그 순간은 지나가버리고 제안은 시대에 뒤떨어진 채 남겨진다.

이 수용력의 또 다른 핵심 측면은 모호성과 '모르는 것'을 용인하고 통제 없이 책임지는 능력이다. 이러한 수용력이 부족하면 팀 코치가 팀 프로세스를 안내하거나 촉진하는 대신 통제하려고 하거나 복잡한 문제를 조기에 해결하려고 할 수 있다.

호킨스(2019c)에서, 나는 코치와 팀 코치로서 어떻게 우리가 자원으로부터 일하는 것을 배울 수 있는지에 관해 썼고, 이 중요한 전환에 사용할 수 있는 몇 가지 연습을 제공했다.

◆ 수용력 3: 파트너십 영역 안에 머물기

팀 코칭은 코치가 팀이나 리더에게 복종하지도 않고, 앞으로 전개되는 것을 지배하거나 통제하려고 하지도 않을 때 가장 좋다. 호킨스와 스미스(2006)에는 내 동료 닉 스미스Nick Smith에 의해 쓰인 존중의 위험danger of deference에 관한 확장된 부분이 있다.

우리 일부에게 이것은 우리가 '높은 권한'로 보는 사람들에 의해 촉발될 수 있고, 다른 사람들에게는 극도의 형식적인 설정일 수 있다. '존중 임계값deference threshold'은 다양한 이유 중 하나로 혁신적 영향을 창출할 수 있는 능력을 넘겨주는 것이다. '오만 임계값arrogance threshold'은 우리가 일방적인 권력이나 통제를 하고 우리가 더 잘 안다고 믿기 시작하는 것이다. 무엇이 우리의 존경심과 오만함을 유발하는지 아는 것은 우리 자신의 깊이와 힘으로 항상 다른 사람과 교제할 준비가 되어 있는 여정의 좋은 출발점이다. 우리가 그 능력을 상실하는 것은 우리의 중심에서 얻어지는 것이며, 우리가 그것을 다른 사람들에게 제공할 수 있는 중심성centredness을 유지하는 것이다.

◆ 수용력 4: 적절한 리더십을 발휘하기

코칭 전문가의 상당수는 코치 역할이 다른 사람의 리더십을 뒷받침하는 것이지 리더십을 발휘하는 것이 아니라고 주장해왔다. 그렇지만 리더십은 단지 우리 삶의 역할일 뿐만 아니라, 삶과 도전에 대한 태도이기도 하다. 리더십은 우리가 일이 잘못됐을 때 다른 사람들을 비난하고 변명하는 것을 멈출 때 시작된다. 리더십은 우리가 '어떻게 하면 변화를 가장 잘 만들 수 있을까?'를 탐구하기 시작할 때 시작된다(Hawkins, 2005).

팀 코치는 각자의 역할에 맞는 리더십 역량을 키울 필요가 있다. 호킨스와 스미스(2013: 274)에서 우리는 다음과 같이 썼다.

어떤 사람들은 코치가 부적절하게 지시하는 것을 의미할 수 있기 때문에 코치가 리더십을 갖는 것은 잘못이라고 우리와 논쟁해왔다. 우리는 그들이 염두에 두어야 할 여러 고객의 이익과 지원과 도전의 균형을 맞추려면 코치나 조직 컨설턴트가 개발해야 하는 필수적이고 적절한 형태의 리더십이 있다고 주장한다. 코치나 컨설턴트는 경영진에게 도전할 수 있어야 하며, 때로는 더 넓은 시스템의 요구를 대변할 수 있어야 한다. 많은 경우 다음과 같은 질문을 받았다.

'당신은 언제 당신의 고객에게 도전하는 것이 적절한지 아는가?'와 '당신은 당신의 고객에게 도전할 어떤 도덕적 권위를 가졌는가?'

이 두 가지 질문에 대해 시스템적 관점에서 답변한다. 고객이 그들 자신이나 그들이 속한 더 큰 시스템과 정렬되어 있지 않다고 진정으로 느낄 때, 우리는 우리가 더 큰 시스템의 요구를 대변한다고 느낀다.

더 큰 시스템은 다음과 같다.

- 즉각적으로 반응하는 상황이 아닌 자체적인 장기적 요구
- 소속된 팀
- 조직 전체의 요구
- 생태계를 포함한 이해관계자 시스템의 필요성
- 부문 또는 직업의 요구와 그 목적.

후속 질문은 다음과 같다. '왜 조직의 요구가 당면한 필요보다 더 중요한가?'

시스템에 맞추어 행동해야만 진정한 의미의 장기적인 필요를 충족할 수 있다고 생각한다. 서식지를 파괴하는 종이 조만간 자기 삶의 기회를

파괴한다는 환경 법칙은 다른 시스템적 인터페이스systemic interfaces에서 일어나는 일에 대한 은유로 볼 수 있다. 더 넓은 시스템에 서비스를 제공해야만 우리는 진정으로 우리의 장기적인 필요를 충족할 수 있다.

코치, 멘토, 컨설턴트 또는 수퍼바이저로서 우리는 진실을 말할 수 있어야 하고, 보고 듣고 느끼고 이해하는 것에 이름을 붙일 수 있어야 하며, 두려움 없는 동정심을 가지고 그렇게 해야 한다. 관계 속에서 리더십을 발휘하기 위한 이러한 용기는 적절한 겸손과 개방성으로 균형을 이룰 필요가 있다. 더 잘 알거나 먼저 아는 것을 피하는 것이 중요하다. 자신의 진실을 말하면서도 항상 불확실성의 요소를 가지고, 우리가 완전한 그림이나 완전한 이해를 가지고 있지 않으며, 고객도 그렇지 않다는 것을 인식한다. 대화를 통해 우리는 기술 분야의 도움을 받아 두 관점을 합친 것보다 더 완전한 그림과 이해를 개발할 수 있다.

팀 코치들이 적절한 리더십을 개발하는 데 도움을 준 모델 가운데 하나는 1990년대에 내가 처음 고안한 권위authority, 프레즌스presence, 영향impact 모델이다. 이 모델은 4대 전문 서비스 회사 가운데 한 곳의 파트너를 개발하는 데 사용된다. [그림 15.2]에 나와 있는 이 모델에서 우리는 개인의 권력과 영향력을 세 가지 주요 측면으로 나눈다.

권위 이것은 여러분이 알고 있는 것, 또는 여러분이 과거에 무엇을 했는가에서 유래한다. 당신의 업적과 경험은 직함, 자격 또는 역할로 구체화될 수 있다. 그것들은 또한 여러분의 이력서, 증빙 서류, 여러분이 어떻게 소개받았는지 또는 지식과 경험을 어떻게 언급하는지에도 포함될 수 있다. 당신 존재에 진정한 권위를 지니는 것은 당신이 방에 들어가는 방법, 다른 사람에게 인사하는 방법, 그리고 당신의 경험을 묻지 않는 사람들에게 강요하지 않으면서 다른 사람들을 위해 자원으로 열어놓는 방법으로 구체화된다. 권위를 온전히 얻으려면 부끄럽지 않고 정당한 자리를 차지해야 하고, 자기 입장을 견지해야 하며 육체적, 지적, 윤리적으로 충분한 기반을 갖추어야 한다.

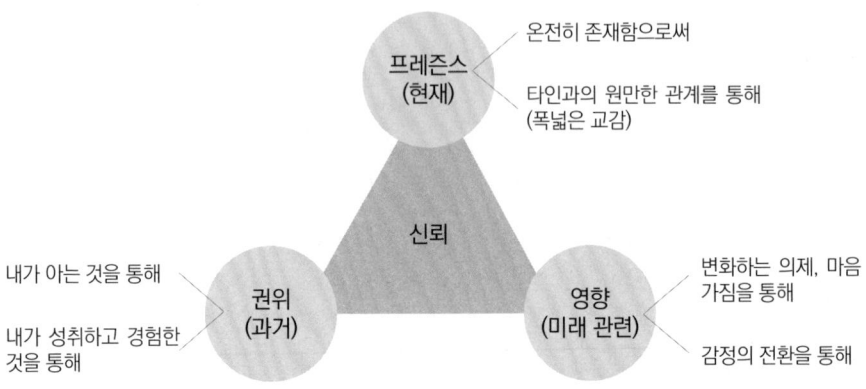

[그림 15.2] 개인의 권력power과 영향력influence 측면

자기 권위을 행사하고 언급하면 관계의 문이 열리고 초기 관심을 얻을 수 있다. 그렇지만 그것만으로 지속적인 관계를 만들거나 변화를 가져오지는 않는다. 자신의 권위를 지나치게 행사하거나 지나치게 언급하는 것은 필연적으로 부정적인 효과를 낳는데, 다른 사람들은 왜 여러분이 자신을 홍보하려고 그렇게 열심히 노력하는지 궁금해하거나 그들이 과시하고 있다고 생각하며 분개한다.

프레즌스Presence 이것은 매우 다른 유형의 사람들과의 관계relationships와 라포rapport를 충분히 빠르게 발전시키는 자질이다. 프레즌스가 많은 사람들은 다양한 상황에서 관심과 존경을 받고 많은 사람들이 공감하기 쉽다고 생각한다.

수준 높은 프레즌스를 갖기 위해서는 자신과 타인을 위해 모든 수준에서 일어나고 있는 일을 포용하고 이해하는 메타 인식이 필요하다. 여기에는 생각, 감정, 행동 그리고 직관 수준이 포함된다.

> 우리가 있는 곳에서 발전하지 않는 한 우리는 완전히 여기에 있지 않다. 우리는 우리의 생각 속에, 우리의 욕망 속에 존재하지만, 우리의 존재 속에는 존재하지 않는다. 그러므로 우리는 완전히 여기에 있지 않기 때문에 충분히 공감할 수 없다. 프레즌스가 없으면 우리의 대화는 주로 정신적mental이거나 정서적emotional이다.
> (Helminski, 1999)

> 프레즌스와 함께 우리는 침착함과 우아함을 보여주고 다른 사람들이 우리와 연결할 수 있는 공간을 제공한다. 그것은 또한 '나타내고자 하는 것에 마음을 열고 우리가 진정으로 헌신하는 원천을 발견하는 것'을 포함한다.
> (Senge et al., 2005)

영향Impact '영향'은 '프레즌스'의 음 또는 끌어당기는 에너지에 대한 양 또는 나가는 에너지이다. 이것은 앞으로 나아가기 위한 헌신과 행동의 변화를 만들어 낸다. 영향력이 높은 사람들은 회의, 대화 또는 이벤트의 방향을 바꿀 수 있다. 그들은 논의 중인 문제가 인식되고 해결되는 방식을 바꾸거나 재구성하는 방식으로 개입할 수 있는 능력이 있다. 영향의 다른 측면은 다양한 정서 에너지를 능숙하게 도입함으로써 회의, 관계 또는 대화의 정서적 분위기를 변화시키는 능력이다. 유머의 사용, 적극적이고 집중적인 도전, 또는 집단적으로 느끼지만 이름 없는 감정에 표현을 주는 것으로 정서 에너지를 만들어낼 수 있다.

영향은 새로운 가능성에 대한 문과 창을 열고 이전에 실현되지 못한 깊이로 연결한다. 그것은 문제의 핵심에 초점을 맞추고 새로운 가능성을 실현하는 솔직함과 직접성directness을 가져온다.

◆ 수용력 5: 관계 참여

모든 직업의 핵심은 타인과 관계를 맺는 능력이다. 흔히 우리가 지도하는 팀 구성원들은 우리 자신과 세상을 다르게 경험하고, 매우 다른 배경을 가진 사람들이 될 것이다. 이 팀 구성원들은 관계를 맺고 참여할 수 있는 능력을 확장하는 새로운 방법을 찾는 우리의 교사가 된다. 우리의 파트너, 아이들, 그리고 친구들은 때로는 새로운 방식의 관계에서, 특히 우리가 그들을 어렵게 경험할 때, 우리의 교사가 된다. 교수직에서의 개인적, 직업적 발전에 대한 내 연구는 교사들이 그들의 교육적 능력을 탐구하는 것을 돕기 위해 새로운 모델을 형성했다. 그 뒤, 나는 이 프레임워크를 [그림 15.3]과 같이 더 일반적으로 적용할 수 있는 '관계 참여 수용력relationship engagement capacity' 모델로 개발하였다(www.renewalassociates.co.uk에서 제공되는 관련 자체 평가 설문지와 프로세스가 있다).

◆ 수용력 6: 타인에 대한 코칭 수용력 개발

모든 리더와 팀 코치는 리더십과 코칭 능력을 개발함에 따라 우리가 관계에서 너무 우위에 서게 되고 타인에 대한 불충분함이나 의존성에 대한 감정을 조성할 때 항상 위험이 있다는 것을 계속 인식해야 한다. 우리는 항상 지배력에 관한 문제를 성찰할 필요가 있다. 또 우리와 함께 일하는 사람

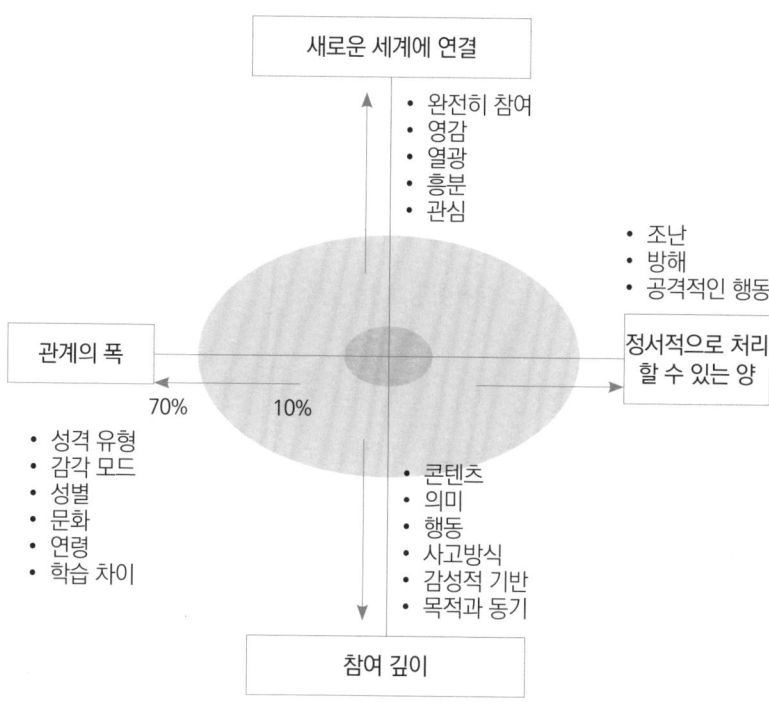

[그림 15.3] 관계 참여 수용력

들이 자신의 코칭 역량을 펼칠 수 있도록 문을 열 수 있는 방법도 고려해야 한다. 좋은 리더는 다른 사람들의 잠재적인 리더십을 해방시키고, 좋은 팀 코치는 팀 구성원들이 자신만의 코칭 능력을 개발할 수 있게 해준다.

팀 코치의 핵심 기술은 팀 리더와 팀 구성원 전체에 걸쳐 코칭 수용력을 개발하여 팀 코치가 과제를 마친 뒤에도 개발 코칭이 오래 지속하도록 하는 것이다.

◆ **수용력 7: 차이를 넘나드는 작업 – 초문화적 참여**

한 명의 코치를 맡는 대부분 팀에는 팀 기능에 영향을 미치는 다양한 차이가 포함된다. 12장에서 나는 네 가지 다른 유형의 차이에 대한 새로운 모델을 개략적으로 설명했다.

1. 정체성: 성별, 민족, 국가 배경, 연령 등
2. 인지적 사고
3. 성격 스타일
4. 조직의 계층, 기능, 지역 또는 이해관계자의 렌즈를 통해 조직을 볼 수 있는 시스템적 위치

쥬디 라이드Judy Ryde(2009, 2019)가 매우 설득력 있게 주장하듯이, 차이를 잘 다루려면 우리는 거울을 보는 것부터 시작해야 한다. 우리는 우리의 피부색, 국적, 성별, 나이, 계급, 전문적 배경 등 우리가 우리와 함께 일하기 위해 흔히 당연하게 여기는 문화를 인식해야 한다. 우리는 문화가 우리가 보고, 듣고, 느끼고, 이해하는 것뿐만 아니라 우리에게 어떤 영향을 미칠지 알아야 한다. 팀 코치로서 우리는 이러한 반응에 대해 편안하게 언급할 필요가 있고 팀 구성원들에 의해 자신의 이러한 측면에 대해 언급할 수 있어야 한다. 이는 흔히 팀 내에서 중요한 차이점 일부를 탐색하는 데 필요한 전조가 되기 때문이다.

◆ **수용력 8: 생태학적 인식과 참여**

11장에서, 나는 21세기에 팀 코치나 팀 리더가 되기 위해서는 어떻게 팀

업무의 생태학적 차원에 주의를 기울일 수 있는 능력을 개발하는 것이 필수적이며, 또한 팀 코치가 인간보다 더 넓은 세상을 어떻게 이롭게 하는지 그리고 비용을 지불하는지에 관해 썼다. 모든 팀 코치는 내가 이 장에서 설명한 생태학적 성숙의 5단계를 통해 자신만의 여정을 만들어야 한다. 따라서 팀 코치가 이 여정을 떠나는 데 도움을 줄 수 있다.

◆ 수용력 9: 윤리적 성숙도

캐롤Carroll과 쇼Shaw(2013: 137)는 윤리적 성숙을 다음과 같이 정의한다.

> 행동이 옳고 그름 또는 좋고 나쁨을 결정할 수 있는 성찰적, 이성적, 정서적, 직관적 능력을 갖추는 것, 이러한 결정을 이행할 수 있는 탄력성과 용기를 갖고, (비공개적이든 사적이든) 윤리적 결정에 책임을 지고, 결정에 따라 살아갈 수 있으며, 학습 내용을 우리의 도덕적 성격과 미래의 행동에 통합할 수 있다.

그들은 계속해서 윤리적 성숙의 여섯 가지 구성 요소를 설명하면서 "구성 요소들은 관련된 작업과 시간 측면에서 서로 동일하지 않다. 상황과 이해관계자는 주어진 상황에서 일부 구성 요소에 대해 다른 구성 요소보다 더 많은 것을 요구할 것이다."라고 말했다(2013: 135).

1. '윤리적 감수성과 마음챙김mindfulness 만들기': 윤리에 대한 '안테나'를 만들고, 우리의 신념, 가치 그리고 자기 인식을 활용하고, 모든 이해관계자에게 적극적으로 경청하고 '넓은 각도의 동정심'을 보여준다 (Hawkins, 2019: 74).

2. **'윤리적 의사결정 과정'**: 선택의 극대화. 자유 의지, 책무$_{accountability}$와 책임$_{responsibility}$, 의식적인 윤리적 식별과 의사결정, 윤리적 의사결정에 대한 무의식의 영향. 여기에서 우리는 무엇을 해야 할지 결정을 내리고 더 큰 그림을 볼 수 있다. 우리의 선택이 어디에서 왔는지 이해하고(의식적, 무의식적 영향), 조직의 규칙과 땅의 법칙에 주의를 기울이는 것을 포함하여 특정 맥락에서 적절한 것을 평가하면서 가능성에 열려 있어야 한다.

3. **'윤리적 결정 실행'**: 옳은 일을 하려는 의도, '아는 것과 행하는 것' 사이의 공간을 이해하고 작업하는 것(Carroll & Shaw, 2013: 223).

4. **'윤리적 책임과 도덕적 방어'**: 우리가 한 일을 이해하려고 할 때 우리 자신의 방어성, 사실을 약간 변경하고 합리화하고 책임을 회피하는 능력에서 도전에 직면할 수 있다. 이것은 '진실'이 무엇이며 누구의 진실인가에 대한 질문을 던진다.

5. **'윤리적 지속 가능성과 평화'**: 우리는 우리의 결정에 따라 살 수 있어야 하며 캐롤과 쇼는 자기 연민과 자기 용서가 중요하다고 주장한다. 과거로부터의 학습을 용이하게 하기 위해 계속해서 성찰하고 이 성찰을 사용하는 것이 중요하다. 여기서 수퍼비전이 역할을 한다.

6. **'경험을 통한 학습과 새로운 학습을 도덕적 성격에 통합'**: 캐롤과 쇼는 학습이 자동으로 이루어지지 않는다고 경고한다. 우리는 실천적 지식이 '우리 자신에 내장'되는 방식으로 '정보에서 지식으로, 지혜에서 행동으로' 이동하기 위해 윤리적 경험을 어떻게 재검토할 수 있는지 고려해야 한다(2013: 261).

비슷한 모델이 패스모어Passmore와 터너Turner(2018), 더피Duffy와 패스모어Passmore(2010)에 의해 코칭 분야에서 개발되었다.

캐롤과 쇼의 모델 여섯 단계를 모두 관리할 수 있으려면 모든 프랙티셔너가 그들 자신의 윤리적 규칙과 원칙을 개발하고 동료들과 함께 공통적인 윤리적 딜레마를 탐구하도록 장려하는 것뿐만 아니라 윤리적인 도전과 함께 직접 작업하는 것이 중요하다. 팀 코치가 수퍼바이저에게 가져오는 일반적인 윤리적 딜레마에는 다음이 포함된다.

- 팀 코치와 팀 구성원 개개인이 다른 팀 구성원들과 공유하고 싶지 않은 기밀 의견을 공유한다.
- 팀 리더가 팀 코치에게 개별 팀 구성원의 성과에 대해 의견을 달라고 요청한다.
- 팀 코치는 개인이나 팀 리더가 팀 구성원 일부를 개별적으로 코칭하도록 요청받는다.
- 고위 경영진은 팀 코치가 함께 일하는 팀의 성과에 대해 보고받기를 원한다.

이러한 딜레마의 많은 부분은 코치가 분열을 일으키거나 '중개자'가 되는데 휩쓸리기보다는 조직 시스템 내에서 단절된 것을 탐색하고 연결을 코칭함으로써 해결할 수 있다. 여기에서 팀 코치로서 팀 코칭을 위한 윤리적 원칙이 등장한다.

- 나는 집단 팀의 목적과 성과 목표를 더 효과적으로 달성하고 모든 이

해관계자를 위한 공유 가치를 창출하기 위해 존재한다. 나는 이 광범위한 목적을 위해 봉사하지 않는 어떤 개인이나 파벌의 이익에 봉사하기 위해 존재하는 것이 아니다.

- 나는 팀의 공동 성과, 기능 그리고 역동성에 관해 의견을 제시하고 이를 촉진하기 위해 참석한다. 나는 개인의 성과, 기능, 역동에 대해 언급하기 위해 그곳에 있는 것이 아니다.
- 나는 팀 내부에서 그리고 팀과 그 이해관계자 사이에 더 효과적이고 직접적인 커뮤니케이션과 참여를 촉진하기 위해 존재한다. 어떤 형태의 조정이 구체적으로 계약되지 않는 한, 나는 소통하지 않는 당사자의 중개자 역할을 하지 않는다.

호킨스Hawkins(2011c)에서 나는 감독이 우리의 윤리적 성숙도를 높일 수 있는 방법에 대해 설명한다.

◆ **수용력 10: 유머와 겸손의 감각**

위에서 언급한 모든 역량, 능력, 수용력을 개발하려고 애쓰는 동안, 자신을 너무 심각하게 받아들일 위험이 크다. 호킨스와 스미스(2013: 282)에서 우리는 다음과 같이 썼다.

> 자신을 향해 웃는 능력은, 우리가 팀 코치의 역할을 번창시키기 위한 필수 조건이라고 믿는다. 우리는 때때로 우리 인간들이 하는 부조리에 대해 고객들과 함께 웃을 수 있어야 한다. 그렇지만 먼저 우리는 우리 자신을 향해 웃어야 한다.

카젠바흐Katzenbach와 스미스Smith(1993b)는 '고성과 팀'과 '효과적인 팀'

을 가장 잘 구별하는 요소 가운데 하나가 함께 즐기고 스스로 웃을 수 있다는 사실을 발견했다. 이 팀들은 공동의 목적과 정확한 성과 목표를 심각하게 달성했지만 서로 웃으면서 장난칠 수 있었다.

웃음은 엔돌핀을 방출하고 우리 시스템을 활성화하면서 신체와 건강에 이로운 영향을 미치는 것으로 나타났다. 그것은 또한 우리의 마음에 더 많은 공간을 만들 수 있고, 우리가 어떻게 연결을 만드는지 알게 하고, 차이를 가로질러 접촉하는 방법이 될 수 있다. 『리더십을 위한 현명한 바보의 안내서』The Wise Fool's Guide to Leadership(Hawkins, 2005)에서 나는 팀 코치들에게 똑같이 적용되는 '학습 해소unlearning' 커리큘럼을 제공하기 위해 유머를 사용했다. 유머는 역설을 섬세하게 수용하거나 우리가 세상을 보는 고정된 방식에서 우리를 해방시키는 데 도움이 되는 훌륭한 교사이다.

크리스틴 손턴Christine Thornton(2019:329)은 겸손의 중요성을 담아 '팀 코치 만들기'에 대한 장을 마무리한다. 그는 팀 코치들에게 다음과 같이 상기시킨다. 우리는 항상 해답의 일부만 가지고 있다. 경험이 많은 팀 코치도 '잘못'할 수 있고, '수퍼비전이 열쇠'가 될 수도 있다. 에드 샤인Ed Schein(2013)은 '여기 그리고 지금 겸손'의 본질은 타인에 대한 자신의 의존을 인식하고 있으며, 혼자서는 어떤 일이 일어날 수 없다고 설명한다.

호킨스와 스미스(2013: 283)에서 우리는 다음과 같이 썼다.

> 겸손은 스스로 웃을 수 있게 됨으로써 강화되지만, 근본적으로 전지전능의 함정을 피하는 것이기도 하다. 이를 위해서는 궁극적으로 다른 사람이 개발하고 변화하도록 돕는 것은 코치와 컨설턴트로서의 우리가 아니라, 학습, 변화 그리고 변혁이 일어날 수 있는 '가능성의 공간'을 유지하는 관리자에 불과하다는 인식이 필요하다. 우리는 은총과 학습이 나타날 수 있는 공간을 비우고 거울을 닦아

서 반사가 더 정확해질 수 있도록 한다.

결론

나는 내가 이 장에서 설명한 기술, 지식, 그리고 열 가지 역량이 어떤 식으로든 완전하다고 생각하지 않는다. 그러나 연구에서 적어도 한 명의 숙련된 팀 코치가 열 가지 역량 각각을 프랙티스에 중요하다고 언급했으며 팀 코치의 핵심 커리큘럼으로 간주하는 일부로 언급하기도 했다.

호킨스와 스미스(2013)에서 우리는 다음과 같이 썼다.

> 코칭의 핵심 목적이 고객의 인간적 능력을 개발하는 것이라는 점을 감안할 때, 우리 자신과 다른 사람 모두에서 이러한 각 능력을 명확하게 이해하고 인식하는 것이 중요하다. 우리가 이러한 능력을 아무리 많이 발전시켜도, 갈 길이 항상 더 있다! 조만간 인생은 하나 이상 우리 능력의 한계를 보여주는 도전과 더 발전할 기회를 제공할 것이다.

폴 로렌스Paul Lawrence(2019: 147)는 다음과 같이 썼다.

> 효과적인 팀 코치는 팀을 코칭하는 것을 배우는 것이 끝없는 여정이라고 생각하고 있기에, 모호함에 편안함을 느끼고, 지속적인 학습과 개발 과정에 전념한다.

우리의 학습과 개발에 지속해서 주의를 기울이는 것은 매우 중요하며, 다음 장에서 살펴보도록 하겠다.

제16장
팀 코칭 수퍼비전

리더십 코치들은… 팀과 팀 내 개인과의 관계와 반응을 고려하여 스스로 도구로 사용해야 한다.

(Kets de Vries, 2011A: 258)

수퍼비전은 코치, 멘토 그리고 컨설턴트를 위해 개인과 전문적 개발을 지속하게 하는 근본이다. 수퍼비전 기능은 코치가 특정 고객 상황과 관계, 그 안에서 발생하는 반응과 패턴을 반영하는, 보호와 훈련 공간을 제공하여 코치, 고객의 조직 그리고 자신의 전문적인 실무 영역에 큰 도움이 된다.

(Hawkins, 2010: 381)

도입

이전 장에서는 팀 코치가 기술을 익히기 위해 개발해야 하는 복잡한 기술과 개인 역량을 소개했다. 그러나 이는 단지 기초일 뿐이고 매우 복잡한 분야에서 숙달되기 위한 여정은 아주 오랜 시간이 걸리기 마련이다. 지속적인 개발을 지원하기 위한 핵심 요소는 시스템적 팀 코칭과 시스템 수퍼비전에 대한 교육을 받고 경험을 쌓은 코치의 품질 높은 수퍼비전이다 (Hawkins, 2011a; Hawkins & Turner Chapter 10).

효과적인 팀 코칭을 위해서는 팀 역동과 문화에서 상대적으로 독립적이면서 팀과 긴밀하게 협력해야 하는 어려운 경계의 위치를 유지할 수 있는 코치가 필요하며, 팀 내부와 팀 사이의 시스템 역동 그리고 팀이 속한 더 넓은 시스템 수준을 인식할 수 있는 코치가 필요하다. 이러한 복잡한 시스템 역동을 감지하고 이해할 수 있는 일은 혼자 하면 거의 불가능하지만, 품질 높은 수퍼비전으로 가능해진다.

수퍼비전은 무엇인가?

최근 정의는 다음과 같다.

> 수퍼비전은 프랙티셔너가 수퍼바이저의 도움을 받는 고객-프랙티셔너 관계의 일부로서, 고객-프랙티셔너 관계, 더 넓은 시스템 맥락의 일부로서, 자신의 고객-자신을 돌보는 공동 노력을 하면서 개선된다. 수퍼바이저는 일의 질, 고객 관계를 변화시키고, 자신의 실천과 더 넓은 과업을 지속해서 발전시킨다.
>
> (Hawkins & Smith, 2013: 169)

코칭 수퍼비전에는 세 가지 요소가 있다.

- **질적**qualitative: 실천의 품질을 보장하기 위한 외부 관점 제공
- **개발**developmental: 코치의 직업적 발전에 대한 멘토링
- **자원**resourcing: 코칭 실천과 일상에 대해 코치를 코칭하여 적절한 자원을 지원하고 있는지 확인한다(Hawkins & Smith, 2013: 173-74).

코칭과 멘토링은 지난 20년 동안 크게 성장한 분야이다(Jarvis, 2004; Berglas, 2002; Hawkins & Turner, 2017; Hawkins et al., 2019). 그런데도 새로운 직업이 출현한 초기 20년 동안, 코칭 수퍼비전은 부재했기 때문에 주목받았다. 21세기 초, 극소수의 코치들만이 수퍼비전을 받고 있었고(Hawkins & Schwenk, 2006), 수퍼비전을 받은 코치들은 심리치료나 상담으로 훈련된 수퍼바이저들을 찾아갔다. 2003년에 코칭 수퍼바이저를 위한 첫 번째 구체적인 교육이 제공되었고, 2006년에 첫 번째 연구 결과가 출간되었으며(Hawkins & Schwenk, 2006), 코칭 수퍼비전에 대한 첫 번째 책이 출판되었다(Hawkins & Smith, 2006).

연구 이후 몇 년 동안 코칭 수퍼비전이 크게 성장했다(Hawkins & Turner, 2017; Hawkins & Turner, 2020). 주요 전문 코치 단체들은 지속해서 전문적인 실습과 발전을 위한 필수 접근으로 수퍼비전을 권장하고 있었으며, 이제 사내외 모든 코치에게 수퍼비전을 요구하는 기업이 늘어나고 있다. 수퍼바이저들을 위한 훈련의 양 또한 증가해왔다. 영국은 이 분야에서 선두를 달렸고, 수퍼비전 훈련은 이제 다른 나라에서도 볼 수 있다. 다만 한두 군데에서 시작했지만, 팀 코칭과 수퍼비전 교육에 대한 구체적인 수퍼비전 성장은 여전히 뒤쳐져 있다.

수퍼비전은 개인 코칭보다 팀 코칭에 훨씬 더 중요한데, 이는 수퍼바이

저가 팀 내 여러 수준뿐 아니라, 팀의 광범위한 시스템 맥락을 인식하기가 거의 불가능하기 때문이다. 또 팀 코치는 팀 리더나 팀의 하위 부문에 자주 소개되어 왔으며, 팀 전체와 팀 의뢰인들에게 더 큰 전체의 이익을 위해 일하는 역할로 인정받기 위해 고군분투한다. 코치가 전체 팀과 협력 관계를 구축하고 유지하며, 모든 이해관계자를 위해 서비스를 제공하려면 지속적인 주의가 필요하다. 때로 나는 한 명의 코치가 완벽하고 적절한 팀 코칭을 할 수 있지만, 자신이 참석하는 세션 밖에서 보이지 않는 팀과 조직 정치에 의해 코치로서 실패한다는 사실을 발견했다.

다른 저서(Hawkins, 2008, 2010, 2011b, 2011c; Hawkins & Smith, 2006, 2013)에서 나는 코치가 수퍼비전을 위해 심리학자 또는 심리치료사에게 가는 잠재적 위험, 그리고 개별 고객에게 과도하게 초점을 맞추고, 조직 고객에게 서비스를 제공하지 못하는 코칭의 위험을 어떻게 강조할 수 있는지 썼다. 이제 새로운 과제가 있다. 팀 코칭을 실행하는 코치들은 개인 지향적인 수퍼바이저에게 코칭을 맡기고, 이는 코칭이 팀의 개인과 대인관계 역동에 과도하게 초점을 맞추고 팀의 집단적 측면에 대한 서비스를 부족하게 만드는 위험을 강조한다.

코칭과 수퍼바이저뿐 아니라 시스템적 팀 코칭과 팀 코치의 수퍼비전에 대한 교육을 받은 숙련된 수퍼바이저가 부족하다. 이 장에서 팀 코칭의 수퍼비전 과정을 살펴보겠다. 그러나 이 장은 개인과 함께 일하지만 팀 맥락이 중요한 코치를 수퍼비전하는 코치들과도 관련이 있다. 여기에는 팀장, 처음으로 이사회에 임하는 팀, 프로젝트 팀을 이끄는 팀 또는 한 명 이상의 팀 구성원에 대한 코칭이 포함될 수 있다. 또한 이 장은 CEO나 팀 리더가 자기 팀을 코칭할 능력을 개발하는 방법에 관해 코칭 또는 수퍼비전할 수 있는 코치와도 관련이 있다(13장 참조).

팀 코칭을 수퍼비전하기 위한 다양한 상황

팀 코치의 수퍼비전은 다양한 방식으로 이루어진다.

1. 일대일:
    a. 개인과 팀 코칭 과업에 초점을 맞추는 일대일로 진행하는 수퍼비전 일부
    b. 특히 팀 코칭 실천에 초점을 맞춘 일대일 수퍼비전
2. 동일한 팀을 코칭하는 공동 코치 두 명을 공동 수퍼비전
3. 그룹 수퍼비전:
    a. 개인과 팀 코칭이 언급되는 그룹 수퍼비전 과정의 일부
    b. 특히 팀 코칭 훈련에 초점을 맞춘 그룹
4. 모든 컨설턴트 및/또는 팀 코치로 구성된 팀이 동일한 조직 내에서 서로 다른 팀과 함께 작업하는 그림자 컨설팅의 일부이다.
5. 팀 리더 코칭의 일부로서, 팀 리더가 자신의 팀을 코칭하는 방법에 초점을 맞춘다.

이러한 접근 방식에는 각각 장단점이 있다. 접근법 1a와 3a는 코치가 개인과 팀 코칭의 혼합 포트폴리오를 가지고 있고, 개인과 팀 코칭 모두 수퍼비전한 경험이 있는 개인 또는 그룹 수퍼바이저가 있을 때 가장 일반

적이다. 접근법 1b와 3b는 수퍼바이저들의 코칭 실전 가운데 많은 부분이 팀 코칭일 때 또는 수퍼바이저가 팀 코칭에 경험이 없을 때 더 유익할 것이다.

그림자 컨설팅 접근법 4는 다양한 동료가 참여하는 광범위한 조직 컨설팅 과제의 일부로 팀 코칭을 수행할 때 가장 유용하다. 이 경우, 수퍼바이저는 조직 컨설팅 팀 전체에서 때로 발생하는 평행 프로세스와 팀 역동뿐만 아니라 더 광범위한 조직과 시스템 역동과의 작업에도 능숙해야 한다(Hawkins, 1998; Hawkins & Smith, 2013: Chapter 11). 그리고 회계 팀 관련 섹션은 7장에 나와 있다. 이 책을 참조하라. 나는 이러한 수퍼비전 형태에서 그림자 컨설턴트나 팀 수퍼바이저로서 가장 주목하기 어려운 역동은 컨설턴트 팀의 역동이라는 점을 발견했다. 이러한 역동 가운데 일부는 고객 조직에서 발생하는 '평행 프로세스parallel processes'이며, 일부는 컨설턴트 조직의 역동을 구현하고, 다른 일부는 이 특정 할당 팀에 해당할 수 있다. 역동은 때로 이 세 개의 프레임이 모두 뒤엉킨 혼합물이 되며, 각 프레임은 평행으로 유지되어야 한다.

중요한 부분은 수퍼비전 프로세스에서 명확한 계약(Hawkins & Smith, 2013), 수퍼비전, 수퍼바이저가 팀 코칭을 수퍼비전 관계에 포함시킬지 또는 다른 수퍼비전 환경으로 전환될지 여부를 명확히 해야 한다. 수퍼바이저들은 단순히 팀 수퍼비전에 그치지 말고, 팀 수퍼비전 경험이 있고, 팀 수퍼비전을 훈련받은 경험이 있는 경우에만 수퍼비전하도록 권하고 싶다.

팀 코칭을 수퍼비전하기 위한 여섯 가지 맥락 모두에 적용될 수 있는 또 다른 위험은 제공된 자료의 양에 압도된다는 점이다. 과제의 본질에 따라 팀 코치는, 팀, 팀 내 개인, 대인관계 역동, 팀 운영의 조직적이고 광범위한 시스템 맥락에 대한 자료뿐만 아니라, 팀 내 개인에 대한 자료도 휴대해야 한다. 때로 팀 코치는 보유, 처리 그리고 이해하고자 하는 모든 자료에 압도당하는 느낌을 받게 되며, 이 과정에서 많은 양의 자료로 수퍼바이저를 혼란스럽고 복잡한 방식으로 압도하기도 한다. 수퍼바이저가 평행으로 혼란스러워하지 않으면서 최소한 이 프로세스에 대해 언급하는 것이 중요하다. 이에 따른 결과 하나는, 팀 내에서뿐만 아니라 수퍼비전과 팀 사이의 관계, 수퍼바이저 자신 사이에서 어떤 변화가 일어나는지, 더 깊이 있게 살펴볼 시간이 너무 적은 상태에서, 이야기 듣기에 지나치게 많은 시간을 할애하게 된다는 점이다.

팀이 아무리 듣기에 매혹적일지라도 수퍼비전에 영향을 줄 수 있는 시스템은 오직 팀 코치뿐이며 수퍼비전이 가장 큰 영향을 미칠 것이라는 점을 항상 기억해야 한다.

6단계 팀 코칭 수퍼비전 모델

이러한 역동과 복잡성을 해결하기 위해, 나는 그룹 환경에서 팀 코칭에 사용하도록 설계했지만(접근법 3b), 다른 수퍼비전 상황에 맞게 조정될 수 있는 특정 팀 코칭 수퍼비전 모델을 개발했다. 또 팀 리더의 개별 코칭에도 사용되며, 팀 리더가 자신의 팀을 더 잘 코칭할 수 있는 방법을 모색할 수 있도록 돕는다. 이 모델은 최소 분량의 필요 자료에 대한 균형 잡힌 참여를 보장하여, 다양한 수준의 역동(개인, 대인, 팀, 조직, 광범위한 시스템, 팀과 팀 코칭 의뢰인과의 관계)을 탐색한 뒤, 팀, 코칭 관계 그리고 팀 코치 또는 코치가 전환해야 할 사항을 살펴본다.

나와 내 동료인 임원 코칭 아카데미의 존 레어리-조이스John Leary-Joyce는 90명 이상의 사람들과 함께 두 차례의 워크숍을 이끌었고, 13개의 수퍼비전 그룹에서 평행으로 작업했다. 각 그룹은 모델에 따라 45분 만에 특정 팀 코칭에 대한 중요한 수퍼비전 작업을 완료했다.

1단계: 계약

이 과정은 팀 수퍼비전/수퍼바이저에게 팀 수퍼비전에서 무엇을 원하고, 무엇을 필요로 하는지 질문으로 시작한다. 이 작업은 목표를 고려하여, 다음과 같은 질문으로 가장 유용하게 수행된다.

- 고객, 팀, 고객 조직 그리고 더 광범위한 이해관계자를 위한 성공적인 수퍼비전이 되기 위해, 이 세션에서 무엇을 이루어야 하는가?
- 이 성공을 위해 수퍼바이저로서, 그리고 다른 수퍼비전 그룹 구성원들에게 가장 필요한 일은 무엇인가?

이 두 질문에서 무엇이 나오든 나머지 과정에서 주의점을 알려주어야 한다. 이 프로세스는 세션의 계약상 목표, 해결 방법 그리고 충족 방법을 다시 확인함으로써 마친다.

2단계: 장면 설정

수퍼바이저는 팀 코치에게 1분 이내에 자신이 어떤 팀과 협력하고 있는지, 그리고 팀에 대한 필수 상황별 자료를 말하도록 요청한다.

3단계: 역동 탐색

팀 코치는 큰 (A2) 용지를 가지고 각 팀 구성원을 대표하는 기호, 이미지 그리고 색상을 그리도록 요청한다. 그러고 나서 이 기호와 팀 주변의 이해관계자들 사이의 연결을 그리게 한다. 이는 그림 조각의 한 형태이다 (17장 참조):

A 개인을 그린다. 상징적으로 배치하고 팀 내에서 자신의 역할을 나타내는 이미지나 기호를 찾는다(예: 흔들리는 손가락, 안경, 마술사 모자 등).

B 대인관계를 그린다. 상징이나 색상을 사용하여 팀원 간 연결의 성격을 보여준다. 강하거나 약하고, 적대적이거나 지지적인 부분은 어디인가?

C 팀 코치로서 당신이 현재 이 팀에서 어디에 위치해 있고 당신이 어떤 역할을 하는지 나타내기 위한 이미지나 도면을 넣는다.

D 이제 뒤로 물러서서 팀 전체를 바라본다. 팀의 역동성을 끌어내기 위해, 팀에 대한 은유를 찾고 '만약 이 팀에 음악, 식사, 지리적 장소 등이 있다면, 이는 무엇인가?'라고 묻는다. 또 이 단계에서는 '현재 목

표를 달성하고자 하는/필요한 희망이 무엇인가?'라는 질문을 던질 수 있다.

E 이제 팀 외부에 추가하여, 팀이 참여해야 하는 주요 이해관계자의 이미지를 그리고 이러한 각 관계의 특성을 보여준다.

F 비즈니스 생태계, 외부 PESTLE 역동 그리고 생태적 인터페이스를 포함한 더 광범위한 시스템 상황을 파악한다. 더 광범위한 시스템 환경에서 팀이 필요로 하는/원하는/희망하는 변화는 무엇이며, 팀이 원하는 변화가 되기 위해서는 어떤 변화가 필요한가?

4단계: 3자 계약과 의도를 명확히 하고, 코칭 연속체 어디에 초점을 맞춰야 하는가 결정하기

A 팀 코치는 집단 팀의 역할에 참여하도록 초대되며, 팀이 팀 코칭과 팀 코치에게 원하는 것과 필요한 것을 말한다(그룹 수퍼비전 환경에서는 다른 사람에게 역할에 개입하여 집단 팀이 말한 것을 반복하도록 요청).

B 팀 코치는 다시 팀 내 코치로 돌아와, 이 팀과 함께 일할 의향/관심/투자를 표명해야 한다(그룹 수퍼비전 설정에서는, 팀 코치의 역할을 맡을 수 있는 다른 사람이 이를 따를 수 있으므로, 실제 팀 코치는 '팀'과 '팀 코치' 사이의 대화를 들을 수 있다).

C 이후, 코치는 옆으로 이동하여 팀이 존재하는 더 넓은 조직과 시스템 수준의 역할에 발을 들여놓아야 한다. 이 역할에서 코치는 팀 코칭, 팀 코치, 그리고 그 사이의 관계에서 더 넓은 조직이 무엇을 원하고,

필요로 하는가, 목소리를 내도록 초대된다. 팀 코치들은 그 활동에서 필요한 가치 창출에 관해 스스로 견해를 물어볼 수 있다. 또 팀 코칭의 프로세스와 결과에 계속 관여할 수 있는 방법에 대해서도 질문할 수 있다.

팀 코치가 새로운 통찰력을 발견하는 순간은 때때로 이 광범위한 시스템의 역할에서이다.

5단계: 팀과 팀 코치에 필요한 전환 개발

팀 코치는 처음 네 단계에서 발견한 내용을 토대로 다음 질문에 답하도록 권장한다.

A 모든 이해관계자의 열망을 충족하기 위해 팀에 필요한 변화는 무엇인가?
B 코치와 팀 사이의 관계에서 요구되는 변화는 무엇인가?
C 코치 자신에게 필요한 변화는 무엇인가? 코치가 고객에게서 보고자 하는 변화는 무엇인가?
D 구체적인 약속은 무엇인가?

이 프로세스에서 팀 코치가 구현된 학습으로 전환할 수 있는 촉진이 중요하다(Hawkins & Smith, 2020; Hawkins & Presswell, 2018). 이는 코치가 다음에 팀을 만날 때 사용해야 할 가장 중요한 대사를 리허설하거나, 자기 내면의 역동성을 전환하기 위해 적절한 감정 상태를 찾아 재정의하기를 포함한다.

6단계: 검토

계약으로 돌아가 세션에서 가장 도움이 된 내용과 자신의 일과 학습에 더 도움이 될 수 있었던 모든 시도를 수퍼바이저와 확인하는 수퍼비전 마무리도 중요하다. 또 고객 팀과 이해관계자들이 수퍼비전을 지켜봤다면, 무엇을 보고, 어떤 과제를 중요하게 생각했는지 살펴본다. 수퍼바이저, 수퍼바이지, 수퍼비전 그룹이 자신이 한 일을 확인하고 팀 코칭에 대한 집단적 수용력을 지속해서 학습하고 향상하는 것이 중요하다.

프로세스의 변동성

이 단계 모델은 이 장의 앞부분에 언급된 여섯 가지 수퍼비전 맥락에서 모두 사용되었다.

개별 수퍼비전이나 같은 팀과 함께 일하는 공동 코치를 동시에 수퍼비전할 때, 수퍼바이저와 수퍼바이지 모두 탐색 단계로써, 의자에서 일어나 수퍼바이저가 그림 조각을 그리도록 지원하며, 팀에 말하기 위해 다른 위치로 이동하는 것이 도움이 된다. 수퍼바이저 스스로 협력 단체와 함께 일하는 팀으로 들어가 정서적 삶을 경험하고, 더 구체적으로 몰입할 기회가 많아지면, 더욱 활기차고 구체화된 학습이 이루어진다.

그림자 컨설팅에서 이 모델을 사용할 경우, 3단계 E, F에 더 많은 시간을 할애하여 이 팀과의 작업이 전체 조직개발 과제와 어떻게 적합한지 살펴보는 것이 중요하다. 또 프로세스가 끝날 때 우리는 더 넓은 시스템 이해 학습에 시간을 보낸다(조직 학습 방법에 관한 자세한 설명은 Hawkins, 2012 참조). 나는 다음 네 가지 질문으로 이를 해결한다.

- 이 팀은 더 넓은 조직의 전략과 개발 여정에 대해 얼마나 잘 코칭하고 있는가?
- 우리가 이 팀에서 주목할 문화적 패턴은 무엇인가?
- 우리가 조직 내 다른 곳에서 발견한 문화적 패턴과 어떻게 유사하고 어떻게 다른가?
- 처음 세 가지 질문에 대한 답변은 이 팀, 조직, 그리고 더 광범위한 시스템 내 다른 곳과의 작업을 어떻게 설명하는가?

팀 조각하기

모델의 또 다른 변형은 '팀 조각하기'이다. 이는 사용 가능한 시간이 있고 적절한 교육을 받은 경험이 있는 수퍼바이저가 있다면, 어떤 환경에서든 사용할 수 있는 방법이다. 이 접근은 사이코 드라마와 소시오 드라마의 창시자이자 지그문트 프로이트와 동 시대인인 모레노Moreno의 연구에서 발전되었다. 모레노가 지그문트 프로이트를 만났을 때, 고향인 빈을 떠난 지 한참 뒤에, 이렇게 말했다. '프로이트 씨, 당신은 사람들의 꿈을 분석한다. 나는 사람들에게 다시 꿈을 꿀 수 있는 용기를 준다.' '팀 조각하기' 접근 방식은 다음과 같다.

- **1단계**: 팀 구성원을 그리는 대신 수퍼바이저는 수퍼비전 그룹의 구성원을 활용하여 서로 다른 팀 구성원 역할을 한다. 팀 구성원은 팀의 중앙과 서로에 대해 상징적으로 배치된다. 이후 수퍼바이저는 그룹 구성원에게 그룹 내에서 자신의 방식을 나타내는 포즈를 취하는 방법을 보여준다. 모든 주요 팀 구성원을 배치한 후, 수퍼바이저는 팀 코치로 자신을 대표할 수 있는 적절한 위치에 배치할 사람을 선택한다. 이러한 상황은 때로는 팀 상황을 잘 표현해주기도 한다.
- **2단계**: 수퍼바이저는 각 지정된 팀 구성원과 팀 코치로 발언한다. 팀원의 어깨에 손을 얹고 그 사람이 이 팀에서 느끼는 바를 말하게 한다.
- **3단계**: 팀 구성원 가운데 한 명으로 등록된 각 사람은 다음과 같이 시작되는 진술문을 말하도록 초대된다. '내가 알고 있고 느끼는 것은 그룹의 이 위치이다.'
- **4단계**: 모든 구성원은 그룹 내에서 어떻게 다른 위치로 이동하고 싶은지, 그리고 그러한 이동이 자신에게 어떤 영향을 미치는지, 그리고 다른 구성원에게서 무엇이 필요한지 탐색할 수 있는 기회가 주어진다. 예를 들어, 그룹의 외부에 조각된 한 사람은 이상적으로 그룹의 중간에 있고 싶다고 말할 수 있다. 이러한 욕구를 표현하면, 중앙으로 이동하는 자신만의 방법을 찾고, 그 변화가 자신과 다른 팀에 어떤 느낌인지 보게 될 것이다.
- **5단계**: 팀 밖에 앉아 있는 사람들은 '만약 이 그룹이 가족이라면, 어떤 종류의 가족이 될 것인가? 누가 어떤 역할을 맡게 되는가? 만약 국가, 놀이, 스포츠, 텔레비전 프로그램 등이었다면, 이는 무엇이었는가? 누가 어떤 역할을 하고 어떤 거래를 할 것인가?' 그룹은 자신만의

프레임을 시험해보기가 가능하다. 음식, 동물, 날씨, 교통수단, 신화, 셰익스피어 연극 등 셀 수 없이 많은 가능성이 있다.
- **6단계**: 수퍼바이저가 팀과 관련된 주요 이해관계자를 대표하는 다른 사람을 배치하고 이 광범위한 시스템의 구성원에 대해 2단계와 3단계를 반복하여 조각품을 더욱 개발할 수 있다.
- **7단계**: 의자는 조각된 전체 시스템을 볼 수 있는 적절한 위치에 놓는다. 그룹 구성원들은 돌아가면서 의자에 서서 눈을 감고 뜨면서 전체를 목격하고 충격을 느끼도록 초대될 수 있다. 그리고 '내가 이 시스템의 창조적인 코치라면…'이라고 말한다. 다른 사람들의 반응을 들은 수퍼바이지는 의자에 서서 자신의 입장에 서보도록 요청받을 수 있다. 수퍼비전 결과 그들이 무엇을 다르게 할 것인지 약속을 진술한다. 그러면 그 사람은 자신이 하는 역할에서 사람들이 어떻게 반응하는지 듣는다.
- **8단계**: 그러한 모든 기술들과 마찬가지로 다른 사람들을 연기하는 사람들의 역할을 제거하는 방법 사용이 중요하다. 가장 자주 사용되는 방법은 각 사람을 초대하여 그들이 역할을 한 사람과 같은 한 가지 방식과 매우 다른 두 가지 방식을 말하도록 하는 일이다.

17장에서는 팀 전체를 코칭할 때, 팀 조각 라이브 사용 방법에 관해 설명한다. 호킨스Hawkins와 프레스웰Presswell(2018)은 사이코 드라마, 소시오 드라마 그리고 시스템 컨스텔레이션을 포함한 구현된 기술 사용하기에 더 완전히 탐구한다(Whittington, 2016 참조).

6단계 프로세스 예시

나는 대형 소매업체의 인사팀 세 명과 함께 앉아 있었다. 우리는 리더십 팀의 일원이자 가장 성공적이고 역동적인 브랜드의 팀을 이끌어갈 책임이 있는 세 사람 중 한 사람을 돕기 위해 있었지만, 그 팀은 어떻게 하면 비즈니스를 한 단계 도약시킬까 고민하고 있었다.

내가 그녀에게 팀에 대해 간단히 말해주기를 부탁했을 때, 그녀는 우리에게 모든 사항을 말하려고 애쓰는 동안, 나를 포함해서 듣는 사람들 모두가 그녀에게 에너지가 빨려 들어감을 느꼈다. 5분도 안 되어, 나는 그녀의 말을 중단시켰고, 최고 팀 회의가 또한 어떤 것인지 궁금하여 큰 소리로 물었다. '과잉 보고로 죽음에 이를 정도로 에너지가 부족한 상태인가요?' 그녀의 깊은 한숨이 그 평행 상태를 확인해주었다.

팀에 관한 이야기보다, 나는 그녀에게 팀과 이해관계자들, 그리고 그 관계를 이 그림 조각을 통해 무엇이 변화해야 하는지 살펴보도록 초대했다. 새로운 연결고리가 보고서에서 나오고 해결해야 할 패턴이 결정되면서 그녀의 에너지는 증가했고 사무실은 흥분으로 가득 찼다.

그녀는 팀장에게 직접 사진을 찍어 달라고 부탁하고 떠났다.

6단계 관리 프로세스에 대한 반영

6단계 프로세스는 호킨스와 스미스Smith(2013)가 요약하고, 3장에 코칭 프로세스로 설명되어 있는 CLEAR 수퍼비전 모델을 기반으로 둔다.

- 계약contract
- 경청listen
- 탐색explore
- 행동action
- 검토review

이 모델은 수퍼비전이 항상 계약하기로 시작하여, 수퍼바이저가 제시하는 상황에 깊이 귀를 기울인 다음, 새로운 행동으로 옮기기 전 제시된 문제를 탐색하는 다른 방식으로 이동해야 하며, 검토가 끝나야 함을 제안한다. 듣기 단계에서는 팀 코칭 세션 전후에 팀 코치, 팀 구성원 그리고 팀 모두에게 일어나는 일에 대해 말하기, 말하기 없는 대화 듣기가 중요하다(Clutterbuck, 2011; Hodge & Clutterbuck, 2020).

이 6단계 팀 코칭 수퍼비전 모델에서, 나는 탐색 단계를 위한 두 가지 단계를 만들었다. 하나는 팀과 팀의 시스템 맥락을 탐구하는 단계이고, 다른 하나는 팀, 코치 그리고 후원 기관 사이의 관계 분야를 탐구하는 단계이다. 첫 번째 탐색 단계는, 코치가 뒤로 물러서서 다양한 렌즈를 통해 함께 일하는 팀을 검토할 수 있도록 한다. 반면, 두 번째 탐색 단계는, 코치가 팀 코칭의 삼각 관계에서 다양한 역할에 발을 들여놓도록 장려한다.

이 모델은 또한 내 '수퍼비전 일곱 눈 모델even-eyed supervision model'로 알려졌다(Hawkins, 2010; Hawkins & Smith, 2006, 2013; Hawkins & Schwenk, 2011; Hawkins & McMahon, 2020). [그림 16.1]에 표시된 이 모델은 지난 35년 동안 개발되었으며, 현재 세계 여러 지역의 많은 활동에서 널리 사용되고 있다. 이 모델은 수퍼비전이 일곱 눈을 통해 어떻

게 다르게 초점을 맞출 수 있는지 보여준다. 이 모델의 목적은 수퍼비전에 초점을 맞추는 다양한 영역의 완전한 범위, 필요한 스타일의 범위를 제공하는 데 있다. 이는 사물들이 어떻게 연결되고 상호 연관되며 행동을 주도하는 방식이 될 수 있는가에 대한 시스템적 이해를 기반으로 둔다. 코치의 시스템 맥락이 코칭 관계에서 반영될 수 있는 방법과 수퍼비전 관계에서 코칭 관계의 역동 관계가 어떻게 반영될 수 있는가 보여준다. 아래 제시된 내용은 수퍼바이저와 수퍼바이지가 주고받는 수퍼비전을 검토하는 데 유용하며, 수퍼비전 실행의 확장 방법을 발견하는 데 도움되는 일곱 가지 영역 또는 모드이다.

[그림 16.1] 수퍼비전 일곱 가지 모드

모드 1. 고객 팀

여기서 초점은 팀과 코칭에 가져온 문제의 내용, 그리고 조직의 광범위한 문제에 맞춰져 있다. 여기에는 팀이 도움받고자 하는 문제뿐만 아니라 이러한 문제를 제시하고 프레임화하는 방법도 포함된다.

모드 2. 팀 코치의 개입

여기서 초점은 팀 코치가 수행한 개입과 사용할 대안적 선택에 맞춰져 있다. 또 코치가 개입하여 각각의 영향이 가능한 대안을 탐색하려는 상황에 초점을 맞춘다.

모드 3. 코치와 팀의 관계

여기서 초점은 문제 해결자, 중개자, 옹호자 등 팀 코치가 무의식적으로 어떤 역할을 하도록 요청받고 있는지, 코치와 팀이 함께 만들어내는 관계에 맞춰져 있다.

모드 4. 코치

여기서 초점은 팀의 이슈와 고객 시스템의 역동성에 의해 고객들에게서 다시 자극 받기, 그리고 팀의 표면 아래에서 일어나는 일과 코칭 관계를 제시하는 도구인 수퍼바이저 자신들에게 맞춰진다. 때로는 두 명 이상의 팀 코치가 한 팀과 함께 일할 수 있으며, 모드 4에서는 코치들 사이의 역동 관계 살펴보기가 필수이며, 이는 함께 일하는 팀의 역동 관계와 어떻게 유사한가, 어떤 영향을 미치는가 살펴보는 일은 중요하다.

모드 5. 수퍼비전 관계

여기서 초점은 수퍼비전과 팀 코치 사이의 실제 관계에 있다. 초점은 수퍼비전이 무의식적으로 팀과 더 넓은 시스템으로부터의 수용과 수퍼비전과 관계에서 어떻게 전개될 수 있는지를 포함할 필요가 있다. 때때로 코치는 무의식적으로 고객 팀이 팀 코치를 대했던 비슷한 방식으로 수퍼바이저를 대할 수 있다.

모드 6. 수퍼바이저의 자기 반성

여기서 초점은 수퍼바이저가 코치에 대해 '지금 현재'의 경험과 코치에 대한 수퍼바이저의 반응, 그리고 제시된 자료에서 코치/팀/코치 관계에 관한 배우기에 맞춰져 있다.

모드 7. 더 넓은 맥락

여기서 초점은 코칭이 이루어지는 조직, 사회, 문화, 윤리 그리고 계약적 맥락에 맞춰져 있다. 여기에는 고객 조직과 그 이해관계자, 코치의 조직과 그 이해관계자, 수퍼바이저의 조직이나 전문적 네트워크 등 초점을 맞추는 프로세스에서 더 광범위한 이해관계자 그룹에 대한 인식이 포함된다.

시스템 팀 코치와 컨설턴트 팀의 수퍼바이저를 교육할 때, 나는 이 모델을 확장하여 고객 팀과 이해관계자들 사이의 관계인 세 번째 원을 포함시켰다. 이는 탐색할 수 있는 세 개의 '눈' 또는 잠재적 렌즈를 제공한다([그림 16.2] 참조).

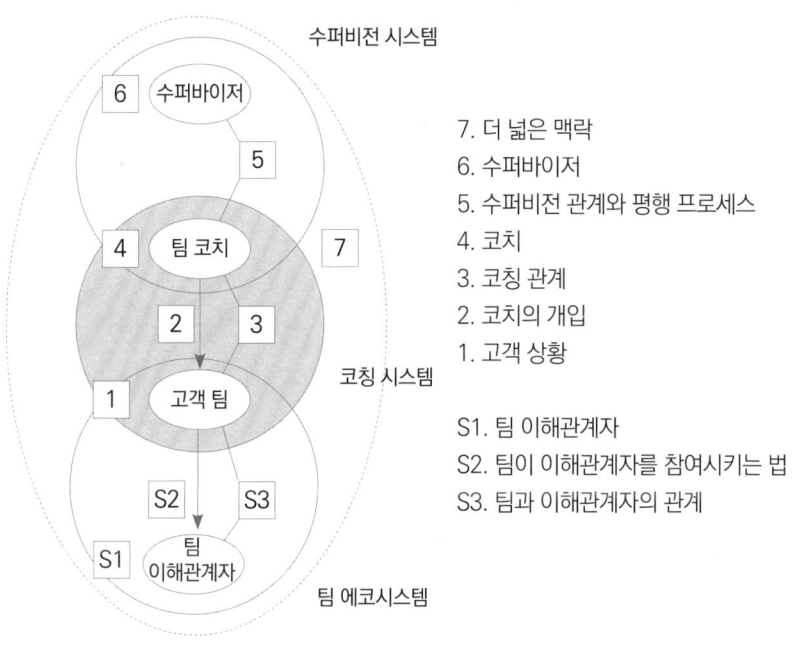

[그림 16.2] 수퍼비전의 10가지 모드

모드 S1. 팀의 이해관계자

S1에서 초점은 팀이 서비스해야 하는 팀의 모든 이해관계자에 맞춰진다. 여기에는 최소한 고객, 공급업체, 직원, 투자자, 팀이 보고하는 투자자, 규제 기관, 팀과 조직이 운영되는 커뮤니티, 팀이 끌어오고 영향을 미치는 자연 환경이 포함된다. 이는 이해관계자들의 시스템적 요구와 이 특정 팀에 대한 인식 조사를 포함하는데, 팀을 '내부'가 아닌 '외부'에서 보게 된다.

모드 S2. 팀이 이해관계자와 함께 사용하는 개입과 참여 프로세스

이 모드에서는 팀이 모든 이해관계자와 어떻게 관계를 맺고 '연결'하는가에 초점을 맞추며, 이해관계자가 눈치를 채거나, 채지 못하는 이해관계자와 관련된 고정된 가정과 전제, 편견 그리고 사각지대에 초점을 맞춘다. 나는 때로는 팀이 무시하고 파티에 초대하지 않을지도 모르는 이해관계자 '13번째 요정'에 대해 어느 정도 주의를 촉구한다(동화 '잠자는 숲속의 미녀'에서처럼).

모드 S3. 팀과 다수의 이해관계자 사이의 역동 관계

이 모드에서 초점은 팀과 이해관계자의 맥락 사이에 역동적인 관계, 춤이 은유적으로 탐색되고 밝혀지는 방법에 맞춰진다. 예를 들어, 팀은 이해관계자에게 포위된 것처럼 행동하는가? 아니면 정보 제공과 교육이 필요한 외부인이나 통제 그리고 관리해야 할 자원으로 취급하는가? 이 렌즈를 탐색하면서 팀과 팀 코치 사이의 관계(모드 3), 팀 코치와 수퍼비전 및/또는 수퍼비전 그룹 사이의 관계(모드 5)에서 이러한 역동적인 프로세스가 어떻게 반영되는지 확인할 수 있다. 또 팀이 더 넓은 시스템을 위해 어떤 역할을 수행하는지, 그리고 더 넓은 조직 역동의 일부로서 어떤 역동을 수행하고 있는지 알게 된다.

10가지 모드 모두 사용

코칭 상황을 탐색하는 과정에서, 수퍼바이저가 코치와 대화하는 10가지 작업 모드 가운데 하나를 주로 사용하는 방식에 갇혀 있는 경우가 많다는 점을 알게 되었다. 일부는 팀과의 상황에 전적으로 초점을 맞추고 유사 객관성(모드 1)을 채택한다. 다른 코치들은 수퍼비전이 이전에 사용한 것보다 더 나은 개입을 개발하는 것으로 수퍼비전 역할을 본다(모드 2). 이는 때때로 코치가 부적절하다고 느끼거나 이전에 시도했던 것처럼 이렇게 제안했던 개입이 쓸모없음을 보여주기로 결심하게 할 수 있다. 다른 코치들은 팀의 문제가 전적으로 자신의 병리(모드 4) 때문이라고 느끼며 수퍼비전을 떠났다고 알려졌다.

 과정의 한 가지 측면에만 초점을 맞추는 '외눈박이 비전'은 항상 부분적이고 제한된 관점을 이끌어낼 것이다. 이 모델은 동일한 상황을 다양한 관점에서 바라보며 중요한 주관성을 만들도록 탐색에 참여하는 방법을 제안한다. 여기서 하나의 관점으로서 주관적 인식은 다른 주관적 자료에 의해 평가되어, 객관성이 아닌 주관적 타당성을 적절히 달성하게 된다.

각 수퍼비전 모드는 숙련된 방식으로 수행될 수 있지만, 모드 사이에 이동하는 기술이 없으면 충분하지 않다. 모드별로 이동하는 가장 일반적인 순서는, 모드 1부터 시작하여 특정 팀 코칭 상황에 대해 설명한 다음, 모드 S1, S2과 S3를 선택한 다음, 모드 3과 4로 이동하여 코칭 관계와 수퍼비전 그리고 수퍼바이저의 상황을 살펴보는 것이다. 이는 코치와 수퍼비전 또는 수퍼비전 그룹(모드 5 및 6) 사이의 현재, 그리고 현재 관계를 탐색하고 더 넓은 맥락(모드 7)을 인식하도록 이끈다. 마지막으로, 새로운 통찰을 얻고, 수퍼비전 매트릭스에 변화를 준 뒤, 다음 세션에서 팀 코치가 코칭 관계에서 필요한 변화를 만들기 위해 다른 어떤 개입을 사용할 수 있는지 탐색하며, 모드 2로 관심을 다시 돌린다. 코치는 우리가 '신속한 리허설'이라고 부르는 이러한 개입을 시도할 수 있다. 우리의 경험을 근거로, 수퍼비전에서 변화가 일어나기 시작하면 코칭 관계에서 변화가 일어날 가능성이 훨씬 커진다(Hawkins & Smith, 2010, 2020 참조).

이 장 앞부분에서 설명한 팀 코칭 프로세스를 되돌아보면, 어떻게 열 개 눈 모델을 따라가는지 알 수 있다. 수퍼바이저는 모드 1, S1, S2 그리고 S3의 기술을 사용하여 2와 3단계에서 팀이 제시되는 내용 듣기로 시작하는 것이 중요하다. 이후, 모드 3의 수퍼비전 기술을 사용하여 4단계에서 코치와 팀 그리고 광범위한 조직 고객 사이의 관계와 이 특정 과제가 코치와 자신의 특정 패턴(모드 4)에 어떤 영향을 미치는지에 초점을 맞춘다. 또 수퍼바이저는 수퍼비전과 수퍼비전 그룹(모드 6), 수퍼비전 그룹과 수퍼비전 그룹(모드 5) 사이의 관계(모드 5)에 대해 수퍼비전 영향을 지속해서 파악할 필요가 있다. 수퍼바이저는 모드 7 수퍼비전의 전 범위에서 팀에 대한 초점, 팀 코치와 수퍼비전이 관계하는 더 넓은 시스템 분야에 대한 초점, 그 사이에서 이동함을 지속해서 인식할 필요가 있다. 마지막으로, 5단계에서 수퍼비전은 모드 2 기술을 사용하여 팀 코치에 필요한 교대와 팀과의 다음 개입에 집중한다.

그룹 맥락 안에서 팀 코칭의 수퍼비전은 팀 역동(모드 1)과 수퍼비전 그룹(모드 5)의 평행에 특히 일반적으로 적용된다. 이는 수퍼비전 그룹의 다른 구성원들이 팀 역동의 매우 다른 측면을 포착하거나, 팀 내 다양한 부분이나 개인 사이에서 편을 들거나, 심지어 팀 내에서 또는 팀과 이해관계자들 사이에서 명백하거나 암묵적으로 일어나는 갈등을 연기할 수도 있다(모드 S3). 이러한 상황이 발생할 경우, 팀 역동을 더 완전하게 이해하는 서비스(모드 1) 또는 더 광범위한 시스템 충돌(모드 S1과 7)을 인식하고 사용하는 것이 중요하다.

결론

나는 팀 코치들을 수퍼비전하는 매혹적인 이 기술에 대해 새로운 각 훈련집단에서 끊임없이 배운다. 좋은 팀 코치나 팀 코칭 수퍼바이저가 되는 핵심은 학문적 지식이나 도구와 기술의 무기가 아니라, 타인을 위해 완전히 존재하는 인간의 능력을 개발하고 우리가 말하는 '정이 없거나 두려움이 없는 자비심'으로 행동한다는 사실을 점점 더 기억하게 된다 (Hawkins & Smith, 2013). 왜냐하면 우리가 가져올 두려움 없는 자비심은 궁극적으로 너무나 많은 업무 상황에서 만연한 두려움과 불안을 극복하게 해주며, 우리 고객들이 용기 있게 행동할 수 있는 새로운 힘을 찾게 하기 때문이다.

  이 장에서 나는 모든 팀 코치에 대한 수퍼비전 관리의 중요성을 강력히 주장했다. 팀 코치들이 아무리 경험이 많더라도, 어떤 개인도 팀 코치들이 일하는 전체 시스템을 볼 수 없을 뿐만 아니라, 우리는 그 시스템의 일부가 될 수도 있기 때문이다. 여러분이 수영하고 있는 바다를 보기는 매우 어렵다. 같은 팀에서 팀 수퍼바이저 두 명이 일할지라도, 팀의 역동과 더 넓은 시스템에 수용되어, 두 수퍼바이저의 관계가 쉽게 영향받을 수도 있고, 평행으로 행동할 수도 있기 때문에 수퍼비전은 필수적이다.

  팀 코치에 대한 수퍼비전에 이러한 요구를 충족하기 위해 우리는 더 많은 경험과 전문화된 시스템 코치 수퍼비전이 필요하며, 그 목표를 달성하기 위해서는 팀, 조직 그리고 시스템 역동을 다루는 수퍼비전에 관한 전문 교육을 제공하는 더 많은 훈련 프로그램과 과정이 필요하다. 나는 이 장이 팀 코치와 수퍼바이저들에게 CLEAR와 수퍼비전 열 개 눈 모델을 어떻게 수퍼비전하기 위해 적응시킬 수 있는지 보여줄 뿐만 아니라, 그러한 전문화된 시스템 수퍼바이저의 새로운 모델을 제공하기를 바란다.

PART 7
접근 방식, 방법, 도구 및 기술

> 만약 여러분이 사람들에게 새로운 사고방식을 가르치고 싶다면, 가르치려고 애쓰지 마라. 그 대신에, 새로운 사고방식으로 이어질 수 있는 도구를 건네라.
>
> (BuckMinter Fuller)

도구와 방법 사용에 대한 소개와 원칙

이 장에서는 여러 종류의 팀과 팀 상황을 코칭하는 데 유용한 여러 가지 방법, 도구 그리고 기술에 관해 간략히 설명한다. 이들 가운데 대부분은 특정 팀 상황과의 관련성에 관해 이전 장에서 언급되었다. 편의상 다음 네 개 장으로 나누어 정리했다.

- 17장: CID-CLEAR 모델의 첫 세 단계에서 사용할 수 있는 탐구, 발견 그리고 여정 설계 단계를 위한 방법과 도구(5장 참조):
  - 팀의 개인 그리고 대인관계를 탐색하는 데 사용할 수 있는 멘탈 측정 도구
  - 팀 평가 설문지와 360도 피드백 측정을 포함한 도구
- 18장: 팀 코칭에 사용할 수 있는 다양한 형태의 타임아웃과 개입에 관한 섹션 뿐 아니라 다섯 개 분야(6장에 요약)를 코칭하는 방법, 도구와 기술
- 19장: 팀 코칭에 대한 일반 접근법
  - PERILL
  - ORSC
  - 국제 팀 코칭
  - 팀의 장점

- 렌시오니Lencioni의 팀 기능 장애 접근법
- 팀과 함께 라이브로 작업하는 케이프 코드Cape Cod 모델
- 긍정 탐구appreciative inquiry
- 해결 중심 접근법
- 팀워크 지능
- 20장: 시스템적 팀 코칭 훈련을 받은 학생과 팀 리더와 팀 구성원 모두에게 자주 묻는 질문

팀 코칭 접근법, 모델, 도구 그리고 기법 사이의 차이 명확화는 중요하다.

- 접근 방식: 철학적 관점, 긍정 탐구, 시스템 팀 코칭을 기반으로 둔다(3장과 19장 참조).
- 프레임워크: 단순성(예: CLEAR 또는 GROW)에서 복합성(예: 다섯 가지 분야, PERILL)까지 다양할 수 있다.
- 지도: 펼쳐지는 영역을 설명하는 방법을 제공하고 a) 팀 개발 단계(4장 참조), b) 팀 리더 개발 단계(13장 참조), c) 팀 코칭 단계(5장 참조)를 계획하는 데 도움이 된다.
- 도구: 특정 목적을 위한 특정 기구(6장, 17장 그리고 18장 참조).
- 기술: 도구 또는 도구의 혼합을 적용하는 방법. 이러한 방법은 사례와 함께 이 책 전체에 설명되어 있다.

그러나 이러한 지도, 도구 그리고 기술을 공유하기에 앞서, 도구 사용에 관한 몇 가지 원칙을 고려하여야 한다. 크리스틴 손턴Christine Thornton(2010: 126-27)은 다음과 같이 일곱 가지 조언을 제시한다.

- 모든 도구는 단순히 팀이 서로 대화를 시작하는 수단이라는 점을 명심하라(위임자 또는 이해관계자와의 대화를 위한).
- 도구들은 주로 사람들이 처음에 더 안전하다고 느끼도록 도우며, 위험과 불편함을 동등하게 만들고, 어려운 피드백을 개인화하지 않으며, 팀에 목표를 향해 노력하는 느낌을 주는 구조를 제공하여 돕는다('공동의 언어 만들기').
- 타이밍과 맥락의 중요성
- 어떤 모델이라도 결국 복잡한 현실을 단순화하는 방법이기에, 우리는 이를 파악하고 이야기하게 된다. 따라서 팀이 파악하고 사용할 수 있을 정도로 간단한 도구를 선택하라.
- 도구가 이 팀의 상황에 미칠 영향에 대해 생각해보라.
- 코칭과 경영 관련 문헌을 넘어, 출처를 자세히 살펴보라. 무엇이 유용한지 까치눈을 갖고 보라. 인터넷 검색 엔진의 힘을 기억하라.
- 선호하는 도구의 라이브러리를 구축하라.

제17장
팀 코칭 방법, 도구와 기법, 질문, 발견 및 설계 단계

코칭 팀이 사용하는 모든 도구에는 장인, 때로는 예술가가 필요하다. 잘 갖추어진 도구 상자도 좋지만, 새로운 접근법에 관한 세미나 과정에 되도록 많이 참석하는 것만으로도 충분치 않다. 새로운 도구는 모든 장인이 해야 하는 일과 같이, 우리가 이미 가진 도구를 숙달된 기술의 사용법으로 배우는 일은 오히려 선입견이 된다. 결국 우리의 판단력과 경험으로 연마된 본능만이 우리가 특정한 도구를 선택하도록 이끈다.

(Christine Thornton, 2010: 125)

팀 평가 설문지와 사용 도구

팀 연결 360 TeamConnect 360

2016년 다섯 개의 규율에 기반을 두고 고가치 창출 팀 설문지(다음 링크 참조)를 토대로 개발되었다. 이 도구는 팀 구성원과 주요 이해관계자들이 팀에 대한 360도 피드백을 제공하고, 조직에서 더 효과적이고 생산적인 방법에 대한 새롭고 가치 있는 통찰을 팀에 제공하는 강력한 진단 도구이다. 팀은 팀 코치와 함께, 피드백을 받아야 하는 주요 이해관계자 그룹이 누구이며, 어떤 이해관계자 그룹 대표가 대신 설문지를 작성해야 하는지 결정한다. 이후, 적절한 안내문과 함께 이메일로 연락하여 온라인으로 설문지를 작성하도록 요청한다.

www.aoec.com/organizations/team-connect-360

고가치 창출 팀 설문지

이 설문지는 피터 호킨스Peter Hawkins가 베스 컨설팅 그룹Bath Consultancy Group과 리뉴얼 어소시에이츠Renewal Associates 동료들의 도움을 받아 캣젠바흐Katzenbach와 스미스Smith(1993b) 그리고 웨이만Wayman 등(2008)의 연구와 팀 코칭 연구에 영향을 받은 고성과 팀에 관한 연구에 기초하여 고성과 팀 책자High Performing Team Questage로 개발했다. 이후 시스템적 팀 코칭 작업이 진행되면서 업데이트되었다.

  팀 구성원은 18개 요소를 각각 1(낮음)에서 5(높음)의 척도로 채점한다.

- 5 = 팀은 다른 사람들이 이 분야에서 연구할 수 있는 역할 모델 또는 모범을 갖고 있다.
- 4 = 팀은 이를 꾸준히 잘 해낸다.
- 3 = 팀은 이를 산발적으로 잘하지만, 일관성은 없다.
- 2 = 팀은 이를 거의 하지 않지만, 그 중요성은 인식한다.

1 = 팀은 이를 잘하지도 않고, 집중하지도 않는다.

팀 구성원들은 채점지의 모든 요소([표 17.1]에 표시)에 응답해야 하며, 만점을 주는 데 팀과 구성원이 기여하는 요소에서 가장 변화해야 할 사항은 무엇인지 생각한다. 구성원들은 팀을 판단하지 않고, 팀이 발전할 수 있는 방안에 대해 개인적으로 책임지도록 보장한다.

[표 17.1] 고가치 창출 팀의 요소

규율	지표	현재 등급 1낮음-5높음	미래 등급 1낮음-5높음	미래 성과 달성 위한 개인과 팀에 필요한 변화
1. 명확한 위임	1. 팀은 더 넓은 조직과 보고하는 조직으로부터 명확한 위임과 권한을 갖는다.			
1. 위임 집단성과	2. 팀 목표를 달성하는 것은 개인 목표를 달성하는 것보다 인정받고 보상받는다.			
1. 수수료 선정	3. 팀은 필요한 보완 기술을 충분히 갖추도록 선발되었다.			
2. 목적의 명확성	4. 모든 팀 구성원은 전체적인 목적을 명확히 말하고 소유할 수 있다.			
2. 목표의 명확성	5. 팀은 효과적인 방법으로 합의된 목표를 향해 노력하고 있다.			
2. 행동의 명확성	6. 팀은 책임을 지고 후속 조치를 취하기로 약속한다.			
3. 공동 창조	7. 명확하고 공유된 작업 방식			
	8. 팀 구성원은 개인뿐 아니라 집단에게도 상호책임이 있다.			

제17장. 팀 코칭 방법, 도구와 기법, 질문, 발견 및 설계 단계

[표 17.1] 고가치 창출 팀의 요소(계속)

규율	지표	현재 등급 1낮음-5높음	미래 등급 1낮음-5높음	미래 성과 달성 위한 개인과 팀에 필요한 변화
	9. 팀은 높은 수준의 사기와 헌신을 유지한다.			
3. 회의에서 공동 참여	10. 모든 구성원이 완전히 관여하고 참여한다. 팀은 다양성을 잘 활용한다.			
	11. 성과는 개인이 스스로 도달하는 것보다 더 좋다.			
	12. 팀 구성원은 더 집중하고, 지원과 활력을 느끼며 회의에 참여한다.			
4. 직원과의 연결	13. 팀 구성원은 모든 수준의 직원들을 혁신적 리더로 참여시킨다.			
4. 이해관계자와 연결	14. 팀은 전체 팀을 대표하는 팀 구성원과 모든 주요 이해관계자들과 잘 연결된다.			
4. 변화하는 환경과의 연결	15. 팀은 이해관계자 환경을 확인하고 변화하는 요구와 인식에 지속해서 연결한다.			
5. 팀별 핵심 학습	16. 팀은 정기적으로 그리고 효과적으로 자체 개발에 참여한다.			
6. 팀 구성원의 핵심 학습	17. 팀은 각 구성원들을 개발하는 데 개입한다.			
7. 피드백을 통한 핵심 학습	18. 모든 팀 구성원들이 상호 간 실시간 피드백으로 서로 응원과 도전을 제공한다.			

이후, 팀 점수를 수집하고, 각 범주에 대한 평균 점수와 범위를 시각적으로 표시한다. 팀이 현재 어디에 위치해 있는지 역량과 변화 필요성에 대한 의견 차이를 파악할 수 있다. 그 자체로 팀 토론의 창의적 초점이 된다.

또 다섯 가지 규율 각각에 대해 현재 점수에 대한 인식과 팀의 필요 부분에 대한 종합 점수를 산출한다. 이를 질문 1에서 3까지의 모든 점수를 더하고, 팀 내 인원수로 나눈 다음, 3으로 나누고 결과를 규율 1에 넣는다. 질문 4에서 6까지의 점수를 규율 2에 넣고, 질문 7에서 12까지의 점수를 규율 2에 넣어, 이번에는 팀의 인원수로 나누면 된다. 그리고 6의 결과를 3에 넣어야 한다. 13부터 15까지를 팀원 수로 나누어, 3으로 구분하고, 4로 들어가며, 마지막으로 16부터 18까지 같은 과정을 거쳐 5에 결과를 반영한다. 이를 통해, 팀은 현재 성과에 대한 열망과 인식 사이에 가장 큰 차이가 있는 부분과 팀 코칭이 가장 도움이 될 수 있는 부분에 집중한다.

[그림 17.1]은 공동 창조와 핵심 학습이 이해관계자와의 연결을 외부에 위임했을 때, 더 필요하다고 생각하는 점수에 훨씬 더 가까운 팀 사례를 보여준다. 규율은 작지만, 상당한 차이가 있다. 팀의 종합점수를 논의한 뒤, 팀의 사명 '명확화' 워크숍을 개최하고, 이사회 비임원들과 함께 탐구하여 더 나은 '위원회' 만들기 공동 세션을 가졌다. 또 공동 세션에서는 이해관계자 분석을 수행했으며, 더 나은 '연결' 계획으로 개발했다.

팀 성공에 중요한 변화가 무엇인지 합의하고 나면, 팀 구성원들은 열망과 현실 사이의 격차를 줄이기 위해, 구성원에게 필요한 행동 변화를 개별적, 그리고 집단적으로 명확히 할 수 있다.

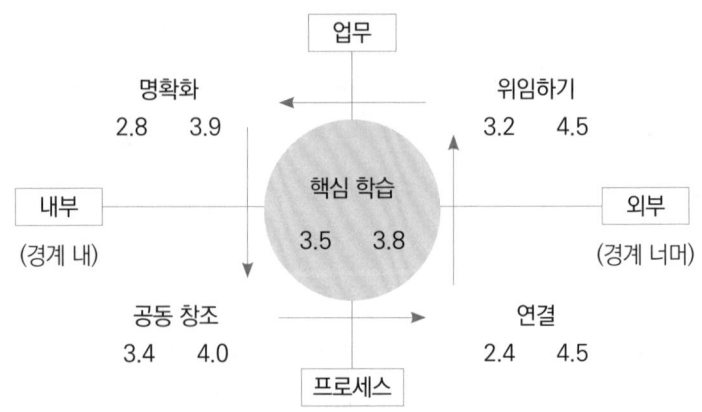

[그림 17.1] 팀 코칭 질문지 점수의 다섯 가지 규율

팀 360도 다면평가 Team 360 degree feedback

팀 구성원들을 위한 개별적인 360도 다면평가와 근본적으로 다르다. 이는 팀의 주요 이해관계자들이 팀을 어떻게 집단적으로 바라보는지에 대한 피드백을 얻기 위한 방법이다. 어떤 이해관계자가 팀에 대해 피드백을 하는지 파악하는 일이 중요하다. 다음 사항을 포함한다.

- 팀에 보고하는 직원
- 팀과 정기적으로 상호작용하는 조직의 기타 부분
- 팀이 보고하는 대상
- 고객(내부와 외부)
- 파트너, 공급업체 그리고 기타 외부 기관

- 투자자와 규제자

또 팀이 선택한 이해관계자와의 인터뷰를 통해 피드백을 수집한다. 유용한 질문은 다음과 같다.

- 이 팀에서 받은 것 가운데 가장 감사하고 가치있는 것은 무엇인가?
- 이 팀에서 받은 것 가운데 가장 실망스러운 점은 무엇인가?
- 이 팀에서 받는 것 가운데 어떤 점이 달라졌으면 좋겠는가?
- 이 팀이 귀사와 협력하는 방식에 대해 가장 고맙고 가치 있는 것은 무엇인가?
- 이 팀이 당신과 관계를 맺는 방식에 대해 가장 실망스러운 점은 무엇인가?
- 이 팀이 귀사와 협력하는 방식에서 어떤 차이를 보였으면 좋겠는가?

또 이러한 질문은 규모를 조정할 수 있으며, 이해관계자에게 자신이 받은 내용과 참여 방식에 대한 만족/불만족 점수를 매기도록 요청한다. 일반적으로 개방형 질문과 정량적 점수에 대한 정성적 답변을 수집하고, 그래프나 표에 표시하는 것이 가장 도움이 되며, 특히 개선/감소 추적이 도움이 되기 때문에 설문지를 1년 뒤에 반복해서 실행할 경우에는 더욱 그런 특성을 보인다.

기술 분석

나는 많은 조직에 '고객 피드백, 직원 태도 설문 조사, 언론 분석, 규제 기관 그리고 회사 분석 보고서, 투자자 피드백을 통해 얻은 자료를 어떻게 연결하는가?'라는 질문을 던졌다.

지금까지 나는 완전히 만족스러운 대답을 들은 적이 없었지만, 내가 물어본 거의 모든 고위 경영진은 이 부분이 중요한 질문이라고 생각했다. 한 최고 경영자는 '만약 우리가 모든 피드백을 통합할 수 있다면, 우리는 비행기와 같은 강력한 시야를 갖게 될 것이고, 이는 우리의 조직을 이끄는 능력을 변화시킬 것이다'라고 답변했다. 안타깝게도 대부분 조직에서 영업 부서는 고객 피드백을 관리하고, 마케팅 부서는 언론 분석을 관리하며, 인사 부서는 직원 태도 설문 조사, 기업 업무는 투자자 피드백을 관리하고, 재무 책임자는 분석과 규제 보고서를 관리한다.

여러 이해관계자의 인식이 결합되면, 조직의 성과와 가치 창출 변화에 대한 중요한 중간 점수를 제공한다. 1990년대에 나는 광범위한 이해관계자 입장에서 조직과 조직의 집단적 리더십에 대한 360도 다면평가 결과를 수집하고 통합할 수 있는 방법론을 개발했다.

[그림 17.2]에 설명된 프로세스는 다음 분석으로 시작한다.

a. 조직의 문헌(연간 보고서, 미션 선언문, 비전, 핵심 가치, CEO 연설 등)에 있는 모든 야심찬 서술(형용사와 서술구)
b. 다른 이해관계자에게 현재 수집된 자료에 사용된 모든 설명 내용
c. 그룹, 팀 그리고 개별 인터뷰를 통해 얻은 전략적 수준에서 현재 조

직을 참여시키고 있는 주요 과제, 딜레마와 질문

이후 다음을 포함하는 단어 검색 도구를 구축한다.

- A의 상위 기술자 15명
- B에서 가장 많이 사용되는 설명자 15개
- C로부터 얻은 핵심 주제와 딜레마를 반영하는 단어 은행에 15개의 설명이 있다.

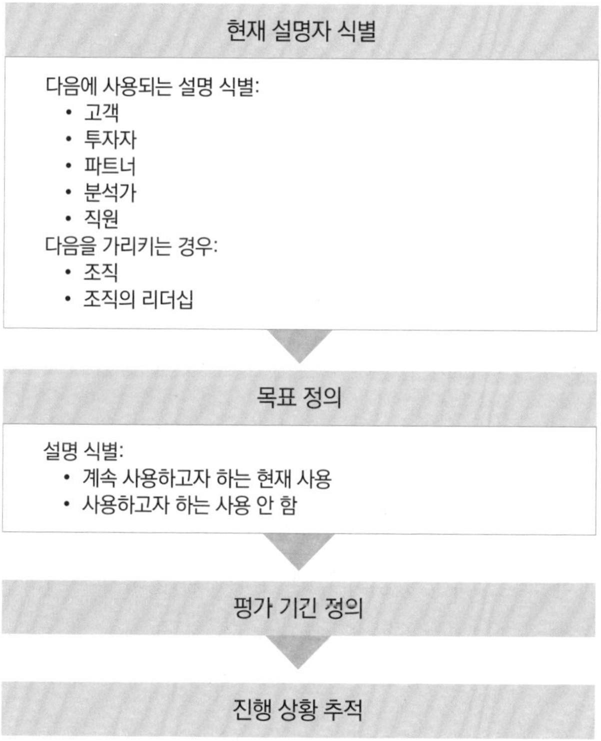

현재 설명자 식별

다음에 사용되는 설명 식별:
- 고객
- 투자자
- 파트너
- 분석가
- 직원

다음을 가리키는 경우:
- 조직
- 조직의 리더십

목표 정의

설명 식별:
- 계속 사용하고자 하는 현재 사용
- 사용하고자 하는 사용 안 함

평가 기간 정의

진행 상황 추적

[그림 17.2] 분석 과정

이 단어 검색은 확인된 모든 이해관계자 그룹의 대표에게 보낸 360도 다면평가 설문지의 일부이다. 이 질문에는 현재 조직을 어떻게 보고 있는지 가장 정확하게 반영하는 설명 세 개에 밑줄을 긋고, 현재 사용할 수 있기를 원하는 설명 세 개에 동그라미를 표시해 달라는 요청이다. 2~3년 후 조직에 대한 설명보다는, 이 '빠른 수집' 자료에서 정량화된 '리그 테이블league table'은 오늘날의 인식에 가장 해당하는 설명에 밑줄을 치고 미래에 예상되는 모습에 대한 인식을 가장 잘 나타내는 설명에 동그라미를 기입한다.

때때로 우리는 조직의 집단적 리더십을 어떻게 보는지에 대한 병렬 단어를 검색한다. 이는 조직의 변화를 이루기 전에 리더십 문화에서 변화해야 할 일이 무엇인지를 극적으로 보여줌으로써 조직의 인식이 원하는 방향으로 나아가게 한다.

결과에는 진행 상황을 정기적으로 검토하는 데 사용할 척도가 포함된다. 이는 밑줄 친 10개의 설명과 동그라미 표시된 10개의 설명으로, 현재의 모든 이해관계자 다면평가 메커니즘에 통합할 수 있는 더 짧은 단어 검색을 구축해서 이룰 수 있다.

얼마 전, 우리와 함께 일했던 영국의 한 대형 금융 기관은 '관료적, 영국식, 제도적'이란 인식에서 '선도적, 유럽식, 혁신적' 인식으로 바뀌기를 원했다. 문화 변화와 리더십 개발 과정은 이러한 변화를 창출하는 목표에 맞추었고, 이후 3년 동안, 각 이해관계자 그룹이 조직과 리더십에 대한 인식의 변화를 보고하고 있으며, 기업이 어떻게 보이기를 원하는지에 대한 비전을 향해 나아가고 있음을 확인했다.

심리적 안전 설문지

팀 코치로서, 팀 내 심리적 안전 수준에 대한 사전평가가 필요하다. 왜냐하면 이는 여러분이 선택할 접근법의 종류에 영향을 미치기 때문이다. 이미 심리적 안전도가 높은 팀에서는 훨씬 더 도전적이고 더 많은 실험을 할 수 있다. 심리적 안전도가 낮은 팀에서는 리더와 구성원 전체와 계약할 때 개방과 신뢰를 만드는 시간을 보내야 한다. 아래 설문지는 심리적 안전 수준을 평가하는 한 가지 방법이다. [표 17.2]의 각 항목에서, 1회가 아닌 경우 0점, 1회인 경우 1점, 2~3회인 경우 2점, 4회 이상이면 3점이다. 이후 항목의 경우, 강하게 동의하지 않으면 0점, 동의하지 않으면 1점, 동의하면 2점, 강하게 동의하면 3점이다.

[표 17.2] 팀은 심리적으로 얼마나 안전한가?

지난 한 달 동안, 나는	0회	1회	2~3회	4회 이상
동료에게 솔직하고 비판적인 피드백 제공을 보류했다.				
나에게 도움이 되는 제안이 긍정적으로 받아들여지지 않을 수도 있다고 느꼈다.				
동료들이 배웠을지도 모르는 실수를 인정하지 않았다.				
내 아이디어가 평가되지 않는다고 느꼈다.				
동료의 말에 화가 났다.				
'동료의 영역을 침범하는 것'을 두려워하여 언급을 피했다.				
내가 정말 모르는 걸 이해한 척 했다.				
팀이 주장한 가치와 일치하지 않는 것에 대해 침묵을 지켰다.				
동료의 실수를 눈감아 주었다.				

[표 17.2] 팀은 심리적으로 얼마나 안전한가?(계속)

지난 한 달 동안, 나는	0회	1회	2~3회	4회 이상
내가 보기에 옳지 않은 것을 지지해야 한다는 압박감을 느꼈다.				
상급자가 기분이 안 좋아 보였기 때문에 멀리 했다.				
평화를 지키기 위해 선의의 거짓말을 했다.				
모든 진실을 말하지 않았지만 문제에 직면하지 않은 것으로 의심되었다.				
내 영역 밖에서 질문할 때 고립되거나 충성스럽지 못하게 느껴졌다.				

[표 17.3] 점수

이 팀에서는	강하게 동의하지 않음	동의하지 않음	동의	강하게 동의
지위가 일을 완수하는 것보다 더 중요한 경우가 많다.				
구성원은 때로 자기 이익을 추구하기 위해 집단을 형성한다.				
리더의 말에 의문을 갖는다는 건 좋은 생각이 아니다.				
구성원들은 일반적으로 정직하고 어려운 대화를 피한다.				
충성심과 존경은 얻는다기보다 요구된다.				
사람들은 자신들이 정말로 생각하는 것이 아니라 다른 사람들이 듣고 싶어 한다고 생각하는 것을 말한다.				

[표 17.2] 설문지에 대한 매우 광범위한 지표:

50점 이상: 팀은 위험하다. 높은 수준의 스트레스가 있다. 정치가 만연해 있다.

25~50점: 심리적 안전이 부족하면, 팀의 기능 장애에 크게 기여한다.

5~25점: 팀 구성원들은 틈새를 잘 공략한다. 너무 많은 피해를 입기 전에 정직한 대화가 이루어지도록 하기 위해 충분한 호의와 공동의 초점이 있지만, 그 팀은 여전히 진정으로 개방적인 분위기의 이점을 놓치고 있다.

0~5점: 완벽한 사람은 없다! 그렇지만 팀은 목소리를 높여도 되는 환경을 만들기 위해 열심히 일한다. 구성원들은 이를 기대하고 감사해한다.

17.3점 만점에 이 점수는 0에서 24점 사이이며 15점 이상이 되면 심리적 안전이 시급한 주의가 필요함을 나타낸다. 친숙한 팀을 생각한다면, 리더가 설문지를 어떻게 작성하기를 기대하는가? 그리고 평범한 팀 구성원들은 어떤가?

공동 진단 접근법

◆ **팀 에코시스템 분석** TEAM ECO-SYSTEMIC ANALYSIS(TESA)

전통적으로 팀 코치들은 주로 인터뷰 그리고/또는 질문지, 팀 구성원들에게서 자료 수집과 조사 과정을 이미 진행하고 있다. 점차적으로 나는 팀이 운영되는 더 넓은 에코시스템 학습의 중요성을 깨닫게 됐다. 우리 팀을 포함하여 더 넓은 전환을 탐구하기 위한 간단한 프레임워크 개발이 포함되며, 아래와 같다.

a **리더십 전환** leadership transitions: 이사회나 경영진에서 리더십의 변화
b **구조 전환** structural transitions: 조직 구조 변화
c **소유 전환** ownership transitions: 조직 소유권의 최근 또는 잠재적 변화. 주요 신규 투자자로부터 인수 또는 합병 과정, 계획된 경영 매수(MBO)

또는 경영 매수(MBI) 또는 한 세대의 가족 소유권이 점차 인수되는 동안 한 세대 뒤로 물러나는 것까지 다양할 수 있다.

d **혁신**innovation: 회사 내 제품이나 프로세스의 변화, 현재 또는 예상치 못한 경쟁업체에서 오는 혁신. 돌빈Doblin(2017) 비즈니스 모델부터 제품과 프로세스, 고객 참여에 이르기까지 열 가지 유형의 혁신 지도map를 유용하게 제공한다.

e **부문 위협과 전환**sector threats and transitions: 굳이 새로운 기술 변화하는 수요, 자원 제약에 더 넓은 변화.

f **FESTLE 변화**festle change: 조직 또는 비즈니스에 영향을 미칠 수 있는 정치적, 경제적, 사회적, 기술적, 법적, 환경적 변화

이는 팀과 조직이 존재하는 환경적 틈새를 파악하기 위한 일련의 렌즈를 제공한다. 10장과 11장에서 살펴본 바와 같이, 번창하는 팀은 팀의 경계 내에 있는 것이 아니라, 더 넓은 생태적 틈새와 모든 이해관계자와 함께 가치를 창출할 수 있는 능력과의 역동적인 관계에 있다.

생태계 맥락으로의 전환은 다음과 같은 몇 가지 연결된 방법으로 확인할 수 있다.

- 팀 구성원에게 특정 질문
- 팀 이해관계자에 대한 질문
- 조직에 대한 비즈니스 언론 읽기
- 분석가 보고서 읽기
- 폭넓은 비즈니스 독서

이후, 팀이 상황별 분석을 수정, 개발 그리고 추가하도록 유도하는 방식으로 자신의 임시적인 분석 초안을 팀에서 재생하는 것이 유용하다. 따라서 팀은 고객과 함께 생태적 맥락의 풍부한 그림을 만들고, 이를 통해 집단적으로 해결해야 하는 우선순위를 강조할 수 있다.

◆ **팀 에코시스템 문화 분석**Team Eco-Systemic Cultural Analysis(TESCA)
30년 전에 내가 개발한 문화 모델은 조직이 자신의 문화를 이해하는 데 도움을 주기 위해 개발되었다(Hawkins & Smith, 2013: 109-15 참조). 팀 문화를 이해하는 방법으로 개발될 수 있다.

a. **유물**: 브랜드 서사의 변화, 팀의 핵심 가치, 팀의 의식
b. **행동 패턴**: 회의가 어떻게 시작되고 어떻게 끝나는가? 무엇에 초점을 맞추는가? 누가 말하고 누가 말을 거의 하지 않는가? 누가 말을 하고 누가 말을 듣는가? 조치가 취해지고 있는가? 회의 사이에 구성원들이 어떻게 연락을 유지하는가? 행동에서 우선시되는 것은 무엇인가?
c. **마인드셋**: 팀이 이슈를 구성하는 방법은 무엇인가? 그 팀이 운영하는 불문율에는 어떤 것들이 있는가?
d. **집단적 감정적 근거**: 팀의 감정적 리듬은 무엇인가? 회의 시작과 종료, 회의 사이에 팀 내에서 어떤 느낌을 갖는가?
e. **동기부여의 근원**: 팀이 모두 전념하는 집단적 목적은 무엇인가? 회사의 목적과 일치하는가? 무엇이 팀에 동기를 부여하고 활력을 불어넣는가? 구성원들의 신화와 가치관은 무엇인가?

인과 계층 분석 casual layered analysis(CLA)

내 문화 모델은 소하일 이나야툴라 Sohail Inayatullah가 개발한 인과 계층 분석과 유사하다(Lustig, 2015: 116-19 참조). 그 최고 수준은 리타니 Litany라고 불리며, 팀이 자신과 타인에 대해 스토리텔링하는 이야기와 작품(내가 예술이라고 부르는)에 초점을 맞춘다. 이 아래에 (내가 행동 패턴이라고 부르는) CLA는 시스템과 기관을 부른다. 세 번째 단계는 '세계관'이다. 내가 마인드셋이라고 부르는, 팀의 지배적인 사고방식, 그리고 구성원들이 무슨 일이 일어나는지 인식하는 렌즈이다. 가장 깊은 수준인 신화와 은유는 동기부여의 근원 수준과 같다. 루스팅 Lustig(2015:122-25)은 리더십 팀에 모델을 적용하는 유용한 예시를 제시한다. CLA는 집단 정서적 근거에 대한 수준이 없으며, 우리가 접근하기에 매우 중요하다고 본다(Hawkins & Smith, 2017 참조).

정신력 측정 도구 psychometric instruments

팀들이 각 구성원의 다양한 성격 유형, 선호, 세계관을 이해하는 데 도움을 주는 유용한 정신력 측정 도구들이 많이 있다. 여기 팀 코칭에 널리 사용되는 몇 가지가 있다.

◆ MYERS-BRIGS 유형 목록

이는 선발과 평가를 위해 조직, 개인 그리고 팀 코칭에 사용된다. 팀 코칭 측면에서 MBTI는 갈등을 겪고, 동료 팀원들의 대처와 작업 방식이 전반적인 생산성을 저해한다고 보는 팀을 돕기 위해 사용된다. MBTI 점수에 대한 팀 분석은, 팀이 차이를 긍정적으로 사용하는 데 도움이 되는 방법으로 프레임화된다.

리더십 팀 대부분 구성원은 스스로 MBTI 점수의 간단한 글자 네 개는 알고 있다. 1950년대 마이어스 브릭스 모녀 팀의 연구를 근거로, 이는 성격 유형에 대한 통찰에 기반을 둔다. 개인의 선호도를 4차원의 성격 특성에 따라 제시하여, 16가지 성격 유형으로 구성된 4박스 시스템을 만들었다.

- 내향성 - 외향성
- 감각 - 직관
- 사고 - 감정
- 판단 - 지각

각각의 차원은 당신의 선호도에 따라, 당신을 16개의 지배적인 성격 집단 가운데 하나에 위치시킨다(모델에 대해 탐구할 수 있는 더 복잡한 깊이가 있다는 점에 유의해야 한다). 각 팀 구성원의 성격 유형을 그룹 내에서 공유할 수 있으며, 팀 코치는 팀 구성원들이 어떻게 하면 같은 문제와 서로를 매우 다르게 볼 수 있는지, 그리고 그로 인해 팀원들이 서로 차이점을 더 존중하고 더 나은 활용 방법을 찾을 수 있게 도울 수 있다. 도움을 주는 한 가지 방법은 개인의 자연스러운 선호가 어떻게 개인적 반사 반응을 일으키는지 명확하게 하기이다. 이러한 개인적 반사 반응은, 일반적으로 이해보다는 팀 내 갈등을 악화시킨다. 팀 코치는 팀 내에서 어떤 선호도가 풍부하고, 또 어떤 선호도가 결여되어 있는지를 보여주면서, 그러한 편견이 의사소통, 의사결정 또는 문제 해결과 같은, 팀 성과의 중요한 영역에 어떤 영향을 미칠 수 있는지를 팀이 탐구하도록 돕는다. 몇몇 대형 팀에서는, 바닥에 좌표를 그리고, 팀원들에게 지도에서 자신의 위치를 찾도록 요청했다. 팀원들의 성격 유형을 공유하는 팀과 함께, 우리는 팀원들에게 토론하고 이를 공유하도록 요청한다.

그룹:

- 팀원들의 작은 집단을 구별하기
- 다른 팀원들이 자신을 알아주길 바라는 사항
- 다른 팀원들이 자신에 대해 가장 자주 오해하는 사항
- 팀원들이 자신의 특색을 가장 잘 활용할 수 있다고 생각하는 방법

공간 매핑의 유용성은, 팀이 가장 지배적으로 가진 성격 유형과 부족한 성격 유형을 명확히 한다는 점이다. 유형론을 이해하는 팀 구성원을 초대하여. 누락된 성격 유형을 나타내는 공간에 들어가 해당 관점에서 팀을 어떻게 볼 것인지 설명한다.

나는 나를 제외한 거의 모든 팀원이 외향적이고, 직관적이며, 느낌과 지각하는 유형을 지닌 컨설턴트 팀에서 일한 적이 있다. 오직 팀장만이 감각과 판단 차원을 선호했다. 이 훈련은 팀원들이 앉아서 문제를 보는 다른 방법들을 끝없이 토론하지만, 결코 구체적인 결론에 도달하지 못한다는 점이 팀장에게는 얼마나 격분할 만한 일인가 깨닫게 했다. 팀원들이 어떤 사항을 결론 지을 때에도, 때로 결정을 다시 하는 경향이 있다.

호킨스Hawkins와 프레스웰Presswell(2018)은 팀이 팀의 마이어스-브릭스 맵

Myers-Briggs map을 그리고 집단적으로 부족한 관점을 탐색할 수 있는 전체적인 구현 접근법을 사용한다.

맨프레드 케츠 드 브리스Manfred Kets de Vries(2006)의 '개인성 검사personal audit'와 '나선형 역동spiral dynamics'(Beck & Cowan, 1996)을 포함해, 사용할 수 있는 다른 성격 유형 목록이 있다.

◆ **리더십 스타일 목록**

다양한 리더십 스타일을 진단하는 도구가 많이 있다. 팀의 다양한 리더십 스타일을 탐색하는 데 유용한 몇 가지 요소는 다음과 같다.

- **상황적 리더십**(Hersey & Blanchard, 1977)은 업무 그리고 관계 차원과 관련하여 리더의 선호도를 탐구한다.
- **갈등 스타일 목록**(Thomas & Kilmann, 1974)은 갈등에 관한 다양한 접근 방식과 대응을 살펴본다.
- **글로벌 경영 리더십 목록**(Kets de Vries, 2006)은 리더십 행동의 12가지 차원에 대한 자체, 360도 피드백을 제공한다. 비전, 권한 부여, 에너지 부여, 설계 그리고 조정, 보상과 피드백, 팀 구축, 외부 오리엔테이션, 끈기, 글로벌 마인드, 정서지능, 스트레스와 삶에 대한 탄력성이 포함된다.
- **리더십 참여 수용력**(Hawkins & Chesterman, 2006)은 리더가 팀 내 그리고 이해관계자 커뮤니티 전반에 걸쳐 광범위하게 타인과 협력할 수 있는 개인적 역량을 살펴보도록 지원하는 자체, 동료 평가 도구이다. 이는 12장에 기술된 관계 참여 수용력에 기초를 둔다.

켓츠 드 브리스(2006: Chapter 11)는 팀 내 그룹 코칭 맥락에서 글로벌 경영 리더십 목록과 개인성 검사에 기반을 둔 360도 다면평가를 사용하는 좋은 사례 연구를 제공한다. 여기서 각 팀 구성원은 목록 피드백을 공유하고, 다른 팀 구성원들이 여기에 어떻게 대응했는지 듣고 논의한다. 팀 구성원들이 어떻게 역할, 팀, 그리고 조직에 대해 기여를 발전시킬 수 있었는지, 켓츠 드 브리스는 팀 내 그룹 코칭의 이점을 설득력 있게 주장한다. 팀 구성원은 개인별 목록과 360도 피드백을 공유한다.

> 구성원들이 서로 더 잘 알게 될 때, 서로의 리더십 스타일을 이해할 때, 서로의 역량에 대한 좋은 감각을 가질 때, 서로 일의 본질을 이해할 때, 구성원들은 서로 신뢰할 가능성이 더 커진다. 코칭 워크숍의 과도기적 공간에서는 구성원들이 마음을 열고, 자신을 선점하는 이슈를 이야기하며, 정보를 공유하기 시작한다. 구성원들은 빙빙 도는 것을 멈추고, 정치하려는 태도를 멈추고, 서로 지지하기 시작한다.
>
> (Kets de Vries, 2006: 299)

팀 구성원의 그룹 코칭은 팀 코칭의 좋은 전주곡인 경우가 많은데, 이는 팀 구성원들이 서로 이해하고, 자기 요구가 인식되었다고 느끼며, 이에 앞서 팀과 더 넓은 시스템에 집중하기 때문이다.

◆ **벨빈**Belbin **팀 역할 분석**

1970년대에, 헨리 경영대Henley Management College의 메르디스 벨빈 박사Dr. Meredith Belbin와 연구팀은, 어떤 팀이 다른 팀보다 더 잘할 수 있게 만드는가 확인하기 위해 팀 성과를 연구하기 시작했다. 연구에서 벨빈은 나중에

'아폴로 증후군'이라고 부르는 현상을 발견했다. 이는 '경영 실습'이라고 불리는 일을 수행할 때, 임원 교육 프로그램에 대한 소규모 신디케이트 그룹의 성과를 연구한 데서 비롯되었다. 가장 높은 점수를 받은 사람들로 '아폴로 그룹'이라 불리는 그룹을 구성하여 실험했는데, 놀랍게도 이 팀들은 더 평균적인 능력을 가진 그룹들과 경쟁할 때, 평균보다 더 나쁜 성과를 보인다는 현상을 발견했다. 연구가 진행됨에 따라, 팀의 성공과 실패의 차이는, 팀 구성원의 조합이 도움되는 행동의 균형을 잘 유지하는 팀과 가장 관련이 있음이 밝혀졌다. 벨빈은 각각 별개의 팀 기여 또는 '팀 역할'을 형성한 다수의 개별 행동 분류기준clusters을 식별했다.

벨빈은 팀 역할을 다음과 같이 정의한다.

> 한 팀 구성원이 다른 팀 구성원과 상호작용하는 방식으로 특징 지어지는 행동 패턴. 그 성과는 팀 전체의 발전을 촉진하는 역할을 한다.
>
> (Belbin, 2004: 191)

추가적인 연구는 개인들의 각기 다른 팀 역할을 제시하였다.

◆ **아홉 팀의 역할**
- **기획자**plants: 기획자들은 매우 창의적이고 파격적인 방법으로 문제를 해결하고, 팀에 신선하고 독창적인 사고를 제공하는 경향이 있다.
- **모니터링 평가자**monitor evaluators: 논리적인 안목을 제공하고, 필요한 경우 공정한 판단을 내리고, 팀의 선택 사항을 냉정하게 평가한다. 또한 제안을 수행할 자원이 있는지 조사함으로써 유용한 현실 확인을 제공한다.

- **코디네이터**coordinators: 원래 '의자'라고 불렸는데, 이는 코디네이터가 팀 목표에 초점을 맞추고 팀원을 이끌어내고 업무를 적절히 위임하기 때문이다.
- **자원 조사자**resource investigators: 외부적 초점을 제공하고, 계획을 뒷받침할 수 있는 아이디어, 인력 그리고 시장 기회 측면에서 자원을 파악한다.
- **구현자**implementers: 아이디어를 선택하여, 프로젝트 계획, 위임, 명확한 목표 그리고 시간표를 통해 구현한다.
- **마무리 작업자**completer finishers: 작업을 끝까지 볼 수 있는 끈질긴 에너지와 세부 사항에 대한 주의를 제공하여, 최고 수준의 품질 관리를 보장한다.
- **팀워크 제공자**teamworkers: 팀에 감정적이고 실질적인 지원을 제공하고, 팀이 함께 잘 일하도록 도와준다.
- **형성자**shapers: 팀 노력이 적용되는 방식을 형성한다. 때로 도전과 목표를 세우고 그룹의 토론과 결과에 어떤 형태를 부여한다.
- **전문가**specialists: 드물게 지식과 기술을 제공하고, 제한된 전선에 기여하기를 선호한다.

각각의 역할은 팀에 필요한 기여를 하지만, 균형 잡힌 팀을 만들기 위해 다른 사람이 인정하고 보상해야 하는 제한적인 단점이 있다.

팀 역할 분석을 사용할 때, 개인은 다른 사람보다 팀 역할을 더 많이 수행하는 경향이 있지만 팀 역할 인벤토리에 점수를 매기는 방법은 상황에 따라 다르며 현재 소속 팀에 따라 다르다는 것을 알게 되었다.

팀 역할 목록은, 전체 팀이 해당 팀 맥락을 참조하여 목록을 작성하는 데 유용하다. 이후, 팀 역할 점수를 합산하여 전체 팀 단위로 결과를 차트로 기록한다. 이는 팀에 어떤 역할이 과도하게 부여되고, 또 어떤 역할이 부족한지 보여주는 유용한 표현이다. 또 이 시각적 표는 누가 팀을 위해 어떤 역할을 수행하는지 보여주는 데 유용함을 발견했다. 팀 분석을 통해, 때로 조용하고 거의 눈에 띄지 않는 팀 구성원을 볼 수 있으며, 중요하지만 이전에는 간과되었던 기여에 감사할 수 있다.

우리는 팀이 자신과 같은 팀원을 더 많이 영입하는 패턴을 방해하고, 팀의 불균형을 강화하도록 돕는 일이 유용하다는 사실을 발견했다. 기획팀은 창의적이고 틀에 박히지 않는 사상가들에게 끌린다. 그렇지만 더 많은 기획 아이디어를 수집하는 일은 훌륭하고 창조적인 브레인스토밍 회의와 토론으로 이어지지만, 실행은 거의 없다! 마찬가지로, 나는 더 많은 '모니터 평가자' 모집을 원했지만, 새로운 창의적 사고를 제거하는 데 훨씬 더 뛰어남을 알 수 있었던 고위 재무팀과 함께 일했다.

결론

오늘날 세계에서 어떤 팀의 복잡성은 전체 시스템으로 이해하기 어려울 정도로 복잡하며, 어떻게 그 시스템이 더 넓은 시스템과 생태적 수준을 포함하고 있는지 이해하기 어렵다. 따라서 다양한 요소와 차원을 조명하는 다양한 도구와 조사 방법을 갖추는 일은 필수적이다. 그러나 우리는 '지도는 영토가 아니다'라는 점과 팀에 관한 어떠한 가설도 잠정적이고 가볍게 다루어져야 함을 항상 기억해야 한다. 또 팀 코칭의 조사, 발견, 진단 그리고 설계 단계가 항상 공동으로 수행되는 것이 중요하다. 팀 구성원, 팀 리더와 팀 코치는 모두 다른 사람이 인식할 수 없는 팀 요소를 인식한다. 다음 장에서는 팀의 정기 팀 회의를 실시간으로 코칭할 뿐만 아니라 다섯 가지 규율 각각에 대한 방법, 도구와 기술에 관해 살펴보겠다.

제18장
팀 코칭 방법, 도구와 기술
: 다섯 가지 규율

가진 도구가 망치뿐이라면, 모든 것을 못으로 취급하는 경향이 있다.

(오랜 구전, Abraham Maslow)

도입

시스템적 팀 코칭의 다섯 가지 규율을 위한 다양하고 유용한 기술이 있으며, 주요 이해관계자들과의 정기 회의나 참여 이벤트에서 프로세스 컨설턴트과 팀 코칭이 가능하다. 일부는 이전 장에서 언급하였다. 이 장에서는 다섯 가지 규율을 소개한다. 『리더십 팀 코칭 프랙티스Leadership Team Coaching in Practice』(Hawkins, 2018)와 피터스Peters와 카Carr(2013a)에 더 많은 기술이 설명되어 있으며, 일부 내용은 www.aoec.com을 참조할 수 있다.

규율 1: 의뢰하기

팀 코치는 리더십 팀이 여러 가지 방법으로 명확하고 이해된 임무를 수행하도록 지원할 수 있다.

다음은 6장 외에 몇 가지 더 많은 도구와 접근 방법을 소개한다.

이해관계자 파악하기

팀 코치는 팀이 자신의 위원회에 관한 더 많은 정보를 얻기 위해, 누구에게 피드백을 받아야 하는가? 내부와 외부 이해관계자는 누구인가? 팀과의 관계를 시각적 지도로 작성할 수 있는가? 팀을 초대하여 다음과 같이 요청할 수 있다.

- 종이 중간에 팀 이름을 적은 동그란 원을 그리고 그 주위에 각 이해관계자 그래프를 나타내는 다른 원을 그린다.
- 이해관계자가 얼마나 중요한지 나타내기 위해 원을 크게 또는 작게 만든다. 이해관계자와 팀이 얼마나 긴밀하게 협력하는지 표시하기 위해 동그란 원들을 가까이 또는 멀리 배치한다.
- 영향의 방향을 나타내는 화살표를 그린다.

팀과 상위 수준 간 공동 커뮤니케이션

수십 년 동안 팀들은 회의실에서 수없이 많은 시간을 보내며 각자 임무를 수행해왔다. 이 작업을 공백 상태에서 수행하다 보니 이해관계자가 필요하지 않거나 원하지 않는 작업을 더 잘 수행하는 팀이 탄생했다. 공동 임무 부문은 때로는 팀의 목적에 부합하기 위해 팀과 상위 수준 사이의 대화를 포함한다. 이 대화를 실시간으로 코칭하면 도움이 될 수 있다. 두 가지 방법을 살펴보자.

◆ **방법 1**

1. 두 이해관계자에게 세션의 목적인 '팀을 위해 명확하게 공동 합의된 자원과 측정 가능한 결과'를 간략하게 설명한다.
2. 두 이해관계자에게 문장을 완성하도록 요청한다.
   a. 이 팀은 다음과 같은 이해관계자(내부와 외부)에게 가치를 제공한다….
   b. 각 이해관계자가 공동으로 창출해야 하는 측정 가능한 가치는 다음과 같다.
   c. 이를 위해 필요한 자원은 다음과 같다.
3. 각 관계자는 서로가 가진 공통점과 서로 다른 관점을 해결하는 방법을 공유하고 동의한다.

◆ **방법 2**

팀 리더(TL)와 보스(B) 사이의 공동 임무를 코칭하는 방법은 다음과 같다.

- B에게 묻는다. '당신의 이해관계자들에게 TL의 도움이 필요한 것은 무엇인가?'

- TL에게 묻는다. '당신의 이해관계자들에게 B의 도움이 필요한 것은 무엇인가?'
- 어디에 공통점이 있는가?
- 우리의 차이점은 무엇인가? 어떻게 해결하는가?

두 가지 방법 모두 이해관계자의 요구가 변화함에 따라 재위임하는 데 사용할 수 있다.

위험 분석

팀을 위한 목적과 위임하기를 개발할 때, 팀에서 최선의 의도를 무산시킬 수 있는 장단기적인 상황 예측이 중요하다. 여기에는 가능하지만 예상하지 못한 '검은 백조 사건 black swan events'(Taleb, 2010) 또는 가능성이 더 큰 사건들이 포함될 수 있다. 팀원들은 내부, 외부 또는 더 넓은 환경에서 발생할 수 있는 모든 탈선 사건을 브레인스토밍해야 한다(이는 PESTLE 분석을 통해 도출할 수 있다. 아래 참조). 이후, 팀은 a) 발생할 가능성, b) 실제로 발생할 경우 충돌의 심각성을 두 가지 차원에서 각 가능한 탈선자를 10점 만점을 기준으로 채점한다. 이 두 점수를 곱해서 100점 만점에 위험 점수를 준다. 탈선자는 우선순위에 배치될 수 있으며 위험 점수가 30점을 넘는 잠재적 탈선자에 대해서는 팀이 이러한 상황에 어떻게 대응할지에 대한 전략을 개발해야 한다.

기타 위원회 구성 도구와 기술

- 임원 이상 선임팀과 팀장 선정 시 주의사항 지원(12장 참조)
- 이해관계자 인터뷰 – 코치와 팀이 인터뷰 기술과 주제에 관해 팀원을 코칭할 수 있다. 모아진 의견은 팀 전체가 공유해야 한다.
- 목표 진술, '임무'를 검토하고 조직과 자신이 봉사하는 인력에 어떤 고유한 가치를 부여할 수 있는지 고려하여 팀 목표를 만들도록 촉진한다.
- 팀 출시 이벤트 진행(Peters & Carr, 2013a 참조).
- 과연 기자는 뭐라고 할까? 팀의 조직과 업무와 관련, 언론에서 나올 수 있는 이야기를 쓰도록 팀을 초대한다. 두 팀으로 나누어, 한 팀은 조직의 홍보 부서에서 긍정적인 기사를 쓰도록 요청하고, 다른 한 팀은 매우 비판적인 저널리스트가 기사를 쓰도록 한다.
- SWOT 분석: 4 분면 매트릭스를 사용하여 팀의 강점, 약점, 기회, 위협을 간략히 파악할 수 있다. 이는 객관적 사고를 장려하는 데 도움이 된다.
- PESTLE 분석: PESTLE은 정치적political, 경제적economic, 사회적social, 기술적technological, 법적legal 그리고 환경적environmental 요인의 약자로, 팀 또는 조직이 내포한 광범위한 생태계 수준에서 발생하는 요인을 평가하는 데 사용된다.

규율 2: 명확화

코치는 팀 규범과 규약protocols뿐만 아니라 팀의 집합적 목적(시운전에서 벗어나기 시작), 전략적 초점과 선언문, 팀 목표와 주요 성과지표, 프로세스, 역할에 대해 팀을 코칭하는 데 사용할 수 있는 여러 가지 방법이 있다.

'팀 헌장' 작성

팀 헌장은 팀의 위원회, 목적, 전략적 초점과 선언문, 가치관, 비전, 목표, 역할과 책임, 업무 계약 그리고 주요 성과지표를 종합한 문서이다. 팀 코치는 팀이 시작할 때 또 팀워크를 검토하거나 새로 고치는 작업을 수행할 때, 이러한 문서를 작성하는 데 도움을 줄 수 있다. 팀 헌장은 절대 돌 위에 새겨놓아서는 안 되며, 정기적으로 검토가 가능하고 상황과 수요가 변화하면 업데이트할 수 있는 문서여야 한다. 명확한 방향을 제시하고 오보를 줄일 수 있어야 한다(Carr & Peters, 2012).

피터스와 카(2013:18)는 함께 일하는 팀에 다음과 같이 요청한다.

> 팀 헌장을 지속해서 검토하고 업데이트하는 행동 계약으로 사용하여, 한 번만 제출되는 문서가 아니라, 팀이 어떻게 효과적으로 함께 작동하는지, 다시는 볼 수 없도록 안내해야 한다.

팀들과 함께 사용하는 팀 헌장 형식을 [표 18.1]에 제시했다. 이사회 헌장을 작성하는 데 도움이 되는 병렬 기준이 있다(9장 참조).

[표 18.1] 팀 헌장

팀 헌장	
팀 위원회, 권한과 목적	
팀 전략 초점	
전략적 서술	
주요 이해관계자	
팀의 주요 목적과 목표	
팀 핵심 성과 지표	
성공의 모습, 소리, 느낌에 대한 비전	
팀 구성원	그린 카드 행동
핵심 가치 업무협약	레드 카드 행동

◆ **팀 헌장의 방향 개발을 위한 집단 구축 접근 방식**

이 프로세스는 다음과 같다.

- 팀은 생성적 대화를 통해 팀 헌장의 요소를 공동으로 만들고 개인 또는 개인의 총합보다 더 나은 결과를 달성한다.
- 팀이 회의에서 사용할 수 있는 생성 대화 구성 방법 학습
- 부분의 합보다 더 큰 존재가 되는 방법을 배운다.

이는 출발 질문을 결정하는 것으로 시작한다. 시작 질문의 예는 다음과 같다.

- 팀으로서 향후의 전략적 우선순위는…

- 팀 혁신 KPI는 다음과 같아야 한다.
- 함께 할 팀의 핵심 가치는…
- 회의의 초점은 다음과 같다.
- 서로 권장해야 할 행동은 다음과 같다.

프로세스 단계는 다음과 같다.

1. 각 팀 구성원에게 3~5개의 글머리 기호로 문장을 완성하도록 요청한다(5분).
2. 덜 주도적인 팀 구성원 가운데 한 명에게 가장 중요한 핵심을 읽도록 요청한다.
3. 플립 차트 또는 공유 화면에 이 내용을 기록한다.
4. 다른 구성원에게 이를 바탕으로 더 명확하고 구체적으로 말할 수 있는 단어를 제안해 달라고 요청한다.
5. 다른 팀 구성원들에게 가장 중요한 글머리 부분을 읽고 팀 구성원들이 이를 바탕으로 쌓도록 요청한다.
6. 모든 중요한 점들이 모이고 쌓일 때까지 반복한다.
7. 모든 팀 구성원에게 별 5개를 주어 우선순위를 표시할 수 있도록 한다. 팀 구성원들은 목록에 하나 이상의 별을 넣을 수 있다.
8. 목록의 우선순위를 정하고 팀을 위해 누가 편집하고 제작할지 합의한다.

이 과정은 또한 팀 헌장의 다른 측면을 만드는 데 사용될 수 있다.

미래 상상하기

팀 코치는 방의 공간을 이용해 팀을 초대한다. 이어서 팀 구성원들이 현재와 이상적인 미래 사이의 중요한 단계를 고려하도록 한다. 구성원들이 지금 어디에 있는지 나타낼 수 있는 공간을 찾아보게 하고, 그곳에 서 있으면 기분이 어떤지 살펴보게 한다. 그런 다음, 구성원들에게 이상적인 미래를 나타내는 지점을 선택하여 그곳을 향해 걸어가보도록 요청한다. 일단 그곳에 도착하면, 구성원들이 어떤 느낌인지 되돌아보며, '과거'를 돌아보고, '우리가 어떻게 여기 왔는가?'를 생각할 수 있게 된다. 이는 현재와 이상적인 미래를 나타내는 공간, 즉 둘 사이의 느낌을 탐구하기 위해 신체적 작업 기법을 사용하여 향상될 수 있다.

균형잡힌 점수 기록 카드는 최상위 조직의 목표와 전략을 개별 부서와 팀을 위한 구체적이고 측정 가능한 목표로 변환하는 데 사용할 수 있으며, 일반적으로 재무 성과, 고객 경험, 비즈니스 성과와 학습/성장 범주에서의 활동을 포함한다.

팀 KPI와 변혁적 KPI

팀 핵심 성과 지표는 팀 구성원이 협업해야만 달성할 수 있는 측정 가능한 목표이다. 다음은 해당되지 않는다.

- 팀이 이끄는 사업에 대해 설정된 목표
- 개별 목표의 합계

- 팀이 병렬로 작업하여 달성할 수 있는 팀 목표
- 진행 확인 연습tick-box exercise

변혁적 팀 성과 지표는 다음과 같은 팀 KPI이다.

- 팀에 의해 집단적으로 만들어지며, 팀 전체가 전적으로 소유하고 헌신하며, 서로에게 책임을 진다.
- 팀과 구성원이 현재 식사하고 행동하는 방법으로는 달성될 수 없다.
- 팀에 다음을 변경하도록 요구한다.
  - 행동
  - 사고와 관련 방식
  - 대내외 협력 방안
  - 팀 프로세스

샨논 아르비쯔Shannon Arvizu의 사례 연구(Hawkins, 2018: 199)에서 빠르게 성장하는 미국 비즈니스에 변환 KPI를 사용한 좋은 사례가 있다.

실무 협약서 작성

업무 협약은 팀 성공의 핵심이다(Carr & Peters, 2012; Wageman et al., 2008; Hackman, 2012). 여기에는 팀이 회의를 운영하고, 결정을 내리고, 서로 소통하고, 관계를 맺는 방법에 대해 공동으로 만들고 동의하는 안내 지침, 규범 그리고 기본 규칙이 포함된다.

피터스와 카(2013a: 19)는 팀 계약을 만들기 위해 다음과 같은 접근 방식을 권장한다. 잠재적인 업무 계약을 확인하려면 팀원들에게 다음과 같이 질문한다.

- 팀 성과에 반복적으로 방해가 되는 문제는 무엇인가?
- 팀에 대한 참여도와 성과를 높이는 요소는 무엇인가?
- 어떤 행동이 당신을 멈추게 하는가?
- 목표를 달성하기 위해 어떤 주요 계약을 따라야 하는가?
- 실무 협약을 준수하지 않을 경우 발생하는 결과에 대해 논의한다.

실무 계약 사례는 다음과 같다.

- 회의를 정시에 시작하고 종료한다.
- 우리는 말하는 것을 판단하는 대신 이해하기 위해 듣고 질문한다.
- 우리는 차이점이나 충돌이 발생할 때 좋은 의도를 가정한다.
- 당사자가 아닌 이슈에 집중함으로써 개방적인 분위기를 조성한다.

레드 카드와 그린 카드 행동 결정

팀이 합의된 팀 헌장을 충족하기 위해서는 모든 행동이 어떤 것인지 팀들이 함께 합의하는 것이 중요하다. 이 문제에 대한 한 가지 접근 방식은 팀이 구성원 사이에 권장하고 싶은 그린 카드 행동과 구성원이 피하기를 원하는 레드 카드 행동 목록을 공동 작성하는 것이다. 켓츠 드 브리스

(2011a: 171)가 기록했듯이, 그러한 목록을 만드는 것만으로 지속 가능한 행동 변화를 만들 수 없다는 것을 인식하는 것이 중요하다. 팀이 녹색 행동을 하고 빨간 행동을 피하려고 실험한 다음, 지지적이고 비고발적인 방식으로 진행 상황을 검토할 수 있게 지원하는 메커니즘이 필요하다.

일부 팀에서는 각 구성원에게 레드 카드 1장과 그린 카드 2장을 지급했으며, 다음 달 안에 서로 다른 팀 구성원에게 세 가지 카드를 모두 전달하기로 합의했다. 그린 카드에 동료가 보고 감사하는 행동을 적었고, 레드 카드에는 자신이 보고 싶은 동료 행동을 적었다. 팀 코칭 행사에서 각자가 동료들에게 받은 카드가 무엇이며, 이는 어떤 변화를 만드는 데 도움이 되었는지 공유했다.

이 방법을 사용할 때는 레드 카드를 받는 것이 나쁘지 않다는 점을 지적하는 것이 중요하며, 그룹 동의에 따라 행동하지 않았을 때 동료가 도움을 주는 것이 중요하다. 그린 카드나 레드 카드를 받지 않는 것은 아마도 여러분이 숨어있다는 것을 의미할 것이다!

변화 관성과 저항 극복 – 키건Kegan과 라헤이Lahey의 네 가지 열 운동

리더십 팀 코칭에서 마스터클래스를 진행할 때, 나는 흔히 팀 개발 행사에서 동의한 행동의 몇 %를 이후에 시행하는지 묻는다. 공유된 수치는 0%에서 30%까지 매우 실망스럽다. 이 또한 매우 인간적인데, 옛 속담에 따르면 지옥으로 가는 길은 선의로 포장되어 있기 때문이다. 성공 가능성을 높이는 데는 두 가지 방법이 있는데, 바로 완전히 사용하는 것이다. 첫 번째는 빠른 전진 리허설을 사용하는 것이다(6장과 Hawkins & Smith,

2010 참조). 두 번째는 키건과 라헤이(2001, 2009)에 의해 개발된 접근법으로, 개인과 팀이 의식적인 합의를 저해할 수 있는 경쟁적인 요구, 가정, 신념(흔히 잠재의식)을 이해할 수 있도록 돕는 것이다. 팀 코칭에 대한 그들의 접근 방식을 내가 각색한 것은 다음과 같다.

1단계: 팀에 팀 헌장과 업무 계약을 검토하고 이행에 성공한 내용과 실현하기 위해 노력한 사항을 묻는다.

2단계: 구현하기 위해 애쓰는 항목을 네 가지 열 중 첫 번째 열에 나열한다.

3단계: 팀 전체 또는 소규모 하위 그룹으로 나누어 팀에 이행되지 않은 각 계약에 대해 무엇을 하는지 알아내도록 요청하고 두 번째 열에 입력한다.

4단계: 그런 다음 이러한 대안적 행동과 행동을 주도하는 경쟁적 약속을 식별하여 세 번째 열에 넣는다.

5단계: 그리고 나서 이러한 경쟁적인 약속의 기초가 되는 집단적인 가정, 믿음 또는 두려움을 탐구한다. 예를 들어, '내가 x를 했다면, 너는 일어날 것이다.'

6단계: 이러한 제한적인 믿음을 극복하는 방법을 탐구하거나, 적어도 이들이 여전히 진실인지 발견하는 실험을 한다.

규율 3: 공동 창작: 팀 역동 탐색 그리고 팀 회의의 기능과 품질 향상을 위한 경험적 방법

공동 창작 규율에서는 팀원들이 팀 회의와 함께 있지 않을 때 서로 어떻게 관여하는지에 초점을 맞춘다. 우리는 팀 커뮤니케이션, 참여하는 팀의 패턴, 그리고 이러한 관계를 통해 나타나는 더 깊은 팀 역동과 팀 문화를 살펴보고 있다. 6장에서 우리는 이미 a) 회의 개선, b) '비밀' 연습, c) 팀 문화와 역동을 탐구하기를 포함한 심리적 안전감 확립을 위한 도구에 대해 설명하였다.

팀 기여 검토

팀의 창의적 공동 창작 능력의 최대화는 각 구성원이 팀에 기여하고 팀에서 받는 가치를 향상하는 것도 포함한다.

그 목적에 맞게 고안한 간단한 도구를 사용하여 팀과 개별 구성원 사이의 양방향 흐름에 많은 경영진이 팀과 함께 참여하여 작업했다. 이는 팀 기여 검토 목록이라고 불린다([그림 18.1] 참조).

각 팀 구성원은 회의 전에 목록을 작성해야 한다(이 작업은 파워포인트 슬라이드 또는 플립차트에서 수행). 각 팀 구성원은 5~7분 동안 슬라이드를 발표하고 명확한 질문에 답변해야 한다(현 단계에서는 어떠한 토론도 엄격히 금지). 발표한 다음 사람은 앉아서 팀이 자신이 들은 내용을 토론하는 동안 듣는다. 팀은 다음 질문에 답한다.

1. 우리가 가장 중요하게 여기는 기여는 무엇인가?
2. 당사자가 언급하지 않은 추가 기여가 있는가?
3. 우리가 가장 중요하게 생각하는 제안은 무엇인가?
4. 추가로 요청할 제안이 있는가?
5. 이 팀에서 그 자신과 자신들의 기능이 더 많은 이익을 얻는 데 도움이 될 수 있는 어떤 제안을 할 수 있는가?

또 해결할 수 있는 추가 질문은 '핵심 학습'의 다섯 번째 규율을 제시한다. 양방향 가치 창출을 향상하기 위해 어떤 발전이 구성원과 팀에 도움이 되는가? 이 질문은 개인이 수행하는 코칭 또는 리더십 개발에 대한 팀의 의견을 수렴하는 기반을 형성할 수 있다(Kets de Vries, 2006: 11장 참조).

팀 토론(약 10분) 후, 일반적으로 개인이 그리드의 각 사분면에 팀 추가 사항에 동의하고 구체적으로 어떻게 이러한 작업이 수행될지 계약하는 데 10분을 더 할애한다.

이름:

현재 기여: 현재 팀 성과에 중요한 기여를 하고 있는 분야는 다음과 같다. • • •	**미래 기여**: 다음 사항을 통해 팀에 더 큰 기여를 할 수 있을 것으로 생각한다. • •
현재의 이점: 현재 제 역할과 기능은 다음과 같은 이점을 통해 팀으로부터 가치를 얻는다. • • •	**미래의 잠재적 이점**: 다음과 같은 경우 팀으로부터 제 역할과 기능이 더 큰 가치를 받을 수 있다. • •

[그림 18.1] 팀 기여 검토 점수표

떠다니는 팀 조각상 floating team sculpt

이는 제이콥 모레노가 개발한 사회극에 기반하여 내가 개발한 접근법이다. 17장에서, 팀 조각들이 팀 코칭 수퍼비전에 어떻게 사용될 수 있는지 보여주었다. 팀의 근본적인 역동성을 경험적으로 탐구하기 위해 이러한 접근법을 채택하고 개발했는데, 이 접근 방식을 '떠다니는 팀 조각'이라고 이름 붙였다. 그 조각은 떠오르는 팀 역동성의 산물이기 때문이다.

1단계. 팀은 팀의 핵심이나 핵심을 나타내는 사물이나 기호를 찾도록 요청받는다. 이는 방 중앙에 놓여 있다.

2단계. 그룹 구성원들은 그룹 내에서 자신이 어디에 있는지 상징적으로 나타내는 장소를 찾을 수 있을 때까지, 즉 중앙에서 얼마나 떨어져 있는지 일어서서 이동해야 한다. 누구와 가깝고 누구와 멀리 떨어져 있는가? 그러고 나서 그 그룹에서 그들이 어떻게 지내는지 보여주는 조각상 같은 포즈를 취하도록 요청받는다. 이는 때대로 각 사람의 움직임이 다른 사람의 움직임에 의해 영향을 받기 때문에 몇 분이 소요되기도 한다.

3단계. 한 명씩, 각각의 사람들은 다음과 같이 시작할 수 있도록 초대된다. '내가 느끼는 팀의 이 위치에서'

4단계. 모든 구성원에게는 팀 내에서 어떻게 다른 위치로 이동하고 싶은지, 그리고 그러한 움직임이 자신과 다른 사람들에게 어떤 영향을 미칠지 탐색할 기회가 주어진다. 예를 들어, 팀 외부에서 자신을 조각한 사람은 그녀가 팀의 바로 한가운데에 있고 싶다고 말할 수 있다. 이 열망을 밝힌 뒤, 그녀는 중심부로 이동하는 자신만의 방법을 찾고 그 변화가 그녀와 다른 사람들에게 어떤 느낌인지 보도록 초대되었다.

5단계. 팀 구성원은 다음과 같은 질문을 받아 팀의 이름을 다시 정해야 한다. 만약 이 팀이 가족이라면 어떤 가족인가? 누가 어떤 역할을 하는가? 아니면 만약 이 팀이 텔레비전 프로그램이라면, 어떤 프로그램이 되는가? 누가 어떤 역할을 하고 어떤 거래를 할 것인가? (각 팀들이 자신의 프레임을 시험해볼 수도 있다. 식사, 동물, 국가, 교통수단, 신화, 셰익스피어 연극 등 셀 수 없이 많은 가능성이 있다.)

6단계. 팀 구성원들에게는 개별적으로 팀 조형물에 있는 자리를 떠나 의자에 서서 드러난 매트릭스 구조 전체를 볼 수 있는 기회가 주어진다. 이 의자에서 스스로 팀의 창조적인 코치이고, '내가 이 팀의 감독이 된다면…'이라는 말을 할 수 있다. 나는 사람들이 의자에 설 때까지 자신들이 무슨 말을 할지 생각하지 말고, 스스로 첫 번째 '깜빡이는' 반응을 알아차리기를 권한다.

그림 조각품

팀이 물러서서 팀과 더 넓은 시스템의 역동적인 패턴을 볼 수 있도록 돕는 또 다른 방법은 그림 조각하기이다. 여기에는 여러 가지 형태가 있다.

◆ **은유와 비유**

대형 금융회사의 팀과 함께 일할 때 팀원들에게 플립차트 세 개를 중심으로 세 개 그룹으로 나누도록 요청하여 팀 외부 워크숍을 시작했다. 각 그룹은 팀과 더 넓은 회사의 비유나 은유적인 그림이나 만화를 3년 전, 현재 그리고 3년 후, c) 세 개 만들 시간을 가졌다. 모든 사람은 소묘에 참여해야 했고, 토론은 최소한으로 해야 했다. 사진을 다 찍으면서 대표 인물에 말 풍선을 더하고 사진마다 제목을 정하라는 권유를 받았다. 그다음 그림들은 그림 갤러리로 벽에 전시되었고 각 그룹별로 소개되었다. 이를 통해 팀 내 감정과 팀과의 관계, 나아가야 할 길이 열렸다. 이는 팀 이벤트에서 작업할 수 있는 은유적인 언어를 제공했다. 예를 들어, 한 팀은 3년 전 트인 시골 지역을 천천히 질주하는 기차로 자신을 만들었다. 현재 완충지대에 부딪히고 많은 측면에서 공격을 받고 있다. 그러고 나서 3년 만에 비행기로 변신했다. 워크숍 내내 팀은 이 이미지로 돌아와서 '완충지대'를 탐색하고 어떻게 레일을 벗어나 활주로 아래로 내려가 '도약'을 달성할 것인지 논의했다.

◆ **팀 상호간 역동성**

나는 영국의 한 제조회사와 대규모 문화 변화를 위해 일할 때, 조직 전체의 리더들과 함께 여러 리더십 워크숍을 진행했다. 워크숍의 한 지점에서 리더들은 부문과 부서별 팀으로 나뉘었고, 자기 팀과 연결된 조직의 다른 부분에 대한 은유적인 그림을 그려 연결의 성격을 설명했다. 한 팀은 너덜너덜하고 찢어진 해적선, 망원경을 통해 내다보는 유일한 갑판 위의 팀장, 선체에 구멍을 내는 상어, 돌멩이를 떨어뜨리는 열기구의 집행부, 그리고 다른 주요 연결 부서로 자신들을 그렸다. 팀 간 역동관계와 조직문화를 어떻게 변화시킬지에 대한 논의가 이어졌다.

◆ **개인적 표현**

여기서 각 팀 구성원은 팀과 더 넓은 시스템 이해관계자에 대한 그림, 그리고 그림 안에서 자신이 어디에 있는지 포함하도록 요청받는다. 이 사진들은 다른 팀 구성원들과 공유될 수 있고, 자신들이 사진을 어떻게 바꾸기를 원하는지, 그리고 그 변화를 가져오기 위해 무엇이 필요한지에 대한 탐구가 뒤따를 수 있다. 은유적 질문 기법의 간단한 사용은 초기에 팀원들에게 다음과 같이 질문한다. 만약 당신의 팀이 국가, 동물, 식사, 음악 등이라면 어떤 팀을 원하는가?

이러한 각각의 기술은 팀 내에서 그리고 팀과 더 넓은 조직 사이에서 일부 느껴지지만 정교하지 않은 역동을 표면으로 드러내는 방법이다. 허핑턴Huffington은 피에르 투르케트Pierre Turquet의 '마음 속의 조직'에 대한 독창적인 아이디어를 개발했다. 이러한 그림 그리기와 은유 생성 기술은 우리가 '팀, 팀 간, 조직 그리고 더 넓은 시스템'을 염두에 두고 있는 방식을 표면화하는 방법이다.

팀 기능 초점 분석

당신은 일주일에 몇 시간이나 팀 회의를 하는가? 회의를 어떻게 개선할 수 있는가? 이 간단한 도구는 팀이 팀 회의에서 시간을 보내는 방법과 팀의 효율성을 높이기 위해 어떻게 변화해야 하는지 되돌아보는 데 도움이 된다([표 18.2] 참조). 또 접근 방식을 사용하여 회의 사이에 팀의 초점을 살펴볼 수 있다.

[표 18.2] 팀 기능 분석

팀 기능	% 회의에서 이 기능에 소요된 시간	% 회의에서 이 기능에 대한 시간이 필요
조정		
브리핑		
알림		
의사결정		
계획		
생성적 사고		
육성과 유대감		

이 모델은 팀 기능을 일곱 가지 범주로 나눈다.

- **조정**co-ordinating: 팀의 운영 방식 구성, 누가 무엇을 할 것인지 결정, 시간, 인력, 역할, 자원 할당, 우선순위 합의
- **브리핑**briefing: 조직의 다른 부분 또는 이해관계자의 중요한 소식을 팀에 전달한다.
- **정보 제공**informing: 팀 구성원은 자신의 활동, 진행 상황과 결과에 대한 피드백을 받는다.
- **의사결정**decision making: 제안하고, 토론하고, 결정한다.
- **계획**planning: 의사결정의 전달, 구현, 모니터링 그리고 평가 방법을 계획한다.

- **생성적 사고**generative thinking: 팀원 개개인의 기존 사고의 합보다 더 큰 새로운 사고와 접근법을 공동으로 창조한다.
- **육성과 유대감**nurturing and bonding: 팀 내에서 헌신, 충성, 사기 그리고 관련성을 개발하는 데 도움이 되는 모든 활동

1. 우리는 시간을 줄여야 한다.
2. 우리는 이를 할 수 있다.
3. 소비 시간을 늘려야 한다.
4. 우리는 이를 할 수 있다.

팀 문화 검토

다른 장면에서 우리는 바다에 대해 마지막으로 알게 된 것이 물고기라는 중국 속담을 인용했다. 팀이 당연하다고 여겨지는 문화에 접근할 수 있도록 돕기 위해, 우리는 팀원들이 날치가 되어 헤엄치고 있는 바다를 더 선명하게 볼 수 있도록 돕는 일련의 운동을 개발했다. 그 가운데 하나는 팀을 네 개의 소그룹으로 나누고 나머지 팀원들을 위한 프레젠테이션을 준비하도록 요청한다. 각 그룹에는 서로 다른 작업이 있다.

- **비공식 유도 과정**unofficial induction process. 이 팀에서 성공하기 위해 당신이 알아야 할 모든 것. 그렇지만 아무도 공식적으로 말하지 않는 것. 그룹은 다른 팀원들이 새로 온 것처럼 이 소개식을 준비하고 전달해야 한다.

- **영웅, 악당, 바보 이야기들**hero, villain and fools stories. 흔히 과거 구성원들에 대한 이야기들이 세대를 거쳐 내려온다. 성공하는 법, 피해야 할 악당 이야기, 바보 같은 이야기는 사람들이 숨겨진 경계나 규칙에 어떻게 발을 헛디뎠는지 보여준다.
- **기록되지 않은 규정집**unwritten rule book. 이는 첫 번째 그룹과 유사하지만, 이 그룹은 팀이 운영하는 상위 4~5개의 미작성 규칙을 나열한다.
- **당신의 지혜를 전수**passing on your wisdom. 그 그룹은 팀을 떠나 새로운 팀원을 지도한다고 상상한다. 리더들은 이 팀에서 성공할 수 있는 방법에 대해 그 사람에게 해주고 싶은 최고의 조언을 해 준다.

이러한 프레젠테이션은 팀 문화의 깊은 수준을 드러낼 뿐만 아니라 창의적이며 재미있는 경우가 많다. 팀 코치는 프레젠테이션 전반에 걸쳐 나타나는 새로운 패턴을 팀 인공물, 팀 행동, 팀 마인드셋, 팀의 정서적 기반, 팀의 기능을 촉진하는 근본적인 동기와 가치 수준에서 분석할 수 있도록 지원한다.

그러면 팀이 붙잡고자 하는 것에 대한 '3방향 정렬'로 이어질 수 있다(3방향 정렬을 수행하는 것에 관한 자세한 설명은 5장 참조).

팀 혁신과 창의성 방법

더 큰 창의력을 촉진하기 위해 팀과 함께 사용될 수 있는 많은 유용한 창의성 기법이 있다. 여기에는 다음이 포함된다.

- **브레인스토밍**: 그룹이 판단이나 의견 없이 거친 의견과 다른 사람의 아이디어에 편승하기pig-theppy를 포함하여 5분 안에 문제를 해결하는 방법을 될 수 있는 대로 많이 생성하도록 한다.
- **브레인라이팅 풀**(West, 1996: 57): 여기서 팀원들은 개별적으로 종이에 브레인스토밍을 하거나 화이트 보드, 벽화, 미로에 가상으로 올려놓고, 다른 팀원들은 유포된 아이디어를 기반으로 한다. 아이디어들은 코멘트를 달거나 줄을 그을 수 없으며, 개발되고 추가된다.
- **역 브레인스토밍**: 결정이 확정되기 전에 팀은 실행 계획을 무산시키거나 의도하지 않은 결과를 초래할 수 있는 모든 잠재적 프로세스를 브레인스토밍할 수 있다. 이후, 팀은 잠재적인 폭풍과 어려움 속에서도 배가 항로를 유지할 수 있는 방법을 탐색한다(위의 저항 기술 참조).
- **다양한 이해관계자 관점에서 문제 또는 계획된 조치 보기**: 팀 리더 또는 팀 코치는 팀원이 서로 다른 이해관계자의 입장이 되어 해당 이해관계자의 관점에서 문제나 계획된 조치에 대해 발언하도록 초대할 수 있다.

규율 4: 연결

6장에서 우리는 이미 a) 이해관계자 식별과 매핑, b) 이해관계자 피드백 획득, c) 정보 전달, 참여와 파트너십의 차이를 이해하는 도구를 설명하였다. 연결 분야를 코칭하는 다른 방법은 다음과 같다.

- 이해관계자의 눈으로 자신을 볼 수 있는 '**아웃사이드 인**' 제정 'outside-in' enactment
- **생각하고 느끼고 말하고 실행**: 팀이 팀으로서 자신과 관련하여 각 이해관계자 그룹이 무엇을 생각하고 느끼고 말하고 행동하기를 원하는지, 그리고 이를 달성하기 위해 그들을 어떻게 다르게 참여시켜야 하는지를 결정한다.
- **이해관계자 빈 의자 연습**: 팀 구성원이 그 입장이 되어 팀에 대한 필요, 기대와 견해에 대한 질문에 답변하는 역할극을 위해 사용할 수 있다. 여기에는 팀 구성원을 이해관계자의 의자에 앉히고, 현재 팀 회의를 보고 의견을 제시할 수 있는 '제3의 위치'에 앉도록 초대하기가 포함될 수 있다.
- **빠른 전진 리허설**: 다른 팀원과 팀 코치의 시스템 피드백으로 중요한 작업에 대비하기 위해 중요한 이해관계자와의 대화를 연습하고 리허설한다. 피드백 값을 두 배 이상 높인 후 역할극을 다시 시도한다.
- 팀과 이해관계자 사이의 **실시간 참여 코칭**

규율 5: 핵심 학습

6장에서 a) 팀의 행동-학습 사이클 탐색과 중단 방법, b) 미래 행동 학습 사이클, c) 이중 루프 학습과 같이 팀 코치가 핵심 학습을 가능하게 하는 데 사용할 수 있는 몇 가지 도구를 이미 설명했다.

팀의 핵심 학습에 대한 코칭은 다음 접근 방식을 통해서도 가능하다.

- **학습 복습**: 지난 기간 동안 팀이 다르게 수행한 작업, 즉 성공했는지 실패했는지 여부, 성공과 실패 모두에서 얻은 주요 학습 내용 이를 위한 한 가지 창의적인 방법은 팀 코칭 여정의 각 단계와 함께 바닥을 따라 타임라인을 표시하고, 처음부터 단계별로 각 단계를 다시 살펴보도록 팀에 요청한다. 각 단계마다 구성원들이 그 단계에서 어떻게 느끼고 행동했는지 자세를 취하고 그것이 어떤 것인지 서로 공유해야 한다. 그리고 다음 단계로 넘어가는 데 도움이 된 핵심 팀 학습이 무엇이었는지 되돌아본다. 이 과정은 중요한 단계마다 반복될 수 있으므로, 팀은 학습을 수확하고 앞으로 어떻게 학습을 심화하는지 살펴볼 수 있다.

- **사후 조치 검토**(AAR$^{\text{after-action-reviews}}$(미 해병대에서 활용하는 사후분석기법)): 부대가 관여한 주요 사건에서 모든 사람이 신속하게 학습하여 중요한 교훈과 지식을 수집하여 최대의 이익을 얻을 수 있도록 하기 위한 방법으로 군에 의해 개발되었다. AAR은 무엇이 일어났는지 그리고 우리가 그것에서 무엇을 배울 수 있는지에 초점을 맞춘다. 모든 사람의 참여와 피드백을 제공할 의지가 필요하다. 다음과 같은 질문을 중심으로 구성될 수 있다.
    - 우리는 무엇을 성취하기 시작했는가?
    - 결과는 어떻게 달랐는가?
    - 우리가 무엇을 잘했는가?
    - 우리가 예상하지 못했던 것은 무엇인가?
    - 우리가 다시 시작한다면 어떻게 달라졌는가?

- **활동 미리 보기**: AAR을 보완하기 위해 명확한 학습 의도를 가지고

행동에 들어갈 수 있도록 개발된 행동 미리 보기를 준비했다. 이러한 구성 요소는 다음 단계를 중심으로 구성될 수 있다.

- 우리가 해야 할 일과 성취를 명확히 한다.
- 각 개인은 자신과 팀이 어떻게 최상의 상태를 유지할 수 있는지 공유한다.
- 각 개인은 곧 일어날 사건에 대한 학습/개발 의도를 공유한다. 즉 자신의 실험이 무엇인지, 다른 사람을 지원하는 방식을 말한다.
- 발생할 수 있는 잠재적 탈선자derailer는 무엇인가?(위 섹션 참조)
- 이러한 잠재적 탈선자를 처리하는 방법
- 오프닝 문장의 '빠르게 감기 리허설'을 한다.

- **배양 학습**embedded learning **메커니즘**: 학습 순간을 등록 팀과 하위 그룹 비즈니스 활동으로 구성할 수 있다. 우리가 일하던 한 조직에서 짝을 이루어 고객과 잠재 고객을 자주 만나고 '요약'이라는 방식을 채택한 사례가 있었다. 계약 직후 그들은 다음과 같은 피드백 구조를 이용했다. '당신이 잘했다고 생각한 것은…. 다음 번에는 더 잘할 수 있을 것 같았다. 우리가 함께 잘했다고 생각한 것은…. 우리가 앞으로 더 잘할 수 있을 것이라고 생각한 것은….' 두 사람이 회의로부터 돌아오기 때문에 이것은 양쪽 다 가능한 일이며 단 5분이면 된다.

기타 도구와 기법은 다음과 같다.

- **학습 스타일 탐색 및 개발**: 팀 구성원의 학습 스타일과 팀 전체의 집단 학습 스타일 모두에 초점을 맞출 수 있다(Honey & Mumford,

1992, ch.6).

- **팀 심리 측정에서 나타나는 것을 적극적으로 탐구한다**. 집단 MBTI, 호건 점수, 벨빈 인벤토리 또는 기타 심리 측정 지표 분석이 될 수 있으며, 어떻게 팀이 이를 학습하고 더 효과적으로 수행할 수 있는지. 개인 프로필에서 팀 내 패턴으로 초점을 옮기는 것이 중요하며, 팀에 부족한 관점, 팀 역할 및 사고방식을 탐색하는 것도 중요하다(이전 장과 Hawkins & Preswell, 2018 참조).
- **긍정 탐구**: (19장 참조) 팀이 언제 가장 효과적인지, 그리고 이를 더 효과적으로 수행할 수 있는 방법을 발견한다.
- **비디오 재생**: 팀원들과 계약을 맺고 회의 가운데 하나를 비디오로 촬영한 다음 함께 검토하여 발견한 내용을 살펴본다.
- **동료 코칭**: 팀이 서로 코칭할 수 있는 기술을 개발하고 관찰자와 함께 삼인조로 연습할 수 있도록 지원한다. 합의된 작업 방법 일부를 만드는 것을 고려하도록 그들을 초대한다.
- **팀 코칭 역할 수행**: 팀이 자신의 팀 코칭을 책임지는 전환 과정의 일환으로 팀 구성원은 차례대로 팀 코치가 되어 회의 또는 팀 워크숍을 원활하게 진행할 수 있다.
- **팀의 최고와 최악**: 두 개의 큰 플립차트 또는 스티커 메모를 사용하는 성찰 연습(이상적으로 두 개의 반대쪽 벽을 사용하여 팀이 추가 논의를 위해 '최고'와 '최악'에 도달했을 때 사례를 수집한다.)

정기적인 팀 회의에서 라이브 팀 코칭

5장과 6장에서 언급한 바와 같이 팀 코칭이 특별 팀 코칭 워크숍에서만 이루어진다고 간주하지 않는 것이 중요하다. 이러한 이벤트에서 발생하는 에너지, 통찰력 및 선의의 상당 부분은 팀이 '정상' 환경으로 돌아가고 긴급하고 중요한 상황으로 인해 지속하지 않을 수 있다. 나는 각 팀의 코칭 워크숍을 따라가서 팀의 새로운 결정, 역동성 및 행동을 팀의 지속적인 삶에 반영할 수 있도록 지원하는 정기 팀 회의에 참석할 것이다.

나는 또한 팀 코치 경력 초기에 내가 참석한 회의가 끝날 때 피드백을 제공하는 것만이 팀원의 심판을 이끌거나, 그들이 피드백을 받아도 다음 회의를 앞두고 바빠서 잊혔기 때문에 별 가치가 없다는 것을 알게 되었다. 따라서 나는 팀 회의 내내 다양한 시점에서 사용할 수 있는 중재책인 '타임아웃'을 개발하여 회의의 다음 부분에서 즉각적인 변화를 가져올 기회를 마련했다. 정식 팀 코칭이 끝나고 몇 개월 뒤 후속 평가를 수행할 때 팀원들이 팀 발전에 가장 중요한 전환점으로 보고하는 것은 영향력 있는 타임아웃이었다는 사실을 알게 되었다. 나는 또한 내가 사용했던 많은 팀 코칭 넛지가 팀 구성원들에 의해 채택되었고, 팀 회의에서 점점 더 많이 사용되면서 스스로 코치가 되었음을 알게 되었다.

나는 팀의 정기 회의에 참석하면 팀과 계약을 체결하여 두세 번의 타임아웃을 제안하고, 여기서 중재를 제안하기 위한 조치를 중단한다. 타임아웃은 여러 가지 형태로 분류할 수 있다.

1. 팀이 자신의 과정을 알아차릴 수 있도록 거울을 받쳐주는 **성찰을 제**

공한다. 모든 피드백과 마찬가지로 그러한 성찰이 명확하고, 소유되고, 규칙적이고, 균형 잡히고(긍정적이고, 발달적인) 구체적이어야 한다(CORBS – Hawkins & Smith, 2013 참조). 샤인Schein(1988, 2013)은 평가와 방어성을 느끼지 않고 균형 잡힌 성찰을 제공하고 공동 질문으로 이어지는 방법에 관한 유용한 지침을 제공한다.

2. 배리 오쉬리Barry Oshry가 시스템 조직 시뮬레이션의 일부로 개발한 'TOOTstime-out-of-time', '시간 초과'는 시스템의 모든 부분에서 듣기 위해 동작을 중단한다. 여기서 팀 코치는 팀이 콘텐츠 참여를 잠시 중단하고 각 팀원을 초대하여 프로세스에 도움이 되는 한 가지 사항과 다음 단계에 더 도움이 될 수 있는 한 가지 사항(논의는 없지만)을 말하도록 하는 등 집합 시스템에서 어떤 일이 벌어지는지 들어보도록 초대한다. 배리는 보통 '시스템을 들어보자'는 말로 초대를 시작한다.

3. **프로세스 제안**: '어떻게 성공을 이룰지 결정하기 전에 성공이 어떤 모습, 소리, 느낌일지에 동의하는 것을 제안한다.' 또는 '요약하기 전에 세 명의 침묵하는 구성원에게 그들의 견해를 물어보는 것을 제안한다.'

4. **기어 변경 능동적 개입**: 팀을 적극적으로 초대하여 에너지를 전환시킨다. 이것은 다양한 방법으로 수행될 수 있다: 모든 사람이 일어서지 않고 회의를 계속하도록 팀을 초대하거나, 그들이 앉아 있는 의자를 바꾸거나, 토론에서 다른 사람의 주장을 바꾸는 것이다.

5. **집중 개입**: '이제 20분 남았습니다. 그 시간 동안 가장 큰 가치를 창출할 수 있는 방법은 무엇입니까?' 또는 '여러 가지 선택 대안을 살펴

보았다. 어떻게 결정을 내리겠습니까?'와 같이 그룹의 주의를 끈다.
6. **시스템 창구 열기**: 직원, 고객, 투자자, 집단 손자, 환경 등 하나 이상의 이해관계자 의장을 소개하고 팀원을 초대하여 이러한 관점에서 회의에 대한 의견을 제시한다.
7. **넛지**: 아래에 간략히 설명할 넛지 일부를 사용할 수도 있다.
8. **'부재 시 타임아웃'**: 팀 라이브에 참여하지 않을 때 '타임아웃 반영'을 전달할 수도 있다. 한 하위 팀은 팀 코치와 계약하여 새로운 이니셔티브를 어떻게 이끌지 생각하고 계획하는 데 도움을 받았다. 회의 전날 이들은 이 문제에 대해 '라운드 안에서' 스스로 생각할 시간이 더 필요하다며 수퍼비전 방문을 취소하는 이메일을 보냈다. 팀 코치가 참석을 고집하는 것은 아니지만, 그녀는 이러한 행동이 하위 그룹의 반복적인 패턴이라는 것을 알고 있었다. 수퍼비전에 대해 탐구한 뒤, 그녀는 이 문제에 대해 팀에서 '반드시 생각해볼' 필요가 있다는 것을 이해하며, 합의된 시간에 그들을 도울 의향이 있다고 이메일을 보냈다. 그렇지 않으면 그들과 그녀가 총괄적으로 생각해본 다음 함께 가져올 수 있다. 그들이 그녀에게 그들의 선호도를 알려줄 수 있을까? 그들은 그녀를 회의에 초대하며 빠르게 응답했다.

나는 모든 시스템 팀 코치가 여덟 가지 유형의 타임아웃에 모두 능숙하고 사후 성찰이라는 안전한 영역에 머무르기보다는 더 지시적이고 효과적인 타임아웃으로 더 많은 위험을 감수할 수 있는 용기를 갖도록 권장한다.

11명의 시스템 팀 코치 넛지

시스템 팀 코치들을 위한 내 한 줄(부록 참조)에서는 시스템 팀 코치가 팀을 무대에 올려서 작업을 수행하게 하는 것이 아니라 관객의 일부가 되어 팀이 계속 앞으로 나아갈 수 있도록 어떻게 도와줘야 하는지에 관해 이야기한다. 팀이 잘 될 때는 묵묵히 옆에서 지켜볼 수 있지만, 그때도 새롭게 부상하는 막힘과 한계를 지켜보고, 제한적인 마인드에 귀를 기울이고, 단절을 알아차리고, 모두가 충분히 기여하고 있는지, 팀이 한 단계 발전할 수 있도록 도울 수 있는 곳에 신경을 많이 쓴다.

흔히 가장 좋은 개입은 팀의 업무를 방해하지 않고 속도, 품질, 프레임, 연결과 영향을 변화시키는 데 도움이 되는 짧은 '넛지'이다. 이러한 코칭 방식으로 시스템적 팀 코치들을 수년간 훈련하면서 나는 11가지 다양한 종류의 넛지를 생각해냈다.

1. **특이성 넛지**. 팀들은 흔히 '더 많은 커뮤니케이션을 해야 한다', '더 투명하게', '우리는 직원을 참여시켜야 한다'와 같은 일반적인 문구를 떠올린다. 여기서 한 단어로 된 특수성 넛지나 결합 단어들은 정말 도움이 된다. 따라서 팀원들이 '더 많은 의사소통이 필요하다'고 말하면 코치는 '누구에게, 무엇에 대해서, 무엇에 의해서' 등의 결합어를 제시한다.
2. **긴급 상황 발생**. 위와 마찬가지로, 팀이 행동에 동의하지만 '언제'를 포함하지 않을 경우 '고객에게 피드백을 받아야 한다'는 메시지가 표시된다. 코치는 '…전에', '…에 의해'라는 메시지를 표시한다. 또 다

른 형태는 단순히 팀에 시간이 얼마나 남았는지, 무엇을 이루어야 하는지를 상기시키는 것이다.

3. **패러다임 깨기 넛지**. 코치가 팀의 선택 대안, 기능 또는 영향을 제한하는 집단적 제한 사고방식을 알아차린 경우, 간단한 패러다임을 파괴하는 제스처를 사용할 수 있다. 예를 들어, 팀이 '우리 조직에서는 이런 일을 할 수 없습니다'라고 말하는 경우를 들 수 있다. 코치는 '아직'이라는 단어를 덧붙여서 상황을 무력한 강화 믿음에서 발전의 필요성으로 바꾼다. 만약 팀이 양극화된 토론에 갇혀 있다면, 코치는 나머지 팀원에게 이 토론을 얼마나 많이 들었는지, 그리고 어떻게 시스템적 니즈를 충족하면서도 현재의 해결책을 피할 수 있는 세 번째 선택 대안을 찾을 수 있는지 물어볼 수 있다.

4. **이해관계자 넛지**. 대부분 팀이 점점 더 안쪽에 집중하게 되고 코치의 역할은 시스템적 창구를 정기적으로 열어주는 것이다. 코치는 하나 이상의 빈 의자를 테이블로 가져와 팀원을 초청해 고객, 직원, 투자자, 생태학 등의 관점에서 의견을 제시할 수 있다.

5. **미래 상상 넛지**. '오늘 연설하지 않은 2년 동안 후회할 만한 것은 무엇인가?', '만약 이 결정이 다음 달에 언론과 소셜 미디어에 나온다면 어떻게 보일 것인가?', '손주들에게 당신이 성취한 것에 대해 무엇을 말하고 싶은가?'

6. **헌신 넛지**. 팀이 실천해야 할 사항에 합의하고 다음 안건으로 서둘러 넘어가려고 할 때 코치는 '행동에는 동의했지만 실천을 위해 개별적 또는 집단적으로 약속하지는 않았습니다'라고 말할 수 있다.

7. **넛지를 요청하는 불만사항**. 팀 구성원 중 한 명 이상이 팀이나 외부,

또는 더 넓은 시스템의 일부에 대해 불평할 때, 코치는 그들에게 어떤 요청을 하고 싶은지 묻는다. 만약 그 사람이 참석한다면, 코치는 그 사람에게 직접 물어보는 것을 제안할 수 있다.

8. **연결 넛지**. 팀들이 의제의 모든 항목을 별개의 문제로 보고 상호 연결을 놓치기 쉽다. 이는 '이슈 사일로리즘'의 한 형태가 된다. 코치는 다른 항목을 소개하려는 팀원을 초대하여 잠시 멈추고 안건의 다른 항목과 연결하는 방법을 공유할 수 있다.

9. **프로세스 넛지**. '빠른 브레인스토밍을 해보세요', '서서 해보세요' 등 팀을 움직일 수 있는 빠른 방법을 제시하면서 '여기 어려운 스타들이 있습니다. 각자 세 가지 행동을 취해서 여러분이 생각해 낸 상위 세 가지 행동에 우선순위를 매기는 것은 어떨까요?'

10. **탈선자 넛지**. 낙관적으로 방향에 동의하지만 선견지명이 부족할 때 코치는 서너 가지 질문을 던질 수 있다. 최선을 다하지 못하게 될지도 몰라 일단 그들이 이러한 것들을 파악하면, 코치는 그들에게 각 잠재적 탈선자의 충격 가능성과 가능한 심각성을 1~10의 척도로 평가함으로써 우선순위를 매기도록 요구할 수 있으며, 함께 곱하면 100점 만점에 '위험 점수'가 부여된다. 그런 다음 팀은 상황이 발생할 경우 각 고위험 항목에 어떻게 대처할지 합의할 수 있다(위의 위험 분석을 참조).

11. **축하하는 넛지**. 팀이 회의나 회의 전에 중요한 성과를 달성했을 때, 코치는 '함께 이룬 성과를 어떻게 축하할 것인가?'라고 물을 수 있다.

이러한 팀 코칭 넛지는 팀 워크숍이나 정기 팀 회의에서 팀과 함께 작업하거나 팀과 이해관계자 사이의 참여 이벤트를 지원하고 팀이 경기를 발전시키는 데 도움이 되는 짧은 질문을 제공하는 방법이다.

결론

우리는 이 장을 '만약 당신이 가진 유일한 도구가 망치라면, 당신은 모든 것을 못처럼 대하는 경향이 있다'라는 인용구로 시작했다. 이로 인해 볼트와 나사가 매우 구부러지고 자존심이 손상되거나 다칠 수 있다!

나는 이 장이 여러분이 외부 또는 내부 팀 코치, 팀 리더 또는 팀이 더 잘했으면 하는 팀원 가운데 팀과 함께 일할 때 유용한 것이 무엇인지에 대한 감각을 넓히는 데 최소한 도움이 되었기를 바란다.

이는 팀 코칭 시 도구를 신중하게 선택해야 할 뿐만 아니라 특정 팀의 요구 사항, 상황과 현재 요구에 맞게 조정해야 한다는 점을 염두에 두고 내가 유용하다고 판단한 선별적인 팀 도구이다. 성공적인 팀 코칭 과정을 위한 내 기준 가운데 하나는 팀과 내가 작업의 긴급한 요구에서 비롯된 새로운 모델, 도구 또는 작업 방식을 공동 개발했다는 점이다. 그래서 나는 내가 세계적으로 수퍼비전했던 많은 팀 코치뿐만 아니라 내가 수퍼비전하고 배울 수 있는 특권을 누린 전 세계 많은 팀에 큰 빚을 지고 있다. 『리더십 팀 코칭 프랙티스Leadership Team Coaching in Practice』(Hawkins, 2018)는 물론 내가 참고한 팀 코칭에 관한 다른 핵심 서적에도 더 많은 도구와 방법이 있다.

제19장
팀 코칭에 대한 기타 주요 접근법과 평행 접근법

도입

이번 4판 서문에서 소개했듯이, 팀 코칭에 대한 문헌과 훈련이 급증하고 있다. 나는 저서의 여러 장에서 최근 전개된 몇 가지 사항을 다루었다.

- 7장에서 민첩한 팀워크의 새로운 발전과 에드먼슨Edmondson, 구글Google 등의 팀 혁신과 '급진적인 팀 구축'에 관한 새로운 접근법을 설명했다.
- 3장에서 루스 웨이먼Ruth Wageman의 중요한 공헌과 성공한 팀을 위한 『Six Enableing Conditions』에 대해 기술하고, 루스와 크리스터 로웨Krister Lowe는 이를 온라인 트레이닝으로 제공하고 있다.

다른 최근의 저자들은 팀워크 팀과 코치 팀 모두에서 그 지위의 범위와 깊이를 넓혔다. 최근의『팀 코칭 핸드북』(Clutterbuck et al., 2019)에는 이 분야의 많은 선도적 연구자, 작가 그리고 프랙티셔너들이 모였다.

코간 페이지Kogan Page는 최근 내가 서문을 쓴 루시 위도슨Lucy Widdowson과 폴 제이 바르봐르Paul J Barbour의 훌륭한 신간 『Building Top Performing Teams』(2021)을 출판했고, 윌리Wiley는 마리오 뮤사Mario Mussa, 마델린 보이어Madeline Boyer, 데렉 뉴베리Derek Newberry의 위임 팀Committed Teams에 관한 매우 읽기 쉬운 책을 출판했다.

이 장에서는 이 분야에 관한 두 가지 유형의 기여를 포함했다.

1. 팀 코치의 일관성 있는 프레임워크를 가지고 있으며, 이 프레임워크에 근거한 국제 훈련을 확립한 접근 방식을 설명한다.
    a. PERILL
    b. ORSC
    c. 국제 팀 코칭
    d. 팀의 이점
2. 팀 코치에게 도움이 될 수 있는 팀 코칭과 병행하는 접근법:
    a. 렌시오니Lencioni
    b. 케이프 코드 어프로치
    c. 감사 문의
    d. 해결 중심 코칭
    e. 사회 복지
    f. 렌시오니
    g. 팀의 정서지능

PERILL

PERILL 모델은 내 동료 데이비드 클러터벅 David Clutterbuck(2020)과 CMI Coaching and Mentoring International의 동료들이 사랑스러운 단순성 simplexity 원칙(복잡한 것을 단순하게 하지만, 결코 단순하지 않은)을 적용하여 개발했다. 영향을 주고 받는 여섯 가지 상호작용 요소를 확인하여 협업 노력을 가능하게 하거나 방해했다.

각 요소를 간략하게 살펴보자.

◆ **목적과 동기** Purpose and motivation

목적은 팀이 무엇을 할 것인가이다. 팀의 목적은 광범위한 조직 목적의 하위 집합이거나 내부에서 생성된 목적이 된다. 목적에는 '부분의 합보다 전체를 더 크게' 만드는 집단 에너지가 흐른다. 지표에는 공유된 비전, 목표와 우선순위의 명확성이 포함된다. 이는 위임하기, 규율과 유사하다.

◆ **외부 프로세스, 시스템과 구조** External process, systems and structures

팀이 복수의 이해관계자(고객, 공급자, 주주, 조직 내의 다른 팀, 더 상위 관리 레벨 등)와 어떻게 상호작용하는가에 관한 내용이다. 지표에는 평판, 목표 대비 성과, 환경 의식(진화하는 시장, 기술, 경쟁 등)이 포함된다. 또 정보와 재무와 같은 자원에 대한 팀의 접근도 포함한다. 이는 위임하기 연결 규율과 유사하다.

◆ **관계들** Relationship

구성원들이 어떻게 함께 일하는가에 관한 내용이다. 즉 구성원들은 서로 회사를 즐기는가, 서로의 능력을 존중하는가, 서로에게 정직한가 등이 해당한다. 지표는 심리적 안전 수준을 포함한다. 이는 공동 창작 규율과 유사하다.

◆ **내부 프로세스, 시스템과 구조** Internal processes, systems and structures

외부와의 내부 거울이며, 팀이 작업 흐름을 관리하고, 서로 지원하며, 높은 커뮤니케이션 품질(과제 관련, 감성적)을 유지하는 방법을 포함한다. 지표에는 역할 명확성과 의사결정 품질이 포함된다. 이는 또 공동 창작 규율과 유사하다.

◆ **학습** Learning process

변화하는 환경에 대응하고 지속적인 개선과 성장을 유지할 수 있는 팀의 능력과 관련된다. 지표에는 환경의 변화와 구성원 학습 목표의 명확성과 관련성 측면에서 앞서거니 뒷서거니 하는 것이 포함된다. 이는 핵심 학습 규율과 유사하다.

◆ **리더십** Leadership

PERILL 모델은 리더가 아닌 리더십을 강조한다. 팀 효율성은 리더가 하는 일 뿐 아니라 리더십 문화, 리더십 합의와 팀 전체에 분배 등 팀 전체의 기능에 따라 달라진다. 리더십에 대한 동등한 규율은 없으며, 다섯 가지 규율 모델에서는 다섯 규율 모두에서 개별적으로 검토된다. [표 19.1]

은 지표를 더 자세히 보여준다(일부 안내는 여러 문제를 나타내는 경우가 있어서 여러 번 표시된다).

[표 19.1] 팀 기능 장애와 고성과 지표

맥락	기능 장애 지표	고성과 지표
목적과 동기	• 목적이 너무 모호하다/사람마다 다르게 해석한다 • 위로부터 배치되지 않은 목적/위로부터 배치된 방향 • 사람의 강한 가치관(그것을 달성하기 위한 에너지가 매우 낮다)/다른 강한 가치관과의 연관성이 거의 또는 전혀 없다. • 목표 간 우선순위에 대한 갈등 • 개인의 의제가 집단적 의제보다 우세하다. • 낮은 개인 및 집단 탄력성	• 더 광범위한(흔히 사회적 또는 환경적) 목적과 연계된 높은 명확성 • 목표의 명확성 • 역할 명확성 • 높은 수준의 집단 및 개인 에너지 • 목표 우선순위가 높은 정렬 • 개인 우선순위보다 팀 우선순위를 두려는 의지 • 목표를 신속하게 검토하고 변경할 수 있는 능력 • 이해관계자의 미션 참여 • 강력한 가치 공유 • 좌절에서 빠른 회복
외부 프로세스, 시스템과 구조	• 평판 문제 • 핵심 자원 부족 • 정치 환경 내에서의 운영 • 이해관계자와의 명확한 기대치 설정 실패 • 환경/시장 변화 • 문화의 영향	• 위협 및 기회에 대한 강력한 레이더 • 이해관계자들 사이에서 높은 평판 • 이해관계자의 요구와 포부의 명확성 • 강력한 커뮤니케이션(경청과 공지) • 고객과 공급자의 쉬운 접근 • 품질 중시
관계	• 갈등이 해결되지 않음/거부됨 • 심리적 안전감의 결여 • 사람들은 저평가/지지받지 못한다고 느낌 • 파벌과 하위 그룹 • 집단 성과(비난)에 대한 책임 분담 의지 부족 • 소통 문제(관계)	• 올바른 기술을 가진 옳은 사람들 • 보완적 강점과 약점 • 정직한 피드백의 높은 수준 • 서로의 장단점 이해 • 긍정적 갈등이 장려되고 평가됨 • 동료에 대한 높은 수준의 지원 • 심리적 안전감 • 다양성을 가치 있게 여김

[표 19.1] 팀 기능 장애와 고성과 지표(계속)

맥락	기능 장애 지표	고성과 지표
내부 프로세스, 시스템과 구조	• 반복되는 품질 문제 • 업무와 역할의 명확성 결여 • 심사 체계 미흡 • 이 맥락에서 무엇이 좋은(높은) 성능을 구성하는지에 대한 명확성 결여 • 의사결정 과정 불명확 • 통신 장애(시스템)	• 팀에 누가 있고 누가 아닌지에 대한 명확성 • 적절한 팀 규모 • 분산형 리더십 • 강력한 의사결정 과정 • 모두의 장점을 살리다 • 품질 중시 • 신속한 혁신 • 역할 명확성
학습 프로세스	• '바쁜 증후군'(성찰할 틈이 없다) • 개인 학습과 집단 학습 가치 부여 • 외부 시점 및/또는 아이디어 원천 부족 • 낮은 학습 성취도/개인 성숙도 차이 • 변화에 대한 저항 • 실수는 반복된다(실수에서 배우지 않음)	• 집단 학습 팀 육성 계획 • 실수에 대한 긍정적인 태도 • 진화하는 환경과 연계된 학습 목표 • 성찰의 습관 – 행동에서 한 발 물러서는 시간 • 피드백 요청 • 협력 코칭/코칭 마인드셋 • 변화에 앞서려는 노력
리더십	• 부재 또는 과잉 지배 리더십 • 리더에게 집중된 힘 • 리더와 팀의 열린 대화 부족 • 정치	• 리더에게 도덕적 방향 제시 • 학습과 가치관을 위한 롤모델 • 리더십 분산 • 리더는 안전

출처:ⓒ David Clutterbuck & Coaching and Mentoring International

◆ PERILL 모델의 사용

팀이 성과에 영향을 준다고 판단한 문제는 여러 요소 또는 모든 요소에 의해 영향을 받을 수 있다. 예를 들어, 신뢰 부족은 처음에는 관계에 관한 것으로 보일 수 있다. 그러나 숨겨진 요인은 외부의 간섭(강력하고 요구가 까다로운 이해관계자와 특별한 관계를 맺고 있는 팀원 한 명), 또는 신규 정보 공유를 방해하는 시간이나 자원을 투자하지 않음으로써 발생하는 기술 손실, 적시에 정보를 공유하는 데 방해가 되는 적절하지 않은 프로세스 또는 보상 시스템일 수도 있다. 협력을 장려하거나 팀의 목적에 대해 다른 의견을 제시한다. 아니면 이 모든 조합일 수도 있다. 더 넓고 복잡한 그림을 인식함으로써, 팀은 선형적인 방식이 아닌 시스템 문제를 해결할 수 있다. 선형적인 해결책은 시스템 일부에 변경이 있을 경우, 시스템 전체가 이전 상태로 돌아가도록 자극하기 때문에 기껏해야 빠른 수정일 수 있다.

PERILL 모델 사용은 팀이 자신과 그 문제에 대해 더 시스템적 견해를 가질 수 있다. 또 기능과 기능 장애를 두 가지 주요 방법으로 투시할 수 있다. 첫째, 팀은 조사 중인 문제와 관련하여 문제가 잘 풀리거나 잘 풀리지 않는 사례를 확인한다. 절대주의를 회피한다(우리는 이는 훌륭하게 하거나 형편없이 한다). 둘째, 팀은 각 요소 사이의 긍정적인 상호작용을 사용하여 부정적인 상호작용을 해결하는 방법을 확립할 수 있다.

PERILL 진단은 각 맥락마다 20개의 통찰력 있는 질문을 처리하는 추가 도구이다. 이는 팀이 문제를 식별하는 데 도움이 되거나 특정 문제에 대한 추가 통찰력을 제공하기 위해 사용된다.

ORSC(조직과 관계 시스템 코칭 Organization and Relationship System Coaching) 접근법

앤 로드Anne Rod와 마리타 프리드혼Marita Fridjhon(2016)은 저서 『지능적 팀 창조: 관계 시스템 지능의 리더』에서 지능적인 팀이 필요한 이유를 설명하고, 정서 및 사회적 지능을 시스템 영역으로 확장하는 관계 시스템 지능 모델을 개발한다. ORSC는 시스템 이론, 프로세스 작업, 가족 시스템 치료, 대체 분쟁 해결, 양자 물리학, 코액티브 코칭Co-Active Coaching™ 등에 기반을 둔다.

이 저서들은 우리가 공유해야 할 몇 가지 주요 원칙을 강조하고 있다.

1. 팀은 독립체이다.
2. 팀의 모든 구성원은 개인의 목소리일 뿐만 아니라, 시스템이나 조직의 목소리이다. 그리고 우리는 전체의 일부로서 개인의 소리에 귀 기울이는 것을 배울 필요가 있다.
3. 시스템에는 독자적인 지능이 있다. 시스템이 우리에게 전달하려고 하는 것을 인식할 필요가 있다.
4. 시스템은 역할을 통해 스스로 정리해야 한다. 리더십 역할을 포함한 역할은 시스템에 속하며 모두가 공유해야 한다.
5. 시스템은 항상 출현하고 있다.

지능적인 팀과 협력하고 발전시키기 위한 세 단계 접근법을 제시한다. 세 단계는 다음과 같다.

1. 회의: 팀원과의 회의와 원하는 팀과의 회의
2. 시스템 공개: 시스템이 스스로 인식될 수 있도록 작업하여, 시스템이 자신을 볼 수 있도록 한다.
3. 정렬과 행동: 시스템에 대해 알게 되면 무엇을 하고 싶은가?

ORSC에 관한 훈련을 개발했다. 훈련은 http://crrglobal.com에서 확인할 수 있다.

팀 코칭 인터내셔널

미국에서 고故 필립 샌달Phillip Sandahl에 의해 개발된 팀 코칭 인터내셔널Team Coaching: International(TCI)은 2006년부터 국제적인 팀 코치 훈련을 운영하고 있다. 팀 코칭에는 다음 세가지 단계가 있다.

1. '현재 우리는 어디에 있는가?'와 '우리가 어디에 있고 싶은가?'를 결정하기 위한 팀 평가에는 측정 마일스톤이 들어간 실행 계획이 포함된다(이는 시스템적 팀 코칭의 공동 조사 단계와 유사하다. 5장과 17장 참조).
2. 새로운 팀 행동을 통합하고 새로운 스킬을 습득하고 새로운 행동을 하기 위해 정기적으로 예정된 팀 코칭 세션
3. 완료에는 팀이 학습한 내용, 코칭 후 성과 측정 그리고 다음 단계를 위한 계획이 포함된다.

평가 프로세스는 일곱 가지 생산성 강점과 일곱 가지 긍정적 강점으로 구성된다. 일곱 가지 생산성 강점은 위임하기, 규율 명확화와 유사한 업무 차원에 초점을 맞춘다. 구성 요소는 다음과 같다.

- 팀 리더십

- 자원
- 의사결정
- 전문성 실천
- 상호 책임
- 목표와 전략
- 정렬

일곱 가지 긍정적 강점은 팀 프로세스에 중점을 두고 있으며, 공동 창작의 훈련과 유사하다. 일곱 가지 긍정적 장점은 다음과 같다.

- 신뢰
- 존중
- 동료애
- 소통
- 건설적 상호작용
- 다양성 중시
- 낙관주의

자세한 내용은 www.teamcoachinginternational.com 또는 샌달Sandahl과 필립스Phillips(2019)를 참조하라.

팀 어드밴티지 Team Advantage

팀 어드밴티지는 코칭 구현의 핵심 요소로 사용하는 포괄적인 팀 개발 프로그램이다. 코칭은 팀 리더의 리더십과 성장을 촉진하고 팀의 응집력과 계획 실행을 촉진하기 위해 사용된다. 이 프로그램은 네 단계로 구성되며, 팀 리더를 지도하고 준비하는 데 필요한 시간에 따라 16~24주에 걸쳐 실시된다.

1단계는 팀 어드밴티지를 위한 단계를 설정한다. 코치는 팀 리더와 협력하여 코칭 관계를 구축하고, 비즈니스를 이해하고, 팀의 준비 상태를 평가하며, 모든 팀 구성원에게 설문 조사를 실시하여 팀 리더의 역동과 과제를 파악한다.

2단계는 팀이 이틀 동안 라이브 현장에 모여 추가 비즈니스 목표에 기초한 계획을 개발하는 더 전통적인 '팀 구축' 훈련이다. 회의에는 팀 어드밴티지 Team Advantage 프로세스에 특화된 다른 요소들이 포함되며, 최종 생산물은 그 방향에서 통일되고, 새로운 인식과 소통에 열심이며, 향후 4개월간의 구체적인 계획을 가지고 궤도에 오른 팀이다.

3단계는 팀 개발이 확실한 코칭 단계이다. 코치(또는 내부와 외부 코치 포함)는 4개월 동안 팀 리더와 팀과 계속 협력한다. 팀은 계획에 대해 책임을 지게 되며, 코치는 프로세스 중에 발생하는 행동에 대해 외부 목소리와 관찰자 역할을 할 수 있다. 커뮤니케이션 문제, 설명 책임, 계획 소유권, 계약 여부, 팀원과 팀장의 갈등, 비범한 목표 달성을 위한 추진력 유지 등 표시되는 모든 사항에 대해 팀을 지도한다. 코치의 역할은 팀의 목표 달성에 매우 중요하다. 이러한 상호 책임을 통해 실시간 워크숍에서 얻을 수 있는 이익이 팀 개발의 장기적인 이익이 된다.

4단계는 프로그램 전체에 포함되는 축하 무대이다. 팀들은 서로를 인정하고 아주 작은 승리라도 축하하는 데 익숙해진다.

◆ 연구 결과

2011년에는 팀 어드밴티지가 팀 행동에 미치는 영향을 더욱 입증하는 연구가 수행되었다. 한 연구원이 대형 상업 판매 조직에 속한 24개 팀에 대한 팀 어드밴티지 영향을 조사했다. 연구 결과는 팀 어드벤티지가 기업에 긍정적인 영향을 미칠 가능성을 확인해주었다.

이 연구 프로젝트에서는 직원 참여와 12개의 리더십 행동에 미치는 영향을 조사했다. 그 가운데 절반은 회사에 의해 임무 수행에 필수적인 것으로 간주되고 6개의 행동은 팀 어드밴티지의 중요한 지표로 판단되었다. 24개 팀에는 255명의 개별 참가자가 포함되어 있다. 모든 참여자는 팀 어드밴티지에 참여 전 설문조사, 프로그램 완료 시 동일한 설문조사, 팀 어드밴티지가 완료되고 나서 약 3개월 뒤에 세 번째 설문조사를 받았다.

렌시오니Lencioni 팀의 다섯 가지 기능 장애

패트릭 렌시오니Patrick Lencioni(2002)는 팀의 5대 역기능이라는 단순한 모델을 이용해 새로운 여성 CEO에 의해 뒤바뀌는 상상 속 리더십 팀의 유쾌한 우화를 만들었다. 렌시오니의 모델([그림 19.1] 참조)은 다섯 개의 기능 장애 계층이 있으며, 각 계층은 그 아래에 있다. 렌시오니는 피라미드 바닥에서부터 위로 올라갈 필요가 있다고 주장한다. 팀이 이러한 기능 장애를 발견하고 해결하는 데 사용할 수 있는 여러 설문지(Lencioni, 2005)를 개발했다. 렌시오니 모델은 내 '팀 방해'와 많이 중복된다(6장 참조).

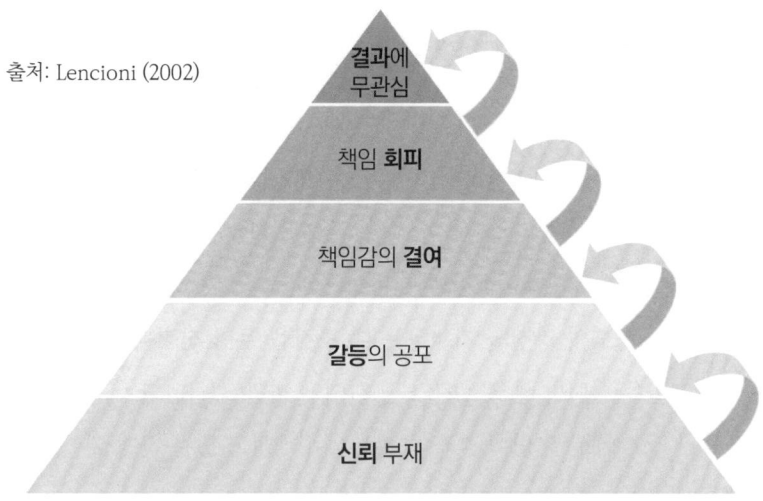

[그림 19.1] 다섯 개의 팀 기능 장애

팀 코치의 주요 역할 가운데 하나는 이러한 중단을 멈추게 하는 것이지만, 먼저 코치는 팀이 더 효과적으로 되기 위해 집중해야 하는 중요한 영역에 어떤 형태로든 팀을 참여시키는 데서 시작해야 한다. 이는 호킨스의 팀 방해 목록(6장 참조) 또는 렌시오니의 '팀 기능 장애'를 제시하고 작은 그룹으로 나누어 팀이 갇힌 것을 확인하고 사례를 제시함으로써 수행할 수 있다.

팀과 라이브로 작업하기 위한 케이프 코드 방법Cape Cod method

네비스Nevis, 멜니크Melnick와 네비스Nevis(2008)는 팀과 라이브로 작업하기 위한 훌륭한 지침과 조언을 제공하며, 이 접근 방식은 케이프 코드 모델로 알려지게 되었다. 지침에는 다음이 포함된다.

- **'부드러운 눈으로 관찰하기, 여유로운 대기'**: 팀 코치는 편안하고 사전 평가나 가정을 비워두어야 하며, 문제를 살펴보는 것은 피하되, 드러나는 것에 개방적이어야 한다.
- **'먼저 시스템의 강점을 지원하는 데 초점을 두어 신뢰를 쌓아라'**: 조기 개입은 신뢰를 쌓고 코치와 팀 사이에 비판적/불안한 역동성을 만들지 않기 때문에 팀이 효과적으로 잘 수행하고 있는 것에 대한 고마운 의견을 포함해야 한다.
- **'개발 니즈를 강점과 관련지어라'**: 팀이 개선할 수 있는 분야를 지적할 때는 이미 가진 강점과 연계하는 것이 도움이 된다. 네비스와 그의 동료들은 그 예를 들어 다음과 같이 말한다. "우리는 여러분이 서로 계속 지원하는 것을 알고 있지만, 모든 능력에는 단점이나 비용이 포함되어 있는 것을 안다. 이 경우, 서로 의견이 일치하지 않는 것을 알 수 있다. 빠른 합의로 전환하면 다른 관점을 볼 수 없게 될 수 있다."
- **'시스템에 집중하라'**: 개인과 개인 간 역동 등 팀 패턴에 대한 관심을 줄이고, 팀이 속한 광범위한 시스템 측면에 어떻게 참여하고 있는지에 관심을 두지 않도록 한다.
- **'실험적 태도를 장려하라'**: 팀을 차별화하는 방법에 관해 이야기하는

것이 아니라 새로운 운영 방식을 실험하도록 장려한다.
- **'대담한 행동과 모델화'**: 사례는 다음과 같다.
  - 중재할 때 명확한 답변을 얻을 때까지 계속한다.
  - 다른 사람이 하지 않는 말을 하고, '방 안에 있는 사람'을 식별한다.
  - 그룹 내에서 경험한 내용을 공유한다.
  - 은유와 같은 풍부한 언어를 사용한다.
- **'자기 조직 시스템을 위한 규칙 도입'**(Nevis, Melnick & Nevis, 2008: 6-7). 다음을 포함한다.
  - 그룹을 정기적으로 스캔한다.
  - 약 1/N회 말하는데, 여기서 N=참석자 수
  - 이름을 사용하여 특정 상대방에게 적어도 한 가지 질문을 하고 답변을 듣는다. 당신이 하나 얻었는지 주목하라.
  - 질문이 있을 때 답한다.
  - 말할 때는, 말하기 직전에 한 말에서 떼어낸다.
  - 그룹의 에너지에서 한두 번 '빼내기'하면 큰 그림을 볼 수 있다.
  - 기꺼이 영향을 주고 받는다.
  - 가능한 시간을 알고 결말을 요약한다.

팀 코치는 이를 활용하여 팀 규율과 구성원의 기대치를 명확화할 수 있다(6장과 18장의 설명 섹션 참조). 팀 구성원들과 함께 이 작업을 수행함으로써 행동을 더 완전하게 소유하고 신속하게 채택할 수 있다.

긍정 탐구 appreciative inquiry

긍정 탐구는 '있을 수 있는 것'에 대한 상상력에 불을 붙이도록 돕기 위해 '있는 것'의 가장 좋은 점을 찾는다. 목표는 '가능성 영역'을 확장하고 조직의 파트너가 집단적으로 원하는 미래를 구상할 수 있도록 돕고 새로운 지식을 창출하고 그 비전을 성공적으로 실현하는 것이다.

(Cooperrider & Srivastva, 1987)

긍정 탐구(AI)의 주요 특징은 개선과 변화의 출발점으로 현재 잘 작동하는 것에 초점을 맞춘다는 점이다. 예를 들면, 팀 개발을 위해서 이를 사용하는 경우, 팀이 잘 해낸 경험이나 순간이 있을 수 있으므로, 장래에 어떻게 협력하고 싶은지를 특정하여 비전을 세울 수 있다. 이는 현재 미래에 대한 비전을 뒷받침하고, 이러한 경험들에 대한 이야기를 통해 잘 되기를 증폭하는 강력한 효과가 있다.

　AI는 문제 해결 접근법에 대한 의존도와 같은 변화 프로세스에 대한 근본적인 가정에 도전하며, 팀과 협력하는 데 유용할 수 있다. 네 단계 모델인 Discovery, Dreaming, Design/Dialog, Delivery를 사용한다.

◆ **발견하기** discovery

여기서 팀 코치는 팀에 '팀이 정말 잘했다고 느낄 때'에 관해 설명하도록 요청한다. 이는 그룹 프로세스 전에 일련의 질문 인터뷰 또는 그룹 내 평행 프로세스로 기능하여 스토리를 직접 공유할 수 있다.

- 그 당시의 상황은 어떠했나?

- 팀 그룹의 일원임을 자랑스러워했던 때를 설명하라. 왜 자랑스러웠는가?
- 이 팀의 일원으로서 가장 중요하게 생각하는 바는 무엇인가?

구성원에게 자기 이야기를 들려주는 것은 긍정 탐구 과정의 중요한 부분이다. 이 과정은 구성원들이 일단 시작하면 정말로 즐기고 짝을 지어 잘 작동하며, 사람들이 질문할 수 있게 하고, 가정과 전제를 멈추고 서로를 위해 기록하도록 장려한다. 듣는 과정은 중요하다. 긍정 탐구는 마음으로 물어보는 것으로 묘사되어 왔으므로, 공감하고 긍정적인 프레임에 머물며 궁금한 질문을 하고, 맥락을 알아보고, 이야기를 들어야 한다. 듣는 사람은 중립적인 관찰자가 되기보다는 질문하고 경험과 흥분을 공유함으로써 적극적으로 참여한다.

다음 단계는 전체 팀의 이야기를 듣거나 발췌하는 것으로, 주제를 파악하기 위해서는 시간이 걸릴 수 있다. 이는 그룹을 탐구하고 개별 경험의 힘을 유지하는 데 중요한 단계이다.

◆ **꿈꾸기** dreaming

테마를 정리한 뒤 다음 단계는 '가능할 수 있는 바'를 꿈꾸기이다. 즉 현재 일어나는 일의 최선의 결과를 바탕으로, 팀의 미래에 대한 희망적이고 설득력 있는 이미지를 만드는 일이다. 도발적 명제는 '효과적인 일을 더 많이 할 가능성을 창출하는 환경을 조성하는 이상적인 상태'를 설명한다(Hammond & Royal, 1998). 이는 전달된 이야기에 기초한 상징적인 진술이 되며, 이 과정에 다음과 같은 내용이 포함된다.

- 최고의 사례 찾기(스토리에서)
- 어떤 상황에서 최선의 선택이 가능했는지 판단하기(상세)
- 스토리를 취합하여 어떤 일이 일어날지 상상하기. 이 작업은 '만약…' 이라는 질문을 적용함으로써 수행할 수 있는가? 모든 공동 주제와 이를 포함한 긍정적 현재 시제 문구를 작성한다.

몇 가지 사례:

- 고객이 우리와 대화할 때 즐거운 경험을 한다.
- 고객의 요구를 예측하며 통화할 때 정보를 제공한다.
- 우리는 일하면서 지속해서 배운다.
- 우리는 함께 성취하고 상호 책임을 진다.
- 우리는 개인이 아닌 팀으로서 도전을 받아들인다.
- 프로세스가 있으며, 프로세스에 도전한다.

이 제안은 확장적이고 도전적이며 대담해야 한다. 이 힘은 현재 진행 중인 데서 나온다. 이 사례들은(다른 비전 진술과 마찬가지로) 다른 사람들에게는 익숙하게 보일 수 있지만, 사례에 관여한 그룹에는 결코 그렇게 보이지 않는다.

◆ **설계/대화하기** |design/dialog

팀에서 이 단계는 비전의 결과로 어떤 변화가 이루어지는지 그리고 실제로 제안이 어떻게 수행될 수 있는지를 결정할 필요성에 적용된다.

팀 개발 프로세스에서 팀은 일반적으로 재소집하여 운영 문제에 제안을 하고, 구현 계획을 협의하기 위해 더 넓은 조직 내에서 대화를 사용한다. 팀은 공유된 팀 리더십, 커뮤니케이션, 문화, 재미와 같은 다양한 제안에 따라 '이슈 팀'으로 나눌 수 있다.

◆ **전달하기** delivery

이는 팀이든 조직이든 변화를 결정하고 관철하는 단계이다. 전략적 계획 프로세스에서는 의미 있는 성과 지표와 전환 계획 합의도 포함할 수 있다.

제안 작성은 팀이나 조직에서 행동을 유도하는 등불 역할을 하지만, 너무 자주 이루어지면 그 과정이 비전의 작성과 동시에 멈출 수 있다. 행동 변화가 뒤따를 것이라는 가정이 있기 때문에, 긍정 탐구의 취약성이 연계된다.

행동에 대한 헌신은 일상적인 행동에서 무엇을 의미하는지, 그리고 팀이 함께 만든 제안 제정의 방해물을 해결하도록 시도할 때 가장 효과적이다. 또 작업장에서 행동 변화를 시작해야 한다(작업에 대한 5장 섹션 참조).

해결 중심 팀 코칭

> 팀은 분석하고 풀어야 할 문제가 아니라 펼쳐질 수 있는 잠재력이다.
>
> (Meyer, 2005: 5)

긍정 탐구의 작업을 기반으로 코칭과 전환에 대한 해결 중심의 접근 방식이 구축되고, 몇 가지 유용한 도구와 질문 세트를 추가로 제공한다. 마이어(2005)는 팀 코칭에 유용한 8단계 프로세스를 제시하며, 이는 5장의

CID-CLEAR 코칭 프로세스와 유사하다.

- **그라운드 준비**: 코치는 작업 범위, 코치와 팀이 어떻게 협력할지에 대해 합의한다.
- **기대와 목표**: 이는 CID-CLEAR 모델의 2차 계약 단계(5장)와 유사하다. 여기서 팀은 팀 코칭으로 인해 어떤 성공을 거두는가? 어떤 목소리를 낼 것인가? 어떻게 느끼는가? 그리고 어떤 차이를 만들어낼 것인가? 질문을 개별적, 집단적으로 생성한다.
- **화제**: 개선 대상이 되는 분야를 모두 작성. 이는 팀원들이 각자 주요 개선 영역을 개별 포스트잇에 적어 넓은 벽면에 배치하는 방식으로 이루어질 수 있다. 이후, 팀을 초대하여 가장 중요한 테마 영역에 대한 읽기와 분류clustering를 수행할 수 있다.
- **주요 사항**: '참여자는 문제나 갈등이 전혀 발생하지 않았거나 덜 심각한 상황을 찾기 시작한다.'(Mier, 2005: 64) 이를 다르게 할 수 있는 가능 조건과 기술을 발견한다.
- **완벽한 미래**: '문제들이 해결된 미래에 대한 매우 정밀한 그림을 설계한다.'(Meier, 2005:68)
- **척도 댄스**: 척도는 코칭 프로세스에 대한 해결 중심의 접근 방식에서 가장 크게 기여한다. 이는 긍정 탐구를 기반으로 하며 또 다른 차원을 추가한다. 코치는 토론 중인 주제를 가지고 1에서 10까지의 시각적 척도를 만든다. 여기에서 10은 미래의 완벽한 상태를 나타내고, 1은 그 반대이다. 이후, 코치는 팀 구성원을 초대하여 현재 위치를 기록한 뒤, 다음 질문을 한다.

- 어떻게 여기까지 왔는가? 1과 지금 당신이 있는 곳의 차이점은 무엇인가?
- 최고의 주요 사항을 생각해보면, 어느 정도 규모인가? 무엇이 다른가?
- 당신을 현재와 주요 사항으로 이끌기 위해 개인적으로 기여한 바는 무엇인가?
- 10을 향해 작은 발걸음을 내디뎠다는 것을 어떻게 알 수 있는가?
- X를 유지하고 더 낮게 가라앉지 않기 위해 사용한 자원은 무엇인가?(Meyer에서 가져온 질문, 2005: 73)

- **단계**: 여기서 척도 질문을 살펴본 팀은 즉시 구현할 수 있고, 현재 상태에서 '미래의 완벽한 상태'로 규모를 지속해서 전환할 수 있는 방법을 설계해야 한다.
- **개인적 임무**: CID-CLEAR 모델의 행동 단계(5장)와 유사하다. 팀 구성원들은 이러한 변화를 실현하기 위해 무엇을 할 것인가? 개인적으로 약속해야 한다.

소시오 맵핑 Socio-mapping

다음 정보는 팀의 사회 지도 교수이자 실무자인 폴린 윌리스Pauline Willis에 의해 제공되었다.

혁신적인 소시오 맵핑 도구 모음은 팀 코치에게 팀 역동 세계에 대한 다른 시각을 제공한다. 소시오 맵핑은 자료의 복잡한 관계를 분석하고 표현하기 위한 고유한 방법론이다. 프라하에 있는 찰스 대학교의 라드반 바호보흐Radvan Bahbouh 박사가 발명한 이 방법은 연구와 실천 모두에서 잘 확립되어 있으며, 코치들이 팀 코칭 프로세스의 일부로 사용하도록 맞춤화된 소시오 맵핑을 사용하는 제품들이 있다.

이러한 도구에는 팀 소셜 맵핑(TS), 팀 프로파일 분석기(TPA) 그리고 실시간 소셜 맵핑(RTS)이 포함된다. 나는 이들을 차례로 살펴볼 것이다.

팀 소셜 맵핑Team Social-mapping은 360도 다면평가의 새로운 형태로, 팀 구성원 모두가 커뮤니케이션, 협력 또는 의사결정과 전략과 같은 팀 성공과 관련된 핵심 차원에 대해 서로 등급을 매긴다.

팀 프로파일 분석Team Profile Analyzer은 16PF, WAVE, MBTI Step 2 그리고 ECCOS와 같은 코칭에 일반적으로 사용되는 도구를 포함한다. 그렇지만 이에 국한하지 않고, 강력한 정신 진단 도구의 표준화된 점수로부터 팀 프로파일을 만들어 맞춤형 고객 준비 보고서를 작성하는 데 사용하는 소프트웨어 패키지이다. 능력 측정값과 비판적 사고 점수 또한 입력값으로 사용될 수 있다. 팀 프로파일 분석기를 통해 코치는 조직이 팀에 대해 수집한 기존 데이터에서 팀 프로파일을 작성할 수 있다(코치는 자신이 사용하는 입력 정보를 분석하고 해석할 수 있는 별도의 자격이나 권한 부여 등 공지와 함께).

마지막으로, 아마도 코칭 맥락에서 표준 정신 진단 또는 팀 역할 프로파일러 '도구' 사용을 좋아하지 않는 사람들에게 가장 흥미로운 것은 실시간 소셜 매핑 옵션이다. 이 클라우드 기반 시스템은 코칭 세션 전이나 도중에 코치가 휴대폰이나 태블릿에서 질문(상호 평가 또는 표준 객체 등급)을 즉시 작성할 수 있도록 지원한다. 이는 코칭 질문을 더 구체적이고 명확하게 할 뿐 아니라, 팀이 향후 참조할 수 있도록 답변을 캡처할 수 있는 방법이다. 또한 특정 팀 기반 코칭 결과를 추적하는 데도 유용하다. 실시간 소셜 매핑은 코칭 대화의 모든 요소를 캡처하고 팀이 쉽게 참여할 수 있는 매력적인 시각화를 제공하여, 더 심층적인 대화를 탐색할 수 있으며 매우 강력하다.

EI 월드

EI 월드는 리더의 정서적, 관계적 능력을 개발하기 위해 정서지능에 관한 연구(Goleman, 1996)를 기반으로 구축된 글로벌 조직이다. 정서적으로 지능적인 팀을 위한 접근 방식을 연구하고 개발하기 위해 이를 기반으로 했다. 바네사 드루스캣Vanessa Druskat과 스티븐 울프Steven Wolff가 개발한 팀 정서지능 조사(http://www.eiworld.org/Events/Team-Emotional-Intelligence)는 팀이 자신이 어디에 있는지 평가한 다음, 팀 기능을 가장 높은 수준에서 지원하는 것으로 입증된 행동을 시스템적으로 개발할 수 있게 한다. 그룹의 정서지능 구축Building the Emotional Intelligence of Groups(Druskat & Wolff, 2001)에 발표된 연구 결과에서, 정서지능이 성공적인 팀의 효과적인 과정의 기초가 되며, 성공적인 팀을 만들기 위해서는 팀 구성원들이 자신의 정서지능을 개발할 필요조건을 만들 필요가 있다고 주장한다. 이들이 강조하는 세 가지 조건은 구성원 간의 신뢰감, 집단 정체성, 집단 효용감이다. 2006년 실시한 연구(Wolff et al., 2006)를 바탕으로 6개 기업 109개 팀을 대상으로 '이론 예측대로 팀 정서지능과 성과 사이의 매개 변수로 사회적 자본을 검토한다'고 연구했다. 그들은 팀 정서지능 규범이 안전, 효능, 관계 구축으로 나타나는 사회적 자본을 예측하고, 그다음 사회적 자본이 성과를 예측함을 보여주었다.

    이러한 기여가 완전히 포괄적인 팀 코칭 접근 방식은 아니지만, 팀 구성원들과 팀 전체의 정서지능을 개발하는 데 초점을 맞추고 있기 때문에, 특히 공동 창작 분야에서 엄청난 기여를 했다.

결론

이러한 접근과 방법은 시스템적 팀 코칭의 접근 방식을 보완하고 추가하며, 내가 이 장 전체에 걸쳐 설명한 바와 같이, 많은 유사한 규율과 단계를 공유한다. 팀 코칭 실천 커뮤니티는 서로 다른 학교 학습과 더 큰 협업을 지속해서 육성해야, 우리가 가르치는 것을 집단적으로 모델링할 수 있고 우리 자신이 부분의 총합 이상이 될 수 있다.

제20장
자주 묻는 질문 FAQ

도입

내가 코칭을 진행하고 팀 코치들을 훈련시켜 오는 여러 해 동안, 많은 핵심 딜레마와 의문점들이 계속해서 발생했다. 2020년 글로벌 팀 코칭 연구소Global Team Coaching Institute의 첫 번째 프로그램에서, 나는 100개 이상의 국가와 다양한 배경에서 참여한 1,350명의 사람들로부터 수천 가지의 질문을 받았다. 질문들은 참여했던 대다수 사람들에게서 나왔고, 이는 효과적인 글로벌 포커스 그룹 인터뷰로 작용했다.

나아가 여러 국가의 팀 코치들 사이에 짧은 협업 문의를 진행했을 때, 나는 이 책이 가장 해결할 필요가 많은 문제가 무엇이라고 생각하는지 질문했다. 이러한 두 가지 자료를 토대로, 나는 팀 코치(나를 포함)가 훈련의 최첨단에서 발견할 핵심 딜레마와 질문을 다음과 같이 선택했다.

팀과 팀원을 코칭하는 것의 장점과 단점은 무엇인가?

몇 년 동안 나는 팀 코치를 겸하면서 팀 구성원 전체 또는 상당수 코치를 맡았던 여러 리더십 팀과 함께 일했다. 이 부분을 더 철저히 연구하다 보니, 언제, 어떻게 이런 역할을 결합해서 할지 훨씬 신중해졌다. 개별 코칭과 팀 코칭의 결합을 시도하는 일은, 팀 코치가 집단으로서의 팀과 더 넓은 시스템 의제에 우선하기보다는 개인과 대인관계 의제에 과도하게 집중할 위험이 있다. 또 나는 팀원들 가운데 일부만 코칭하는 일은 이제 피하려고 한다. 왜냐하면 이는 다른 팀원들보다 팀의 일부분과 그 의제에 맞춰질 위험이 있기 때문이다. 나는 예외적으로 팀 리더와 팀 코치의 역할을 병행하는 경우가 있는데, 팀 리더들은 때로 내 계약 기간 또는 계약이 종료되었을 때, 내가 했던 팀 코치로서의 역할 일부를 맡아야 하기 때문이다.

팀장이 문제인 건 어떻게 대처해야 하는가?

첫째, 당신이 팀장을 문제라고 보도록 팀에 어떻게 끌려 다닐 수 있는지를 주의해야 한다. 이는 리더가 불명예스러운 집단적 실패에 대한 희생양으로 이어질 수 있다. 아마도 1장의 첫머리에 있는 이야기를 다시 읽고, 완벽한 리더가 없기 때문에 팀이 상사의 약점을 해결하는 데 어떻게 도움을 줄 수 있는지 물어보라. 그러나 만약 여러분이 팀이 듣거나 배우는 것에 무관심해보이는 팀 리더와 끊임없이 문제를 해결하려고 노력하는 상황에 있다면, 팀 코치는 팀 리더에게 어떤 다른 형태의 도움이 적절할지 탐구하는 역할을 할 수 있다.

지시적이지 않은 것과 팀 성과에 집중하는 것의 균형을 어떻게 잡아야 하는가?

상담과 심리치료 분야에서, 칼 로저스Carl Rogers(1967)는 '당신의 의뢰인이 있는 곳에서 시작할 필요성'을 강조했고, 쉘던 콥Sheldon Kopp(1988)은 '당신의 의뢰인이 없는 곳에서'가 필수적이라고 말했다. 물론, 둘 다 옳다! 고객 팀보다 더 비판적이고 무엇이 그들에게 좋은지 더 잘 알고 있다는 인상을 주지 않는 것이 중요하다. 그렇지만 우리는 거울을 들어 팀이 보고, 듣고, 말하고 있지 않은 것을 직면하도록 도우면서 '아웃사이더'라는 특권을 사용할 책임이 있다. 우리는 다음과 같은 다양한 방법으로 이를 실천할 수 있다.

- 팀 내 소외된 목소리를 증폭시킴으로써 가능하다.
- 팀원들이 누구를 위해 봉사하고 있는지, 최고가 되기 위해 무엇을 할지 명확히 하도록 지원한다. 이러한 질문과 진행해야 하는 탐색은 팀이 외부 중심적이지만 내부에서 동기부여를 받는 성장 동력을 만드는 데 도움이 된다. 성과는 수치 목표 달성뿐 아니라 여러분이 섬기는 구성원의 진정한 니즈를 충족시키는 데 탁월해져야 한다.
- 360도 피드백을 수행하여 팀의 의뢰인, 고객과 기타 이해관계자의 의견을 제시하고, 팀이 다양한 이해관계자의 정당한 니즈를 충족하기 위해 이행해야 할 사항을 정직하게 해결하도록 지원한다.

만약 팀이 다섯 가지 규율 가운데 하나에 집중하고 싶어 하지만, 팀 코치로서 진짜 필요한 일은 다른 분야라고 생각한다면 어떻게 할 것인가?

팀에 무엇이 좋은지 알려주는 일은 변화를 위한 가장 효과적인 방법이 아니며, 더 많은 저항을 불러일으킬 수 있다. 6장에서 나는 리더십 팀에 다섯 가지 규율 모델의 기준을 제공하고, 개별적으로 다섯 가지 규율 각각에서 팀 성과를 1~10 척도로 채점하도록 설명했다. 팀원들이 평균 점수를 보았을 때, 우리가 함께 일하면서 가장 집중해야 할 부분이 어디인지 물었고, 팀원들이 안전지대에 머물기를 원하기 때문에 덜 편향된 대답을 얻을 수 있었다.

많은 코칭 딜레마와 마찬가지로, 또 다른 유용한 선택사항은 고객과 딜레마를 공유하는 일이다. '팀으로서 어떻게 함께 관계를 맺는지에 초점을 맞추는 큰 영향력 행사가 있다는 점을 알지만, 내 직감은 먼저 팀의 임무를 명확히 할 필요가 있다는 점이다. 나는 우리가 이러한 다른 관점을 어떻게 조화시킬 수 있을지 궁금하다.'

당신은 팀이 코칭을 할 준비가 안 되었다고 언제 결정하겠는가?

많은 코치와 팀 코치가 '고객 준비 상태'와 이를 평가하는 방법에 대해 이야기한다. 그렇지만 나는 팀이 성공적으로 팀 코칭을 사용할 수 있는 능력을 항상 관계적이고 맥락적으로 생각한다. 따라서 다음과 같이 물어보면 좋다. 팀 내, 팀 코치로서, 팀 관계 그리고 더 넓은 시스템에서 팀 코칭을 효과적으로 지원할 수 있는 충분한 조건이 있는가? 촉진 조건은 다음과 같다.

- 팀은 달성하고자 하는 공동의 목적이 있다.
- 이러한 목적을 달성하기 위해 더 효과적으로 협력해야 한다는 점을 인식하고 있다.
- 위의 두 가지 야망을 달성하기 위해 도움받을 의향이 있다.
- 필요한 시간과 자원을 기꺼이 투입한다.
- 구성원들은 팀이나 개인으로서 자기 성찰을 원한다.

팀 일부가 팀 코칭에 전념하지 않으면 어떻게 되는가?

팀 구성원 가운데 일부는 팀 코칭의 훌륭한 옹호자가 될 수도 있으나, 다른 구성원은 팀 코치인 당신에게 저항할 때, 오히려 옹호자들이 더 열심을 내게 되면 때로는 저항이 강화될 수 있다. 일이 잘 진행되려면 두 그룹 모두의 편을 들어야 한다. 때때로 나는 이 시점에서 뒤로 물러서서 팀 코칭이 팀을 위한 답이라는 점, 또는 내가 이에 적합한 사람임을 아직 확신하지 못한다고 말한다. 그렇지만 팀원들이 원하거나 논의할 필요성을 느끼거나 도움이 된다면, 나는 기꺼이 각 팀원들과 이야기하고 다양한 의제에 귀 기울인다. 이후 이러한 정보를 팀과 다시 공유하고 다양한 의제를 다루는 올바른 방법이 무엇인지, 나 또는 다른 팀 코치의 도움이 필요한지 설명한다.

시스템적 팀 코칭의 다섯 가지 규율 접근 방식은 다른 접근 방식과 어떻게 유사하고 다른가? 민첩하고 유연한 팀워크와 어떻게 다른가?

팀 코칭에 관한 다른 주요 접근 방식과의 유사점과 차이점은 19장에서 다루며, 여기서는 다른 주요 접근 방식을 개략적으로 설명하고자 한다. 민첩성과 유연성이 어떻게 다른가? 그리고 이러한 접근 방식과 함께 작동시키고 통합하는 방법은 7장에서 혁신과 프로젝트 팀에 관해 다룬다.

파괴적인 행동을 하는 팀원을 어떻게 다루어야 하는가?

개인의 문제 탐색 피하기와 어려운 팀원 대응하기 둘 모두, 여러분의 중요한 역할이다. 첫째, 개인이 아니라 언제나 관계 속에서 문제, 갈등 또는 파괴 행동을 찾아내야 한다. 팀, 조직 또는 다른 팀원들이 무시하는 광범위한 이해관계자 시스템에서 식별된 '방해자'는 무엇을 가졌는지 질문함으로써 이 프로세스를 시작한다. 이후, 개인이 문제를 더 명확하게 전달하고 나머지 팀원들이 문제를 듣고 무엇을 하는지 살펴본다.

    팀 구성원이 파괴적인 행동을 보일 경우, 팀이 행동 규범과 프로토콜을 탐색하고 합의하도록 돕는 일은 유용할 수 있다. 이런 일이 일어났을 때, 그러한 행동이 계속된다면, 나는 팀원들과 스스로 왜 직접 행동하지 않는가? 왜 그 행동을 다루지 않는가? 논쟁하기를 선호한다.

팀 내 갈등을 가장 잘 해결하는 방법은 무엇인가?

개인, 하위 그룹, 팀, 서로 다른 조직 기능 또는 이해관계자 사이의 관계에서 문제의 충돌 찾기는 중요하다. 이 모든 과정은 팀 내에서 이루어지기도 하고 매우 긴밀한 대인관계가 될 수 있다! 먼저, 각 부서가 더 넓은 시스템을 대표하여 수행하고 있는 정당한 요구는 무엇인가? 연결이 필요하나 연결되지 않는 부분은 무엇인가? 이후 팀 전체가 이렇게 단절된 니즈를 연결할 방법을 고려하라.

다양성을 어떻게 관리하고 지원하겠는가?

여러 유형의 다양성과 관련하여 다음 단계에 대한 섹션(12장)을 참조하라.

- 다양성을 고려한 모집하기
- 팀의 다양성을 긍정적으로 평가하기
- 다양성 활용하기

이후, 8장의 다문화 팀과 협력하고 우리에게 익숙한 문화를 인식하기 위한 섹션을 살펴보라. 만약 우리가 스스로 문화적 역사와 편견에 대한 인식에 노력을 기울이지 않는다면, 팀 내 초문화적 인식 transcultural awareness 을 가능하게 하기는 매우 어렵다.

심리적 안전은 어떻게 만들어 가는가?

6장 심리적 안전에 관한 부분을 보라. 팀 코치로서, 여러분은 팀 내 심리적 안전 수준과 관련한 사전 평가를 원한다. 이는 여러분이 선택하게 되는 접근 방식에 영향을 미치기 때문이다. 심리적 안전성이 높은 팀은 더 도전적이며 더 많은 실험을 시도하게 된다. 반면, 심리적 안전성이 낮은 팀은 리더와 구성원 모두, 계약 단계부터 서로 개방하고 신뢰를 형성하는 데 시간이 필요하게 된다.

6장에서 언급되었듯이, 팀이 함께 효과적으로 시험운전도 해보고, 명확화 작업을 하는 데 이러한 심리적 안전과 신뢰가 부족할 경우, 팀 코칭은 규율 3에서 시작해야 한다.

심리적 안전 설문지: 데이비드 클러터벅David Clutterbuck과 내가 작성한 두 가지 심리적 안전 설문지를 제공하여, 팀의 심리적 안전 수준을 진단하고, 이를 향상하는 방법을 탐구하도록 했다(17장 참조).

일반적으로 팀 코칭 과정은 어떤 모습이어야 하는가?

첫째, 팀마다 다르며 도전과 역동성이 다르기 때문에, 모든 팀 코칭 여정은 달라야 하므로, 일반적인 팀 코칭 여정이란 없다. 그렇지만 팀 코칭은 일련의 사건이 아닌 여정으로서 중요하며, 몇 가지 공통적인 패턴이 존재한다.

- 전체 팀 코칭 여정은 6개월에서 2년이 소요된다.

- 초기 계약, 공동 탐구, 공동 발견, 공동 연구, 공동 설계 단계는 1~3개월 정도 소요된다.
- 이 단계에서는 일반적으로 설문지와 팀 대상 360도 다면평가가 포함된 팀 몇 가지 형태의 팀 평가가 포함된다.
- 대다수 팀은 이러한 초기 단계 이후, 공동 설계 단계와 전체 팀 계약(함께 과업에 대한 성공 기준 설정과 팀 헌장 관련 초기 활동)을 포함한 1~2일 간의 착수 워크숍을 진행한다.
- 이후, 대다수 팀은 2~3개월마다 팀 워크숍을 마련한다. 이 워크숍은 서로 협력할 수 있는 시기에 맞춰 진행된다.
- 각각의 팀 워크숍이 끝나면, 되도록 빨리 정기 회의 중에 코칭 계약을 체결한다.
- 각 단계에서 팀 코치가 팀 리더 및/또는 팀 문지기와 접촉하는 것이 때로는 유용하다.
- 과업은 팀원을 위한 개별 코칭, 팀 코치 또는 다른 코치가 수행한다.
- 과업 내용과 팀 코칭 파트너십의 작동 방식에 대해 정기적인 검토가 중요하다. 여기에는 개인 코칭에 참여하는 구성원들이 포함된다.
- 최종 단계에서는 팀 설문지 및/또는 팀 대상 360 다면평가를 다시 진단할 수 있으며, 팀 코치는 팀 개발의 다음 단계를 계획한다. 마지막 전환 단계에서 팀 코치는 팀 리더와 팀 구성원을 지원하여 함께 과업에서 학습한 내용을 수집하고 스스로 더 잘 코칭을 시도한다.

제21장
결론 그리고 미래에 대한 기대

진정한 리더십은 새로운 현실을 끌어내기 위해 떠오르는 분야와 협력하는 기술이다.

(Jaworski et al., 1997)

평화롭고, 정의로우며, 지속 가능한 세상이 유지되도록 시스템을 재구성하고 싶다면, 우리의 머릿속에 있는 패러다임을 먼저 바꿔라.

(Meadows, 1991: 59)

2010년 경영 코칭 아카데미의 존 리어리-조이스John Leary-Joyce와 나는 시스템적 팀 코칭으로 첫 1년 졸업 프로그램을 시작했다. 첫 번째 모듈에서, 일부 참여자들은 'S'로 시작하는 단어, 즉 시스템을 금지한다고 농담했다. 참여자 가운데 한 명은 '시스템'이라는 단어를 '머리말head word'로 경험했고, 다른 한 명은 '셀프self'라는 단어를 '가슴에서 우러나오는 말heart word'로 경험했다고 말했다. 고개를 돌려 나는 그녀에게 말했다. "우리는 여러분이 '셀프'를 머리말로, '시스템'을 마음에서 우러나오는 글자로 경험하게 된다면, 이 과정이 성공적임을 알게 될 것이다." 다음날 그녀는 이러한 과정이 자신의 생각을 근본적으로 혼란스럽게 했을 뿐만 아니라, 자신의 꿈에 어떻게 들어가도록 했는지 말했다. 그녀는 시스템 팀 코치가 되어가는 훈련이 단순히 일련의 도구, 모델, 방법을 배우는 것뿐 아니라, 새로운 역량과 능력의 습득을 넘어, 우리가 세상을 바라보는 근본적인 방식의 변화에 대한 것임을 깨닫기 시작했다.

도입

이 마지막 장에서 나는 이 책의 몇 가지 주제들을 종합하지만, 책에서 시작된 탐구의 결론을 맺는 일은 자제하려고 한다. 이 결론은 훨씬 더 큰 시작에 작은 공헌일 뿐이다. 나는 이번 4판이 상대적으로 새로이 노력하는 분야인 시스템적 팀 코칭 형성에 중요한 기여를 했기를 바란다. 3장에서 설명한 바와 같이, 이 분야는 조직과 팀 개발, 그룹 역동, 조직 학습, 스포츠 팀 코칭과 개별 임원 코칭에 관한 연구를 다시 확산시키는 근본이 되었지만, 이러한 통합 접근 방식을 개발하는 데 15~20년 밖에 걸리지 않았다. 그리고 전체 팀과 함께 일하는 시스템적 맥락을 이해할 방법을 제공한다.

이 책에서 우리는 어떻게 1+1+1+1+1+1+1이 진정으로 = 12 또는 심지어 13이 되는지 훌륭한 팀워크의 기본 원리를 탐구했다. 우리는 팀이 어떻게 고립된 팀이나 '섬'이 되지 않고, 어떻게 형제자매 팀과 함께 '팀의 팀'을 만들어 가는지 더 탐구해보았다. 조직은 다양한 종species의 배열이 상호 의존적으로 풍성해지는 숲처럼 되어야 하며, 모든 생명을 유지하는 생태계의 혜택을 받고, 각 조직은 전체에 고유한 선물로 다시 제공되어야 한다. 모든 팀은 소속, 상호주의, 공유 목적이 숨겨진 연결망으로 그물처럼 얽혀져 네트워크로 합류된다.

그렇지만 21세기 세계에서, 강하고 독립적인 기업이나 국가는 더는 성공의 비밀이 아니다. 설사 그렇다 하더라도 말이다. 이제 세계는 훨씬 더 유동적이고, 변동성이 심하며, 빠르게 움직인다. 이러한 강점은 이제 규모, 충성도 높은 직원 수, 대량의 고정 자산에서 비롯되지 않으며, 이 모두는 접근 방식이 고정적이며, 변화 속도가 떨어지고, 민첩성이 결여된 상태로 이어진다. 성공의 새로운 비밀은 협력, 협업 그리고 학습에 기초한다. 단순히 책, 데이터, 분석을 통해 배우는 인지적 학습이 아니라, 우리 주변의 더 넓은 세상을 주의 깊게 바라보고, 듣고, 공감하며, 반응하는 데서 오는, 더 깊은 학습이다. 모든 사람과 상황은 우리가 무엇을 가르쳐 줄 수 있는지 궁금해한다. 모든 문제를 도전과 기회로 바라보고, 모든 도전을 다음의 교훈으로 삼으면서, 이에 대한 준비가 되어 있든 아니든, 우리는 직면할 필요가 있음을 결정했다.

파트너십은 비즈니스 생태계의 모든 이해관계자와 경계를 넘어, 팀을 구성하는 방법을 배우는 것을 의미한다. 분리될 수 없는 상황에서 함께할 수 있는 일, 따로 할 수 없는 것을 발견하면서 앞으로 상생하는 방법을 만들어 간다. 그러나 직접적인 이해관계자와의 파트너십만으로는 충분하지 않다. 스스로 좋은 시민이 되지 않는다면, 어떤 조직이나 팀도 지역사회와 함께 그 가치를 창출하지 못한다면, 몇 초 안에 평판을 즉각적으로 파괴할 소셜 미디어처럼 오랫동안 살아남지 못할 수 있다. 지역사회는 건강, 주택, 에너지, 급수, 쓰레기 수거, 교육, 보육, 교통 등의 기반시설을 공급하므로 지속적인 운영이 가능하다.

훌륭한 시민이 되어 우리의 사업체나 조직이 운영되는 모든 지역사회와 팀을 이루고 협력하는 것조차 불충분하다. 우리의 가장 중요한 책임으로 지구를 기후 비상 사태와 생태계의 위기에 빠뜨리게 했던, 위험한 인간 중심의 패러다임에서 벗어나, 인간을 넘어 모든 지각 있는 존재들과 어떻게 협력해 갈 것인가를 재발견해야 한다. 인간의 삶을 가능케 했던 많은 부분이 우리에게 주어졌음을 인식해야 한다. 우리는 무작정 빼앗는 것이 아니라 자연에서 배워야 한다. 가장 시끄럽고, 가장 다루기 힘들며, 요구가 많고, 자기 중심적이며, 오만하더라도, 우리 스스로가 창조의 가장 어린아이임을 인식해야 한다. 인류가 도착하기 전, 이미 수천 년 동안 지구에 살고 있었고, 인류가 사라진 후에도 여기에 남아있을 많은 종들에게 배울 필요가 있다.

인류 세계를 창조한 인류는, 지구상 생명체의 많은 부분을 우리 행동에 의존하게 만들었으며, 아름다운 행성이 병들어 가는 데 큰 책임이 있다. 이 책임은 우리가 되돌리거나 무시할 수 없다. 우리는 착취와 추출을 하면서 지구에 사는 것을 멈추고, 지구에 살기 시작하는 방법을 발견해야 한다. 다시 한번 여기에 속해 있고, 고향을 알고 존중하며, 사랑하는 관계와 사려 깊은 책임감 안에서 살아가는 토착적인 존재가 되어야 한다.

이는 내가 더는 다른 사람들을 희생시키면서 성공을 거두는 고성과 팀에 대해 감히 말할 수 없는 이유다. 그러나 모든 이해관계자와 함께, 그리고 인간보다 더 많은 사람을 위해 유익한 가치를 창조하는 고가치 창출 팀들을 말할 수 없는 이유이다.

모든 시스템 수준과 올바른 관계를 발견하는 이 여정은 팀 동료들에게서 시작된다. 고대 도교의 기도를 떠올려 본다. "만약 팀에 평화가 없다면, 조직에는 평화가 없을 것이다. 조직에 평화가 없다면, 지역사회에도 평화가 없을 것이다. 만약 지역사회에 평화가 없다면, 국가들에도 평화가 없을 것이다. 만약 그 국가에 평화가 없다면, 하나의 지구촌 가정에도 평화가 없을 것이다. 그리고 만약 인간이 인간 너머의 세계와 평화롭지 않다면, 우리의 지속적 존재는 위험에 처할 것이다."

이번 4판을 통해, 팀 코칭의 영역이 재도약하는 계기가 되었기를 바란다. 4부에서, 팀 코칭이 빠질 수 있는 덫과 함정(10장), 새로운 기회와 과제(11장)에 관해 간략히 설명했다. 팀 코칭이 개인의 합으로 팀을 보는 수준 I에서, 팀을 살아있는 시스템으로 보는 수준 II의 접근 방식, 그리고 시스템적 팀 코칭이 팀이 속한 더 큰 시스템과 관련, 시스템으로서 접근하는 수준 III에 이르기까지 어떻게 성숙해졌는지 보여주었다. 이후 공동 진화에 뿌리를 둔 '에코시스템 팀 코칭'의 수준 IV를 제안하여, 팀과 조직이 모든 이해관계자와 함께 가치를 창출하도록 지원한다. 수준 IV가 훨씬 더 유연한 조직과 파트너십, 네트워크의 유동적인 구조의 성장과 더불어, 빠르게 변화하는 세계에 어떻게 더 관련이 있는지 보여준다. 마지막 장에서는 이 분야에 대한 도전과 의제를 어떻게 보는지 설명하고자 한다.

팀 코칭은 누가 또는 어떤 서비스를 제공하는가?
파르시팔 덫Parsifal trap 극복하기

파르시팔 덫Parsifal trap은 원탁의 전설적인 기사 퍼시벌 또는 파르시팔 경Sir Percival or Parsifal의 이름을 따서 지어졌다. 퍼시벌 경은 어린 나이에 집을 떠나 성배를 찾아 모험을 떠났다. 그 용기와 순수함은 스스로 큰 도움이 되었고, 어린 나이에 성배의 성에 도착했다. 그리고 그곳에서 많은 사랑을 받으며 성배를 높이 들고 가는 행렬을 보았다. 그는 흥분, 화려함, 특권에 도취되어 있었다. 그러나 다음날 아침, 그는 축축하고 추운 들판에서 깨어났고, 성 전체와 행렬, 성배는 안개 속으로 사라졌다. 그를 머물러 있게 해줄 질문을 스스로 하지 못했다. 퍼시벌은 성으로 돌아가는 길을 찾기 위해, 이후 수 년간 더 많은 노고를 겪어야 했지만, 그는 경험을 통한 지혜를 얻어, "성배는 누구를 섬기는가?"라고 반드시 해야 할 질문을 던졌다.

많은 팀이 파르시팔 덫에 빠지고 머무른다. 함께 잘 지내고 효율적인 만남을 갖는 것이 목표라고 믿는다. 이 책은 팀원들이 따로따로 일할 수 있는 것을 넘어 무언가를 전달하도록 요구하는 이해관계자가 있어야 팀들이 성공적이고 의미 있는 삶을 살 수 있음을 보여주기 위해 출발했다.

팀 코치들 역시 팀 개발이나 팀 코칭이 그 자체로 목적이라고 믿고, '팀 코칭은 무엇을 위해 서비스를 제공하는가?'라는 질문을 던지지 않는 파르시팔 덫에 빠진다. 우리가 이 질문을 하지 않을 때, 어린 퍼시벌처럼, 우리는 아마도 춥고, 안개가 낀, 척박한 들판에서 깨어나는 우리 자신을 발견하게 된다. 우리 꿈이 왜 증발했는지 의아해하며, 그리고 더 오랜 세월 동안 찾아 헤매게 될지도 모른다.

팀 코치로서 지속 가능한 가치를 창출하고자 한다면, 나는 이 일이 무엇을 위해, 누구를 위해 서비스하고 있는지 분명히 해야 한다고 생각한다. 팀 코치로서 팀원들에게 도움이 되도록 코칭해야 한다. 그렇지만 팀원 개개인을 섬기는 데 있어, 나는 단지 팀원들이 단편적으로나, 이기적인 자아만을 섬기는 것이 아니라, 각 팀원들이 세상에서 필요한 일을 하도록, 팀원들의 소명, 서비스, 목적을 찾도록 돕는 일이 중요하다.

수준 II에서, 나는 조직과 조직이 서비스하는 더 넓은 시스템에 대해 기여하도록 개발하면서, 전체 살아있는 시스템으로서 팀을 위해 봉사해야 한다. 수준 III에서는 시스템 팀 코치로서 이러한 모든 이해관계자의 관계를 연결하고 엮어내는 역할을 담당해야 한다. 본질에서 함께 묶여 있어서 그 자체로는 성공할 수 없기 때문이다. 팀을 위한 서비스는 팀의 효율성을 높이는 그 자체가 목적이 아니라, 팀이 이해관계자들을 위해 '공유 가치'를 더 잘 창출하도록 돕는 수단일 뿐이다(Portor & Kramer, 2011). 조직을 위한 서비스는, 개인 또는 팀의 과업 그 자체가 목적이 아니라, 개인과 팀이 다음 단계의 개발로 조직을 더 효과적으로 이끌고 관리하게 해야 한다. 그러면 조직은 잠재력을 충족하고 더 넓은 인간, 그리고 더 많은 구성원에게, 더 나은 기여를 하게 된다.

수준 IV에서는 생태계 팀 코치로서 모든 이해관계자의 실현되지 않은 잠재력과 그 잠재력이 실현되도록 지원해야 한다. 그럼으로써, 번영과 생존이 팀의 재산이 아니라, 팀과 생태학적 틈새 사이의 역동적인 공동 창조와 공동 진화에 있음을 인식할 필요가 있다.

1장에서 제시했듯이 21세기 팀과 조직의 성공은 세 가지 핵심 역량을 필요로 한다.

- 성과보다는 목적에 따라 주도: 미래 세계가 필요로 하는 고유한 활동에 초점을 맞추기
- 팀 내, 팀 간, 부서 간, 조직, 부문, 분야 그리고 국가 간 팀을 구성하고 협력할 수 있는 능력 갖추기
- 개인, 조직, 국가 그리고 '팀 인간'으로서 우리 주변의 세계보다 빠르거나 더 빠른 속도로 배우고 진화의 방향으로 변화하기

현재 세계 도전의 본질은 모든 인간이 집단적으로 그리고 개별적으로 새로운 방식으로 생각하고 행동하도록 요구한다. 위대한 흑인 작가 제임스 볼드윈(Baldwin & Mead, 1971)은 '사람들에게 자신이 항상 살아왔던 가정과 전제를 포기하도록 요구하는 일은 매우 어려우나, 그런데도 이는 세계가 지금 모든 사람에게 요구하는 일이다'라고 말했다.

이를 지적한 최초의 작가와 사상가 가운데 한 명은 인류학자, 사이버네티시스트, 시스템 사상가, 인식론자인 그레고리 베이트슨Gregory Bateson이었다. 1960년대와 1970년대에 베이트슨은 우리 행성이 직면하고 있는 높아지는 생태적 위기에 대해 말한 최초의 강력한 목소리들 가운데 하나였다. 다른 평론가들 앞에서 그는 현재의 환경 위기가 어떻게 우리의 인식론적 사고방식에 기초하고 있는지, 즉 우리가 사는 세계에 대한 지식을 어떻게 만들어내는지 보여주었다.

베이트슨(1972)이 우리의 집단적 인간 인식론적 오류를 어떻게 묘사하는지를 본다면, 우리는 이러한 오류들 가운데 얼마나 많은 수가 우리가 속해 있거나, 속해 있는 팀의 행동과 신념 체계에서 현재 존재하는지 되돌아 보게 한다.

현재 우리 문명을 지배하고 있는 사상은 산업혁명 이후 가장 치명적인 형태를 띄고 있다.

다음과 같이 요약할 수 있다.

1. 우리가 환경을 거스른다.
2. 우리는 다른 사람들과 맞서야 한다.
3. 개인(또는 개별 팀, 개별 회사 또는 개별 국가)가 중요하다.
4. 우리는 환경에 대한 일방적인 통제권을 가질 수 있고, 그 통제권을 위해 노력해야 한다.
5. 우리의 한계는 없다.
6. 경제적 결정론은 상식이다.
7. 기술이 우리를 위해 일할 것이다.

(Bateson, 1972: 468)

베이트슨은 또 이러한 믿음이 어떻게 신과 창조를 분리하고 자연과 분리된 단순히 초월적인 신을 창조하는 신학에 뿌리를 두고 있는지 보여주었다.

만약 여러분이 하나님을 바깥에 두고 그의 창조물과 대적하게 한다면, 그리고 여러분이 그 형상대로 창조되었다고 생각한다면, 여러분은 논리적이고 자연스럽게 여러분 자신을 바깥으로, 그리고 여러분 주변의 사물들과 반대되는 것으로 보게 된다. 그리고 여러분이 모든 마음을 독차지할 때, 여러분은 주변의 세상을 무심코 보게 되고, 따라서 도덕적 또는 윤리적 고려를 받을 자격이 없다고 본다. 당신은 환경을 착취하게 된다.

만약 이 부분이 자연과의 관계에 대한 여러분의 추정치이고 여러분이 진보된 기술을 가졌다면, 여러분의 생존 가능성은 지옥의 눈덩이처럼 된다. 당신은 당신 자신의 증오로 인한 독성 부산물이나, 단순히 인구 과잉과 방목으로 인해 죽게 된다.

(Bateson, 1972)

여기에 기후 변화, 해수면 상승, 생물 다양성 상실, 토양 고갈, 기근, 가뭄, 그리고 최근 영국의 수석 과학자 존 베딩턴John Beddington이 '2030년의 완벽한 폭풍'이라고 설명한, 우리 세계가 건설됨에 따라 증가하는 지구적 불평등이 더해질 수 있다(Guardian, 18 March 2009).

만약 우리가 지금 이렇게 거짓되고 위험한 믿음을 다시 보게 된다면, 우리는 이러한 뿌리 깊고 습관화된 이원론적 믿음을 극복하는 데 도움이 되는 해독제 또는 치료제로 무엇을 놓을지 살펴볼 수 있다. 이 시점에서 베이트슨 진술 각각에 대해 내가 [표 21.1]에 작성한 것과 비교하기 전에 독자적인 해독제를 작성하는 것이 좋겠다.

베이트슨(1972)은 우리가 생존의 단위를 잘못 선택함으로써 야기한 문제들에 대해 매우 분명하게 쓰고 있다.

19세기 중반 영국의 일반적인 사고 풍토에 따라 다윈은 자연 선택과 진화 이론을 제시했는데, 이 이론에서 생존 단위는 가족 계통, 종, 아종 또는 그와 같은 종류이다. 그렇지만 오늘날 실제 생물학적 세계에서 생존의 단위가 아니라는 점은 꽤 명백하다. 생존의 단위는 유기체와 환경이다. 우리는 환경을 파괴하는 유기체가 스스로 파괴했음을 쓰라린 경험을 통해 배우고 있다.

[표 21.1] 베이트슨의 진술과 해독

진술	해독
A) 우리가 환경을 거스른다.	우리와 우리가 환경이라고 부르는 것은 상호 의존적이다.
B) 우리가 다른 사람들과 맞서야 한다.	승패는 항상 패가 된다. 우리는 윈-윈 관계를 만들어야 한다.
C) 중요한 것은 개인(또는 개별 회사 또는 개별 국가)이다.	생존의 단위는 유기체와 환경이다. '우리는 쓰라린 경험을 통해 환경을 파괴하는 유기체가 스스로를 파괴한다는 것을 배우고 있다.'
D) 우리는 환경에 대한 일방적인 통제권을 가질 수 있고 그 통제권을 위해 노력해야 한다.	자연은 이전에도 있었고, 앞으로도 그럴 것이고, 인간이라는 그 작은 부분보다 더 클 것이다.
E) 우리는 무한히 확장되는 '프런티어'에 살고 있다.	우리의 성장에는 한계가 없다.
F) 경제적 결정론은 상식이다.	가장 중요한 것의 90%는 경제학으로 측정할 수 없다. 모든 것의 척도로서 돈은 실제로 우리 모두를 가난하게 만든다.
G) 기술이 우리를 위해 일할 것이다.	기술 자체는 단지 우리 자신과 환경을 파괴하는 우리의 능력을 강조할 뿐이다. 문제를 만든 생각 안에서 해결할 수는 없다.

우리가 하는 모든 것이 개인주의적 자기 중심적 사고를 개인에서 팀 또는 부족 수준으로 옮기고 '블록에서 가장 성과가 높은 팀'으로 경쟁하는 것이라면 개인 코칭에서 팀 코칭으로 전환하는 것만으로는 충분하지 않을 것이다. 베이트슨이 나타내듯이, 우리는 생존의 단위와 고성과의 단위 모두가 환경, 생태학적 틈새, 그리고 시스템적 맥락과 관계된 팀이라는 점을 인식할 필요가 있다. 이는 내가 이 책을 통해 팀 코칭이 팀원들 사이의 내적 관계만큼 팀 전체의 외적 관계에 초점을 맞추고, 팀이 자신에 대해 좋게 느끼는 것보다 더 넓은 시스템에 대한 팀의 기여에 더 초점을 맞

춘다고 주장해온 이유이다.

하나의 종species으로서 우리는 유사하지만 더 큰 도전 과제를 안고 있다. 우리는 단지 이 종이나 저 종을 구하기 위해 싸우는 것에서부터 살아 있는 생태계의 보존과 발전을 위해 일하기, 환경을 하나의 물건으로 생각하기, 환경을 하나의 복잡한 연결망으로 보기, '다른 것'으로 보기, 우리의 일부로 경험하기, 그리고 우리 자신을 환경과 분리할 수 없는 부분으로 보기 등으로 옮겨가야 한다. 이는 쉬운 일이 아니며, '팀 인간'의 집단적인 노력이 필요하다. 개인과 팀 고객은 물론 조직과 더 넓은 이해관계자 생태계를 지속해서 서비스하기는 쉬운 일이 아니며, 모든 코치가 지속해서 자신의 업무를 성찰하고, 코칭 역량을 확대해야 한다. 이를 위해, 현재 이슈에서 물러서서, 더 광범위한 시스템 수준에서 반복되는 패턴을 보는 능력이 필요하다. 이러한 프로세스 반영과 시스템 인식의 지속적인 필요성은 모든 코치가 시스템적 팀 코칭을 수퍼비전하는 데 있어, 특별히 교육을 받은 코치의 품질 높은 수퍼비전을 포함하여 정기적으로 개인과 전문적 개발에 착수해야 함을 의미한다.

앞으로 나아가기 위한 의제

2017년 3판에서 나는 '내 희망은 우리가 다음 몇 년 안에 다음을 보게 되는 것이다'라고 썼다. 2021년에 이 가운데 많은 부분이 아직 진행 중이었지만, 중간에 달성된 내용을 이탤릭체로 추가했다.

- 조직개발, 조직 컨설팅 그리고 코칭의 장점을 결합하여 에코시스템 팀 코칭의 새롭고 활기찬 통합을 실현한다. 『팀 코칭 실무자 핸드북』(Clutterbuck et al., 2019)은 이들 간의 교류를 더욱 진전시켰다.
- 팀 구성과 공유 리더십에 관한 명확한 정의와 함께 집단적 팀 리더십에 대한 추가 연구. 웨스트West와 류보브니코바Lyubovnikova(2012:28)가 주장하듯, "조직 내 팀들의 변화하는 환경을 고려할 때, 우리는 뒤로 물러서서 우리의 과학과 실전에 대해 그 어느 때보다도 더 규율을 지킬 필요가 있다."
- 팀 코칭 활동의 완전한 연속체에 대한 더 명확한 언어와 일반적으로 수용되는 정의를 개발하여, 고객 조직과 팀이 필요한 도움을 더 효과적으로 계약하고 재계약할 수 있도록 한다. 그룹 코칭, 팀 퍼실리테이션, 팀 코칭, 시스템적 팀 코칭 그리고 에코시스템 코칭에 대한 명확하게 공유된 정의를 제공한다. *이 책에서 나는 이러한 용어들을 정의하기 위해 많은 노력을 했고 이 또한 전문 코칭 기관에 의해 최근에 추구되고 있다.*
- 호킨스(2012)의 설명과 같이, 팀 코칭을 포함하여 조직 내, 그리고 조직 이해관계자와 지속 가능한 코칭 문화를 조성하기 위해, 다양한 코칭 노력을 통합해 왔으며, 이를 조율하는 더 효과적인 코칭 전략을 위해 여러 대기업이 자체적으로 '팀 코칭 전략'을 개발하도록 지원해 왔다.
- 전문 코칭 조직이 시스템 팀 코치를 인증하기 시작하고, 효과적이어야 할 역량과 능력 그리고 이를 평가하는 방법, *2020년에는 EMCC, ICF와 APECS가 모두 팀 코치와 평가 프로세스를 위한 다층적인 전*

문 표준을 개발하면서 상당한 진전이 있었다.

- 개별 코치 또는 조직 컨설턴트가 시스템적 팀 코칭의 다섯 가지 모든 규율로 협력하고, 팀 코칭 마스터 실무자가 되기 위해 필요한 재교육을 개발하는 데 도움이 되는 특정 팀 코칭 자격증 그리고 수료증 프로그램을 추가로 개발했다(Hawkins & Leary-Joyce, 2018). 글로벌 팀 코칭 연구소Global Team Coaching Institute의 팀 코칭 가상 교육 프로그램에는 100개 이상의 국가에서 수천 명이 참가했다.
- 시스템적 팀 코칭의 실천과 이점에 대한 증거 기반 연구. 팀 성과에 대한 연구는 시스템적 팀 코칭이 더 넓은 생태계를 가진 팀에 의해 가치 창출에 가장 큰 혜택을 줄 수 있는 방법에 관한 연구보다 훨씬 앞서 있다. 피터스Peters와 카Carr(2019)는 팀 코칭에 관한 최신 연구 상태를 잘 요약해준다.
- 시스템적 팀 코칭에 관한 연구를 리더십 개발의 글로벌 모범 사례에 관한 연구와 연계한다. 시스템적 팀 코칭은 리더십 개발을 통해 미래의 과제에 필요한 집단적 리더십을 창출하는 데 있어 점점 더 많은 역할을 한다. 헨리 비즈니스 스쿨에서 내가 이끌던 내일의 리더십과 오늘날의 리더십 개발에 필요한 변혁에 관한 연구는 이 중요한 연결고리를 설명하지만, 해야 할 연구는 훨씬 더 많다.
- 팀 코칭, 시스템적 팀 코칭, 에코시스템 팀 코칭 그리고 에코시스템 팀 코칭 분야의 실무, 모델, 연구 그리고 학습의 국제적 교류. 이를 가르치고 연구하는 코칭, 컨설팅, 선도적인 팀, 리더십 학습과 개발, 학계 인사들을 한데 모은다. 뉴욕의 크리스터 로웨Krister Lowe는 '팀 코칭 존zone'을 개발하면서 'Teamsandbeyond.com'과 마찬가지로 무

료 팟캐스트에서 이러한 분야 전반에 걸친 기여를 하는 등 많은 노력을 기울였다(자원 섹션 참조). 2020년에 데이비드 클러터벅과 나는 이 분야의 다른 선구자들 사이의 대화를 촉진하기 위해 글로벌 팀 코칭 연구소Global Team Coaching Institute의 지원을 받는 'Global think and Practice leaders in team coaching' 포럼을 시작했다. 이 조직에는 주요 국제 팀 코칭 프로그램의 리더, 주요 코칭 기관의 대표자, 팀 코칭의 주요 작성자와 연구자, 그리고 팀 코칭을 활용하는 일부 고위 임원이 포함된다.

- 팀 효과성 도구, 방법과 접근 방식을 전 세계적으로 사용하도록 하여, 모든 종류의 팀을 이끌거나 지원하는 수십억 명 이상의 인력이 팀의 역량을 총합 이상으로 개발할 수 있도록 지원한다. 이는 코칭을 탈식민화하여, 영미 문화와 사고방식에 의해 덜 지배받으며, 팀 코칭을 학교, 병원, 교도소 그리고 전 세계의 다른 최전방 업무에 도입하는 것을 포함한다.
- 생태 그리고 기후 비상 사태에 최선을 다하는 시스템적 팀 코칭. *2019년과 2020년에는 기후 코칭 얼라이언스(www.climatecoachingalliance.org)가 인상 깊게 시작되었으며 2020년 중반까지 세계에서 가장 큰 코칭 기구 9곳이 기후 비상 사태와 코칭에 필요한 단계에 대한 공동 성명을 처음으로 발표했다. 이 동맹의 설립자들과 함께 기후를 의식하는 코칭에 관한 책을 공동 편집하고 있으며, 이 작업은 모든 팀 코치 교육과 연습에 필수적이다(아래와 11장, 15장 참조).*

나는 이 책의 4판이 이 중요한 새로운 기술과 규율을 확립하는 데 있어 이 중요한 여정을 더 나아가게 하여 많은 다른 사람이 절실히 필요로 하는 이 기술을 더 발전시킬 수 있기를 바란다.

더 큰 도전

시스템적 팀 코칭과 에코시스템 팀 코칭의 기술 개발이 중요하지만, 더욱 중요한 일은 이 분야가 인간의 사고와 인간의 변화에 전적으로 기여하고 '위대한 전환'의 다음 25년이 붕괴가 아닌 돌파구의 기간이 되어야 한다는 점이다. 100억의 인구를 가진 한 종에서 생태학과 인간의 공존에 대한 많은 위협들이 있다. 현재 우리의 글로벌 인간 가족이 직면한 일곱 가지 큰 도전은 다음과 같다.

1. **기후 비상**. 이는 우리 인류뿐만 아니라 우리를 지탱하고 우리가 수천 종의 다른 생물들과 공유하는 모든 생물권이 직면한 가장 큰 도전이다. 기후 변화는 인간 오염의 직접적인 결과이며, 그 위협은 여전히 더 심해지고 있으며, 현재 99%의 과학자들이 이를 받아들이고 있다. 우리는 그 영향이 돌이킬 수 없는 결과의 더 큰 폭주 사이클을 촉발하기 전에 매우 제한된 창을 가지고 있다. 긴급하고 급진적인 국제적 조치만이 최악의 지구 온난화와 증가하는 기후 재앙을 막을 수 있다. 코치들도 기후 비상 사태에 대처하는 데 중요한 책임이 있음을 뒤늦게 깨닫고 있다(www.climatecoachingalliance.org 참조).

2. **경제적, 사회적 불평등**. 우리가 세계에서 가장 부유한 사람들과 가장 가난한 사람들 사이의 증가하는 불평등을 해결하지 않고는 기후변화의 문제를 해결할 수 없음은 분명하다. 지난 50년 동안 많은 사람들이 빈곤에서 벗어났지만, 세계에서 가장 부유한 5%와 가장 가난한 50% 사이의 격차는 점점 더 커지고 있다. 1960년 평균 CEO는 평균 직원의 약 20배를 벌었고, 2019년 미국에서는 271배를 벌었으며, 전 세계적으로 500가구가 전 세계 자산의 8%를 소유하고 있다(Rushkoff, 2019: 108, 109). 우리는 지금 극빈층이 부유한 사람들이 무엇을 얻는지 알고, 스스로 이를 원하는 초연결된 세상에 살고 있다. 이는 계속해서 국제적인 이주, 전쟁, 갈등을 부채질할 것이다.

3. **테러, 전쟁, 안보**. 인정받지 못하거나, 나쁘게 대우받거나, 굴욕감을 느끼는 소수의 인간 집단은 이제 화가 난 사람들을 공포에 떨게 하는 힘을 빠르게 개발할 수 있다. 보안 감시를 수행하는 팀의 국제적 협력만이 세계 테러의 영향을 억제할 수 있다. 그렇지 않으면 테러 집단이 이를 반대하는 집단보다 네트워크로 더 연결될 것이다 (McChrystal et al., 2015).

4. **포퓰리즘과 민족주의**. 트럼프 치하의 미국, 브렉시트 결과로 영국, 브라질, 헝가리 등 다른 나라들과 같은 포퓰리즘 리더들은 두려움을 거래하고 낙후된 민족주의에 호소하였다. 이로써 국제주의에서 후퇴를 촉발하였으며, 세계적인 주요 과제를 해결하는데 필요한 협력과 신뢰 형성에 부정적인 영향을 미쳤다. 2020~2021년 COVID-19 팬데믹에서 이는 여실히 드러났다.

5. **이주**. 기후 변화, 경제적 불평등, 전쟁, 그리고 세계적인 인터넷 통신

과 인식은 계속해서 국제 이주를 주도할 것이다. 자신의 지역을 보호하고 문제를 자신의 국경 밖으로 옮기기 위한 지역 또는 국가의 접근은 갈등을 일으키고 난민의 고통을 증가시킬 것이다.

6. **규제가 필요한 세계 경제 시스템.** 글로벌 기업과 초부자 개인이 자산을 해외로 이전함으로써 공정하게 세금을 내지 않는 방법에 대한 폭로가 증가하고 있다. 은행 부패를 막기 위한 포스트 뱅킹 위기 법안은 완화되었고 많은 사람은 세계 은행들이 2008년의 교훈을 배우지 못했다고 주장한다. 지금 우리는 세계화된 경제를 가지고 있어서 국제적인 통치와 규제가 필요하지만, 아직 세계적인 규모로 효과적으로 협력하는 방법을 배우지 못했다. 우리는 은행, 기업, 그리고 힘 있는 부자들이 모두 적절하게 규제되고 인간 가족 전체와 '인간 이상의 세계'의 이익에 기여하도록 보장해야 한다. 우리는 더 축소화된 관료제가 아니라 국제적으로 만들어지고 고수되는 더 지적인 관료제가 필요하다.

7. **팬데믹.** 세계보건기구와 게이츠 재단은 우리가 곧 세계적인 전염병을 경험할 것이라고 세계에 경고해왔다. 그러나 이는 대부분 무시되었고, 이는 2020년 COVID-19가 전 세계를 돌았을 때 대부분 국가가 준비가 되어 있지 않았음을 의미한다. 위대한 작가 벤 옥리Ben Okri는 가디언지에 다음과 같이 기고했다. '진정한 비극은 우리가 더 나은 방향으로 변화하지 않고 팬데믹을 극복하는 것이다. 마치 그 모든 죽음, 그 모든 고통은 아무 의미도 없는 것처럼 보일 것이다.' 또 다른 위대한 작가인 아룬다티 로이Arundhati Roy는 파이낸셜 타임즈(2020년 4월 3일)에 다음과 같이 남겼다. '역사적으로 유행병은 인류에게

과거와 결별하고 세계를 새롭게 상상하도록 강요했다.' COVID-19가 인류에게 가져다 준 교훈, '우리가 어떻게 이 모든 것에 함께 있는가'의 교훈, 그리고 글로벌 협업이 필수적임을 배울 준비가 되었는가 (Hawkins, 2020b)라는 질문이 제기되었다.

이러한 세계적인 복잡한 도전들은 내향적이고 이기적으로 초점을 맞춘 국가들로 후퇴한다고 해서 해결될 수 없다. 이 시대에는 집단적 리더십, 팀, 조직 그리고 지역 이익 사이의 협력이 필요하지만, 가장 중요한 부분은 국가 간이다. 또 우리가 모두 우리의 IQ와 EQ뿐만 아니라, 우리의 'WeQ'를 개발해야 한다. 이는 팀 내에서나 팀 사이에 다른 사람들과 함께 일할 수 있는 능력이다. 전체는 부분의 합보다 더 크다. 우리는 또한 더 넓은 생태계와 함께 공동 진화 작업을 하는 '우리보다 더 많은 WeQ'(Hawkins, 2017c)를 개발해야 한다.

상호 연결된 도전의 거대함 속에서 내게 다가왔던 큰 희망은 내일의 리더십에 관한 연구의 일환으로 인터뷰하고 만난 수많은 밀레니얼 리더와 기업가들이다(Hawkins, 2017). 리더들은 돈 벌기보다 세상을 변화시키는 일에 대한 에너지와 열정을 쏟는다. 디지털 네이티브이기 때문에, 자연스럽게 국경과 경계를 넘어 광범위하게 네트워크를 형성한다. 오바마 대통령은 미국 대통령으로서 마지막 연설에서 다음과 같이 말했다.

> 다가오는 이 세대에 대해 말하고자 한다. 이기적이지 않고, 이타적이며, 창조적이고, 애국적인 세대이다. 나는 여러분이 알고 있는 이 나라의 구석구석에서 여러분을 보았다.

끊임없는 변화는 두려워하지 말고 포용해야 한다. 여러분은 기꺼이 민주주의의 이 힘든 일들을 이겨내며 앞을 향해 나아간다. 여러분은 곧 우리 가운데 누구보다도 나아질 것이며, 그 결과로 우리의 미래는 선한 손에 달려 있다고 믿는다.

(The New York Times, 17 January 2017: 16)

우리 세대는 내일의 리더십을 위해 도전적이고 어려운 유산을 남기고 있으며 이를 지원하기 위해 우리가 할 수 있는 모든 일을 해야 한다. 나는 여러분에게 이 책이 여러분의 위대한 집단적 노력에 도움이 되기를 바란다.

부록1
팀 코칭 한 줄 2018~2020

매년 크리스마스 직전에, 나는 13개의 시스템적 팀 코칭을 한 줄씩 발표한다. 내가 전 세계에서 가르친 훈련과정에서 자연스럽게 등장한 대사들이다. 여기에 지난 3년간 모은 문장들이 있다. 나는 이 문장들이 이 책의 다른 몇 가지 핵심 내용에 대한 유용한 이력서로 제공되기를 바란다.

2018

팀이 목적을 창조하지 않고, 목적이 팀을 창조한다

효과적인 팀에 관한 최고의 연구는, 모두가 인식하고 효과적인 협업을 통해 달성할 수 있는 공동의 팀 목적을 가졌는지가 가장 중요한 요소가 될 수 있음을 보여준다. 나는 팀의 목표 달성을 돕기 위해 열심히 일했지만, 이제 그 목적이 이미 비즈니스 에코시스템과 향후 이해관계자의 요구에 반영되어 있으므로 팀의 응답을 기다려야 함을 깨달았다.

'미래로의 회귀' 그리고 '아웃사이드 인' 탐색

진화하는 팀의 목적을 발견하기 위해, 우리는 팀과 함께 미래에 필요한 사항이 무엇인지 그리고 주요 이해관계자들이 현재와 미래에 요구하는 사항이 무엇인지 탐구해야 한다.

삶은 의제를 세운다

전통적으로 코칭은 고객의 의제agenda에 있음을 강조한다. 시스템 코칭은 우리가 고객이나 코치의 의제가 아니라, 양쪽 모두 함께 일하기 위해 어떤 삶을 살고 있는지에 초점을 맞춰야 한다고 제안한다.

더 잘 알지 못하고, 먼저 알지 못한다

전통적인 코칭은 우리의 경험을 문 밖에 두어야 한다고 말하지만, 나는 우리가 모두 고객들의 문제에 관여하기를 원한다고 주장한다. 우리는 고객보다 결코 더 잘 알거나, 결코 먼저 알지 말아야 하지만, 일단 고객들의 창조적인 사고를 가능하게 돕고 나면, 대화상에서 고객들이 이전에 생각하지 못했던 새로운 사고를 창조해가면서 우리 자신의 사고를 함께 가져와야 한다.

이야기하지 마라, 질문하지 마라: 도전을 형성하라, 대응을 조율하라

리더와 코치는 때로는 직접적인 '말하기' 스타일과 유도적인 '묻기' 스타일 사이에서 전환switch할 수 있어야 한다. 팀 코치는 리더가 되었든, 외부 팀 코치가 되었든, 집단적 도전을 형성한 다음, 팀이 창의적이고 협력적으로 대응할 수 있도록 조율orchestrate하고 지원한다.

설계보다 목적이 먼저다

조율과 활성화 프로세스를 설계하기 전에, 해당 과정을 완료하기 전에, 여러분과 팀이 도착해야 하는 위치를 먼저 파악해야 한다. 가능한 목적지를 알지 못하면, 어떤 차량이 필요한지 선택할 수 없다.

이 세션의 목적과 결과물로 모든 세션을 시작하라

모든 코칭 세션은 회의의 공동 목적을 파악하고, 마지막 순간까지 집단적으로 달성해야 할 사항을 탐색하기 위해 일정 부분 계약으로 시작해야 한다.

신속하게 팀을 무대 위에 올려놓아라. 여러분이나 청중 누구든 양 날개 안에 있는 만화영화 제작자로서 말이다

팀 코치는 무대 위에서 새로운 중심축에 수레바퀴 구조를 만드는 함정에 빠질 수 있다. 훌륭한 시스템 팀 코치는 빠르게 팀이 적극적으로 업무에 참여하도록 하며, 지원, 도전, 넛지를 통해 최고의 작업을 가능하게 한다. 이 과정의 한 부분으로써, 코치는 코치 자신이 아닌 팀이 서로 직접 대화하도록 해야한다.

팀 앞에 있는 각 개인이 아닌 연결(내부와 외부)을 코칭하라

팀 앞에서 개인에게 코칭이나 코멘트 하기를 피하고, 팀 구성원 사이의 연결, 그리고 전체 팀과 이해관계자들 사이의 연결에 초점을 맞춘다.

시스템의 한 개인 또는 일부가 아닌, 연결/관계에서의 갈등 또는 문제를 찾아라

갈등의 첫 번째 규칙은 시스템의 한 개인 또는 일부가 아닌 연결 안에서 문제 찾기이다.

불가능한 상사, 어려운 팀원, 연락이 닿지 않는 팀, 우리가 아직 찾지 못한 참여 방식 같은 것은 존재하지 않는다

나는 때때로 사실이 아닐 수도 있다고 말하지만, 이는 우리와 팀이 시스템의 그 밖의 부분이나 또 다른 부분에서 문제를 발견하는 '비판 게임'을 방해하기 때문에, 매일 시작하기에 좋은 방법이다. 모든 사람에게 '나는 누구이고, 우리는 무엇을 할 수 있는가?'로 되돌아가도록 격려한다.

모든 세션을 설계하고 준비하지만, 시작할 때는 계획에 구애받지마라

영화 편집실 바닥에 얼마나 조각이 많이 남아 있는지 보면, 좋은 영화인지를 판단할 수 있다고 한다. 좋은 팀 코칭도 비슷하다. 코치가 시스템의 다양한 수준과 팀의 과제에 접근하는 가능한 방법을 미리 고려한 준비는 중요하지만, 일단 세션이 시작되면 팀 내에서, 그리고 여러분과 팀 사이에 무엇이 나타나는지에 대해 개방적일 필요가 있다.

즐겁고 창의적이며 무한한 자비심을 갖고 협력하라

팀 코칭은 팀과 코치가 즐기고 있을 때 최고가 될 수 있으며, 삶이 제시하는 도전에 대처하며, 자신뿐 아니라 다른 사람들을 위한 가치 창출임을 느낄 때 또한 최고가 될 수 있다.

2019

다음 단계의 선생님이 여러분을 더 넓은 시스템으로 보내듯, 모든 어려움을 대하라

어려운 코치, 동료, 상급자, 조직을 우리가 맞서 싸워야 할 문제로 볼 것인가, 아직 연결고리를 찾지 못한 사람들에 대해 인생의 다음 교훈을 제시하는 사람들로 볼 것인가는 우리의 선택사항이다.

이해관계자들의 목소리로 회의장을 가득 채우게 되면 자만의 여지가 줄어든다

인간으로서 우리는 자기 강박적인 성향을 가질 수 있고 개인적으로 사물을 받아들이는 경향이 있으며, 이는 방어적 자아를 형성하게 된다. 미래와 우리의 이해관계자들이 우리에게 무엇이 필요하다고 요구하는지 집중해서 자신의 목소리를 대안으로 끌어낼 수 있다면, 자만과 개인적 갈등으로 가득한 공간은 훨씬 더 적어지게 된다.

팀 코칭의 기본 ABC – 언제나 계약하라

북아일랜드에서 온 내 동료 존 힐 씨가 이 문구를 가르쳐주었음에 감사한다. 계약하기는 단지 관계를 시작하거나 회의 시작할 때만이 아니라, 언제나 관심을 기울여야 한다.

첫 3분 이내에 모든 참여자의 목소리를 회의에 참여시켜라

코치가 초반에 너무 오래 발언하면 세미나가 되고, 팀 리더가 너무 오래 발언하면 브리핑 회의가 된다.

팀 구성원이 향후 방안을 함께 합의할 때, 스스로 만들어갈 가능성이 크다

사람들은 변화를 저항하지 않는다. 단지 변화됨에 저항한다. 팀 리더의 역할은 어떻게 도전을 형성해가고, 이후 팀 구성원을 조화롭게 하여 대응 방안들을 공동으로 창출해가도록 하는가에 있다.

어떻게 비언어적 말을 전달하느냐는 단어보다 더 중요하다

좋은 팀 코칭 질문과 기타 개입을 배워 나가는 일은 단어뿐 아니라 우리가 전달하는 목소리 톤, 모양 그리고 구체화된 방식도 해당된다.

비난의 진술들을 요청의 언어로 바꾸고, 부정적인 명령을 긍정적인 격려로 바꿔라

팀 코치로서 우리가 가장 자주 해야 하는 개입 가운데 하나는, 팀의 다른 구성원이나 외부 이해관계자에 대한 비난의 진술을 중단하고, 구성원들이 불만을 요청으로 전환하고 호기심 어린 질문으로 바꾸도록 초대하는 일이다.

문제 목록을 도전 과제로 쪼개는 글머리 기호 목록을 피하라

그 대신에 마인드 맵, 선순환과 악순환, 상호연결의 패턴을 보여주는 다른 기법들을 창조하라.

'시스템'에 관해 이야기하는 순간, 우리는 존재하지 않는 고정된 경계를 그리기 때문에 시스템적 상호 연결 보기를 멈추게 된다

많은 시스템적 수준 사이에서 추는 춤에 주의를 기울여라.

넓은 각도의 공감은 팀 내 구성원뿐 아니라, 팀의 모든 이해관계자를 위해서이다

팀 코치는 모든 팀 구성원뿐 아니라, 팀의 더 넓은 이해관계자들(그리고 자신)에 대한 자비와 공감을 가질 필요가 있다.

고성과 팀은 없으며, 모든 이해관계자와 지속적인 가치를 창출하는 팀만이 존재한다

고성과는 도달할 장소가 아니라 구성원, 시스템 그리고 인간 너머의 세계를 포함한 모든 이해관계자와 지속해서 공동의 가치를 창출하는 서비스이다. 따라서, 고성과는 팀의 경계 내에 있거나 팀의 소유일 수 없다.

2020

질문하지 마라, 말하지 마라

코치는 질문하기에 중독될 수 있고, 컨설턴트는 해답 말하기에 중독될 수 있다. 팀 코치는 두 가지 중독을 모두 피하고, 대신 협력적인 탐구에 참여하며, 코치 자신도 답을 모르나 함께 답을 찾아가는 삶의 도전에 직면해야 한다.

결코 더 잘 알려고 하지 마라, 먼저 알려고 하지 마라

최고의 통찰력은 팀과 팀 코치 사이에서 새롭게 발견된다. 미리 포장된 지식은 소화하기도, 소유하기도 어렵다.

코칭의 질은 학습 우위에 얼마나 많은 시간을 보내는가로 판단될 수 있다
학습 우위는 코치이와 코치가 답을 낼 수 없으나, 삶에는 답이 필요함을 보여주는 데 있다.

개인 코칭과 같은 일은 없다
개인이 코칭 사무실에 도착했을 때(대면 또는 화상으로), 팀 역동, 조직 문화, 가족 시스템, 공동체와 문화 패턴, 그리고 더 넓은 생태계가 또한 그 일부가 되며, 어떻게 세상을 형성하고 서술하는가를 보여준다. 그 이야기들은 시스템 수준의 풍부하고 복잡한 토양에서 자라나고 형성된다.

모든 코칭 세션, 팀 코칭 회의, 수퍼비전은 세션이 시작되기 전에는 개인이 미처 알지 못했던 새로운 학습을 만들어내도록 해야 한다
세상은 공동 창조된 새로운 배움이 필요하다.

장군, 선교사, 식민지 개척자에게는 임무가 있다. 팀은 집단적 목적을 가져야 한다
임무는 우리가 세상에서 성취하기를 원하는 그 무엇이다. 목적은 내일의 세상이 필요로 하는 일을 우리가 집단적으로 행할 수 있음을 발견하는 데서 온다.

목적은 팀을 창조하며, 팀은 자신의 목적을 창조하지 않고 무엇이 목적인가를 발견한다
목적은 우리의 일과 삶이 누구를 위해 헌신하는지, 그리고 이해관계자들의 변화하는 요구를 탐구함으로써 발견된다.

문제를 도전으로 전환하고, 도전 과제를 기회로 전환하라
퍼즐과 같은 문제에는 해결책이 있지만, 도전에는 새로운 생각, 실행, 팀과 구성원으로 존재하기가 필요하다.

개인이나 개별 이슈가 아닌 새로운 패턴에 귀를 기울여라
개별 문제는 거의 항상 기본 패턴의 징후이다. 패턴을 변형하려면 보통 새로운 관점, 즉 이슈를 바라볼 수 있는 새로운 렌즈가 필요하다.

언제나 삼각 구도를 유지하라
팀 코칭에는 팀, 팀 코치, 공동의 목적이 필요하다. 팀 코칭은 팀이 토론 또는 토론에서 벗어난 제3의 위치에서, 파트너와 이해관계자 사이의 이분법적 협상으로부터 윈-윈 협상을 도출하는 데 도움이 된다.

협력 코치co-coaches는 팀으로 일하기와 효과적인 팀워크 역할 모델이 필요하다
팀 코치가 두 명일 경우, 팀 코치 1, 팀 코치 2, 그리고 관계/팀워크의 세 가지 요소가 있다. 세 번째 요소는 첫 번째, 두 번째 요소보다 크지 않지만 팀에 영향을 미친다.

이해관계자를 파트너로 전환하라
수없이 많은 상반된 요구 사항과 실수로 이해관계자를 경험하기는 매우 쉬우며, 또한 모든 이해관계자는 우리가 파트너십에 초대하여, 부분적으로는 달성할 수 없는 일을 함께 성취하도록 하는 자원이다.

팀 코칭은 끝나지 않으며, 오직 전환될 뿐이다
팀 코칭은 팀 코치 혼자 행함이 아니라 팀, 팀 리더, 팀 구성원, 그리고 팀 코치가 함께 하는 파트너십으로 이뤄진다. 팀 코치가 점차적으로 팀을 떠날 때조차, 유지되고 있는 파트너십은 팀 코칭을 지속시킨다.

용어 사전

- **가상 팀**virtual team: 공통의 목적을 달성하기 위해 기술을 통해 멀리 떨어져 있으면서도 협력하는 분산된 사람들의 그룹(Brake, 2006: 116).
- **고가치 창출 팀**high-value creating team: 모든 이해관계자와 함께, 그리고 모든 이해관계자를 위해 지속 가능한 진정한 가치를 공동으로 창출하는 팀(2장).
- **고성과 팀**high-performing team: 공동의 목적, 일련의 성과 목표와 집단적으로 책임을 지는 접근 방식에 전념하는 상호 보완적인 기술을 갖춘 소수의 사람들. 일반적인 접근 방식에서는 사기와 정렬을 높이는 효과적인 회의와 의사소통 방법, 팀의 모든 주요 이해관계자 그룹과 효과적으로 참여하는 방법, 개인과 팀이 지속해서 배우고 개발할 수 있는 방법이 포함되어야 한다(?장).
- **국제 팀**international team: 다른 국적에서 와서 공통의 목표를 위해 상호 의존적으로 일하는 사람들의 그룹(Canney Davison & Ward, 1999: 11).
- **계정 팀**account team: 하나의 주요 손님 또는 고객 조직과의 관계에 초점을

맞추기 위해 회사 전체에서 모인 여러 전문 분야 또는 여러 지역 팀

- **그룹 간 리더십**inter-group leadership: 정체성이 한 특정 그룹에 뿌리를 둔 사람들을 동원하고 동기를 부여하여 처음에는 다르게 여겨졌던 사람들과 조화롭고 생산적으로 살도록 하는 것…. 생산성은 차이를 생산적으로 사용하여 혼자 할 수 있는 것보다 더 많은 것을 함께 하는 것을 포함한다(Kanter, 2011).
- **그룹 코칭**group coaching: 코칭을 지원하기 위해 나머지 그룹의 자원을 활용하여 그룹 환경에서 수행되는 개인 코칭
- **긍정 탐구**appreciative inquiry: 긍정 탐구는 '있을 수 있는 것'에 대한 상상력을 불러일으키기 위해 '있는 것'의 가장 좋은 점을 찾는다. 목표는 '가능성의 영역'을 확장하고 조직의 파트너들이 집단적으로 원하는 미래를 상상하도록 돕는 새로운 지식을 창출하는 것이다(Cooperrider & Srivastva, 1987).
- **디자인 스튜디오**design studio: 원래 모든 프로젝트에서 개선 사항을 비판하고 공동으로 만들기 위해 아키텍처와 디자인에 접근하는 방식(7장 참조).
- **리더십 팀 코칭**leadership team coaching: 최고위급뿐만 아니라 모든 팀을 위한 팀 코칭으로, 팀이 자신에게 보고하는 사람들에게 리더십을 부여하는 방법과 팀이 주요 이해관계자 그룹에 미치는 영향에 중점을 둔다.
- **린 프로세스 설계**lean process design: 낭비를 최소화하면서 고객 가치 극대화에 기반을 둔다.
- **변혁적 리더십 팀 코칭**transformational leadership team coaching: 모든 수준에서 리더십을 발휘하는 모든 팀은 비즈니스를 운영하는 방법과 비즈니스를 혁신하는 방법에 중점을 둔다(Hawkins, 2011a).

- **변혁적 팀 KPI**transformational team KPIs: 팀이 집단적으로 생성한 팀 KPI로, 팀 전체가 완전히 소유하고 헌신하며 서로에 대해 상호 책임을 지는 것으로 팀과 그 구성원의 현재 운영 방식으로는 달성할 수 없다. 이를 달성하려면 팀이 행동, 사고방식과 관계 방식, 내부와 외부 파트너 관계 방식, 팀 프로세스를 변경해야 한다.
- **스크럼**scrum: 경험적 피드백, 팀 자체 관리를 강조하고 짧은 반복 주기로 적절하게 테스트된 제품 혁신을 구축하기 위해 노력하는 애자일 팀 접근 방식이다.
- **시스템적 팀 코칭**systemic team coaching: 팀 코치가 팀 전체가 함께 있을 때와 떨어져 있을 때 모두 함께 일하는 과정으로, 팀 코치가 팀 전체의 효과성과 협력방식을 개선하고 팀원들이 더 효과적으로 참여하기 위해 집단적 리더십을 개발하는 방법을 돕는다. 주요 이해관계자 그룹과 함께 가치를 창출하여 더 광범위한 비즈니스 생태계를 공동으로 혁신하고 더 광범위한 생태계에 이로운 환경을 조성한다(4장).
- **심리적 안전감**psychological safety: 자기 이미지, 지위 또는 경력의 부정적인 결과에 대한 두려움 없이 자신을 개방하고 사용할 수 있는 것(Kahn, 1990: 708).
- **실제 팀**real team: '한 팀으로 인정받고, 합의된 팀 수준의 목표를 달성하기 위해 헌신하며, 긴밀하게 상호 의존적으로 작업해야 하는 조직 내에서 함께 일하는 사람들 그룹', 이러한 목표를 달성하기 위해 구성원이 팀 안에서 지정된 역할이 명확하고 팀 과제를 수행하는 방법을 결정하는 데 필요한 자율성이 있으며, 팀 프로세스를 규제하기 위해 팀으로서 정기적으로 의사소통한다(Richardson, 2010).

- **유사 팀**pseudo team: 자신을 팀이라고 부르거나 다른 사람들에 의해 팀이라고 불리는 조직 내에서 일하는 사람들의 그룹. 팀 목표에 대해 서로 다른 설명을 하는 사람들, 팀원들이 서로 다른 목표를 향해 단독으로 또는 개별적으로 작업해야 하는 일반적인 작업, 누가 팀 구성원인지 팀 경계가 불확실하여 침투하기 쉬운 사람들. 팀 구성원 또는 그들이 만났을 때, 그들은 정보를 교환할 수 있지만 결과적으로 혁신을 향한 공유된 노력은 없다(West & Lyubovnikova, 2012: 26).
- **애자일 팀 만들기**Agile teaming: 프로젝트 기반 의뢰를 달성하기 위해 필요에 따라 팀을 신속하게 구성(종료)하는 것이다. 이들은 애자일 방법론을 사용하여 도움을 받는데, 팀이 점진적이고, 반복적인 작업 패턴cadences 및 경험적 피드백을 통해 예측 불가능성에 대응할 수 있도록 돕는다.
- **액션 러닝**action learning: '액션 러닝은 작업 조직의 사람들 개발과 어려운 문제에 대한 행동을 결합한다…. (그것은) 과업을 학습 수단으로 만들고 다음 세 가지 주요 구성 요소를 가지고 있다. 특정 작업이나 문제에 대한 행동에 대한 책임을 받아들이는 사람, 문제 또는 수행되는 작업행동 조치를 취하고 배우기 위해 서로를 지원하고 도전하려고 정기적으로 만나는 6명 정도의 동료들'(Pedler, 1997)
- **에코시스템 팀 코칭**ecosystemic team coaching: 팀은 공유 가치를 공동 창출하면서, 상호 연결된 팀의 끊임없이 변화하는 생태계와 역동적인 관계에서 공동 진화를 한다. 에코시스템 코칭은 팀과 연결된 다른 팀 사이의 상호작용(팀 간 코칭), 외부 파트너(파트너십 코칭), 더 넓은 이해관계자 네트워크에 중점을 둔다.

- **코칭 수퍼비전**coaching supervision: 코치가 수퍼바이저의 도움을 받아 고객-코치 시스템의 일부로서 고객 시스템과 자신을 더 잘 이해하는 데 주의를 기울이고 이를 통해 작업을 혁신하고 기술을 개발할 수 있는 프로세스(Hawkins & Smith, 2006). 수퍼비전은 수퍼바이저와 코치 사이의 관계와 작업이 일어나는 더 넓은 맥락과의 관계를 변화시키는 데에도 주의를 기울인다.
- **팀 KPI**team KPIs: 팀 핵심 성과 지표는 팀 구성원이 협력해야만 달성할 수 있는 측정 가능한 목표이다.
- **팀 개발**team development: 외부의 도움이 있든 없든 팀이 협력할 수 있는 능력과 수용력을 개발하기 위해 수행하는 모든 프로세스
- **팀 기반 문화**team-based culture: 모든 수준에서 권한이 부여된 팀, 효과적인 애자일 팀 만들기와 '팀의 팀' 접근 방식을 가능하게 하고 지원하는 조직 문화이다.
- **팀 만들기**team building: 팀 개발의 초기 단계에서 팀을 돕기 위해 사용되는 모든 프로세스
- **팀 퍼실리테이션**team facilitation: 특정 사람(또는 사람들)이 작업에 집중할 수 있도록 프로세스를 관리하여 팀을 촉진하는 프로세스이다.
- **팀 프로세스 컨설팅**team process consultancy: 팀 컨설턴트가 팀과 함께 회의 또는 계획 세션을 수행하고, 팀이 작업을 '어떻게' 진행하고 있는지에 대한 성찰과 검토를 제공하는 팀 촉진의 한 형태이다.
- **팀의 팀**team of teams: 효과적인 팀만큼 협업에 효과적인 팀 네트워크를 만드는 방법을 설명하기 위해 맥크리스탈McChrystal 장군(McChrystal et al., 2015)이 대중적으로 만든 용어이다.

- **프로젝트 팀**project team: 대체로 다른 팀에서 뽑힌 구성원으로 구성된 팀이 특수하고 정의되고 시간 제한이 있는 작업을 위해 모였다.
- **필수 갈등**requisite conflict: 현재 팀이 이끌거나 대응해야 하는 시스템에 존재하는 것보다 더 많거나 덜한 갈등이 있는 팀
- **필수 다양성**requisite diversity: 참여해야 하는 이해관계자 세계의 다양성과 동일한 수준의 다양성을 가진 팀
- **학습 팀**learning team: 행동 학습과 탈학습unlearning을 통해 상호, 자신, 팀, 그들이 운영하는 더 넓은 조직을 발전시키는 데 적극적인 책임을 지는 공통의 목적을 가진 사람들의 그룹

권장 도서 목록

팀 코칭 Team coaching

Clutterbuck, D (2020) *Coaching the Team at Work*, Nicholas Brealey, London

Clutterbuck, D, Gannon, J, Hayes, S, Iordanou, I, Lowe, K and Mackie, D (2019) *The Practitioner's Handbook of Team Coaching*, Routledge, Abingdon

Hackman, J R and Wageman, R (2005) A theory of team coaching, *Academy of Management Review*, 30 (2), pp 269–87

Hawkins, P (ed) (2018) *Leadership Team Coaching in Practice*, 2nd edn, Kogan Page, London

Hawkins, P and Smith, N (2013) *Coaching, Mentoring and Organizational Consultancy: Supervision and development*, 2nd edn (see in particular Chapter 4), Open University Press/McGraw-Hill, Maidenhead

Leary-Joyce, J and Lines, H (2017) *Systemic Team Coaching*, Academy of Executive Coaching, London

Peters, J and Carr, C (2013a) *50 Terrific Tips for Teams: Proven strategies for building high performing teams*, InnerActive Leadership Associates, Calgary, Alberta

Peters, J and Carr, C (2013b) *High Performance Team Coaching: A comprehensive system for leaders and coaches*, InnerActive Leadership Associates, Calgary, Alberta

Thornton, C (2010; 2nd edn 2016) *Group and Team Coaching*, Routledge, Hove

Widdowson, L and Barbour, P (2021) *Building Top Performing Teams: A practical guide to team coaching to build collaboration and organizational success*, Kogan Page, London.

팀과 팀 코칭 연구조사 Research on teams and team coaching

Carter, A and Hawkins, P (2012) Coaching teams in organizations. In J Passmore, D Peterson and T Freire (eds), *The Wiley-Blackwell Handbook of the Psychology of Coaching and Mentoring*, Wiley-Blackwell, Chichester

Hackman, J R (2002) *Leading Teams: Setting the scene for great performance*, Harvard Business School Press, Harvard, MA

Katzenbach, J and Smith, D (1993) *The Wisdom of Teams: Creating the high performance organization*, Harvard Business School Press, Harvard, MA

Peters, J and Carr, C (2019) What does good look like? An overview of the research on the effectiveness of team coaching, in *The Practitioner's Handbook of Team Coaching*, pp 89–120, Routledge, London

Wageman, R, Nunes, D A, Burruss, J A and Hackman, J R (2008) *Senior Leadership Teams*, Harvard Business School Press, Harvard, MA

West, M A (2012) *Effective Teamwork: Practical lessons from organizational research*, 3rd edn, BPS Blackwell, Oxford

코칭 전략 Coaching strategy

Hawkins, P (2012) *Creating a Coaching Culture*, Open University Press/ McGraw-Hill, Maidenhead

일반 참고문헌 General

Lencioni, P (2002) *The Five Dysfunctions of a Team: A leadership fable*, Jossey-Bass, San Francisco

Rushkoff, D (2019) *Team Human*, W W Norton & Company, Inc, New York

Senge, P, Jaworski, J, Scharmer, O and Flowers, B (2005) *Presence: Exploring profound change in people, organizations and society*, Random House, New York

팀을 찾기 위한 자원
코치와 팀 코치 훈련

다음은 스킬과 경험을 개발하는 데 유용할 수 있는 팀 코칭에 대한 기타 참고문헌에 관한 짧은 안내서이다. 우리는 신중한 독자에게 맡기는 평가보다, 각각의 방향과 접근 방식에 대한 기본적인 세부사항을 제공한다.

일반 참고문헌 자료

- **회복 협회**Renewal Associates(www.renewalassociates.co.uk)는 내 비디오 이야기와 인터뷰는 물론, 정기적으로 블로그를 운영하고 팀 코칭에 관한 기사와 논문을 게재하고 있으며, 다운로드 받을 수 있다.
- **팀 코칭 존**(www.teamcoachingzone.com)은 팀과 팀 코칭의 모든 측면에 관한 알라딘Aladdin의 훌륭한 자원 동굴이자 팀을 이해하고 팀 코칭을 발전시키는 많은 선구자의 팟캐스트 인터뷰를 전달한다.
- **팀 너머**Teams and Beyond(www.teamsandbeyond.com)는 또한 팀 코치를 훈련시키기 위한 다양한 자원, 웨비나 그리고 팟캐스트를 제공한다. 대

니 턱우드Danny Tuckwood 그리고 피터 호킨스Peter Hawkins와 함께 훈련한 바바라 월시Barbara Walsh가 운영한다.

- **사베르 코치봇**Saberr Coachbot(www.saberr.com/coachbot)은 관리자가 팀 코칭에 사용할 수 있는 다섯 가지 훈련 모델을 기반으로 한 매우 효과적인 팀 코칭 앱을 개발했다.

팀 코칭 훈련

- **회복 협회**는 사내와 공개 프로그램 모두에서 다양한 국가에서 시스템적 팀 코칭에 대한 1일 마스터 클래스, 3일 인증서 그리고 1년 졸업장을 제공한다. 또 자신의 팀 코칭을 위해 리더들을 훈련시키는 프로그램을 운영한다(Peter.Hawkins@renewalassociates.co.uk 참조).
- **임원 코칭 아카데미**Academy of Executive Coaching(www.aoec.com)는 회복 협회 Renewal Associates와 함께 시스템적 팀 코칭에 대한 1년 수료증과 인증서를 제공한다.
- **글로벌 팀 코칭 연구소**Global Team Coaching Institute(www.wbecs.com/gtci)는 피터 호킨스와 데이비드 클러터벅David Clutterbuck이 주도하고 있으며, 팀 코칭에 대한 가상 교육을 다음과 같은 세 가지 수준으로 제공하고 있다. 재단, 개업 의사 그리고 선임 개업 의사. 공인된 팀 코치와 팀 코칭 수퍼비전 명부도 있다.
- **데이비드 클러터벅 파트너십**David Clutterbuck Partnership(www.davidclutterbuckpartnership.com)은 또한 PERILL 모델을 특별히 가르치는 프로그램을 직접 운영한다.

- **CCR 글로벌**CCR Global(www.crrglobal.com)은 조직과 관계 시스템 코칭에 대한 교육을 제공한다.
- **헨리 비즈니스 스쿨**Henley Business School(www.henley.ac.uk)은 팀 코칭과 퍼실리테이션 과정뿐 아니라 코칭과 행동 변화의 국제 마스터 교육을 제공한다.
- **ORSC**(www.crrglobal.com)는 조직과 관계 시스템 코칭의 약자이다. ORSC는 관계 시스템 지능Relationship Systems Intelligence 기반의 통합적이고 강력한 코칭 모델이다.
- **팀 어드밴티지**Team Advantage(www.team-advantage.com/coaches/)는 팀 코칭에 대한 팀 이점 접근 방식에 대한 교육을 제공한다.
- **팀 코치 인터내셔널**Team Coach International(www.teamcoachinginternational.com)은 미국 서부 해안에 기반을 둔 팀 코칭 서비스를 제공한다.

참고 문헌

Adair, J (1986) *Effective Teambuilding: How to make a winning team*, Gower Publishing, Farnham, Surrey
Adkins, L (2010) *Coaching Agile Teams: A companion for ScrumMasters, agile coaches, and project managers in transition*, Addison-Wesley, Pearson, Boston
Agile Manifesto (2020) https://agilemanifesto.org/(archived at https://perma.cc/WW8Q-WL8J)
Ancona, D and Bresman, H (2007) *X-Teams: How to build teams that lead, innovate, and succeed*, Harvard Business School Press, Boston
Ancona, D, Bresman, H and Kaeufer, K (2002) The comparative advantage of X teams, *MIT Sloan Management Review*, 43 (3), pp 33–39
Ancona, D G and Caldwell, D F (1992) Bridging the boundary: external activity and performance in organizational teams, *Administrative Science Quarterly*, 37, pp 634–65
Anderson, M, Anderson, D and Mayo, W (2008) Team coaching helps a leadership team drive cultural change at Caterpillar, *Global Business and Organizational Excellence*, 27 (4), pp 40–50
Argenti, J (1976) *Corporate Collapse: Causes and symptoms*, McGraw-Hill, New York
Argyris, C (1993) *Knowledge in Action*, Jossey-Bass, San Francisco
Argyris, C and Schön, D (1974) *Theory in Practice: Increasing professional effectiveness*, Jossey-Bass, San Francisco
Argyris, C and Schön, D (1978) *Organizational Learning*, Addison-Wesley, Reading, MA
Ashby, W R (1956) *Introduction to Cybernetics*, Wiley, London
Attwood, M, Pedler, M, Pritchard, S and Wilkinson, D (2003) *Leading Change: A guide to whole systems working*, Policy Press, Bristol
Baldwin, J and Mead, M (1971) *A Rap on Race*, JP Lippincott, Philadelphia
Barrett, R (2006) *Building a Values Driven Organization*, Butterworth-Heinemann, Oxford
Barrett, R (2010) The new leadership paradigm [online] www.valuescentre.com (archived at https://perma.cc/GBW2-8JH9)
Barta, T, Kleiner, M and Neumann, T (2012) Is there a payoff from top-team diversity? *McKinsey Quarterly*, April, pp 1–3

Bateson, G (1972) *Steps to an Ecology of Mind*, Ballantine Books, New York. 『마음의 생태학』 박대식 역, 책세상. 2006.
Beck, D and Cowan, C (1996) *Spiral Dynamics: Mastering values, leadership and change*, Blackwell Business, Oxford
Beckhard, R and Harris, R (1977) *Organizational Transitions: Managing complex change*, Addison-Wesley, Reading, MA
Belbin, M (2004) *Management Teams: Why they succeed or fail*, Heinemann, London 『팀이란 무엇인가』 김태훈 역, 라이프맵. 2012.
Bennis, W (1997) *Organizing Genius: The secrets of successful collaboration*, Perseus Books, New York
Berglas, S (2002) The very real dangers of executive coaching, *Harvard Business Review*, June, pp 86–92
Beyerlein, M, Nemiro, J and Beyerlein, S (2008) *The Handbook of Virtual High Performing Teams: How to collaborate across boundaries*, John Wiley, San Francisco
Bersin, J (2016) Predictions for 2017, www.bersin.com (archived at https://perma.cc/Q8LD-FGAS)
Binney, G, Wilke, G and Williams, C (2005) *Living Leadership: A practical guide for ordinary heroes*, Prentice Hall, London 『살아있는 리더십』 권오열 역, 국일출판사. 2006.
Bion, W R (1961) *Experiences in Groups*, Tavistock, London 『집단에서의 경험』 현준 역, NUN. 2015.
Bion, W R (1967) Notes on memory and desire. In R Lang (ed), *Classics in Psychoanalytic Technique*, Jason Aronson, Inc, New York and London
Blattner, J and Bacigalupo, A (2007) Using emotional intelligence to develop executive leadership and team and organisational development, *Consulting Psychology Journal: Practice and Research*, 59 (3), pp 209–19
Block, P (1981, 2000, 2011) *Flawless Consulting: A guide to getting your expertise used*, John Wiley, New York 『완벽한 컨설팅』 홍성완 역, 인사이트. 2010.
Bloisi, W, Cook, C W and Hunsaker, P L (2003) *Management and Organisational Behaviour*, McGraw-Hill Education, Maidenhead
Board, J, Bones, C, Lee, S, Money, K and Scott-Quinn, B (2009) *The Henley Manifesto: Restoring confidence and trust in UK Plc*, Henley Business School, Henley
Brake, T. (2006) Leading global virtual teams, *Industrial and Commercial Training*, 38 (3), pp 116–21
Britton, J (2010) *Effective Group Coaching: Tried and tested tools*, John Wiley, Ontario
Britton, J (2013) *From One to Many: Best practices for team and group coaching*, Jossey-Bass, Mississauga, Ontario
Broussine, M (1998) *The Society of Local Authority Chief Executives and Senior Managers (SOLACE): A scheme for continuous learning for SOLACE members*, University of the West of England, Bristol
Brown, J and Issacs, D (2005) *The World Café Book: Shaping our futures through conversations that matter*. Berrett-Koehler, San Francisco
Buljac-Samardžic´, M (2012) *Health Teams: Analyzing and improving team performance in long term care*, PhD thesis, Erasmus University
Burke, W (2002) *Organization Change: Theory and practice*, Sage, London
Cadbury Committee (1992) *The Financial Aspects of Corporate Governance*, Gee and Co, London
Campbell, D and Huffington, C (2008) *Organisations Connected: A handbook of systemic consultation, systemic thinking and practice: work with organizations*, Karnac, London

Canney Davison, S and Ward, K (1999) Leading International Teams, McGraw-Hill, Maidenhead
Carr, C and Peters, J (2012) *The Experience and Impact of Team Coaching: A dual case study, doctoral dissertation*, Middlesex University, Institute for Work Based Learning
Carr, C and Peters, J (2013) The experience and impact of team coaching: a dual case study, *International Journal Coaching Psychology Review*, 8 (1), pp 80–98
Carroll, M (1996) *Counselling Supervision: Theory, skills and practice*, Cassells, London
Carroll, M (2012) Ethical maturity and contracting for supervision. In E De Hahn (ed), *Supervision in Action*, Chapter 7, Open University Press/McGraw-Hill, Maidenhead
Carter, A and Hawkins, P (2012) Coaching teams in organizations. In J Passmore, D Peterson and T Freire (eds), *The Wiley-Blackwell Handbook of the Psychology of Coaching and Mentoring*, Wiley/Blackwell, Chichester
Casey, D (1985) When is a team not a team? *Personnel Management*, 9, pp 26–29
Caulat, G (2006a) *Creating Trust and Intimacy in the Virtual World*, Ashridge Business School, www.ashridge.org.uk
Caulat, G (2006b) Virtual leadership, *The Ashridge Journal*, 360, Autumn, pp 6–11
Caulat, G and de Haan, E (2006) Virtual peer consultation: how virtual leaders learn, *Organisations and People*, 13 (4), November, pp 24–32
Charkham, J (1994) *Keeping Good Company: A study of corporate governance in five countries*, Oxford University Press, Oxford
Carroll, M and Shaw, E (2013) *Ethical Maturity in the Helping Professions: Making difficult life and work decisions*, Jessica Kingsley, London
Chesbrough, H W (2003) *Open Innovation: The new imperative for creating and profiting from technology*, Harvard Business Press, Boston, MA
Chapman, M (2002) *Emotional Intelligence Pocket Book*, Management Pocket Books, Alresford, Hants, UK
Chomsky, N and Pollin, R (2020) *Climate Crisis and the Global Green New Deal: The political economy of saving the planet*, Verso, London
Clarkson, P (1995) *Change in Organisations*, Whurr Publishers, London
Cluster, K (2019) *Agile Project Management: Learn how to manage a project with agile methods, scrum, kanban and extreme programming*. Self-published
Clutterbuck, D (2007, 2020) *Coaching the Team at Work*, Nicholas Brealey, London
Clutterbuck, D (2010) Team coaching. In E Cox, T Bachkirova and D Clutterbuck (eds), *The Complete Handbook of Coaching*, Chapter 19, Sage, London 『코칭 이론의 모든 것: 이론편』, 『코칭 이론의 모든 것: 실천편』 장환영 역, 교육과학사. 2019.
Clutterbuck, D (2011) Using the seven conversations in supervision. In T Bachkirova, P Jackson and D Clutterbuck (eds), *Supervision in Coaching and Mentoring: Theory and practice*, Open University Press/McGraw-Hill, Maidenhead
Clutterbuck, D and Megginson, D (2005) *Making Coaching Work: Creating a coaching culture*, CIPD, London
Clutterbuck, D (2020) *Coaching the Team at Work*, Nicholas Brealey, London Clutterbuck, D, Gannon, J, Hayes, S, Iordanou, I, Lowe, K and MacKie, D (eds) (2019) The Practitioner's Handbook of Team Coaching, Sage, London
Coaching at Work (2013) Ridler 2013: Credibility voted top quality in coaches, *Coaching at Work*, 8 (4), p 7
Cohen, R (2020) *Impact: Reshaping capitalism to drive real change*, Penguin, London

Collinge, C, Gibney, J and Mabey, C (eds) (2011) *Leadership and Place*, Routledge, Abingdon

Collins, J (1999) Turning goals into results: the power of catalytic mechanisms, *Harvard Business Review*, July-August, pp 71-82

Collins, J (2001) *Good to Great*, Random House, London 『좋은 기업을 넘어 위대한 기업으로(20주년 뉴에디션)』, 이무열 역, 김영사. 2021.

Conference Board (1994) *Corporate Boards: Improving and evaluating performance*, The Conference Board, New York

Cooperrider, D and Srivastva, S (1987) Appreciative inquiry in organizational life. In R Woodman and W Passmore (eds), *Research in Organizational Change and Development*, Vol 1, JAI Press, Greenwich, CT

Corporate Leadership Council (2011) The power of peers: building engagement capital through peer interaction [online] http://greatmanager.ucsf.edu/files/CLC_The_Power_of_Peers_Building_Engagement_Capital_Through_Peer_Interaction.pdf

Coulson-Thomas, C (1993) *Creating Excellence in the Boardroom*, McGraw-Hill, Maidenhead

Cross, R and Katzenbach, J (2012) The right role, for top teams [online] www.strategy-business.com/article/00103 (archived at https://perma.cc/S4SD-8LAC)

Deloitte (2016) The 2016 Deloitte Millennial Survey: Winning over the next generation of leaders, www.deloitte.com/content/dam/Deloitte/global/Documents/About-Deloitte/gx-millenial-survey-2016-exec-summary.pdf (archived at https://perma.cc/S4SD-8LAC)

Diamandis, P H and Kotler, S (2014) *Abundance: The future is better than you think*, Free Press, New York

Downey, M (2003) *Effective Coaching: Lessons from the coach's coach*, Thomson, Texere, New York

Doblin (2017) *Ten types of innovation: The discipline of building breakthroughs*, www.doblin.com/ten-types (archived at https://perma.cc/Q667-5CYN)

Dunne, P (1997) *Running Board Meetings*, Kogan Page, London

Duffy, M and Passmore, J (2010) Ethics in Coaching: An Ethical decision-making framework for coaching psychologists *International Coaching Psychology Review*, 5(2), pp 140-151

Druskat, V U and Wolff, SB (2001) Building the emotional intelligence of groups, *Harvard Business Review*, March [online] https://hbr.org/2001/03/building-the-emotional-intelligence-of-groups (archived at https://perma.cc/BK27-LE2K)

Dyer, W G (1977) *Team Building: Issues and alternatives*, Addison-Wesley, Reading, MA 『세계 초일류 조직을 위한 팀빌딩』 강덕수 역, 학진북스. 2007.

Dyer, W G, Dyer, W Jr and Dyer, J H (2007) *Team Building: Proven strategies for improving team performance*, Jossey-Bass, San Francisco

Dyke, G (2004) *Greg Dyke: Inside story*, HarperCollins, London 『BBC 구하기』 김유신 역, 황금부엉이. 2006.

Edelman Trust Barometer Global Survey (2012) [online] www.edelman.com/trust (archived at https://perma.cc/N8ZT-QATA)

Edelman Trust Barometer 2019, www.edelman.com/sites/g/files/aatuss191/files/2019 02/2019_Edelman_Trust_Barometer_Global_Report.pdf (archived at https://perma.cc/5WAR-CH88).

Edmondson, A and Daley, G (2020) How to foster psychological safety in virtual meetings, *Harvard Business Review*, 25 August [online] https://hbr.org/2020/08/how-to-foster-psychological-safety-in-virtual-meetings (archived at https://perma.cc/QZ2M-JX6V)

Edmondson, A (1999) Psychological safety and learning behavior in work teams, *Administrative*

Science Quarterly, 44 (2)

Edmondson, A, Bohmer, R and Pisano, G (2001a) Speeding up team learning, *Harvard Business Review*, October, Reprint R0109, pp 125-34

Edmondson, A, Dillon, J and Roloff, K (2007) Three perspectives on team learning, in *The Academy of Management Annals*, 1 (1), ed A Brief and J Walsh, pp 269-314

Edmondson, A C, Bohmer, R M and Pisano, G P (2001b) Disputed routines: Team learning and new technology implementation in hospitals, *Administrative Science Quarterly*, 46 (4), pp 685-716

Edmondson, A C and Harvey, J F (2016) Haiti Hope: Innovating the mango value chain, HBS Case No 616-0440

Edmondson, A C and Harvey, J F (2017a) Cross boundary teaming for innovation: Integrating research on teams and knowledge in organization, *Human Resources Management Reviews* (Articles in advance)

Edmondson, A C and Nembhard, I M (2009) Product development and learning in project teams: The challenges are the benefits, *Journal of Product Innovation Management*, 26 (2), pp 123-38

Edmondson A C and Reynolds, S S (2016) *Building the Future: Big teaming for audacious innovation*, Berrett Koehler Publishers, Oakland, CA

Edmondson, A and Harvey, J F (2017b) *Extreme Teaming: Lessons in Complex, Cross-Sector Leadership*, Emerald: Bingley, Warks, UK

Edmondson, A and Lei, Z (2014) Psychological safety: The history, renaissance, and future of an interpersonal construct, *Annual Review of Organizational Psychology and Organizational Behavior*, 1, pp 23-43.

Edmondson, A (2013) *Teaming to Innovate*, Jossey-Bass, San Francisco, CA

Einzig, H (2017) *The Future of Coaching: Vision, leadership and responsibility in a transforming world*, Routledge, Abingdon

Elkington, J and Braun, S (2013) *Breakthrough: Business Leaders, Market Revolutions*, Volans, London

Eleftheriadou, Z (1994) *Transcultural Counselling*, Central Book Publishing, London

Elkington, J and Jochen Zeitz, J (2014) *The Breakthrough Challenge: 10 ways to connect today's profits with 'bottom line'*, Jossey-Bass, San Francisco

Emery, F E and Trist, E L (1972) *Towards a Social Ecology: Contextual appreciation of the future in the present*, Plenum Press, London

Ertel, C and Solomon, LK (2014) *Moments of Impact: How to design strategic conversations that accelerate change*, Simon and Schuster, New York

Felps, W, Mitchell, T and Byington, E (2006) How, when and why bad apples spoil the barrel: negative group members and dysfunctional groups, *An Annual Series of Analytical Essays and Critical Reviews, Research in Organizational Behavior*, 27, pp 175-222

Ferrazzi, K (2014) Getting virtual teams right, *Harvard Business Review*, December

Ferguson, N. (2012) *The Great Degeneration: How institutions decay and economies die*, Penguin, New York

Figueres, C and Rivett-Carnac, T (2020) 『한배를 탄 지구인을 위한 가이드』 홍한결 역, 김영사. 2020.

Finke, R A, Smith, S M and Ward, T B (1996) *Creative Cognition: Theory, research, and applications*, MIT Paperbacks, Massachusetts

Fischer, B, Lago, U and Liu, F (2013) *Reinventing Giants: How Chinese global competitor Haier has changed the way big companies transform*, Jossey Bass, San Francisco

Fitzgerald, N (2005) Boardroom agenda, *Financial Times*, 27 September
Fredrickson, B and Losada, M (2005) Positive affect and the complex dynamics of human flourishing, *American Psychologist*, 60 (7), pp 678–86
Gallwey, W T (1974) *The Inner Game of Tennis*, Random House, New York
Gallwey, W T (1976) *Inner Tennis: Playing the game*, Random House, New York
Gallwey, W T (1981) *The Inner Game of Golf*, Random House, New York
Gallwey, W T (1985) *Inner Game of Winning*, Listen USA, audio published, Riverside, CT
Gallwey, W T and Kriegel, R J (1977) *Inner Skiing*, Random House, New York
Garratt, B (1987) *The Learning Organisation*, Fontana/Collins, London
Garratt, B (1996) *The Fish Rots from the Head: The crisis in our boardrooms*, HarperCollins Business, London
Garratt, B (2003) *Thin on Top*, Nicholas Brealey, London
George, B (1997) *True North: Discover your authentic leadership*, Jossey-Bass, San Francisco
George, W and Sims, P (2007) 『나침반 리더십』 김중근 역, 청림출판. 2007.
Gersick, C J G (1988) Time and transition in work teams: towards a new model of group development, *Academy of Management Journal*, 31, pp 9–41
Gibney, J and Murie, A S (2007) Toward a 'new' strategic leadership of place for the knowledge-based economy: A report for the Academy for Sustainable Communities, University of Birmingham, Birmingham
Goldsmith, M, Breenberg, C L, Robertson, A and Hu-Chan, M (2003) *Global Leadership: The next generation*, F T Prentice Hall, Upper Saddle River, N J
Golembiewski, R T (1976) *Learning and Change in Groups*, Penguin, London
Goleman D (1996) *Emotional Intelligence: Why it can matter more than IQ*, Bantam Books, New York
Goodwin, D K (2005) *Team of Rivals: The political genius of Abraham Lincoln*, Simon and Schuster, New York
Gothelf, J and Seidon, J (2013) *LeanUX: Applying Lean principles to improve user experience*, O'Reilly Media, Sebastapool, CA
Goldsmith, M and Silvester, S (2018) *Stakeholder Centered Coaching*, Thinkaha, Cupertino, CA
Gowing, N and Langdon, C (2015) *Thinking the Unthinkable: A new Imperative for leadership in the digital age*, Chartered Institute for Management, London
Govindarajan, V and Gupta A K (2001) Building an effective global business team, *Sloan Review*, Summer [online] https://sloanreview.mit.edu/article/building-an-effective-global-business-team/ (archived at https://perma.cc/Q82S-HJHP)
Gratton, L and Erickson, T J (2007) Eight ways to build collaborative teams, *Harvard Business Review* [online] http://hbr.org/2007/11/eight-ways-to-build-collaborative-teams/ar/pr (archived at https://perma.cc/2USR-CJPV)
Greenbury, R (1995) *Director's Remuneration: A report of a study group*, Gee Publishing, London
Greenleaf, R K (1977/2002) 『시빈드 리더십 원전: 리더는 머슴이다』 강주헌 역, 참솔. 2006.
Gregersen, H, Morrison, A and Black, S (1998) Developing leaders for the global frontier, *Sloan Management Review*, 40 (1), pp 22–32
Guttman, H (2008) *Great Business Teams: Cracking the code for standout performance*, John Wiley, Hoboken, NJ
Hackman, J R (ed) (1990) *Groups that Work (and Those That Don't): Conditions for effective teamwork*, Jossey-Bass, San Francisco

Hackman, J R (2002) 『성공적인 팀의 5가지 조건』 최동석, 김종완 역, 교보문고. 2006.
Hackman, J R (2011a) *Collaborative Intelligence: Using teams to solve hard problems*, Berrett-Koehler, San Francisco
Hackman, J R (2011b) Six common misperceptions about teamwork, *Harvard Business Review* [online] http://blogs.hbr.org/cs/2011/06/six_common_ misperceptions_abou (archived at https://perma.cc/NKL4-BUS4)
Hackman, J R (2012) From causes to conditions in group research, *Journal of Organizational Behavior*, 33 (3), pp 428–44
Hackman, J R and Wageman, R (2005) A theory of team coaching, *Academy of Management Review*, 30 (2), pp 269–87
Hamel, G (2012) 『지금 중요한 것은 무엇인가: 게리 해멀이 던지는 비즈니스의 5가지 쟁점』 방영호 역, 알키. 2012.
Hammond, S and Royal, C (eds) (1998) *Lessons from the Field: Applying appreciative inquiry*, Thin Books Publishing, Plano, TX
Hargrove, R (2003) 『마스터풀 코칭: 비즈니스 코칭의 바이블』 김신배, 김재우, 최치영 역, 쌤앤파커스. 2015.
Haug, M (2011) What is the relationship between coaching interventions and team effectiveness? *International Journal of Evidence Based Coaching and Mentoring*, Special Issue 5, pp 89–101
Hawkins, P (1986) *Living the learning*, PhD thesis, University of Bath Management School
Hawkins, P (1991) The spiritual dimension of the learning organisation, *Management Education and Development*, 22 (3) pp 172–87
Hawkins, P (1993) *Shadow Consultancy*, Bath Consultancy Group working paper
Hawkins, P (1994) The changing view of learning. In J Burgoyne (ed), *Towards the Learning Company*, McGraw-Hill, London
Hawkins, P (1995) *Double-loop Strategic Decision Making*, Bath Consultancy Group working paper
Hawkins, P (1998) *Systemic Shadow Consultancy*, Bath Consultancy Group working paper
Hawkins, P (1999) Organisational unlearning, Keynote address at the Learning Company Conference, University of Warwick
Hawkins, P (2004) Gregory Bateson: his contribution to action research and organisation development, *The Journal of Action Research*, 2 (4), pp 409–23
Hawkins, P (2005) 『지혜: 조직과 개인을 변화시키는 영혼의 작은 이야기들』 문정훈 역, 베리타스북스. 2006.
Hawkins, P (2008) The coaching profession: key challenges, *Coaching*, 1 (1), pp 28–38
Hawkins, P (2010) Coaching supervision. In E Cox, T Bachkirova and D Clutterbuck (eds). 『코칭실천의 모든 것: 실천편』 장환영 역, 교육과학사. 2019.
Hawkins, P (2011a) *Leadership Team Coaching: Developing collective transformational leadership*, Kogan Page, London
Hawkins, P (2011b) Systemic coaching supervision. In T Bachkirova, P Jackson, and D Clutterbuck (eds), *Supervision in Mentoring and Coaching: Theory and Practice*, Open University Press, Maidenhead
Hawkins, P (2011c) Expanding emotional, ethical and cognitive capacity in supervision. In J Passmore (ed), *Supervision in Coaching*, Kogan Page, London
Hawkins, P (2012) *Creating a Coaching Culture*, McGraw-Hill/Open University Press, Maidenhead

Hawkins, P (2017) *Tomorrow's Leadership and the Necessary Revolution in Today's Leadership Development*, Henley Business School

Hawkins, P (ed) (2018) *Leadership Team Coaching in Practice*, Kogan Page, London

Hawkins, P (ed) (2018) *Leadership Team Coaching in Practice*, 2nd edn, Kogan Page, London

Hawkins, P (2019a) Systemic team coaching. In D Clutterbuck, J Gannon, S Hayes, I Iordanou, K Lowe and D MacKie (eds), *The Practitioner's Handbook of Team Coaching*, Sage, London.

Hawkins, P (2019b) Systemic organizational learning and the coevolution of organizational culture. In A R Örtenblad (ed), *The Handbook on the Learning Organization*, Chapter 10, Oxford University Press, Oxford

Hawkins, P (2019c) Resourcing: the neglected third leg of supervision. In E Turner and S Palmer (eds), *The Heart of Coaching Supervision: Working with reflection and self-care*, Routledge, Abingdon

Hawkins, P (2020a) We need to move beyond the high-performing teams [online] www.renewalassociates.co.uk/2020/07/we-need-to-move-beyond-high-performing-teams/ (archived at https://perma.cc/68VU-XKGJ)

Hawkins, P (2020b) We are all in this together: coronavirus, climate change, collaboration and consciousness change [online] www.renewalassociates.co.uk/2020/09/we-are-all-in-this-together-corona-virus-climate-crisis-collaboration-and-consciousness-change-2/ (archived at https://perma.cc/TD6J-AXLB)

Hawkins, P and Boyle, G (2018) Inter-team coaching. In P Hawkins (ed), *Leadership Team Coaching in Practice*, Kogan Page, London

Hawkins, P and Chesterman, D (2006) *Every Teacher Matters*, Teacher Support Network, London

Hawkins, P and Hogan A (2018) Coaching the board: how coaching boards is different from coaching executive teams. In P Hawkins (ed), *Leadership Team Coaching in Practice*, 2nd edn, Kogan Page, London

Hawkins, P and McMahon, A (2020) *Supervision in the Helping Professions*, 5th edn, Open University Press/McGraw Hill, Maidenhead

Hawkins, P and Presswell, D (2018) Using embodied interventions in team coaching. In P Hawkins (ed), *Leadership Team Coaching in Practice*, 2nd edn, Kogan Page, London

Hawkins, P and Ryde, J (2020) *Integrative Psychotherapy in Theory and Practice: A relational, systemic and ecological approach*, Jessica Kingsley, London

Hawkins, P and Schwenk, G (2006) *Coaching Supervision, CIPD Change Agenda*, CIPD, London

Hawkins, P and Schwenk, G (2010) The interpersonal relationship in the training and supervision of coaches. In S Palmer and A McDowell (eds), *The Coaching Relationship: Putting people first*, Routledge, London

Hawkins, P and Schwenk, G (2011) The seven-eyed model of supervision. In T Bachkirova, P Jackson, and D Clutterbuck (eds), *Supervision in Mentoring and Coaching: Theory and Practice*, Open University Press, Maidenhead

Hawkins, P and Shohet, R (1989, 2000, 2006, 2012) 『수퍼비전: 조력 전문가를 위한 일곱 눈 모델』 이신애, 한국코칭수퍼비전아카데미. 2019.

Hawkins, P and Smith, N (2006) 『코칭, 멘토링, 컨설팅에 대한 수퍼비전』 고현숙, 박영사. 2018.

Hawkins, P and Smith, N (2010, 2017) Transformational coaching. In E Cox, T Bachkirova and D Clutterbuck (eds), *The Complete Handbook of Coaching*, Sage, London

Hawkins, P and Smith, N (2013) *Coaching, Mentoring and Organizational Consultancy: Supervision and development*, 2nd edn, Open University Press/McGraw Hill, Maidenhead

Hawkins, P and Turner, E (2017) The rise of coaching supervision, *International Journal of*

Coaching, 10 (2), pp 102-104 [online] http://dx.doi.org/10.1080/175 21882.2016.1266002 (archived at https://perma.cc/X744-K6XB)

Hawkins, P and Turner, E (2020) 『시스템 코칭』 최은주, 한국코칭수퍼비전아카데미. 2021.

Hawkins, P, Turner, E and Passmore, J (2019) *Coaching Supervision Manifesto*, Centre for Coaching Henley Business School, Henley, Oxfordshire

Hawkins, P (2018) *Leadership Team Coaching in Practice*, 2nd edition, Kogan Page, London

Hawkins, P (2020a) *We Need to Move Beyond the High-Performing Teams* www.renewalassociates.co.uk/2020/07/we-need-to-move-beyond-high-performing-teams (archived at https://perma.cc/HY74-7TTP)

Hawkins, P and Boyle, G (2018) Inter-team coaching: From team coaching to organizational transformation at Yeovil Hospital Foundation Trust, in P Hawkins (Ed), *Leadership team coaching in practice: Developing collective transformational leadership*, pp 131-146, Kogan Page, London

Hawkins, P and Leary-Joyce, J (2018) Training Systemic Team Coaches in P Hawkins (Ed), *Leadership Team Coaching in Practice: Developing collective transformational leadership*, Kogan Page

Hawkins, P and Turner, E (2020) *Systemic Coaching: Delivering value beyond the individual*, Routledge, London

Hawkins, P, Leary Joyce, J and Lines, H (2016) *Systemic Team Coaching, Coaching at Work*: Vol 11: Issue 3, pp 32-35

Hedberg, B (1981) How organizations learn and unlearn. In P Nystrom and W Starbuck (eds), *Handbook of Organizational Design*, Vol 1: Adapting organizations to their environments, pp 3-27, Oxford University Press, Oxford

Heffernan, M (2008) *Women on Top: How women entrepreneurs are rewriting the rules of business success*, Penguin, London

Heffernan, M (2011) *Wilful Blindness: How we ignore the obvious at our peril*, Simon & Schuster, London

Helminski, K (1999) *The Knowing Heart*, Shambhala, Boston, MA

Heimbecker, D (2006) *The effects of expert coaching on team productivity at the South Coast Educational Collaborative*, Doctoral dissertation, Boston University

Henley University of Reading and Lane 4 (nd) Coaching teams at work: embryonic but powerful [online] www.henley.reading.ac.uk/web/FILES/corporate/cl_coaching_survey_coaching_teams_at_work.pdf (archived at https://perma.cc/ PM6P-LMWQ)

Hersey, P and Blanchard, K H (1977) *Management of Organizational Behavior: Utilizing human resources*, 3rd edn, Prentice-Hall, Englewood Cliffs, NJ

Heifetz, R, Grashow, A and Linsky, M (2009) *The Practice of Adaptive Leadership*, Harvard Business Press, Boston, MA 『어댑티브 리더십 세트』 진저티프로젝트 출판팀 역. 슬로워크. 2017.

Hodge, A and Clutterbuck, D (2019) Supervising team coaches: working with complexity at a distance. In *The Practitioner's Handbook of Team Coaching*, pp 331-42, Routledge, London

Hogan, A (2012) *Excellent Board Leadership* [online] www.anchorpartners.co.uk/ images/pdf/Excellent Board Leadership.pdf

Holbeche, L (2005) *The High Performance Organization*, Elsevier Butterworth- Heinemann, Oxford

Holloway, E L and Carroll, M (eds) (1999) *Training Counselling Supervisors*, Sage, London

Honey, P and Mumford, A (1992) *The Manual of Learning Styles*, Peter Honey, London

Hooper, R A and Potter, J R (2000) *Intelligent Leadership: Creating a passion for change*, Random House, London

Hope-Hailey, V, Searle, R and Dietz, G (2012) *Where has all the trust gone?* Research report, Chartered Institute of Personnel and Development, London

Hodge, A and Clutterbuck, D (2019) Supervising team coaches: Working with complexity at a distance, in *The Practitioner's Handbook of Team Coaching*, pp 331–342, Routledge, London

Hillman, J (1995) A Psyche the Size of the World: A Psychological Foreword, in T Roszak, M E Gomes and A D Kammer (Eds), *Ecopsychology: Restoring the Earth Healing the Mind*, Counterpoint, Berkley, CA

Huffington, C (2008) The system in the room: the extent to which coaching can change the organization. In D Campbell and C Huffington (eds), *Organisations Connected: A handbook of systemic consultation, systemic thinking and practice: work with organizations*, Karnac, London

Hunter, D, Bailey, A and Taylor, B (1996) *The Foundation of Groups*, Gower, Aldershot

Hutchins, G (2012) *The Nature of Business: Redesigning for resilience Totnes*, Green Books, Devon

Hutchins, G (2016) *Future-Fit*, CreateSpace

Institute of Directors (1990) *Development of and for the Board*, IoD, London

Institute of Directors (1995) *Standards for the Board*, IoD, London

International Coach Federation and PricewaterhouseCoopers (2012) 2012 ICF global coaching study: executive summary [online] http://icf.files.cms-plus.com/ includes/media/docs/2012ICFGlobalCoachingStudy-ExecutiveSummary.pdf

Ismail, S (2014) *Exponential Organisations: Why new organizations are ten times better, faster, and cheaper than yours (and what to do about it)*, Diversion Books, New York

Issacs, W (1999) *Dialogue: And the art of thinking together*, Currency, New York IBM (2017) A Global Innovation Jam, www.ibm.com/ibm/history/ibm100/us/en/icons/innovationjam (archived at https://perma.cc/M82G-TJK5) 『대화의 재발견: 더불어 생각하고 반성하는 방법』 정경옥 역, 에코리브르, 2012.

Jacobs, RW (1997) *Real Time Strategic Change*, Berrett Koehler Publishers, San Francisco

Jacox, B (2019) What are the kay qualities and skills of an effective team coach? In *The Practitioner's Handbook of Team Coaching*, Chapter 25 pp 353–64, Routledge, London

Janis, I (1982) *Groupthink*, 2nd edn, Houghton-Mifflin, Boston

Jarvis, J (2004) *Coaching and Buying Coaching Services?* CIPD, London

Jaworski, J, Gozdz, K and Senge, P (1997) *Setting the Field: Creating the conditions for profound institutional change*, Centre for Generative Leadership, Boston, MA

Johansen, Bob (2007) *Get There Early: Sensing the future to compete in the present*, Berrett-Koehler, San Francisco

Kahn, W A (1990) Psychological conditions of personal engagement and disengagement at work, *Academy of Management Journal*, 33 (4), pp 692–724

Kanter, R M (2011) Creating common ground. In T Pittinsky (ed), *Crossing the Divide: Intergroup leadership in a world of difference*, Harvard Business Books, Boston, MA

Kaplan, R S and Norton, D P (1992) The balanced scorecard: measures that drive performance, *Harvard Business Review*, 70 (1), January–February, pp 71–9

Katzenbach, J (2012) Look beyond the team, it is about the network [online] http:// blogs.hbr.org/2012/03/look-beyond-the-team-its-about (archived at https:// perma.cc/7P4T-ERL6)

Katzenbach, J and Smith, D (1993a) The discipline of teams, *Harvard Business Review*, March–April, pp 111–20

Katzenbach, J and Smith, D (1993b, 1999) *The Wisdom of Teams: Creating the high-performance organization*, Harvard Business School Press, Harvard, MA

Kegan, R and Lahey, L (2001) *How the Way We Talk Can Change the Way We Work: Seven*

languages for transformation, Jossey-Bass, San Francisco
Kegan, R and Lahey, L (2009) *Immunity to Change*, Harvard Business School, Boston, MA
Keller, S and Price, C (2011) *Beyond Performance: How great organizations build ultimate competitive advantage*, John Wiley, Hoboken, NJ
Kellerman, B (2012) *The End of Leadership*, HarperCollins, New York 『리더십의 종말』 이진원 역. 씨앤아이북스. 2012.
Kempster, S (2009) *How Managers Have Learnt to Lead*, Palgrave Macmillan, Basingstoke
Kets de Vries, M F R (2005) Leadership group coaching in action: The Zen of creating high performance teams, *Academy of Management Executive*, 19 (1), pp 61–76
Kets de Vries, M F R (2006) *The Leader on the Couch: A clinical approach to changing people and organizations*, Jossey-Bass, San Francisco
Kets de Vries, M F R (2011a) *The Hedgehog Effect: The secrets of building high performance teams*, Jossey-Bass, San Francisco
Kets de Vries, M F R (2011b) *Reflections on Groups and Organizations: On the coach*, John Wiley and Sons, UK
Kelly, K (2016) *The Inevitable: Understanding the 12 technological forces that will shape our future*, Viking, New York 『인에비터블 미래의 정체』 이한음 역. 청림출판. 2017.
Klein, N (2014) *This Changes Everything – Capitalism vs Climate*, Allen Lane, London
Kopp, S (1988) *If You Meet the Buddha on the Road, Kill Him*, Bantam Books, New York
Krznaric, R. (2020) *The Good Ancestor: How to think long term in a short-term world*, WH Allen, London
Lansiti, M and Levien, R (2004) Strategy as ecology, *Harvard Business Review*, 82 (3), pp 68–81
Lawrence, P. (2019) Defining team coaching: a practitioner perspective. In *The Practitioner's Handbook of Team Coaching*, pp 138–49, Routledge, London
Laloux, F (2014) *Reinventing Organisations: A guide to creating organisations inspired by the next stage of human consciousness*, Nelson Parker, Belgium
Latour, B (2017) *Facing Gaia: Eight lectures on the new climatic regime*, Polity Press, Cambridge, UK
Leary-Joyce, J and Lines, H (2017) *Systemic Team Coaching*, Academy of Executive Coaching, London
Le Guin, U K (1989) *Dancing at the Edge of the World*, Grove Press, New York 『세상 끝에서 춤추다』 이수현 역. 황금가지. 2021.
Lencioni, P (2002) *The Five Dysfunctions of a Team: A leadership fable*, Jossey-Bass, San Francisco 『탁월한 조직이 빠지기 쉬운 5가지 함정』 서진영 역. 위즈덤하우스. 2002.
Lencioni, P (2004) *Death by Meeting: A leadership fable*, Jossey-Bass, San Francisco 『회의가 살아야 회사가 산다』 김정미 역. 황금가지. 2008.
Lencioni, P (2005) *Overcoming the Five Dysfunctions of a Team: A field guide*, Jossey-Bass, San Francisco
Lencioni, P (2006) *Silos, Politics and Turf Wars: A leadership fable*, Jossey-Bass, San Francisco 『사일로스(부서간 장벽을 없애라)』 한근태 역. 위즈덤하우스. 2007.
Leary-Joyce, J and Lines, H (2017) *Systemic Team Coaching*, Academy of Executive Coaching, London
Lee, A (2013) Welcome to The Unicorn Club: Learning from billion-dollar startups, Tech Crunch, http://techcrunch.com/2013/11/02/welcome-to-the-unicorn-club (archived at https://perma.cc/LTY3-AW5J)
Likert, R (1967) *The Human Organization*, McGraw-Hill, New York
Lines, H and Scholes-Rhodes, J (2013) *Touchpoint Leadership: Creating collaborative energy across teams and organizations*, Kogan Page, London

Lipnack, J and Stamps, J (1996) *Virtual Teams: People working across boundaries with technology*, John Wiley, New York

Liu, C, Pirola-Merlo, A, Yang, C and Huang, C (2009) Disseminating the functions of team coaching regarding research and development team effectiveness: evidence from high-tech industries in Taiwan, *Social Behaviour and Personality*, 37 (1), pp 41–58

Liu, C, Lin, L, Huang, I and Lin, K (2010) *Exploring the moderating effects of LMX quality and differentiation on the relationship between team coaching and team effectiveness*, in 17th International Conference on Management Science and Engineering, 24–26 November 2010, Tainan, Taiwan, pp 896–92

Lojeski, K S, Lipnack, J and Ellis, J (2009) Boosting productivity through virtual collaboration (PowerPoint slides reproduced by *Business Week*), Webcast

Lorsch, J W and MacIver, E (1989) *Pawns and Potentates: The realities of America's corporate boards*, Harvard Business School Press, Harvard, MA

Lustig, P. (2015) *Strategic Foresight: Learning from the Future*, Triarchy Press, Axminster, Devon

Macleod, D and Clarke, N (2009) *Engaging for Success*, Department for Business, Innovation and Skills, London

Macy, J and Johnstone, C (2012) *Active Hope: How to face the mess we're in without going crazy*, New World Library, Novato, CA 『액티브 호프』 양춘승 역. 벗나래. 2016.

Majchrzak, A, Malhotra, A, Stamps, J and Lipnack, J (2004) Can absence make a team grow stronger? *Harvard Business Review*, May, pp 131–37

March, J G and Olsen, J P (1976) *Ambiguity and Choice in Organizations*, Universitetsforlaget, Bergen, Norway

Marshall, G. (2015) *Don't Even Think About It: Why our brains are wired to ignore climate change*, Bloomsbury, New York 『기후변화의 심리학』 이은경 역. 갈마바람. 2018.

Martin, J (1991) *Rapid Application Development*, Macmillan, London

McChrystal, S, Collins, T, Silverman, D and Fussell, C (2015) *Team of Teams: New rules of engagement for a complex world*, Penguin, New York 『팀 오브 팀스(Team of Teams)』 고영훈 역. 이노다임북스. 2016.

McGregor, D (1960) *The Human Side of the Enterprise*, McGraw-Hill, New York 『기업의 인간적 측면』 한근태 역. 미래의창. 2006.

Megginson, D and Clutterbuck, D (2005) *Techniques for Coaching and Mentoring*, Elsevier Butterworth-Heinemann, Oxford

Meier, D (2005) *Team Coaching with the Solution Circle: A practical guide to solutions focused team development*, Solution Books, Cheltenham

Meyer, C (1994) How the right measures help teams excel, *Harvard Business Review*, May–June, pp 95–103

Moral, M (2009) Executive team coaching in multinational companies. In M Moral and G Abbott (eds), *The Routledge Companion to International Business Coaching*, pp 256–68, Routledge, New York

Morgeson, F, DeRue, D and Karam, E (2010) Leadership in teams: a functional approach to understanding leadership structures and processes, *Journal of Management*, 36 (1), pp 5–39

Mortensen, M. (2014) Constructing the team: the antecedents and effects of membership model divergence, *Organisation Science*, 25 (3), pp 909–31

Moussa, M, Boyer, M and Newberry, D (2016) *Committed Teams: Three steps to inspiring passion and performance*, Wiley, Hoboken, NJ

Mulec, K and Roth, J (2005) Action, reflection, and learning and coaching in order to enhance the performance of drug development project management teams, *R and D Management*, 35, pp 483–91

National Health Services Institute (2005) *Lean 6 Sigma*, Presentation to Lean Conference, Orlando, Florida

Nevis, E C, Melnick, J and Nevis, S M (2008) Organizational change through powerful micro-level interventions: the Cape Cod model, *OD Practitioner*, 40 (3), pp 4–8

Nussbaum, B (2013) *Creative Intelligence: Harnessing the power to create, connect and inspire*, HarperBusiness, New York 『창조적 지성』 김규태 역. 21세기북스. 2013.

Obolensky, N (2010) *Complex Adaptive Leadership: Embracing paradox and uncertainty*, Gower, Aldershot

Okri, B (1997) *A Way of Being Free*, Phoenix House, London

O'Neill, M B (2000) *Executive Coaching with Backbone and Heart: A systems approach to engaging leaders with their challenges*, Jossey-Bass/Wiley, San Francisco

Oshry, B (1995) *Seeing Systems: Unlocking the mysteries of organizational life*, Berrett-Koehler, San Francisco

Oshry, B (1999) *Leading Systems: Lessons from the power lab*, Berrett-Koehler, San Francisco

Oshry, B (2007) *Seeing Systems: Unlocking the mysteries of organizational life*, 2nd edn, Berrett-Koehler, San Francisco

Owen, H (2008) *Open Space Technology: A user's guide*, 3rd edn, Berrett-Koehler, San Francisco

Owl Labs (2020) www.owllabs.com/hubfs/website/sorw/2020/owl-labs_sorw-2020_report-download_FINAL_07oct2020.pdf (archived at https://perma.cc/7294-UHLL)

Osterwalder, A and Pigneur, Y (2010) *Business Model Generation: A handbook for visionaries, game changers, and challengers*, Wiley, Hoboken 『비즈니스 모델의 탄생』 유효상 역. 비즈니스북스. 2021.

Page, S E (2007) Making the difference: Applying a logic of diversity, *Academy of Management Perspectives*, 21, pp 6–20

Paige, H (2002) Examining the effect of executive coaching on executives, *International Education Journal*, 3 (2), pp 61–70

Parlett, M (2000) Creative adjustment and the global field, *British Gestalt Journal*, 9 (1), 15–27

Parlett, M (2003) Creative abilities and the art of living well. In M Spagnuolo Lobb and N Amendt-Lyon (eds), *Creative License: The art of living well*, pp 51–62, Springer-Verlag, Vienna

Parlett, M (2015) *Future Sense*, Troubador Publishing, Kibworth Harcourt

Passmore, J and Turner, E (2018) Reflections on Integrity – the APPEAR model, in *Coaching at Work* Vol 13(2) pp 42–46

Pearl, D (2012) *Will There Be Donuts: Start a business revolution one meeting at a time*, HarperCollins, London

Pedler, M (1996) *Action Learning for Managers*, Lemos and Crane, London

Pedler, M (1997) What do we mean by action learning? In M Pedler (ed), *Action Learning in Practice*, Gower, Aldershot

Pedler, M, Burgoyne, J and Boydell, T (1991) *The Learning Company: A strategy for sustainable development*, McGraw-Hill, London

Peters, J and Carr, C (2013a) *50 Terrific Tips for Teams: Proven strategies for building high performing teams*, InnerActive Leadership Associates, Calgary, Alberta

Peters, J and Carr, C (2013b) *High Performance Team Coaching: A comprehensive system for leaders and coaches*, InnerActive Leadership Associates, Calgary, Alberta

Peters, J and Carr, C (2019) What does good look like? An overview of the research on the effectiveness of team coaching. In *The Practitioner's Handbook of Team Coaching*, pp 89–120, Routledge, London

Petrie, N (2014a) *Vertical Leadership Development, Part 1: Developing Leaders for a Complex World*. White Paper, Centre for Creative Leadership [online] http://insights.ccl.org/wp-content/uploads/2015/04/VerticalLeadersPart1.pdf (archived at https://perma.cc/7JAC-YKFS)

Petrie, N (2014b) *The How-To of Vertical Leadership Development*, Part 2: 30 Experts 3 Conditions, and 15 Approaches. White Paper, Centre for Creative Leadership [online] http://media.ccl.org/wp-content/uploads/2015/04/verticalLeadersPart2.pdf (archived at https://perma.cc/CJV6-YCHZ)

Pettigrew, A and McNulty, T (1995) Power and influence in and around the boardroom, *Human Relations*, 48 (8), pp 845–73

Pittinsky, T L (2009) *Crossing the Divide: Inter-group leadership in a world of difference*, Harvard Business Books, Boston, MA

Porter, M E and Kramer, M R (2011) Shared value: how to re-invent capitalism and unleash a wave of innovation and growth, *Harvard Business Review*, 89 (1/2), January–February, pp 62–77

Power, A (ed) (2014) *Internal Coaching: Stories of success in organizations*, Anne Power

Rayton, B, Dodge, T and D'Analeze, G (2012) *The Evidence: Employee engagement task force*, 'Nailing the Evidence' Workgroup, [online] www. engageforsuccess.org (archived at https://perma.cc/44CV-VQZL)

Richardson, J (2010) *An Investigation of the Prevalence and Measurement of Teams in Organisations: The development and validation of the real team scale*, unpublished doctoral dissertation, Aston University, UK

Ridler Report (2013) Ridler and Co, London

Ries, E (2011) *The Lean Startup: How today's entrepreneurs use continuous innovation to create radically successful businesses*, Crown Business/Random House, New York. 『린 스타트업: 지속적 혁신을 실현하는 창업의 과학』. 이창수, 송우일 역. 인사이트. 2012.

Rod, A and Fridjhon, M (2016) *Creating Intelligent Teams: Leading with relationship systems intelligence*, KR Publishing, Randburg

Rogers, C (1967) *On Becoming a Person*, Constable, London. 『진정한 사람되기: 칼 로저스 상담의 원리와 실제』. 주은선 역. 학지사. 2009.

Rose, D (2015) quoted in The war on talent is over – and talent has won! [online] https://insights.abnamro.nl/2015/06/the-war-on-talent/ (archived at https://perma.cc/9WVV-P5PC)

Rozovsky, J (2015) The five keys to a successful google team. [online] https://rework.withgoogle.com/blog/five-keys-to-a-successful-google-team/ (archived at https://perma.cc/RFG6-RKRY)

Rushkoff, D (2019) *Team Human*, W W Norton & Company, Inc., New York 『대전환이 온다: 인류사의 주인공을 바꿀 '생각'의 이동』. 이지연 역. 알에이치코리아. 2021.

RSA (1995) *Tomorrow's Company*, RSA, London

Rubin, K (2012) *Essential Scrum: A practical guide to the most popular agile process*, Addison-Wesley, Pearson, Boston, MA. 『성공적인 애자일 도입을 위한 에센셜 스크럼』. 바준표 역, 제이펍. 2016

Ryde, J (2009) *Being White in the Helping Professions*, Jessica Kingsley, London

Ryde, J (2019) *White Privilege Unmasked*, Jessica Kingsley Publishing, London

Sadler, P (2002) *Building Tomorrow's Company*, Kogan Page, London

Salami, M (2020) *Sensuous Knowledge: A black feminist approach for everyone*, ZED Books, Croydon

Sandahl, P and Phillips, A (2019) *Teams Unleashed: How to release the power and human potential of work teams*, Nicholas Brealey, Boston and London.

Scharmer, C O (2007) *Theory U: Leading from the future as it emerges: The social technology of presencing*, Society for Organisational Learning, Cambridge, MA

Scharmer, CO (2007) *Theory U: Leading from the future as it emerges: The social technology of presencing*, Society for Organizational Learning, Cambridge, CA:

Scharmer, O and Kaufer, K (2013) *Leading from the Emerging Future – from Ego-System to Eco-System economies*, Berrett-Koehler Publishers, San Francisco, CA

Schein, E H (1969, 2nd edn 1988) *Process Consultation: Its role in organisational development*, Wesley, London

Schein, E H (1985) *Organizational Culture and Leadership*, Jossey-Bass, San Francisco

Schein, E H (1987) *Process Consultation Revisited: Building the helping relationship*, Prentice Hall Organizational Development Series

Schein, E H (2003) On dialogue, culture, and organisational learning, *Reflections*, 4 (4), pp 2–8

Schein, E H (2013) *Humble Inquiry: The gentle art of asking rather than telling*, Berrett-Koehler Publishers, Oakland, CA

Schutz, W C (1973) *Elements of Encounter*, Joy Press, Big Sur, CA

Schwab, K (2016) *The Fourth Industrial Revolution*, World Economic Forum, Cologne/Geneva. 『클라우스 슈밥의 제4차 산업혁명』. 송경진 역. 메가스터디북스. 2016.

Scranton, R. (2015) *Learning to Die in the Anthropocene: Reflections on the end of a civilization*, City Lights Books, San Francisco

Senge, P (1990) *The Fifth Discipline: The art and practice of the learning organization*, Doubleday, New York. 『학습하는 조직: 오래도록 살아남는 기업에는 어떤 특징이 있는가』. 강혜정 역. 유정식 감수. 에이지21. 2014.

Senge, P (2008) *The Necessary Revolution: How individuals and organizations are working together to create a sustainable world*, Doubleday, New York

Senge, P, Jaworski, J, Scharmer, C and Flowers, B (2005) *Presence: Exploring profound change in people, organizations and society*, Doubleday, New York

Senge, P, Kleiner, A, Ross, R, Roberts, C and Smith, B (1994) *The Fifth Discipline Fieldbook: Strategies and tools for building a learning organization*, Doubleday, New York. 『학습조직의 5가지 수련』. 박광량 역. 이십일세기북스새날. 1996.

Senge, P and Kofman, F (1993) Communities of commissions: the heart of learning organizations, *Organizational Dynamics* (Autumn), pp 5–23

Sharpe, B (2013) *Three Horizons: The patterning of hope*, Triarchy Press, Axminster, Devon

Sherpa Coaching (2012) *Seventh Annual Executive Coaching Survey* [online] www.sherpacoaching.com/pdffiles/Survey-Executive-Coaching-2012.pdf

Sinek, S (2009) *Start With Why: How great leaders inspire everyone to take action*, Portfolio/Penguin, New York. 『스타트 위드 와이(Start With Why): 나는 왜 이 일을 하는가』. 윤혜리 역. 세계사. 2021.

St Fleur, N (2016) Signs of the 'Human Age', *New York Times* [online] www.nytimes.com/interactive/2016/01/11/science/anthropocene-epoch-definition.html (archived at https://perma.cc/3U8Z-CAAG)

Surowiecki, J (2005) *The Wisdom of Crowds: Why the many are smarter than the few*, Abacus, London. 『대중의 지혜: 시장과 사회를 움직이는 힘』. 홍대운, 이창근 역. 랜덤하우스코리아. 2005.

Swords, D (2010) Leading growth. In *New World, New Organisations*, New Leadership, ed (2010) *The Black Swan: the impact of the highly improbable* (2nd ed.) London: Penguin. 『블랙 스완: 위험 가득한 세상에서 안전하게 살아남기』. 차익종, 김현구 역. 동녘사이언스. 2018(1쇄 2008).

Tapscott, D and Williams, AD (2007) *Wikinomics: How mass collaboration changes everything*,

Atlantic Books, New York

Tebbits, K (2014) https://medium.com/full-stack-marketing/rate-of-learning-the-most-valuable-startup-compensation-56dddc17fa42#.eoi6knjzi (archived at https://perma.cc/AF6R-7M4L)

Torbert, B (2004) *Action Inquiry: The secret of timely and transforming leadership*, Berrett-Koehler, San Francisco

Thomas, K W and Kilmann, R H (1974) *Conflict Mode Instrument*, Kilmann Diagnostics, California

Thomson, P and Graham, J (2005) *A Woman's Place is in the Boardroom*, Palgrave Macmillan, Basingstoke

Thomson, P with Lloyd, T (2011) *Women and the New Business Leadership*, Palgrave Macmillan, Basingstoke

Thornton, C (2010, 2016) *Group and Team Coaching: The secret life of groups*, Routledge, Hove

Thornton, C (2019) The making of a team coach. In *The Practitioner's Handbook of Team Coaching*, Chapter 22, pp 321–30, Routledge, London

Tichy, N M and Devanna, M A (1986) *The Transformational Leader*, John Wiley, New York

Tozier, J (2012) *Leading Through Leaders: Driving strategy, execution and change*, Kogan Page, London

Tricker, R I (1980) *Corporate Governance*, Gower, Aldershot

Tuckman, B (1965) Developmental sequence in small groups, *Psychological Bulletin*, 63 (6), pp 384–99

Turner, E and Hawkins, P (2016) Multi-stakeholder contracting in executive/business coaching: an analysis of practice and recommendations for gaining maximum value, *International Journal of Evidence Based Coaching and Mentoring*, 14 (2), pp 48–65

Tyler, F B, Brome, D R and Williams, J E (1991) *Ethnic Validity, Ecology and Psychotherapy: A psychosocial competence model*, Plenum Press, New York

UK Corporate Governance Code (September 2012), Financial Reporting Council, London

Van den Berghe, L and Levrau, A (2013) Fine-tuning board effectiveness is not enough. In A Kakabadse and L Van den Berghe, L (eds), *How to Make Boards Work: An international overview*, pp 153–83, Palgrave Macmillan, Basingstoke

Van Dyke, P (2014) Virtual group coaching: a curriculum for coaches, *Journal of Psychology and Organizational Culture*

Wageman, R (2001) How leaders foster self-managing team effectiveness, *Organization Science*, 12 (5), September–October, pp 559–77

Wageman, R, Nunes, D A, Burruss, J A and Hackman, J R (2008) *Senior Leadership Teams*, Harvard Business School Press, Harvard, MA

Ward, G (2008) Towards executive change: a psychodynamic group coaching model for short executive programs, *International Journal of Evidence Based Coaching and Mentoring*, 6 (1), pp 67–78

Weinberg, R and McDermott, M (2002) A comparative analysis of sport and business organizations: factors perceived critical for organizational success, *Journal of Applied Sports Psychology*, 14, pp 282–98

West, M A (1996) *Effective Teamwork*, Excel, New Delhi

West, M A (2012) *Effective Teamwork: Practical lessons from organizational research*, 3rd edn, BPS Blackwell, Oxford

West, M A (2013) Developing cultures of high-quality care, talk at the Kings Fund London March 2013, [online] www.kingsfund.org.uk/audio-video/michael- west-developingcultures-high-quality-care (archived at https://perma.cc/K56X-65WQ)

West, M A and Dawson, J F (2012) *Employee Engagement and NHS Performance: Research report*, The King's Fund, London

West, M A, Guthrie, J P, Dawson, J F, Borrill, C S and Carter, M R (2006) Reducing patient mortality in hospitals: the role of human resource management, *Journal of Organizational Behaviour*, 27, pp 983–1002

West, M A and Lyubovnikova, J R (2012) Real teams or pseudo teams? The changing landscape needs a better map, *Industrial and Organizational Psychology: Perspectives on Science and Practice*, 1: 25–28

Wetlaufer, S (2000) An interview with Michael Eisner, *Harvard Business Review*, 78 (1), January, pp 115–24

Weisbord, M and Janoff, S (2000) *Future Search: An action guide to finding common ground in organizations and community* (2nd ed), Berrett Koehler Publishers, San Francisco

Whitmore, J (2002) *Coaching for Performance: Growing people, performance and purpose*, Nicholas Brealey, London

Whittington, J (2016) *Systemic Coaching and Constellations*, 2nd edn, Kogan Page, London

Widdowson, L and Barbour, P (2021) *Building Top Performing Teams: A Practical Guide to Team Coaching to Build Collaboration and Organizational Success*, Kogan Page, London

Wolff, S B, Druskat, V U, Koman, E S and Messer, T E (2006) The Link Between Group Emotional Competence and Group Effectiveness. In V U Druskat, F Sala and G Mount (eds), *Linking Emotional Intelligence and Performance at Work: Current research evidence with individuals and groups*, pp 223–42, Lawrence Erlbaum Associates Publishers, Mahwah, NJ

Wood, J and Silver, D (1995) *Joint Application Development*, John Wiley & Sons Inc., New York

Woodhead, V (2011) How does coaching help to support team working? A case study in the NHS, *International Journal of Evidence Based Coaching and Mentoring*, Special Issue 5, pp 102–19

Woolley, A, Charbris, C F, Pentland, A, Hashmi, N and Malone, T W (2010) Evidence for a collective intelligence factor in the performance of human groups, Science, 330, pp 686–88

Womack, J P and Jones, D T (2003) *Lean Thinking: Banish waste and create wealth in your corporation*, Simon & Schuster, London.

추천의 글

"이 책은 마땅히 21세기 비즈니스 정본定本(표준이 될 만한 책)이라 할 만하다. 팀 코칭을 이야기할 때 빼놓을 수 없는 책이고, 전 세계적으로 널리 활용되는 중요한 교재이다. 저자인 피터 호킨스는 이번 네 번째 판에서 기존 본문 내용을 현실에 맞게 수정하고, 산업 발전에 도움이 될 새로운 아이디어를 소개하는 자료를 포함하였다. 이 책은 모두가 반드시 소장해야 할 must-have 책이다!"

마르크 칸 Marc Kahn, 런던 미들섹스 대학교 인력 및 조직 글로벌 책임자 겸 초빙 교수

"이 책의 첫 판이 만들어진 이후 10년 동안 피터 호킨스는 팀 코칭에 대한 비전을 확장하였고 코칭 단계별로 새로운 접근 방식과 도구를 추가했다. 피터 호킨스는 '요즘 같은 급변하는 환경에서의 위기는 한 명의 영웅적 지도자를 통해서 극복되지 않는다'는 점을 다시 한번 일깨워준다. 마지막 장은 우리가 직면한 역사적인 도전들을 짚어보고 앞으로 나아가기 위한 생각을 불러일으키는 의제를 만들어낸다. 이 책은 모든 코치의 필독

서이다!"

팸 맥린Pam McLean, 캘리포니아 허드슨 연구소, CEO

"이 훌륭한 걸작은 팀의 힘과 잠재력을 높이 평가하는 사람들을 위한 완벽한 연감年鑑이며 강력하고 실용적인 책이다. 리더들, 코치들, 컨설턴트들, 그리고 체계적인 변화를 위한 집단적 지혜의 중요성을 인정하는 사람들에게 큰 도움이 될 것이다. 소장해야 할 책이다."

폴라 윌슨Paula Wilson, 윌슨 슬론 컨설팅社, CEO, 마스터 임원코치, 북아일랜드

"세상이 매우 빠르게 변화하고 있고 변화 속도도 더 빨라지고 있다. 피터 호킨스는 팀의 다양성, 애자일 팀워크, 심리적 안전 등 팀 코칭 분야의 광범위한 생태계와 시스템적 지혜의 정원으로 우리를 다시 한번 초대했다. 이는 코치들에게 크게 도움이 될 미래지향적인 진전일 뿐 아니라, 팀 코칭에 참석할 모든 이에게도 도움이 될 책이다."

리카르도 마르틴스Ricardo Martins, CEGOC社 총괄 디렉터, 포르투갈

"팀 코칭은 아직도 우리 모두가 배울 것이 많은 분야이다. 피터 호킨스는 우리를 팀 코칭의 세계로 계속 이끌고 있고, 잘 다듬어진 이 최신판은 이 분야 최고의 책으로서 여기 벨빈Belbin 본사의 책꽂이에 꽂혀 있을 것이다."

조우 킬러Jo Keeler, 벨빈社 파트너, 영국 캠브리지

"피터 호킨스는 철학, 심리학, 실무 적용을 모두 아우르는 혼합 접근 방식을 활용한다. 내가 그에게 훈련받은 것은 대단한 행운이라고 생각한다.

이 책은 현재의 코칭 프로그램 가운데 가장 실용적이다. 비즈니스 결과에 기초하고 있기 때문이다."

산제이 미트라Sanjay Mitra, 리더십 코치, 팀 코치, 조직개발 전문가,
리더십 및 변화 허브 위원회, NTL 응용 행동과학 연구소, 미국

"복잡성과 불확실성이 높아지는 시대에 팀 코치, 조직 컨설턴트 및 팀 리더는 변화의 속도에 맞춰 미래 성과 창출을 위해 적극적으로 참여하고, 여러 파트너십을 통해 시스템적 가치를 전달해야 한다. 이번 네 번째 개정판은 빠르게 발전하는 팀 코칭 분야의 새로운 개념과 상황에 대한 중요한 참고 가이드가 될 것이다. 팀과 함께 일하는 모든 사람에게 꼭 필요한 책이다."

바바라 월시Barbara Walsh,
Master System 팀 코치, www.teamsand-beyond.com, 영국

"이 책의 모든 장은 영감을 불러일으키는 통찰력과 실용적인 조언이 담겨 있다. 여러분은 이 책을 반복해서 보게 될 것이다."

제시카 맥니콜라스Jessica McNicholas, 리플렉션 컨설팅社, 임원 및 팀 코치, 미국

"나는 이 책을 접하고서 매우 흥분했다. 팀 코칭에 관한 좋은 사례들을 참고할 만한 이정표가 될 책이라고 느꼈기 때문이다. 이 책은 팀 코칭이 가상공간에서 어떻게 작동할 수 있는지를 잘 설명하고 있다. 또한 다양성 시대, 포스트팬데믹 시대, 글로벌 기후 위기 등에 대한 현명한 대처방안도 제시하고 있다."

캐서린 카Catherine Carr, 작가, 팀 코치 겸 트레이너, 캐나다

"당신이 노련한 팀 코치이든 리더이든, 또는 이제 막 팀들과 함께 일하기 시작했든 이번 4판은 매우 중요한 자료이다. 피터 호킨스의 향상된 콘텐츠는 충격적이며 우리에게 획기적인 수준의 영감을 준다."

태미 터너Tammy Turner, 호주 터너 인터내셔널 CEO

"피터 호킨스의 리더십 팀 코칭 최신판은 팀, 리더, 조직 모두에게 중요한 시기에 발표되었다. 이 책은 팀과 조직을 중심으로 대화를 창조해 나가는 모든 사람에게 필수적인 읽을거리이다."

제니퍼 브리튼Jennifer Briton,
『Reconnecting Workspace』의 저자, Potentials Realized社 CEO

"피터 호킨스는 이번 최신판에서 우리 인류가 더 많이 협력해야 하는 필요성에 대해 용기와 확신을 가지고 집필하였다. 그는 팀 코칭이 어떻게 지속 가능한 변화를 이끌어내는 촉매제인지를 훌륭하게 설명해냈다."

루시 위도우슨Lucy Widdowson과 폴 바버Paul Barbour,
팀 코치, 『Building Top Performing Teams』의 저자

감사의 글

이 책은 팀의 산물이다. 책 표지에 내 이름이 적혀 있지만 이를 가능하게 한 것은 다른 팀원들의 노력 덕분이며 모두에게 감사의 말씀을 전한다. 이 책의 기초가 되는 자료는 대부분 지난 40년 이상 연구되고 발전시켜 온 것들이다. 코칭 훈련 프로그램의 공동개발에 참여한 리뉴얼 어소시에이츠Renewal Associates, 임원코칭 아카데미Academy of Executive Coaching, 코칭 수퍼비전 프로그램을 함께 개발한 배스 컨설턴시 그룹Bath Consultancy Group, 그리고 최근 공동연구를 진행 중인 헨리 비즈니스 스쿨Henley Business School이 내 동반자들이다. 특히, 나를 위해 코칭, 멘토링, 수퍼바이징, 컨설팅을 해 주신 많은 분께 감사드린다. 그분들은 내가 계속 연구에 매진할 수 있게 하였고 새로운 도전을 할 수 있게끔 격려와 피드백을 아끼지 않았던 내 최고의 스승들이었다.

   이 책의 기본적인 사고 내용은 1986년부터 이어져 온 배스 컨설턴시 그룹의 동료들과 함께 개척하고 쓴 작품에 기반을 둔다. 그들은 팀 코칭의 기술적인 부분부터 우리의 생각을 정리하고 글을 쓰는 데 큰 역할을 해주었다. 특히 닉 스미스Nick Smith, 앨리슨 호건Alison Hogan, 길 슈벵크(수퍼바이저), 크리스 스미스Chris Smith, 피오나 엘리스Fiona Ellis, 데이비드 재럿David Jarrett, 시스템적 팀 코칭의 자격증을 고안하고 운영하는 존 리리-조이스John Leary-Joyce와 힐러리 라인스Hilary Lines, 글로벌 팀 코칭 아카데미Global Team Coaching Institute를 운영하고 이 책의 서문을 쓴 데이비드 클러터벅David Clutterbuck 교수 등 동료들에게 감사드린다. 더불어 집단 리더십 분야의 심도 깊은 탐험을 도와준 헨리 비즈니스 스쿨의 동료 교수분들께도 감사드린다.

원고를 준비하면서 나는 리뉴얼 어소시에이츠Renewal Associates의 지원팀, 특히 피오나 벤튼Fiona Benton, 줄리 제퍼리Julie Jeffery, 조 엘리스Jo Ellis의 도움을 많이 받았다.

마지막으로 아내이자 파트너인 주디 라이드Judy Ryde가 사랑, 인내심, 동료애 그리고 지지를 보여줌과 동시에 내 생각에 중요한 기여를 많이 해준 것에 대해 다시 한번 감사한 마음을 전하고 싶다.

피터 호킨스Peter Hawkins
헨리 비즈니스 스쿨Henley Business School, 리더십 명예교수
리뉴얼 어소시에이츠Renewal Associates, 회장
글로벌 팀 코칭 연구소Global Team Coaching Institute(WBECS), 명예 회장

4판 소개

> 세상을 만든 부활의 춤, 그 춤은 항상 이곳 사물의 가장자리, 벼랑 끝, 안개 낀 해안에서 추고 있었다.
>
> 어슐러 르 귄Ursula Le Guin(1989)

2011년 출간된 이 책의 초판을 다시 살펴보면, 마치 오래되고 색이 바랜 내 결혼 사진을 보는 듯한 느낌이 든다. 그때 내 마른 모습에 놀라운 생각도 든다. 그러나 이 책은 매년 세계 각지에서 온 다양한 분야의 여러 팀과 함께 일하며 발전해왔다. 또 리뉴얼 어소시에이트Renewal Associates, 에이오이씨AoEC, 글로벌 팀 코칭 연구소Global Team Coaching Institute, 헨리 비즈니스 스쿨Henley Business School 등의 프로그램에 참여한 수천 명의 제자 학생들에게서 중요하고 새로운 학습방법을 습득하였다. 30여년 전, 따뜻하고 창의력을 가진 동료들과 배스 컨설턴시 그룹Bath Consultancy Group에서 일을 시작했을 때, 우리는 먼저 핵심 가치를 적어보는 작업을 했었다. 그때 우리는 이미 살면서 중시하고 있던 가치들, 창의력이 최고조에 달했을 때의 가치들을 적었다. 최근에 나는 오래된 캐비닛에서 핵심 가치를 발견했고, 우리 연구팀이 지속적인 학습 문화를 유지하는데 그 핵심 가치가 매우 중요한 역할을 했음을 깨닫게 되었다.

배스 컨설턴시 그룹: 품질 높은 작업을 평가하는 방법(핵심 가치)

1. 우리가 협력하고 있는 팀이나 조직은 미래 변화에 대응할 수 있도록 항상 더 숙련되고 준비 태세를 갖추고 있어야 한다.
2. 고객이나 우리는 각자의 언어(또는 전문용어)를 구사하는 것으로 끝내서는 안 되며, 함께 새로운 언어와 관점을 만들어내야 한다.
3. 기존 고객이 우리를 다른 고객(조직)에게 추천하기 때문에 결국 우리의 모든 일은 개인적인 추천에서 비롯된다.
4. 고객과 함께 개발한 모든 작업은 새로운 모델, 기술 또는 도구를 만드는 일이다.
5. 모든 조직은 우리에게 자랑스러운 스토리를 제공한다.
6. 우리는 우리의 작업이 비용 및 투자 시간 대비 몇 배 이상의 가치를 창출했다는 것을 입증하거나 확신할 수 있다.
7. 고객과 우리는 함께하는 일들을 즐긴다.

25년 후 BCG가 글로벌 기업에 인수합병되어 어려운 상황이었을 때, 우리를 위해 일하러 온 컨설턴트 대부분은 이전에 우리가 함께했던 일을 따뜻하게 기억하고 있었다. 그리고 우리의 새로운 일들은 거의 모두 지인

추천을 통해 이루어졌다. 게다가 내 노트북에는 팀, 조직, 변화와 관련된 많은 스토리, 도구, 기술, 방법, 새로운 모델과 접근법이 가득했다. 거의 모든 것이 고위 리더십 팀이나 혁신 프로젝트를 통해 필사적으로 탄생한 것이었다.

우리는 학습의 가장자리에 서 있었다. 그곳에는 정답도, 전진도 없었다. 그러나 우리는 모두 인생에서 단 한 가지라도 즉시 해결책을 찾아야 한다는 생각이 분명했다. 어슐러 르 귄Ursula Le Guin이 썼듯이, 새로운 배움과 전진이 일어나는 곳은 안개 속과 겸손에 빠져있는 배움의 가장자리edge이다.

오토 샤머Otto Scharmer(2007, 2013), 피터 센게Peter Senge 등(2005)과 집단 심리치료사인 윌프리드 비온Wilfrid Bion(1967)은 다음과 같은 글을 썼다. "모든 세션에서 중요한 포인트는 알려지지 않은 것unknown이다. 그 어떤 것도 직감하는 것으로 주의를 분산시켜서는 안 된다. 어느 세션이든 진화는 일어난다. 어둠과 무형의 상태로부터 무언가로 진화한다."

나는 지난 11년간 리뉴얼 어소시에이츠Renewal Associates를 이끌며 개인, 팀, 조직, 생태계 수준에서 깊이 있는 변화를 가져올 수 있는 시스템적 팀 코칭 개발에 주력해왔다. 나는 그 누구도 아직 연습하지 않은 기술을 가르쳐서는 안 된다고 생각한다. 자신의 지식과 이야기가 아직 미숙함을 스스로 인지해야 하고, 겸손해야 하며, 축적된 지식과 기술이 우리를 보호해주지 않는다는 것을 깨달아야 한다.

우리는 격동의 시대에 살고 있다. '미래의 리더십tomorrow's leadership' (Hawkins, 2017) 연구를 위해 인터뷰한 대부분의 비즈니스 리더들은 여러 측면에서 벌어지는 '기하급수적 변화exponential change'에 관해 걱정했고, VUCA(변동성, 불확실성, 복잡성, 모호성) 시대에 사는 것에 관해 이야기했다.

존 엘킹턴John Elkington(2014)은 '우리는 전례 없는 시대에 살고 있다. 지구촌은 빠르게 변화하는 경제, 사회, 정치 환경과 씨름하고 있다'라고 하였다. 인터넷, 그리고 책을 통해 만난 지도자이자 사상가들은 대의 정치, 국가 간 거버넌스, 경제 및 비즈니스 행위 등의 시스템이 목적에 맞지 않으며, 기존 방식을 유지하는 것은 근시안적이고 최악의 자살 행위라고 언급한다.

그 위기에 대한 대응방법은 많고 다양하다. 니얼 퍼거슨Niall Ferguson(2012)의 『위대한 퇴보: 기관들이 부패하고 경제가 죽는 방식 The Great Degeneration: How institutions decay and economies die』과 피터 디아만디스Peter Diamandis(2014)의 『풍요: 미래는 당신이 생각하는 것보다 더 좋다Abundance: The future is better than you think』를 비교해보겠다. 퍼거슨은 우리가 환경 및 사회적 비용 문제에 대해 발언권이 거의 없는 미래 세대들에게 얼마나 엄청난 부채를 점점 더 전가하고 있는지를 보여준다. 여기에는 전례 없는 생물 다양성의 파괴, 해양 어족 자원과 광물 자원의 고갈, 기후 변화와 생태적 붕괴의 가속화가 포함된다.

이와 대조적으로, 피터 디아만디스는 기술의 기하급수적인 성장과 이러한 기술들이 상호 연결되는 방식을 보여주기 위해 많은 양의 데이터와 사례 연구를 사용하고 있으며, 이를 통해 우리는 절대 빈곤 감축, 건강 및 수명 향상, 글로벌 교육 수준 향상, 국민들에게 권력을 돌려주고 이전보다 훨씬 더 많은 자유 시간과 선택권을 주는 과정에 있다고 주장한다. 그는 "기술이 폭발적으로 발전하고 있고, 그 어느 때보다도 결합되고 있으며, 파괴적인 융합이 일어난다(2014). 앞으로 25년에는 새로운 세상이

올 수 있다."라고 과감하게 단언한다.

나는 모든 새로운 돌파구가, 우리가 때로는 맹목적인, 의도하지 않은 결과를 초래한다는 것을 깨닫는 동안 합리적이고 정통한 낙관주의자가 되기 위해 '의지의 낙관론, 지성의 비관론'을 결합할 필요가 있다고 믿는 사람이다. 역사가 우리에게 항상 가르쳐주는 한 가지가 있는데 바로 인간 자만의 위험이다.

미래는 어느 누구도 쉽게 파악하거나 다룰 수 없으며, 더 크고 더 도전적이다. 그 도전들은 79억의 지구인, 즉 우리 모두가 함께 해결하도록 촉구할 것이다. 이를 위해서는 새로운 차원의 공감, 시스템적 사고, 협업, 팀워크가 필요하다. 많은 재계 지도자는 만약 그들이 단기적인 분기별 이익이나 그 관심을 필요로 하는 일상적인 문제의 압도적인 범람에서 벗어날 수 있다면, 세계에서의 획기적인 변화를 이끌 수 있는 엄청난 힘이 있다는 것을 인식하고 있다. 하버드 경영대학원의 로버트 에클스 교수는 어떻게 그것이 존재하는지 보여주었다.

> 역사적으로 세상을 바꿀 수 있는 회사는 대기업 집단에 몰려 있다. 단지 1,000개의 기업만이 세계 6만 개가 넘는 상장기업 시장 가치의 절반을 차지하고 있다. 이러한 엄청난 영향력의 집중은 지속 가능한 사회를 향한 제도적 변화 전략의 출발점이 되어야 한다.
>
> (Eccles interview in Elkington, 2014: 21)

존 엘킹턴John Elkington은 글로벌 고위 경영진들이 변화 가속자로서의 역할과 브레이크를 밟는 역할을 한다고 말한다. 획기적인 시나리오를 실현하기 위해서는 기업 이사회와 고위 경영진이 훨씬 더 많은 영향력을 행사해야 한다(Elkington, 2014). 이 책에서 나는 그들에게 지적으로 영향을 주는 것만으로는 충분하지 않다고 주장한다. 그대신, 더 넓은 생태계와의 역동적인 관계 속에서 집단적으로 일할 수 있도록 도와야 하며, 미래에 적합하도록 조직을 변화시킬 수 있게 도와야 한다. 시스템적 팀 코칭이 주력하는 대목이다. 이 작업은 대규모 국제 기업 조직뿐만 아니라 정부 조직, 공공 부문, 비영리 부문, 또는 이익 단체, 신생 기업, 사회 활동가들과 함께해야 한다. 왜냐하면 우리는 모두 엄청난 도전에 맞서고 새로운 형태의 협력과 팀워크를 찾는 데 도움이 필요하기 때문이다.

그나마 다행인 것은 B팀 등 많은 글로벌 기업 리더의 사업 목적이 사회적, 환경적, 경제적 이익의 원동력이 되는 세상으로, 미래에 대한 비전을 가졌다는 점이다. 이 그룹은 버진 그룹Virgin Group의 설립자이자 B팀의 요헨 자이츠Jochen Zeitz와 공동 설립자인 리처드 브랜슨Richard Branson, 유니레버Unilever의 CEO 폴 폴만Paul Polman, 알리안츠Alliantz의 CEO 올리버 베이트Oliver Bate, 타타 그룹Tata Group의 CEO 라탄 타타Ratan Tata를 포함한 인상적인 CEO들과 세계 지도자들에 의해 설립되었다. 이들은 모두 조직이 세계의 과제를 해결하는 데 더 큰 역할을 하려고 노력한다.

이 방법을 선도하는 다른 네트워크는 다음과 같다.

- 2050년까지 90억 명의 인구가 잘 사는 세상을 만드는 데 도움을 주는 거대한 혁신적 목적을 가진 '세계 지속 가능 개발사업 위원회'가 운영 중이다.
- 세계경제포럼WEF 회장인 클라우스 슈밥은 미래의 시나리오를 작성하고 비즈니스 수행 방식에 근본적인 변화를 가져올 비즈니스 혁신을

매핑하는 데 노력을 기울이고 있다.
- 2015년에 합의된 UN 지속 가능성 목표는 모든 기업이 광범위하게 유익한 영향을 미치는 방법을 모색하는 데 사용할 수 있는 우수한 프레임워크를 제공하고 있다.
- 싱귤래리티 대학교Singularity University는 10억 명의 사람들에게 영향을 미칠 세계 문제에 대처하기 위한 변혁과제를 수행 중이다.

동시에 새로운 '기술 자선가techno-philanthropists'들은 세계가 직면한 도전에 맞서기 위해 부와 영향력을 이용하기 시작했다. 2010년, 세계에서 가장 부유한 두 사람인 워렌 버핏과 빌 게이츠는 '기부 서약'을 발표하면서, 다른 억만장자들에게 죽기 전이나 죽을 때 재산의 절반을 자선단체에 기부하겠다고 약속하는 데 동참할 것을 요청했다. 성공한 기술 회사의 많은 창업자는 단순히 돈을 약속하는 것이 아니라 기술과 연줄을 사용하여 변화를 이끌어내는데, 이는 때때로 '임팩트 투자impact investing'라고 일컬어진다. 1999년 스콜 재단을 설립한 이베이의 초대 CEO 제프 스콜은 이 현상을 다음과 같이 설명한다.

> 오늘날 기술 자선가들 가운데 많은 사람은 어린 나이에 세계적인 사업을 구축하는 것에서 오는 에너지와 자신감을 가지고 있다. 핵 확산, 전염병, 물과 같은 대담한 목표들을 다루기 원한다. 그들은 인생에서 정말로 변화를 만들 수 있다고 생각한다.
>
> (Diamandis, 2014)

새롭게 부상하고 있는 혁신 스타트업들은 기업과 경제를 변화시키기 위한 세 번째 그룹이다. 낡은 제품을 대체할 새로운 기술을 창조하는 동시에 오래된 사업 방식을 파괴하고 있다. 나는 이 책 11장에서 이러한 것과 그들을 코칭하는 방법에 관해 언급하였다. 네 번째 그룹은 '광산의 카나리아'라고 불리는 사회 운동가들이다. 이들은 보이지 않는 위험이 있는 곳을 발견하고 이에 대응하여 인식과 행동을 동원하는 선구적인 집단이다.

좋은 예로는 멸종 반란, 그레타 툰베리, 학생들에 대한 글로벌 활동, 그리고 리바이스, 리닝, 나이키, 푸마, C&A, H&M과 같은 의류 제조사들과 소매상들의 컨소시엄을 자극한 그린피스의 '디톡스' 캠페인, 중국 내 공급망(www.roadmaptozero.com)에서 '위험 화학물질 배출 제로'에 대한 지도 작성 등이 있다. 11장에서 팀 코치들이 긍정적인 사회적, 생태적 차이를 만들기 위해 어떻게 더 많은 것을 할 수 있는지 언급하였다.

최근 몇 년 동안 팀 코칭이 확산하였다. 새로운 교육(19장 참조)이 등장하였고, 전문 코칭 기관은 팀 코치를 위한 인증 표준과 역량 프레임워크를 개발하였다. 시스템적 팀 코칭 또한 확장되고 발전했다. 내가 초판을 썼을 당시에, 시스템적 팀 코칭의 첫 번째 마스터 디플로마 프로그램을 운영하고 있었다. 지금은 에이오에이씨(www.aoec.com) 및 리뉴얼 어소시에이츠(www.renewalassociates.co.uk)와 함께 런던, 요하네스버그, 뉴욕 및 베이징에서 프로그램을 운영하고 있으며, 50개 이상의 국가에서 시스템적 팀 코칭의 기초와 '5개 분야 모델'(3장 및 6장 참조)을 가르치는 3일간의 자격증 프로그램을 운영하고 있다. 우리의 공동 훈련은 호킨스Hawkins와 리어리-조이스Leary-Joyce(2018)와 리어리-조이스Leary-Joyce와 라인스Lines(2017) 논문에 설명되어 있다. 2019년에는 동료인 데이비드 클러터벅David Clutterbuck 및 WBECS와 함께 GTCIGlobal Team Coaching Institute를 시작했다. 100개 이상의 국가에서 온 수천 명의 사람이 무료 웹 세미나에 참가했고 1,350명의 참가자가 우리의 첫 번째 재단 프로그램에 등록했다. 이러한 다양한 교육은 시스템적 팀 코치를 훈련시키는 방법(15장 참조)뿐만 아니라 팀 코칭의 전체 기술 과제, 덫과 함정(10장 참조)에 대한 지식과 이해를 심화하여 전략 프로세스, 팀 간 코칭, 팀별 문화 개발, 코칭 파트너십, 네트워크 및 스타트업, 리더십 개발에서의 역할까지 포함하도록 범위와 접근 방식을 확장했다(11장 참조).

팀 코칭 관련 분야에서 유용한 출판물이 많이 나왔다. 가장 포괄적인 것은 『팀 코칭 실무자 핸드북 The Practitioner's Handbook of Team Coaching』 (Cluterbuck et al., 2019)으로 40개의 장이 수록되어 있다. 데이비드 클러터벅은 또한 그의 저서 『Coaching the Team at Work』(2020)의 개정판을 출판했다.

필립 샌달 Phillip Sandahl 은 일찍 사망하기 전에 『팀 언리쉬드 Teams Unleashed』 (Sandahl & Phillips, 2019)를 가지고 나와 국제팀 코치의 접근 방식을 묘사했다. 내 오랜 동료인 존 리어리-조이스와 힐러리 라인스(2017)는 '시스템적인 팀 코칭'에 대한 짧고 실용적인 내용을 발표했고, 헨리 비즈니스 스쿨 Henley Business School 의 팀 코칭 동료인 루시 위도슨 Lucy Widdowson 과 폴 바버 Paul Barbour 는 그들의 책 『Building Top Performing Teams』(2021)를 출판했다. 나는 영광스럽게도 이 두 책의 서문을 썼다. 또 심리치료 (Hawkins & Ryde, 2020), 수퍼비전(Hawkins & McMahon, 2020) 및 팀 코칭(Hawkins, 2018, 2020)과 일반 블로그(www.javious associates. co.uk/blog-page)에 대한 최근 출판물도 냈다. 이번 최신판에는 모두 50개가 넘는 새로운 참고 문헌을 넣었다.

3판 이후 가상 팀워크가 크게 증가했으며, 2020년 세계 코로나 바이러스 대유행과 함께 더욱 가속화하였다. 이 전염병은 또한 대다수 팀 코칭과 팀 코칭 교육이 가상화가 되어야 한다는 것을 의미했다. 가상, 국제 및 다문화 팀 및 가상 팀 코칭 수행 방법에 관한 완전히 새로운 장(9장)이 있다.

이번 신판에서는 많은 새로운 팀 코칭 접근법, 방법론, 도구가 있으며, 이를 새로운 개별 장으로 나누었다. 공동 조사와 설계 방법을 다룬 17장; 시스템적 팀 코칭의 5개 분야 각각에 대한 팀 코칭 도구와 기술에 관한 내용을 다룬 18장; 팀 코칭 및 변경에 관한 다양한 접근 방식에 관한 19장, 그리고 20장에서는 전 세계의 많은 훈련에서 나온 자주 묻는 질문들에 관해 다루었다. 6장에서는 심리적인 안전에 관한 새로운 자료, 12장에서는 팀의 다양성, 7장에서는 팀의 혁신, 7장에서도 민첩한 팀 작업, 새로운 8장에서는 가상 팀 구성 및 팀 코칭, 11장에서는 팀 코칭 내에서 더 넓은 생태계를 다루는 방법에 관한 소개가 있다. 이 책은 코칭 팀의 도전에 흥분한 모든 이를 위해 쓰여서 이들 팀이 효과적인 집단적 리더십을 발휘할 수 있도록 한다. 그 어느 때보다도 이 작업이 시급하거나 까다로웠다. 1장에서는 위대한 개인의 리더가 주요 도전에 맞설 수 있었던 시기와 영웅적인 CEO가 조직 변혁을 이끌 수 있었던 시대를 넘어 세계가 어떻게 움직였는지를 살펴보았다. 인간은 지속적이고 빠르게 움직이며 휘발성 있는 변화뿐만 아니라 그러한 복잡성과 세계적인 상호 의존 세계를 창조해냈고, 리더십은 어느 개인의 범위를 넘어섰고, 더 효과적인 집단 리더십과 가치 창출 리더십 팀을 필요로 한다.

전통적으로 리더십 개발은 이론과 사례들을 통해 개인을 인지적으로 교육하는 것이었다. 지난 40년 동안, 훨씬 더 경험적이고, 실시간적이며, 직장에서의 행동 학습은 인지적인 것일 뿐만 아니라 관계와 감정을 수반하는 실제 도전에 직면하게 된다. 그러나 여전히 집단적 리더십 개발이 아닌 리더 육성에 역점을 두고 있다. 최고의 코칭, 컨설팅 및 팀 개발 접근 방식을 통합하고, 시간이 지남에 따라 팀이 함께 일하고, 협업하고, 학습하는 데 도움이 되는 관계를 연장하는 통합 접근 방식이 부족했다. 이 4판은 팀 코치뿐만 아니라 개별 코치 또는 리더십 개발, 조직 컨설턴트에서 일하는 집단 팀 리더십 개발을 필요로 하는 모든 사람을 위해 작성되었다. 이 책은 또한 대부분 팀 코칭이 외부 팀 코치가 아닌 팀 리더에 의해 수행되므로 이사회, 경영진, 관리 팀, 프로젝트 및 혁신 팀 등 팀의 리더들을 위해 작성되었다. 따라서 팀 코칭 기술을 개발하는 것뿐만 아니라 새로운 접근 방식을 창출하는 데에도 필수적이다. 고위 경영진들을 지도하고 감독하는 데도 유용할 것이다. 현재 내가 하고 있는 많은 업무는 고위 경영진이 자신의 팀을 선정하고, 개발하고, 코칭하는 것을 지원하는 일이다. 이러한 최근의 경험에 비추어 12~14장이 업데이트되었다.

이번 4판 마지막 장(21장)에서는 현재 우리 세계가 직면하고 있는 큰 도전과 팀 코칭이 어떻게 중요한 대응책 가운데 하나가 될 수 있는지에 관해 언급하였다. 나는 팀 코칭 분야의 미래와 팀 지도자들, 그들의 조직과 이해관계자들의 증가하는 요구, 그리고 전 세계의 요구를 충족시키기 위해 팀 코칭 분야가 어떻게 발전할 수 있는지에 대한 의제를 제시한다.

색인

A

2단계 (상원) 이사회two-tier (senate) boards 298
360도360-degree 139, 141, 142, 144, 151, 191, 192, 303, 307, 424, 504, 508, 512, 514, 516, 525, 526, 586, 591, 596
3방향 정렬 연습three-way sort exercise 154, 552
네 단계 D 모델four Ds model 580-3
5x5x5 모델5x5x5 model 365
6개의 E 모델six Es model 221-8
6단계 팀 코칭 수퍼비전 모델six-step team coaching supervision model 483-8
7가지 긍정적 강점seven positivity strengths 574
7가지 눈 수퍼비전 모델seven-eyed supervision model 493-7
7가지 생산성 강점seven productivity strengths 573
AI 583
BBC 177, 379, 395, 396
BP 189, 278, 424
B팀B Team 668
CEO 재임 기간CEO tenure 29
CID-CLEAR 모델CID-CLEAR model 134, 136-57
COVID-19 (팬데믹)COVID-19 (pandemic) 67, 215, 251, 255-6, 275, 615-7
EI 월드EI World 587-8
FTSE 100 회사FTSE 100 companies 44, 283
GEGE(General Electric) 241, 353-4
HOPE 233
IBM 71, 348

IBM Innovation Jam® 348
JAD(공동응용설계)JAD(Joint Application Design) 228
SMART 목표SMART objectives 422
SWOT 분석SWOT analysis 535
'torn middle' role 34, 192, 210
T-그룹 방법T-group methods 109
VIM 팀VIM teams 251, 267-70
VUCA 세계VUCA world 41, 126, 310, 341

ㄱ

가상 배경virtual backgrounds 258, 263
가상 워크숍virtual workshops 265-6
가상 현실virtual presence 258-9
가상 팀virtual teams 35, 209, 251-75
가상 팀 룸virtual team rooms 216
가상 팀 회의virtual team meetings 260-2
가상 회의virtual conferencing 259
가치values 92, 155, 171, 172
가치 정렬values alignment 410
가치 창출value creation 115, 128, 188, 321, 325, 332
갈등conflict 32, 115, 193, 194, 300, 525, 594
감사 위원회audit committees 299, 300
강박적 실용주의compulsive pragmatism 198
강점strengths 578
개념적conceptual 268, 306
개념적 기술conceptual skills 268, 306

개발 계획development planning 176, 187, 307
개발 동맹developmental alliances 209
개발 수퍼비전developmental supervision 481
개인 코칭individual coaching 15, 107, 108, 113, 136, 137, 322, 329, 331, 428, 447, 479, 597, 609, 626, 630
개인주의individualism 48, 331, 609
개체적 사고entity thinking 330-1
겐치 겐부츠Genchi Genbutsu 229
겸손humility 465, 475
경계 (모수) 설정boundary (parameter) setting 148-9
경계성boundedness 73
경제적 불평등economic inequality 617
계약contracting 118, 151, 157, 164, 285, 596
계약 1단계contracting 1 stage 137-47
계약 2단계contracting 2 stage 147-57
계정 변환account transformation 243-5
계정 팀 모델account teams model 243-48
계정 팀 회의account team meetings 248
고가치 변혁적 리더십 팀high-value transformational leadership team 69-76
고가치 창출 팀high-value creating teams 68-77
고객customer 213
고객 계정 팀client account team 98, 215, 241-8
고객 계정 팀 회의client account team meetings 248
고객 준비 상태client readiness 592
고객 참여customer engagement 213
긍정 탐구appreciative inquiry 186, 559, 580-3
고성과high performance 65, 571-2
고성과 팀high-performing teams 63-9, 327-32
고성과 팀 설문지High-Performing Team Questionnaire 142
고의적인 맹목성wilful blindness 46, 335, 342, 377, 379, 424
공간 매핑spatial mapping 526
공동 목적common purpose 62, 195
공동 미션co-missioning 89-92, 533
공동 발견co-discovery 143-6, 382, 596
공동 설계co-design 141, 143, 146-7, 165, 596
공동 이해관계자 전략joint stakeholder strategy 423
공동 진화(공진화)co-evolution 68, 315, 326, 331, 603, 605
공동 진단co-diagnosis 143-6, 521-3
공동 창조co-creation 68, 84, 86, 93-5, 98, 100, 163, 175-88
공유 가치shared value 69, 168, 189, 288, 351, 474, 605
공유 리더십shared leadership 413-29
공유 목적shared purpose 32, 48, 115, 601
공유 비전shared vision 113, 567
공유 접근 방식shared approach 62
구현자implementers 528
국제(VIM) 팀international (VIM) teams 251, 267-70
권한authority 119, 192, 457, 463, 466-7
권한 위임empowerment 40, 352
균형잡힌 점수 기록 카드balanced scorecards 141, 539
그루폰Groupon 212
그룹 수퍼비전group supervision 481, 486
그룹 코칭group coaching 117-8, 322
그레고리 베이트슨Bateson, Gregory 329, 330, 381, 606, 607, 608, 609
그레타 툰베리Thunberg, Greta 378, 379, 672
그렉 다이크Dyke, Greg 177, 395, 396
그린 회의green meetings 96
그린룸green rooms 216
그린카드 행동green card behaviours 372, 541-2
그린피스Greenpeace 670
그림자 위원회(경영진)shadow boards(executive teams) 238
그림자 컨설팅shadow consultancy 481-2, 489
글락소스미스클라인GlaxoSmithKline 278, 283
글로벌 팀 코칭 연구소Global Team Coaching Institute 448, 589, 612, 613, 638
기능 장애 팀dysfunctional teams 183-4, 576-7
기대 설정expectation setting 426
기밀성confidentiality 118, 272, 440
기본 규칙(프로토콜)ground rules(protocols) 260-2, 540
기부 서약Giving Pledge 669
기술(기술적 연결)technology(technical connection) 263
기업 지배구조corporate governance 280, 282, 283, 288, 307-8
기후 비상 사태climate emergency 613, 614
긴급 상황 발생urgency nudge 561

ㄴ

내부 코치internal coaches 130, 134, 317, 443
냉소주의자cynics 395, 396
네 가지 수준의 참여 모델four levels of engagement model 152, 461, 462

능력capabilities 38, 43, 61, 455, 457-9

ㄷ

다섯 가지 규율 모델five disciplines model 79-103, 132, 161-203, 283, 531
다섯 가지 역기능적 모델(렌시오니)five dysfunctions model(Lencioni) 183-5, 505, 566, 576
다섯 명의 '누구' 연습five 'who' exercise 219
다양성diversity 45, 173, 180, 238, 268, 270, 274, 281-3, 296, 316, 369, 391-411, 574
다양한 가치 운동diversity value exercises 407-9
다이슨Dyson 212
다중 이해관계자multi-stakeholder 150
단기주의short-termism 28, 31, 97, 168, 189-190, 198, 215
단일 이사회unitary boards 296, 298-9
대담한 행동bold behaviours 579
대면 코칭face to face coaching 254, 263-6
대사역ambassadorial role 87, 190, 373
대시보드dashboards 272, 294
대화 과정dialogical processes 90-4, 167, 269-70
데이터data 141, 406, 483
도블린 혁신 모델Doblin model of innovation 213, 370
도요타Toyota 53, 229-30
도전challenge 229, 454
독립적independence 267, 298, 478
드래곤스 덴Dragon's Den 218
디자인 스튜디오 접근design studio approach 216-7, 226, 344, 370, 410, 630
디지털 혁신digital transformation 17, 273-4
디톡스 캠페인Detox campaign 670
딜로이트Deloitte 218, 239, 254, 274, 317-8, 346
떠다니는 팀 조각floating team sculpt 181, 489-91, 546

ㄹ

럭비 클럽 스프린트 계획Saracens Rugby Club sprint planning 232, 235

ㅁ

마무리 작업자completer finishers 405, 528
마이클 아이즈너Eisner, Michael 255
마크 카니Carney, Mark 383

명확화하기clarification 84, 85, 99, 101, 153, 163, 170, 201, 284, 361, 419, 442
목적goals 169-70
몰입engagement 43
문화 간 참여transcultural engagement 269, 595
문화 인식 운동culture awareness exercise 270
문화적 소양cultural literacy 268-9
미래 예측future foresight 215, 306
미래를 상상하는 것envisioning futures 539, 580
미래의 완벽한 디자인future perfect design 584
미래의 현재화 초점future-back focus 81, 321, 361, 421
민첩한 작업agile working 672
밀린 일 개선backlog refinement 232, 234

ㅂ

바보 이야기fool stories 551
바클레이스 은행Barclays Bank 278
반구조화 인터뷰semi-structured interviews 139
발견 단계discovery stage 138, 142, 382, 507-30
발견법heuristics 403
방어적 행동defensive routines 82, 144, 161, 623
방향, 강제력direction, compelling 74
배쓰 컨설팅 그룹Bath Consultancy Group 181, 508
버틀러 리포트(2004)Butler Report (2004) 237
벨빈 팀 역할Belbin team roles 50, 142, 404
변혁적 핵심 성과 영역transformational key performance areas 18, 422
변화 관성change inertia 544-5
변혁 KPItransformational KPIs 18, 141, 157, 175, 321, 362, 372, 422, 631
보건 서비스Health Service 42, 76, 230, 299
보완적 기술complementary skills 60-1
복잡성complexity 19, 26, 52, 70, 209, 267, 281
부재중 타임아웃in absentia time-outs 560
분노anger 380
불문율unwritten rules 46, 119, 181, 185, 521
불끄기fire-fighting 197
불끄기 단계fight/flight stage 118
브랜드brand 91, 94, 212-3, 291, 327, 353, 492
브레인라이팅 풀brainwriting pool 553
브레인스토밍brainstorming 158, 187, 217, 224, 265-6, 348, 410, 529, 552-3, 563
브리티시 에어로스페이스British Aerospace 31
브리핑briefings 192, 305, 363, 550

블라블라 자동차BlaBla Cars 213
블래킷 리뷰Blackett Review 237
블랙 옵스 팀black ops teams 238
블랙스완 사건black swan events 345, 534
비공식 유도unofficial induction 551
비디오 재생video playbacks 557
비밀 연습secrets exercise 185
비언어적non-verbal 152-3, 182, 238, 263, 450, 461, 624
비전vision 32, 41, 50, 85-6, 91, 113, 129, 167-8, 171-5, 293-4
비즈니스 통찰력(기업 통찰력)business insight (organizational insight) 98, 242, 246-8
빅데이터big data 272
빈의자 연습empty chair (spare seat) exercises 554, 562
빌 게이츠Gates, Bill 67, 200, 669
빠른 전진 리허설fast-forward rehearsals 155-6, 179, 544, 556

ㅅ

사라센스 럭비 클럽Saracens Rugby Club 113, 354, 398
사우스웨스트 항공Southwest Airlines 393
사일로 정신silo mentality 193, 350, 427
사회 활동social activism 120
사회자본social capital 288, 587
사회적 불평등social inequality 615
사회적 순응social conformity 45
사회적 유대감social bonding 261
사회적 응집력(집단 응집력)social cohesion(group cohesion) 355, 575
사회적 책임social responsibility 274
사후 검토after-action reviews 555
상설 프로젝트 팀standing project teams 298
상원(이층) 위원회senate(two-tier) boards 298
상호보완 기술complementary 61
상호 연결성interconnectness 26-7, 83, 624
상호 의존성interdependency 57-8, 73, 109, 113, 210, 349-51
상황적 리더십situational leadership 525
생각지도 못한 사고thinking the unthinkable 341-3
생성적 대화generative dialogue 158, 177, 216, 348, 366, 406, 410, 537
생성적 사고generative thinking 370, 550
생성적인generative 158, 177, 216, 348, 366, 406, 410, 537
생체 모방biomimicry 217, 351
생태 보호eco-anxiety 376
생태 활동 단계eco-active stage 377, 383
생태-자각eco-aware stage 377-8
생태-지식이 있는eco-informed stage 377-8
생태-호기심 단계eco-consciousness cycle 377-8
생태계 분석eco-system analysis 520-1
생태계 영향(스튜어드십)ecological impact(stewardship) 129, 190, 279, 326-7, 375-83, 458, 470, 606-10, 613
생태학 영향ecological impact 382
서비스service 213
설계 단계design stage 143, 382, 509-32
설득력 있는 방향compelling direction 74
설문지Questionnaire 508-12
성 다양성gender diversity 280-1, 402
성공success 66-7, 145-6, 327-9, 435, 606
성공 기준success criteria 435
세 가지 수평적 사고three-horizon thinking 199, 215, 306, 325-6
세계 경제 포럼 5 샤오미World Economic Forum 5 Xiaomi 374
세계적 리더십 자질global leadership qualities 269-70
세계적인 경영리더십 목록Global Executive Leadership Inventory 526
세계적인 경쟁global competitions 220
세계화globalization 281, 616
세이버Saberr 271-2, 620
섹터 전환sector transitions 520
소셜 미디어social media 241, 379, 602
소시오 매핑socio-mapping 585-7
수용력capacities 457, 459-76
수직 개발vertical development 405
수치심shame 380
수퍼비전supervision 483, 484-8, 493
수퍼비전 관리supervising management 292, 293, 294, 295
수퍼비전 리뷰supervision reviews 488
수퍼비전 위원회supervisory boards 280, 298, 356
수퍼비전 자료supervision data 483
수퍼비전, 코칭supervision, coaching 455, 474, 479-504
수평적 리더십horizontal leadership 325, 337, 240
슈퍼팀 신화super-team myth 77
스케일링 '엣지'scaling 'edges' 239

색인 677

스크럼 마스터scrum masters 231, 232
스크럼 팀scrum teams 231, 232
스크럼 팀원scrum team members 231, 232
스크럼 회의scrum meetings 232
스타벅스Starbucks 169
스타트업start-ups 212, 314, 319, 366-74, 670
스포츠 팀 코치sports team coaching 111-2
스포팅 바디마인드Sporting Bodymind 111-2
스폰서십sponsorship 439, 480
승무원 팀cabin-crew teams 208
승인buy-in 191, 227, 360, 520
시간 초과time-out-of-time 560
시간표(表)timetable(programme) 67, 147-8, 155
시스템 구조systemic beatitudes 453-4, 460
시스템 능력systemic capabilities 458
시스템 코치 선택systemic coach selection 434-8
시스템 코치 선택 질문지systemic coach selection questionnaire 438
시스템적 팀 코칭systemic team coaching 110, 126-9, 161-204, 310, 314-5, 323, 329, 333-86, 432, 605, 611-2
시스템 포지션 다양성systemic positional diversity 405-6
신뢰trust 37-40, 90, 115, 244, 246, 253, 277-8 279-80
신뢰 척도(에델만)Trust Barometer(Edelman) 39-40, 279-80
신뢰할 수 있는 조언자(통합 신뢰)trusted advisers(integrated trust) 244, 246
신속작업FastWorks 353
싱귤래리티 대학교Singularity University 669, 314, 316

ㅇ

아답adab 453
아이디어IDEA 216
악당 이야기villain stories 551
안정된 팀stable teams 208
안정성stability 73-4, 208
알자르카위, 아부 무사브al-Zarqawi, Abu Musab 349
'양자택일'의 논쟁'either-or' debates 181
애매모호함ambiguity 70, 462, 476
애자일 팀워크agile teamwork 213, 214, 228, 230-6
애플Apple 212
액션 단계action stage 154-5, 158
액션 미리보기action previews 555-6
액션 러닝 세트action-learning sets 117, 131, 272

액션 러닝 주기action learning cycle 111, 195, 196, 199, 318
앱apps 130, 257, 271, 317-8
앱, 코치봇, 디지털 변환, 인터넷apps; coachbots; digital transformation; internet ten-eyed supervision model 492-501
업무 중심 작업 그룹task-focused work groups 57
에너지 회사energy companies 241
에델만 신뢰 척도Edelman Trust Barometer 39-40, 279-80
에어비앤비Airbnb 213, 372
에코시스템 팀 코칭ecosystem team coaching 311-2, 324, 333-86, 436, 603
엔스파이럴Enspiral 375
역량competencies 455, 456-7
역사history of 109-14
연결 넛지connection nudge 563
연결 및 개발connect and develop 220
연결하는connecting 83, 87-8, 100, 154, 163, 188-94, 201, 563
연차 보고annual reports 284, 302-4
연합 구축coalition building 219
영웅 이야기hero stories 551
영향impact 466, 467
예비 좌석(빈 의자) 연습spare seat (empty chair) exercises 97-8, 178, 406, 422, 554, 560
오만arrogance 331, 463
오프사이트off-site 81, 115, 134, 322, 337, 547
왕립예술제조상업학회Royal Society of Arts, Manufacture and Commerce 169, 302-3
외부 자문 위원회external advisory boards 56
외부 코치external coaches 75, 131, 160, 389, 437
외출한 날들away-days 49, 79-80, 96, 109, 119
우버Uber 213
우위dominance 409, 469
워렌 버핏Buffett, Warren 669
위QWeQ 128, 48, 346
위계적 리더십hierarchical leadership 208, 325-6, 350, 351
위계적 팀hierarchical teams 208
위원회board committees 299
위임delegation 38, 29, 222, 417, 425, 527
위임하기commissioning 83-4, 89-92, 95-6, 99-100, 163, 166-70, 247
윈-윈 관계win-win relationships 95, 627
유니프루코Unifruco 167

유대bonding　45, 52, 120, 261, 550
유머humour　474-6
유물artefacts　521, 522, 552
유엔 지속 가능성 목표(2015)UN Sustainability Goals (2015)　669
유익한 가치beneficial value　68, 129, 603
유튜브YouTube　212-3
윤리적 딜레마ethical dilemmas　438-9, 473
윤리적 민감성ethical sensitivity　471
윤리적 성숙ethical maturity　471-4
윤리적 의사결정ethical decision making　471-2
윤리적 지속 가능성ethical sustainability　472
윤리적 책임ethical accountability　473
윤리적 코칭 원칙ethical coaching principles　473
의견의 다양성diversity of opinion　45
의사결정decision-making　44, 46, 56, 57, 113, 308, 471-2, 550
의제agenda items　238
의제 중심 회의agenda-driven meetings　183
이너게임 코칭inner game coaching　112
이문화 작업cross-cultural work　269
이사진board directors　305-6
이사회boards　30-1, 84, 139, 167-8, 277-308
이사회executive boards　193, 282, 296
이사회 구조board structure　295-9
이사회 기능board functions　290-5
이사회 리뷰board reviews　291, 295, 307
이사회 보고board reporting　280-1
이사회 역동board dynamics　300-2
이사회 역할board role　284-7, 302
이슈팀issue teams　583
이중 루프 흐름double loop flows　89, 92, 94-95, 202, 458
이케아Ikea　217
이해 상충conflicts of interest　301-2
이해관계자 갈등stakeholder conflict　32
이해관계자 관계 전략stakeholder relationship strategy　417, 423
이해관계자 넛지stakeholder nudge　562
이해관계자 매핑stakeholder mapping　88, 423, 532-3
이해관계자 인터뷰stakeholder interviews　535
이해관계자 참여stakeholder engagement　36, 48, 64, 68, 93-5, 101, 125-6, 188-92, 287, 303-4, 566-7
익스트림 팀 만들기extreme teaming　208, 240-1
인간 개발human development　404

인간자본human capital　288
인과 계층 분석causal layered analysis　198, 345, 522
인사이드 아웃 초점inside-out focus　80, 124, 168, 420
인정accreditation　107, 438, 611
인지적 다양성cognitive diversity　180, 402-3
인터넷internet　52, 260, 273, 281, 352, 368, 615
일상적인 일business as usual　30, 49, 102, 345, 666
일일 스크럼daily scrums　232
임베디드 학습 메커니즘embedded learning mechanisms　556
임팩트 투자impact investing　669
있는 그대로의 태도(체계적 구도)attitudes of being(systemic beatitudes)　453-4, 460

ㅈ

자가진단self-ease　460, 462
자극적인 사건galvanizing events　65
자기연민self-compassion　472
자기인식self-awareness　70, 459, 461-2
자문 그룹(컨설팅 자문 그룹)advisory groups(consultative advisory groups)　56, 57
자문 위원회advisory boards　56, 299
작업 계약서working agreements　541-3
작업 계획workflow planning　234
작업 그룹work groups　56, 57, 59, 63
작업 얼라이언스working alliance　148-9
작업경로 향상workflow enhancement　234
작업장workshops　147, 154, 155, 157-8, 167-8, 179-84, 265
재무 부문financial sector　40, 80-1, 243, 280
재무 성과financial performance　91, 274, 540
재위임하기, 위임 인터페이스re-commissioning commissioning interface　166
재촉을 요구하는 불만complaint to request nudge　562
잼JAM　348
적극적 개입active intervention　559
적극적 청취active listening　153
적절한 리더십appropriate leadership　463-8
전달 단계delivery stage, AI　583
전략strategy　338, 346-7
전략 검토strategy reviews　291
전략 고문strategic advisers　246, 249
전략 설정strategy setting　338
전략(전략적인)strategy(strategizing)　91, 170-1, 281,

색인　679

340-1, 336-50, 423
전략적strategic 310, 325, 427
전략적 대화strategic dialogue 310, 325, 427
전략적 사고strategic thinking 292, 293, 294
전략적 서술strategic narrative 41, 345-6, 416, 422-3
전략적 토론strategic conversations 339, 345
전력 질주 회고전sprint retrospectives 233
전력 질주 리뷰sprint reviews 233
전문가들specialists 528
전체주의 팀totalitarian teams 198
점수 카드scorecards 142, 157, 539
정보공유information sharing(informing) 178, 191, 550
정부governments 38, 39, 47, 278, 280
정서emotions 153, 378-9, 521
정서 지능emotional intelligence 525
정서적 친밀감emotional closeness 261
정직honesty 380, 428, 518
정체성 다양성identity diversity 402
정치 기술political 305-6, 459
제공 단계exportation stage 222, 227
제프 스콜Skoll, Jeff 669
조사 단계inquiry stage 56, 138-9, 164-5, 190-1
조정coordination 571
정찰scouting 87, 217, 222
조정자coordinators 528
존재를 유지holding presence 454
존중deference 410, 463
종료 단계ending stage 227-8, 459
죄guilt 381
주주shareholders 89, 280-1, 285, 288, 296, 308
죽은 고라니 증후군'smell of dead elk' syndrome 183
준수compliance 288, 295, 299, 308
줌Zoom 251
중소기업(SME)small businesses(SMEs) 319, 366-7
지리적 팀geographic teams 95, 207
지방 분권decentralization 45, 46, 66
지배구조governance 280, 282, 283, 287-8, 307-8
지배구조 검토governance reviews 291
지속 가능성sustainability 472
지속 가능성 목표(2015)sustainability goals(2015) 669
지속 가능한 발전을 위한 세계비즈니스협의회World Business Council for Sustainable Development 669
지속적인 개선continuous improvement 198, 229, 305, 568
지혜 나눔wisdom sharing 551
직원 목소리employee voice 42, 289

직원 참여 태스크포스Employee Engagement Task Force 41-2
직원 태도 조사staff attitude surveys 141, 514
진단 단계diagnosis stage 141-2, 457
진실성integrity 42
진정성authenticity 287, 453
진출forays 217
진행 상황 확인checking progress 175
진행 중인 작업work in progress 234
진화팀evolutionary teams 208
집단 건설collective build 173-6, 537-8
집단 리더십collective leadership 43-4, 45, 128, 161, 192, 334, 335, 516
집단 응집력(사회적 응집력)group cohesion (social cohesion) 45, 355
집단사고groupthink 45-6, 236
집합체aggregation 45

ㅊ

찰스 다윈Darwin, Charles 326, 330, 608
참여engagement 41-3, 93, 191, 279, 346-7
참여 태스크포스, 지방 정부Engagement Task Force; local government 29, 203, 363
창업자들start-ups 214-5
채널 혁신channel innovation 213
책임accountability 62, 182-3, 291, 293-4, 296, 472
청팀blue teams 237
체크아웃check-outs(reviews) 155-7, 159, 179
체크인check-ins 157, 179, 261, 410
체화된 경청embodied listening 461
초경량super-managers 416
초문화transcultural 417, 469-70
초점 개입focus intervention 559
초첨가성superadditivity 409
촉매 메커니즘catalytic mechanism 200-1
촌각을 다투다be-brief-debrief 556
최첨단 센터Center for the Edge 239-40
최첨단 팀들cutting edge teams 239-40
추가 계약extra contractual agreements 185, 596
축하 연주celebration nudge 563
출현과 재개입emergence-re-engaging 222, 226
충돌 스타일 진단conflict styles inventory 525
친환경 단계eco-engaged stage 378, 379-81
친환경적인 단계eco-curious stage 378
칠레 광산 사고(2010)Chilean mining accident(2010)

240-1

ㅋ

커뮤니케이션communication 11, 25, 42, 58, 60, 61, 88, 93, 252, 253, 254, 258, 259, 261, 263, 264, 268, 363, 424, 428, 474, 532, 544, 561, 568, 569, 575, 583, 586
커피 하우스 챌린지Coffee House Challenge 169
컨설팅 자문 그룹consultative advisory groups 56, 57
케이프 프룻Cape Fruit 167
케이프스팬Capespan 167, 174, 301
케이프 코드 모델Cape Cod model 578
코치 개발coach development 447-76
코치 사양coach specification 436-8
코치 선발coach selection 391-411, 439, 509, 522
코치 역할coach role 462, 463
코치봇coachbots 271, 272, 638
코칭coaching 48
코칭 기술coaching techniques 257, 263, 266, 309, 317, 673
코칭 네트워크coaching networks 209, 311, 355, 375
코칭 도구coaching tools 458, 672
코칭 도구와 기술coaching tools/techniques 672
코칭 검토coaching reviews 411
코칭 문화coaching culture 75, 398, 611
코칭 수퍼비전coaching supervision 477-501, 546
코칭 스타일coaching styles 148-9, 435
코칭 여정coaching journey 137, 141, 143, 145, 147, 150
코칭 여행 지도coaching journey maps 150
코칭 역할coaching role 443
콘리, 칩Conley, Chip 371-2
클라우스 슈바브Schwab, Klaus 669

ㅌ

타이밍, 개입timing, interventions 223
타임아웃time-outs 151, 156, 178, 179, 264, 364, 558, 560
탁월한 성과exceptional performance 64, 214
탈선자derailers 363, 392, 394, 395, 396, 534, 556
탈선자 넛지derailers nudge 563
탐색(실험) 단계exploration (experimentation) stage 146-7, 149, 150, 153, 158
터치포인트 리더십touchpoint leadership 94

테러terrorism 615
통합된 신뢰(신뢰할 수 있는 조언자)integrated trust (trusted advisers) 244, 246
투명성transparency 279, 280, 372
특이성 넛지specificity nudge 561
팀team 217, 221-2, 260-1
팀 360도 피드백team 360-degree feedback 307, 424, 435, 504, 508, 525, 526, 591
팀 구조team structure 72, 75
팀 구축teaming 254, 255, 258, 525, 565, 575
팀 기능 초점 분석team function focus analysis 549-50
팀 기여 검토team contribution reviews 544-5
팀 기여 검토 그리드team contribution review grid 544
팀 역동team dynamics 80, 84, 154, 175, 179, 180, 185, 186, 324, 456, 459, 478, 482, 501, 544, 546, 585, 626
팀 리뷰team reviews 120, 271
팀 매니저team managers 419-21, 427
팀 문화team culture 84, 136, 156, 551-2
팀 문화 검토team culture reviews 551
팀 미션team mission 91, 154
팀 빌딩team building 45, 49, 109, 115, 117, 131
팀 선택team selection 170, 391-411
팀 선택 질문지team selection questions 395
팀 성과 데이터team performance data 142
팀 성과 코칭team performance coaching 125, 180-1, 590
팀 소시오 맵핑team socio-mapping 585
팀 스타일 다양성team style diversity 404
팀 어드밴티지team advantage 575-6, 639
팀 에코시스템 문화 분석team eco-system cultural analysis 521
팀 에코시스템 분석team eco-system analysis 519-20
팀 조정자team orchestrators 417, 418-419
팀 조각team sculpts 181, 489-91, 546-7
팀 개입(참여)team engagement 222, 223-4, 260-1
팀 커넥트 360 피드백team connect 360 feedback 145, 190, 507
팀 코칭team coaching 107-129, 310, 321-5, 415-9, 605
팀 코칭 연속성continuum of team coaching 124-5, 130
팀 코칭 인터내셔널team coaching international 573-4
팀 크기team size 60-1, 74
팀 프로세스 컨설턴트team process consultancy 49, 121-2, 154, 161, 213, 244, 436, 568, 570
팀 프로파일 분석가team profile analyzer 585

팀 헌장team charters 85, 99, 101, 170, 172-5, 356, 362, 372, 421, 536-8, 541, 543
팀 회의록team retrospectives 271
팀 회의team meetings 63, 128, 175, 176, 232-3, 261, 264, 271
팀, 정의team, defined 61, 356
팀 간(팀의 팀)코칭inter-team (team-of-teams) coaching 193, 211, 235, 268, 391, 404
팀워크teamwork 35, 38, 42, 50, 53, 55, 75-76, 122, 127, 161, 182-183, 211, 212, 214, 220, 228, 230, 251-252, 261, 273, 277, 278, 284, 313, 349, 351, 359, 391, 396, 424, 505, 536, 565, 593, 600
팀워크 제공자teamworkers 528
팀의 팀(팀 간) 코칭team-of-teams (inter-team) coaching 193, 211, 235, 268, 391, 404
팀장team leaders 415
팀 코칭의 5Cs 모델five Cs model of team coaching 415-6

ㅍ

파괴적 사고disruptive thinking 342, 669
파괴적인 행동disruptive behaviour 594
파트너십partnerships 360-2
퍼실리테이션facilitation 49, 50, 117, 120-5, 130, 258, 322, 457, 611, 633, 639
평가evaluation 442, 443
포용성inclusion 39, 118, 399-406
폭풍 단계storming stage 118-9
프레임(틀)을 깨는 도전 과제 설정frame-breaking challenges 218
피드백feedback 74, 80-5, 94, 100, 109, 112, 122, 135, 139, 140-5, 164-6, 173, 180, 186, 190-6, 201, 225-33, 255, 286, 303-14
피쉬본 방법Fishbone method 146-7

ㅎ

하위 그룹sub-groups 61, 174, 194, 295, 358, 425, 454, 543, 556, 560, 569, 594

하이 파이델리티High Fidelity 428
하이얼Haier 352-3
하프타임 팀 토크half-time team talks 98
하향식 책임top-down accountability 179-80
학습하지 않는(탈학습)unlearning 48, 195, 200, 475, 634
해결책 공급자(제공자)solution suppliers (providers) 243, 244
해결 중심 팀 코칭solution-focused team coaching 583-4
해석interpretations 403
해커톤hackathons 347-8
해킹EDUHackingEDU 348
핵심 가치core values 85, 91, 92, 93, 129, 155, 157, 172-4, 442, 514, 521, 537, 538, 663
핵심 학습core learning 88, 96-102, 154, 163, 194, 202, 210, 227, 235, 284, 285, 338,
행동 패턴behaviour patterns 522
헌신commitment 58, 74, 92, 118, 158, 175, 186, 200, 210, 488, 510, 540, 551, 562, 583, 626
헌신 넛지commitment nudge 562
헬리콥터 능력helicopter ability 83-4
혁신innovation 77, 191-9, 203-210, 248, 273-5, 306, 312-9, 384, 401, 538, 594, 631
혁신 리더십, 혁신 리더십 팀transformational leadership, transformational leadership team 77, 125
혁신연구소innovation labs 317, 374
협업collaboration 68, 87, 115, 310
형성 단계forming stage 119, 120, 222, 223-4
형성자shapers 404, 528
호킨스의 양자택일 법칙Hawkins law of either-or 182
활용exploitation stage 222, 225-6
회의론자sceptics 395
효과적 (팀의) 팀워크effective (teams) teamwork 75-7, 83-8, 107, 142, 160
흡인력과 현실주의의 격차aspiration-realism gap 92

저자 및 역자 소개

저자 소개

피터 호킨스 Peter Hawkins

피터 호킨스 박사는 리더십과 조직개발뿐만 아니라 시스템 코칭, 팀 코칭 및 코칭 분야의 국제 리더이다. 헨리 경영대학원 리더십 교수이고 리뉴얼 어소시에이트의 설립자이자 회장이다. 전문경영인 코칭 및 수퍼바이저협회 명예회장과 임원코칭 아카데미의 명예 회장이다. 리더십과 리더십 개발 분야를 선도하는 컨설턴트이고 연구자이며, 『코칭 문화 만들기』(McGrow Hill, 2012), 『코칭, 멘토링 및 조직 컨설팅: 수퍼비전 및 개발(Nick Smith, 2013, 제2판, McGrow Hill), 『리더십에 대한 현명한 바보 가이드(O Books, 2006), 『이론과 실제에서의 통합 심리치료』(Judy Ryde Jessica Kingsley, 2020), 『전문가를 돕는 수퍼비전』(Supervision in the Helping Professions, 2012, McGraw Hill) 등 많은 베스트셀러 저자이기도 하다. 그의 연구는 이 시대의 인간과 생태학적 과제에 직면한 우리에게 꼭 필요한 인간의 의식 전환에 초점을 맞추고 있다.

역자 소개

강하룡

양평공흥교회 담임목사, 전인성장연구소 소장으로 사람들의 영혼의 성장과 마음의 치유에 큰 관심을 두고 있다. 부산대학교 산업공학과 학사, 장로회신학대학교 신대원 목회학 석사를 취득하였으며, (사)한국코치협회 인증 전문코치(KPC), OKR 코치(가인지 컨설팅 그룹 인증), 사회복지사(2급) 자격을 갖추었다. 목회자와 코치로, 교회와 기업에서 지난 18년간 개인 상담과 코칭을 했다. 사례뉴스 기자, 테헤란로YCBMC 지도목사를 역임하였고, 가인지 컨설팅 그룹 코치, 삼일회계법인 신우회 지도목사 등으로 활동하고 있다. 『어떻게 신앙은 성장하는가』, 『종교 중독인가 신앙 성장인가』, 『영혼의 구멍을 막아야 산다』 등 8권의 저서와 『성경 100배 즐기기, 신약』, 『성경 100배 즐기기, 구약』 등 4권의 공저를 저술하였다.

 이메일 문의: inlord01@naver.com

박정화

조직웰빙디자인연구소(OWDI) 대표, (주)아츠링커 이사, 국제뇌교육종합

대학원대학교 통합헬스케어학과 겸임교수로 있으며, "사람과 조직의 위대한 가치 창조와 행복을 돕는 일"을 하고 있다. 이화여자대학교에서 인문학 학사, 국방대학교에서 국방관리 석사, 국제뇌교육종합대학원대학교에서 뇌교육학 박사학위를 취득했으며, 현재 이화여자대학교 일반대학원 경영학과 박사과정에서 경영정보시스템(MIS)을 공부하며, 동 대학교 경영예술연구센터에서 경영예술과 미학경영을 즐겁게 공부하고 있다. 정예서함께성장인문학연구원에서 동서양 고전을 읽고 글을 쓰는 연구원으로 1년 6개월간 3천여 명에게 주1회 칼럼을 발송하기도 했던 인문학 칼럼니스트이다. 현재 국제코칭연맹ICF 인증 전문코치(PCC), (사)한국코치협회 인증 전문코치(KPC), 한국퍼실리테이터협회/(사)글로벌퍼실리테이션협회 인증 전문퍼실리테이터(CPF)로서 활동 중이며, 대한민국 육군에서 20년간 장교, 인사전문 인력으로 복무한 경험과 더불어, 개인과 조직을 대상으로 1,000여 시간의 코칭, 1,000여 시간의 팀/그룹 코칭, 워크숍, 조직개발 진행 경험이 있다. 최근 저서로 『마스터피스 전략』(2022, 공저)이 있다. 팀/조직 창의성, 팀/조직개발과 혁신, 조직 구성원들의 웰빙, 사람과 조직이 행복한 조직문화, AI 지식경영과 혁신, 셀프리더십을 촉진하는 수퍼리더십, 경영예술과 미학경영으로 열어가는 새로운 경영 패러다임의 마스터피스 전략에 관심을 두고 있으며, 현장에서 개인과 조직의 진정한 변혁을 돕는 조직웰빙 디자이너이다. 일대일 개인 코칭, 그룹/팀 코칭, 조직개발 코칭, 강의(소통, 개인/조직 창의성, 조직혁신, 마스터피스 전략), 고객 맞춤형 워크숍 기획과 진행

이메일 문의: owdi.designer@gmail.com

박준혁

오하이오 주립대 경영대에서 재무학Finance을 전공하고, 미네소타 대학교에서 수학Math 및 인사노사HRIR 석사학위를 취득한 후, 중앙대학교 경영학과에서 인사조직 전공으로 박사 학위를 받았다. 삼성생명(인사팀), 삼성인력개발원(어세스먼트 센터), 삼성경제연구소(인사조직실)에서 근무하며 인사제도, 어세스먼트/선발, HR Analytics 관련 많은 연구와 컨설팅을 수행해왔다. 아워홈 인사부문장을 거쳐 현재는 원익그룹 기획조정실 인사담당 임원으로 재직중이다. "개인-조직가치 적합성과 개인의 직무성과가 경력사원의 이직결정에 미치는 영향《인사조직연구》(2017)" 등 5편의 논문을 저술하였고, 『실리콘밸리 사람들은 어떻게 일할까?』(2017, 공저) 등 3권의 저술에 참여했다. 국제코칭연맹 인증 전문코치(ACC), (사)한국코치협회 인증 전문코치(KPC)이며, 현장 경험과 이론을 겸비한 HR 전략가를 꿈꾸는 Dreamer이다. 리더십 개발의 중심에는 코칭이 있음을 믿으며, 기업 내 코칭 문화 확산을 위해 노력 중이다. 삼성임원 일대일 코칭에 이어, 새로이 유능한 팀 코치가 되기 위해 노력하고 있다.

  이메일 문의: junhyuck.park@gmail.com

윤선동

Dong company 대표로 리더십교육과 코칭 교육과정 개발, 강의, 조직 내 여성리더십, 갈등관리와 의사소통에 관한 연구와 강의가 주업무이다. 국방대 리더십 석사를 졸업하고, 중앙대학교 인적자원개발 박사과정을 수료하였으며, 대한민국 육군과 공군에서 약 25년간 복무 후 전역했다. 국제코칭연맹ICF 인증 전문코치(PCC), (사)한국코치협회 인증 전문코치(KPC), 한국퍼실리테이터협회/(사)글로벌퍼실리테이션협회 인증 퍼실리테이터(CF), 한국어 교사이다. 코칭에 입문한 배경은 'holistic, resourceful, creative'라는 인간의 온전함을 바라보는 코칭 철학에 매료되었기 때문이며, '매기' - 당신과 매일 기적을 만드는 - 코치로서 700여 시간의 개인, 학습, 팀 코칭을 진행하였다. 최근에는 리더십-건강한 조직문화-팀 코칭을 연계하고 경계에 선 사람들의 일상회복 지원에 관심이 많다. 이 책을 번역하면서 리더십 전공자로서 리더십 팀 코칭 분야의 현 위치가 어디이며 앞으로의 발전 방향과 가능성을 보게 되어 흥미진진해하고 있으며, 가시적이고 지속 가능한 성과로 증명할 수 있는 리더십-팀 코치로 매진하고 있다.

　이메일 문의: dong_company@naver.com

발간사

호모코치쿠스 36

리더십 팀 코칭

저자 피터 호킨스는 코칭 이론과 실천을 두루 섭렵하며, 〈팀 코칭〉과 〈코칭 수퍼비전〉 분야를 앞장서 개척해왔다. 특히 〈팀 코칭〉 분야는 그가 오래전부터 애정과 심혈을 기울인 분야로 2011년 초판 발행 이후 지속해서 업데이트하여 개정판을 발행해왔다. 그는 〈팀 코칭〉 이론과 실천을 결합해 제시한 이 저서 외에도, 〈팀 코칭〉 관련 〈코칭 프랙티스〉와 〈코칭 사례 연구〉를 병행하며 집필하고 있다. 오늘날 ICF 역시 팀 코칭 역량을 코칭 역량 모델과 병기해 발표하기에 이른 것도 이 같은 노력 덕분일 것으로 짐작한다. 호모코치쿠스는 그의 저서 『리더십 팀 코칭』을 36번째로 내놓는다.

역자들에게는 책을 번역하는 과정이 곧 '한 팀으로 발전하는 과정'이 되었길 기대한다. 책이 나오기까지 역자들과 편집 팀의 신속한 협업이 있었기에 이 책이 필요한 적절한 시기에 세상에 나올 수 있었다. 역자 한 분, 한 분에게 감사를 전하며, 협업에 손 맞춰준 편집 팀 두 분에게도 서둘러 감사의 마음을 전한다.

호모코치쿠스는 이 책에 함께 한 모든 분 덕분에 코칭 발전의 난관을 넘어갈 작은 디딤돌을 발 앞에 놓는다. 이렇게 새로운 돌을 발 앞에 놓으며 한 걸음씩 딛으며 나아가고 있다. 우리의 이런 노력이 함께 걷는 코치들에게 새길이 열리는 성과로 이어질 것으로 믿는다. 이조 후기 실학자 중 누군가의 말을 애써 떠올려 본다. '길을 내야 사람이 지나가는 것이 아니고, 사람이 많이 지나가야 길이 생긴다'라고 하지 않았는가?

이제 우리는 〈팀 코칭〉을 마음껏 상상할 수 있는 발판을 갖게 되었다. 팀 코칭을 〈그룹 코칭〉의 형제 정도로 이해한다면 아주 멀리 돌아가는 여정이 될 것이다. 〈팀 코칭〉을 눈앞의 난제에 대처하기 위해, 또는 성공 여부를 판가름하는 집단 역동을 이해하는 것으로 한정한다면 우리의 상상력은 곧 천장에 부딪힐 것이다. 개별화, 개인화, 개성화가 주요 흐름이 된 사회상황이 조직 내로 확대되는 최근 조직문화의 변화는 개성 존중과 개인 역량을 강조한다. 이에 따라 개인 (발달 및 성장) 과제 역시 개인 몫이다. 개인과 개별을 전제로 개인 과제를 공동으로 묶어 〈공동과제〉에 주목하고, 개인의 과제해결에 씨름하는 것이 〈그룹 코칭〉이기에 그 의미는 지대하다.

그렇지만 〈팀 코칭〉은 이런 개별화를 중심에 둔 시대에도 여전히 팀을 이야기하고, 팀을 중심에 두고 생각하며, 팀을 꿈꾼다. 바로 이 점에서 팀 코칭은 〈그룹 코칭〉과 가는 길이 같다 할지라도 걷는 길이 다르다. 위대한 도전을 위해서는 여전히 위대한 〈팀〉이 필요하기 때문이다. 〈팀〉은 시스템과 개인을 양쪽에 두고 씨름하며, 시스템 안에서 팀으로 두드리고, 벼려내며 만들어져야 한다. 이런 과정에서 개인과 팀이 하나가 되는 '과정'을 더 중시한다. 완성된 팀이나 '결과'를 중시하는 팀 관련 내러티브는 많다. 『삼국지연의』의 도원결의가 만들어 낸 삼 형제 이야기, 알렉산더 뒤마Alexandre Dumas가 그려낸 『삼총사』, 임무 수행과 성공을 위한 가장 효율적 최소 단위의 의미가 있는 〈삼인조〉 등 '개인은 팀을 위해, 팀은 개인을 위해', 그러나 만들어진 팀의 '결과' 이미지보다는 팀이 만들어지기까지의 '과정'에 더 주목하며 함께한다. 이 책은 '과정'을 위해 많은 상상력을 제공한다.

이 책의 부제는 「변혁적 팀 리더십 개발을 넘어」이다. 급변하는 상황과 대처하면서도 '변혁적'인 위치를 유지하려면 어떤 점이 중요한가. 한 번쯤이야 이 같은 위치를 점할 수 있지만, 밀려오는 파도를 헤치며 변혁적 위치를 계속 유지하는 항해는 전혀 다른 차원이다. 파도를 헤치며 항해하며 배를 수리하는 데는 리더와 시스템만으로는 한계가 있다. 〈팀〉이 필요하다. 운항을 중지하고 정박한 채 수리하는 경우란 매우 드문 특별한 경우이기에 리더의 일이다. 반면에 행해 중 수리는 〈팀〉이 없으면 안 되는 팀의 몫이다. 위대한 항해에는 위대한 팀이 필요하다.

「변혁적 팀 리더십」 경계에 서서 바라보는 '그 너머'는 어떤 상황과 맥락이며 예상 밖의 '도전' 과제는 무엇인가. 저자는 전 지구적 관점에서 리더가 주목해야 할 시각 지평을 분명히 제시한다. 리더의 일곱 가지 시대적 과제가 그것이다. (1) 기후 비상, (2) 경제적, 사회적 불평등, (3) 테러와 전쟁, 안보, (4) 포퓰리즘과 민족주의, (5) 이주, (6) 규제가 필요한 세계 경제 시스템, (7) 팬데믹 등이다. 하나하나는 예상할 수 있으나 각각의 구체적 상황이나, 이로 인한 연동된 상황은 어느 하나 만만하게 보이지 않는다. 이런 것들이 연출해 낼 모습은 상상할 수 있는 파도인가. 조직과 시스템, 리더만으로 가능한 파도인가?

우리는 '밀려오는 파도를 멈추게 할 수는 없으나, 타고 넘을 수는 있다.' 우리-됨we-ness과 우리-감We-Q은 밀려오는 파도를 함께 넘으며 만들어진다. 그것을 '경험적 앎으로 소지한 주체 간 연대', 이것이 우리-팀we-team['우리'가 된 팀]이다. 우리 모두 변화하는 시대에도 언제나 변혁적 리더십 포지션을 유지하기 위해서는 이 시대의 리더의 시각 지평이 언제나 톱 팀top team을 꿈꾸고, 드림 팀dream team에 꽂혀야 할 이유이다. 팀을 준비하는 리더만이 미래를 소유할 수 있다.

이제 우리는 이제 이런 질문을 리더에게 던질 수 있다.

당신의 도전에서 진정으로 위대한 승리를 꿈꾸는가? 그렇다면 당신에게 함께할 〈팀〉이 있는가? 그 팀을 항해 중에도 벼려내고 만들어 내는 〈팀 코치〉가 있는가? 그 팀에 역시 전문적 〈팀 코치〉가 있는가?

2022년 9월
코치 김상복

호모코치쿠스

코칭 튠업 21
: ICF 11가지 핵심 역량과 MCC 역량

김상복 지음

뇌를 춤추게 하라
: 두뇌 기반 코칭 이론과 실제
Neuroscience for Coaching

에이미 브랜 지음
최병현, 이혜진 옮김

마음챙김 코칭
: 지금-여기-순간-존재-하기
Mindful Coaching

리즈 홀 지음
최병현, 이혜진, 김성익, 박진수 옮김

코칭 윤리와 법
: 코칭입문자를 위한 안내
Law & Ethics in Coaching

패트릭 윌리암스, 샤론 앤더슨 지음
김상복, 우진희 옮김

조직을 변화시키는 코칭 문화
How to create a coaching culture

질리안 존스, 로 고렐 지음
최병현, 이혜진 등 옮김

내러티브 상호협력 코칭
: 3세대 코칭 방법론
A Guide to Third Generation Coaching: Narrative-Collaborative Theory and Practice

라인하드 스텔터 지음
최병현, 이혜진 옮김

임원코칭의 블랙박스
Tricky Coaching

맨프레드 F. R. 케츠 드 브리스 등 편집
한숙기 옮김

마스터 코치의 10가지 중심이론
Mastery in Coaching

조나단 패스모어 편집
김선숙, 김윤하 등 옮김

코칭·컨설팅
수퍼비전의 관계적 접근
Supervision in Action

에릭 드 한 지음
김상복, 조선경, 최병현 옮김

정신역동과 임원코칭
: 현대 정신분석 코칭의 기초1
Executive Coaching :
A Psychodynamic Approach

캐서린 샌들러 지음
김상복 옮김

수퍼비전
: 조력 전문가를 위한 일곱 눈 모델
Supervision in the Helping Professions

피터 호킨스, 로빈 쇼헤트 지음
이신애, 김상복 옮김

코칭 프레즌스
: 코칭개입에서 의식과 자각의 형성
Coaching Presence : Building Consciousness and Awareness in Coaching Interventions

마리아 일리프 우드 지음
김혜연 옮김

멘탈력
정신적 강인함에 대한 최초의 이론적 접근
Developing Mental Toughness :
Coaching strategies to improve performance,
resilience and wellbeing

더그 스트리챠크직, 피터 클러프 지음
안병옥, 이민경 옮김

코치 앤 카우치
Coach and Couch

맨프레드 F.R. 케츠 드 브리스 등 지음
조선경, 이희상, 김상복 옮김

리더의 정치학
: 조직개혁과 시대전환을 위한 창발 리더십 모델
Leading Change: How Successful Leaders
Approach Change Management

폴 로렌스 지음
최병현, 윤상진, 이종학,
김태훈, 권영미 옮김

고용 가능성
고용+가능성 업그레이드 전략
Developing Employability and Enterprise:
Coaching Strategies for Success in the Workplace

더그 스트리챠크직, 샬롯 보즈워스 지음
조현수, 최현수 옮김

게슈탈트 코칭
바로 지금 여기
Gestalt Coaching: Right here, right now

피터 브루커트 지음
임기용, 이종광, 고나영 옮김

강점 기반 리더십 코칭
: 조직 내 긍정적 리더십 개발을 위한 가이드
Strength_based leadership Coaching
in Organization An Evidence based guide to
positive leadership development

덕 매키 지음
김소정 옮김

영화, 심리학과 라이프 코칭의 거울
The Cinematic Mirror for
Psychology and Life Coaching

메리 뱅크스 그레거슨 편저
앤디 황, 이신애 옮김

영웅의 여정
자기 발견을 위한 NLP 코칭
The Hero's Journey: A voyage of self-
discovery

스테판 길리건, 로버트 딜츠 지음
나성재 옮김

VUCA 시대의 조직문화와 피어코칭
Peer Coaching at Work

폴리 파커, 팀 홀, 캐시 크램,
일레인 와서먼 공저
최동하, 윤경희, 이현정 옮김

정신역동 마음챙김 리더십
: 내면으로의 여정과 코칭
Mindful Leadership Coaching : Journeys
into the interior

맨프레드 F.R. 케츠 드 브리스 지음
김상복, 최현현, 이혜진 옮김

실존주의 코칭 입문
: 알아차림·용기·주도적 삶을 위한
철학적 접근
An Introduction to Existential Coaching

야닉 제이콥 지음
박신후 옮김

공감으로 완성하는 코칭
: 평범함에서 탁월함으로
Coaching with Empathy,

앤 브록뱅크, 이안 맥길 지음
김소영 옮김

내러티브 코칭
: 새 스토리의 삶을 위한 확실한 가이드
Narrative Coaching : The Definitive Guide to Bringing New Stories to Lif

데이비드 드레이크 지음
김상복, 김혜연, 서정미 옮김

ADHD 코칭
: 정신건강 전문가를 위한 가이드
ADHD Coaching: A Guide for Mental Health Professionals

프란시스 프레벳,
아비가일 레브리니 지음
문은영, 박한나, 가요한 옮김

시스템 코칭
: 개인을 넘어 가치로
Systemic Coaching: Delivering Value Beyond the Individual

피터 호킨스, 이브 터너 지음
최은주 옮김

글로벌 코치 되기
: 코칭 역량과 ICF 필수 가이드
Becoming a Coach

조나단 페스모어,
트레이시 싱클레어 지음
김상학 옮김

시스템 코칭과 컨스텔레이션
Systemic Coaching & Consitellations

존 휘팅턴 지음
가향순, 문현숙, 임정희, 홍삼렬,
홍승지 옮김

10가지 코칭 핵심주제 사례 연구
: 20개 사례와 40개 논평
Complex Situations in Coaching

디마 루이스, 폴린 파티엔 디오송 지음
김상복 옮김

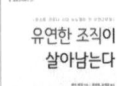
유연한 조직이 살아남는다
포스트 코로나 시대 뉴노멀이 된 유연 근무제
Flexible Working

클라우디아 나겔 지음
최병헌, 윤재훈 옮김

인지행동 코칭
: 30가지 고유한 특징
Cognitive Behavioural Coaching: Distinctive Features

마이클 니난 지음
엘리 홍 옮김

쿼바디스
: 팬데믹 시대 리더의 실존적 도전
QUO VADIS?

맨프레드 F. R. 케츠 드 브리스 지음
고태현 옮김

코칭과 트라우마
: 생존 자기를 넘어 나아가기
Coacjing and Trauma

줄리아 본 스미스 지음
이명진, 이세민 옮김

단일 회기 코칭과 비연속 일회성 코칭
: 30가지 고유한 특징
Single-Session Coaching and One-At-A-Time Coaching: Distinctive Features

윈디 드라이덴 지음
남기웅, 안재은 옮김

리더십 팀 코칭
: 변혁적 팀 리더십 개발을 넘어
Leadership Team Coaching

피터 호킨스 지음
강하룡, 박정화, 박준혁, 윤선동 옮김

...... (출간 예정)

수퍼바이지와 수퍼비전
: 수퍼비전을 위한 가이드
Being Supervised A Guide for Supervision

에릭 드 한, 윌레민 레구인 지음
한경미, 박미영, 신혜인 옮김

코칭수퍼비전의 이론과 모색
Coaching and Mentoring Supervision : Theory and Practice

타티아나 바키로버, 피터 잭슨, 데이빗 클러터벅 지음
김상복, 최병현 옮김

팀 코칭 이론과 실천
: 팀을 넘어 위대함으로
The Practitioner's handbook of TEAM COACHING

데이비드 클러터벅, 주디 개넌 편집
강하룡, 박순천, 박정화, 박준혁, 우성희, 윤선동, 최미숙 옮김

정신역동 코칭
: 30가지 고유한 특징
Psychodynamic Coaching: Distinctive Features

클라우디아 나겔 지음
김상복 옮김

웰다잉 코칭
생의 마지막과 상실을 겪는 사람들을 위한 코칭 가이드
Coaching at End of Life

돈 아이젠하워, J. 발 헤이스팅 지음
정익구 옮김

인지행동 기반 라이프코칭
Life Coaching : A Cognitive behavioural approach

마이클 니난, 윈디 드라이덴 지음
정익구 옮김

코칭과 정신건강 가이드
: 코칭에서 심리적 과제 다루기
A Guide to Coaching and Mental Health : The Recognition and Management of Psychological Issues

앤드류 버클리, 케롤 버클리 지음
김상복 옮김

코칭심리학(2판)
실천연구자를 위한 안내서
Handbook of Coaching Psychology

스티븐 팔머, 앨리스 와이브로 엮음

코칭 이론과 실천
The SAGE Handbook of Coaching

타티아니 바흐키로바, 고든 스펜스, 데이비드 드레이크 엮음

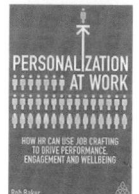

잡크레프팅
Persnalization at Work

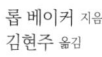

롭 베이커 지음
김현주 옮김

임원코칭
: 시스템 - 정신역동 관점
- 현대 정신분석 코칭의 기초 3
Executive coaching: System-psychodynamic persfective

하리나 버닝 편집
김상복 옮김

정신역동 코칭의 이해와 활용
: 현대 정신분석 코칭의 기초 2
Psychodynamic Coaching : focus & depth

올라 샤롯데 벡 지음
김상복 옮김

리더의 일상적 위협
: 모래 늪에서 허우적거릴 때 살아남는 방법
The Daily Perils of Executive Life: How to Survive When Dancing on Quicksand

맨프레드 F. R. 케츠 드 브리스 지음
고태현 옮김

CEO 위스퍼러
: 리더십, 삶, 변화에 대한 내면 탐색
The CEO Whisperer: Meditations on Leadership, Life, and Change

맨프레드 F. R. 케츠 드 브리스 지음
김선화 옮김

리더의 속살
: 추악함, 사악함, 기괴함
Leadership Unhinged: Essays on the Ugly, the Bad, and the Weird

맨프레드 F. R. 케츠 드 브리스 지음
강준호 옮김

호모스피릿쿠스

나르시시스트와 직장생활하기
Narcissism at Work: Personality Disorders of Corporate Leaders

마리 린느 제르맹 지음
문은영 · 가요한 옮김

정신분석 심리치료의 기본과 실천
: 정신분석·지지적 심리치료와의 차이

아가쯔마 소우 지음
최영은 · 김상복 옮김

조력 전문가를 위한 공감적 경청
共感的傾聴術
:精神分析的に"聴く"力を高める

고미야 노보루 지음
이주윤 옮김

코로나 시대의 정신분석 임상
'만남'의 상실과 회복
コロナと精神分析の臨床

오기모토 카이, 키타야마 오사무 편집
최영은, 김태리 편집

코칭 하이브리드

영화처럼 리더처럼
: 크고 작은 시민리더 이야기

최병현, 김태훈, 이종학,
윤상진, 권영미 지음

마음챙김 코칭
: WHO에서 실행까지
Mindfulness Coaching: Have Transformational Coaching Conversations and Cultivate Coaching Skills Mastery

사티암 베로니카 찰머스 지음
김종성, 남관희, 오효성 옮김

코칭 A to Z

누구나 할 수 있는 코칭 대화 모델
: GROW_candy 모델 이해와 활용

김상복 지음

세상의 모든 질문
: 아하에서 이크까지, 질문적 사고와 질문 공장

김현주 지음

첫 고객·첫 세션 어떻게 할 것인가
(1) 윤리적 가이드라인과 전문가 기준에 의한 고객 만남
(2) 코칭계약과 코칭 동의 수립하기

김상복 지음

코칭방법론
: 조직 운영과 성과 리더십 향상을 돕는 효과성 코칭의 틀

이석재 지음

코치 100% 활용하는 법
: 코칭을 만난 당신에게

김현주, 박종석, 박현진, 변익상, 이서우, 정익구, 한성지 지음

(코쿱북스)

코칭의 역사
Sourcebook Coaching History

비키 브록 지음
김경화, 김상복 외 15명 옮김

101가지 코칭의 전략과 기술
: 젊은 코치의 필수 핸드북
101 Coaching Strategies and Technique

글래디나 맥마흔, 앤 아처 지음
김민영, 한성지 옮김

리더십을 위한 코칭
Coaching for Leadership

마샬 골드 스미스, 로렌스 라이언스 등 지음
고태현 옮김

집필자 모집

- 멘토링 기반 코칭 방안과 사례 연구
- 컨설팅 기반 코칭 방안과 사례 연구
- 조직개발 코칭 방안과 사례 연구(일대일 또는 그룹 코칭)
- 사내 코치 활동 방안과 사례 연구
- 주제별 · 대상별 시네마 코칭 방안과 사례 연구
- 시네마 코칭 이론과 실천 방안 연구
- 아들러 심리학 기반 코칭 방안과 사례 연구
- 코칭 기획과 사례 개념화(중심 이론별 연구)
- 코칭에서 은유와 은유 질문
- '갈굼과 태움', 피해 · 가해자 코칭
- 미루기 코칭 이해와 활용
- 코치의 젠더 감수성과 코칭 관계 관리
- 정서 다루기와 감정 관리 코칭 및 사례 연구
- 코칭 장field · 공간과 침묵
- 라이프 코칭 핵심 과제와 사례 연구(청년 및 중년)
- 커리어 코칭 핵심 과제와 사례 연구(청년 및 중년)
- 노년기 대상 라이프 코칭 방안과 사례 연구
- 비혼 · 혼삶 라이프 코칭 방안과 사례 연구
- 코칭 스킬 총정리와 적용 사례
- 부모 리더십 코칭과 사례 연구(양육자 연령별)
- 코칭 이론 기반 코칭 방안과 사례
- 커플 코칭 방안과 사례
- 의식확장과 영성코칭
- 군 리더십 코칭
- 코칭 ROI 연구

▣ 동일 주제라도 코칭 대상과 방식, 코칭 이론별 집필이 가능합니다.
▣ 최소 기준 A4 기준 80페이지 이상. 코칭 이론과 임상 경험 집필 권장합니다.
▣ 편집위원회와 관련 전문가 심사로 선정됩니다.
▣ 선정 원고는 인세를 지급하며, 무료로 출판합니다.

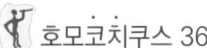 호모코치쿠스 36

리더십 팀 코칭
변혁적 팀 리더십 개발을 넘어

초판 1쇄 발행 2022년 9월 23일

펴낸이	김상복
지은이	피터 호킨스
옮긴이	강하룡, 박정화, 박준혁, 윤선동
편 집	정익구
디자인	이상진
제작처	비전팩토리
펴낸곳	한국코칭수퍼비전아카데미
출판등록	2017년 3월 28일 제2018-000274호
주 소	서울시 마포구 포은로 8길 8. 1005호

문의전화 (영업/도서 주문) 카운트북
     전화 | 070-7670-9080 팩스 | 070-4105-9080
     메일 | countbook@naver.com
     편집 | 010-3753-0135
     편집문의 | hellojisan@gmail.com 010-3753-0135

www.coachingbook.co.kr
www.facebook.com/coachingbookshop
카페명: 시스템 코칭-팀 코칭-그룹 코칭 https://cafe.naver.com/systemcoaching

ISBN 979-11-89736-43-9
책값은 뒤표지에 있습니다.